U0509441

迈向人民的社会学

TOWARDS PEOPLE'S SOCIOLOGY

7

中国社会科学院社会学研究所四十年学术集萃

Collected Works of the Institute of Sociology CASS

中国社会科学院社会学研究所 / 编

社会科学文献出版社
SOCIAL SCIENCES ACADEMIC PRESS (CHINA)

前　言

1979 年 3 月，邓小平同志在中央理论工作务虚会议上郑重指出，“实现四个现代化是一项复杂繁重的任务，思想理论工作者当然不能限于讨论它的一些基本原则。……政治学、法学、社会学以及世界政治的研究，我们过去多年忽视了，现在也需要赶快补课。”1952 年社会学因为种种原因在中国被取消，到此时已经过去 27 个年头，终于，社会学重新获得在中国生存发展的机遇，这是改革开放后中国社会学的第一个春天。世界知名社会学家、中国社会学界德高望重的费孝通先生，扛起恢复重建中国社会学的重担，南北奔走，国内外穿梭，联系相关学者，思考恢复重建社会学的当务之急，提出了“五脏六腑”方略，其中之一就是组建改革开放后第一个社会学研究所。1980 年 1 月 18 日，中国社会科学院社会学研究所正式挂牌成立。从此，中国社会科学院社会学研究所的整体发展与中国改革开放发展同步，社会学研究所的科研工作见证了改革开放以来中国社会发生的快速转型和巨大变迁，社会学研究所的科研成果努力反映着中国改革开放发展稳定的伟大实践、伟大经验和精彩故事。

在这 40 年里，社会学研究所从建所之初仅有的两个研究组，发展到今日有了 11 个研究室，2 个期刊编辑部，2 个职能部门，成为中国社会学界学科门类比较齐全、人员规模最大的社会学科研教学机构，发挥着新型智库的重要作用，在国内外社会学界具有重要的影响力。在这 40 年里，在党和国家以及中国社会科学院的关心、指导和支持下，费孝通等老一辈社会学家披肝沥胆，社会学研究所全体职工共同努力，牢记初心，不忘使命，以富民强国为职志，以构建人民的社会学为方向，致力于深入研究中国社会改革开放发展稳定的重大理论和现实问题，形成了一系列重大学术议题，产出了大量具有学术和社会价值的科研成果，积累了丰富的社会调研资料。

四十载砥砺奋进，四十载春华秋实。建所以来，社会学研究所秉承第一任所长费孝通先生制定的“从实求知，美美与共”的所训，弘扬“高尚的学术信誉，深厚的学术修养，端正的学术作风，高雅的学术品质”的学术理念，开风气，育人才。几代学人在理论和实践的结合上孜孜探索，在学科建设、人才培养、组织建设、思想建设等方面均取得了长足的发展和进步，特别是在社会学理论、历史与方法研究，社会分层与流动研究，社会组织与群体研究，文化、家庭与性别研究，青少年问题研究，社会心理学研究，社会保障、社会福利和社会政策研究，城乡社会变迁研究，社会发展与社会问题研究，廉政建设与社会评价等领域取得了丰硕的成果。

值此40年所庆之际，我们从众多成果中选取了1980年至2018年期间，社会学研究所几十位学者发表在《中国社会科学》《社会学研究》《社会》《民族研究》等四大期刊上的400余篇学术文章，按成果发表年份编排，集成此套《迈向人民的社会学——中国社会科学院社会学研究所四十年学术集萃》（十卷本）。此套文集是对社会学研究所40岁生日的献礼，是对40年发展历程的回顾与总结，我们希冀以此促进学科发展和学术进步，为中国的社会现代化建设提供更多的学术思想和智慧。

当前，进入“不惑之年”的中国社会科学院社会学研究所，同整个中国社会学一样，站在了新的历史起点，开始新的征程，迈向人民的社会学是新时代中国社会学的使命与方向。展望未来，中国社会科学院社会学研究所将坚持“推动社会学研究中国化，实现社会学所建设国际化”的办所理念，继续秉承历史责任和学者使命，为实现把我国建设成为富强民主文明和谐的社会主义现代化国家，为努力构建中国特色社会学的学科体系、学术体系和话语体系，不懈努力，继续开拓创新，再创新的辉煌！

编者

2020年1月

凡　例

一　文集以时间为序编排，同一时间发表的文章顺序不分先后。

二　文集以学术性论文为主，保留著名学者的专题性学术讲话稿，学者的考察报告、出访报告、书的序言、参访记录不再编入文集。

三　参考文献原则上遵照《社会学研究》的体例，早年论文中文献标注项目有缺失的，遵原文。经典著作无法确认版本的，引文遵原文。

四　原则上正文中的数据应与图表中的数据对应，图表中的数据疑似有误但不能确认者，遵原文。

五　专业术语、人名、地名等不统一之处，遵原文。

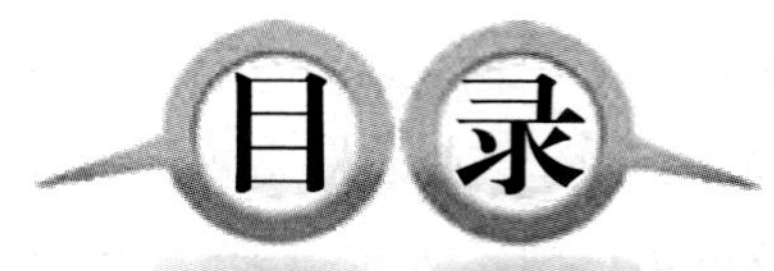

2005 年

2006 年

2007 年

2008 年

2009 年

2005 年

社会冲突与阶级意识：当代中国社会矛盾研究*

李培林

如何认识和分析社会主义建设时期的社会矛盾，实际上存在着三种路径。

第一种是“阶级斗争”的分析方法，它的基本假设和断定是，社会主义时期的一切社会矛盾，归根结底是无产阶级和资产阶级的阶级斗争的反映，共同的阶级就意味着共同的社会地位和共同的利益，后者又进一步意味着共同的社会意愿、共同的社会态度和共同的社会行动。在这种逻辑推论下，中国在改革开放前的很长一个时期，“以阶级斗争为纲”定阶级、划成分，来判定人们的政治态度和社会行为，一旦被打入另册，就终生不得翻身。只要出现社会矛盾激化的事件，就上纲上线，抓幕后黑手和坏人，用镇压的办法解决。

第二种是“物质利益”的分析方法，它的基本假设和判定是，社会主义时期的基本社会矛盾，都是人民内部的矛盾，形成的原因是复杂的，既有制度建设中的不完善问题，也有国家干部的工作作风问题，更多的是由各种物质利益分配中的不恰当、不协调、不公平引起的。所以，最根本的是要从各个社会阶层和各种利益主体的物质利益的协调入手来解决矛盾。

第三种是“社会意识”的分析方法，它的基本假设和判定是，随着社会结构的深刻变化和社会利益主体的多样化，一些促成社会矛盾和新型社会运动的“社会意识”，并不属于“客观阶级”的意识，而是属于“认同阶级”的意识，这种“社会意识”产生的社会矛盾和冲突，往往具有“突发”、“快速扩散”和“难以预测和控制”的特点。

---

* 原文发表于《社会》2005 年第 1 期。

历史和当前的社会实践证明，对于社会主义建设时期的人民内部矛盾和社会问题，“阶级斗争”的分析方法，是一种极端错误的和带来极大社会灾难的方法；“物质利益”的分析方法，是适合目前大多数社会矛盾和社会冲突的方法；而“社会意识”的分析方法，是我们还不熟悉，但适合于一些具有现代风险特征的社会冲突和社会问题的方法。

在研究现实中的社会矛盾和社会冲突时，也有两种观察视角，一种是从冲突事件的结果去进行追因研究——事后的研究，这是目前多数研究的思路；另一种是从主观意识和行为倾向去进行追果研究——事前的研究，这种研究的重要性目前往往被人们忽视。

我们在本文中的研究，注重的是事前的研究，其基本假定是：客观的社会结构分层和经济社会地位，要通过主观阶级认同和阶级意识，才能与人们的社会态度、社会行动选择建立起逻辑关系，这个链条的连接规则，就是我们在本项研究中需要探讨的主要问题。这也涉及，究竟是什么因素会影响中国未来的社会选择和走向？中国的各种社会力量将围绕哪些焦点问题重组？这种力量重组将依照什么样的规则？

本文对“中国经验”的分析，是依据我主持的中国社会科学院重大课题“当代中国人民内部矛盾研究”课题组进行的一次问卷调查展开的。该调查是于 2002 年 11 ~ 12 月对中国大陆 31 个直辖市和省会城市的城市居民进行的“中国城市居民社会观念”抽样调查。[①] 被调查的对象为年龄在 18 ~ 69 岁的城市居民。该调查共发放 15000 份问卷，剔除无效问卷后，共获得了 11094 份有效问卷，有效回收率为 73.96%。经过近两年的数据整理和分析，现将我们的初步分析结果和发现报告给大家。为了节省篇幅，我省略掉具体的数字分析过程。[②]

一　关于两种社会冲突的行动逻辑

无论在西方还是东方，在风险社会之前，阶级分析的框架，是理解社

① 这次调查的资助来自我主持的中国社会科学院重大课题“当代中国人民内部矛盾研究”和上海市教育委员会 E 研究院建设计划项目“中国社会转型过程中的社会冲突及冲突意识”。

② 对详细的数据分析感兴趣的学者，可参见我们的著作《社会冲突与阶级意识：当代中国社会矛盾问题研究》，社会科学文献出版社 2005 年 5 月版。

会矛盾和社会冲突最基本的框架。很多西方学者否认这一点，但各种调查结果表明，阶级是各种已有的社会划分中最基本的划分，是人们判定社会位置、分辨利益差别和选择认同群体最方便的途径。不同的是，在不同的国家和社会中，民众对阶级的内涵的理解存在着很大的不同。

在对马克思的阶级学说的研究中，关于“阶级意识”的研究，一直是一个比较薄弱的环节。人们比较关注阶级的归属与占有生产资料、财富和特权的联系，而容易忽略马克思在人们的阶级归属与人们可能的社会态度和社会行动之间建立的逻辑链条。

在马克思《哲学的贫困》一书中，阶级分析的基本路径表现为将阶级分为“自在阶级”（Class-in-itself）和“自为阶级”（Class-for-itself）。一个以社会群体（social group）的形式存在的“自在阶级”，只有通过一个历史的、认知的和实践的觉悟化过程，才能产生阶级意识，才有可能通过一致的集体行动争取共同的阶级利益。正是在这种意义上，马克思在《路易·波拿巴的雾月十八日》一文中认为，农民不是一个阶级，而是同质的但相互分离的“一麻袋土豆”，因为他们没有共同的阶级意识，也不会采取一致的政治行动。

所以，阶级归属与人们的社会态度和社会行动之间的逻辑连接，需要一个觉悟化的过程，要经过一个获得阶级意识的中间环节。而且，尽管人们的阶级归属是获得阶级意识的基本要素，但并不是唯一的因素，很多情况下甚至不是决定性的因素。在一些特定的情况下，民族、种族、社会地位、被压迫程度等都会上升为主要的和决定性的因素。如中国推翻半殖民地半封建统治的革命，其基本力量是农民，因为中国当时是一个农民国家，而大量民族资产阶级和知识分子投身革命，是由于西方先进思想的导入，形成改革和革命的风潮，特别是在日本侵略中国使民族矛盾上升为主要矛盾以后，抗日救亡成为主流先进意识。而在德国纳粹党的成员中，工人的比例实际上非常高，这是由于当时弥漫在德国的种族主义社会思潮把压迫的根源引向种族问题。

在阶级问题本身的看法上，韦伯与马克思的看法其实很类似，他也认为财产所有权的有无是社会不平等的轴心，人们的市场位置（market position）是基础的社会分层维度。但韦伯从现实生活里看到，在客观的阶级归属与主观的阶层认同之间，很多情况下是不一致的，如西方社会中传统的贵族，在资产阶级革命以后丧失了掌握财产所有权的市场，多数成为破落的贵族，但他们在阶层认同上，仍然自视为和被视为社会的上层。所以，韦伯提出社会分层和不平等的形成，除了存在根据财富和收入的多寡来区分的阶级维度，还有根据社会地位（社会声望和荣誉）的高低来划分的“地位群体”（status group）以及根据权力的差异来划分的政治群体。韦伯的阶级冲突理论与马克思的冲突理论也极为相似。他认为导致阶级冲突的主要因素有两个：一是低层社会群体成员拒绝接受既存关系模式；二是低层社会群体成员在政治上组织起来的程度。关于促使群体成员拒绝接受既存关系模式的因素，韦伯认为有四点：首先是权力、财富和社会声望三种资源分配之间的相关程度；其次是组织社会成员的社会科层结构的状况；再次是导致权力、财富或社会声望水平提高的个人流动的频率；最后是权力、财富和社会声望三种资源分配之间的差距，因为差距愈大，个人向上流动的频率愈低，其后果是愈容易导致低层群体成员的不满。

在社会分层研究领域里，韦伯的理论是后来发展起来的各种经济社会地位测量方法的渊源，这些方法及其各种精心设计的社会经济地位量表，均是将收入、教育、职业等各种影响因素，通过相关系数的分析和加权的方法，测算出一个统一的分值，来描述社会分层的结构。

但是，这些社会分层的方法，都没有深入地揭示和描述客观分层与主观阶层认同之间存在的真实逻辑关系，也没有真正概括出具有规则、定理意义的阶级阶层意识和集体行为形成过程。造成这种缺失的原因，是社会的复杂性。因为在现实中，决定人们阶级阶层意识、价值取向、社会态度、偏好、预期和行为选择的因素是非常复杂的，在一些具体的社会景况、所针对的关键问题、大的社会背景以及根本的社会矛盾发生变化和更替的情况下，决定群体社会态度和社会行动的轴心变量也会发生变化，传统的“阶级决定论”（即认为阶级归属决定价值取向、社会态度和行为选择的分析方法）就会出现失灵的情况，丧失对现实生活的解释力。例如，中国近 20 多年来，在拥护改革开放和对改革开放的方向发生根本质疑这个基本问题的分野上，人们划分成不同的群体意识、不同的社会态度、不同的思潮派别和不同的行动取向，这种分野所涉及的社会阶层认同，常常因改革开放进程中不断出现的新的焦点问题而发生重组。台湾在“统独”这一焦点问题上的政党分野，恐怕根本无法用“阶级决定论”解释。在西方社会，随着一般民众所关注的生活问题和生活环境的变化，绿党、女权主义和同性恋群体等过去的边缘人群，现在都成为影响政治格局的重要力量，其影响力已经超过了传统的极左翼和极右翼政党，很多情况下甚至成为政治格局的决定性变数。西方的政治领袖最激烈的角逐就是大选，而在大选背景下他们最关心的消息是选民意向的变化，竞选的高参们都必须是大众心理分析的高手，比社会学家更清醒地懂得民意形成和变化的规则，懂得“水可载舟亦可覆舟”的道理。

阶级意识在不同国家对政治格局的影响是不同的，瑞典是阶级意识最高的国家，拥有全世界最高的工会会员率，直到1980年代，有90%以上的雇员自愿参加工会，其劳工阶级也持久地支持左翼社会民主党，瑞典从而成为一种特殊的资本主义类型（EsPin-Andersen，1985）。而美国则被称为阶级政治的“美国例外”（American exceptionalism），劳工政党从未成为政治主流力量，美国历史上工会会员率最高的1945年，也不过35.5%，1978年则下降到23.6%（Goldfield，1987：10）。

一些西方新马克思主义学者（如葛兰西、卢卡奇、法兰克福学派等），把西方现代社会劳工阶级政治影响力的降低，简单地解释为统治阶级的文化意识和话语“霸权”的形成，或解释成劳工阶级的“阶级意识”和“社会批判意识”的弱化，或解释成无产阶级“主体意识”的死亡。倒是一些社会冲突论的理论家（如达伦多夫、科塞等），看到“共同意识”合法性的减弱、“相对剥夺感”的上升、“不满程度”的加强、“社会流动的阻塞”等，是引发当代社会冲突的新动因。

实际上，客观“阶级归属”与主观“阶级认同”的不一致，在很多情况下是现代社会的一种常态。1960年代以后，西方社会“阶级归属”与“阶级认同”之间逻辑关系的最大变化，就是在阶级认同上，中产阶级这个含义不清而且争议甚多的阶级成为主流性选择。

莱特（E. O. Wright）是新马克思主义学者中比较重视中产阶级研究的著名学者，他所设计的并被广泛应用的阶级结构调查框架，在不断修订后，与新韦伯主义学者高德索普（J. H. Goldthorpe）设计的同样被广泛应用的阶级结构调查修订框架，几乎很接近了（Wirght，1999；Goldthorpe and Erikson，1992）。1992年许嘉猷等中国台湾学者运用莱特的调查框架在台湾地区进行了“阶级结构与阶级意识”调查问卷，并把数据与美国和瑞典的同类调查数据进行比较研究，结果发现，①“资产阶级”（雇工在11人以上的被定义为雇主，雇工在10人以下的被定义为小雇主）中，认为自己属于“中产阶级”的，在美国是66.7%，在瑞典是75.0%，在中国台湾是57.7%；认为自己属于“劳工阶级”的，在美国是7.4%，在瑞典是25.0%，在中国台湾是15.2%。而“劳工阶级”（被定义为没有自主性的受雇者）中，认为自己属于“中产阶级”的，在美国是54.5%，在瑞典是34.5%，在中国台湾是41.0%；认为自己属于“劳工阶级”的，在美国是36.9%，在瑞典是63.9%，在中国台湾是52.2%（吴乃德，1992）。

这组数据表明，客观阶级地位有很大差异的人群对“中产阶级”的阶级认同大大地缩小了客观的差距。因为从大众心理学来看，人们比较的参照体系是不同的，最习惯的比较参照体系，就是自己的过去和社会地位临近的阶级。在有些情况下，如在收入地位普遍改善的情况下，主观阶级认同的变化轨迹与贫富差距的客观数据的变化曲线，会出现背离的现象。而且，在一些特定的社会景况中，其他的社会因素，会超越阶级归属，成为影响阶级认同的更重要的因素。例如，国家、民族和地区之间的贫富差异，在全球化的趋势下会超越国家内部的阶级冲突，上升为社会冲突非常重要的影响因素。1999年4月1日，微软公司总裁比尔·盖茨的个人财富身价在股价狂潮中达到1000亿美元，这比世界上除18个最富裕国家外各个国家的国民生产总值还要多……（《每日电讯报》，1999年4月8日）。1820年，世界上最富裕国家与最贫穷国家生活水准的比大约为3∶1，1913年为11∶1，1950年为35∶1，现在则为70∶1（希布鲁克，2002：97）。另外，根据世界银行1997年的一项报告，1960～1989年，全球20%最富裕的人占有全球总收入的比例，从70.2%增加到82.7%，而与此同时，全球20%最贫穷的人所占的收入比例从微不足道的2.3%更进一步下降到1.4%（希布鲁克，2002：99～100）。另外，根据中国台湾瞿海源教授1990年主持的第二期第一次“台湾地区社会变迁基本调查”资料，在影响主观阶级认同的各种客观分层因素中，籍贯、教育和职业等因素的影响要比阶级归属大得多。这项调查把阶级认同等级分为下层阶级、工人阶级、

① 该项调查问题的提问方式是：“有许多人认为他们是属于劳工阶级、中产阶级或中上阶级，如果要您选择的话，您认为是下列哪一个阶级？”

中层阶级、中上阶级和上层阶级，雇主和受雇者自认为是“中层阶级”的分别为57.6%和49.7%，差别并不太大，但外省人和高山族自认为是“中层阶级”的分别为60.6%和25.0%，差别非常明显；大学以上教育程度和小学以下教育程度的人自认为是“中层阶级”的为60.4%和35.4%，专业技术人员和生产体力工自认为是“中层阶级”的为60.4%和35.4%（黄毅志，2002：31）。在台湾地区特殊的景况下，外省人和高山族之间在阶级认同和社会态度上的明显差异，成为当时台湾地区政局的一个非常重要的变数。

英国近年来关于政治态度的研究表明，民意形成和变化的原因是非常复杂的，很难单纯从阶级的归属来解释，有意思的是，现在这个观点最坚定的辩护者，恰恰是原先阶级分析方法的守卫者。英国一项关于社会态度的调查结果还显示，“阶级意识”在民众的一般理解中，实际上是指“社会冲突意识”，在认同人数最多的“中产阶级”和“劳工阶级”之间，“社会冲突意识”反而是最弱的，人们对社会冲突感受最强的，是近距离身处其中的“管理者与劳工的冲突”（见表1），而且人们的“社会冲突意识”聚焦的问题，也会随着社会焦点问题的变化而变化（Savage，2000：39－40）。

表1　你对下列社会群体之间的冲突强度有什么看法（英国）

他们之间的冲突程度	很强/强	不太强/不强	不知道
劳工阶级与中产阶级	49.8%	44.2%	5.0%
失业者与有工作者	19.1%	75.5%	5.5%
管理者与工人	37.6%	55.4%	6.9%
农民与市民	25.5%	66.3%	8.1%
青年与老人	35.9%	57.7%	6.3%

资料来源：Brook，L.（ed.）1992. *British Social Attitudes*，*Cumulative Source Book*：*The First Six Surveys*. Aldershot：Cower. p. 6.

二　为何客观阶级归属与主观阶级认同不一致

西方现代社会中客观阶级归属与主观阶级认同的不一致，是由于现实生活的一些实际变化造成的。这些变化主要包括以下三点。

（一）人们在生活方式、价值取向、行为选择上的“个体主义化”趋向

吉登斯的《现代性的后果》和《现代性与自我认同》二书，标志着他分析方法的重大转折。在此之前，1971年他对马克思和韦伯的理论研究的讨论，1973年他对发达国家阶级结构的研究，1974年他对社会精英的经验研究，以及1984年他从阶级分析出发提出的他最有影响的“结构化理论”，都表明他对阶级分析的重视。吉登斯在《现代性的后果》一书中认为，现代性社会正在发生一个很大的“认同政治”的变化，就是从以“解放的政治”（emancipatory politics）为中心的社会转变为以“生活的政治”（life politics）为中心的社会，前者是获得“生活机会”的政治，而后者是选择“生活格调”的政治。“生活格调”（life-style）与“生活方式”（mode of life）不同，它不是群体性的选择，而是个体主义化的选择。在过去人们动员起来为改善生活机会而斗争时，阶级政治具有中心地位，而当恶劣的生活条件得到改善，当代社会出现自反现代性（有预期的现代性带来未预期的后果）大环境时，人们关注的核心问题转变为对旧的政治参与模式的局限性的反思，这就需要一种新的政治，即更具有反思性的政治，而阶级政治则逐步淡出了（Giddens，1990，1991：241）。这个思想是吉登斯1994年在《超越左翼和右翼分野》一书中系统提出“第三条道路”政治主张的社会理论基础。

贝克在《风险社会》一书也有相同的看法，但表述得更加清晰。他认为，风险社会到来的一个重要标志，就是当代个体主义化的文化开始偏离既有的阶级文化，就像以前在历史上社会阶级曾取代地位群体和家庭而成为稳定的参照框架一样，现在个体主义文化取代了阶级文化的地位，风险社会中自主性的个体成为生活世界里社会性再生产的单位。不过，贝克解释说，个体主义文化中心化并不意味着社会结构力量的权力弱化，而是意味着当代大规模社会变迁迫使个体具有反思性。贝克甚至把个体主义化的趋势称为人类新的“启蒙运动”，认为这是个体从社会网络束缚中解放出来的过程，是民主化过程的继续，并把个体主义化界定为三重的进展过程：一是“嵌出”（disembedding），即走出历史既有的社会规范和约定；二是“失去”（lossing），即由于失去了对已有的知识、信念和规范的尊

重，也就失去了传统的安全；三是“再嵌入”（re-embedding），即建立一种新型社会约定（Beek，1992：98，128，130）。

（二）社会阶层流动的加快带来社会身份认同的“断裂”

随着社会的结构性变化，知识和技术在个人收入增长中作用不断增强；知识－技术转化为财富的过程也大大缩短；大企业组织为降低成本而采取的配件“外包”和“定购”策略使中小企业获得新的发展，现代西方社会2/3以上的新就业机会是20人以下的小企业提供的，网络、生物、文化等新型产业的快速发展提供了大量新的社会阶层流动机会；弹性工作方式和社会服务的多样化使个体化工作大量产生；等等。所有这些因素都使社会阶层之间的流动速度加快，并弱化了传统的组织权威、科层等级和阶级关系。另外，市场风险和生活不确定性的增加，也使社会阶层变动的可能性增加。而生活格调和社会态度的个体化，也在消解公共领域和私人领域的传统分野。在这种大的背景下，人们的社会身份认同也更呈现出“断裂”（beraking）的特征，即他们的“自我认同”和行为选择与那些传统的阶级归属、家庭背景等决定因素发生断裂。

（三）社会转型带来的社会焦点的改变使观念和意识形态“碎片化”

很多学者都看到，西方社会近几十年发生了非常深刻的社会变迁，这种变化使社会和个人关注的焦点问题不同了，社会冲突不再是围绕传统的阶级展开，而是在许多过去被忽略的层面爆发。英国曼彻斯特大学社会学系主任萨瓦吉（M. Savage）教授，在他的新著《阶级分析和社会转型》一书中，深刻地分析了当代社会－文化变迁的基本特征，认为面对新的社会风险，人们的观念、意识形态和社会生活态度正在发生新的变化，社会关系也在重组，所以社会分析的基本框架也要改变（Savage，2000）。许多学者用“碎片化”（fragmentation）这个概念来分析当代西方社会在社会分层和观念、意识层面的新变化。“碎片化”的基本含义，就是人们在经济、政治、文化、生活等各领域的行为策略和社会态度，不再是按照传统的阶级模式分野，而是根据具体的焦点问题产生不同的分野（Clark and Lipset，1996）。例如，最能说明问题的，是人们政治态度的变化。当美国研究社会分层的著名社会学家利普塞特（S. Lispet）于1960年首次发表《政治人》一书时，他根据当时的调查资料，非常强调阶级政治的重要性，但到1981年这本书再版时，他根据新的变化完全转变了看法，并深入地分析了政治选举中阶级影响逐步弱化的原因。根据“阿尔福德阶级选举指数”（Alford Index of Class Voting），在1940年代的政治大选中，如果说有75%的劳工阶级投左翼政党的票的话，那么大概只有25%的中产阶级投左翼政党的票，但到1980年代，数据显示中产阶级中有50%投票给左翼政党，政党选民的阶级分野非常不清晰了（Lipset，1981）。人们仍然还在谈论左翼和右翼，但含义完全变了，出现了所谓新左翼，他们更加强调的，是人们关切的实际生活问题和新型社会问题，如失业、社会保障、生态环境、妇女权利、文化多样化、生活格调、新的社会风险等等，而不再是财权所有权等传统政治问题（Clark and Lipset，1996：45）。特别是1980年以后成长起来的新一代，他们的价值观念和社会态度“碎片化”的趋向更加明显，但他们已经成为选民的基本力量之一。

在西方社会学界，特别是欧洲社会学界，近年来正在展开一场关于“阶级是否死亡”的争论，高德索普等一些有声望的社会学家也都介入了这场争论，虽然目前意见分歧很大，但比较一致的看法是，尽管传统意义上的阶级影响在弱化，但阶级分析作为一种研究和分析方法仍然是有效的，不过现实确实发生了深刻的变化，必须承认这些变化使传统阶级分析在重要问题的推断上出现失灵的情况，因此必须根据新的现实变化重新界定和调整阶级分析的含义，特别是加强对影响人们社会态度、自我认同、个体行为选择的新因素的研究。

中国是一个发展中国家，所面对的问题与西方现代社会所面对的问题可能很不一样，以上所说的那些在西方当代社会发生的转变，可能并不适合中国的情况。中国虽然也在发生社会转型和深刻的社会变化，但变化的路径、焦点问题和方向都是不一样的。但是，在全球化的趋势下，一个国家的发展不可能不受到一些世界趋势的影响，而且对于中国这样一个发展很不平衡的国家，在政治、经济、社会、文化、观念等不同领域，在城市和乡村不同的生活地域，在东部、中部和西部不同发展水平的地区，受全球化影响的程度都是非常大的。

中国城市中认同中产阶级的人数，可能远比客观社会分层数据显示的要庞大得多，这个以青年人、专业技术人员、一般管理层为主体的力量，其价值取向、社会态度正在成为影响中国未来社会选择的重要因素。

在学术界，学者的研究结果似乎也反映了相同的矛盾，即客观的社会分层结构与主观阶级认同的不一致。一方面，人们看到，在中国社会结构的不同层面，如城市和乡村、新富阶层和新的社会底层、发达地区和欠发达地区、体制内和体制外等，出现各种“断裂”（孙立平，2004），社会阶层流动的规则似乎仍然在维持着社会复制（再生产）的机制（李路路，2002）；另一方面，人们也看到，社会阶层结构出现“碎片化”趋势，特别是在阶层意识和阶层认同方面（孙立平等，1998）。作为这种矛盾的反映，是知识界出现的各种社会思潮，如新左派、新自由主义、新保守主义、新权威主义、新民族主义、新民主主义等等，局外人很难弄清楚他们真正的政治分野，因为根据对不同焦点问题的认识，争论各方的阵营也常常发生变化，表面上思想理论基础完全不同的思潮，在某些问题的看法上却完全一致，有所差异的只不过是各派为社会开的药方不同而已。这种复杂的情况，完全改变了过去一目了然的政治分野。

三　研究中国当前社会冲突意识的七个发现

根据对中国大陆地区 31 个大城市（直辖市和省会城市）的 1 万多名城市居民抽样调查的结果，我们从各种统计分析和模型推论中概括出以下主要结果。

（一）关于阶层认同决定人们社会冲突意识和行为取向的发现

人们一般倾向于认为，每个人的经济收入和社会地位，决定了其阶层认同和阶级意识，而后者则进一步决定其社会行动，这是根据“穷人闹革命”的社会行动逻辑进行的推论。但是，我们的调查和研究结果，并不完全支持这样一种推论。

共同的阶层认同容易形成共同的阶级意识和行为取向，这一点在我们的研究中得到证实。在对社会冲突意识的所有解释变量中，认同阶层是最为显著的影响因素。人们自己的认同阶层，更易于形成相对一致的对社会阶级阶层之间冲突严重程度的认识。

调查表明，越是将自己认同为上层阶层的人，就越认为现在和将来阶级阶层之间的冲突较小；而越是将自己认同为最下层阶层的人，就越是认为现在和将来阶级阶层之间的冲突会严重。尤其是那些主观上把自己归结为社会最低层的人员，更容易出现极端行为。例如，当我们调查社会公众“在同事或邻居因特殊事情邀请其参加集体上访时”所持个人态度时，调查结果显示，处于认同阶层的最低层的被调查者有37.4%的持参加态度，明显有别于其他阶层，说明这部分人群更容易引发各种突发事件，其行为潜藏着较大的社会风险。

这一发现意味着：在现代社会，不是客观阶层中那些贫困的人更容易参与和支持社会冲突。人们日常生活中常常会形成一种成见，即认为客观指标所标定的贫困阶层最容易产生对现存社会的不满和激烈的社会对抗行动。但本研究发现，客观阶层中的底层在解释现在和未来“阶级阶层冲突的严重程度”这个变量时，并不具统计推断意义，更具有统计推断意义的解释变量是“认同阶层”，在目前的快速的工业化和市场化过程中，认同阶层是更为重要的一个考察社会阶级阶层冲突意识的指标。

阶层认同决定人们社会冲突意识和行为取向的发现说明，在中国目前新的发展阶段，发生社会冲突的诱因以及对社会稳定的威胁，可能并不来源于客观阶级所划定的社会底层，而是来源于与参照群体比较中认同阶层比较低的人群。在我们的分析中，人们对贫富之间冲突程度的感知、对干群之间冲突程度的感知、对国有企业内部管理人员与普通职工之间冲突程度的感知、对劳资之间冲突程度的感知等等，都与人们的认同阶级密切相关。

关于这个研究发现的可能解释是，在不同的社会发展阶段，决定人们社会冲突意识的因素是不同的，在整个社会处于温饱线以下的时候，贫困人群是非常庞大的社会群体，贫困是非常普遍的社会感知，因而客观的贫困群体会对人们的社会冲突意识产生重要影响，但当基本温饱问题得到解决之后，人们普遍处于小康生活状态时，认同阶层就成为一个更加重要的解释人们态度和行为的指标。人们在现实生活当中，受社会价值观的影响，认同哪个社会阶层，其就会从哪个社会阶层的立场出发来思考整个社会阶级阶层之间的关系。

（二）关于阶层认同形成中的社会再生产逻辑的发现

究竟是什么影响人们的主观阶层认同呢？调查和分析结果表明，

收入、教育、职业和消费等各项主要的客观分层指标，与主观阶层认同之间存在着一定的联系，但关联强度不大。通过多元统计分析发现，在各种影响因素中，决定人们主观阶层认同的最主要因素是“父辈的社会地位”。

这一研究结果表明，尽管改革开放以来社会阶层之间的流动显著加快，但父辈社会地位决定人们阶层认同的社会再生产机制依然存在。造成这一结果的原因，可能是父辈的生活圈子对他们后代形成的主观评价，是比后代本身的收入、教育状况更为重要的影响因素。这反映了在当前中国社会中，家庭社会地位的代际影响仍是相当普遍的现象，而且对人们的主观阶层认同形成起着极重要的影响。

分析结果还表明，“所处地区”和“生活中最大支出项目”等也对人们的主观阶层认同有着明显的影响。这说明“相对剥夺感”或“相对获益感”也是影响人们主观阶层认同的重要因素。人们选择什么样的参照系统进行比较，以及人们在这个参照系统里处于什么样的相对位置，都极大地影响着人们的主观阶层认同。处于“西部地区”和“经济社会发展较差”地区的人们，更可能有较低的主观阶层认同，这个事实似乎说明，在一个日益开放的社会里，人们比较的范围正在扩大，在选择参照群体时已不再限于周边的社会群体，生活在乡村和落后地区的人们，在一个更加开放的社会里，更容易产生一种“相对剥夺”的感觉，从而影响其主观阶层认同。

另外，人们在大额消费生活中体现出的差异，也在很大程度上影响着人们的主观阶层认同，这是值得注意的一种现象。当从一个鼓励节俭的时代，过渡到鼓励消费的时代，消费就会演变成一种价值观念符号和权力象征符号，这样消费行为有时会发生“时代性”的变化，即影响消费行为的不仅仅是收入，更重要的是价值认同。

客观阶级地位与主观阶层意识的不一致，这并不是中国独有的现象，而是一个目前在国际社会中较普遍的事实。造成这种结果的原因比较复杂，但主要是因为：（1）人们“生活方式”上的阶层趋同现象越来越弱化，而“生活品位”上的“个体主义化”倾向越来越强烈；（2）伴随着阶层流动加快，出现了社会身份认同的“断裂”，即主观的阶层认同并不完全受收入、教育、职业等状况的决定；（3）在当前的中国社会中，社会客观阶层结构的相对固定化和主观阶层意识的碎片化趋势同时发生。

（三）关于主观阶层认同"向下偏移"的发现

通过主观阶层认同的国际比较，我们看到，即便是用中国大城市市民的主观阶层认同的相关调查数据与其他国家进行比较，中国城市公众的自我阶层认同也表现出一种明显的"向下偏移"倾向。而且，这种向下的"偏移"并不是一种整体结构的偏移，而主要表现为自认为处于社会中层的人偏少，而自认为处于社会底层的人数相对较多。例如，在美、法、德、意、澳、加、日等发达国家中，自认为处于社会"中层"的比例均在55%以上，高的接近69%；连巴西、印度等发展中大国，也都在55%以上。较高的澳大利亚和新加坡均达到了70%，即便是较低的韩国亦达51%，而这一比例在中国的大城市却仅为46.9%。与此同时，国际比较中的另一个明显差异，是中国城市公众中认为自己处于社会"下层"的比例明显高于其他国家：发达国家这一比例一般都低于5%，较低的澳大利亚和加拿大都低于3%，较高的韩国为9%，意大利为8%，印度为7.5%，但在中国的大城市，认为自己处于社会"下层"的人群比例达到了14.6%，比例之高是很罕见的。

中国城市公众的自我阶层认同明显"向下偏移"的倾向，表明中国即便在城市社会中，也还远未形成一个中间阶层占主体的社会。这个结果的产生，可能主要是因为中国收入差距的变化趋势形成不同于一般国际发展经验的曲线，即在人均国内生产总值达到1000美元以后，收入差距没有朝向缩小的方向发展，而是在一些新的因素和中国的特殊因素的影响下，继续朝着差距扩大的方向发展。中国的特殊因素包括非技术劳动力的无限供给、财富积累速度的加快等，而新的因素则包括全球化趋势对快速提升中国高级管理和专业技术人才收入的影响，以及信息成本的快速降低导致的组织结构网络化的变化和中等管理阶层重新分化。

社会中间层通常被称为社会的"稳定器"，即认为庞大的中间阶层可以在社会高层与社会底层之间起到"缓冲层"的作用，使激烈的社会矛盾和冲突得到缓解。在社会结构以中间阶层为主的社会中，社会主流意识形态更趋稳定，更不容易受较极端思潮的冲击。因此，中国城市公众"中间"阶层认同的相对缺乏，以及自认为处于社会底层的人数比例相对偏高的现象，有可能潜藏着一种社会冲突和社会矛盾的可能性，对社会的稳定和安全构成了某种潜在的威胁，这应该引起我们足够的重视并对此进行更深入研究。

（四）关于新型的价值性矛盾引发的社会冲突意识的发现

在现实生活当中，尤其是在社会生活水平较低的发展阶段，社会的主要矛盾是利益性矛盾，物质利益的差别是造成各种社会冲突的根本原因，人们以往对社会冲突的分析，也主要是集中在对物质利益矛盾方面的分析。但我们的研究发现，在中国目前的发展阶段，城市社会中正在产生着一种新的社会矛盾和社会冲突类型，即由社会价值观念的差异导致的社会冲突。

通过路径分析，我们发现，人们在利益格局变动中所处的位置，并没有直接影响到他们的冲突倾向。从利益的损失到实际的冲突行动之间，还需要一些中间环节。根据统计分析的推论，利益格局变动本身尚不足以导致冲突行为的发生，由利益变动导致的不公正感和生活满意度下降才是导致冲突行为产生的直接根源。由“不公正感”导致的收入差距原因的价值认识，使得人们对收入差距的感受在心理上被“放大”了。那些认为自己目前生活水平较低的人、那些认为自己未来生活水平得不到有效提高的人、那些认为当前收入分配不公的人、那些认为当前人们的财产占有不公的人，都普遍认为现在和将来阶级阶层之间的社会冲突会趋于严重。

从这个意义上说，加大对各种非法收入的打击力度，规范收入分配秩序，维护社会公平，是保持社会稳定更为重要的政策举措。另外，采取积极的政策措施，对改革中利益受损群体给予适当的补偿，保证其基本生活水平不致下降，尽力提高其生活满意度，也是减少社会冲突、维持社会稳定的不可或缺的重要内容。

（五）关于社会分化的两极具有更强的社会冲突意识的发现

通过调查数据的分析，我们还发现，“迅速致富”和“迅速致贫”的人，都认为现在和未来阶级阶层之间的冲突会趋于严重。过去人们较多地注意“迅速致贫”的那些人的社会冲突心理，认为那些具有“相对剥夺”感的人更易于形成阶级阶层之间的冲突意识。但本研究的重要发现在于：“迅速致富”或在过去 5 年生活水平提高很多的那些人，也认为现在和将来“阶级阶层之间的冲突会趋于严重”。

与中等、中下和中上的认同阶层相对比，一方面，最低的认同阶层更认为现在和未来社会冲突会加剧，另一方面，最高的认同阶层也对现在和未来社会关系能否保持和谐不抱乐观态度。

造成生活快速富裕的人群也有较强社会冲突意识的原因，首先是由于在快速的社会结构变动中，尽管有近一半的被调查者同意或非常同意少数人先富起来对社会有好处这一观点，但多数人都对现有的收入分配格局不满，希望进一步理顺收入分配秩序，使收入差距更加适度合理，在这种普遍的社会舆论中，富裕阶层也对自身财富的安全产生担忧；其次是因为人们对解决收入分配问题存在着较大的意见分歧，我们的调查结果显示，最高收入人群中有35.4%的人不同意多征有钱人的税帮助穷人，还有13.6%持无所谓的态度，两者相加约有一半的最高收入人群不支持多交税以帮助穷人。

（六）城市会众对干部的看法应当引起深思

在1990年代的一些全国范围的调查中，当被问到“谁是改革开放以来受益最多的群体”时，大多数人认为是私有企业主或演艺人员。但我们在2002年底的这次调查结果显示，被调查者在判断“谁是改革开放以来受益最多的群体”时，大多数人认为是党政干部。统计结果表明，在十个群体类别中，只有两个群体被半数以上的被调查者认为是改革开放以来受益最多群体，一是党政干部，二是私营企业主。其中，有59.2%的被调查者认为党政干部是改革开放以来受益最多群体，排名第一；有55.4%的被调查者认为私营企业主是改革开放以来受益最多群体。

而且，不同社会阶层的人群，在这个问题上基本形成共识。从调查结果来看，按照客观社会阶层和主观认同阶层这两种不同分层标准得出的调查结论基本一致，处于最高层和高层的人员，约有一半左右认为党政干部是改革开放以来受益最多群体；而处于最低层和低层的人员中，约有70%的认为党政干部是改革开放以来受益最多群体。

为了对这一意外的调查结果寻求旁证，我们又分析了2001年的另外一项关于当代中国社会结构变迁调查的数据，结果发现了类似的结论，在被问到“您认为在当前的中国社会中，哪三种人最容易获得高收入?”，结果显示，认为“当官的人”最容易获得高收入的有效百分比为50.7%；认为“有文化有学历的人”最易于获得高收入的有效百分比为28.8%；认为“有资产的人易于获得高收入的有效百分比为7.1%。

城市公众产生改革开放中干部获益最多这种看法，与不同职业群体实际收入状况的比较结果并不一致，之所以公众在近年会产生这种看法，大概主要是由于两个方面的原因：一是近年来市场竞争日趋激烈，很多企业经营困难，而且市场风险越来越大，“下海”已不再是“发财”的代名词，相比之下，公务员成为收入比较稳定、收入可以不断提高、生活的社会保障（养老、医疗、就业）比较完备的职业；二是某些官员中严重的腐败问题以及一些腐败大案要案犯罪金额的曝光，在民众中造成极为恶劣的影响，影响了干部在公众中的形象。调查结果还显示，大多数被调查者认为当前城市面临着两个最棘手的社会问题，其一是失业下岗问题，有70.4%的被调查者认为这是当前城市面临的主要社会问题；其二是腐败问题，有54.7%的被调查者认为腐败问题是当前城市面临的主要社会问题。

应当说，这项调查结果，与党要代表最广大人民群众的根本利益的宗旨是不一致的，所以必须引起我们的深思和警惕。

（七）城市公众对企业中的劳动关系和劳资关系最为关注

对调查数据的分析结果表明，多数城市公众都认为当前我国劳资冲突的问题是比较严重的。其中有两个比较醒目的结果：一是人们对私营企业中的劳资冲突问题感受最强烈，被调查者在对国有企业、私营企业、外资企业、合资企业四种类型的劳动关系进行比较时，认为私营企业劳资冲突最为严重的人数最多，这大概与我国私营企业用工和管理制度不规范、劳动者权益得不到保障等现实原因有关；二是人们对国有企业劳动关系的判断对其社会冲突意识的影响最为显著，多元回归分析表明，对“国企管理者与劳动者”冲突的判断，是影响人们对整体社会冲突感受的最重要因素，这可能是因为国企在社会经济生活中占有比较重要的地位，而且人们对国企劳动关系冲突的心理承受程度比其他类型企业要低。

我们在研究中还发现，影响人们对劳资冲突看法的因素是多方面的，既有一些符合常识判断的因素，如职业地位较低、收入水平较低、自我认同阶层较低的人群以及近年来生活水平有所下降的人群，都更倾向于认为当前劳资冲突问题比较严重，也有一些值得注意和容易忽略的新因素，如受教育水平较高者、年龄较轻者和居住在发展水平相对落后地区的人群，对劳资冲突问题更为敏感。

研究结果还显示，人们对劳资冲突强度的判断越高，工作满意度和生活满意度就越低，他们越可能认为社会是不公平的，并对整体社会冲突程度做出较高的判断，在实际的行为倾向上，他们也越可能采取比较激烈的冲突行为来处理矛盾和纠纷。

可以预见，随着人们教育素质和维权意识的不断提高，公众对于劳资冲突问题会更加关注，而且在现实中由于市场竞争的激烈，一些私营企业的老板也会为了降低劳动成本而不顾劳工的利益，从而导致劳资冲突的进一步加剧。因此，如何有效地调整劳资关系，解决劳资冲突，将是保持未来中国社会稳定发展的一个重要议题。

参考文献

阿盖尔（M. Argyle），1994/1997，《社会阶级心理学》，陆洛译，台北：巨流图书公司。

边燕杰主编，2002，《市场转型与社会分层——美国社会学者分析中国》，三联书店。

边燕杰、卢汉龙，2002，《改革与社会经济不平等：上海市民地位观》，载边燕杰主编《市场转型与社会分层——美国社会学者分析中国》第509～531页，三联书店。

渡边雅男，1998，《现代日本的阶层差别及其固定化》，陆泽军译，中央编译出版社。

古尔德纳（Alvin Gouldner），2001，《新阶级与知识分子的未来》，杜维真译，人民文学出版社。

黄毅志，2002，《社会阶层、社会网络与主观意识：台湾地区不公平的社会阶层体系之延续》，台北：巨流图书公司。

曼海姆（Karl Mannheim），2002，《重建时代的人与社会：现代社会结构研究》，张旅平译，三联书店。

达伦多夫（Ralf Dahrendorf），2000，《现代社会冲突》，中国社会科学出版社。

李路路，2002，《制度转型与分层结构的变迁——阶层相对关系模式的“双层再生产”》，《中国社会科学》第6期。

李培林，2001，《中国贫富差距的心态影响和治理对策》，《中国人民大学学报》第2期。

李培林、张翼，2003，《走出生活逆境的阴影——事业下岗职工再就业中的“人力资本失灵”研究》，《中国社会科学》第 5 期。

李培林、李强、孙立平等，2004，《中国社会分层》，社会科学文献出版社。

李普塞特（S. M. Lispet），1997，《政治人：政治的社会基础》，张绍宗译，上海人民出版社。

——，1995，《一致与冲突》，张华青等译，上海人民出版社。

刘欣，2001，《转型期中国大陆城市居民的阶层意识》，《社会学研究》第 3 期。

刘欣，2002，《相对剥夺地位与阶层认知》，《社会学研究》第 1 期。

马克思（Karl Marx），1972a，《路易·波拿巴的雾月十八日》，《马克思恩格斯全集》第 1 卷，人民出版社。

——，1972b，《哲学的贫困》，《马克思恩格斯全集》第 4 卷，人民出版社。

——，1972c，《雇佣劳动与资本》，《马克思恩格斯选集》第 1 卷，人民出版社。

马特拉斯（J. Matars），1990，《社会不平等：社会阶层化与社会流动》，丁庭宇译，台北：桂冠图书公司。

帕里罗、史汀森、史汀森（Parrillo，Stimson and Stimson），2002，《当代社会问题》，周兵等译，华夏出版社。

孙立平，2004，《转型与断裂：改革以来中国社会结构的变迁》，清华大学出版社。

孙立平、李强、沈原，1998，《中国社会结构转型的中近期趋势与隐患》，《战略与管理》第 5 期。

汤普森（E. P. Thompson），2001「1963」，《英国工人阶级的形成》，钱乘旦等译，译林出版社。

吴乃德，1992，《阶级认知和阶级认同：比较瑞典、美国、台湾和两个阶级架构》，载许嘉献主编，1994，《阶级结构与阶级意识比较研究论文集》，台北：台湾“中央研究院”欧美研究所。

希布鲁克（J. Saeborok），2002，《阶级：揭穿社会标签迷思》，谭天译，台北：书林出版有限公司。

许嘉猷主编，1994，《阶级结构与阶级意识比较研究论文集》，台北：台湾“中央研究院”欧美研究所。

章英华，1997，《都市化、阶层化与生活形态》，载张笠云等主编《90 年代的台湾社会》。

郑晨，2001，《阶层归属意识及其成因分析——中国广州市居民的一项调查》，《浙江学刊》第 3 期。

1985 年社会阶层和社会移动全国调查委员会〔日本〕，1985，《1985 年社会阶层和社会移动全国调查报告书》第二卷，“阶层意识的动态”。

Adam，B. Beck，U.，Van Loon，J.（eds.）2000. *The Risk Society and Beyond*：*Critical Is-*

sue: *For social Theory*. London: Sage.

Beck, U. [1986] 1992. *Risk Society*: *Towards a New Modernity*. London: Sage Publications.

——. 1999. *World Risk Society*. Cambridge: Polity Press.

Bian, Yanjie and John Logan. 1996. "Market Transition and the Persistence of Power: The Changing Stratification System in Urban China." *American Sociological Review*. Vol 61: 739 – 759.

Cantril, Hadley. 1943. "Identification with Social and Economic Class." *Journal of Abnormal and Social Psychology*. Vol 38: 74 – 80.

Caplan, Pat (ed.). 2000. *Risk Revisited*. London: Pluto Press.

Centers, R. 1949. *Psychology of Social Class*: *A Study of Class Consciousness*. Princeton, NJ: Princeton University Press.

Clark, T. N. and Lipset, S. M. 1996. "Are Social Class Dying?" in Lee, D., J. and Turner, B. S. (eds.) *Conflicts about Class*: *Debating Inequality in Late Industrialism*. London: Longman. pp 42 – 48.

Coser, Lewis A. 1956. *The Functions of Social conflict*. London: Free Press.

Coxon, A. P. M. et al. 1986. *Image of Social Stratification*. London: Sage.

Dahrendorf, R. 1959. *Class and Class Conflict in Industrial Society*. Stanford University Press.

Giddens, A. 1990. The *Consequences of Modernity*. Cambridge, Polity.

——. 1991. *Modernity and Self-identity*: *Self and Society in the Late Modern Age*. Cambridge: Policy Press.

——. 1998. "Risk Society: the Context of British Politics. in Franklin, J. (ed.) *The Politics of Risk Society*. Cambridge, Polity Press. pp. 23 – 34.

Giddens, A. Held, D. (eds.) 1982. *Class*, *Power*, *and Conflict*: *Classical and Contemporary Debates*. London: The Macmillan Press.

Goldfield, M. 1987. *The Decline of Organized Labor in the United States*. Chicago: The University of Chicago Press.

Goldthorpe, John H. 1980. *Social Mobility and Class Structure in Modern* Britain. Oxford, Clarendon Press, 40 – 42.

Goldthorpe, J. H. and Erikson, R. 1992. *The Constant Flux*: *A Study of Class Mobility in Industrial Society*. Oxford. Clarendon.

Gurr, Ted R. 1970. *Why Men Rebel*. Princeton, NJ: Princeton University Press.

Jackman, Mary R. and Robert, Jackman. 1973. "An Interpretation of the Relation between Objective and Subjective Social Status." *American Sociological Review*. Vol 38: pp. 569 – 582.

Jaeger, C. C. et al. 2001. *Risk*, *Uncertainty and Rational Action*. London: Earthscan Publications.

Kluegel, James, Royce Singleton, Jr. , Charles E. Starnes. 1977. "Subjective Class Identification: A Multiple Indicator Approach." *American Sociological Review*. Vol 42: 599 - 611.

Lee, D. J. Turner, B. S. (eds.) 1996. *Conflicts about Class: Debating Inequality in Late Industrialism*. London: Longman.

Lipset, Seymour. 1960. *Political Man*. London: Heinemann. Rocenbery Morris.

——. 1953. "Perceptual Obstacles to Class Consciousness." *Social Force*. Vol. 32 (October): 22 - 27.

Savage, M. 2000. *Class Analusis and Social Trans formation*. Buckinghan: Open University Prees.

Schultz, T. Paul. 1998. *Inequality in the Distribution of Personal Income in the World: How It Is Changing and Why*. Center Discussion Papers 784, Yale University, Economic Growth Center.

Veneman, Reeve and Fred C. Pample. 1977. "The American Perception of Class and Status." *American Sociological Review*. Vol 42.

Wright, E. Olin. 1979. *Class Structure and Income Determination*. New York. Academic Press.

——. 1999. *Class Counts*. Oxford: Oxford University Press.

Worchel, S. et al. (eds.) 1998. *Social Identity: International Perspective*. London: Sage.

Zunz, O. et al. (eds.) 2002. *Social Contracts under Stress: The Middle Class of America, Europe, and Japan at the Turn of the Century*. New York. Russell Sage Foundation.

组织和制度变迁的社会过程*

——一种拟议的综合分析

李汉林　渠敬东　夏传玲　陈华珊

摘　要：有关中国组织和制度创新与变迁之社会过程的研究，应以社会变迁，而非制度类型学作为基本范式。制度创新与变迁首先是保护带的调整，以保证制度内核处于相对稳定的状态，从而制度在渐进状态下逐步实现变迁的社会过程；嵌入性作为组织和制度变迁的结构性环境，直接决定组织制度变迁的方式、方向和效果；路径依赖是组织和制度变迁中一种不可避免的行为惯性；意识形态及其连带的价值体系在制度变迁的社会化过程中具有重要的地位和作用。以变迁为统摄的中国组织和制度创新与变迁之社会过程，必须在制度与其文化、组织系统与其环境之间的多重关系内加以考察。

关键词：社会变迁　制度硬核　保护带　嵌入性　路径依赖

自从西式的现代性猛烈地渗透、撞击和攻占传统的中国社会以后，这个社会就陷入了被迫的动荡和主动的变革之激流中。“穷则变，变则通，通则久”，始终作为百年来中国社会变迁的基本动力，也成为改造中国社会的一把合理合法的标尺。无论是旨在彻底颠覆现有社会结构的革命或变革，还是在中国社会基层曾经开展的轰轰烈烈的乡村建设和改造运动，且不说其立场和方法如何，都是符合“变”这一基本精神及其主流话语的。改革开放二十多年来，虽说社会变革的方式少了那种革命性的颠覆色彩，但其参照现代化模式彻底改造社会体制之流弊的意识形态已经深入人心；改革已经成为一种占有主流地位的意识形态，甚至在一定程度上也成为老

* 原文发表于《中国社会科学》2005 年第 1 期。

百姓进行日常判断所依据的价值形态。

我们所要考察的“组织和制度变迁的社会过程”，正是在这样一个变革和改革的宏观背景下孕育而生的。在这样一个改革成为社会惯性或习惯、改革本身作为正当性和合理性的时代里，“变”（change）成了一种社会意义上的常态（regularity）。这样的常态或常规性，从根本上说并不具有一种实质性的含义，许多社会现象所反映出来的社会变化和变迁，并不具有具体的、实在的意涵，而在很大程度上是“为变而变”这种形式上的动力促成的。但变迁已经成为我们社会首要的形式规定。因此，要考察这些年来中国“组织和制度创新与变迁的社会过程”，首先必须对变迁本身做深入的思考。换句话说，在没有充分理解变迁在中国社会结构转型中所具有的特殊意义之前，我们尚不能奢求去直接找到组织变迁的具体内容或是制度创新的具体项目。若究其实质内容，则首先要看看这个所谓的“变迁”都有哪些形式上的特征：或许，政府推动变迁的坚决程度，人们的意识中渴望变迁的迫切程度，变迁一词在意识形态体系中的合法化程度，以及在具体社会生活中变迁实际发生的速度，会对组织和制度变迁的具体方式和内容产生更为实质性的影响。

在这个意义上，有关中国组织变迁的研究，一开始就会面临一种困境：在这样一个在变动中融汇着各种复杂因素且各种复杂因素时刻处于无穷变动中的中国社会结构的转型时期，对任何社会现象的研究，都必然会面临现有的理论解释力不足的状况；而就社会学研究来说，中国社会长期以来形成的变迁格局和态势，很难让我们有可能针对一种具体组织形态做长期的结构性的考察。换言之，我们曾经刻画的某些组织形态的结构性因素，也往往会在变迁之潮中迅速地流失或转移掉，继续成为有待观察和刻画的新的因素。因此，要想对中国社会组织变迁过程进行一次完整的结构性考察和形态学分析，是一件非常困难甚至是不可能的工作。这样一来，我们的组织变迁研究就要换一种有别于静态上的结构性考察的思路，它并不囿于刻画和描述组织结构的类型学特征，或者是对制度安排及其社会行动效应的分析，而是要从组织的内部，以及组织与外部环境的关系中去寻找其在社会变迁意义上的逻辑规定性。

超越类型学，意味着超越类型学的分析前提，即面对中国社会组织的变迁与创新，我们很难用一种特定的制度模式来确定自己的研究框架和方法，而应该回到构成社会组织之特质的一个更原初的起点上，也就是说，我们必须超出制度主义或类型学的研究范式，去寻找一种更切入社会组织性质的范畴。超越类型学，也意味着我们要尽可能地回到事情本身上来。几十年来，中国社会组织在变迁过程中，不同的组织既有其本土的生长基础，同时也主动或被动地吸纳了外来的制度因素，套用马克思的观点，中国的社会组织既有它的原生形态，又有其次生形态，甚至还夹杂着许多成型或不成型的制度移植的形态。因此，在具体的研究中我们必须克服纯粹的类型学所带来的各种局限。

从上述角度出发，在分析组织和制度变迁与创新的社会过程时，有四个方面的问题值得注意。第一，制度的变迁首先是保护带的调整，以保证制度的内核处于一种相对稳定的状态，从而使一种制度在渐进的状态下逐步地实现变迁的社会过程；第二，把嵌入性看作组织和制度变迁的结构性环境；第三，承认路径依赖是组织和制度变迁中一个不可避免的行为惯性；第四，强调意识形态及其连带的价值体系在制度变迁社会化过程中的重要地位和作用。

“硬核”与保护带的互动：组织和制度分析的一种维度

拉卡托斯在《科学研究纲领方法论》中指出，科学研究纲领是由一个理论系列中的各个理论结合而成的。其结构特征表现在两个方面：一是“硬核”，表现为某种非常一般的、构成纲领发展基础的理论假说；[①] 二是“硬核”周围的保护带，不仅包括各种辅助假说，还包括初始条件时所依据的假定以及观察陈述。当“硬核”遇到反常或否证的时候，即当科学研究纲领与观察实验资料有矛盾的时候，就要调整作为保护带的辅助假说和理论，以保护“硬核”不受否证（拉卡托斯，1986）。

保护带调整可造成两种后果：一方面，可导致进步的问题转换，说明这个研究纲领是成功的；另一方面，也可导致退化的问题转换，说明这个

① 比如哥白尼纲领的“硬核”是行星的公转和自转，牛顿纲领的“硬核”是运动三定律和万有引力定律，马克思的社会理论的“硬核”是唯物史观。

研究纲领是不成功的。一个成功的科学研究纲领必须每一个环节都能预见新的事实，事后在人们知识生产的实践中能够得到证实。

拉卡托斯认为，科学研究纲领有两种方法：反面启发法和正面启发法。反面启发法是告诉科学家哪些研究途径应该避免，告诉他们不应该干什么。它具体要求科学家们在科学研究纲领的发展过程中不得修改或触动其“硬核”，任何修改“硬核”的企图都等于放弃整个科学研究纲领。正面启发法是告诉科学家们应该遵循哪些研究途径，表现为一些关于如何改变、发展科学研究纲领，如何修改、精炼保护带的提示或暗示，它是人们预先设想的科学研究纲领的研究方向、次序或政策。正面启发法有三个功能。首先，它决定科学家对所研究问题的选择。科学家们在提出第一个理论或模型时，他们已经预计到会有哪些问题以及如何解决这些问题。其次，通过建立辅助假说“保护带”来消除反常，保护“硬核”。最后，由于任何科学研究纲领一开始总是陷入反常事例的包围中，所以，通过正面启发法可使人们集中精力，按正面启发法所规定的研究方法逐步建立、发展和完善日趋复杂的理论或模型。在这里，正面启发法使人们能不依赖已知的反常，而且先于这些反常而采取行动（查尔默斯，1982）。

一个进步的科学研究纲领必须具备两个条件。其一，必须具有严谨性，从而有可能为未来的研究提供一个确定的纲领；其二，能够导致新现象的发现。一个进步的科学研究纲领必须具有解释力和预测力，在进步的和退化的科学研究纲领的竞争中，科学家们总是趋向于参加进步的科学研究纲领，这即是科学革命的基本原理。这样，当科学研究纲领处于前进的时期，它就有足够的启示指导的能力去不断地提出问题和解决问题；当它处于退化的时期，其“硬核”在经验和逻辑的压力下，也可能破碎，但是，新旧科学研究纲领之间仍可以有某种嫁接的关系。

在科学研究纲领中，拉卡托斯强调了“证实”新预见的证实作用。他认为，只有新的事实最终得到证实，知识才能增长，一个科学研究纲领才能持续地进步，并在与对立纲领的竞争中战胜对手。与此同时，拉卡托斯也提出了一个摈弃理论的标准。当一个新的理论较之原来的理论具有超量的信息内容，而且这一事实通过检验得以确认时，原理论就会被抛弃，并被新理论代替。拉卡托斯强调指出，威胁某种理论生存的不是否证和反驳，而是另一种理论，一种在理论和经验上都有超量内容的理论。

依此理论出发，我们来观察组织和制度变迁的内在逻辑。在本项研究中，我们将制度看作在意识形态及其价值观念基础上确立起来的、得到认可和强制执行的、并内化为相应的社会角色的某些相对稳定的行为规范和取向。单位作为一种制度，即具有这样的特征。这些行为规范，融于人们在单位中所扮演的各种不同的社会角色及其所具有的不同的社会地位之中，调整着单位中人们之间的社会关系，维持和保证了单位成员间的社会互动，并成为人们进行社会互动的最基本的组织和制度的结构条件。从理论的角度来看，一种制度主要具有四种结构性要素（Korte and Schaerfer，1995；Schùlein，1987；Schelsky，1970；Dowell and Dimaggio，1991）。（1）制度建构的主导思想（Leitidee），或这种制度建构的意识形态。这种主导思想或意识形态被人们所内化、所承认以及被正式地确定下来。（2）制度中所规定或产生的各种不同的社会角色以及这种社会角色在制度或组织中行为的内在规定性。（3）制度中的规则和行为规范，依此来定义人们在一种制度或组织中交往与互动的方式。（4）制度中被物质化或形象具体化的象征（Symbol）和设置。

那么，在制度的这四种结构性要素中，哪一种又是最核心的要素呢？从理论上讲，这四种结构性要素在抽象层次具有差别，意识形态的抽象层次最高，其次是规则和规范，再次是社会角色，最后是象征符号。随着系统复杂程度的增加，整合系统的机制也必须更抽象（Luhmann，1995）。由此看来，意识形态及其价值体系最有可能成为制度最核心的要素，其次是规则和规范。也就是说，处在不同层次的社会组织和结构，最核心的结构性要素可能是不同的。对于总体社会而言，或者是试图代表总体社会的政治组织而言，意识形态，即第一种结构性要素，可能是最核心的制度要素。而对处于中观层次的组织，一种被人们认可、被内化或者被强制执行的规则和行为规范，即第三种结构性要素，是制度的结构性要素中最核心的东西。

接下来需要进一步理解，这里所指的这种组织和制度的“硬核”与保护带究竟是什么。组织和制度的“硬核”，应该是从根本上决定组织和制度区别于其他的组织和制度的特征属性，它类似于DNA的特质，从根本上决定着组织和制度的性质以及这种组织和制度与其他组织和制度的区别；同时，它也是组织和制度中稳定的和深层的内涵，从根本上抗拒变迁，而且就其自身的性质来说也不易发生变迁（Luhmann，1981，1982；Lau，1978；Lepsius，1990；Hartmann，1964）。因此，组织和制度“硬核”具有隐含性（深藏在日常的组织行为和制度表述之后）、抗逆性（面临灾变性环境变化时也不会轻易妥协）和稳定性（不会因为时空的延伸、内外的变故而数变其身）三个基本属性。

我们可以从两个方面来理解制度的“硬核”。一方面，制度的“硬核”主要是指制度文化，或者更确切地说，是一种制度化的文化（institutionalized culture），一种被特定制度深刻影响和内化的文化。这种制度的“硬核”包括某种制度安排的合法性、意识形态以及相应的所有制形式。制度文化不完全是一种信仰，更确切地说是人们在实际行为过程中所遵循的行为规范和规则。另一方面，制度的“硬核”同时也可以理解为一种制度化的行为取向。这种制度化的行为取向可能隐含在占主流地位的意识形态之中，也可能通过一种合法化的程序固定下来。在一个国家所有的单位组织和制度中，各种不同的角色有着特定的行为规范，人们在其中的资源分配与消费有着特定的规则。这种组织和制度内有着各种不同的机构设置以保证规则的实施。人们认同这些规则，在其中社会化。通过一定的程序和仪式，这些规则被合法化，要求人们强制性执行，并以此来区别于其他非国家所有的单位组织和制度，进而构成了这种制度的内核。

由于制度的“硬核”具有隐含性、抗逆性和稳定性的特征，所以，一般的改革所涉及的只是制度的表层或表现，其内核常常被厚厚的一层保护带包裹着、维护着。而制度的保护带主要是指围绕在特定制度周边的相关政策和措施以及由此引发的或直接对应的组织行为和规范。所谓保护带的调整，主要是指人们相应地改变政策、行为、规范以及局部的制度安排，以期达到保护制度的“硬核”不受外部变化或压力的影响，维护自身免被改变的目的。在某种意义上，制度是规则，而组织则是这些规则限制下的集体行为，是制度的一种外在的表现形式。组织和制度变迁的社会过程，指的是特定组织和制度的“硬核”从量（quantity）和质（quality）两个方面逐渐发生变化的过程。那么，这种变化是怎样和在什么样的情况下发生的呢？

首先，这种变化来自宏观环境的压力。（1）支配的合法性出现危机，及其连带的失范效果。（2）自上而下的改革推动。（3）全球化的压力及国际通行规则的要求和制约。其次，这种变化来自外部的压力。(1) 示范效应。在和外界环境比较的过程中愈来愈强烈地感受到了不满意和相对剥夺，从而愈来愈强烈地要求改变现状。(2) 模仿机制。改革开放使人们更容易了解和感受新鲜的和更为现代的生活方式和价值观念，人们在模仿过程中愈来愈强烈地表现出学习的愿望和对现状的不满意。最后，这种变化也来自组织和制度内部愈来愈强烈的改革要求。(1) 当一个组织内部社会团结程度较低、运行状况不理想的时候，组织和制度也会相应地发生变化。(2) 不同所有制状态下组织之间的竞争以及这种竞争所造成的人们社会地位和经济生活上愈来愈大的差距，也迫使统治者与被统治者、管理者与被管理者双方依照各自不同的角度产生愈来愈强烈的要求变迁的呼声与动力。

组织和制度的“硬核”不可能在上述压力下即刻发生变化，最先做出反应和变化的是这种组织和制度的保护带。或者说，保护带在这种压力下做出相应的调整。这种调整不断受到两个方面的影响：一是路径依赖所造成的一种行为惯性；二是行为的嵌入性，因为人们的行为，哪怕是一种自身极力想要改变的行为，都难以摆脱其所处的制度环境和社会结构的影响。因此，人们主观上想要调整的组织和制度的保护带，客观上却不可避免地受到行为之路径依赖和嵌入性的影响。组织和制度的创新与变迁，就是在不断受到这些影响的同时也不断试图摆脱这些影响的过程中逐渐实现的。①

嵌入性：组织和制度变迁的结构环境

嵌入性理论的提出，归功于三位学者：卡尔·波兰尼 (Karl Polanyi)，哈里森·怀特 (Harrison C. White)，以及怀特的学生马克·格兰诺维特 (Mark Granovetter)。当制度经济学的学者们将其研究兴趣与热情倾注到讨

① 从逻辑上讲，调整保护带所带来的结果可能有三种。第一，调整保护带的策略成功，此时，制度“硬核”得到成功保护；第二，调整保护带的策略只获得部分成功，使制度“硬核”部分直接暴露在外在环境的直接压力之中；第三，调整保护带的策略完全失败，全部制度“硬核”均暴露在外在环境压力之中。当制度“硬核”面对环境压力时，它可能做出适应性调整，从而发生渐进性变迁（这是本文所要考察的情形），也可能由于制度“硬核”表现得过于刚性而无法适应，因灾变而消亡，整个制度安排发生革命性变革。

论制度的构成和起源、制度的变迁与创新及需求与供给时，却往往忽略了在特定社会中产生这种制度的社会结构与环境。嵌入性理论恰恰是在这个方面为制度研究做出了重要的贡献。

在《作为制度过程的经济》一文中，波兰尼首先指出："经济过程的制度化与一个社会的联合与稳定的过程紧密相连。这个过程会产生一种结构，这种结构具有一种由社会定义的功能……由此产生相应的价值观、激励机制和政治形态。在这样一种相互关联的过程中，人类的经济活动被制度化。……也正是基于此，人类经济嵌入并缠结于经济与非经济的制度之中。将非经济的制度包容在内是极其重要的。对经济结构和运行而言，宗教和政府可能像货币制度或减轻劳动强度的工具与机器的效力一样重要"（Polanyi，1922）。在这里，波拉尼首先提到了人们的经济行为对非经济的结构与制度的依赖。或者说，人们对某些经济行为与模式的选择，从根本上看，往往是受到他们赖以生存的那个社会的社会结构和社会生活方式影响的结果。

在分析市场产生的社会过程的时候，怀特指出，市场是关系密切的企业通过相互观察彼此行为产生的社会结构，而且，市场亦通过这种重复关系而自我复制和再生。市场的供给则是生产厂家之间互动的结果。怀特认为，生产商们在一开始就处于同一社会网络中，他们互相接触，相互观察对方在做什么，特别是对方在同类和相关产品上是如何定价的。所以，生产商的社会网络为他们提供了必要的经营和价格信息。其次，处于同一网络中的生产商相互传递信息，并相互暗示，从而建立和保持一种信任关系。按照这种心照不宣的共同约定和信任，人们从事着生产与经营。最后，市场制度事实上产生于同处一个网络圈子里的生产商，而不是生产商按照凭空而起的市场制度来行事。换言之，市场制度只是生产商网络内部相互交往产生的暗示、信任、规则的反映。

格兰诺维特进一步发展了上述两位学者的观点。从新经济社会学的角度，他和他的同事认为，经济行为只是社会行为的一种形式，经济行为的内容和方式在很大程度上会受到其行为发生的那个社会环境及其社会结构的影响，特定的经济制度是那个社会的社会结构的一个重要组成部分。在此基础上，格兰诺维特批评了关于人类行为概念的"过度社会化"和"低度社会化"（over-and under-socialized conceptions of human action）两种极端观点，因为它们忽略了人们之间业已存在的具体的社会关系。格兰诺维特进一步重提“嵌入性”，深入地说明波兰尼的观点，并明确指出，经济行为嵌入于社会结构之中，而核心的社会结构就是人们社会生活中的社会网络，信任则是嵌入网络的机制。从根本上说，在人们的经济生活或经济行为中，不是什么制度安排或普遍道德使人们相互间产生有效率的社会互动，而是由于人们被置于特定的网络之中，并由此产生了相互的信任，在这个基础上，我们才可能产生有效率的互动。总之，在格兰诺维特那里，有效率的经济交易和互动往往产生在间接或直接的相识者或熟人之间，嵌入性的概念所强调的是信任，而非信息（Granovetter，1973，1974；Granovetter and Swedberg，1992）。另外，按照刘世定的理解，格兰诺维特关于嵌入性的讨论涉及了两个基本的层面：一是社会科学中研究人的行动的视角，即以“嵌入性”挑战主流经济学和社会学中关于人的行动的基本假设；二是在“嵌入”的具体内容上，将人际关系网络作为基本要素，从而把社会学研究中的一个主要领域引入进来。这两个层面正是格兰诺维特和波拉尼的有别之处。在波拉尼那里，一方面，他提出问题并没有达到人类行动之基本假设的抽象程度，另一方面，波拉尼注意到的只是嵌入制度，而不是人际关系网络（刘世定，2003：72）。事实上，嵌入性的研究不但要弄清楚嵌入性为什么会存在，而且还需要深入分析嵌入性对经济行动与制度的影响，以及嵌入性的构建问题。

上面，我们从“硬核”与保护带之互动作用的角度分析了组织和制度变迁的社会过程，指出制度的内核本身具有抗拒变迁的特征，组织和制度通常会在保护带不断调整的过程中逐步发生变化。不过，这里尚未涉及另一个重要问题，即组织与制度变迁的结构环境。中国目前所进行的一系列制度创新，其都是为了重新调整组织关系和制度安排，合理规范政府和企业以及其他各种社会组织的行为，重新定义人们在新的制度中行为的不同条件，并由此提高组织行动效率，顺利实现制度目标及其社会整合效果。然而更重要的是，这种制度创新和变迁离不开我们现实的社会环境与制度资源所能提供的条件，亦即任何一种制度总是要嵌入到特定的社会结构和社会文化之中。制度设计得再合理，若不能成功地嵌入到这个社会的社会结构之中，或者说，倘若制度创新在现存的社会结构中遭遇到强烈的“排异反应”，那么，这种制度的创新与变迁则最终不可能带来效益，也不可能为这个社会带来长久的稳定和发展。那么，一种新的组织和制度嵌入社会结构环境的过程究竟是怎样发生的？抑或这种新的组织和制度是怎样逐步嵌入到社会的结构性环境之中的呢？

首先，如上所述，这种创新与变迁的动力来自宏观环境的压力，以及人们在对外部环境或群体示范与模仿的过程中自身改革与创新的要求。但是，外部制度以及人们行为的规则不可能简单地拿来和照搬，更多的是要按照自身所处的社会结构环境做出相应的修正和改变。对外部制度移植的修正和改变，我们称之为“制度变通”，它是一种旧的制度安排嵌入新的社会结构环境的第一步，也是最重要的一步。

其次是制度适应。如果说制度变通是指一种已有的、移植来的外部制度安排或规则逐步嵌入新的社会结构环境的过程，那么，制度适应就是指当这些外部制度成功嵌入本地社会结构之后，人们的行为逐步地适应这些制度或规则的变化过程。这主要是因为制度对人们的行为选择具有主导作用；个人行为“嵌入”制度并被制度所塑造和指引，因而对个人行为的解释在根本上离不开对制度的理解，个人行为在很大程度上是一个因变量。这里，有两个方面的问题值得注意。一方面，一旦某种制度被建立起来，它就能够规定人们进一步的行动。制度规范行为，在这里带有一种强制性的意味。人们在特定的组织中必须遵守这一制度规范，否则就会因违规而受到组织规章的正式或非正式的惩罚。制度按照角色和情境的关系确定人们行为的适当性，既包括对情境和角色的鉴别，也包括对某种情形下适当行为的确定，它是一系列“相互联系的规则和惯例的集合，据此可以界定个人的适当行动、个人和情境之间的关系，制度促使个人去反思：当下是什么样的情境？在这种情境下，扮演什么样的角色比较合适？这种角色的责任和义务是什么样的？”（March and Olsen，1989）在个人做决定的时候，他的问题不单是“怎样扩展我的利益”，而是根据我的位置和责任，在此情境中，判断什么是我最适当（正确）的反应和行为方式。在多数情况下，规则和程序（即制度）是清楚明确的，个人总是跟随惯例，按照惯例的要求采取行动，个人的行为是被动的，是不断适应的过程（张静，1998）。然而，另一方面，在制度的制约下，人们在组织中行为的适应，不仅是一个被动的过程，在更多的情境下，同时还表现为一个积极学习的过程（Douglas，1986）。或者更确切地说，通过意识形态所形成的价值认同，人们对新的制度、新的规范与规则会逐渐由被动的适应转换为主动的学习和接受。在这样一个社会过程中，人们逐渐被社会化，逐渐接受这种新的制度安排及其知识图式，建立组织行动中的自我指涉（self-reference），力图使其变成约束自己的行为规范，并最终使这种制度的安排"嵌入"到特定的社会结构之中，"嵌入"到人们自身的行为结构之中，变成社会结构的一部分和自身行为结构的一部分。所以，理解制度适应，需要考察上述结构化过程的这两个角度（Giddens，1984）。

还需要指出的是，当一种制度真正嵌入了它所赖以生存的社会结构与社会环境之中时，这种制度同时也就被深深地打上了这种社会环境、社会结构乃至社会文化的烙印，形成一种互依互存的状况。这种状况的形成起码具有两个方面的意义：首先，在一种组织和制度创新的初期，当这种组织和制度能够成功嵌入到社会结构中时，这种组织和制度就能够借助这种相互的整合推动自身的发展，使其创新与变迁得以深化；其次，当一种组织和制度发展到了一定时期，需要进一步实现创新与变迁的时候，这种制度与其赖以生存的社会结构高度整合，则会给制度的进一步变迁带来极大的障碍。认识到了这一点，对于我们深刻地认识嵌入性正反两个方面的社会功能，是非常有益的。总之，组织和制度的变迁与创新，并不是一种独立的自我设计的社会过程，它客观上要求这种组织和制度赖以生存的那个社会结构环境也必须发生变迁。

路径依赖：组织和制度的惯性

由制度经济学家诺斯首先提出的路径依赖理论（North，1981，1992，1993；North and Thomas，1973），主要是描述过去的制度对现在和将来所实施的制度、人们过去的行为对现在和将来的行为产生影响的过程和机制。这种理论告诉我们，一种现存的制度及其所塑造的人们的社会行为，都会具有一种"惯性"，一旦采取了某种制度，贯彻了某种社会行为，进入了某种特定的路径，那么，这种制度或行为就会形成一种惯性，为人们进一步的路径选择制造出一种依赖结构。按照诺斯的说法，即人们过去的选择在很大程度上可能会决定着他们现在或将来的选择。

在诺斯看来，制度变迁的路径依赖主要有两种极端的形式。

“路径依赖Ⅰ”。这是指一旦某种独特的组织发展轨迹确立以后，一系列的外在性、组织学习过程、主观模型都会强化这一轨迹。某种具有适应性的有效制度演进轨迹将允许组织在环境的不确定性下选择最大化的目标，允许组织进行各种试验和建立有效的反馈机制，去识别和消除相对无效的选择，并保护组织的产权及其配套制度，从而带来长期的经济增长。

“路径依赖Ⅱ”。这是指在起始阶段带来报酬递增的制度，在市场不完全、组织无效的情况下，阻碍了生产活动的发展，并会产生一些与现有制度共存共荣的组织和利益集团，这样，这些组织和利益集团就不会进一步追加投资，只会强化现有制度，由此产生维持现有制度的政治组织，从而使这种无效的制度变迁的轨迹持续下去。这种制度只能鼓励进行简单的财富再分配，却给生产活动带来较少的报酬，也不鼓励增加和扩散有关生产活动的专门知识。

诺斯认为，除这两种制度变迁的极端形式外，还有其他一些中间性的情形和方式。在制度变迁的过程中，也存在着报酬递增和自我强化的机制。这种机制使制度变迁一旦走上了某一条路径，它的既定方向就会情不自禁地在以后的发展中得到自我强化；或者，沿着既定的路径，经济和政治制度的变迁可能进入正反馈的轨道，迅速优化；或者，也可能顺着原来错误的路径继续下滑，被锁定在某种无效率的状态中，无法自拔。在这里，诺斯进一步分析指出，决定制度变迁的轨迹有两个因素，即收益递增和不完全市场。随着收益递增和市场不完全性的增强，制度就会变得愈来愈重要，自我强化的机制就会起着愈来愈重要的作用。

根据诺斯的分析，制度变迁的自我强化的机制取决于以下四种表现。第一种是初始设置成本。设计一项制度需要大量的初始设置成本，而随着这项制度的推行，单位成本和追加成本都会下降。第二种是学习效应。适应新的制度而产生的组织会抓住制度框架提供的获利机会，迫使组织和组织成员积极地学习，以获取更大的利益和适应发展与生存的需要。第三种是协调效应。通过适应制度而产生的组织与其他组织缔约，以及有互利性的组织的产生与对制度的进一步投资，进而实现协调效应。更为重要的是，一项正式规则的产生将导致其他正式规则及其一系列非正式规则的产生，以补充和协调这项正式规则发挥作用。最后一种是适应性预期。随着以特定制度为基础的契约盛行，将减少这种维持现存制度的不确定性

（North，1990）。

在分析路径依赖形成的原因的时候，诺斯指出，主要有四个共同的因素影响和制约着制度变迁的路径。第一个因素是报酬递增。当一种新的制度实施能够产生社会成员普遍报酬递增的效果时，人们采用和认同这种制度的可能性就愈大。第二个因素是不完全市场。市场的发育愈不完全，人们愈不可能在经济行为之前掌握准确和全面的信息，制度变迁的轨迹就会愈呈现发散和不可预测的状态。第三个因素是交易费用。市场和信息愈不完全，交易费用的成本就会愈高，制度的绩效就会因此变得愈低。也正是由于高昂的交易费用的存在，从而使得大量无绩效的制度变迁陷入“锁定”状态的现象长期存在。第四个因素是利益因素。一个社会中的利益集团从现存制度中所得到的资源或好处愈多，则其要求维持现状的呼声就会愈高，要求制度变迁的驱动力和积极性就会愈低，阻碍这种制度变迁的可能性就会愈大。

在前两节里，首先我们谈到了制度的变迁是保护带的调整，以保证制度的内核处于一种相对稳定的状态，从而使一种制度在渐进的状态下逐步实现变迁的社会过程；其次，我们指出任何一种制度都离不开它所赖以生存的那个结构性环境，总是嵌入其中。这里需要进一步分析的是，一种制度和组织嵌入它所处的那个社会环境以后，人们行为方式和取向的变化会遵循什么样的规律。

从社会学的角度来看，当人们对行为方式做出选择以后，他就很可能会按照其既定的选择模式一直选择下去，这种惯性会在随后形成的社会互动过程中不断强化已经选择的行为方式。而如果在这时选择其他的行为方式，则可能要付出很大的代价和成本。因为人们的行为方式被社会化的程度愈深，在人们随后的互动过程中受到这种行为方式影响与制约的程度就愈深，可能性也愈大。

人的行为如此，组织和制度的行为亦如此。当一种组织和制度嵌入到它所处的那个社会环境以后，它首先要面临很多的选择和问题，其中最重要的是路径依赖和自我强化。这意味着，在组织和制度变迁的过程中，一旦这种组织和制度在自我增强机制下选择了一条路径，就会很强势地沿着已经选定的路径继续走下去，这种组织和制度的既定方向也很可能会在接下来的发展进程中得到强化。换句话说，一种组织与制度的初始选择对这种组织与制度变迁的轨迹和将来发展的方向具有相当强的影响力和约束力，一旦有了明确的选择，该组织和制度就会对这种选择产生依赖。有人把这种路径依赖比喻为物理学中的惯性。一方面，这种路径可能会通过惯性和动能产生所谓的“飞轮效应”，推动一种组织和制度朝着一种正反馈的方向变迁与发展；另一方面，这种路径可能会通过惯性和动能触发一种负反馈机制，从而造成组织与制度陷入或锁定在一种死循环（doom loop）的状态之中，最终导致组织无效或处于停滞状态（Zucker，1987；Yang，1989；Womack，1991；Weiner，1981；Sezeleny，1996；Stark，1992；Walder，1992）。

上述制度行为的惯性对于组织与制度的变迁具有两重意义。一方面，在一系列共享的社会规范和规则制约下，制度可以增加社会、经济交换行为的稳定性和可预期性，从而减少非规范社会经济行为中的不确定性风险；与此同时，作为一种交易各方共享的社会规范和规则，制度能够促进人们之间的相互信任与合作，使组织行为变成一种超越个体的集体行动，由此形成的规模经济和外部效果将大大降低交易成本。制度的这些功能使得制度在正确的初始选择过程中能够积极地推动制度的良性循环与变迁。另一方面，一种新的规则或规范能够得以以制度的形式出现，必然是交易各方共同选择和相互妥协的结果，这种共同选择和相互妥协根植于各方在这种体制选择中实现了各自投入－收益之间的均衡。与此同时，制度的价值还在于它能够为社会经济活动提供一种稳定的长期服务，人们可借此对社会经济互动做出长期的预测，并由此产生安全感。制度行为的惯性对其变迁的推动与制约的双重作用，从一个侧面显示了新制度的初始选择与影响这种初始选择的条件（初始条件）的重要性。

从改革开放以来中国组织与制度变迁的初始条件和过程来看，我们一直较为注意依托现有经济、社会组织进行边际制度创新。同许多其他经济转型的国家或地区的变迁与改革不同，中国的组织变迁不是简单地采取开放市场、通过社会经济组织自由竞争来催生市场体系发育，更不是抛弃既有组织结构，另起炉灶，用全新组织来推动变迁和拉动改革，而是充分利用了原有计划体制中既存的经济、政治和社会组织，依托长期积累起来的组织和制度资源，通过有序的边际组织创新的方式来稳步推动组织和制度的变迁与创新。回顾多年来中国改革与变迁的历史进程，可以清楚地看到，许多新生的经济组织几乎都是直接、间接依托原有国有经济与乡村集体经济转型、延伸、嫁接、脱壳成长起来的，不少乡镇政府、村级基层自治组织以及城市的管理领导者往往是组织转型的双重领导者。不仅如此，在相当长的一段时期里，许多在转型中新生的市场经济组织一旦达到某种规模，也要挂靠或寻求某种政府组织保护，向原有的组织性质靠拢。依托既有经济组织推进改革，能够最大限度减少改革的摩擦阻力，降低制度创新的风险，低成本地利用传统组织和制度资源。在中国这样一个市场经济基础薄弱、社会法制与信用关系淡薄、个体承受力较低、民间组织发育严重不足的国家，只有依托业已形成并占据绝对控制地位的各级政府组织、国有与集体经济单位，才能避免大的被动与震荡，稳定推动改革深入（参见孙立平等，1994；周其仁，2002；陈孝兵，2003；王小鲁，2003；刘伟，2001）。在这里强调这一点，依然是为了进一步说明中国组织与制度变迁的初始条件与基础。理解了这一点，就能进一步理解目前我们组织与制度行为的惯性。因势利导地利用这种行为的惯性，则是我们的组织和制度变迁难以规避和不可选择的策略、前提与条件。

意识形态：组织和制度变迁的社会化过程

在一般的意义上，意识形态主要是指一种信仰体系、一种世界观，是一种系统的价值观念和规范（norms）。若从承续马克思主义传统的批判理论的角度来看，意识形态是一种由社会中占支配地位的利益集团所倡导和推动的主流的思想文化和价值体系；若从略带保守主义倾向的社会理论的角度来看，意识形态则是一个社会通过价值整合来实现社会存在基础的集体意识（Durkheim，1984）。因此，意识形态不仅被赋予更广泛的心理和文化含义，而且通常还和人们社会化的过程以及人们日常生活的价值观念紧紧联系在一起。

（1）意识形态可以影响和左右人们的利益表达。占支配地位的群体通常通过社会化的暗示和明示的方式，传递着他们的观念和世界观，再通过各种不同的社会化载体，通过各个不同的角度或方式，反复论证和宣传一种观点、主张和世界观，使人们逐渐接受和认可这样的观念意识，或者用它们来论证和归纳自身的利益综合和利益表达（阿尔蒙德，1987；Etzioni，1961）。（2）意识形态可以影响和左右人们的社会化过程。众所周知，社会化有着各种不同的制度化的载体，并始终作为一种主导和主流的思想文化形态。接受某种意识形态，更多地表现为一种主动、积极的学习过程。通过这样一种价值认同过程，社会成员总是潜移默化地承认现行支配秩序的合法性，将通行的世界观内化为自我的世界观，用通行的价值观念和行为规范为自我制定行为的取向和标准，从而完成自我塑造和实现。（3）意识形态可以影响社会变迁的具体过程。意识形态既可以成为社会变迁的动力，也可以成为阻力。意识形态可以用来指明社会变迁的新方向和新秩序，也可以使那些未预计到的变迁合法化。意识形态可以团结社会，也可以激励人的行为。意识形态本身作为一种承认的政治，可以造就人们自我实现的价值（Robert，1997）。（4）意识形态可以节约人们在互动过程中的各种行为费用，可以通过价值认同的方式使决策过程简化（诺斯，1994：53）。从制度安排的角度来看，意识形态是减少提供其他制度安排的服务费用的一种制度安排（林毅夫，1991）。在与他人的社会经济交往的过程中，人们需要一种相应的评判标准，这种评判标准可以是公众的共同约定（common consensus），也可以是具有特定行为方式的参照群体（reference group）。从这个意义上讲，意识形态就是一种简化的认知图式安排；共享同一意识形态的人群会对相似事件做出类似的反应，这种共同知识的形成有助于合作，使达成共识的交易成本大大减少，并形成比较确定的行为模式和行为规范（Cheek and Saich，1985）。（5）意识形态可以服务于人们行为的成本收益分析，能够定义和改变人们行为的取向和偏好。有的学者把意识形态的内在约束称为“价值权力”（Lukes，1974），它具有定义和改变人的行为偏好的功能，可以将一种由制度强制形成的“必须”（have to）规范转换成为一种靠人们自觉地去遵守的“应该”（should）规范。当人们为自己的行为方式是否应该遵循规范而犹豫不决时，起决定作用的因素是非制度化的行为规范被内化的程度，即意识形态在多大程度上具有一种内在的约束力。①

从以上描述中可以清楚地看出意识形态所具有的稳定性特征。有些学

① 从这个角度来看，诺斯也认为，一个人之所以会选择投票而不是按照狭隘的个人主义行事（搭便车），是因为他接受了投票是公民光荣义务的意识形态；任何一个成功的意识形态必须克服搭便车问题，从而促进一些群体不再按有关成本与收益的简单的、享乐主义的个人计算行事。如果社会普遍信奉的某种意识形态决定性地塑造了个人的荣辱观、义利观、幸福观，那么，这种意识形态就能形成对产权的重要保护和产权界定中的重要机制。

者把意识形态的稳定性来源归结为三个方面：其一，当一种意识形态为集体中多数人接受后，符合意识形态的社会行为往往被看作合乎理性的行为，而挑战意识形态的社会行为则往往被看作非理性的行为；其二，一旦接受了某种意识形态后，个人的意识或信念就不会轻易发生改变；其三，作为典型的公共产品，个别人或少数派很难改变主流意识形态（Battigalli and Bonanno，1997）。因此，在一般意义上，意识形态对一个社会的变迁、对一种制度的变迁、对一种组织中的行为与观念的变迁，都具有举足轻重的作用。

那么，意识形态在组织和制度变迁与创新过程中具有什么样的功能和作用呢？按照吉登斯的归纳，有以下三点：（1）把局部利益表现为整体利益；（2）否认矛盾存在，并对矛盾进行演变；（3）通过具体化的方式使现状合法化。吉登斯认为，意识形态是统治阶级合法化的工具，是行使权力保障和掩饰局部利益的媒介。换言之，意识形态提供了一个有利于某些群体的意义环境，同时掩盖了这一意义系统的统治本质。在多数组织中，意义体系表现为故事、笑话、礼仪、备忘录、会议等形式。所有这些组织实践都是再现或重组组织中的意识形态意义体系的符号形式。他指出："分析符号秩序中的意识形态方面……就要考察含义的结构是如何调动的，从而使统治集团的局部利益合法化。……从机构的角度考察意识形态就要反映符号秩序是如何在日常生活的'活生生的经验'中维持统治形式的……从这一角度考察意识形态就要识别将含义同合法性联系起来以巩固统治者的利益的最基本的结构要素"（Giddens，1979，1981）。

在一种组织与制度的变迁过程中，意识形态的作用主要表现在以下几个方面。

如上所述，组织和制度的变迁与创新过程通常表现为一种新的制度安排逐步代替旧的制度安排、一种新的行为规则逐步取代旧的行为规则的社会过程。在这一社会过程中，首先遇到的问题是要令人信服地解释，为什么新的制度安排和行为规则必须或必然要代替旧的制度安排和行为规则。对所有制度改革者和创新者提出这个变革的理据，都是必需的步骤，这种现象我们称之为诘难创新者的"理据困境"。对于所有墨守成规的人来说，这种被诘难的理据困境是不存在的。然而，恰恰在处理理据困境的时候，意识形态起到了非常重要的作用。因为它可以从合理性（变革的理性依据)、合法性(变革的秩序依据)和合情性(变革的情感依据)三个方面为制度变革和创新提供支持。

如果所要变革的制度或所要创新的制度属于整个制度安排中的保护带,也就是说,新旧制度不具有意识形态层面上的矛盾,那么,处于“硬核”位置上的意识形态就可以为这些制度变革或制度创新提供合理性依据。此时,依据意识形态而走出理据困境的出路有两条:一是制度变革或创新是意识形态的更完美、更确切的表达;二是制度变革或创新丰富和发展了意识形态。无论是哪一种途径,借助于人们对意识形态的信念,对意识形态的总体承诺,为什么要进行制度变革和创新的理据困境中的合理性问题,就可迎刃而解了。当然,这种意识形态上的诉求,并不排除其他价值理性或工具理性的诉求。事实上,借助于意识形态,新制度在整个社会中被接受的范围、程度和速度都将大大加快,这在很大程度上减少了制度变迁与创新的阻力,从而顺利实现旧的制度安排向新的制度安排的平稳过渡。

其实,人们接受新的制度安排与行为规则的过程,同时也是这些安排和规则不断得到内化或社会化的过程。制度安排和设计提供给人们的,不仅是一系列行为规则,同时还有许多隐藏在这些行为规则背后的价值系统。只有让人们在社会化的过程中接受这种价值观念,并自觉地把制度设计的行为规则变为自己的行为规范,成为其自觉行为的一部分,这种制度的创新才能真正融入人们的社会行为结构,也才能真正嵌入其社会结构和环境当中。因此,一种制度变革的理据困境还存在合情性的维度,需要对社会情感的诉求予以表达。事实表明,公众对制度变革和创新的情感反应往往与制度变革的成败有着密切关系。其间,意识形态往往能够起到非常重要的作用。当人们通过意识形态的作用能够相信一种新的制度结构更合理、更合法、更公正,在这种前提下自己和他人的收益会更多、福益更大时;当人们把这种规范和信仰最终内化为自己的生活方式以及由此带来的幸福感的评判标准时,他就会情不自禁地认同和参与其中,由此激发出来的热情和效益都将是巨大的。在这个意义上,意识形态同时表现为一种特殊的生产力,一种能够激励人们创造、降低制度创新成本的生产力。也恰恰是在这个意义上,意识形态成了成功的组织和制度创新与变迁的一个重要的前提条件。

小　结

众所周知，中国目前的社会总体正处在一个急剧变迁时期，“除旧布新”“厌旧喜新”是一种个人意向、一种社会潮流，恰如涂尔干当年针对西方现代性危机的描述：

> 人们渴望各种新奇的东西、未知的享受和不可名状的感觉，但是这些新玩意儿被认识以后，它们便失去了一切乐趣。从那时起，突然发生最危险的挫折，人们就无力承受……老是等待着未来和死盯着未来的人，他的过去没有任何东西可以鼓励他去忍受现在的痛苦，因为过去对他来说只是一些亟待度过的阶段。使他能够欺骗自己的是，他总是想在不久的将来找到自己还未曾遇到过的幸福……无限的欲望像一种道德的标志每天都显示出来，而这种欲望只能在反常的和把反常当作规律的意识里产生。(Durkheim，1951)

本文所论及的组织和制度变迁与创新的社会过程，就发生在这样一种将反常作为常态的变化处境之中，人们经常用变革的欲望来催促一切组织和制度的改造与转型，而社会改革的最终基础，恰恰也具体化在每个组织和制度的变迁与创新过程之中，落实在每个组织和制度变迁与创新的社会效果之中。不过，相比于由变迁激发出来的人们的求新欲望，任何一种具有整合能力和团结效应的组织，任何一种制度化的社会系统，在内在结构上总会表现出一种抗拒变迁（resistance to change）的倾向。一方面，制度变迁的这种滞后性，保证了在社会及其结构的急剧变迁中，人们的行为不至于完全处于一种迷茫和混乱的失范状态；另一方面，这种滞后性对一个社会的改革和变迁也会产生一种无形的强大阻力。所以，当一个组织和制度发生变迁与创新的时候，一定会有其内部与外部的深刻原因，使这个组织和制度不得不发生相应的变化与变迁，以适应其生存与发展的需要，以及内部结构与外部环境的要求。

有关组织和制度变迁与创新的社会过程，上面已做了概括。这里，需要再次强调的是，通过制度移植来实现组织和制度变迁与创新的观念，在方法论上是基于制度主义的类型学基础，将这一夹杂着不同因素的变迁过程诉诸制度类型的比较和参照，而形成这一观念的内在动力，来自对中国自身组织系统之制度化不足的基本判断，因此，对于比较和参照意义上的制度类型来说，现实社会中的制度改造和组织建设都是依照示范效应和模仿机制的原则展开的。就此而言，无论是政府推动所构成的组织和制度变迁与创新的重要动力，或者是组织和制度改造和更新自身结构的要求，都源自对不同制度类型的认识、比照和选择。

然而，通过检讨中国二十多年的改革经验，可以清楚地看到，组织和制度的变迁与创新，不仅仅是组织本身的系统变化，改革一种制度，也不是依靠单纯的制度移植或更替就可以一蹴而就，一个组织和制度的形成、生长和变迁，并不能简单等同于组织结构及其制度模式内在的构造或重构过程，而必须考虑组织嵌入其中的整体社会的结构性环境，也必须考虑组织自身的路径依赖的惰性，不考虑这些，在组织和制度变迁与创新的具体过程中，势必会出现“拔苗助长”的效果，有可能使一些本来有本土社会基础并能够自发生长的组织系统受到破坏。

因此，撇开类型学的研究架构，从组织和制度更根本的规定性出发，来考察其变迁与创新的社会过程，才能把握住它最具生命力的脉搏。就此而言，特别是就变迁已经成为社会存在之最终正当性的近现代中国社会来说，将变迁分析作为组织结构或制度类型分析的前提和基础，才是我们在理论上的根本要务。简言之，有关中国社会变迁及其组织形态变迁的研究，必须在方法论上诉诸研究范式的变迁。

在这个意义上，考察组织和制度变迁与创新的社会过程，还需要重视一个极其重要的理论维度，即社会团结（social solidarity）。社会团结的程度指的是一个组织的凝聚力和向心力的水平，它可以反映出组织成员对组织的主观感受和认同状态，以及组织成员彼此间的整合程度。所谓团结，既是指社会群体或组织的聚合状态，同时也是指社会群体或组织的一种固体化的、结晶化的过程（solidarization）。特别是在社会变迁的情境中，通过团结来考察群体或组织，不等于说用一种现行的、定型的制度模式进行度量。相反，团结这一概念所要考察的，正是一个社会组织自身结晶化的过程，以及由此而产生的制度晶体，这样的制度并不是先前设定的，而是团结的结果。因此，团结是先位的，没有了团结，一切制度都无法实现其成型的过程，亦即根本不会产生制度建设的空间。就中国目前的组织研究而言，社会团结的概念恰恰提供了真正能够将制度成型过程纳入进来的研究空间。

也只有以上述研究作为理论突破口，我们才能清楚地认识到，改革开放二十几年来组织和制度变迁与创新之社会过程的研究，必须超越类型学的研究范式。如果我们以变迁作为研究起点，通过考察社会变迁所连带形成的结构效果，将组织系统与其嵌生的生态学环境联系起来，对组织与制度的基本结构、形态及其演化过程加以考察，才能超越类型学所依靠的比较和参照的理论模式，回到组织和制度变迁与创新的现实逻辑上来。在这个意义上，我们大胆地提出这样的设想：在最根本的层面上，中国社会转型与变迁的形式特征，即变迁的方式、速度及其范围，在组织和制度变迁与创新的具体社会过程中，具有决定组织形态和制度架构的实质性意涵；换言之，变迁的上述形式规定性，直接决定了中国组织和制度变迁与创新的实际效果和方向。今天，许多组织或其他社会形式有可能因为变化太快而失去生长的机会，反过来，一些表面上看似合理的制度模仿，一些表面上符合变迁意识形态的改革，一经完成制度移植的过程，反倒使其内在的活力丧失殆尽。中国的社会建设，没有一蹴而就的捷径，只有深入地理解中国的民情，耐心地寻找适于这一结构性环境的制度建设的条件，我们才能摆脱百年来从革命到革命的怪圈，建设出真正意义上的中国的组织方式和生活方式。

参考文献

阿尔蒙德，1987，《比较政治学：体系、过程和政策》，曹沛霖等译，上海译文出版社。

安东尼·奥罗姆，1989，《政治社会学》，张华青等译，上海人民出版社。

奥斯特罗姆等编，1992，《制度分析与发展的反思》，王诚等译，商务印书馆。

布鲁斯，1989，《社会主义的所有制和政治体制》，华夏出版社。

查尔默斯，1982，《科学究竟是什么?》，查汝强等译，商务印书馆，第 88 ~ 97 页。

陈孝兵，2003，《路径依赖与体制变迁》，《新东方》第 4 期。

程虹，2000，《制度变迁的周期》，人民出版社。

华尔德（Andrew Walder），1996，《共产党社会的新传统主义》，龚小夏译，牛津大学出版社。

柯武刚等，2002，《制度经济学：社会秩序与公共政策》，商务印书馆。

拉卡托斯，1986，《科学研究纲领方法论》，兰征译，上海译文出版社。

林毅夫，1991，《关于制度变迁的经济学理论：诱致性变迁与强制性变迁》，载《财产权利与制度变迁》，上海三联书店、上海人民出版社。

刘世定，2003，《占有、认知与人际关系：对中国乡村制度变迁的经济社会学分析》，华夏出版社，第 72 页。

刘伟，2001，《转型经济中的国家、企业与市场》，华文出版社。

卢现祥，2003，《西方新制度经济学》，中国发展出版社。

诺斯，1994，《制度、制度变迁与经济绩效》，刘守英译，上海三联书店，第 53 页。

诺斯等，1989，《西方社会的兴起》，罗华平译，华夏出版社。

彭德琳，2002，《新制度经济学》，湖北人民出版社。

秦海，2004，《制度、演化与路径依赖》，中国财经出版社。

沈原，1998，《新经济社会学的理论与实践》，中国社会科学院博士论文。

孙立平，1995，《从市场转型理论到关于不平等的制度主义理论》，《中国书评》第 7、8 期。

孙立平等，1994，《改革以来中国社会结构的变迁》，《中国社会科学》第 2 期。

王小鲁，2003，《中国的市场化进程》，《中国经济时报》3 月 20 日。

王晓进，1989，《社会主义财产制度分析》，北京工业大学出版社。

韦森，2001，《社会制序的经济分析导论》，上海三联书店。

张静，1998，《政治社会学及其主要研究方向》，《社会学研究》第 3 期。

周其仁，2002，《产权与制度变迁——中国改革的经验研究》，社会科学文献出版社。

A. B. Weiner. 1981. *Lehrbuchder Organisation spsychologie*. Muenchen.

A. Etzioni. 1961. *A Comparative Analysis of Complex Organizations*. New York: Free Press.

A. Giddens. 1979. *Central Problems in Social Theory*. London: Polity Press, pp. 188, 191 – 192.

A. Giddens. 1981. *Contemporary Critique of Historical Materialism*. Berkeley: Uni. of California Press, p. 170.

A. Giddens. 1984. *The Constitution of Society*. London: Polity Press.

Aldrich, H. and D. Whetten. 1981. *Organization Sets, Action Sets, and Networks: Making the Most of Simplicity*. In Paul Nystrom and William Star buck (eds.). *Handbook of Organizational Designs*. vol. 1. New York: Oxford University Press.

Andrew G. Walder. 1992. "Property Rights and Stratification in Socialist Redistributive Economies." *American Sociological Review*. vol. 57: 524 – 539.

Berger, P. L. et al. 1992. *Diegesellschaftliche Konstruktion der Wirklichkeit*. Frankfurt.

Bian Yanjie and John R. Logan. 1996. "Market Transition and the Persistence of Power: The Changing Stratification System in Urban China." *American Sociological Review*. vol. 61. pp. 739 – 758.

Bosetyky, H. P. 1989. *Heinrich, Mensch und Organisation*. Mŭnchen.

B. Womack. 1991. "Transfigured Community: Neo-Traditionalism and Work Unit Socialism in China." *China Quarterly*. no. 126.

David Stark. 1992. "Path Dependence and Societies Strategies in Eastern Europe." *East European Politics and Societies* 6: 17 – 54.

D. C. North and R. P. Thomas. 1973. *The Rise of the Western World: a New Economic History*. Cambridge: Cambridge University Press.

D. C. North. 1990. *Institutions, Institutional Change and Economic Performance*. Cambridge: Cambridge University Press.

D. C. North. 1993. Institutions and Economic Performance. in U. Maeki, B. Gustafsson and C. Knudsen (eds.). *Rationality, Institutions and Economic Methodology*. New York: Routledge.

D. C. North. 1981. *Structure and Change in Economic History*, New York: Norton.

D. C. North. 1992. *Transaction Costs, Institutions and Economic Performance*. San Francisco: International Center for Economic Growth.

E. Durkheim. 1951. *Suicide*. Trans. by J. Spaulding and G. Simpson. Glencoe: Free Press. p. 256.

E. Durkheim. 1984. *The Division Labour in Society*. Trans. by W. Halls. N. Y.: Free Press.

E. E. Lau. 1978. *Intention und Institution*. Mŭnchen.

Granovetter, Mark and Richard Swedberg (eds.). 1992. *The Sociology of Economical Life*.

Hauser, Robert M. 1980. "On Stratification in a Dual Economy: A Commenton Beck, Horan, and Tolkert." *American Sociological Review* 45: 702 – 712.

Heinrich, H. Bosetyky. 1989. *Menschen und Organisation*. Mŭnchen.

Hermann Korte und Bernhard Schaerfer (eds.). 1995. *Einführung in Hauptbegriffe der Soziologie*. Opladen.

H. Hartmann. 1964. *Funktionale Autoritaet*. Stuttgart.

H. Schelsky. 1970. Zur soziologischen Theorie der Institution. *Zur Theorie der Instittution*, Duesseldorf.

I. Sezeleny. 1996. "The Market Transition Debate: Toward a Synthesis?" *American Journal of Sociology*. vol. 101: 1082 – 1096.

J. A. Schŭlein. 1987. *Theorie der Institution*, Opladen.

J. March and J. Olsen. 1989. *Rediscovering Institutions: The Organizational Basis of Poli-*

tics. New York: The Free Press. p. 160.

L. Buss. 1985. *Lehrbuch der Wirtschaf ts soziologie*. Berlin.

L. Robert. 1977. *Perspective on Social Change*. Boston.

L. Zucker. 1987. Institutional Theories of Organization, *Ann. Rev. Social* 13.

Mark Granovetter. 1974. *Getting a job*. Cambridge, Mass. : Harvard University Press.

Mark Granovetter. 1973. "The Strength of Weak Ties." *American Journal of Sociology* 78: 1360 – 1380.

M. Douglas. 1986. *How Institutions Think*. New York: Syracuse University Press.

M. Yang. 1989. "Between State and Society: The Construction of Corporateness in a Chinese Socialist Factory." *Australian Journal of Chinese Affairs*. no. 22.

Nee, V. and D. Stark. 1989. *Remaking Economic Institutions of National Socialism*. Stanford: Stanford University Press.

N. Luhmann. 1981. *Ausdif ferenzierung des Rechts*. Frankfurt am Main.

N. Luhmann. 1995. *Social Systems*. Stanford, California: Stanford University Press.

N. Luhmann. 1982. *Soziologische Aufklaerung*. Opladen.

P. Battigalli and G. Bonanno. 1997. "The Logic of Belief Persistence." *Economics and Philosophy* 13: 39 – 59.

Polanyi, K. 1992. The Economy as Instituted Process. In Mark Granovetter and Richard Swedberg (eds.) . *The Sociology of Economical Life*. Boulder. Colo. : West view Press. p. 34.

R. Lepsius. 1990. *Interessen, Ideen und Institutionen*. Opladen.

S. Lukes. 1974. *Power: A Radical View*. London: Macmillan.

Stark, David. 1996. "Recombinant Property in East European Capitalism." *American Journal of Sociology*. vol. 101: 993 – 1027.

T. Cheek and T. Saich (eds.) . 1998. *New Perspectives on State Socialism in China*. New York: M. E. Sharpe.

Walder, Andrew G. 1995. "Career Mobility and the Communist Political Order." *American Sociological Review*. vol. 60: 309 – 328.

W. Powell and Dimaggio (eds.) . 1991. *The New Institutionalism in Organizational Analysis*. Chicago: University of Chicago Press.

当代中国社会的声望分层*

——职业声望与社会经济地位指数测量

李春玲

摘　要：本文基于全国抽样调查数据，依据职业声望和社会经济地位指数测量，考查当代中国社会的声望分层状况。研究发现，在当前中国社会，决定人们声望地位的主要因素是教育、收入、权力、就业单位性质，以及是否从事受歧视职业；主导声望地位评价的标准是工业化社会的普遍主义价值；但同时，相互冲突的多元评价标准仍有可能存在。

关键词：声望分层　职业声望　社会地位　社会经济地位指数

在社会分层研究领域，社会地位的差异与经济地位的差异一样极受关注。社会地位，有时也被称为社会声望，指的是社会上的绝大多数人对某个人或某个群体的综合性价值评价，换言之，是指个人或群体所受到的社会尊敬程度。与经济地位差异相比较，社会地位的等级差异具有更强的稳定性和更持久的影响力。韦伯在其著名的《阶级、身份和政党》（Weber，1966：21）一文中，对经济分层（阶级）与社会声望分层（身份）加以区分并进行比较。他认为，社会声望分层由社会价值评价体系所决定，具有一定的稳定性，对人们的身份认同、价值态度和行为方式有直接影响，而经济分层对这些方面的影响则不那么直接。吉登斯的结构化理论进一步发展了韦伯的观点，他认为，只有当经济差异导致了社会差异，或者说，经济分层与社会声望分层相吻合，社会分化才得以结构化，即产生了阶级或阶层，以及形成了阶级结构或阶层结构（Giddens，1973）。这些论述揭示出社会声望分层是社会整体分层的一个重要维度。

* 原文发表于《社会学研究》2005 年第 2 期。

社会声望研究在中国社会学界特别是在社会分层研究领域，一直是一个倍受关注的问题，但长期以来，中国学者对社会声望及其分化现象的研究是不全面的。中国学者一般是通过职业声望调查来研究声望分层，这样只能对少数职业（一般是几十个职业）进行职业声望等级排列，但不能测量所有的职业群体或所有的社会成员的声望地位，从而也无法描述和分析整个社会的社会声望分层体系。本文期望能推进这一领域的研究，利用一项全国抽样调查数据，尝试对所有的16~70岁非学生身份的人口进行系统的社会声望测量，描绘当代中国社会的声望分层体系，并发现当今的中国声望分层与以往中国社会声望体系以及西方社会的声望分层的异同。

本文采用的社会声望分层的指标和测量方法基本上参照西方社会学界的主流模式，即基于职业声望测量，推出社会经济地位指数的计算公式。利用这一公式计算出161个职业群体的社会经济地位指数得分和所有16~70岁非学生身份人口的社会经济地位指数得分。再以此为指标，分出声望分层的上层、中上层、中层、中下层和下层五个等级，由此描绘当代中国声望分层的基本形态。

除了对当前中国社会声望分层提供一个系统描述外，本文的研究还期望能对这一领域中的重要观点加以检验，对其研究方法加以推进。第一，有关声望研究的一个最重要的理论观点或争论，是崔曼（Treiman，又译崔敏）提出的工业化普遍主义的（一元化）价值与高索普（Goldthorpe）等人提出的不同利益群体的相互冲突的（多元化）价值的理论之争。本文通过数据资料的分析来检验这两种观点，即现今中国人的社会声望评价体现出的是普遍一致的工业主义标准还是受利益主导的、相互冲突的多元评价标准。第二，布劳和邓肯（Blau and Duncan）、崔曼以及豪瑟（Hauser）和沃伦（Warren）对于决定人们社会声望评价的因素有不同的看法，本文通过推算中国的社会经济地位指数公式，发现决定中国人社会声望的主要因素。第三，至今为止，还没有学者计算出中国的社会经济地位指数，由于缺乏这一量化指标，对中国社会分层过程的研究（如地位获得和社会流动分析）受到很大的局限，本文改进了布劳和邓肯的社会经济地位指数计算公式，推算出具有较高解释力（也有待进一步验证）的社会经济地位指数，试图为以后对中国社会分层过程的分析提供一个有效的工具。

一　社会声望的测量：理论与方法

社会声望测量也被称为社会地位等级测量，因为它是采用高低等级测量的方法分出社会地位相同的人群，研究者通常根据个人的收入水平、身份地位或声望等可以量化的指标，划分出一些等级性的界线，把个人归类为高低不同的等级群体（Nisbet，1959；Clark and Lipset，1991；Hout，Brooks and Manza，1993）。

社会声望测量的研究最初是基于帕森斯（Parsons，1954：77）对阶级所下的一个定义：阶级是指在有着相互关系的联合体（kinship unit）中享有同等价值评价的一群人。这类取向的分层研究开始于第二次世界大战后的美国社区研究（Warner，1949）。研究者主要是依据社区内人们相互之间的声誉评价高低（reputational equals）来进行等级分类（比如上上阶级、上中阶级等）。当这种测量从社区范围扩展到全国的分层系统时，测量指标不得不发生改变，因为全国性的调查无法获得人们相互之间的声誉评价。于是，学者们发展出两类测量指标——职业声望测量和社会经济地位指数测量——来进行全国范围的声望分层。

职业声望是指人们对各种职业所做的主观评价。职业声望测量一般采用如下方式：列出一些职业，让被调查者按好坏程度进行评价或按高低程度进行等级排列。研究人员再对这些好坏程度评价或高低等级排列赋予相应的分值，并计算出每个职业的声望得分；在此基础上，再根据得分的高低排列各类职业的声望等级，由此观察声望分层的基本规则。1950 年至 1980 年的 30 年里，职业声望测量在西方分层研究领域十分盛行，大批的分层研究者都在进行职业声望的测量并进行国际比较研究（Treiman，1976，1977；Grasmick，1976；Inkeles and Rossi，1956；Hall and Jones，1959；Hatt，1950），职业声望测量似乎成为社会学家讨论社会分层的最主要的论题，甚至在某些学者看来，社会分层就是职业声望的等级分化。

社会经济地位指数是另一种测量人们社会声望的指标。由于职业声望的测量只能获得少数职业的声望得分，而无法得知所有职业或所有社会成员的声望位置，这不能满足社会学家进行社会声望分层的需要。于是，美国社会学家奥蒂斯·达德利·邓肯（Duncan，1961：109 - 138）设计了一种方法，用以估计所有职业的声望得分。[①] 邓肯基于职业声望测量所获得的各类职业的声望得分，以及相应职业的平均收入和受教育水平，建立一个回归方程，求出收入和教育对职业声望的回归系数（即权数），然后应用这一回归方程，求出所有职业的声望得分。采用这种方法所求出的声望得分，实际上是根据每一个职业的收入和受教育水平估计出来的，因此，它被称为社会经济地位指数（socioeconomic index），简称为社经指数（SEI），即收入代表经济地位，教育代表社会地位，SEI 就代表了人们的综合社会地位。彼特·布劳和邓肯后来在对美国职业结构的研究（Blau and Duncan，1967：118－124）中，进一步发展了这一方法，他们用 45 种职业声望调查取得的收入和教育权数，估计出 446 种职业的社会经济地位指数，并根据各个职业的社会经济地位指数的高低，把这些职业归为 17 个社会地位等级群体。此后，许多社会学家都采用布劳和邓肯的方法（或者在其基础上加以改进），估计各个国家的社会经济地位指数的回归公式，根据计算出的社会经济地位指数得分进行社会声望分层。同时，社会经济地位指数不仅成为衡量人们社会地位的标准，而且也被广泛运用于地位获得和社会流动研究中。

在相当长的时期里，采用职业声望和社会经济地位指数进行的社会声望测量研究一直在社会分层研究领域（尤其在美国社会分层研究领域）中居于主流地位，产生了大量的研究成果，包括许多大规模的国际比较研究。最近十年来，社会学家对社会声望测量的兴趣开始减弱，但仍有许多学者关注这一问题；而中国的社会分层研究者对此仍保有浓厚兴趣，社会声望测量（主要是职业声望测量）成为中国社会分层研究的最重要的研究视角之一（参见折晓叶、陈婴婴，1995；许欣欣，2000；蒋来文等，1991；蔡禾、赵钊卿，1995；叶南客，1997；李强、宋时歌，1998；等等）。但至今为止，国内学者（包括国外研究中国社会分层的学者）都没有尝试采用社会经济地位指数或类似指标进行声望分层；而且，他们进行

① 邓肯设计的计算社会经济地位指数的方法包括了两个回归方程。第一个回归方程是：$Y = a + b_1X_1 + b_2X_2$，其中，Y 是各职业的声望得分，a 为常数项，X_1 为各职业的受教育水平，b_1 为教育的回归系数，X_2 为各职业的收入，b_2 为收入的回归系数，这一方程求出 $a = -6.0$、$b_1 = 0.59$、$b_2 = 0.55$。第二个回归方程是：各职业的社会经济地位指数（SEI）＝－6.0＋0.59＊各职业的受教育水平＋0.55＊各职业的收入。

的职业声望调查大多也仅限于城镇居民。可以说，对当代中国社会的声望分层的研究，不论在理论上还是方法上，都还处于初步阶段。

二　数据资料及研究方法

（一）数据资料

本文采用的数据是中国社会科学院社会学研究所“当代中国社会结构变迁研究”课题组于2001年11~12月在全国12个省份（北京、上海、浙江、江苏、山东、黑龙江、河北、河南、江西、四川、贵州、内蒙古）73个区县收集的问卷调查数据。调查采用多阶段复合抽样方法，调查对象为16~70岁人口，获取的有效样本为6193个。经加权处理后，此调查数据的样本分布在基本的人口信息和主要的个人社会经济背景信息方面与第五次全国人口普查数据的分布极为接近，这表明此数据有很好的代表性。[①]在此次调查样本中，有5.4%是在校学生。由于在校生还未完成学业步入社会，无法对他们进行职业、收入水平等相关因素的归类，从而也不能进行社会声望的测量。因此，本文进行社会声望测量的数据排除了在校生样本，实际测量样本数量为5860个。本文中的所有数据分析都采用了加权的方式。

（二）职业声望测量

西方社会学家发展出许多职业声望测量技术，而国内研究者大多采用较为简化的测量方法，如列出几十类职业，让被调查者评价，并赋予分值，计算出各个职业的平均得分（许欣欣，2000；蒋来文等，1991；蔡禾、赵钊卿，1995；叶南客，1997；李强、宋时歌，1998；等等）。这种测量方法有一个局限，即测量的职业种类不能太多，如果列出过多职业，将使被调查者进行职业评价时感到困难或厌烦，降低调查资料的效度。但是，如果列出的职业种类太少，又达不到研究职业声望的目的。为了解决这一问题，本研究采用了林南和叶晓兰（Lin and Ye，1997）设计的分组

① 此调查数据的样本分布情况请参阅陆学艺主编，2004：9~10。

职业声望测量方法。本研究共选择了 81 个职业进行声望测量。这 81 个职业被随机分为 8 组，每组共 11 个职业，其中一个职业——小学教师——在每一组中都出现，另外 10 个职业每组不同。所有的被调查者也被分为 8 组，每组被调查者只需评价一组职业（即 11 个职业），把 11 个职业进行高低等级排列，排在最高的职业赋值 1，排在最低的职业赋值 11。为了把 8 组职业评价整合在一起进行比较，把每一组都出现的职业——小学教师——作为参照职业，对各个职业的得分进行标准化转换，转换后的得分再重新赋值，使各职业得分在 0～100 分。最终取得的职业声望得分经过了两次标准化转换。第一次标准化转换是为了把每个组中的 11 个职业的得分排列整合起来，转换为 81 个职业统一的得分排列。标准化转换的公式是：

$$Z = (X - \delta)(S\sqrt{n})$$

其中，X 是某个职业在其所在组中的平均得分，S 为其标准差，δ 为这一组中的参照职业（小学教师）的平均得分，n 为样本数（这一组被调查者数）。转换后 81 个职业的得分在 $-50.00 \sim 96.22$（最低分为 -50.00，最高分为 96.22），其中小学教师是 0 分。

第二次标准化转换是为了让所有职业的得分处于 0～100 分，以便于进行职业声望分值的比较观察。转换的方法是：把最高分（96.22）和最低分（-50.00）分别赋值为 10 分和 90 分，并建立两个方程：

$$90 = k(-50.00) + b$$

$$10 = k(96.22) + b$$

根据这两个方程，分别求出 $k = -0.55$，$b = 62.65$，然后把 k 和 b 代入下列回归方程：

$$Y(\text{职业声望得分}) = (-0.55)X + 62.65$$

其中，X 为第一次标准化转换的得分，利用这一公式可以计算出每个职业的最终职业声望得分。

这种职业声望测量方法虽较为复杂，但能取得较高的效度。

（三）社会经济地位指数测量

社会经济地位指数是根据各个职业群体的社会经济特征来加以测算

的，欧美学者一般采用布劳和邓肯设计的社会经济地位指数计算公式，即以每个职业的平均收入和受教育水平乘以相应的权数进行计算。这意味着，收入水平和受教育水平决定了人们的社会地位高低。

社会经济地位指数之所以能够作为测量社会地位的指标，是因为布劳和邓肯发现，基于教育和收入这两个变量估计出的社会经济地位指数，基本上与人们对职业声望的主观评价相一致。例如，布劳和邓肯（Duncan，1961：109－138；Blau and Duncan，1967：118－124）用教育和收入推算的各个职业的社会经济地位指数，与这些职业的社会声望得分之间的相关系数达到0.91，其方程的 R^2 值为0.83。这意味着，人们对各种职业的声望评价的基本依据是这些职业的收入和受教育水平，换句话说，收入和受教育水平决定了职业声望的高低。如果职业身份是一种最重要的社会身份标志，或者说，职业声望代表了社会声望，那么，社会经济地位指数就可以代表人们的社会地位。

有些学者采用布劳和邓肯的回归方程，测算中国的社会经济地位指数，这些回归方程的解释力较低。林南和谢文（Lin and Xie，1988：830）利用1983年北京市职业声望调查数据估计出的计算社会经济地位指数的回归方程是：EII① = －5.188＋13.874＊教育＋0.262＊收入，这一方程的 R^2 值为0.72。许欣欣（2000：82）用1999年城市居民职业声望调查估计的方程为：EII = 5.622 + 15.816 ＊ 教育 ＋0.763 ＊ 收入，方程的 R^2 值为0.765。尽管这两个方程的 R^2 值不能说很低，但由于这两项研究用于估计社会经济地位指数的职业分类很少，② 没有像布劳和邓肯那样把45个职业的声望分值代入回归方程；同时，也没有利用估计出来的回归方程计算更多职业的社会经济地位指数——像布劳和邓肯那样推算出446个职业的社会经济地位指数。这一方面是由于数据资料的限制，另一方面也是源于方程的解释力较低。布劳和邓肯设计的这种测量方法，可能较适用于西方社

① EII表示教育收入指数（education-income index），与社会经济指数（SEI）是一个意思。

② 林南和谢文分了7类职业：（1）专业人员；（2）管理人员；（3）办事人员；（4）制造业、交通业及类似工人；（5）销售人员；（6）服务业人员；（7）其他。许欣欣分了15类职业：（1）党政机关副处级以上干部；（2）企业负责人；（3）党政机关科级以下干部；（4）企业一般干部；（5）企业技术人员；（6）其他专业人员；（7）大学教师；（8）中小学教师；（9）科学技术研究人员；（10）工人；（11）个体劳动者；（12）退休工人；（13）无固定职业者；（14）退休干部；（15）农民。

会；而与西方社会相比，当前中国人对人们的社会地位的评价更为复杂。为了提高方程的解释力，林南和谢文及许欣欣都对布劳和邓肯的回归方程加以改进。林南和谢文在方程中加进“是否非体力劳动者”这一变量，许欣欣则在方程中加入权力变量。新变量的加入不同程度地提高了方程的解释力，林南和谢文的方程 R^2 值提高 0.02，许欣欣的方程 R^2 值提高 0.06。这表明，中国人的社会地位不仅取决于收入和教育，还有一些其他因素也影响了人们的社会地位评价。在已有的这些研究的基础上，本研究针对中国社会的特殊性，对布劳和邓肯的回归方程加以改进，获得了具有一定解释力的方程，估计出 161 个职业群体的社会经济地位指数和所有非学生身份的被调查者的社会经济地位指数，由此确定每一个人的社会声望，并进行中国社会的声望分层。

本研究设计的计算社会经济地位指数的方法分为两个步骤。第一个步骤是估计出有哪些因素影响了人们的职业声望评价；第二个步骤是根据这些因素预测所有职业和所有社会成员的社会经济地位指数。

本研究的职业声望调查，根据人们的主观评价，获得了 81 个职业的声望得分（见表 1）。同时，我们也收集了被调查者的职业身份、收入、受教育水平及其他相关信息。5860 个被调查者（非学生身份的 16～70 岁人口）的职业身份涵盖了 81 个职业中的 75 个，只有 6 个职业（市长、国务院部长、电影明星、体育运动员和殡葬场火化工）没有被我们的调查抽中。我们以 75 个职业的声望得分作为因变量，以这 75 个职业的月收入和受教育年限为自变量（与布劳和邓肯的回归方程一致），估计出计算社会经济地位指数的回归方程。但这一方程的解释力较低，R^2 值为 0.64，方程所预测出的各职业社会经济地位指数与职业声望得分之间的相关系数为 0.8。教育和收入的权数分别为 3.496 和 0.589，其回归方程如下：

$$\text{职业声望}\ Y = 10.868 + 3.496 * \text{平均受教育年限} + 0.589 * \text{平均月收入(百元)}$$

这一结果说明，收入和教育这两个因素，对中国人的声望地位评价能提供约 2/3 的解释。同时，数据显示，同样职业的人在收入和受教育水平上差距较大，尤其在收入方面，有些职业的收入的标准差接近或超过均值。这一点与西方社会很不同。在西方社会，相同职业的人的收入和文化水平较为接近；而当前中国社会则是同样的职业在不同地区、不同行业部门对文化水平有不同的要求，经济报酬也有很大差异。在这种情况下，仅以职业的平均收入和受教育水平来估计职业声望或社会地位就会有很大的问题。显然，除了收入和教育这两个因素以外，还有一些与职业或工作相关的因素，影响着人们的社会声望。

在对职业声望评价的分析中，我们发现，同样的职业，但处于不同所有制单位和不同行业部门，人们给予的声望评价是不同的。同时，权力因素也影响着人们的地位评价。另外，有少数职业（如保姆、捡破烂的人等）被人们特别看不起，尽管其收入并不一定很低，其从业者的文化水平与其他非技术性工作的从业者之间差距也不是很大。如果仅以各职业的平均收入和受教育水平来预测其社会地位，那么就可能高估它们的位置。基于这些考虑，我们对原有方程加以改进。除了收入和教育这两个变量以外，在方程中我们增加了 3 个因素。（1）权力因素，包括 3 个虚拟变量：是否是单位的最高管理者、是否是单位的中层管理者、是否是单位的基层管理者①。（2）部门因素，包括 3 个虚拟变量：是否就业于党政机关、是否就业于事业单位、是否就业于企业单位。（3）社会歧视因素，包括 1 个虚拟变量：是否是受歧视职业。

加入上述变量后获得下述回归方程：

职业声望 $Y = 11.808 + 3.349 *$ 平均受教育年限 $+ 0.573 *$ 平均月收入（百元）$+ 16.075 *$ 最高管理者 $+ 11.262 *$ 中层管理者 $+ 3.738 *$ 基层管理者 $+ 8.942 *$ 党政机关 $+ 6.841 *$ 事业单位 $- 5.694 *$ 企业单位 $- 26.655 *$ 受歧视职业。

改进后的回归方程的解释力有明显提高，R^2 值上升为 0.81。这就是说，上述这些因素能对人们的声望评价提供 4/5 的解释力，方程预测出的声望分数与人们主观评价的职业声望得分之间的相关系数为 0.9。这一结果与布劳和邓肯设计的方程的解释力十分接近。我们采用这一方程来计算社会经济地位指数，并以社会经济地位指数来代表各种职业的社会声望以及个人所处的社会地位，依据这一指标划分出高低不同的声望群体，即声望分层。

① 最高层管理者指其上面没有更高层的管理者同时下面有较低层的管理者（即单位负责人）；中层管理者指其上面有更高层管理者同时下面有较低层管理者（大多是部门负责人）；基层管理者指其上面有更高层的管理者但下面没有较低层管理者（大多是科室负责人）。

三　职业声望排列

根据前面介绍的调查方法和计算公式，我们获得了 81 个职业的声望得分，表 1 列出了这些职业的声望得分和等级排列。

（一）职业声望排列

从表 1 列出的 81 个职业的声望得分和高低排列可以看出，在全国范围内，得分最高的是“市人大常委会主任”（90.15 分），得分最低的是“保姆”（9.73 分）。81 个职业的得分排列，大致可归类为 7 个等级声望群体。

得分最高的一组在等级排序中排在前 8 位，得分在 85 分以上。主要包括高级领导干部（如市人大常委会主任、市长、法院院长、县委书记等）和高级知识分子（如工程师、科学家、大学教授、大学教师等）。

表 1　全国职业声望得分排列及城乡比较

得分排序	全国		城镇		农村	
	职业	声望得分	职业	声望得分	职业	声望得分
1	市人大常委会主任	90.15	市人大常委会主任	90.07	法院院长	90
2	市长	89.87	市长	89.26	市长	88.62
3	法院院长	88.61	工程师	88.24	市人大常委会主任	87.5
4	工程师	87.92	大学教师	87.59	工程师	84.93
5	科学家	86.49	法院院长	87.52	科学家	82.8
6	县委书记	85.18	科学家	87.31	县委书记	82.62
7	大学教授	85.15	大学教授	85.72	大学教授	81.83
8	大学教师	85.14	县委书记	85.3	政府机关局长	80.69
9	政府机关局长	81.1	中学教师	81.15	大学教师	78.68
10	外资企业经理	80.15	外资企业经理	81.11	国务院部长	77.54
11	政府机关科长	79.87	政府机关局长	81.03	国营企业厂长	77.15
12	中学教师	79.4	政府机关科长	80.58	政府机关科长	77.02
13	中学校长	78.18	中学校长	78.97	外资企业经理	76.63
14	国营企业厂长	78	律师	77.8	集体企业厂长	75.51

续表

得分排序	全国		城镇		农村	
	职业	声望得分	职业	声望得分	职业	声望得分
15	报社记者	77.32	国营企业厂长	77.54	报社记者	75.45
16	律师	76.12	报社记者	77.47	中学校长	75.09
17	国务院部长	75.96	国务院部长	75.73	中学教师	74.65
18	集体企业厂长	74.95	机关政工干部	75.31	电影明星	72.55
19	电影明星	73.43	电视台主持人	74.02	律师	71.69
20	机关政工干部	72.41	集体企业厂长	73.8	工商税务人员	69.9
21	电视台主持人	72.12	政府机关办事员	73.13	作家	69.89
22	工商税务人员	71.58	电影明星	73.11	银行出纳员	69.18
23	作家	71.3	工商税务人员	71.88	乡镇长	67.83
24	银行出纳员	71.28	银行出纳员	71.84	电视台主持人	67.53
25	政府机关办事员	71.18	作家	71.3	警察	66.94
26	飞机驾驶员	69.46	飞机驾驶员	70.71	政府机关办事员	66.58
27	警察	69.44	体育运动员	70.32	机关政工干部	66.3
28	体育运动员	68.21	警察	70.06	飞机驾驶员	66.09
29	医生	67.04	医生	69.55	私营企业老板	65.66
30	企业技术员	67.01	企业技术员	68.36	市民主党派负责人	63.87
31	市民主党派负责人	66.72	市民主党派负责人	67.92	企业技术员	63.64
32	私营企业老板	66.64	私营企业老板	66.77	体育运动员	63.64
33	乡镇长	65.8	乡镇长	65.73	医生	61.58
34	服装设计师	63.53	服装设计师	65.57	建筑队包工头	60.13
35	小学教师	62.65	小学教师	64.73	企业工会主席	59.52
36	军人	62.53	军人	64.5	服装设计师	59.29
37	企业工会主席	60.36	企业工会主席	60.71	军人	58.51
38	建筑队包工头	59.66	建筑队包工头	59.54	小学教师	58.4
39	企业采购员	57.79	企业采购员	59.04	企业采购员	55.14
40	机关单位小轿车司机	57.11	机关单位小轿车司机	58.68	居委会主任	54.47
41	幼儿园老师	56.48	幼儿园老师	58.49	机关单位小轿车司机	54.13
42	服装模特	54.98	服装模特	56.86	幼儿园老师	52.85

续表

得分排序	全国		城镇		农村	
	职业	声望得分	职业	声望得分	职业	声望得分
43	居委会主任	54.79	居委会主任	54.92	护士	52.02
44	护士	53.8	会计	54.8	服装模特	51.58
45	保险公司业务员	52.94	护士	54.8	保险公司业务员	51.24
46	村委会主任	52.12	保险公司业务员	54.16	村委会主任	51.13
47	会计	51.54	邮递员	53.01	外资企业电工	50.51
48	邮递员	50.96	村委会主任	52.78	养殖专业户	48.81
49	养殖专业户	50.04	养殖专业户	50.97	邮递员	47.61
50	外资企业电工	49.43	外资企业电工	48.87	推销员	47.33
51	集体企业电工	47.69	农机站技术员	48.53	集体企业电工	46.85
52	个体运输专业户	47.42	电脑打字员	48.52	个体运输专业户	46.47
53	推销员	46.67	集体企业电工	48.27	会计	45.66
54	农机站技术员	46.19	个体运输专业户	48.22	私营企业电工	43.92
55	电脑打字员	45.4	兽医	47.19	国营企业电工	42.86
56	兽医	44.84	推销员	46.71	个体小商店店主	42.74
57	国营企业电工	44.58	国营企业电工	46.1	农机站技术员	42.7
58	私营企业电工	44.57	饭店厨师	45.64	建筑工人	41.42
59	饭店厨师	43.78	私营企业电工	44.78	饭店厨师	41.17
60	个体小商店店主	42.67	出租汽车司机	44.29	兽医	41.12
61	出租汽车司机	42.02	宾馆服务员	42.86	电脑打字员	40.17
62	宾馆服务员	40.75	个体小商店店主	42.83	出租汽车司机	39
63	建筑工人	39.8	殡葬场火化工	41.95	图书管理员	38.16
64	图书管理员	39.78	矿工	41.45	宾馆服务员	38.01
65	殡葬场火化工	37.1	图书管理员	41.23	个体裁缝	37.51
66	矿工	37.07	建筑工人	39.2	理发师	34.09
67	理发师	36.92	理发师	39.2	车工	34.01
68	纺织工人	36.36	清洁工	38.85	纺织工人	33.75
69	清洁工	34.79	纺织工人	38.61	殡葬场火化工	29.38
70	个体裁缝	34.35	公共汽车售票员	36.08	商店营业员	29.08
71	公共汽车售票员	32.37	种田农民	35.7	清洁工	28.85

续表

得分排序	全国		城镇		农村	
	职业	声望得分	职业	声望得分	职业	声望得分
72	种田农民	31.82	渔民	33.7	矿工	28.71
73	渔民	29.91	个体裁缝	32.83	农民工	28.51
74	车工	29.12	印刷工人	30.46	公共汽车售票员	26.69
75	商店营业员	28.62	商店营业员	29.37	印刷工人	26.39
76	印刷工人	28.33	菜市场小摊贩	28.77	种田农民	25.8
77	农民工	28.22	农民工	27.67	渔民	25.17
78	菜市场小摊贩	26.35	车工	25.66	菜市场小摊贩	23.95
79	三轮车夫	15.91	搬运工	18.54	三轮车夫	20.83
80	搬运工	14.71	三轮车夫	14.78	保姆	12.78
81	保姆	9.73	保姆	9.58	搬运工	10.65

第二组职业的声望得分排在第 9 位至第 18 位，得分约在 75 分至 80 分。主要包括中层领导干部（如政府机关局长、政府机关科长、国务院部长①）、各类企业高层管理人员（如外资企业经理、国营企业厂长、集体企业厂长）和一些收入较高并具有社会影响力的专业人员（如中学教师、中学校长、报社记者、律师②）。

第三组职业的声望得分排在第 19 位至第 33 位，得分约在 65 分至 75 分。主要包括专业技术人员（如电影明星、电视台主持人、作家、飞机驾驶员、体育运动员、医生、企业技术员等）、政府部门的普通干部（如机关政工干部）、特殊行业（具有特权的部门或高经济效益的行业）的办事人员（如工商税务人员、政府机关办事员、银行出纳员、警察等）、农村地区领导干部（如乡镇长）、市民主党派负责人和私营企业老板。

第四组职业的声望得分排在第 34 位至第 47 位，得分在 50 分至 65 分。

① 一部分农民或文化水平较低的人不清楚或完全不知道“国务院部长”这一行政职位，因此它被误排在这里。

② 由于大学多集中于大城市中，在小城市、小城镇及农村地区，中学教师在人们眼中就是高级知识分子。另外，近年来，传媒领域开展的大规模司法宣传和对各级政府的舆论监督行动，使记者和律师成为社会知名度较高的职业。

主要包括较低层的专业技术人员（如服装设计师①、小学教师、幼儿园老师、服装模特儿、护士、会计等）、普通办事人员（包括基层社区管理人员，如军人、居委会主任、村委会主任等）、收入较高并具有准白领职业特征的商业服务业员工（如企业采购员、机关单位小轿车司机、保险公司业务员）以及企业工会主席和建筑队包工头。

第五组职业的声望得分排在第48位至第61位，得分在40分至50分。主要包括农村专业技术人员（如农机站技术员、兽医等）、技术工人（如外资企业电工、集体企业电工、国营企业电工、私营企业电工等）、具有一定技能专长的商业服务业员工（如邮递员、推销员、饭店厨师、出租汽车司机等）、个体户或专业户（如养殖专业户、个体运输专业户、个体小商店店主等），以及较低层办事人员或低层白领职业（电脑打字员）。

第六组职业的声望得分排在第62位至第78位，得分大约在26分至40分。主要包括无需技术专长的、劳作性的（即体力或半体力性的）工人（如建筑工人、矿工、纺织工人、车工、印刷工人、农民工等）、商业服务业员工（如宾馆服务员、图书管理员、殡葬场火化工、理发师、清洁工、公共汽车售票员、商店营业员、菜市场小摊贩等）、农业劳动者（如种田农民、渔民）和小个体户（个体裁缝）。

第七组包括职业声望最低（排在79~81位）的三个职业：三轮车夫、搬运工和保姆，声望得分在9分至16分。这三个职业在人们的观念中是下九流或低贱性质的职业，即卖苦力或伺候人的工作。

上述职业声望得分排列反映出当今人们对社会声望评价的一些基本特征和变化趋势。

首先，处于社会地位最高等级的人是高级领导干部和高级知识分子，这也就是说，对拥有最多权力资本的人和拥有最多文化资本的人，人们给予最高的声望评价。已有的几次调查数据也得出相同的结论（Lin and Xie，1988；折晓叶、陈婴婴，1995；Lin and Ye，1997；许欣欣，2000），不过，对不同年代调查数据进行比较，可以发现一些变化。1980年和1990年上半期的调

① 可能是由于许多人不太了解“服装设计师”这一职业，因此对它的声望评价略低于一般的专业技术人员。

查数据与1990年代后期以来的调查数据相比较，有一个方面的结论刚好相反。前一个时期的调查数据——林南和谢文于1983年的调查数据（Lin and Xie，1988）、中国经济体制改革研究所“中国社会分层研究”课题组于1987年的调查数据（许欣欣，2000）和“中国居民家庭生活调查”课题组于1993年的调查数据（折晓叶、陈婴婴，1995；Lin and Ye，1997），尽管也得出相同的结论，即高级领导干部和高级知识分子获得最高声望评价；但是，高级领导干部与高级知识分子这两类人相比，高级知识分子的声望略高于高级领导干部。而1990年代后期以来的两次调查数据——许欣欣于1999年的调查数据（许欣欣，2000）和本研究于2001年的调查数据，则获得相反的结论：高级领导干部的声望排列略高于高级知识分子。这表明，自1990年代后期以来，在社会声望地位的价值评价方面，“官本位”倾向有所发展；而同时，传统知识分子的社会名望在逐渐下降。在中国传统价值评价体系中，文人名士才是真正的社会名流，他们的名望地位往往比高官甚至皇族还高，他们是整个社会的精神贵族和精神领袖。这种传统价值倾向在1980年和1990年上半期的声望评价中仍有所体现，但1990年代后期以来的调查数据则显示出，一些传统知识分子职业（如科学家、大学教授、作家等）的声望排名有所下降。

其二，传统知识分子声望地位的下降，并不意味着文化资本的社会价值贬值。相反，当今人们的职业声望评价显示出文化资本增值的趋向，只不过这种增值主要表现在对功能性知识分子（专业技术人员）的职业评价上，而没有表现在对传统知识分子的职业评价上①。本次调查与前几次调查数据的职业声望排列相比，教师（包括大学教师、中学教师和小学教师）的声望排名明显提高。这反映出，人们对于教育资源（或人力资本）给予越来越高的价值评价，而提供或掌握这种资源的人（教师）就获得了越来越高的声望排名。另外，工程师、律师等专业技术性知识分子的声望排名也有所提高。

其三，与高级领导干部和高级知识分子相比，企业家的社会声望排名略低。这意味着在人们的价值观念中，对权力资本和文化资本的价值评价

① 传统知识分子通常是指人文科学专业或理论性研究的知识分子，如作家、诗人、哲学家、文论家等；功能性知识分子大多是应用性学科的知识分子，如工程师、建筑师、律师、医生、会计师、教师等。

高于经济资本。各类企业的负责人的声望排名与中层领导干部和普通专业技术人员的声望排名接近。拥有最多经济资本的私营企业主的声望排名则接近较低层领导干部和较低层专业技术人员的声望排名。

其四，所有制因素对人们的价值评价仍有影响。不论是对企业负责人还是对普通职工的声望评价，外资企业员工的声望排名最高，其次是公有制（国营和集体）企业员工，声望排名最低的是私营企业员工。

其五，一些特权部门（如公检法及工商税务等）和高经济收益行业（如银行等）的从业者获得较高声望评价，比如法院院长、工商税务人员、银行出纳员、警察等，他们获得的声望排名高于其他部门或行业的类似职业。

其六，与前几次职业声望地位调查数据相比，本次调查结果显示出，农业劳动者（农民、渔民）的声望排名略有提高。在以往的职业声望排列中，农民一般排在倒数第二或第三（通常只高于保姆），而表 1 的数据则显示，种田农民排在倒数第十位，渔民排在倒数第九位，这两个职业的声望得分高于车工、商店营业员、印刷工人等职业。这表明，在较低声望群体中，城乡差异在弱化，城里人并不一定比农村人地位更高。但是，在对专业技术人员的声望评价中，农村专业技术人员（农机站技术员、兽医等）的声望排名明显比城市专业技术人员低很多。

最后，本次调查得出的职业声望等级排列的基本格局，与世界上大多数国家职业声望调查结果大体一致。崔曼采用“国际标准职业声望量表”，对 60 多个国家的职业声望进行测量，结果显示，各国对职业声望的评价非常接近，其相关系数高达 0.81。他因此而得出结论：职业声望有其不变性，不因国情不同、文化不同而不同，这是由于复杂社会或工业社会的功能的必要和组织的必要所造成的（Treiman，1977：5）。前引历次中国社会职业声望调查也得出相同结论（Lin and Xie，1988；折晓叶、陈婴婴，1995；Lin and Ye，1997；许欣欣，2000），本次调查结果也不例外。这也就是说，当前中国社会的职业声望等级排列，反映出工业化社会的职业等级分化的普遍特征：白领职业（脑力劳动者）的声望高于蓝领职业（体力劳动者）；在白领职业中，具有较多专业性和技术性的高层白领（拥有管理权的人和拥有较多文化资本的人）的声望高于中低层白领；在蓝领职业中，技术工人的声望高于非技术工人。同时，与前几次调查结果相比，本次调查得出的职业声望排列，更加接近崔曼的“国际标准职业声望”排列（参见 Treiman，1977：235－259）。这表现在下述几个方面。（1）1980 年代和 1990 年代前半期的职业声望排列都显示出高级知识分子的声望高于高级领导干部，而本次调查结果是高级领导干部的声望高于高级知识分子，这与崔曼的“国际标准职业声望”排列相一致。（2）以往的职业声望排列中，传统知识分子的声望略高于功能性知识分子，而本次调查则显示出相反趋势，这一点也与崔曼的相应排列一致。（3）在以往的职业声望排列中，农业劳动者属于最低声望群体，而在本次调查的职业声望排列中他们虽还处于较低声望，但并不是最低的，这也与崔曼的相应排列相同。（4）本次调查的职业声望排列中，企业主和企业经理人员的声望明显低于他们在崔曼的相应排列中的位置，但是，与前几次调查相比，他们的声望已明显提高。这些变化趋势反映出，中国的职业声望分层体系与工业化社会的普遍趋势越来越一致。

（二）职业声望的城乡差异

中国社会的城乡差异很大，城市和乡村的社会结构、社会分层、劳动分工以及社会地位的价值评价标准都有所不同。一些学者认为，职业声望作为社会地位的一个测量指标只适用于城市社会，而不适用于农村社会，因为农村社会不存在工业化社会的职业分工体系或职业结构；职业身份并不是决定个人社会地位的主要因素，人们对社会地位的评价也不依据于职业。还有些学者认为，由于文化水平低和信息缺乏，许多农村人不能理解或根本不知道调查表所列出的各类职业的含义，无法进行职业声望的评价。因而，以往大多数中国职业声望的测量仅限于城市居民（Lin and Xie，1988；许欣欣，2000），或者把城市与农村分开来进行研究（折晓叶、陈婴婴，1995）。然而，本次调查所得出的城乡职业声望排列却显示，城镇居民和农村居民对 81 个职业的声望等级排列差异不大（见表 1），城镇居民对各类职业的声望评分与农村居民的评分相关系数高达 0.979；而且，农村居民对有关职业声望题目的回答率超过 90%。这表明，近年来农村社会的发展，使农村居民的价值评判标准逐渐与城镇居民趋同。尽管农村的职业分化还处于初级阶段，许多职业在农村当地并不存在，但多数农村居民仍能做出评判，也就是说，城乡之间正在形成一致的社会地位评价体系。由此可以推测，职业声望的测量既适用于城市社会也适用于农村社会。

然而，需要注意的是，城镇居民与农村居民在对某些职业的声望评判上有所不同。城镇居民对下列职业的声望排名明显高于农村居民。（1）中学教师：城镇居民将其排在第 9 位，声望得分 81.15，农村居民则将其排在第 17 位，声望得分 74.65；（2）机关政工干部：城镇居民将其排在第 18 位，声望得分 75.31，农村居民则将其排在第 27 位，声望得分 66.3；（3）会计：城镇居民将其排在第 44 位，声望得分 54.8，农村居民则将其排在第 53 位，声望得分 45.66；（4）农机站技术员：城镇居民将其排在第 51 位，声望得分 48.53，农村居民则将其排在第 57 位，声望得分 42.7；（5）电脑打字员：城镇居民将其排在第 52 位，声望得分 48.52，农村居民则将其排在第 61 位，声望得分 40.17；（6）矿工：城镇居民将其排在第 64 位，声望得分 41.45，农村居民则将其排在第 72 位，声望得分 28.71。另外还有些职业，城镇居民对其的排名高于农村居民，它们是：大学教师、中学校长、律师、电视台主持人、政府机关办事员、医生、小学教师、兽医、宾馆服务员、殡葬场火化工、清洁工、公共汽车售票员、种田农民、渔民等。

农村居民对下列职业的声望排名明显高于城镇居民。（1）乡镇长：农村居民将其排在第 23 位，声望得分 67.83，城镇居民则将其排在第 33 位，声望得分 65.73；（2）建筑工人：农村居民将其排在第 58 位，声望得分 41.42，城镇居民则将其排在第 66 位，声望得分 39.2；（3）个体裁缝：农村居民将其排在第 65 位，声望得分 37.51，城镇居民则将其排在第 73 位，声望得分 32.83；（4）车工：城镇居民将其排在第 67 位，声望得分 34.01，城镇居民则将其排在第 78 位，声望得分 25.66。被农村居民排在前的职业还有：法院院长、政府机关局长、国务院部长、国营企业厂长、集体企业厂长、电影明星、工商税务人员、警察、私营企业老板、建筑队包工头、居委会主任、外资企业电工、推销员、私营企业电工、个体小商店店主、商店营业员、农民工等。

城乡居民职业声望排列的上述不同，反映出城乡价值评价的几个特殊之处。城镇居民对专业技术性职业（专业技术人员）的声望评价高于农村居民，这意味着，城镇居民相对于农村居民来说，更看重文化资本。同时，城镇居民对农业劳动者的评价也高于农村居民。城镇居民认为，农民的社会地位要比城镇中的最下层人员（失业下岗人员、低收入的重体力劳动者和从事脏活或伺候人的工作的人）好。而农村居民对特权部门的工作人员（如法院院长、工商税务人员、警察等）的声望评价高于城镇居民。另外，他们对收入较高的私营个体经营者（如私营企业老板、建筑队包工头、个体商店店主、个体裁缝等）的声望评价高于城镇居民。这说明，农村居民相对于城镇居民来说，更看重经济资本。

（三）不同社会群体的职业声望评价比较

表2列出了不同社会群体对81个职业的声望评价得分的相关系数矩阵。总体来看，表中所列的各分类社会群体的职业声望评价有着极高的相关性。第一，不同社会阶层——白领阶层（管理人员、专业技术人员和办事人员）、自雇阶层（个体经营者和劳动者）、工人阶级和农民阶级——的职业声望评价没有明显的差异，除了白领阶层与自雇阶层的职业声望评价的相关系数是0.98，其余相关系数都在0.99以上。第二，不同性别的职业声望评价极为类似，男性与女性的职业声望评价的相关系数高达0.995。第三，不同年龄的人的职业声望评价也很相近，3个年龄段的人（16~30岁、31~50岁、51~70岁）的职业声望评价的相关系数基本上都是0.99。第四，不同文化水平的人的职业声望评价也没有多大差异，5个不同文化水平的群体（无学历、小学、初中、高中及中专、大专及以上）的职业声望评价的相关系数都在0.98以上；不过，相对而言，文化水平越接近的群体（如初中与高中及中专），相关系数越高，反之，文化水平差距越大的群体，相关系数越小（如无学历与大专及以上）。

四　社会经济地位指数测量

采用前面部分介绍的回归公式，我们计算了各类职业群体和所有非学生身份的被调查者的社会经济地位指数。

（一）161个职业的社会经济地位指数

本次抽样调查共区分出300多个职业分类，但由于样本数量所限，有

表 2 不同社会群体的职业声望评价的相关系数矩阵

	管理人员/专业人员/办事人员	个体经营者/个体劳动者	工人	农民	女性	16~30岁	31~50岁	51~70岁	无学历	小学	初中	高中/中专	大专及以上
管理人员/专业人员/办事人员	1.000	0.984	0.991	0.987	—	—	—	—	—	—	—	—	—
个体经营者/个体劳动者	—	1.000	0.988	0.987	—	—	—	—	—	—	—	—	—
工人	—	—	1.000	0.993	—	—	—	—	—	—	—	—	—
农民	—	—	—	1.000	—	—	—	—	—	—	—	—	—
男性	—	—	—	—	0.995	—	—	—	—	—	—	—	—
16~30岁	—	—	—	—	—	1.000	0.991	0.988	—	—	—	—	—
31~50岁	—	—	—	—	—	—	1.000	0.992	—	—	—	—	—
51~70岁	—	—	—	—	—	—	—	1.000	—	—	—	—	—
无学历	—	—	—	—	—	—	—	—	1.000	0.986	0.985	0.979	0.978
小学	—	—	—	—	—	—	—	—	—	1.000	0.994	0.991	0.987
初中	—	—	—	—	—	—	—	—	—	—	1.000	0.992	0.987
高中/中专	—	—	—	—	—	—	—	—	—	—	—	1.000	0.986
大专及以上	—	—	—	—	—	—	—	—	—	—	—	—	1.000

些职业的从业者我们的调查没有抽中，还有些职业的从业者虽然被抽中，但数量太少，因此，我们把原先的300多个职业细类归并为161个职业分类。利用前部分介绍的社会经济地位指数计算公式，我们获得了这161个职业的社会经济地位指数。①

与表1所列的职业声望得分相比较，我们发现，161个职业的社会经济地位指数的排列顺序与职业声望分数的高低排序大体上是一致的。根据161个职业的社会经济地位指数得分排列，我们可以大致归纳出24个社会经济地位等级群体。

社会经济地位最高的群体应该是党政高级领导干部（部级及以上级别的干部），只是我们的调查未能抽中这类人。

排在第2位的社会经济地位群体是高级专业技术人员，如大学教授、知名科学家等，他们的社会经济地位指数为90分，在社会经济地位指数得分排列中位居第1。

排在第3位的社会经济地位群体是党政中层领导干部，如各类党政机关的局长和处长，他们的社会经济地位指数为87分，在社会经济地位指数得分排列中位居第3。

排在第4位的社会经济地位群体是事业单位的负责人，如医院院长、报社社长、学校校长等，他们的社会经济地位指数在84~85分，在得分排列中的位置是第4位至第6位。

排在第5位的社会经济地位群体是党政机关、事业单位的普通干部，如各类机关的科长、乡镇长和街道办事处主任等，他们的社会经济地位指数在81~84分，在得分排列中的位置是第5位至第10位。

排在第6位的社会经济地位群体是传媒、司法、教育等行业的专业技术人员，如记者、律师、教师等，他们的社会经济地位指数在79~83分，在得分排列中的位置是第8位至第12位。

排在第7位的社会经济地位群体是三资、国营、私营企业的厂长和经理，以及第三产业企业的中层管理人员，他们的社会经济地位指数在78~

① 由于篇幅所限，161个职业的社会经济地位指数得分的排列表省略。161个职业的社会经济地位指数得分和比例分布可参见作者的著作《断裂还是碎片——当代中国社会阶层分化的实证分析》，社会科学文献出版社2005年版。

79分，在得分排列中的位置是第11位至第14位。[①]

排在第8位的社会经济地位群体是公、检、法、司、工商、税务等部门的执法人员，如警察、工商人员、税务人员等，他们的社会经济地位指数在76~77分，在得分排列中的位置是第16位至第21位。

排在第9位的社会经济地位群体是党政机关和事业单位的普通公务员，如政府机关的办事员，他们的社会经济地位指数在75~77分，在得分排列中的位置是第17位至第22位。

排在第10位的社会经济地位群体是医疗、工程、经济类中高层专业技术人员，如医生、工程师、会计师等，他们的社会经济地位指数为75分，在得分排列中的位置是第23位至第25位。

排在第11位的社会经济地位群体是私营企业主，他们的社会经济地位指数为74分，得分排列是第26位。

排在第12位的社会经济地位群体是集体企业的厂长、经理以及第二产业企业的中层管理人员，如乡镇企业的厂长、工矿企业的车间主任等，他们的社会经济地位指数在68~73分，在得分排列中的位置是第29位至第38位。

排在第13位的社会经济地位群体是中低层专业技术人员，如护士、技术员、小学教师、幼儿教师等，他们的社会经济地位指数在69~73分，在得分排列中的位置是第27位至第37位。

排在第14位的社会经济地位群体是党政机关和事业单位后勤、政工、文秘、财务人员，他们的社会经济地位指数在64~72分，在得分排列中的位置是第31位至第46位。

排在第15位的社会经济地位群体是各类企业的后勤、政工、行政人员和业务员、经销人员，他们的社会经济地位指数在59~67分，在得分排列中的位置是第39位至第78位。

排在第16位的社会经济地位群体是农村专业技术人员，如兽医、乡村

① 三资企业厂长、经理的社会经济地位得分很高（87.99），仅次于大学教师。但是，在我们的调查样本中只有3个人是三资企业厂长、经理，而且他们的企业都属于高经济收益的高新技术行业，他们的收入和受教育水平都很高，因此，社会经济地位指数的得分很高。从这种情况来看，高新技术行业的厂长、经理（即现在所谓的CEO）的声望地位基本上与高级专业技术人员相似。但其他行业的三资企业厂长、经理没有那么高的声望地位。

医生等，他们的社会经济地位指数为 64 分，在得分排列中的位置是第 45 位。

排在第 17 位的社会经济地位群体是小店主、小作坊主和其他个体经营者，他们的社会经济地位指数在 54 ~ 64 分，在得分排列中的位置是第 44 位至第 113 位。

排在第 18 位的社会经济地位群体是商业服务业普通员工，如客运汽车驾驶员、邮递员、出租车司机、理发师等，他们的社会经济地位指数在 54 ~ 64 分，在得分排列中的位置是第 47 位至第 112 位。

排在第 19 位的社会经济地位群体是产业工人，指制造业的生产工人，包括技术工人和非技术工人，他们的社会经济地位指数在 48 ~ 59 分，在得分排列中的位置是第 77 位至第 147 位。

排在第 20 位的社会经济地位群体是农业专业户，如水果专业户、养鱼专业户等，他们的社会经济地位指数为 48 分，在得分排列中的位置是第 148 位。

排在第 21 位的社会经济地位群体是普通农民和渔民，他们的社会经济地位指数在 43 ~ 47 分，在得分排列中的位置是第 151 位至第 155 位。

排在第 22 位的社会经济地位群体是个体劳动者，如修鞋匠、个体屠夫、街头小贩等，他们的社会经济地位指数在 39 ~ 54 分，在得分排列中的位置是第 115 位至第 157 位。

排在第 23 位的社会经济地位群体是重体力工人，如搬运工、装卸工、采矿工、建筑工等，他们的社会经济地位指数在 45 ~ 51 分，在得分排列中的位置是第 139 位至第 154 位。

排在第 24 位的社会经济地位群体是从事如保姆、钟点工、人力三轮车夫等工作，他们的社会经济地位指数在 10 ~ 34 分，在得分排列中的位置是第 158 位至第 161 位。

（二）中国社会的声望分层及其构成

由于社会经济地位指数被认为是测量人们社会地位的重要指标，因此许多社会分层的研究者采用社会经济地位指数进行社会声望分层或社会地位分层。在这里，我们也采用前面计算的社会经济地位指数来进行当前中国社会的声望分层。我们把社会经济地位指数得分在 80 ~ 100 分的人归为上层，

60～79 分的人归为中上层，40～59 分的人归为中层，20～39 分的人归为中下层，0～19 分的人归为下层。如此归类的结果是：属于上层的人在社会声望分层中占 1.2%，属于中上层的人占 13.7%，属于中层的人占 84.2%，属于中下层的人占 0.8%，属于下层的人占 0.1%（见图 1）。如此比例显示，在当今中国社会，绝大多数的人（超过 4/5 的人）的社会声望位置都居于中层，另有约超过 1/7 的人居于中上层，而处于上层、中下层和下层的人的比例极少。我们所分析的抽样样本是适龄社会人口（即 16～70 岁非学生身份的人口），据第五次全国人口普查数据，全国适龄人口总数约为 85817.9 万，据此推算，属于声望上层的人共有 1029.8 万，属于中上层的人数是 11757.1 万，属于中层的人数是 72258.7 万，属于中下层的人数是 686.5 万，属于下层的人数是 58.8 万。当代中国社会声望分层的形态展现出菱形结构，即中间部分很宽，两端狭窄。这也就是说，从社会声望分层视角来看，中国社会存在着庞大的中间层人群，这为中产阶层的产生、发展提供了一种基础。

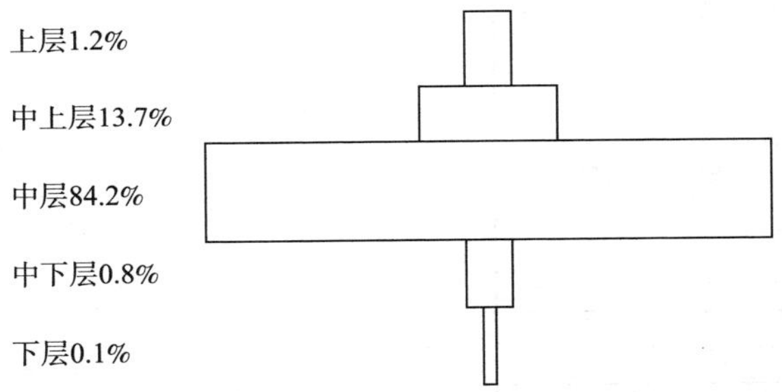

图 1　当代中国社会的声望分层

表 3 列出了各类职业的人在五个声望等级中的分布比例。声望分层的上层成员人数很少，他们可以算是中国社会的精英分子，主要由党政领导干部、经理人员和专业技术人员这三部分人组成，其中，党政领导干部所占比例最高，约占 2/5（39.3%），专业技术人员的比例接近 3/10（27.9%），经理人员约占 1/5（21.3%），这三部分人在整个上层中所占比例接近 90%。另外，略超过 1/10 的人是私营企业主（6.6%）和办事人员（4.9%）。其余的五类职业——个体工商户、商业服务业员工、产业工人、农业劳动者和无业失业半失业者——的成员没有一个进入声望分层的上层。

在中上层中，办事人员所占比例最高（30.9%），其次是专业技术人员

表 3　各职业群体在声望分层中的分布

单位：%

职业 声望分层	党政领导干部	经理人员	私营企业主	专业技术人员	办事人员	个体工商户	商业服务业员工	产业工人	农业劳动者	无业失业半失业者	合计
上层	39.3	21.3	6.6	27.9	4.9	0	0	0	0	0	100.0
中上层	2.2	6.8	7.3	23.9	30.9	13.2	12.4	3.2	0.1	0	100.0
中层	0	0.1	0.2	0	2.3	11.8	10.3	13.2	54.9	7.1	100.0
中下层	0	0	0	0	0	0	73.2	0	26.8	0	100.0
下层	0	0	0	0	0	0	100.0	0	0	0	100.0

(23.9%)，再次是个体工商户（13.2%）和商业服务业员工（12.4%），党政领导干部、经理人员、私营企业主和产业工人所占比例很低，农业劳动者和无业失业半失业者则几乎没人进入中上层。

声望分层的中层成员中，农业劳动者所占比例最高，超过半数的中层成员是农业劳动者（54.9%），其次是个体工商户、商业服务业员工、产业工人各占约1/10（11.8%、10.3%、13.2%），其余各阶层成员占的比例很低。

中下层基本上由农业劳动者和无业失业半失业者组成，农业劳动者占73.2%，无业失业半失业者占26.8%。

下层成员主要是由少数商业服务业员工、产业工人、农业劳动者和无业失业半失业者组成。由于下层成员人数在整个声望分层中的比例极低，表3的加权数据无法准确估计出各阶层的比例。

五　结论与讨论

根据职业声望和社会经济地位指数测量及其分析，我们对当前中国社会的声望分层可以得出下面几个结论。

1. 在人们的声望评价方面，工业化社会的普遍主义的、一元化价值成为主导性的价值标准，而且，这种工业化普遍主义价值的影响力还在继续增长；但同时，单位身份和城乡分割对中国人的声望评价有显著影响，这是中国社会特殊的声望评价标准。

崔曼（Treiman，1976）的国际比较研究得出三个著名的结论：（1）不论声望评价的内容是什么——“声望”（prestige）、“社会地位”（social standing）或“声誉”（respect），也不论采取何种评价方式——等级排列或打分形式，所有国家——不论其发展水平、文化传统——的职业声望高低排列都是一致的；（2）不同的社会群体——不论有文化的人还是没有文化的人、穷人还是富人、城里人还是农村人、老年人还是青年人——也都有一致性的职业声望；（3）所有国家——不论其发展水平和职业分布结构——都存在着相同的职业分类。这三个结论意味着，在当今的所有社会，存在着一致的声望价值评价体系，它是以工业化社会的普遍价值为基础的。与崔曼的观点相反，高索普和豪普（Goldthorpe and Hope，1972：23 – 79）

则对声望评价有另一种理解。他们认为，声望评价代表着社会中的各类人群（集体）对于“意义和价值”的解释，它与经济收入、物质财富的拥有量或权力等级地位的测量不同。“意义和价值”不能是单维度的高低或多少的评价。属于不同社会集体的成员，因为追求的目标不同，对“意义和价值”理解也不同，因此，不同的社会群体会有不同的价值判断。所谓的职业声望测量或社会经济地位指数测量，只是根据各类群体在总人口中所占比例，产生了一种综合性的价值判断。就是说，高索普和豪普认为，不同的社会及不同的社会群体，应该有不同的声望判断标准。

国内学者也存在着这两种观点的争论。早期的职业声望研究更强调中国社会的特殊性，而近年来的研究更强调普遍一致的价值趋向。如，折晓叶、陈婴婴（1995）的职业声望研究认为，中国人的职业声望评价受单位身份和户口身份的影响，许欣欣（2000）的职业声望研究发现权力因素和所有制因素对职业声望评价的影响。不过，她们都在不同程度上赞同崔曼的观点，即中国社会的声望评价与工业化社会的价值倾向是一致的。与此同时，绝大多数的中国职业声望研究是针对城镇居民的职业声望评价进行测量，学者们做出这样的选择，隐含着这样一层意思，即中国城镇社会的声望评价与农村社会不同。城镇社会的声望评价与其他工业化社会相一致，因为城镇社会已是工业化社会并存在工业化社会的职业结构；而农村社会则不同，那里不存在工业化社会的职业结构，其声望评价的标准不同，也许农村人不是根据职业分类来进行声望评价。

本文的数据分析结果一方面强烈支持了崔曼的观点，即不论城里人还是农村人，不论有文化的人还是没文化的人，不论男性还是女性，不论年轻人、中年人还是老年人，不论白领阶层还是蓝领阶层，职业声望评价基本趋于一致，不同群体的职业声望评价的相关系数保持在0.98～0.99。同时，本次调查的职业声望得分排列与崔曼的国际标准职业声望排列也有相当高的一致性，并且，与以往调查结果相比较，这种一致性有所提高。

另一方面，仔细观察81个职业的声望得分排列和161个职业的社会经济地位指数得分排列，会发现中国的职业声望排列也有与崔曼的国际标准职业声望排列的不同之处。比如，农村专业技术人员的声望远远低于城镇专业技术人员；不同所有制和不同类型单位的管理人员和普通员工的声望有差异；部分特权部门的工作人员的声望高于其他部门的同样职业的人。很明显，当前中国社会存在的一些结构因素，导致了一系列的社会性分割，如城乡分割，所有制或行业部门的分割；处于被分割的不同领域中的人们，社会经济地位状态有所差异，因而，相同职业的人就可能因处于不同的领域而获得不同的声望评价。但是，这些因素的作用，并没有导致中国的职业声望评价和社会经济地位指数排列与崔曼的国际标准职业声望排列产生根本性的区别，总体上的声望等级排列仍体现出工业化社会的普遍价值取向。

2. 工业化普遍主义价值成为主流的同时，相互冲突的多元评价标准仍有可能存在。

尽管职业声望评价和社会经济地位指数测量的结果证实了崔曼的看法，但也不能说，高索普和豪普所说的现象在中国社会完全不存在。当前的中国社会实际上存在着多元化的价值倾向，而不完全是由一元化价值所主导。在社会地位评价方面，西方社会一直保持着相对稳定的价值评价体系，而中国社会则不同。近一个世纪以来，剧烈的政治经济变动，使中国传统价值评价体系不断地遭受颠覆，而价值评价体系的重建又有相互冲突及多元选择倾向。传统中国社会的尊卑位序是“士、农、工、商”的排列，即文人官员位于最高社会地位，而有钱的商人则得到最低的社会评价。20 世纪 30 ~ 40 年代，资本主义在中国获得初步发展，在一些经济较为发达的大城市（如上海等），买办和民族资本家试图倡导资本主义的价值评价体系，以提高他们的社会地位。1949 年以后，中国共产党推行共产主义意识形态，对传统价值评价体系和新萌生的资本主义价值评价体系予以彻底颠覆，原来倍受社会推崇的文人、名士、官僚、乡绅被贬低至社会底层，而同时，普通的工、农、兵获得了最高的社会价值评价。自 1978 年改革开放以来，传统的价值评价体系略有复兴，但市场经济也使得拜金主义、实用主义和能力主义等价值盛行于世，这导致了相互冲突的、多元化的价值评价取向。毫无疑问，职业声望评价和社会经济地位指数测量的结果显示出工业化社会的普遍主义价值已成为当今中国社会的主流价值，但这并不能否认，不同利益的人群认同完全一致的声望评价标准。凭直观的经验观察，我们也能感觉到某些利益群体的成员信奉不同的价值标准，比如，以往的文人名士的后代们更倾向于认同传统的声望评价标准，而前国有大企业的工人们则希望毛泽东时代的声望评价标准能保留下来。然而，职业声望评价和社会经济地位指数测量是不能反映出这些人群的价值评价倾向的，正如高索普和豪普所说，职业声望评价和社会经济地位指数测量结果所代表的是占总人口比例较大的人群的一种综合性的价值判断。正因为存在着这种多元价值评价标准，导致了社会经济地位指数得分与自我地位评价结果的明显的不一致性。[①]

3. 在当前中国社会，决定职业和个人声望地位的因素是教育、收入、权力、就业单位的性质，以及是否从事受歧视职业。

布劳和邓肯（Blau and Duncan，1967）的研究认为，教育和收入这两个因素决定了各类职业的声望地位，而且教育和收入对声望地位的作用力差不多。因而，他们用教育和收入这两个指标预测人们的声望地位。崔曼（Treiman，1976）的国际比较研究认为，职业所要求的技术等级、职业所具有的对人的权威和职业所具有的对物（经济资本）的控制，决定了职业的声望，但他也是用教育和收入来预测人们的声望地位；不过，他认为教育对声望的影响要大于收入。长期以来，人们一直认为，教育和收入是决定声望的最主要的因素。而最近的一些研究对此提出疑问，因为人们发现，按照布劳和邓肯提供的方法，用教育和收入这两个变量回归预测职业声望得分，通常不能达到布劳和邓肯所获得的解释力。豪瑟和沃伦（Hauser and Waren，1997）的研究则发现，收入水平对声望没什么影响，声望的高低主要取决于受教育水平，但他们并未解释为什么其结论与布劳和邓肯的结论不同。不过，时至今日，多数西方学者还是认为，教育和收入决定了声望，而且教育和收入对声望的作用力差不多。

本研究的数据分析结果表明，收入和受教育水平是决定人们的声望的重要因素，这一点与西方社会相同。与西方社会不同的是，除了收入和教育这两个因素以外，权力和单位因素也对中国人的声望产生重要影响。在这些影响因素中，权力的作用力最明显，其对人们声望的影响大于教育和收入的影响，这是中国的声望分层与西方社会不同之处。另外，教育对声望的影响超过了收入的影响，这也是中国的声望分层与西方社会不同的地

① 由于篇幅所限，自我地位评价的分析省略，这一部分的数据分析显示出社会经济地位指数得分与自我地位评价不太一致，参见作者的著作《断裂还是碎片——当代中国社会阶层分化的实证分析》，社会科学文献出版社 2005 年版。

方。在西方社会，教育和收入与职业声望和社会经济地位指数的相关系数大致相等、接近，或者收入与职业声望和社会经济地位指数的相关系数高于教育，也就是说，收入和教育这两个因素对职业声望和社会经济地位指数的影响力差不多，或者收入的作用力略大于教育（Blau and Duncan，1967：27；Lin and Xie，1988：830）。然而，有关中国职业声望的调查数据都显示，教育与职业声望的相关系数远高于收入与职业声望的相关系数（Lin and Xie，1988：830；许欣欣，2000：2），本研究的调查数据也证实，教育与职业声望和社会经济地位指数的相关性高于收入与职业声望和社会经济地位指数的相关性。因而，掌握文化资本的两个职业群体——经理人员和专业技术人员——的声望（职业声望和社会经济地位指数）高于掌握经济资本的职业群体——私营企业主。私营企业主显然对他们所处的社会地位不满意，他们的自我地位评价明显高于社会对他们的地位评价。

参考文献

蔡禾、赵钊卿，1995，《社会分层研究：职业声望评价与职业价值》，《管理世界》第4期。

蒋来文等，1991，《北京、广州两市职业声望研究》，《社会学与社会调查》第4期。

李强、宋时歌，1998，《中国人民大学职业声望调查表明科学家高居榜首》，《职业教育研究》第1期。

陆学艺主编，2004，《当代中国社会流动》，社会科学文献出版社。

许欣欣，2000，《从职业评价与择业取向看中国社会结构变迁》，《社会学研究》第3期。

叶南客，1997，《南京市民对职业声望的评价》，《社会》第1期。

折晓叶、陈婴婴，1995，《中国农村“职业—身份”声望研究》，《中国社会科学》第6期。

Blau，Peter M. and Otis Dudley Duncan. 1967. *The American Occupational Structure*. New York：Wiley.

Clark，Terry N. and Seymour M. Lipset. 1991. “Are Social Classes Dying?” *International Sociology* 6.

Duncan，Otis Dudley. 1961. “A Socioeconomic Index for All Occupations.” in A. J. Reiss (ed.) *Occupations and Social Status*. New York：Wiley.

Giddens, Anthony. 1973. *The Class Structure of the Advanced Societies.* London: Hutchinson.

Goldthorpe, John H. and Heith Hope. 1972. "Occupational Grading and Occupational Prestige." in *The Analysis of Social Mobility: Methods and Approaches.* (ed.) by Keith Hope. Oxford University Press.

Grasmick, H. G. 1976. "The Occupational Prestige Structure: A Multidimensional Scaling Approach." *The Sociological Quarterly.* Vol. 17.

Hauser, Robert M. and John Robert Warren. 1997. "Socioeconomic Indexes of Occupational Status: A Review, Update, and Critique." In *Sociological Methodology.* (ed.) by Adrian Raftery. Cambridge: Blackwell.

Hall, John and D. Caradog Jones. 1959. "Social Grading of Occupations." *British Journal of Sociology.* vol. 1.

Hatt, Paul K. 1950. "Occupation and Social Stratification." *American Journal of Sociology*, vol. 55.

Hout, Michael, Clem Brooks and Jeff Manza. 1993. "The Persistence of Classes in Post-Industrial Societies." *International Sociology* 8.

Inkeles, Alex and Peter H. Rossi. 1956. "National Compari sons of Occupational Prestige." *American Journal of Sociology*, Vol. 61.

Lin, Nan and Wen Xie. 1988. "Occupational Prestige in Urban China." *American Journal of Sociology* 93.

Lin, Nan and Xiaolan Ye. 1997. "Oaupational Prestige in Rural China." (Draft)

Nisbet, Robert A. 1959. "The Decline and Fall of Social Class." *Pacific Sociological Review* 2.

Parsons, Talcott. 1954. *Essays in Sociological Theory.* Glencoe, IL: Free Press.

Treiman, Donald J. 1976. "A StandardOccupational Prestige Scale for Use withHistorical Data." *Journal of Interdisciplinary History* 7.

——. 1977. *Occupational Prestige in Comparative Perspective.* New York: Academic Press.

Warner, W. Lloyd. 1949. *Social Class in America.* Chicago: Science Research Associates.

Weber, Max. 1966. "Class, Status and Party." in *Class, Status and Power: Social Stratification in Comparative Perspective.* (eds.) by Beinhard Bendix and Seymour Lipset. New York: The Free Press.

德国历史学派与19世纪经济学方法论之争的启示*

何　蓉

在资本、商品与信息在世界范围内流通的全球化时代，一个随之而来的问题是，来自不同社会与不同文化传统的人们应当以什么样的方式面对这个时代，并且在保持差异的前提下和谐相处。之所以出现这个问题，是因为全球化时代的技术进步与创新改变了物质生活的样貌。但是，“大量传送而无社会中介”的信息未曾将第三世界贫民窟的居民的行为变得像好莱坞电影中的男女主角一样，却使他们感到陌生、吸引、迷惑与无助。实际上，这大概是所有人的困境。在四处流传的信息中包含着如此多样的行为方式，以至于人们只好转过身去，在“某种文化遗产、某种语言、某种记忆、某种宗教、甚至某种性心理中”去寻找一种整齐划一的原理（图海纳，2003：6、54）。

这在一定程度上也反映了当今中国社会科学研究者的困境。作为这个制度变迁与制度创新时代的一分子，知识人在社会与学术两个方面薪尽火传的使命都对他们提出了更高的要求。因此，他们必须面对两个层次上的问题。首先是与社会政策有关的实际问题上的取向，典型的例子就是所谓“公平与效率”之争，以及社会大众对于知识分子现实价值立场的质问；其次，也是更深一层次的形式理论与经验现实的问题，也就是说，是否能够以及如何能够将中国社会丰富多样的现实问题纳入本质上是西方的现代社会科学理论体系之中，从而在理论与经验两个方向上推动中国社会科学乃至社会科学自身的进步。实际上，无论是大陆还是海外，在经济学、法学、社会学、心理学诸领域中，都有学者大力呼吁实现社会科学的本

* 原文发表于《社会》2005年第3期。

土化。

然而，这一任务必定是异常艰难的。因为中国学者一方面需要提高理论素养，与国际学术界新锐理论对话，而另一方面，又必须处理本国社会中处于较落后发展阶段的现实问题。由于这两方面存在着一种张力，在实际研究中，存在不加处理地运用后现代理论术语表述本质上是前现代现象的情况，因此，在形式理论中嵌入本土脉络，不仅需要开放的心态，而且要有方法上的反思。这种反思的途径之一是以史为鉴：我们可以借鉴在面临着类似境况时，其他国家或其他时代的学者是如何看待并处理这种形式理论与经验现实之间的张力的。

在社会科学发展史上，可以作为借鉴的是德国的经济学历史学派的学术发展历程。历史学派曾经在19世纪后半期到20世纪初期主宰了德国经济学的发展。由于德国的社会科学和高等教育在当时世界的崇高地位，因而它对欧洲其他国家乃至北美的学术发展都产生了意义深远的影响。与中国学界当前的情势相类似，这一学派崛起于德国现代化进程最激动人心的阶段，也是社会变革最为剧烈的时期。作为后发的资本主义国家，德国不得不同时应对先进国家和国内保守势力的挑战，这种压力与动力并存的局面影响了历史学派的学术旨趣，特别是古斯塔夫·施穆勒，他的思想核心就是“社会公正”，他希望能够依靠国家的力量来缓解经济发展中的贫富分化和阶级矛盾；他与普鲁士官方有密切的关系，是当时学术界声名显赫的领袖人物。以施穆勒为中心的新历史学派的学术研究和社会活动以民族振兴、经济发展与社会和谐为核心，围绕着如何建立适合本民族特点的理论，理论又如何服务于国家发展的主题，展开了涉及经济学、社会学、历史学、应用统计学、人口学、政治学和地理学等学科内容的广泛探讨。

不过，历史学派的学术生命力由于掺入了太多的现实政治因素而受到了影响。19世纪80年代，德国历史学派与奥地利学派之间爆发了所谓的“方法论之争”，历史学派的命运因此发生了根本的转折，逐渐被人遗忘，经济学的发展走上了偏重数理的方向。然而，历史学派无所不包的研究内容仍然在一定程度上影响了近代欧美学术，特别是通过历史学派较年轻的成员马克斯·韦伯和韦尔纳·桑巴特等人，历史学派的思想精髓更是深刻地影响了20世纪社会科学的发展。

本文试图从历史学派的学术渊源、研究路径和方法论之争的实质等三个方面，揭示历史学派提出的、至今仍有意义的理论问题，说明他们对社会科学方法论做出的贡献。然而，本文并不仅仅具有学术史方面的意义，更重要的是，本文期望中国社会科学的理论应用与理论创新可以从中得到方法论上的借鉴，从而厘清学术本土化过程中的一些理论问题。

一 历史学派、历史主义与历史学

历史学派被认为与历史学有着千丝万缕的关系。卡尔·门格尔在《德国国民经济学的历史主义谬误》（亦即《德国历史学派的错误》）一文的序言中指出，“历史学家像外国征服者一样‘侵入’我们的科学领域”，将他们的“语言”、“习惯”、“学术用语”和“方法”强加给“我们”，在“每一个研究领域不可容忍地与我们发生争斗”。这段话被用来当作对19世纪所谓的“历史学帝国主义”① 的现实描述。

是否存在过这么一个“历史学帝国主义”我们姑且不论，在这段论述中，人们显然是把德国历史学派当作经济史的某一流派了，持此见解的人不在少数。例如，对施穆勒等人的研究工作，熊彼特称那是“一些任何不是以历史为专职的人一般不会去做的工作”，而且，“这种研究工作的水平多数相当平庸”，只不过在“总和”层次上“大大促进了对于社会过程的精确了解”（熊彼特，1994：89）。他认为，“我们对历史学派所下的定义，无疑会使历史学派经济学家与经济史学家之间的界线为之泯灭”，不过实际上，“历史学派的方法论信条”可以这样总结，即“作为研究工作者的经济学家应该主要是一个经济史学家”（同上：86）。

这种看法包含着几处重要的误解。它不仅是对历史学派的误解，而且也是对当时的历史学的误解。实际上，历史学派的学术另有渊源，它与德国当时的历史学的相同之处只在于它们都处在同一个社会文化环境和思想背景之中，其发展则各具专业特色。历史学派反复强调的“历史”，指的是具有复杂性、丰富性和综合性的经验现实。

---

① 参见党国英、刘惠《纪念一百年前的经济学方法大论战》，约翰·内维尔·凯恩斯《政治经济学的范围与方法》译者序。本文将要论证的一点是，历史主义并非历史学本身，而门格尔所说的“历史学家”指的是德国经济学对文化、历史演变和现实问题的关注。以现有的学科建制去理解“历史学帝国主义”必定会产生认识上的偏差。

经济学历史学派的思想灵感的直接来源是以萨维尼为代表的法学历史学派。萨维尼认为，“历史精神只是使人们免于自欺”，这种自欺“使我们幻想属于我们自身特有的东西也属于整个人类”，[①] 他认为，只有经由历史的比较研究，法律的真正本性才能表现出来（威廉·罗雪尔，1981：9）。

威廉·罗雪尔首次将萨维尼的历史法学派的方法应用到政治经济学中。1843 年，哥廷根大学的副教授罗雪尔出版了《历史方法的国民经济学讲义大纲》，这本书强调经济理论的相对性和经济学中的历史方法，被认为是德国历史学派的奠基之作。罗雪尔与希尔德布兰德、克尼斯一起，被称为老历史学派的三位主要代表人物（朱绍文，1999：139）。

从根本上看，影响历史学派的思想主要是浪漫主义和黑格尔的历史主义。

18 世纪 70 年代，一场针对启蒙运动的理性主义的反叛运动在欧洲特别是在德国酝酿产生，即浪漫主义，它注重个性、主观性和非理性表现，对抗理性主义以冷静、客观的规则体系凌驾于全部人类经验之上的做法。赫尔德是德国浪漫主义最重要的代表人物，他反对所谓科学研究的理性方法能够发现普遍、不朽规律的看法。他认为“每一个历史时期或者文明都有自己独特的性格”，以普遍规律的方式描述或分析它们，实际上掩盖了研究对象的“特殊个性的那些关键性的不同之处”。因此，“研究人类现象的正确途径是通过历史科学，包括对语言、法律、文学、宗教信仰、神话和象征的研究以及对制度的研究”（布洛克，1997：115）。

相对于英、法这样的“国家民族”（Staatsnationen），没有政治统一传统的德意志是一个“文化民族”（Kulturnation）（圭多·德·拉吉罗，2001：200），理想的或书面形式的统一在一段时间内使人们得到满足，但是，1806 年普鲁士在耶拿败于拿破仑大军，自由主义者的祖国被外来者的铁骑践踏，痛苦的经历使人们意识到文化民族必须注入现实政治的活力，浪漫主义运动随之席卷德意志。赫尔德对各个民族及其文明的独特性的强调变成了富于政治意味的民族主义，国家成为这种民族主义理想的组织形式，德意志中世纪时的所谓黄金时代成为呼吁统一的浪漫主义者用以锻造民族

① 弗里德里希·卡尔·冯·萨维尼：《法律冲突与法律规则的地域和时间范围》之附录一，法律出版社，1999 年版，第 311 页。

精神的素材。在知识分子中，曾经热情拥戴法国大革命的费希特转而提倡不同于个人自由的所谓“真正自由”，即源自民族（Volk）风俗习惯的正确的做事方式。同一民族或国家的成员被“内在的精神纽带”紧密地联系起来，国家是一种更高级的组织形式，“真正的自由在于个人意志与国家目标合一，有必要的话，可以用暴力方式强制实现”（Harris，1942）。个人自由只会让社会分化成互相具有破坏性的原子。为了避免这类情况的出现，费希特提出建立一种理性的或计划的经济，独揽大权的国家代表社会的整体利益，由国家来决定财产、劳动、利益分配等。

费希特的“Volk”被黑格尔以“Geist”（精神）取而代之，其历史哲学强调连绵不绝的生命历程的内在精神。他认为，全部人类历史是一个自我实现的生命历程，人类不断地取得道德进步和精神进步，并上升为自我意识，这一过程的本质是精神的而非物质的。国家是民族精神的最高体现，从而是神圣的，自由便是有意识地服从国家的权威。据伊格尔斯（1995）考证，“历史主义”① 最早出现于1797年施莱格尔笔下。他指出要提防一种“理论的但非历史的态度”，不能“无视个别”。经过黑格尔的阶段，历史主义在注重事实的态度之外，又开始强调个别事件背后的“精神”或一致性。

在罗雪尔的青年时代，黑格尔的形而上学居于官方哲学的主导地位，于是产生了这样的历史主义：本质上，“历史主义视人类世界为历史的结果，因而以一种相对主义的方式来阐释它。所有的制度、活动及事件都可以被纳入其历史条件之中，因而是独特的。人类与人类现象不可能遵循固定不变的法则，因为每一事物都依赖于其他事物，世界无休止地发生着变化。人类的各种现象只能在其历史条件的基础之上进行解释与理解”（Hauser，1988）。在方法论上，历史学派强调个别，要求以一种描述的方法说明个体特征，并认为社会与历史是一个发展着的过程和互相联系的整体。国家既是民族精神的神圣体现，更是一个民族得以存在、发展的权威性机构。

另一方面，历史学的发展动力源自文艺复兴时期人性的解放和探究人

① “历史主义”原为德语中的Historismus，相应的英文字是Historism，但卡尔·波普尔论述历史主义时使用了Historicism，相应的德文字应为Historizismus，具体内容见伊格尔斯有关论述。目前的英文著述中以后者为主，但也有不加区分的情况，Mark Blaug（1992）书中即两者均有使用。

类自身经验的兴趣。在德国，到了19世纪，出现了兰克的客观主义史学。利奥波德·冯·兰克的“如实直书”是对19世纪前半期在德国有决定性影响的黑格尔哲学的挑战。他指出，哲学将现实世界压缩成一个系统的做法牺牲了历史世界的独特性，只有依靠理解才能够把握各自不同的历史，历史是可知的，但人不可能全知，历史学家的工作便是通过理解尽量确立历史的真实。自兰克开始，专业的、学术的历史学以追求“历史的真相”为信念，以考证史实、精确描述为特征，反对文学的虚构与哲学的箴言。

这一时期，主流历史学涵盖的范围相当有限，且日渐专业化。它明确了史料运用的原则，以一整套史料批判的方法仔细甄别材料，对历史研究者提出了专业技能的要求。此外，在经济史方面，熊彼特也指出，“正统的经济史学家的工作是历史学部门的一个分支，在当时已具有相当规模”（熊彼特，1994：87）。

从上述说明中可以看出，历史学派的思想精髓并不是历史学，而是源自德国浪漫主义传统的对个体独特性、相对性的强调，以及对人类现象整体联系的强调。后一基调突出理论的相对性和比较方法的应用，从带有黑格尔色彩的历史主义那里继承了历史的发展与进步、个人自由通过国家得以实现等观念。

不过，一个名副其实的、具有社会学意义的历史学派则是在19世纪70年代才得以统一和巩固下来的。古斯塔夫·施穆勒是被称为“新历史学派”的那一批人中最出色的领袖，他在1872年建立并长期领导了德国经济学家的学术组织“社会政策协会”，又是数个系列出版物的编辑，从而跻身于社会科学研究最早的、重要的组织者之列。他与他的追随者被称为“新历史学派”，原因是他们的方法得自“老历史学派”的罗雪尔等人，但又有所不同。由于其社会政治目标，又被称为“讲坛社会主义者”；另外，施穆勒与皇室及高级官员走得很近，他们还能够对社会立法产生影响（Fischer，1968）。

施穆勒在图宾根大学读书时就读到了罗雪尔和克尼斯等人的著作。他在1861年大学毕业前就已经认识到经济学的知识领域“不能脱离地点、时间和民族，而其基础应当首要地（尽管不是单纯地）从历史中去探求”（朱绍文，1999：107）。施穆勒本人的兴趣包括历史学、应用统计学、经济学及社会制度与行为（含社会心理学）、社会人类学、地理学、人口学、经济与社会政策的理论与实践，甚至还有伦理学与哲学，但他始终将自己看作一位经济学家。他的研究内容除了历史的考察之外，还包括了“对社区环境的气候、地理、地质特点的比较研究”，甚至还包括“民族志”“文化的心理基础及文化变迁中的有关心理因素”等内容。显然，这“主要建立在心理学的和民族志的基础之上，更严格意义上的历史考察相对来说较少而且明显地只占次要的地位”（Veblen，1902）。

以施穆勒卷帙浩繁的《国民经济学一般原理（1900~1904）》为例，“虽然在方法上不可比，但在其范围上可与马歇尔的《原则》相比较”，该书试图进行社会科学的组合，形成“有关过去与现在的巨大的镶嵌画或全景画”（Fischer，1968）。这部书的第一卷包括“引论”和两本书。“引论”分三个部分，分别介绍了经济学的概念、社会生活中的风俗、法律和道德的诸种关系，最后详细回顾了经济学文献和经济学方法论的历史发展。第一本书涉及土地、人口与技术，说明了气候对经济活动的重要性，不同的种族、民族、人口的组成与变化，技术演进及其经济意义。第二本书题为“经济的社会构造或成分：其起源、管理部分及当前形势”，分别讲述了传统的家庭经济与城镇经济的兴起；19世纪欧洲与美国的城市化；经济功能在家庭、地方与中央政府之间的分布；在语言、道德、习俗、法律和行政的同一性基础之上作为一个“社会过程”的劳动分工；产权的核心及其分配；社会阶级的形成及不同工业组织的演变等（Balabkins，1987）。可以看出，施穆勒全景式的作品并非人们所以为的那种注重细节的历史学著述，其特色与其说是历史学的，不如说是民族志的。

综上所述，由于社会、文化的原因，德国学者的学术研究表现出了共同的历史旨趣，但历史主义之类的标签实际上包含了错综复杂的特征和路径。历史学派试图建立一个无所不包的经济学，他们倡导的历史方法，是要通过对各个国家发展历程的比较，找出其类似性，从而归结为一种发展规律，“历史方法的最高目的”是“以科学的形式将人类所获得的政治成果留给后代”（罗雪尔，1981：12）。历史学派与历史学有密切的关联，但是，他们借重历史内容的目的，是要在研究中容纳各种不同的文明的发展历程。历史学派对后来的经济史学家（如法国的年鉴派）产生了影响，但罗雪尔、施穆勒等人，从来都把自己视为经济学家，而非历史学家。如果一个学科的发展可以被认为并非沿着一条先定的路径寻求真理的话，历史学派的研究取向毋宁说代表了经济学发展史上另一种可能的方向。

二　施穆勒与经济理论

历史学派另辟蹊径的尝试引起了人们对其是否有意建构理论的质疑。凡勃仑认为，在“系统化成果”方面，历史学派罕有突破，他们“以片段式的方式反复灌输，并在轻微和不太肯定的程度上详细阐述了他们本来努力去置疑的经典作家的教条”（Veblen，1902），因此，历史学派在学术史上最终失势似乎就是题中应有之义了。

作为历史学派最突出的代表人物，施穆勒受到的批评也最严厉。沃夫拉姆·费舍认为，施穆勒“要为经济理论在1870年至1920年在德国的被忽视负主要责任”，还要为“德国在20世纪作为极端反应的对经济史的忽视”负间接责任，他以历史方法建构理论，却“同时伤害了理论和历史”（Fischer，1968）。

历史学派是否既“反对所谓的理论的绝对化”，而且“将理论一起加以反对”（斯皮格尔，1999：367）？如果说历史学派并不排斥理论的建构，那么，理论在其无所不包的体系中应当如何定位？如果说历史学派在建构理论方面没有获得成就，则其原因何在？

首先可以肯定的是，强调个体、独特性和“实际发生了什么”的历史学派不仅不反理论，而且将自己看作是要建构贴近事实的理论的经济学家。学派中不乏擅长分析之人，但是与英国经济学家较为狭窄的概念、理论相比较，历史学派更希望将现实的丰富性、经济生活的整体性带入经济理论。“罗雪尔夸张的历史方法”并非废除古典学派的理论，而是要给它加入相对性的特点，“将理论与地点和时间联结起来”；克尼斯不仅是历史方法的宣扬者，而且也是“经济理论的出色的实行者”（斯皮格尔，1999：374）；至于施穆勒，他相信，一个真正的理论是“大量的有关过去与现在的事件、制度和结构的描述性工作的最终结果”（Fischer，1968）。

由于施穆勒在历史学派中的突出地位，下文将以他为例，分析历史学派的著作及其对待理论的态度。

施穆勒可谓生前荣盛、身后凄凉。在他的时代，“其他人可能是更好的理论家、历史学家或社会学家，但是，除了年纪小得多的马克斯·韦伯之外，没有谁像施穆勒这样全面”，而且，他具备了领袖的个人品质：“富于魅力又颇专制；对自己的观点很自信，但也肯接受其他思想；思路简单，视野却很广阔；充分地为确定的见解负责，但也准备妥协”（Fischer，1968）。通过他那些后来占据德国各大学经济学教席的学生和追随者，可以确信施穆勒及其学说对德国经济学界产生了重要的影响。弗里德里希·兰恩将韦尔纳·桑巴特、阿瑟·斯皮索夫、沃尔特·翁肯以及奥地利的约瑟夫·熊彼特都算作是施穆勒的继承人，他在德国以外的知名学生或门徒包括威廉·J·艾希礼、爱德温·F·盖伊、W·A·S·海文斯、乔治·盎文、威廉·J·坎宁安等。由于德国社会科学在当时的崇高地位，施穆勒的影响通过前来德国学习的外国留学生传播到了德语国家以外的地区，尤其是美国。

但是，施穆勒死后，他的影响便迅速地消失了。时至今日，多数学经济学的学生并不知道施穆勒是何许人也，更不必说其学术思想了。造成这种现象的一个原因是施穆勒的著作仅有少数被译作英文，截至1980年代，较完全的英译本是《商业主义》，其正文不足95页；另有一篇关于政治经济学的公正的文章，也仅51页。不过，至少在20世纪40年代之前，大部分经济学家并不需要英译本，他们中的许多人在德国接受学术训练，阅读施穆勒的德文作品是必修的功课。但随着德国在世界大战中的失利和大量知识分子逃离纳粹统治下的祖国，德国学术界出现了一次影响深远的断层，英语世界则无论其政治经济实力，还是学术成就都超过了德国。在美国大学里，攻读经济学博士学位的学生渐渐不再被要求学习第二外语，数学、计量经济学、计算机语言占据了原来德语的地位（Senn，1989）。于是，情况发生了变化，早先德语是必备技能，施穆勒的著作不需要英译本，后来根本连德文原作都不需要了。

此外，施穆勒作品涉猎的广泛性和经常使用英文、法文、德文等资料也妨碍了人们的阅读和理解，但是，其作品的主题与内容的现实性特点和民族主义倾向是施穆勒渐渐失去光彩的更重要原因。

施穆勒始终关注社会现实，以社会公正为核心追求。他成长在符腾堡的浓厚的官房学传统中，对经济与政治之间的密切联系深信不疑。在图宾根大学，他学习了源自官房学的“国家学”，包括公共财政、统计学、经济学、管理学、历史学甚至社会学等方面的内容。在普鲁士，施穆勒于1884年被任命为枢密院顾问，1889年作为柏林大学的代表进入上议院。除了参与政务之外，施穆勒活跃的公共生活还包括领导社会政策学会、编辑一系列学术刊物等。由于他的影响，《立法、行政和国民经济年鉴》有时就被人们直接称为《施穆勒年鉴》。

作为一个笔耕不辍的作者，施穆勒的作品深深地烙上了其政治活动与观点的印记。他的思想的核心是"社会公正"，因此，出于伦理的原因，他将以人性自利假设为前提、拥护自由竞争的经济教条斥为"商业资本主义"。在他看来，在物欲横流的德国社会中，资本的力量凌驾于经济、社会与国家之上，企业为了利润不顾一切，贫困的、原子化的工人无依无靠，为了生存必须在恶劣的环境下辛苦劳作，每个人都只关心自己的福利而拒绝关注他人。特别是以自由竞争为理由，作为整体的社会不肯减轻下层民众的负担，贫富之间在平等的外表之下掩盖着越来越大的鸿沟。施穆勒指出，在西方历史上，古希腊和罗马文明都是毁于社会分化的，他警告国人，德国的阶级对立已经到了尖锐的地步。

另一方面，社会民主党人倡导的自下而上的运动也不为施穆勒所看好。他认为，声称要打破民族、国家界限的社会主义既是自由主义的，又是世界主义的。但是，社会民主党实际上对现代国家政体似懂非懂，还高高在上，脱离了工人阶级的实际需求。大量工人被吸引到社会民主党的旗帜之下，将使德国文化受到威胁。

为了改变现状，施穆勒呼吁要"在资本家和工人之间充实道义的概念"，使工人受到更多的教育，改善劳动及住房条件，主张实行普选制，等等。而社会改良的主体力量是"有机体的国家，道德的国家"，是"社会的君主"、"贫者之王"的"普鲁士国王"以及"有能力而公正的官吏"（朱绍文，1999：146）。这样的政治主张是以官僚体系的诚实和全能为前提的。他假设，社会改良是无成本的，国家是虚无的全民利益的代表，也不存在市场失灵的现象。所以，施穆勒始终是普鲁士王朝的忠实臣子，这使他的学术研究带上了鲜明的价值判断的色彩。

施穆勒作品的特质使他受到学术的批评，但在另一方面，却为他在大众中赢得了广泛的听众。他以一种与众不同的角度审视当时的热点问题，并得出能够赢得许多人同意的一般性结论。这使他成为一个富于成效的公共舆论的领袖——虽非才华横溢、但却深得人心的学术讲演者。他的影响力和策略在调解对立意见时也发挥着重要作用。

这种影响力的代价是，一旦时代潮流发生变化，施穆勒的思想也就很快过时了。他如愿以偿地将现实的主题直接带入了自己的思想，但却受到无所不包的内容的牵制，浮光掠影地谈到一切重要事件，却没有揭示出理论的洞察力与深刻性。

另外，施穆勒的民族主义倾向也很突出。如果说，施穆勒确实有反理论倾向的话，则这个“理论”可以明确地说就是英国的古典经济学。

由于现实的政治因素，德意志自由派大都成了日益坚定的民族主义者，他们将本质上是扩大了的普鲁士的德意志联邦视为民族强盛的保证。而在经济方面，德国不少地方仍然保留着农业国的特色，初生的近代工业又受到了强大的英国工业的威胁，特别是后者的自由贸易政策，实际上是为英国工业品的海外倾销提供了正当性的依据。因此，引起了经济落后地区的抵制，贸易保护主义在英国以外地区（包括德国）产生。

这种状况在思想理论界的反映是，英国“古典经济学家根据他们无批判的理想化的特殊历史条件进行推理，他们无批判地据以引出一般性的结论”（熊彼特，2000：136），从而引起历史学派抨击古典学派“理论上的绝对主义”（朱绍文，1999：137）。例如，克尼斯认为，理论“是在与人类或民族的历史的一个时期的有机整体的活生生的关系中成长的”，并随着历史的发展而演变（斯皮格尔，1999：366）。施穆勒受到克尼斯的影响，认为经济学中的真理具有相对性。他指出“如果人类只立足于自然必然性的规律之下，那么我们在说明经济时，可以称之为数学的学问”，似乎这样的经济学理论就会是永恒不变的真理了，但实际上“经济学属于社会科学，它受地点、时间、国民性等条件的制约而不可分割，因此，经济学必须要有历史的基础，更重要的是要到历史的过程中去探求”（朱绍文，1999：145～146）。

可以看出，施穆勒在政治上是一个保守的改良主义者，他既关注社会下层的民生问题，又同激进的社会主义者相对峙，不愿意工人阶级自己团结起来争取权利；他既希望在资本主义经济秩序下使德国科技进步、经济繁荣富强，又想依靠霍亨佐伦王朝进行局部的改革。他的政治主张摆脱不了折衷主义的色彩。

实际上，折衷主义尽管容易招致反对，有时却是不可避免的。在处理实际事务时，随着社会环境的变化，原有的思想体系往往会暴露自己的缺点，为了解决现实问题，政治主张的妥协与变化是必要的。施穆勒的问题在于，他将社会政策方面的折衷主义带入了科学研究中。施穆勒反对英国古典学派所谓万世不易的真理，要求经济理论必须反映历史过程。于是，在施穆勒特别是其追随者的作品中，便出现了大量旨在影响国家的社会政策、促进社会改良的论述。这些论述既带有现实政治的折衷主义色彩，又无法做到“立场中立”（standing neutral）（凯恩斯，2001：8），后者更直接导致了在1909年社会政策协会维也纳大会上爆发的“科学与价值判断”的争论。

因此，以施穆勒为代表的历史学派其实并不排斥经济理论的建构，对他们的所谓反理论的指责是不公正的。但是，为了把实践的内容带入理论，他们的研究工作过多地卷入了实际的社会问题中，他们的作品充满了细节描述和统计数据，却又缺乏一以贯之的分析框架。因此，可以说，尽管历史学派有意建构理论，但却由于强调理论建设的资料性而未能成功。约翰·凯恩斯在1890年指出，经济理论应当有其实际应用的限制条件，“仅就人们所关心的具体的经济学说的范围里，近些年的经济学家几乎普遍地承认这种相对性，这被看作是历史学派的明显的也是当然的胜利”（凯恩斯，2001：182）。但是，历史学派为这种承认付出了重大的代价，即他们在方法论之争中的失利。

三　方法论之争

1883年，维也纳大学教授卡尔·门格尔出版《社会科学特别是政治经济学方法论研究》一书，维护理论在社会科学中的重要性。施穆勒在其《年鉴》上对这本书的评论激怒了门格尔，次年，他以给友人16封信的体裁，出版了一本著名的小册子《德国历史学派的错误》，直接将矛头对准了施穆勒。施穆勒回绝了门格尔的赠书，并将致门格尔的信公开发表，双方的情绪越发激昂，继而各有一些年轻人加入，互相指责，这便是经济学史上著名的“方法论之争”。F·R·索罗指出，“若非著名的方法论之争的话，没有人还会记得古老的德国历史学派”（Hauser，1988）。

在这次论战中，以门格尔为核心形成了所谓的奥地利学派，即新古典经济学的一个富有特色的分支。德国经济学界则沿着另一个方向自行其事，其研究在英语国家的经济学家看来内容庞杂，带有太多历史的、社会学的特色。德奥经济学界由此产生的裂痕在数十年后依然清晰可辨，方法论之争更成为经济学说史上令人不快的记忆。帕累托认为这种争论纯粹是浪费时间，熊彼特则指出，“科学派别间所进行的所有论战”都会夹入大量的相互误解，何况“事实上方法论上的冲突常常就是气质与智能癖好的冲突”。在经济学的方法论之争中，“事实上是存在着历史气质与理论气质这样的东西，”前者喜欢“五光十色的历史过程与各式各样的文化类型”；后者“却对谨严的定理比对其他任何东西更感兴趣”，“我们对两者不分轩轾，但它们却生来就彼此不赏识”（熊彼特，1994：97）。

熊彼特提醒我们，方法论上的争论并不单纯是两种学术取向的争议，更是一次社会学意义上的派系之争。但他把不同学术取向归结为气质不同而引起的本能的“厌恶”却没有足够的说服力。实质上，从学科史的角度来看，这次争论是经济学发展到一定阶段的一次总结，下文将在说明学派之争、社会背景之后，分析其核心论题。

“真正的学派是社会学上的实体”，有领导者与追随者之间的结构关系，有自己的“旗帜、战斗口号、精神状态、人情味过浓的兴趣”（熊彼特，1994：97）。学术分歧一旦转变为派别之争，就会偏离真正的问题，敌对的双方为了获得胜利的荣耀而抬高自己、贬低对方，真正的学术问题反而被淹没，甚至被歪曲。门格尔与施穆勒开始争论的，是经济学的核心应当是分析的经济理论还是统计的或历史的研究方向，但到了他们的门生纷纷加入之后，问题便成了经济学就整体而言应当是理论的还是历史的，马克斯·韦伯后来称，经济学俨然成了“两门科学”。①

此外，这次争论中还包含着双方的社会背景和学术背景的不同。

在经济学产生之初，它从哲学、法学与自然科学等不同学科汲取了营养。19世纪，英国自培根以来的经验主义传统和自然主义传统使它在实验的、测量的和计算的科学方面取得了突出的进展，除了牛津、剑桥两所最古老的学术机构以外，苏格兰各大学在化学、医学、数学及天文学等领域都已成为研究中心和教育中心，而政治经济学与这些“精密科学”关系密

① “Introduction” by Richard Swedberg, Richard Swedberg (eds.), *Max Weber: Essays in Economic Sociology*, Princeton University Press, 1999, p. 10.

切。例如，亚当·斯密在格拉斯哥大学学习数学、古典语文及哲学；马尔萨斯倾心于自然科学和数学的学习；而马歇尔则将精力投注于数学、古典语文和神学（Hauser，1988）。

在欧洲大陆，具有浓厚哲学传统的德国人在19世纪建立了新型的大学体制，他们将源自古希腊-罗马时代的所谓“古典精神”和经院哲学的思辨精神相结合，创造出了“学问”（Wissenschaft）的理想。“学问”这个词在英语和法语中都没有对应词。在英语中，科学“意味着对一个题材的精密实验的或数学的处理”，但“学问”并不同哲学相对抗，而是“包含后者”。“法国和英国精心制定和命名的‘科学’在德国被称为‘精密科学’（Exact Science）”（梅尔茨，1999：144～147）。直到19世纪20年代中期以后，在德国，“精密研究和高等数学的精神”才终于同“哲学精神和古典精神”并立，成为学术研究的要素之一（梅尔茨，1999：157）。即使如此，德国的科学研究仍然深受“学问”精神的影响，学者们为了内心的满足而不是外在的成功而工作，即使是自然科学，也浸淫在康德哲学的精神氛围中。

由此可以看出，英国的政治经济学家受精密研究的影响较多，而德国则有其独特的学术传统，受哲学与法学影响较大，其经济学始自官房学传统，又成为法学的附庸，自然科学的方法还没有在经济学界得到响应。历史法学派能够对经济学发挥重大影响，原因正在于此。

1876年，英国经济学家沃尔特·巴奇霍特最早表示反对历史学派的研究倾向，他指出“任何历史……除非在它存在之前有适用的学说的可观的积累，否则就说不出有用的东西”（路德维希·冯·米塞斯，2001：121）。但是，冲突最终并没有在英国与德国之间发生，却爆发在德国与奥地利这两个关系非常密切的国家之间。在1871年德意志第二帝国建立之前，这两个国家在语言文字、学术研究及艺术潮流等方面几乎是一体的。门格尔在大学里学习的是德国学者教授的政治经济学，而当他在维也纳大学教书时，另一个教席一度属于历史学派的布伦塔诺。但是，1866年以后，普奥两国兄弟阋墙的悲剧使奥地利人开始与德国的思潮拉开了距离。

普奥两国分别由新教的霍亨佐伦王朝与天主教的哈布斯堡王朝进行统治。作为德意志邦联中最强大的两个国家，普鲁士与奥地利之间的矛盾最终在1866年以战争的形式爆发，军事失败使奥地利失去了邦联领导者的地位，并在次年向境内的匈牙利人屈服，成立了二元君主制的奥匈帝国，而普鲁士在铁血首相俾斯麦的领导之下，打败了欧陆强国法兰西，1871年，成立了以普鲁士为核心的德意志第二帝国。两相对比之下，德国是处于上升之中的新兴民族国家，民族主义的激流使残存的自由主义呈守势，路德派传统更使德国人易于臣服于国家的权威；另一方面，天主教传统和多民族的奥地利人有世界主义的立场，加上身处于王朝没落的衰落之世，知识分子更倾向于个人主义。

因此，方法论之争发生在两个有密切联系又如此不同的文化氛围之中，既有学派党争的因素，也有两个国家、两种社会冲突的影响。此外，门格尔之所以花数年时间精心写就《社会科学特别是政治经济学方法论研究》，与大部分受到历史学派影响的德国经济学家对他在1871年写就的《国民经济学原理》所表现出来的冷漠甚至敌意有关，这种态度的根本原因在于他们与门格尔在方法论问题上存在着根本的分歧。门格尔在那本书中“以一种丰富而清晰的语言，提供了对效用、价值和价格理论之间关系的说明。同一时期，杰文斯与瓦尔拉斯也奠定了经济学‘边际革命’的基础，但门格尔论述的彻底性却远胜于他们”（Hayek，1968），但是，19世纪70年代仅有的三位德国评论者完全没有意识到门格尔在价值论方面的创新。

尽管如此，学术训练得自德国传统的门格尔却并非一味地拒斥历史学派，他同意他们对古典学派的批评，认为亚当·斯密以来的经济理论“缺乏可信的基础，即使最初级的经济学问题也没有找到满意的解答”（Hauser，1988）。门格尔承认经济研究中描述的、历史的方法的必要性，但是他认为，历史学派将历史的①研究与理论的研究混为一谈，从而阻碍了经济学的发展。

针对古典学派与历史学派各自存在的问题，门格尔提出要对政治经济学进行一次改革，使其成为关于经济法则的科学。这样的经济研究“‘从人类经济生活的最单纯的因素出发’，按照客观法则、精密地毫无例外的严密方法，去寻求抽象出来”，而“精密法则”的基础因素，是人类的“欲望”；其次是“从自然界直接提供人类的财货”；再就是“对财产欲望

① 按照上文所述，门格尔的所谓“历史的”即是“历史的和经验的”。

最大可能地被充分满足的人类的努力”。理论经济学“只能提供对人类生活的最可靠的最重要的一种特殊的经济的侧面的理解”，对它而言“必要的事情是从人类经济某一基本的约束出发，去引导出一种‘精密法则’，这个‘法则’适用于任何一个时代、任何一个国家”（朱绍文，1999：155～156）。

将一切经济生活分解为个人经济，然后从社会各部分出发来研究社会整体的结构，门格尔认为这才是理论的正确功能。这种个体主义方法论立场显然与关注作为统一的经济单位的“国民经济”的施穆勒存在根本的不同。

施穆勒视经济生活为一个整体，诸如社会制度、时代的社会问题、科学技术水平及对人类现象、人类社会的观念等都与经济现象密不可分。因此，在穷尽可能的制度演进、经济现象之前，不可能得出关于国民经济的正确理论。现有的经济理论不过是在并未经过心理学研究的所谓“利己心”的假设之上得到的不可靠的法则，而老历史学派总结经济发展规律的努力也是不成熟的。他认为，经济学家现阶段所能做到的，就是尽可能广泛地搜集经验材料，以求接近现实。经济学在一段时期内主要采取描述的方法，并不意味着它忽视理论，恰恰相反，理论正是建立在“利用现在所形成的一切历史的记述的材料及统计的材料的基础上”（朱绍文，1999：160），通过对已经发生的情况的归纳得出实际规律，这样才可以算作真正的、类似于自然科学的精确的法则，才可以走向演绎阶段。理论“实际的目标是预测未来，现实实际上占有统治地位”（Hauser，1988）。

因此，施穆勒同样要求经济法则具备如同自然科学那样的精确性。但是，他同时又要求理论不仅应当是精确的，而且应当是全面的、真实的，抽象思维不能代替对实际经济运行的研究，“凡要寻求科学的真理，只有正确的抽象才是重要的”（朱绍文，1999：161），即真实性是科学性的必要条件。门格尔从真实中析离出偶然因素，专注研究根本因素，从而可以在一个较小的、较纯粹的范围内反映某一类经济现象的普遍特征；但在施穆勒看来，这种孤立的方法会引起资料和数据的减少，进而导致理论要素的损失。

施穆勒与门格尔的分歧可以看作是历史的（或统计的）归纳法与演绎法、强调独特性与一般化概括、注重描述的经济学与建立法则或模型的经济学的对峙。将这种分歧归结为个性、气质的不同，就会忽视更根本的差异，即经济理论对门格尔和施穆勒而言，并不完全是一回事。

门格尔反复强调的“精密法则”类似于物理科学中的法则，是独立于人类认识之外的客观实在；施穆勒认为，理论来源于历史材料的总结，因而是经验主义的。其顺序是：理论来源的真实性保证了它反映经济现象的精确性，进而便达到了预测未来的有效性。因此，方法论之争的背后，是双方对理论经济学认识的不同：门格尔严格区分了理论与历史，施穆勒则认为理论与历史只有程度上的区别。

施穆勒的主张里包含着两个明显的弱点。首先，他强调各个民族、各个历史时期经济现象的独特性，不仅过去如此，将来也一样，那么，由历史经验得出的关于经济现象的一般化结论就不可能适用于未知的将来——理论的真实性就已经排除了其预测未来的功能。其次，他认为理论是在掌握了足够多的资料与数据之后的归纳性结果，因此，理论应当包含现实的所有可能性，但是，现实的无限可能性使理论有成为经验事实的同义反复的危险。

总之，经济学史倾向于低估历史学派及其主要代表人物施穆勒的作用，方法论之争被视为一场胜败分明的斗争。由以上的分析可以看出，这场纠缠着现实利益的斗争在当时并没有使历史学派受到重大损失，相反还提出了有关理论与经验、一般与个别等至今仍受到关注的问题。19世纪80年代以后，门格尔与施穆勒两人实际上都接受或准备接受对方立场中具有启发意义的观点。在历史学派的挑战下，主流经济学意识到了经济理论的应用有其限制条件，并改善了自己的分析工具，使其显得更加科学。历史学派的布伦塔诺等人还曾对边际效用理论进行了讨论与分析。

上文已经说明，历史学派并没有“反理论”的倾向，但是，新老历史学派毕竟没有能够建构出真正的理论。由前文的内容，我们可以尝试推知历史学派意欲建构的理论经济学的几点性质。

其一是真实性。施穆勒实际上受到培根的经验主义的影响，认为理论是对现实的真实反映，真理乃是真实，在此基础上才可以有正确的抽象，得出必然且有普遍适用性的结论。这种经验演绎的立场后来被制度经济学所采纳。

其二是广泛性。历史学派以人的实践活动为中心，从时间、地点、制度环境各方面试图理解经济现象的规律，他们关注人类社会的方方面面，与主流经济学相比，容易显得纷繁复杂，无法建立数学模型而获得更为“科学”的形式。

其三是强调社会公正。尽管历史学派在指责古典经济学使用“利己心”为人性的基本假设方面有失偏颇，但是，自由与平等是人类社会始终要面临的问题，财富的增长并不必然带来社会成员福利的增长，生产与分配始终是经济生活中相辅相成的两个方面。历史学派经济学家在面临经济发展与贫富分化并存的局面时，积极涉入政治，自觉地站在已经“原子化”了的劳工大众的一方。

其四是实用性。理论不是象牙塔中冥想的产物，它来自现实，也应当具有指导现实决策的功能。不过，根据上文的分析，这一点与真实性的要求会发生矛盾。

可以说，德国历史学派的经济学家是一些抱负颇为宏大的学者，他们在对社会经济现象的研究中，一方面追求自然科学的精确性；另一方面力图反映人类社会的丰富内容。尽管对现实的关注使他们的理论追求多有前后矛盾之处，在把经济现象的丰富性带入理论分析方面也缺乏建树，但是，他们代表着经济学发展的一个可能的方向，即“社会经济学”的方向。他们提供了对已有的经济理论的批判，使其受惠良多，免于独断与狭隘。虽然经济学至今已经在另一个方向走了很远，但是，最起码，德国历史学派的成就在一定程度上帮助了经济学成了今天的样子，而且他们提出的问题依然有意义。剑桥学派经济学家阿尔弗雷多·马歇尔对历史学派的评价是：他们“追寻、解释经济习俗与制度的工作应当得到更高的评价”，这些工作“是我们时代的伟大成就，真正增加了世界的财富”，尤其重要的是，他们“拓宽了我们的思想，增加了我们对自身的知识，并帮助我们了解最中心的方面，即世界的神圣统治”（Hutchison，1988）。

历史学派自身的命运虽然发生了戏剧性的逆转，但是，他们的经验影响了经济学中制度研究的路径的发展。从今天的角度来看，历史学派面临的主要问题是两组矛盾，即外来的形式理论与本土经验的矛盾，以及学术研究的价值立场与介入社会问题和社会政策的现实关怀间的矛盾。方法论之争的核心是在第一组矛盾的解决方式上。施穆勒及德国历史学派经济学家基于其本土意识与现实关怀，强调在充分了解经验现实的前提下，才可以建构真正完全而妥当的理论。尽管这种理论建构的方向在方法论之争后失去了影响，但其主张依然有意义。也正是基于这一点，本文提出了所谓理论建构的后发优势，其实质是在肯定理论前提的条件之下，立足于中国制度创新的时代经验，化解存在于形式理论与经验现实之间的张力，重申理论创建的基本路径，即以理论为起点，通过对经验现实的潜心研究，发现对理论具有挑战性的事实，进而建立创新性的理论。在中国这样一个经济与社会发展起步较晚、文化的历史积淀又十分厚重的国家，处于社会转型、制度变迁的历史时期，如何将源自西方的社会科学理论与本国现实相结合，如何在把握经验现象的基础之上推动理论的发展，以理论应用来推动理论创新，将是社会研究和理论建设必须面对的问题。

参考文献

阿伦·布洛克，1997，《西方人文主义传统》，三联书店。

约翰·内维尔·凯恩斯，2001，《政治经济学的范围与方法》，华夏出版社。

圭多·德·拉吉罗，2001，《欧洲自由主义史》，吉林人民出版社。

威廉·罗雪尔，1981，《历史方法的国民经济学讲义大纲》，商务印书馆。

路德维希·冯·米德斯，2001，《经济学的认识论问题》，经济科学出版社。

梅尔茨，1999，《十九世纪欧洲思想史》（第一卷），商务印书馆。

亨利·威廉·斯皮格尔，1999，《经济思想的成长》（上），中国社会科学出版社。

阿兰·图海纳，2003，《我们能否共同生存？——既彼此平等又互有差异》，商务印书馆。

约瑟夫·熊彼特，1994，《经济分析史》第三卷，商务印书馆。

——，2000，《资本主义、社会主义与民主》，商务印书馆。

格奥尔格·伊格尔斯，1998，《历史主义的由来及其含义》，《史学理论研究》第1期。

张广智，2000，《西方史学史》，复旦大学出版社。

朱绍文，1999，《古典经济学与现代经济学》，北京大学出版社。

Balabkins, Nicholas W. 1987. "*Line by Line*: *Schmoller's Grundriss*: *Its Meaning for the 1980's*." Mark Blaug (eds.). *Pioneers in Economics*: *Gustav Schmoller* (1838 – 1917) *and Werner Sombart* (1863 – 1941). the University Press. Combridge. 1992. pp. 106 – 115.

——. 1988. "Schmoller in the Tsarist Russia." ibid. pp. 180 – 189.

Fischer, Wolfram. 1968. "*Gustav Schmoller.*" *International Encyclopedia of Social Sciences*. New York: The Macmillan Company and The Free Press.

Harris, Abram L. 1942. "*Sombart and German (National) Socialism.*" Mark Blaug (eds.) *Pioneers in Economics: Gustav Schmoller (1838 - 1917) and Werner ombart (1863 - 1941)*. the University Press. Combridge. 1992. pp. 41 - 71.

Hauser, Karl. 1988. "*Historical School and 'Methodenstreit'*." ibid. pp. 121 - 31.

Hayek, Friedrich A. Von. 1968. "*Carl Menger.*" *International Encyclopedia of Social Sciences*. New York: The Macmillan Company and The Free Press.

Hutchinson, Terence W. 1988. "Gustav Schmoller and the Problems of Today."

Mark Blaug (eds.). *Pioneers in Economics: Gustav Schmoller (1838 - 1917) and Werner ombart (1863 - 1941)*. the University Press. Combridge. pp. 116 - 120.

Senn, Peter R.. 1989. "*What Has Happened to Gustav von Schmoller in English?*" ibid. pp. 190 - 232.

Veblen, Thor stein. 1902. "*Gustav Schmoller's Economics.*" ibid. pp. 1 - 25.

现代性与文化：韦伯的理论遗产之重估[*][**]

夏　光

摘　要： 本文从文化与现代性之关系的角度探讨了韦伯对现代性的理论解释的局限性。本文认为：韦伯之将现代性的一般文化特征归结为形式合理性的观点是一种简单化的观点，这种观点使他既看不到现代性与非西方文化传统共存的可能性，也看不到现代性在西方也有超越形式合理性的可能性。韦伯之所以会有这种观点，是因为其社会行动类型学对形式合理性与实质合理性的区分过于僵化，这种区分使他无法解释传统文化（尤其是非西方的传统文化）在现代社会中的持续影响，也无法理解形式合理性与实质合理性在现代性背景下的共存。

关键词： 文化　现代性　形式合理性　实质合理性

一　引言：东亚现代性与韦伯的理论

近年来，东亚的崛起在国际上受到了广泛关注。从历史上看，东亚的崛起并非最近的事。自明治维新起日本就走上了现代化道路，从19世纪末到二战结束前日本是帝国主义列强俱乐部中的唯一非西方成员，而二战后的日本所创造的“经济奇迹”更使美国学者傅高义（E. F. Vogel）写下了《日本第一》的书（当然还有其他许多关于现代日本的研究）。如果说日本的成功有可能不过是规则中的例外的话，那么自20世纪60年代起东亚

* 本文是在《东亚与西方的现代性之比较：从文化的角度看》一书的部分章节的基础上形成的。在成文过程中，苏国勋先生曾就文中关于韦伯的社会行动理论的论述提出了中肯的意见，谨此致谢。

** 原文发表于《社会学研究》2005年第3期。

“四小龙”（韩国、中国台湾、中国香港和新加坡）差不多不约而同地快速发展更使这种例外变成了规则。于是，同一个美国学者又出版了《四小龙：工业化在东亚的扩散》一书，而大量以东亚为议题的著述在此前后也相继问世。或许更耐人寻味的是，从 20 世纪 70 年代末起，中国的改革开放使东亚的现代化进程开始迅速地向中国大陆延伸。尽管中国在国内改革中时时有不确定和不安定的因素，其国际环境也并不总是友善或有利的，但中国在过去四分之一世纪一直是世界上经济发展速度最快的国家，而且其增长率一直是两位数或接近于两位数的。就此而言，恐怕很少有人会怀疑其潜力。显然，在经济上今日中国的情形颇类似于其东亚邻居的早期发展阶段的情形，而中国综合国力的迅速提高更使其在世界格局中越来越占有举足轻重的地位。简言之，从日本的明治维新到中国的改革开放，东亚社会向世人发出了一个明确的信息：现代性不是西方的专利！

对东亚观察家和研究者们来说，在当代东亚社会，有两个互相联系的变量是值得注意的：首先，虽然东亚远不是联合的或统一的整体，但从传统上来说，东亚或多或少在文化上是同质的，或者说是所谓“汉文化”世界或“中国文化圈”（参见 Fairbank［费正清］et al.，1989：1；Tu［杜维明］，1993：xii）。而鉴于儒学传统在中国/东亚文化中的核心地位，又可以说东亚地区是一个儒学化世界或儒学世界。不仅如此，无论在现代东亚社会还是在海外华人社区，就其某些基本价值而言，儒学传统在经历了现时代的沧桑和洗礼后仍显示出相当的生命力（在一些相关的研究中，残存于当代世界的儒学传统被称为“后儒学价值［post-Confucian values］”）；其次，从人均产值、工业化和城市化等现代性的基本指标来说，东亚社会（尤其是其与亚太圈相重叠的部分）已接近或超过了西方世界的发展水平；甚至在政治生活上，东亚社会的不同地区也不同程度地以不同方式表现出与民主过程的相容性和趋同性。然而，在经济生活和政治生活的具体运作中以及在日常生活或家庭生活的习惯和方式上，现代东亚与现代西方又是大不相同的。的确，与现代西方乃至现代世界的其他地区相比，现代东亚的文化连续和社会发展之并存是如此地别具一格，以致有些学者将其称为“工业资本主义的第二种情形”或“第二种现代性模式”或“东亚现代性”（Berger，1986；Berger and Hsiao，1988；Kahn，1979；MacFarquhar，1980；Hofheinz and Calder，1982；De Bary，1988；Tai，1989；Redding，1990；

Clegg and Redding，1990；Tu，1992，1994，1996；杜维明，2001）。无疑，现代东亚的发展有多方面的原因，但不难想象，其残留下来的传统文化尤其是“后儒学价值”构成了现代东亚发展所特有的文化背景。前些年所发生的东南亚“金融危机”曾使一些人惊呼东亚的“奇迹”已消失了，并对所谓“亚洲价值”（也包括此处所说的“后儒学价值”）产生怀疑。但这些人忘记了一个简单的事实，即东亚的“奇迹”是业已完成的，或者说早在金融危机之前东亚现代性就已成形了。从更一般的意义上说，金融危机只不过是资本主义世界经济危机的一种特殊形式，而且像任何其他形式的经济危机一样它所引起的反应是全球性的（参见杜维明，2001：76～77）。我们大可不必因为在某个特殊时期某个地区发生了某种形式的经济危机就拿该地区的文化当替罪羊——否则的话，值得怀疑的就不只是“亚洲价值”或“后儒学价值”了。

在对东亚现代性所做的解释中，社会学家韦伯是一个常被提到的人。韦伯对世界上的主要文化传统与现代性的关系所做的历史和比较的研究自然使他成为东亚研究中的一个焦点，而东亚的崛起也使我们重新思考他的相关理论。众所周知，韦伯的社会学主要从文化上解释社会，因而他的学说被称作“解释的社会学”或文化社会学。就文化与现代性的关系而言，韦伯对所谓“世界宗教”所做的历史和比较的研究之基本结论大致可概述如下：首先，禁欲主义新教是一个独特的历史想象，它与早期现代的西方实业家们的精神或态度是吻合的，因而它促进了现代资本主义在西方的早期阶段的发展；其次，对现代资本主义的进一步发展来说，甚至新教伦理都是多余的——在失去其宗教内容后，与实质合理性相反的形式合理性构成了现代西方的资本主义文化之主要特征；再次，在世界其他地方缺乏类似的宗教价值或形式合理性，故而在那些地方没有原生的现代资本主义。因此，作为其总体计划的一部分，韦伯关于传统中国的社会和文化的研究试图证明：

①传统中国的社会结构同时包含了有利于和不利于资本主义经济和资本主义精神的因素。所以说，传统中国的社会结构的特征并不是导致资本主义未能在中国产生的决定性根源。②作为传统中国的价值体系的主流，儒学对现实一直持传统主义的态度，它强调适应现实而非改变现实。③作为传统中国的最重要的思想异端，道教因为其倾向

> 于出世的神秘主义和重视方术魔法的做法而不能改变儒学的传统主义倾向。其结果是，儒学传统主义在文化中占据了主导地位，它与那些对生产过程的合理性问题不感兴趣的士大夫阶层一道阻碍了社会—经济上朝资本主义方向发展的创新。（Yang，1964：xxxvi）

韦伯关于传统中国的著作《中国的宗教》之最后一章的标题是“结语：儒学与新教”，在这一章中他对儒学传统和新教伦理做出了明确区分，从而将他的中国研究与他的总体框架联系了起来。

韦伯同东亚研究的关系是令人迷惑的。在一个相当长的时间内，在有影响的现代西方学者们当中他的《中国宗教》是“唯一对中国社会及其主要价值体系进行过系统的研究”的著作（Yang，1964：xiii）。而令人遗憾的是，直到20世纪70年代末（从那时起儒学传统在现代东亚的发展中的作用开始受到广泛关注），这个“唯一”的著作在西方学术界对中国的社会和文化所进行的社会学研究中也是唯一的权威：韦伯关于“中国宗教”的著作不断为相关讨论所引用（参见Parsons，1991），但其学术性在社会学家们当中很少受到质疑（相反，他关于新教伦理的理论和他的一般社会理论在西方学术界，尤其是社会学界一直是有争议的）。另一方面，姑且不论今天的东亚观察家们或研究者们对现代东亚的所谓“经济奇迹”的兴趣，在西方汉学界中本来已经有不少人曾就韦伯对儒学的一些解释提出了批评（参见Schluchter，1989：115－116；Sivin，1995a，1995b），奇怪的是，这些批评在西方社会学中似乎并未引起实质性注意或反响（施洛赫特是一个少见而迟来的例外）。显然，在社会学和汉学之间有一道分界线。

美国学者贝拉（R. Bellah）是较早的努力弥合社会学和汉学之间这种分界的人，他出版于1957年的《幕府年代的宗教：前工业化时期日本的价值观》一书试图从日本的儒学、佛教和神道教中找到在功能上与新教伦理相对等的文化因素。类似的做法也出现在关于现代印度和穆斯林社会的相关研究中（参见Eisenstadt，1968）。这种做法的确能揭示出新教伦理与儒学传统或其他非西方传统（如中国和日本的佛教）之间某些可能存在的相似之处，但热衷于这样做的学者们似乎忘记了，在其关于新教伦理的著作中，韦伯所关心的实际上是一个特殊的历史问题：为什么现代资本主义会最早出现在西方世界中信仰新教的社会（参见Giddens，1976；Metzger，

1977：234；Tu，1996：4）。同时，这些学者们也未能面对韦伯的一般性结论，即非西方传统阻碍了（由西方向全世界延伸的）现代化过程（Weber，1981：314），换言之，如果非西方世界要进行现代化，那么其文化传统的存在和延续就成问题了。进一步来说，这些学者们更无法解释韦伯的下述断言。一旦现代资本主义的“机器”或“铁笼子”启动了，它就会按形式合理性的逻辑来运转，而新教伦理本身（更不必说其他传统）就变得不必要或不相干了（参见 Zeitlin，2001：203）。杜维明曾就上述做法明确指出：“那些意在从‘现代化的’或‘庸俗化的’儒学伦理中找到新教伦理的功能对等物的做法太肤浅、太简单、太机械了，这种做法并没有什么太大的意义”（Tu，1996：3）。史华兹也认为，“儒学在一般的层面上并不提供这种对等物，但……在现代化过程已然进行的情况下，某些与儒学传统相联系而又深植于社会中的态度和习惯被证明是很有利于现代化的发展的”（Schwartz，1996：136）。换言之，在儒学传统中并没有新教伦理的对等物，但儒学传统与现代性并不完全是不相容的。

近些年来的关于东亚传统（尤其是儒学传统）与现代东亚社会的发展（主要是经济上的成功）的关系的研究既有与韦伯学说相符合的倾向，也有反韦伯的倾向：一方面，韦伯所倡导的文化的/解释的社会学在对东亚现代性的社会学研究中仍然是非常有启发性意义的；另一方面，又不可能根据韦伯对传统中国的研究和他的一般理论框架来说明残存的儒学传统或“后儒学价值”与东亚社会的现代资本主义的“亲和性”。不用说，受其时代的限制，韦伯所接触到的汉学资料和儒学文献是很有限的，他所看到的现代资本主义也远不是资本主义的完全形态，因而他对儒学传统与现代资本主义的关系的解释是有局限性的。但也不可否认，韦伯的文化社会学在理论上或许比近些年来的东亚研究所认识到的要复杂一些，而他对在现代资本主义条件下的人类之存在和未来的“终极关怀”无疑具有普遍意义和超历史的价值。因此，在我们对后儒学价值与现代资本主义的关系进行解释的时候，应该从科学的和价值的角度、从专门的和比较的角度、同时从历史的和超历史的角度来给韦伯定位。

二　韦伯的错误所在

鉴于东亚现代性的出现，不少学者（如伯格等人）指出，韦伯对儒学传统与资本主义的关系的解释是错误的。那么，韦伯到底错在何处呢？是错在他对儒学（和道教）的理解上，还是错在他对现代资本主义的理解上，还是两者都错了呢？

韦伯的错误不在于他对传统/非西方世界的资本主义的存在视而不见。实际上，韦伯已意识到，在前现代时期就“存在着多种形式的资本主义活动（如投机的、商业的、冒险的和政治的），无论在西方还是在东方这些活动都不鲜见”（Zeitlin，2001：199）。在《宗教社会学》一书中韦伯明确地指出，资本主义“存在于所有这些（非西方的）宗教中，甚至包括古代西方和中世纪的那些宗教……那种认为印度、中国和穆斯林世界的商人、从事贸易的人、手工业者和苦力的致富冲动比不上禁欲主义新教徒的致富冲动的观点仅仅是看到了事情的表面”（Weber，1963：269）。的确，就致富冲动和私有财产这两个特征而言，现代西方的资本主义并没有给世界提供什么新的或独特的东西。

韦伯的错误不在于他对现代资本主义的基本特征的概括是完全地不适当的（尽管它是适当地不完全的）。实际上，他对现代资本主义的形式合理性的规定只不过在社会学语境中重建了政治经济学和现代功利主义的相关理论，因而从根本上说与马克思及功利主义者们对资本主义的分析是一致或相通的。例如，马克思甚至像韦伯一样考虑到了宗教因素在现代资本主义发展中的作用。《资本论》指出，存在于资产阶级发展时期的基督教，“如新教和自然神论等，是资本主义社会的最合适的宗教形式”（Marx，1954：79）。进而言之，任何熟悉《资本论》的人都会（从马克思主义的角度）理解金钱上的计算（即形式合理性）是如何决定现代资本主义的基本特征的。应该说，韦伯关于现代资本主义的社会学解释与马克思的（及功利主义的）社会理论的区别并不在于它们对资本主义的基本特征的理解，而在于它们的意识形态——或者说，在于它们是如何将现代资本主义同人的价值及人的未来相联系的。

进一步来说，韦伯的错误不在于他未能看见或预见现代资本主义在东亚社会的出现。在《世界经济通史》中他曾谈到日本的资本主义是如何从“潦倒的”武士阶层中发展出来的（Weber，1981：96）。而在《中国的宗教》中他更指出，“中国人完全有可能，甚至比日本人更有能力在文化领域中吸收已经在技术上和经济上完全成熟的资本主义”（Weber，1964：248）。实际上，像马克思一样，韦伯对现代资本主义在全世界范围的扩张几乎有一种宿命论的想象，用韦伯的话来说，“从长远来看，当羽翼已丰的资本主义向这个世界进军时，没有任何宗教—伦理的信仰能挡住它的步伐”（Weber，1981：381，注4）。对于《共产党宣言》的作者来说，韦伯的这句话听上去不应该是陌生的。马克思和恩格斯说，资本主义生产方式将“摧毁一切万里长城”；他们还说，在资产阶级时代，“一切固定的东西都烟消云散了，一切神圣的东西都被亵渎了”（马克思和恩格斯，1972：254～255）。韦伯并没有解释何以资本主义会最终出现在东亚社会，他当然也不可能从中国文化的角度来做出这种解释。韦伯所可能提供的唯一解释是，一旦资本主义的机器启动了，它就成为征服全世界任何地方的个人和社会的力量，用他的话来说，“清教徒在神的召唤下工作，而我们则被迫如此”（Weber，1976：181）。在现代资本主义的“铁笼子”中，禁欲主义新教伦理或任何其他文化传统都不相干了：资本主义的社会秩序“受制于机器生产的技术和经济的条件”——资本主义机器“决定了所有出生在这一机器的背景下的个人，而不仅是那些直接关心其所得利益的人的生命。或许直到最后一吨煤燃烧殆尽之前，它都将决定着他们的生命”（Weber，1976：181）。无须赘言，此处所说的“最后一吨煤”不是西方的，而是地球的；而从今天的情况来看，或许韦伯所说的“最后一吨煤”要改为最后一桶石油了。如此说来，不是东亚社会将吸收资本主义，而是资本主义将吞没东亚社会——确切地说，资本主义将吞没包括东亚社会在内的全世界。

资本主义的“铁笼子”是以形式合理性为特征的，而对于形式合理性来说，效率、效果和直接的功用是至关重要的。在韦伯看来，在失去其宗教色彩之后，形式合理性已经变成了现代资本主义（或现代性）的决定性因素：“自从禁欲主义开始重新塑造这个世界并在这个世界实践其理想以来，物质财富一直都在迅速增加并以前所未有的方式决定着个人的生活……但已然获胜的资本主义是以机器生产为基础的，因而就不再需要它（即新教伦理——引者）的支持了……当人们不再将其所从事的职业同精神和文化的最高价值相联系的时候，或从另一方面来说不再把它简单地看作是经济上的强制的时候，他们就不再试图去为它找任何证明了。在资本主义发展的最高状态，即在美国，对财富的追逐已失去其宗教的和伦理的意义，而越来越与纯粹世俗的激情有关系了”（Weber，1976：181－182）。

韦伯对在现代性背景下由形式合理性在社会中的主导地位所引发的后果持悲观主义态度："就这一文化发展（指资本主义的文化发展）的最新阶段的情形而言，不妨说，我们所看到的其实是'没有精神的专业人士，没有心灵的行尸走肉；而这些无价值的人却认为，人类实现了前所未有的文明'……这也就把我们带到了价值判断和信仰选择的世界"（Weber，1976：182）。当然，韦伯本人并未像马克思，甚至涂尔干那样明确地表达他对现代资本主义的"价值判断"，但在其著名的"铁笼子"比喻中以及在他对现代资本主义所持的悲观主义态度中所隐含的哲学人道主义同马克思和涂尔干的理论所表现出来的哲学人道主义应该有同样的深度和意义。

无疑，从哲学和意识形态上说，韦伯的"铁笼子"概念所隐含的人道主义关怀与我们对东亚社会的资本主义的研究应该是密切相关的。但从科学或经验的层面来说，当我们把这一概念运用到东亚社会的情形时，我们就会发现它在理论上是有问题的。与韦伯所说的"铁笼子"的情形有所不同，在现代东亚的资本主义中似乎有很大的实质合理性的空间。无须赘言，形式合理性仍然是现代东亚的资本主义的一个关键因素（应该说，形式合理性也是现代资本主义的一般特征）；但在现代东亚，这一因素存在于被韦伯称为"实质合理性"的儒学价值背景之下，甚至其运作和功效要取决于（后）儒学价值或它与儒学价值的互动。实际上，在现代东亚社会，形式合理性与实质合理性的界线并不是清晰可辨的——换句话说，在现代东亚社会的资本主义经济中，（形式的）"资本"常常是以（实质的）"人的资本（human capital）"和"社会资本（social capital）"的形式存在的。

韦伯的错误乃在于，他明确地排除了"中国的宗教"（及其他非西方的传统）与现代资本主义之间可能存在的"亲和性"。非西方世界的"宗教"或文化被韦伯看作是有碍于理性主义的资本主义之发展的唯一的或主要的因素——即便在这种资本主义被从西方世界引进后也是如此。韦伯宣称，"今天，所有的非西方国家都把经济上的理性主义当作西方的最重要的成就来引进，但这些国家的资本主义发展却完全由于其严格的传统之存在而被阻止……在这些国家里，现代资本主义发展所遇到的障碍主要来自其宗教领域……"（Weber，1963：269）。尤其在传统中国，"从经济心理这一角度上来说，人情主义原则（the personalist principle）无疑是非人情主义的理性化过程乃至更一般意义上的非人情主义的实事求是原则的一个根本的障碍”（Weber，1964：237）。当然，我们无法假设，倘若没有现代资本主义由西方向全世界的发展，非西方世界或传统中国能否独立地发展出本地的现代资本主义。历史已使我们没有可能去验证这样的假设。一些学者相信明朝末年的中国已有了现代资本主义的萌芽，还有学者对像中国这样的非西方国家为什么缺乏原生的现代资本主义的原因做出了种种解释（参见 Eastman，1988：149－157）。无论如何，东亚社会在进入现代世界之后的经历表明，儒学传统至少可以与现代资本主义并存，甚至还能促进后者的发展。杜维明指出，“不难看出，维系着日本和四小龙的经济动力的社会资本和文化资本就算不是源于儒学本身，至少也是与儒学伦理相通的。韦伯曾断言，儒学传统阻碍了现代工业资本主义在传统东亚的发展。即便这一断言是正确的，他之认为儒学伦理与资本主义精神不相容的观点也站不住脚”（Tu，1996：10）。

韦伯之所以排除了中国的“宗教”或文化与现代资本主义的亲和性，部分地是因为他误读了中国的文化传统，尤其是儒学。尽管在他的《中国的宗教》有许多独到之处（参见 Yang，1964），但他对儒学及其与道教的关系的解释低估了儒学传统的复杂性和灵活性。例如，在韦伯看来，儒学是“一种把人同现实世界的冲突降低到最低限度的理性的伦理”或“一种无条件地认同于或适应现实世界”的伦理（Weber，1964：227，229）。毫无疑问，社会的和谐、秩序和统一对儒学传统来说是至关重要的，但在儒学思想家中很少有人真像韦伯所说的那样把现实世界看作是“所有可能的世界之中最好的世界”，并无条件地接受它（Weber，1964：229）。例如，中国历史上最重要的儒学思想家之一朱熹曾有言：“千五百年之间……尧、舜、三王、周公、孔子所传之道，未尝一日得行于天地之间也”（转引自冯友兰，1996：259）。如果韦伯听到朱熹的这段话，他一定会颇感意外吧。其实，朱熹的这种感叹在儒学思想家当中是有代表性的。墨子刻说，“善”与“恶”或理想与现实的冲突“是新儒学（指宋明儒学——引者）的中心议题。其意义不仅为韦伯所误解，而且常常被那些只强调‘和’的主题的学者们所忽略”（Metzger，1977：108）。显然，这一说法也适用于一般儒学。一个儒者有可能是一个保守主义者、改良主义者或革命者，这要取决于该儒者根据儒学的价值和理想对于现实世界的情形做出了怎样的判断。古代中国的历史上常见的是，出于对现实世界的不满，儒学思想家们要么主张复古，要么呼吁改革——孔子本人的生涯以某种矛盾的方式同时体现了这两种倾向。有学者指出，儒学思想家们“‘祖述尧舜，宪章文武’，几乎都有复古之论，有的明确声称‘吾从古’。然而他们又几乎无一例外地主张改革弊政，变通某些法规、制度。有人还明确指出古制不可能完全恢复”（刘泽华，2000：304）。其结果是，在中国历史上，从处于四分五裂状态的先秦时期，到面临着严重的政治危机和文化危机的宋明时期，再到西方势力开始向中国全面渗透的清朝末年，托古改制的改良主义传统在儒学思想中一直未曾中断过（参见 Metzger，1977）。更有学者指出，“就其特征而言儒学实际上是非常有弹性的”，它“对现代社会的变迁并不是一味拒斥的”（Eastman，1988：149 - 157）。墨子刻也认为，在儒学传统中，存在着“某种超越传统的传统冲动”（Metzger，1977：211 - 214）。不足为怪，在现代东亚的早期历史上，中国、日本和朝鲜的改良主义运动具有某种共同的思维方式，即它们都倡导把传统的儒学道德同现代西方在科学技术甚至在制度上的创新结合起来。无疑，出现于19 世纪末的儒学世界的改良主义，无论是成功的（日本）还是失败的（中国和朝鲜），都清楚地表明，儒学传统在理论和实践上都有很大的适应社会变迁的空间。换言之，儒学本身并不像韦伯所宣称的那样是传统主义的。

韦伯对儒学与道教及佛教之关系的解释也失之偏颇。道教与中国古代的科学之关系的问题一直是有争议的，此处姑且存疑（Needham［李约瑟］，1956；Nakayama［中山茂］and Sivin，1973；Sivin，1995a，1995b）。可以肯定的是，道教是热衷于方术魔法的。与此同时，儒学士大夫们常常容忍甚至偶尔鼓励道教和佛教的发展，有时还从事道教或佛教的活动，其中有些人甚至皈依道教或佛教。然而，士大夫们之所以会任道教的方术魔法（长生不老术）和佛教的出世态度（顿悟和圆寂）自由地发展，是因为在道教和本土化的佛教中也有足够的理性主义和现实主义倾向使得它们能接受甚至拥护儒学的基本价值，尤其是家庭价值（参见 Ching［秦家懿］，1993；De Bary，1988）。当然，说到底，道教和佛教对儒学世界的社会生活的渗透并没有使它们成为国教，而且它们也从未试图挑战儒学传统的正统地位。实际上，儒学与道教（和佛教）在总体上的和谐共存是由其各自的社会功能所决定的文化分工所致：无论是否被官方确认，儒学为传统东亚社会生活中的道德原则提供了唯一的正统思想之来源，而其他学说或宗教在（心照不宣地）认同于并劝诫人们遵循儒学道德的同时更关心的是道德领域之外的事情——中文里有“三教合一”及“儒以治世，道以修身，佛以养心”的说法。用施洛赫特的话来说，儒学、道教和佛教等“在一个总的框架下执行其各不相同的功能”（Schluchter，1989：109）。因此，尽管道教和佛教在传统中国有广泛的影响，尽管儒学士大夫们对道教和佛教的态度是模棱两可的，但韦伯“关于中国的方术魔法之力量的看法是夸大其词了”（Schluchter，1989：113）。这种夸大其词“使韦伯误解了中国伦理的发展，使他误以为中国的方术魔法相对儒学伦理来说是处于主导地位的”。这种夸大其词还使韦伯难以自圆其说——“他自己的分析已表明，儒学伦理属于文化宗教，故而说到底是不能以方术魔法为基础的”（Schluchter，1989：114）。众所周知，传统中国所说的“三教合一”中的“一”不取决于道教或佛教或其他传统，而主要取决于儒学传统（尤其是宋以来的儒学）的内容。换言之，虽然在传统的儒学世界随处都可见到道教的庙宇和佛教的寺院，但传统东亚社会并不像韦伯所说的是一个“魔术乐园（magic garden）”。从根本上说，传统东亚社会首先是一个由儒学道德所主导的世界。

深究起来，韦伯对儒学及其同道教之关系的误解乃起因于他对“道”的概念的误解。在韦伯看来，作为儒学和道教所共有的概念，“道”意味着“宇宙的永恒秩序”，它“是一个不变的东西，因而它具有绝对的价值”（Weber，1964：181）。这种解释固然是不错的，但他只看到了问题的一方面；他所未能看到的另一方面是，“道”也有生衍、变化的功能。《道德经》第四十章说，“反者道之动”。第四十二章也说，“道生一，一生二，二生三，三生万物”。据葛瑞翰的解释，“颠倒处于对立关系中的双方的优先秩序是《道德经》所特有的推翻各种成见的做法”（Graham，1991：223）。的确，在《道德经》中有多种对立的范畴，如有为与无为、有与无、智与愚、阴与阳、盈与虚、上与下、前与后、动与静、大与小、强与弱、刚与柔、直与曲、安与危等。《道德经》的中心线索也正是对立的双方之转换——即所谓“反者道之动”。颇受道家哲学影响的儒学思想家荀子也说，“夫道者，体常而尽变”（《荀子·解蔽》）。他还声称，“大道者，所以变化遂成万物”（《荀子·哀公》）。后来的改革者往往以天道尚变为其立论的出发点。王安石云“尚变者，天道也”；康有为有“盖变者，天道也”的说法；梁启超也有“变者，天下之公理也”的说法（转引自刘泽华，2000：110）。显然，韦伯未能理解“道”概念中的辩证性。相反，他认为，这一概念隐含着某种“缺乏辩证结构的”形而上学（Weber，1964：181）。进而言之，韦伯也未能看出儒家和道家在“道”与人关系问题上的区别。在他看来，“对儒家和道家来说道所指的是同一个东西并具有同样的正当性”（Weber，1964：182）。但实际上，儒家和道家对“道”与人的关系的看法是有根本的不同的：儒家认为，人能弘道，非道弘人（《论语·卫灵公》）；相反，道家提倡“无为”——人应该自然地或消极地服从“道”。儒家并不排斥天道，但儒家所强调的是人世间的“道”；而道家则专注于天道，同时对人世间的“道”之特殊性不闻不问。当荀子说“庄子蔽于天而不知人”（《荀子·解蔽》）的时候，他实际上对儒家和道家进行了某种比较。的确，正是从对“道”与人的关系的不同理解出发，儒家和道家才有了不同的社会哲学。如此说来，韦伯对中文的“道”的概念的复杂性浑然不知，从而一方面在“道”的概念上把儒学混同于道家，另一方面把道教简化为方术魔法。从这样的观点来看，儒学传统意味着对现实世界的理性的认同和适应（于是就有了儒学理性主义），而道家和道教是非理性的（于是乎有了道家的自然主义和道教的神秘主义）。

三 韦伯的含混之处

或许有人会说，韦伯关于中国传统文化的著作“只有放在其总体计划中才能得到完全的理解”（Schluchter，1989：115）。不过，韦伯的“总体计划”（即他对“世界宗教”的历史的和比较的研究）也不是没有问题的。众所周知，韦伯的总体计划是以他关于不同文化背景下的社会行动的类型学为基础的，而在他的类型学中最为关键的是他对形式合理性和实质合理性的区分——根据这种区分，以形式合理性为原则的社会行动或形式合理性是现代资本主义或西方现代性的基本因素，正是形式合理性把现代与传统、西方与非西方区别开来。无须赘言，韦伯的这种区分对后来的社会理论，尤其是法兰克福学派有着深刻的影响——像韦伯一样，后来的不少人都认为，从文化上说，西方现代性或现代性本身是以形式合理性（又被称为“工具合理性”或“技术合理性”）为主导的。当然，也很少有人从理论上对韦伯把（西方）现代性的文化特征归结为形式合理性的做法进行过质疑。不过，细究起来，形式合理性与实质合理性的分界并不像韦伯所说的那样清晰可辨。我们不妨来看看韦伯对形式合理性和实质合理性所做的规定和区分究竟是怎样的。

要弄清韦伯所说的“合理性”所指为何以及他对形式合理性与实质合理性做了怎样的区分，我们还得从他的思想背景说起。韦伯是一个新康德主义者（参见苏国勋，1988：43～51），他对“合理性（rationality）”概念的使用有明显的康德学说之痕迹。众所周知，康德把理性划分为知识领域的理性（人类知识所由形成的感性－知性）和信仰领域的理性（与自由相关的纯粹理性或实践理性）。他试图将这两者统一起来，为此他引入了“判断力”的概念。但康德关于判断力的论述似乎没有对后来有多少影响，倒是他对理性的划分成了新康德主义的出发点。新康德主义者们认为，自然科学与文化研究（历史科学、人文科学和社会科学）是两个不同的领域——确切地说，在自然科学和文化研究中理性有不同表现：在前者中理性所涉及的是必然性的问题，在后者中理性所涉及的是价值观的问题。当然，韦伯所关注的不是知识领域和信仰领域的理性之区分的问题，也不是不同知识领域的理性之区分的问题，而是人的社会行动的“合理性”的问题。韦伯的社会行动类型学意在解释人的社会行动的合理性。在他看来，人的社会行动总会以一定的道德原则为依据，而人所依据的道德原则主要有两种：责任伦理的原则和信念伦理的原则。当一个人的社会行动遵循责任伦理的时候，其社会行动就是在形式上合理的或具有形式合理性；而当一个人的社会行动遵循信念伦理的时候，其社会行动就是在实质上合理的或具有实质合理性（Parsons，1937：644；参见苏国勋，1988：228～229）。那么，究竟什么是责任伦理和信念伦理呢？而什么又是形式合理性和实质合理性呢？大致说来，责任伦理回答社会行动中“怎么做”的问题，而信念伦理回答社会行动中“为什么”的问题；相应地，形式合理性关系到社会行动的手段（“量的计算”），而实质合理性则关系到社会行动的目的（“终极价值”）。据苏国勋的解释，“形式合理性具有事实的性质，它是关于不同事实之间的因果关系判断；而实质合理性具有价值的性质，它是关于不同价值之间的逻辑关系判断。形式合理性主义被归结为手段和程序的可计算性，是一种客观的合理性；而实质合理性则基本属于目的和后果的价值，是一种主观的合理性”——一个社会行动从一个角度来看是合理的，从另一个角度来看可能是不合理的。或者说，一个有形式合理性的社会行动可能不具备实质合理性。依韦伯之见，形式合理性与实质合理性的矛盾是西方现代性的根本矛盾——确切地说，西方现代性是由科学技术、市场经济和官僚制度等形式上合理的因素所决定的，正是形式合理性的统治使现代西方社会变成了一个无深层的目的、意义和价值的“机器”、一个没有个人自由的“铁笼子”。简言之，从实质合理性的层面上说，西方现代性是不合理的。

然而，韦伯本人对形式合理性与实质合理性的上述区分并不总是很肯定的。他承认，实质合理性的概念“是十分模糊的。它只不过表达了所有的‘实质的’分析中的一个共同因素，那就是：这类分析并不会局限于那些纯粹形式的或相对明确的事实，即不会局限于人的社会行动为了达到其目的而如何基于理性的计算采取在技术上最适当而可行的方法这一点上。这类分析将按某种与终极目的相关的标准来进行，不管这种标准是伦理上的、政治上的、功利主义的、快乐主义的、封建主义的、平等主义的，还是其他方面的；这类分析将依照这些‘价值合理性’或‘实质合理性’的标准来衡量人的社会行动的结果，无论这些行动从正确的计算的角度来看或在形式上是多么不合理。实质合理性的标准是无限多的……在这种情况下‘实质的’这一概念本身在某种意义上就是‘形式的’；换言之，它是一个抽象的一般性概念”（Weber，1968：85 - 86）。从这一解释来看，形式合理性与实质合理性的区别已模糊不清了：人的社会行动的形式合理性说到底服务于某种目的，只不过它所强调的是对于为达致该目的而采取的手段的计算；另一方面，实质合理性固然关系到社会行动的终极目的或终极价值，但它不必然会排斥对为达到该目的或实现该价值而采取的手段之计算。这一解释明白无误地表明，从理论上说，实质性因素或实质合理性（终极目的或终极价值）未必是宗教或哲学上的，它可以是政治上的、功利主义的、快乐主义的，如此等等；而对手段的计算不一定是形式合理性所特有的，它也可能是实质合理性的一部分。如此说来，被规定为以“功利主义目的和可计算的手段”为原则的形式合理性无非是实质合理性的一种特殊类型。根据帕森斯对人的社会行动的规定，人的社会行动总会包含了某个或某些目的以及为达到这个或这些目的所采取的手段：在实践中目的与手段的结合并不总是成功的，但在理论上没有手段的目的和没有目的之手段都是不存在的。在这个意义上可以说，韦伯对现代西方社会的形式合理性与传统非西方社会的实质合理性的区分无非是不同类型的实质合理性（或形式合理性）的区分。进而言之，可计算的手段不一定非要与某种特殊的功利主义目的而不是其他的目的相结合。我们完全有理由假设，某个人（如资本主义社会中的个人）可能会为了某种功利主义的目的（如满足其直接的物欲）而工作，为了上帝的荣耀（在新教伦理的情形下）而工作，为了国家的荣誉（在大英帝国的情形下）而工作，或为了家庭的兴旺（在全世界的海外华人的情形下）而工作。实际上，如果我们严格地按照韦伯的有关规定来理解他所说的形式合理性，那么我们会立即从他的论点中看到一个逻辑上的问题：他曾说，在资本主义市场经济中，金钱同时变成了社会行动的目的和手段（Weber，1968：90 –94）。无疑，他的这一说法是正确的。但目的与手段在资本主义条件下的同一性并不意味着目的之不存在——资本主义本来就是用钱（作为手段的资本）来赚钱（作为目的之利润）的。这就意味着，作为现代资本主义的决定性特征，形式合理性必然涉及或包含了实质合理性——至少在功利主义的意义上是如此。所以说，资本主义既是资本（作为手段的金钱），也是主义（作为目的之金钱）——从马克思的观点来看，它是商品拜物教。

在《经济与社会》的某个部分，韦伯谈到了现代社会的形式合理性之“实质性条件”——实际上，这一部分的标题也正是“在金钱经济中的形式合理性的实质性条件”（参见 Weber，1968：107 – 109）。这就意味着，韦伯已意识到，在现实世界中形式合理性是不可能单独存在的。用韦伯自己的话来说，“金钱计算的形式合理性取决于某些相当特殊的实质性条件”（Weber，1968：107）。不过，韦伯下面这段话似乎是令人迷惑的：“形式合理性与实质合理性——无论根据什么标准来衡量后者——从原则上说永远是分开的，即便两者在很多状态下（也可以说在任何状态下——如果从某些人为的假定出发）在经验的意义上是共存的”（Weber，1968：108）。一个可能的解释是，为了获得概念上的清晰性，我们可以从分析上（即“从原则上”）将形式合理性与实质合理性区分开来，而在现实中（在经验上）它们是共存的。或许这就是为什么韦伯又说，毫无疑问，“在任何情形中形式合理性本身并没有告诉我们关于真实的需要之满足的任何事情，而只有当我们把形式合理性与对收入的分配的分析相结合的时候我们才能对这些事情有所认识”（Weber，1968：109）。因此，即便在韦伯自己的理论中，形式合理性也不是存在于真空中的，而是依存于实质合理性的。涂尔干曾说，在现代社会，在契约中有非契约的（社会－道德的）因素。韦伯关于形式合理性与实质合理性的关系的观点与这一说法有异曲同工之妙。遗憾的是，韦伯并未说明在新教伦理不再成为资本主义精神的重要来源之后现代西方的形式合理性是以怎样的实质合理性为条件的。当然，如果说形式合理性不过是现代西方的资本主义所特有的东西而并非其全部内容的话，那么形式合理性在概念上还是能说得通的。不过，虽然新教伦理在现代西方与资本主义的发展基本上不相干了，但没有任何实质合理性或只有纯粹的形式合理性的现代资本主义，或韦伯所说的“铁笼子”式的资本主义，是不可能存在的。从更一般的意义上说，在人的社会行动中，手段总是服务于某种目的之手段，而在形式合理性的背后一定存在着实质合理性。

如此说来，韦伯关于形式合理性与实质合理性的两分法（形式合理性与实质不合理性齐头并进，而形式不合理性与实质合理性共存共生）是一个错误的概念建构：一方面，在现代资本主义的条件下，形式合理性至少是与某种类型的实质合理性（即功利主义意义上的实质合理性）相关联的，因而现代资本主义不能归结为形式合理性；另一方面，照这样看来，形式合理性与实质合理性不一定像韦伯所说的会发生冲突，而会发生冲突的多半是在不同的文化或亚文化中理想化的不同的实质合理性。从这种对韦伯的合理性概念的修正出发，我们不难得出这样的结论，即使西方现代性有别于其他文明的并不是形式合理性本身，而是形式合理性（计算或手段的可计算性）的发展之程度以及它的发展是以什么样的实质合理性（伦理上的、政治上的、功利主义的或快乐主义的等）为条件的。所以说，就像现代资本主义可以同新教伦理、自由主义意识形态或福利国家相结合一样，它也可以同儒学价值相结合。这种概念上的灵活性不仅使我们可以看到世界上不同的现代性模式，而且可以在西方现代性本身看出其不同的变种。如此说来，就东亚现代性与西方现代性的比较而言，很显然，正是传统的儒学理性主义与现代的西方理性主义的交叉使东亚现代性与西方现代性既相似又不同：之所以有相似之处，是因为中国文化的复杂性足以使它能够吸收在现代西方发展出来的形式合理性中的许多因素（科学和技术、经济体制和或多或少的政治体制）；之所以有不同之处，是因为某些在传统的中国文化和其他东亚文化中特有的价值和规范（如以家庭主义为内容的实质合理性）被转化为东亚现代性中的一部分。

四　结语：超越韦伯视野的现代性

显然，在韦伯所想象的现代性（“铁笼子”）中是不可能有宗教/文化的价值之空间或未来的，确切地说是不可能有与形式合理性相冲突的宗教/文化的价值之空间或未来的。作为一种在特殊历史环境中产生的相对来说为西方所特有的文化因素，新教伦理曾促进和推动了现代资本主义的最初发展。但即便这一因素在现代资本主义的进一步发展中也变得不相干或不必要了——在19世纪，资本主义经济伦理“已失去其宗教色彩”，而“现代经济人的宗教根源也消失了”（Weber，1981：270；1976：181－182）。于是，当现代社会变成了一个“铁笼子”的时候，形式合理性在人类生活中的统治地位就确立了；毋宁说，所谓“铁笼子”不过是以形式合理性的方式而存在的人类理性的“铁笼子”。奇怪的是，韦伯在形式合理性与实质合理性概念上的模糊往往被忽略了，而他对形式合理性在现代社会中的统治地位的论述则不断被重复和发挥。例如，在批判理论中，韦伯对现代性所持的悲观主义态度同马克思和恩格斯的更激进的理论一道，被转化为对现代社会中无所不在的形式合理性或工具合理性的强有力的批判。后来的福柯关于权力/知识的理论进一步发挥了韦伯的有关思想——根据福柯的理论，在现代社会中，权力被理性化和规范化了，而主体则成为被监管的对象。

在此我们姑且不深入讨论韦伯关于现代性的理论及其在批判理论和福柯学说中的变种的合理性——毫无疑问，在韦伯及其追随者们的理论中有相当的合理性。这里需要指出的是，由于其历史的和思想的局限性，韦伯及其追随者们为我们提供的不过是一个对现代性的简单化或还原论的解释。即使在西方世界本身，现代性的内容也并不局限于形式合理性或工具合理性。例如，在经济领域，泰勒主义一度是生产过程的主导原则，它强调效率，并把人当作机器体系中的一部分；福特主义也一度是消费过程的主导原则，它强调利润，并把人当成大众化市场中的同质性消费者。在这两种情形下，形式合理性（对效率和利润的计算）都是决定性的。然而，在当代的生产过程中，部分地由于日本企业的影响，工作的灵活性（与从前的严格分工相比）和雇员在决策过程中的作用受到了注意；而在消费过程中，后福特主义即便没有取代福特主义，也至少与之并存了，后福特主义强调消费者的特殊需要的多元性。其结果是，“铁笼子”变成有弹性的，而大众化或标准化的生产和消费也多样化了。也就是说，在经济领域中，实质合理性（人的价值和需要）在某种程度上被融合到形式合理性之中。另一方面，在政治领域，现代社会的权力结构似乎也不像韦伯所描述的那样严格。当然，在形式合理性的统治下，现代官僚体制多少已被各种各样的规则和习惯塑造为一个集权式的、等级制的和无人情的体系，它把人功能化和理性化了。不过，官僚体制中的规则和习惯不一定排除可能的变化，而且它们自身有时候也是可变的。换言之，它们并不总会具有使体系僵化的效果，其自身也未必是僵化的。在韦伯及其追随者们关于现代官僚体制的研究中，资本主义国家和社会主义国家在理性化或官僚化的意义上被看作是相同或相似的。不过，这两种国家的情形都已发生了许多变化：在资本主义世界，尽管在自由主义民主中自由主义的成分仍远多于民主的成分，但它也为福利国家的形成和发展提供一定的空间；同时，苏联式社会主义的经验也证明了这一政治定律，即“绝对的权力会绝对地腐败”。如此说来，现代世界的官僚体制既服从米歇尔斯（R. Michels）所说的民主制下的“寡头制的铁律”，也服从民主制下的“反寡头制的铁律”。综上所述，在现代性的经济和政治这两个领域中，结构与主体、手段与目的、形式合理性与实质合理性的关系并不是非此即彼一成不变的。

韦伯所描述的灰暗的、无情的、单色的、铁板一块的现代性不过是现代性的一方面。实际上，在现代性的主流文化之外，还有各种各样的亚文化和反文化——它们要么对主流文化进行批判，要么对主流文化敬而远之，要么与主流文化井水不犯河水。例如，在北美（以及或多或少在其他西方社会），所谓“大熔炉”——“铁笼子”的一个较温和或委婉的说法——不再像从前那样将来自不同文化背景的族群同化或整合到主流社会中了，而多元文化主义或文化多元主义的制度化也不仅仅是象征性的。在这种新的“认同政治”中，主流文化（白种的、盎格鲁—撒克逊的和新教的文化）不再将其他文化“理性化”或同化了，而其他文化也获得了一定的政治空间来表现自己的“合理性”。这种对文化差异特别敏感的认同政治不仅存在于族群关系中，也存在于两性关系或更一般的性关系中。在历史上，女性主义在现代西方曾扮演了相当“理性的”角色（于是就有了自由主义和社会主义的女性主义运动）。但当代的女性主义运动——尤其是与后现代主义有关的女性主义运动——已开始解构西方现代性的主流文化，并把这种文化看作是一种阳具中心的和理性主义的文化。因此，总的说来，女性主义运动包含了某种文化矛盾，即这种运动把现代的与后现代的两种文化并置起来了。如此说来，韦伯所描述的（西方）现代性至少在文化层面上并没有反映出现代西方世界的复杂性。需要指出的是，尽管西方现代性比韦伯所想象的要复杂，但其精神主要还是由在启蒙运动中形成的理性主义或理性主义的人道主义所规定的。而与此同时，在西方现代性中也有足够的证据使我们能超越韦伯的观点。

当然，文化或文化社会学并没有消失在韦伯所说的现代资本主义的“铁笼子”中，或涂尔干所说的“社会失范”中，或马克思和恩格斯所说的“利己主义打算的冰水”中。有学者指出，“在欧洲和北美，在禁欲主义主流价值以及使这种价值得以表述的种种理论之外，还存在着某种来势不小的工业人类学的暗流。与从‘常规科学’的观点出发继承了韦伯式理性主义的那些理论相比，工业人类学不怎么接受现代主义者们关于文化之衰落的预言”（Clegg and Redding，1990：2）。这种“工业人类学”从文化上解释现代资本主义，其关键概念就是伯格所说的“经济文化”（Berger，1986：7－8）。其实，据伯格所言，他是在“政治文化”这一概念的启发下创造了“经济文化”这一概念的，而在政治理论中政治文化的概念早就被广泛地使用了。需要指出的是，在伯格发明“经济文化”的说法的时候，它也早已通过不同形式的表述（如“企业文化”、“组织文化”、“社会资本”和“人力资本”等）而开始流行了（参见 Clegg and Redding，1990：1－5）。

在对现代东亚所做的一些研究中，对文化的关注“越来越建立在所谓‘后儒学假设’的基础上”（Clegg et al.，1990：37）。“后儒学假设”的要点似可概述如下：首先，现代东亚已发展出了不同于在现代西方所看到的工业资本主义或现代性的模式；其次，残存的儒学传统或“后儒学价值”在现代东亚的发展中起到了关键作用；再次，甚至有人认为，现代东亚为我们提供了一个更好的现代资本主义的模式（参见 Kahn，1979；Hofheinz and Calder，1982）。虽然我们很难从量上去确定儒学传统在现代东亚的社会效果，但恐怕很少有人会怀疑上述结论的合理性（当然，有人或许多少会对这些结论做一些限定，更多的人会对其中第三点有所保留——因为这一点涉及价值判断的问题，而价值判断要取决于研究者在意识形态或文化价值上的观点）。那么，后儒学假设与韦伯的理论有什么关系呢？施洛赫特指出，“韦伯的理论是很复杂的……我们恐怕还不能从今天的标准出发而简单地根据其历史精确性来对他的理论的价值进行评判。无论如何，他的理论为我们确立了某种探讨方向、某种特殊视角和某种研究计划”（Schluchter，1989：116）。从一般的意义上说，后儒学假设和由此形成的一系列东亚研究应该是这一研究计划的一部分。与此同时，后儒学假设又超越了韦伯对现代性的想象，因为它试图确认和解释东亚资本主义所特有的精神，并从儒学传统来追溯这一精神的文化根源。后儒学假设的基本意思甚至可见诸近年来一些与东亚研究有关的出版物的标题，如：“后儒学的挑战”（MacFarquhar，1980），“东亚的优势”（Hofheinz and Calder，1982），“对东亚发展的模式之探索”（Berger and Hsiao，1988），“儒学与经济发展：一个东方的模式?”（Tai，1989），“不同文化背景下的资本主义”（Clegg and Redding，1990），“中国资本主义的精神”（Redding，1990），“对工业东亚的根源之探索：儒学复兴的一个例证”（Tu，1991），“东亚现代性中的儒学传统”（Tu，1996），和“东亚价值与多元现代性”（杜维明，2001），等等。当然，还有大量的出版物也探讨同样的现象，只不过它们没有使用能让人如此顾名思义的标题而已。

无须赘言，后儒学假设所代表的文化研究并不能完全解释现代东亚的发展。实际上，还有一些令人困惑但颇为重要的关系到东亚现代性的问题是不能仅仅从文化研究本身得到答案的。例如，在现代化过程中为什么日本会走在其东亚邻居的前面？为什么四小龙一直要等到 20 世纪 60 年代才开始与日本一道创造东亚的经济奇迹？为什么从经济上说中国大陆，儒学的故乡，在更大程度上仍然是第三世界而非东亚现代性的一部分？为什么一般而言海外的中国人/日本人/朝鲜人在世界上任何地方都能获得经济上的成功？为什么在不同的时期和不同的国家中东亚社会对儒学的官方态度有诸多不同？为什么在现代东亚的大部分历史和大部分地区儒学是不受官方意识形态欢迎的，甚至是受后者攻击的？为什么在现代性背景下只有一小部分东亚知识分子对儒学进行重新阐发或为之辩护，而这些知识分子对西方现代性的精神又有什么样的反应？在儒学传统之外还有些什么因素推动了现代东亚的发展，这些因素与儒学传统的互动是怎样的，而在所有这些因素中儒学传统是唯一使东亚现代性有别于西方现代性的因素吗？此外，在后儒学价值中到底有哪些成分？这些成分又是如何起作用的？为什么在现代世界的变迁中这些成分能生存下来？就其与现代性的关系而言，在中国儒学、日本儒学和朝鲜儒学之间果真有重要的区别吗？对这些问题的答案还得在历史研究中去寻找，在对制度因素、地理因素和其他物质性因素中去寻找。的确，在一些东亚研究中，残存于现代东亚社会中的儒学传统或后儒学价值被简单地看作是既成事实，而其他因素则被置若罔闻——仿佛儒学传统在现代东亚是自足的，且能独立地起作用。另一方面，还有一些东亚研究走向另一个极端——它们忽视甚至排除了儒学传统或任何文化因素与东亚现代性的关系，而完全把注意力集中在制度因素上（参见 Chowdhury and Islam，1993：32－41；Abegglen，1994：194；Rohwer，1995：ch. 16；Hobday，1995；Campos and Root，1996）。这些研究或许不记得，韦伯同时拒斥对历史发展所做的“片面的唯心主义”和“片面的唯物主义”的因果论的解释（Weber，1976：183）。当然，韦伯本人不是一个方法论多元主义的好范例，他的“铁笼子”理论在某种意义上与庸俗化的马克思主义的经济决定论的观点颇为接近：在“铁笼子”中是不可能有实质合理性的，而经济决定论把社会结构还原到经济层面上。不用说，东亚现代性的动力不仅来自多种因素，而且来自这些因素的互动。从文化上来研究东亚现代性的生成机制和发展动力并不意味着排除从其他角度进行的研究，反之亦然。

总的说来，从文化的角度来看，虽然在西方现代性与东亚现代性之间存在许多共同的物质和精神因素，但东亚现代性与西方现代性有明显的不同，主要在于，东亚现代性在很大程度上（或在实质合理性上）是同残存的儒学传统或后儒学价值相联系的——后儒学价值存在于现代东亚社会的经济生活、政治生活和日常生活或私人生活中。至于后儒学价值如何影响现代东亚社会的诸多方面，则需要另行撰文探讨了。

参考文献

杜维明，2001，《东亚价值与多元现代性》，中国社会科学出版社。

冯友兰，1996，《中国哲学简史》（第二版），北京大学出版社。

刘泽华，2000，《中国传统政治哲学与社会整合》，中国社会科学出版社。

马克思、恩格斯，1972，《共产党宣言》，载于《马克思恩格斯选集》第二卷，人民出版社。

苏国勋，1988，《理性化及其限制：韦伯思想引论》，上海人民出版社。

Abegglen，J. C. 1994. *Sea Change：Pacific Asia as the New World Industrial Centre*. New York：The Free Press.

Bellah，R. N. 1957. *Tokugawa Religion：The Values of Pre-industrial Japan*. Glencoe，Ⅲ：Free Press.

Berger，P. 1986. *The Capitalist Revolution*. New York：Basic Books.

——. 1988. "An East Asian Development Model?" in Berger，Peter L. and Hsin-huang Michael Hsiao（eds.）*In Search of An East Asian Development Model*. New Brunswick，N. J.：Transaction Books.

Berger，P. and H. M. Hsiao（eds.）. 1988. *In Search of an East Asian Development Model*. New Brunswick，N. J.：Transaction Books.

Campos，J. E. and H. L. Root. 1996. *The Key to the Asian Miracle：Making Shared Growth Credible*. Washington，D. C.：The Brookings Institution.

Ching，J. 1993. *Chinese Religions*. London：The Macmillan Press.

Chowdhury，A. and I. Islam. 1993. *The Newly Industrializing Economies of East Asia*. London and New York：Routledge.

Clegg，S. R. and S. G. Redding（eds.）. 1990. *Capitalism in Contrasting Cultures*. Berlin，New York：W. de Gruyter.

Clegg，S. R. et al. 1990. "'Post-Confucianism' Social Democracy and Economic Culture." in Clegg，Steward R. and S. Gordon Redding（eds.）*Capitalism in Contrasting Cultures. New York：W. de Gruyter.*

de Bary，W. T. 1988. *East Asian Civilizations：A Dialogue in Five Stages*. Cambridge：Harvard University Press.

Eastman，L. E. 1988. *Family，Fields，and Ancestors：Constancy and Change in China's Social and Economic History，1550－1949*. New York and Oxford：Oxford University Press.

Eisenstadt，S. N. 1968. *The Protestant Ethic and Modernization：A Comparative View*. New

York, London: Basic Books.

Fairbank, John K. (ed.) 1957. *Chinese Thought and Institutions.* Chicago: The University of Chicago Press.

Fairbank, J. K. et al. 1989. *East Asia: Tradition and Transformation*, revised edition. Boston: Houghton Mifflin Company.

Giddens, A. 1976. "Introduction" to Max Weber, *The Protestant Ethic and the Spirit of Capitalism.* London: Allen and Unwin.

Graham, A. C. 1991. *Disputers of the Tao: Philosophical Argument in Ancient China.* La Salle, Ill.: Open Court.

Hobday, A. 1995. *Innovation in East Asia: The Challenge to Japan.* Brookfield, Vt.: E. Elgar.

Hofheinz, Jr. R. and K. E. Calder. 1982. *The Eastasia Edge.* New York: Basic Books.

Kahn, H. 1979. *World Economic Development: 1979 and Beyond.* Boulder: Westview Press.

MacFarquhar, R. 1980. "The Post-Confucian Challenge." in *The Economist*, Feb.

Marx, K. 1954. *Capital.* Vol. 1. Moscow: Foreign Language Publishing House.

Metzger, T. A. 1977. *Escape from Predicament; Neo-Confucianism and China's Evolving Political Culture.* New York: Columbia University Press.

Nakayama, S. and N. Sivin. 1973. *Chinese Science: Explorations of an Ancient Tradition.* Cambridge, Mass.: The MIT Press.

Needham, J. 1954. *Science and Civilization in China.* Vol. I. London: Cambridge University Press.

——. 1956. *Science and Civi lization in China.* Vol. II. London: Cambridge University Press.

Parsons, T. 1937. The *Structure of Social Action.* New York: McGraw-Hill.

——. 1991. "A Tentative Out line of American Values." in Roland Roberston and Bryan S. Turner (eds.) *Talcott Parsons: Theorist of Modernity.* London: Sage Publi cations.

Rohwer, J. 1995. Asia Rising. New York: Simon and Schuster.

Redding, S. G. 1990. *The Spirit of Chinese Capitalism.* Berlin, New York: W. de Gruyter.

Schluchter, W. 1989. *Rationalism, Religion, and Domination: A Weberian Perspective.* Berkeley and Los Angeles: University of California Press.

Schwartz, B. I. 1996. *China and Other Matters.* Cambridge, Mass.: Harvard University Press.

Sivin, N. 1995a. *Medicine, Philosophy and Religion in Ancient China: Researches and Reflections.* Brookfield, Vt., USA: Variorum.

——. 1995b, *Medicine. Philosophy and Religion in Ancient China: Researches and Reflections.* Brookfield, Vt., USA: Variorum.

Tai, H. (ed.) 1989. *Confucianism and Economic Development: An Oriental Alternative?*

Washington, D. C.: The Washington Institute Press.

Tu, W. 1991. "The Search of Roots in Industrial Asia: The Case of the Confucian Revival." in Marty, Martin E. and R. Scott Appleby (eds.) *Fundamentalisms Observed*, Chicago and London: The University of Chicago Press.

——. 1993. *Way, Learning, and Politics: Essays on the Confucian Intellectual.* Albany, New York: State University of New York Press.

Tu, W. (ed.) 1994. *China in Transformation.* Cambridge, Mass.: Harvard University Press.

——. 1996. *Confucian Traditions in East Asian Modernity: Moral Education and Economic Culture in Japan and the Four Mini-Dragons.* Cambridge, MA: Harvard University Press.

Tu, W. et al. (eds.) 1992. *The Confucian World Observed: A Contemporary Discussion of Confucian Humanism in East Asia.* Honolulu, Hawaii: Institute of Culture and Communication, The East-West Centre.

Vogel, E. F. 1979. *Japan as Number One.* Cambridge, Mass.: Harvard University Press.

——. 1991. *The Four Little Dragons: The Spread of Industrialization in East Asia.* Cambridge, Mass.: Harvard University Press.

Weber, M. 1963. *The Sociology of Religion.* Boston: Beacon Press.

——. 1964. *The Religion of China.* The Free Press of Glencoe.

——. 1968. *Economy and Society.* vol. Ⅰ, Ⅱ and Ⅲ. New York: Bedminster Press.

——. 1976. *The Protestant Ethic and the Spirit of Capitalism*, with an introduction by Anthony Giddens ("Introduction"). London: Allen and Unwin.

——. 1981. *General Economic History*, with a new introduction by Ira J. Cohen. New Brunswick and London: Transaction Books.

Yang, C. K. 1964. "Introduction" to Max Weber, *The Religion of China.* New York: The Free Press.

Zeitlin, I. M. 2001. *Ideology and the Development of Sociological Theory*, 7th ed. Englewood Cliffs, N. J.: Prentice Hall.

探寻性别关系和性别研究的潜规则*

——从《父权的式微：江南农村现代化进程中的性别研究》说起

吴小英

几年前，一本有关中国社会隐匿中的运行机制——潜规则的书之所以引起极大的轰动，可能就在于它第一次通过摘取历史上随处可见的日常生活案例，将权力运作背后的潜性规则显性化（吴思，2001）。这种轰动所提示的另一层含义是，书中所描述的这类潜规则在现实社会中依然有效，或者更准确地说，这种关于潜规则的说明在当今读者中获得了普遍的认同。① 潜规则的高妙之处，在于其隐匿性和模糊性造就了其不可证伪性，因而构成了常识中最为坚固的一部分；同时由于潜规则的存在是以主体的认同为前提的，因此它实际上可以看成是处在关系结构中的主体之间形成的某种契约。这使主体的位置变得十分玄妙，一方面它无法逃脱这种规则和契约的牵制，另一方面它本身又是这种规则和契约的制定与修改的始作俑者。这或许可以视为作为社会学经典主题和困境之一的结构与行动之间关系的一个通俗版本。

实际上，社会研究的任何一个主题都不可避免地落入这个玄妙的关系版本之中。素来以关注女性命运著称的女性研究，② 自诞生之日起一直致力于探寻两性关系背后的潜规则及这种规则的社会文化意义及现实后果。无论他们把这种潜规则称为“父权制”“男权文化”“男性中心主义”“性

---

* 原文发表于《社会学研究》2005 年第 3 期。

① 认同感在这种规则的建构中具有决定性的作用。据心理学博士李原介绍，组织心理学中有所谓“心理契约”之说，专门研究某个有形组织内部的无形规则。我曾跟李原探讨家庭中的夫妻关系以及更大范围内的两性交往中这种心理契约存在的可能性及其作用，这也可视为社会结构中两性关系权力运行的“潜规则”。

② 这里指随当代女性主义运动应运而生的跨学科的西方女性研究，始于 1970 年代。

别主义”还是“传统性别意识形态”，其共同点都在于揭示出：性别关系的基础不在于上天铸造的两性之间可见的生理差别，而在于有关性别的文化、制度、身份中所隐含的二元制的权力等级关系。由此性别前所未有地获得了一种社会身份和建构意义，也成为女性主义用以探索进而砸碎性别关系潜规则的一块砖石。

这块砖石真正传递到中国已经是20世纪90年代的事了。在这之前，中国的女性研究虽然已然是社会研究中的热门领域，但它所遵循的大体上是传统社会研究的一般理路，只不过将研究对象集中于女性或者所谓典型的女性问题，基本上类似于关于女性的研究（studies of women），而不是女性主义所倡导的从女性主体意识出发的研究（women's studies）。随着社会性别（gender）理论为越来越多的国内学者所熟知，女性研究的关注点从原有的女性群体和女性主题扩展到性别关系及其变迁，女性研究本身也更大程度上过渡为一种性别研究或者性别视角的研究。这意味着性别不仅仅作为考察社会运行和权力关系法则的一个基本社会变量得到了认可，而且作为研究日常生活世界的一个知识变量和方法论视角得到了认可。[①]

金一虹的《父权的式微——江南农村现代化进程中的性别研究》（以下简称《父权》）一书就是体现这种转变后的性别研究新范式的一部本土代表作。虽然作者没有将此书明确定位为一本女性主义之作，而是更多地从自己的专业社会学背景出发，选择的主题也是现代化的社会变迁这一号称最经典的社会学研究议题，但是作者明确指出“选择社会性别作为观察社会变迁的一个视角”，相信“多文化视角的观察有助于我们更全面深刻地把握社会的脉动，而以往最容易被忽略的性别视角，将让你看到一幅全新的结构变化图像”（前言第4页）。因此《父权》一书明显表现出以非主流的眼光对主流的现代化实践说三道四的姿态，这也是本书最吸引我的地方。它所揭示的现代化进程中性别关系的潜规则，构成了中国现代化实践

① 当然这样的认可在主流学界依然是十分有限的。例如李培林在谈到性别研究对“中国经验”的重要性时，虽然肯定了女性主义的方法论意义，但仍在性别分析方法与阶级分层方法之间做出了明确的等级划分，后者被视为分析目前中国社会的一个基本视角，而前者只起到一个补充或者纠偏的作用；性别研究需要关注的领域，仍然被界定在那些所谓“常规视角容易忽略的问题”上。因此在主流社会学家眼里，性别研究的合法权依然还停留在初期的“补遗捡漏”功能上，而对于那些所谓“宏大的社会主题”说三道四的资格，似乎至今还未得到认可（参见李培林，2004）。

中不可回避的一部分；而它作为一个性别研究的文本实践所做的尝试和面临的困窘，也勾画出了性别研究乃至社会研究中争论不休的方法论的潜规则。

一　结构与行动互动中的性别关系潜规则

如前所述，《父权》一书试图从性别角度看现代化，特别是看中国江南农村的现代化变迁。江南代表着现代化的先发地区，而农村代表着传统性别文化积淀最为根深蒂固的土壤，二者的结合巧妙地提供了本书的研究主题所需要的素材。与先前各种侧重社会变迁对妇女角色的影响的研究取向不同，作者申明自己的研究"更希望从男女两性在社会变迁中不同的发展轨迹以及他们彼此之间的关系的变化切入……描述这些变化中的结构形态和关系，同时解释这一变化后面潜在的规则，比如性别分工的变化遵循着什么样的规则"（前言第 6 页）。这里蕴含着两个基本假设：一是男女两性在现代化的社会变迁中有着各自不同的发展轨迹；二是社会变迁伴随着性别关系的变化。因此本书着眼于将性别关系置于社会结构变迁的动态过程中来考察，同时将作为个体的"性别人"置于变动的性别关系中来考察。①

这种研究取向带来两个正面的效果：一是作为研究对象的人不再是单一的、抽象意义上的男性或女性，而是处在包括性别关系在内的复杂社会关系结构中的行动者。这样就避免了女性研究中的一个大忌，即以性别关系替代一切关系、以性别变量掩盖一切社会变量的"唯性别主义"倾向。②二是作为研究对象的人不再是束缚于性别关系和社会结构网中的被动客

① 既然有经济人、社会人，就应该有"性别人"，即承认所有人都是具有某种性别身份、处在某种性别关系之中的，并且这种性别身份和关系对人的思想、行为乃至命运产生了不可低估的影响。这一概念与李小江提出的"有性的人"概念有相似之处，所不同的是，李小江将"有性的"视为考察人的自然性和社会性之外的第三种视角，并断然否认"有性的人"与女性主义和社会性别理论之间的关联。有关论述可参见李小江（2000）。

② 或者可称为"性别万能论"倾向，即以性别为关注的核心、以性别分析为普遍而唯一的分析工具的宏大叙事模式。这种模式在 20 世纪 90 年代以后受到后现代主义、后殖民主义的严厉挑战，但在中国当今的女性研究中依然不同程度地流行着，一定程度上限制了研究视野的扩展和研究成果的解释力。孟宪范称之为女性研究的"去社会性"倾向，反映了女性研究理论的贫困。她倡导引入"弱嵌入性"作为女性研究的中层理论，相关论述参见孟宪范（2004）。

体，而是随着社会变迁不断做出调整的性别关系中的主体。这个主体虽然从根本上受制于性别关系的潜规则，但同时也在动态的实践过程中不断冲破规则和契约、制造弹性和机会。这种对性别关系动态变迁过程本身的重视显然比女性研究中过分专注于与男性之间的横向静态比较的传统更加可取。①

以《父权》一书中最具创意的关于性别分工制度的考察为例，作者通过对苏南农村工业化、非农化过程中的性别分工规则及其调整的研究发现，性别分工既具有强制性（打上性别文化标签的所谓“男人生活”和“女人生活”），又具有弹性（受经济和其他社会因素影响而在不同时空条件下呈现的具体分工变化）。也就是说，这种分工虽然有边界，这种边界却是模糊的、可变的，它所遵循的是一套男性利益优先的潜规则。“每当出现资源增量需要重新配置、两性利益格局需要重新调整的时候，就有一种秩序——一种潜在的规则操纵着——仿佛有一个看不见的模本，可以不断地重新复制着两性之间的利益结构……两性间这种相互依存和相互对抗的关系，像一幅相互镶嵌的拼图，在每一次被打散后重新拼接时，不仅两性活动的疆域、相互间的力量对比在发生着变化，他（她）们之间的互动也对规则本身产生着冲击和挑战”（第 2 ~ 3 页）。因此，一方面，虽然女性可以“越位”干一些“男人活儿”，但终究“窗户再大大不过门”，尤其在社会变迁时期，两性分工表现出的弹性，最终会以一种等级制的形式再次明晰化，在这种作者称之为“性别分工成极化”的过程中，男性始终保持着优先权和主动权；另一方面，在性别分工的变动和两性利益的重新调整过程中，潜规则也在一寸寸渐次失去它曾经雄霸的领地（即作者所谓“父权制的式微”），虽然在一些领域也许要扎根得更深（例如职业的性别隔离和等级差别更加严重）。这种关于性别分工的制度性潜规则与弹性实践的描述，揭示了江南农村现代化过程中结构与行动互动中的性别关系变迁图。我们看到，传统的性别问题在这张变迁图中转变成了一个利益博弈

① 近几十年来国内女性研究界的一个热门话题，就是讨论市场化与全球化使中国妇女的地位提高了还是降低了。毫无疑问这样的争论是永远无结果的，因为它预设了两个假命题，首先中国妇女被当作一个均一的、利益共享的群体；其次这个群体被视为社会结构变迁中被动的、无所作为的客体。而金一虹在《父权》一书中的研究至少告诉人们，现实中的性别关系变迁远比上升或下降复杂、丰富得多，因此对于过程本身的关注似乎比对结果的判断更有意义。

问题，而性别只不过是这种利益较量和协调过程中的一个筹码。①

然而如果我们仔细考察这张图，就会发现男人和女人虽然是这个变迁舞台上最活跃的舞者，但作者的着眼点仍在于作为现代化、市场化后果的性别关系的变革上，而没有关注这种性别关系的变革本身给社会变迁造成的影响，作为行动者的“性别人”似乎还是无法逃脱被支配的客体的命运。《父权》一书精心构置了“劳动生活”“日常生活”“公共生活”三个层面，试图描绘出关于江南农村现代化进程的一个整体性的立体框架。但是由于始终围绕着不同时期男女两性生活形态和性别关系的变迁这一主题，我们看到的更像是本书副标题所示的“现代化进程中的性别研究”，而不是作者写作之初所期望给出的性别视角的全新的现代化或社会结构变迁图。其中的区别在于，前者只看到了性别作为社会运行和权力关系机制的基本社会变量的功用，而后者看到了性别作为一种理解和研究社会的知识变量和方法论规则的功用。这意味着在性别研究中，如同在其他社会研究领域一样，方法论问题已经成为绕不过去的问题。

二　没有方法的方法论

长期以来，方法论之争已经成为社会研究中“永远的痛”。社会科学当初仰仗着科学主义冲天之势确立了自己的合法地位，靠着投靠科学这个富亲戚积累了自己的财富，发展出了貌似科学的种种实证量化研究模式。如今眼看科学主义日渐走向衰落，那些曾经不为主流社会科学所接纳的质性研究模式逐渐活跃起来，借后实证时代的文化研究之风从昔日的穷亲戚扩张成为这个领域的暴发户。这种发生在知识的没落贵族与新兴暴发户之间的争斗，由于始终未能从知识的合理性那里找到依据，最终只能解释为一种基于学术场上的权力之争的修辞之战。②

性别研究试图超越社会研究中的量化和质性两大范式的传统之争，寻

① 顺着这条思路下去，许多经典的所谓女性问题会走出单纯的、无意义的两性之争，逐渐变得丰满起来。例如关于妇女是否应该回家、如何看待“铁姑娘”、女性提前退休是保护还是歧视等问题，实质上就转化为女性作为个体是否具有自主权，以及社会能否给予两性同样可得的资源机会的问题。

② 有关社会科学中的修辞学转向的论述，参见成伯清（2002）。

找属于自己的方法论修辞，这就是倡导以性别为核心视角的批判性与宽容性并存的研究范式。[①] 然而这种方法论修辞的悖论在于，一方面，由于它是作为所谓男性化的实证模式的对立面出现的，其着眼点在于以性别为武器、从“他者”立场出发的批判，因此对质性研究模式的偏好就成为其顺理成章的修辞；[②] 另一方面，为防止自己重蹈性别主义的霸权话语，对所有研究方法持宽容、开放的态度，反对方法论上的精英主义，倡导多元化的方法就是必然的选择，因此它本质上又可以视为一种“怎么都行”的方法论或者“没有方法的方法论”（Reinharz，1992：243）。《父权》一书没有就方法论问题进行专门的讨论，但是依然可以看到这种明显的悖论。作者在前言中只简单地提及了研究方法“以微型调查、深入访谈和焦点访谈为主”，而之所以采用质性研究的方式，是因为“一旦涉及性别结构就与特定的文化观念系统、价值判断深度交织在一起，量化研究就显现出它的局限性”（前言第 6 页）。与只求普遍法则的量化研究不同，质性研究注重社会事实的建构过程和主体在具体的文化情境下的感受，“质性研究具有的多元性、反思性、创造性和过程动态等特点，我相信能给予我更大的探讨空间，对剖析男女两性关系也更具力度，因此选择了最适于我的方法”（前言第 7 页）。有趣的是，这里我们可以看到作者通过将对多元化的倡导视为质性研究固有的特点之一，解决了女性主义的质性偏好与无方法修辞之间的悖论。所以在全书中我们看到的是一个关于江南农村社会变迁的庞大的“笔记式的记录”，它不仅仅局限于作者提到的几种质性研究模式，还包括一些取自量化研究的材料，以及直接来自被访者的口述材料、来自其他文本文献的研究和来自作者本人的经验描述。

因此准确地说，《父权》一书与其说遵循了质性研究的方法论修辞，不如说采纳了一种没有方法的方法论。作者无非是根据自己对性别的理解，给我们讲述了一个社会变迁时期江南农村两性生活和关系互动的故事。这个故事在主流的现代化研究文本中是无法看到的，因为在方法论的选择中许多信息已经被滤去了。值得一提的是，在整个故事讲述过程中，作者始终没有将自己游离在外，无论作为事件的观察者、谈话的参与人、

① 关于女性主义方法论的论述，参见吴小英（2004）。

② 熊秉纯关于质性研究方法与社会性别视角之间的关联性的探讨，最典型地说明了这一点。参见熊秉纯（2001）。

还是个体经验的叙述者，都以“性别人”的身份参与了故事的建构，这使得作者作为故事的讲述者与书中的被访对象总是处在同一个平面上，也就是说，这种通过叙述者与叙述对象的多元化互动完成的文本具有更大的开放性。但是这种开放性带来的另一个结果是，它很容易成为材料的散漫堆积，因而对作者的叙述所依据的理论具有很强的依赖性，这也是《父权》一书的最大弱点——丰富的素材未能掩盖其理论凝聚力的不足——的原因所在。

三　走向日常生活的性别研究

实际上所谓理论的贫困不仅仅是性别研究领域，也是整个社会研究领域的一大通病。但在后现代主义的修辞里，无论是理论的贫困还是方法论的终结，都预示着学术开始摆脱虚假、抽象的宏大叙事模式，走向日常生活的实践，因此这也是迎接社会科学新范式到来的时机。尤其对于遭遇西方社会科学与中国现代化实践的种种不适的中国学者来说，探索布迪厄所谓“实践的逻辑”已经成为引领这一领域的一个新时尚。① 这意味着学术正在试图摆脱其高高在上而缺少现实共鸣的权威形象，走向通俗化与人性化。

《父权》一书从研究理路上说基本体现了这一趋势，这也是女性主义研究所竭力倡导的。从知识来源上说，这种研究重视来自弱势群体和处在底层的普通人的日常生活经验和作为研究者个体的经验感受，因此它更加注重处于结构中的关系互动和动态变迁过程的研究；② 从知识的过程来看，这种研究强调知识产生的具体文化情境，以及研究者与当事者在知识建构

① 杨善华在谈到女性研究的方法论问题时也指出，理解普通妇女的生活世界，理解她们的话语和行动的意义，是至关重要的（杨善华，2004）。最近黄宗智先生撰文指出，认识中国必须摆脱西方主流的形式主义认识论，走向从实践出发的社会科学和理论。孙立平教授近几年也一直在倡导迈向一种实践的社会学，关注实践形态的社会现象，提倡“过程—事件分析”的研究策略。虽然他们所说的“实践”在内涵上有差异，但他们都主张重视“民众的生活实践”或“普通人的日常生活”。有关论述参见黄宗智（2005）、孙立平（2002）。

② 例如女性主义社会学家多萝西·史密斯认为，社会学知识应该是建立在女性的日常生活基础上的、世俗的、特殊的、地方性的、从女性自己的身体立场出发的，不同于官方的那种普遍的、外在的、超地方性的、客观化的版本，对日常生活的分析可以揭示出其中所镶嵌的社会组织和权力关系（Smith，1999：45－46）。

中的重要作用，因此它非常重视知识的叙述形式以及语言在这种叙述中的地位。[①] 从对知识成果的理解来看，这种研究反对知识的伪客观性和垄断性，强调知识的地方性、开放性，因此决不回避知识的价值取向和研究者的立场。《父权》一书的作者明确表示自己只是描述一定时空条件下的“地方性知识”，不求全面系统和深刻，只想把握变动时期的一种“过程感”（前言 11 ~ 12 页）。[②] 在叙述故事的语言选择上，作者保留了大量来自当地的非学术的民间词汇，“首先是因为它的生动性和语义的丰富性，另一方面，由于希望突出叙说者的经验，我也较多使用一些没有经过严格界定但有着生活的鲜活性的民间语言”（第 3 页）。这样书中许多原汁原味的人物和故事叙说都带有新鲜出炉的生动和清香，体现了研究者对当事人作为主体的尊重和对研究过程本身的反思意识。[③]

然而这种新的研究理路面临的困窘也是有目共睹的。当方法论越来越沦为一种修辞，当理论的争辩更多地被形形色色的故事讲述所替代，当学术场上的权力和话语之争逐渐左右学术共同体的视线，所谓来自日常生活实践的知识所能创造的空间究竟还剩下几许？当知识的情境化、地方化逐渐蜕变为知识的个体化，社会研究所能给予人们的除了文学式的情感体验之外，还有多少可供交流的公共词汇？靠突破常识起家的社会科学，如今是否只能靠打破学术与常识的界限、选择重新回归常识或者与常识保持若即若离的暧昧关系，才能保全自己日薄西山的命运？在学术本土化的旗帜下，社会研究包括性别研究都必须重新找到一份自己的潜规则，而金一虹的《父权》一书是这方面的一个有益尝试，虽然仅仅是开端。

参考文献

包亚明译，1997，《文化资本与社会炼金术——布尔迪厄访谈录》，上海人民出版社。

---

① 女性主义极为关注语言在研究中的独特作用，特别重视倾听日常生活中常常被忽略的女人的谈话，并将女人之间的交谈推崇为女性研究中一种有效的方法技巧（Devault，1999）。

② 当然可以明显看出，作者只是把那种对普遍、客观、系统性知识的追求看成是一种力所不及的奢求，但并未对那样的追求提出什么异议。从这一点上说，她与女性主义以及真正意义上的所谓知识的地方性理解之间有着本质的区别。

③ 自从布迪厄提出“反思社会学”以来，这种对反思性的强调已经成为社会研究界的一个共识，虽然在具体的研究实践中能否贯彻到底往往是另一回事。

成伯清，2002，《社会学的修辞》，《社会学研究》第5期。

黄宗智，2005，《认识中国——走向从实践出发的社会科学》，《中国社会科学》第1期。

金一虹，2000，《父权的式微——江南农村现代化进程中的性别研究》，四川人民出版社。

李培林，2004，《性别研究与“中国经验”》，《中国妇女报》10月24日。

李小江，2000，《妇女研究“学科化”进程中的若干问题》，见李小江主编《批判与重建》，三联书店。

孟宪范，2004，《弱嵌入性与女性研究》，见孟宪范主编《转型社会中的中国妇女》，中国社会科学出版社。

孙立平，2002，《实践社会学与市场转型过程分析》，《中国社会科学》第5期。

吴思，2001，《潜规则：中国历史中的真实游戏》，云南人民出版社。

吴小英，2004，《方法论的女性主义》，《光明日报》11月23日。

熊秉纯，2001，《质性研究方法刍议：来自社会性别视角的探索》，《社会学研究》第5期。

杨善华，2004，《理解普通妇女与她们的生活世界——兼谈女性研究的方法论问题》，《光明日报》11月23日。

Devault, Marjorie L. 1999. *Liberating Method: Feminism and Social Research.* Philadelphia: Temple University Press.

Reinharz, S. 1992. *Feminist Methods in Social Research.* Oxford: Oxford University Press.

Smith, Dorothy E. 1999. *Writing the Social: Critique, Theory, and Investigations.* Toronto: University of Toronto Press.

社会、市场、价值观：整体变迁的征兆*

——从职业评价与择业取向看中国社会结构变迁再研究

许欣欣

摘　要： 本文以全国3183名城乡居民抽样调查样本数据为基础，通过与以前所做相关调查进行比较，作者发现，人们职业评价和未来择业取向的变化以及实际的流动状况揭示出中国社会结构深层的变动趋势。首先，精英阶层的分化以及进入精英阶层渠道的增加开始引发中国社会关系的根本改变和社会结构的重组。第二，社会流动机会结构的根本性变化导致了人们市场取向的日益增强，越来越多的人开始将企业家作为其社会成就的指示器。第三，价值观的改变引发了中国人整体人格提升的开始。种种迹象显示，历经20多年的改革开放，中国已由发端时的单方面经济体制变迁时期进入了一个经济、社会、文化价值观全方位整体变迁的时期。

关键词： 职业声望　择业取向　社会流动　社会变迁

随着改革开放的不断深入，中国正在发生巨大变化。经济体制的转轨、产业结构的调整、分配模式的改变以及多种经济形式的形成与发展，造成了大量社会资源的重新分配与社会资源分配体系的重组。这种社会资源的占有、分配以及分配关系的变动不仅引发了中国社会成员间原有利益格局的重大变革，而且导致了整个经济社会结构的深刻变迁。要揭示和把握这一变迁过程及其发展趋势，从人们的职业评价与择业取向着手无疑是最好的。

为此，继1999年对全国城市居民进行职业声望与择业取向调查后，笔者于2002年再度进行了一次关于职业声望与择业取向的调查，并将样本扩

---

* 原文发表于《社会学研究》2005年第4期。

大至包括农村居民在内的全国范围。实际调查于2002年3～8月进行，采用入户问卷调查方式，抽样框的设计采用了区分城乡两个区域的概率成比例抽样方法。① 调查样本覆盖全国28个省、自治区、直辖市，共发放问卷3780份，回收有效问卷3183份。调查样本的基本构成情况如下。城乡构成：城镇户口居民占54.9%，农村户口居民占44.9%，无户口居民占0.1%；性别构成：男性占50.5%，女性占49.5%；年龄构成：18～30岁占17.0%；31～45岁占40.4%；46～60岁占26.9%；61岁以上占15.7%；受教育程度构成：不识字或小学没毕业占26.0%，小学毕业占16.7%，初中程度占27.7%，高中、中专、中技占19.8%，成人教育（包括电大、业大等）占3.6%，全日制大专以上占6.0%；政治面貌：中共党员占13.1%，共青团员占9.2%，民主党派占0.1%，群众占77.4%。

一　中国城乡居民职业声望评价

在当代社会中，一个十分重要的社会现象是各种职业间的声望等级制度。在大家心目中明显存在着一个职业声望等级制度。许多专门性的研究表明，职业是一般社会地位最好的独一无二的标签。长期以来，职业声望作为市场经济社会核心价值的一种反映，一直被社会学家广泛研究，以从社会层面测量社会结构分化的程度与方向。本次调查一共设计了51个职业，请被访者根据自己的主观感觉对所列职业的价值进行评价。每一职业的价值均分为5个等级，并采用美国社会学家诺斯与哈特标准赋予一定的分数，依次为："最佳职业（100分）""较好职业（80分）""一般职业（60分）""较差职业（40分）""最差职业（20分）"。本次调查在职业选择上主要遵循四方面原则：一是保证所选职业与国内外其他有关调查具有可比性；二是所选职业应为大多数被访者所熟悉；三是所选职业应能揭示出中国社会所独具的一些特征，如不同所有制类型等；四是所选职业应有利于与1999年所做调查进行对照分析。

将调查结果汇总后，计算每一职业的平均分，据此做出中国的职业声

① 本次调查是与美国Duke大学政治系史天健教授合作的"当代中国社会变迁、社会意识与社会流动"课题，问卷主体设计及抽样框设计由史天健教授负责，笔者所需数据以"搭车"方式获得。

望量表（见表1）。从表1可见，总体上来讲，声望在80分以上的职业共有22个，可视为上等声望职业。其中除对“影视明星”的评价差异较大外（标准差为15.93），其余职业的标准差都不是很大，说明被访者对这些职业的共识很高。对这组职业的特征进行概括，可以看到几个明显的标志：一是丰富的科学知识和专业技能，二是较高的政治权威，三是较多的经济收入。

声望在65分以上、80分以下的职业共19个，可视为中等声望的职业。这组职业的政治权威、知识技能，以及经济收入水平相对于上一组职业来讲较低。其构成也比较多样化。

声望在65分以下的职业共10个，属于低等声望的职业，基本上以从事体力劳动的“蓝领”职业为主。

表1　中国职业声望量表

职业	2002年全国抽样调查				1999年城市抽样调查
	总体		城市	农村	
	得分	标准差			
1. 科学家	94.7	9.58	95.0	94.3	85.3
2. 社会科学家	94.0	9.91	94.0	94.0	83.9
3. 大学教授	93.9	10.23	94.1	93.6	90.1
4. 大城市市长	93.9	11.30	94.6	92.9	92.9
5. 政府部长	91.7	12.39	92.9	90.0	91.4
6. 电视主持人	88.6	12.75	88.7	88.5	
7. 计算机软件设计师	88.2	12.48	88.5	87.5	83.6
8. 电脑网络公司工程师	87.7	11.92	87.2	88.4	88.6
9. 律师	87.5	12.51	88.4	86.1	86.6
10. 县长	86.6	13.03	86.2	87.4	
11. 国有大企业厂长、经理	86.4	13.99	87.2	85.4	81.3
12. 党政机关领导干部	86.1	13.32	86.3	85.8	85.7
13. 法官	85.3	13.71	86.5	83.7	88.3
14. 医生	85.1	12.54	85.2	84.9	83.7
15. 影视明星	85.0	15.93	83.9	86.5	
16. 机械工程师	83.9	13.11	83.2	84.9	76.0
17. 作家	83.9	13.95	82.6	85.9	82.5

续表

职业	2002 年全国抽样调查				1999 年城市抽样调查
	总体		城市	农村	
	得分	标准差			
18. 房地产开发经营商	83.3	14.57	84.4	81.5	81.5
19. 外资企业高级雇员	83.1	13.70	83.7	82.1	
20. 私（民）营大企业主	81.9	14.9	82.9	80.5	78.6
21. 记者	82.6	13.64	81.7	83.8	81.6
22. 国立中小学教师	80.4	13.35	80.6	80.2	77.1
23. 工商、税务管理人员	79.7	14.98	80.7	78.3	81.1
24. 警察	79.4	15.20	78.4	80.7	76.2
25. 银行职员	78.7	13.90	78.1	79.4	79.1
26. 广告设计师	78.0	13.39	77.7	78.6	76.7
27. 乡长	77.7	15.37	77.5	78.0	
28. 国有企业中层管理人员	77.3	12.79	76.4	78.7	
29. 乡镇企业厂长、经理	76.6	13.55	76.6	76.7	
30. 党政机关一般干部	76.6	13.04	76.3	77.1	73.3
31. 外资企业职员	75.7	14.55	76.5	74.5	
32. 导游	75.4	14.78	75.2	75.9	71.7
33. 私立学校教师	72.0	14.24	71.9	72.2	71.5
34. 文化个体户	71.8	14.49	71.2	72.8	68.2
35. 证券公司职员	71.6	14.21	72.0	70.8	72.4
36. 村干部	70.9	15.32	70.2	71.8	
37. 党政机关小车司机	70.8	14.26	69.6	72.3	70.1
38. 护士	69.9	14.28	68.4	71.8	64.1
39. 街道办主任	69.5	13.58	69.2	69.9	
40. 保险公司职员	67.8	14.69	66.4	70.2	67.5
41. 工商业个体户	66.1	14.66	64.3	68.5	65.7
42. 商店售货员	62.9	13.38	60.7	66.0	50.8
43. 环卫工人	62.9	18.13	61.6	64.7	45.5
44. 农村民办教师	62.6	15.87	59.6	66.4	
45. 出租汽车司机	62.2	13.74	60.1	65.1	59.5
46. 国有大中型企业工人	60.9	16.40	57.1	66.3	47.4
47. 公共汽车售票员	59.4	14.52	56.6	63.2	48.7

续表

职业	2002 年全国抽样调查				1999 年城市抽样调查
	总体		城市	农村	
	得分	标准差			
48. 乡镇企业工人	57.9	15.59	54.6	62.3	44.3
49. 保姆	52.2	16.65	51.4	53.2	36.9
50. 农民	49.8	22.57	49.0	50.9	44.7
51. 建筑业民工	48.4	19.81	44.4	53.8	34.9
样本数（人）	3050		1719	1331	2599

注：本职业量表在设计时曾得到李路路、李培林、刘世定、沈原的帮助，特此致谢。

美国社会学家特莱曼在对世界上 60 个国家和地区的职业声望进行比较后指出，由于社会结构本身所具有的功能必要性和组织必要性所致，各国家和地区对职业声望高低的评价非常接近，其相关系数在 0.8 左右（Treimen，1977）。如果将 2002 年调查的职业声望得分与 1999 年的调查进行相关分析，则相关系数高达 0.965。[①] 如此高的相关系数说明，我国职业声望结构 3 年来基本保持不变。而且，从“中小学教师（80.6）”“私立学校教师（71.9）”“农村民办教师（59.6）”这三个工作性质相同、声望得分悬殊的职业可见，因占有资源不同而影响我国职业声望评价的所有制因素仍然存在。但是，职业结构的总体稳定并不表示人们对具体职业的评价没有变化。仔细观察就会发现，将 2002 年调查中城市被访者的职业评价（表 1 中第三列数据）与 1999 年调查相比（表 1 最右边一列数据），存在着一些引人注目的不同之处。

第一，虽然那些属于蓝领的体力劳动职业仍然是低等声望的职业，但与 1999 年调查相比，许多职业的声望得分有了明显提高，如“商店售货员”“建筑业民工”“国有大中型企业工人”“公共汽车售票员”“乡镇企业工人”等，其中“保姆”和“环卫工人”的职业声望得分甚至分别提高了 14.5 和 16.1 分。这在一定程度上表明，随着我国改革开放的进一步深入以及经济结构调整的继续深化，人们的价值观念也在发生着变化，对于体力劳动职业已不再像从前那样轻视。

① 由于 1999 年调查样本全部为城市居民，故这里进行相关分析的 2002 年样本也限于城市被访者，下同。

第二，在上等声望职业中，得分在90分以上的有5个，依次为“科学家”、“大城市市长”、“大学教授”、“社会科学家”和“政府部长”。显然，这些职业是人们心目中的最佳职业，可谓“上上等”职业。然而，与1999年调查相比，可以清楚地看到，“科学家”和“社会科学家”的职业声望原本是大大低于其他三个职业的，分别只有85.3分和83.9分。也就是说，如果以90分为界，那么在1999年调查时，这两个职业并不属于“上上等”职业。

一般来讲，在国际职业声望比较研究中，对于蓝领职业声望的评估常有若干差距，而对于白领职业的评估则差距较小（张华葆，1987：113）。可为什么在我国，不过短短三年时间，这两个白领职业的声望会有如此大幅度的提高呢（“科学家”的声望提高了9.7分，“社会科学家”的声望提高了10.1分）？不仅声望得分显著提高，而且人们的共识程度也大大加强——由标准差可知，“科学家”的标准差由1999年的15.22下降为2002年的9.44；“社会科学家”的标准差由16.25下降为9.93。[①] 这是一个耐人寻味并且值得认真探讨的现象。

究其原因，首先是社会需求所致。步入21世纪的中国正处在剧烈的社会变迁时期：一方面，伴随着世界经济从工业化时代向信息时代的转变，我国的产业结构开始进行大幅度调整，加入WTO更是加快了我国经济、社会全面融入全球化进程的步伐；另一方面，自20世纪70年代末实行改革开放政策以来，随着市场经济体制对传统计划经济体制的逐步替代，我国的经济、社会结构开始了全方位的变迁与转型。这种由全球化进程和体制转型所造成的影响是巨大的，不仅影响人们的行为准则、消费结构和生活方式，而且对政府的管理模式也产生了极大影响，由此而导致的许多新问题和新现象不仅层出不穷，而且前所未见。所有这一切需要方方面面的专家给出恰当的、合理的分析与解释。于是，“科学家”和“社会科学家”的作用与价值随着时代的进程日益凸显出来。

其次，无疑与国家政策以及国家领导人近年来对科研工作的重视直接相关。2000年国家对袁隆平等具有突出贡献的科学家给予500万元重奖，

① 通过标准差的比较，可以看出人们进行职业评价时的共识程度，标准差大说明人们的共识程度低，标准差小则说明人们的共识程度高。

首次以经济方式直接肯定了知识的价值；2001 年 8 月 7 日，以及 2002 年 4 月 28 日、7 月 16 日，江泽民先后三次就哲学社会科学的重要地位和作用发表重要讲话，明确指出：加强哲学社会科学研究，对党和人民事业的发展极为重要，任用好哲学社会科学人才并发挥他们的作用，与任用好自然科学人才并发挥他们的作用同样重要（《人民日报》2001 年 8 月 8 日）。这一切不仅在学术界，而且在整个社会引起巨大反响。

虽然从传统上讲，中国一直是一个重教育、重文化的国家，所谓“万般皆下品，唯有读书高”。然而，延续两千多年的封建社会“官本位制”孕育了中国特有的官文化，使得生活在其中的读书人（知识分子）长期以来只有一条出路：“学而优则仕”。中华人民共和国成立后，在计划经济体制下，由于对知识分子的认识上的偏差，知识分子仍然没能作为一个独立的社会阶层而存在。20 世纪 70 年代末的“科学大会”上关于“科学技术也是生产力”口号的提出，虽然在很大程度上促进了我国自然科学的繁荣发展，并在相当程度上改善了知识分子的地位，使之从“臭老九”跃升至无产阶级先锋队的一员，但长期以来配合政治斗争需要而实行的对意识形态领域的严格控制却始终制约着我国哲学社会科学的繁荣和发展。江泽民关于哲学社会科学重要地位和作用的讲话，毫无疑问是国家对意识形态领域管制开始放宽的一种信号。相对宽松的政治环境以及近年来各级政府出于社会管理需要而不时邀请各领域社会科学家讲课，或聘请专家作为顾问之举，对于我国哲学社会科学事业的繁荣发展，以及社会科学家职业声望的提高无疑有着举足轻重的作用。

美国社会学家弗莱德森谈到各种社会群体在日常生活中对地位的追求时曾指出：对专业人员来说的关键问题，是那些使他们将自己与其他职业区别开来的正规知识的权力或优势是否存在。是专业权力，即知识所具有的特殊权力在起作用，还是仅仅由政治的、纯经济的，或官僚利益方面的一般权力起作用，这是关键问题（Freidson，1986：225）。其实，早在 1964 年，霍奇、希格尔和罗西即观察到自 20 世纪初以来“科学职业的声望在增加”的历史趋势（Hodge，Siegel and Rossi，1964）。社会学家周雪光最近在其关于职业声望的研究中，则进一步从制度逻辑的角度指出：一种职业声望等级制的出现，取决于将职业按某种社会秩序在不同位置进行分布之过程的有效性。导致差异形成的关键机制是某种共享价值与信仰体系的存在，与自然和理性相联系的职业更可能接受较高的声望等级。进入自然和理性是一种历史性的解释。在现代社会中，进入自然和理性必然与理性的、抽象的知识和科学紧密相关。人们需要通过牧师和科学家来接受自然秩序，因为他们的工作与抽象的知识合法相连。由于正规知识的非个人化与客观性意指某种成功的同化过程，因此，如果一种职业能以正规知识和科学作为其合法性的基础，那么它就能证明自己比其他职业获得更高的制度秩序性质，这种职业也就能被视为适当的与合法的，从而得到较高的声望等级（Zhou，unpublished manuscript）。

那么，在中国，“科学家”和“社会科学家”职业声望的大幅度提高是否意味着这两个以正规知识和科学为基础的职业——尤其是与意识形态领域直接相关的“社会科学家”职业——已经从传统的官僚体系中剥离出来，开始凭借其正规知识的优势而确立了自己的合法地位并得到各社会群体的共识呢？比较一下两次调查中领导干部与非领导干部对这两个职业的评价（见表2），或许能从中得到答案。

表2　领导干部与非领导干部关于“科学家”与“社会科学家”职业评价的比较

年份	群体	社会科学家职业声望评分	科学家职业声望评分	样本数（人）
2002	党政机关处级以上领导干部	93.1	96.0	104
	非党政机关领导干部	94.0	95.0	1608
1999	党政机关处级以上领导干部	78.5	88.5	62
	非党政机关领导干部	84.0	85.2	2532

表2是将两次调查样本中党政机关处级以上领导干部作为一个群体，将党政机关处级以下干部以及其他城市被访者作为另一个群体所进行的“领导干部”与“非领导干部”关于“科学家”和“社会科学家”职业声望评价的比较。不难看出，对于“科学家”的评价，领导干部在两次调查中给出的评分都略高于非领导干部；但对“社会科学家”的评价则不然，1999年调查时，领导干部对“社会科学家”的评分只有78.5分，比非领导干部给出的84分低了5.5分，比他们给“科学家”的评分低10分。如果按照80分以上为上等声望职业的标准，可以说，那时的“社会科学家”

在中国的党政机关领导干部心目中充其量不过是中等声望的职业而已。但是，到 2002 年调查时，情况有了明显改变。虽然领导干部对“社会科学家”的职业评价仍低于非领导干部，但差距仅 0.9 分，而其给出的 93.1 分的评分已足以使“社会科学家”跃居“上上等”声望职业的行列。与 1999 年调查相比，领导干部对“社会科学家”的职业声望评分增加了 14.6 分，大大高出他们对“科学家”职业评价增加的幅度（7.5 分）。据此，我们有理由做出这样的判断：1999 年时，在中国的党政机关领导干部眼里，自然科学知识与社会科学知识是不能相提并论的，前者是科学、是知识，后者不是，或不完全是；但是历时 3 年之后，中国的党政机关领导干部已经开始将社会科学知识视为与自然科学知识同等重要的科学知识了。

这一结果的出现，不仅与改革开放以来科研人员资源获得渠道的日益增多直接相关，而且与近年来党政机关领导干部整体素质的全面提高密切相关。另一方面，则无疑是国家对意识形态领域管制有所放宽的一种迹象，所谓“春江水暖鸭先知”。它清楚地向我们预示：在中国，正规知识和科学的权力已经开始从传统的官僚体系中剥离出来，中国的专业人员和知识分子开始有可能凭借其拥有的正规知识之优势来确立自己在社会中的合法地位，并得到社会各群体的认同。

二　不同社会群体职业评价的标准

职业声望作为一种社会区分是以社会位置方面的持续性差异为基础的，与此同时，它必然穿越这些社会界限并被人们广泛接受。这一观察好像是自我证实的：一方面，声望必然是一种地位次序现象。如果所有的职业都有同样的评价，那就没有职业声望概念出现的必要。另一方面，职业声望必须超越互动群体，并被第三群体所认可。如果教授仅仅被那些进入大学的人所接受，如果法官仅仅被那些在法院的人所接受，那么职业声望就失去了它大多数的社会学意义。正如古德（Goode，1978：18）所云，声望的承认之所以“在契约或者甚至许多社会交换方面存在结构性差异，是因为尊敬关系不是二维的，而是三维的。因此，声望是一个人与其他人，以及重要的第三群体互动的结果”。

显然，职业声望的产生是一种差异与同化的双重过程。职业声望的形成首先是一种在众多职业之间按照某种等级顺序产生差异的过程。这样的等级顺序必须被同一共同体成员共享的意义系统所承认，即声望的产生必须同时是一种通过共同体成员接受并共享声望制造者和持有者价值、品味及方式的同化过程（周雪光，2003）。这意味着不同职业必须有着共同的比较基础，而且这一基础必须与社会承认的逻辑相符。换言之，社会位置的主体间（intersubjective）评价必须以共享的标准为基础（Zhou，unpublished manuscript）。长期以来，在社会学关于职业声望的研究中，有一个重要问题至今尚无答案，即当社会人士评估职业声望时，到底是职业的哪些特性决定人们对于该职业的评估。为此，笔者在问卷中设计了六项标准请被访者从中选出他们在进行职业评价时最看重的三项标准，意在由此找出我国社会成员进行职业评价时所共享的“意义系统”。

（一）城市被访者与农村被访者职业评价标准比较

从表3可知，总体上来看，我国被访者进行职业评价时最看重的三项标准依次为：“收入”、“知识、技能”和“对社会的贡献”，而“受人尊敬的程度”、“权力”和“社会影响力”三项标准的中选率则相对较低。若将城市被访者与农村被访者区分开来进行比较，可以看出他们之间的一些相同点和不同点。相同之处是：他们进行职业声望评价时最看重的三个标准都是“收入”、“知识、技能”和“对社会的贡献”。不同之处是：城市被访者对“知识、技能”标准更为看重，而农村被访者则更看重“对社会的贡献”。另外，农村被访者选择“权力”这一标准的比例也明显高于城市被访者。

表3　城市与农村被访者职业评价时最看重的标准（限选三项时的百分比加总）

单位：%

职业评价标准	样本总体	城市被访者	农村被访者
收入	71.5	72.7	69.9
知识、技能	62.9	66.1	57.6
对社会的贡献	54.7	51.7	58.6

续表

职业评价标准	样本总体	城市被访者	农村被访者
受人尊敬的程度	47.5	48.2	46.7
权力	34.7	31.7	38.6
社会影响力	25.2	26.5	23.3
其他	2.4	2.3	2.8
样本数（人）	3062	1735	1327

（二）不同年龄群体职业评价标准比较

将城乡被访者按年龄进一步划分，可以看到“收入”、“知识、技能”和“对社会的贡献”在任一年龄群体进行职业声望评价时，都是其最看重的三项标准（见表4）。略有不同的是，在农村被访者“55岁及以上”组中，“对社会的贡献”排在了第二位，而在其他年龄组中列居第四位的“受人尊敬的程度”则与“知识、技能”获得了相同的中选率，并列第三。

另外，从不同年龄组的比较中，我们还可以看到一些值得注意的地方，一是对职业所具有的“知识、技能”特征，年龄越小的群体对其越看重，无论城乡被访者皆如此——在城市被访者18～35岁群体的选择中，“知识、技能”在其评价职业声望时的重要性甚至高于“收入”；二是对职业所具有的“权力”特征，虽然所有年龄群体都将其列在第五位，但相比之下，年龄越小的群体对其看得越轻，而且同样是城乡被访者皆如此。

表4　不同年龄群体职业评价时最看重的标准（限选三项时的百分比加总）

单位：%

职业评价标准	农村			城市		
	18～35岁	36～54岁	55岁及以上	18～35岁	36～54岁	55岁及以上
收入	67.5	70.7	71.6	72.4	75.0	68.4
知识、技能	64.6	58.0	50.0	73.0	63.6	62.5
对社会的贡献	62.7	55.4	59.8	49.4	49.2	56.9
受人尊敬的程度	43.1	47.6	50.0	48.4	46.9	50.5
权力	31.8	41.3	43.0	26.8	33.9	33.4
社会影响力	27.0	23.0	17.9	26.8	27.9	23.6

续表

职业评价标准	农村			城市		
	18～35岁	36～54岁	55岁及以上	18～35岁	36～54岁	55岁及以上
其他	2.9	2.5	3.2	2.4	1.6	3.5
样本数（人）	429	624	274	505	801	425

（三）不同性别群体职业评价标准比较

将被访者按性别进行区分后，无论就总体来看，还是就城市与农村的区分来看，女性被访者与男性被访者在职业评价标准的选择上差异不大，排在前三位的标准均为“收入”“知识、技能”“对社会的贡献”。略有不同的是：女性似乎比男性更看重职业的经济“收入”特征，而比较轻视职业的“权力”特征。另外，农村女性对职业的功能（对社会的贡献）似乎看得更重一些，选择率高于职业的“知识、技能”特征（见表5）。

表5　不同性别群体进行职业评价时最看重的标准
（限选三项时的百分比加总）

单位：%

职业评价标准	总体女性	总体男性	城市女性	城市男性	农村女性	农村男性
收入	73.3	69.7	74.7	70.8	71.4	68.5
知识、技能	63.7	61.9	67.8	64.4	58.2	58.8
对社会的贡献	54.0	55.4	49.4	53.6	59.7	57.7
受人尊敬的程度	49.6	45.7	49.2	47.2	50.1	43.5
权力	32.0	36.2	31.0	32.4	35.8	41.2
社会影响力	22.2	28.0	23.6	29.4	20.2	26.2
其他	2.6	2.3	2.7	19	2.8	2.8
样本数（人）	1490	1572	849	886	641	686

（四）不同受教育程度群体职业评价标准比较

将所有被访者按其受教育程度进行划分后可以看到，职业的“收入”、“知识、技能”和“对社会的贡献”特征仍是各受教育群体进行职业声望评价时最看重的标准（见表6）。略有不同的是，在“大专及以上”组中，

"收入"排在了"知识、技能"之后。也就是说，在中国，拥有"大专及以上"学历的人在进行职业声望评价时最看重职业的内在本质，即职业所需要的教育、训练和能力，其次才是职业所能带来的物质报酬。

表6 不同受教育群体进行职业评价时最看重的标准
（限选三项时的百分比加总）

单位：%

职业评价标准	大专及以上	高中以下/初中以上	小学及以下
收入	71.4	69.0	74.9
知识、技能	76.0	66.9	55.4
对社会的贡献	52.2	55.0	55.2
受人尊敬的程度	50.3	47.4	47.8
权力	19.1	31.5	42.7
社会影响力	29.2	28.3	20.5
其他	1.7	1.8	3.6
样本数（人）	304	1501	1256

另外，从表6中还可看到，相对来讲，在我国，受教育程度越低的人对职业的"知识、技能"特征看得越轻；而对职业所具有的"权力"属性，则是受教育程度越低的人看得越重——在"小学及以下"学历群体中做此选择的比例相当于"大专及以上"学历组的两倍多（42.7%/19.1%）。

现代社会中，权力通常是通过法律制度和资源建立起来的，但是声誉则必须通过他人的认同才能得到确立。从制度学的思路来讲，这种认同要通过主体间的社会认知过程和机制来实现。换言之，一种职业要比另一种职业获得更高的声望，必须得到跨越群体边界的共同承认基础的认同。上述关于不同社会群体职业评价标准的比较分析显示，在中国，虽然不同社会群体间的职业评价标准略有差异，但总的来讲呈现了很强的一致性，主要集中在职业的"收入"、"知识、技能"和"对社会的贡献"这三个特征上。这不仅反映出当前社会的核心价值，而且说明我国的职业声望等级体系遵循着一种跨越群体边界的社会承认逻辑。恰应美国社会学家李普赛特所云：一个分层体系要求对不平等的合法性有一种共识，意即共同的职业评价标准，唯此才能达成相对稳定的社会秩序（李普赛特，1995）。

三　不同社会群体职业评价比较

从制度学角度来讲，职业声望的产生必须符合社会承认的逻辑，这样才能得到人们的敬意，从而得到相应的社会地位。职业声望的评价是一个主体间相互作用而产生的制度现象，不仅仅是职业本身的吸引力，而且渊源于社会评价。这一职业等级制度的产生必须是一个地位分化和群体分化的双重过程。作为一个必然结果，社会承认必须以不同社会群体进入共享的价值与信仰制度领域的成功同化为基础。这便提出一个关键问题：社会承认逻辑可以在群体之间产生差异和竞争，而不是一致。因此，比较不同社会群体对职业声望评价的系统差别，有助于我们观察不同群体对社会核心制度认同上的差异。

（一）城市不同年龄群体职业评价比较

1999 年对城市居民的抽样调查结果显示，将被访者按年龄分组后，与年长组相比，年轻组被访者显示出政治权力取向和所有制取向较弱，而对那些具有明显时代特征和需要高新技术的职业则颇为青睐。基于此，笔者得出结论："与年长者相比，中国的年轻人是一个较少传统观念、较少权力意识、较多市场取向、较多创新精神和较多风险意识的群体"（许欣欣，2000a）。

然而，3 年过后，年轻组与年长组之间的上述差异已不再显著。表 7 是根据 2002 年调查数据将城市被访者按年龄进行分组后进行的职业评价差异比较。总的来看，年轻组与年长组之间存在显著差异的职业共有 25 个，不难看出，这些职业的类型较多样化，已不再是 1999 年调查时那样集中于某几种类型。另外，1999 年调查中，一些年轻组评价高于年长组的职业，如"计算机软件工程师""私（民）营企业家""广告设计师"等具有较强时代特征和市场风险的职业，在 2002 年调查中已不再有显著差异。这说明，历时 3 年，年长组与年轻组之间在"市场取向"、"创新精神"与"风险意识"方面已不再有明显区别。

从表 7 还可看出，在全部 25 个存在显著差异的职业中，有 23 个职业的声望评分都是年轻组低于年长组，唯独对"工商业个体户"和"文化个体户”这两个职业的评价却是年轻组高于年长组。这两个职业都属于彻底脱离原计划经济体制的所有制体系、需要单枪匹马独闯天下自谋生路的独立性很强的职业。年轻组对这两个职业的评价较高，一方面在一定程度上表明，与年长者相比，中国的年轻人更追求独立和自我实现；另一方面，则也许是因为他们中有较多的人本身就从事这类职业，是职业认同与群体认同心理在潜意识中左右他们的评价。样本分析显示，在年轻组中，有15.3%的人属于“工商业个体户”和“文化个体户”，而在年长组中仅有8.4%的人在从事这类职业。

表7　城市不同年龄群体职业评价差异比较

职业	18~35岁组职业声望评分（1）	36岁及以上组职业声望评分（2）	(1)-(2)
作家	78.6	84.2	-5.6
影视明星	80.8	85.2	-4.4
政府部长	89.7	94.2	-4.5
大城市市长	91.7	95.8	-4.1
银行职员	75.8	79.0	-3.2
县长	83.5	87.1	-3.6
乡长	75.1	78.4	-3.3
国立中小学教师	77.8	81.8	-4.0
环卫工人	59.5	62.4	-2.9
街道办主任	67.2	70.1	-2.9
电脑网络公司工程师	85.3	88.2	-2.9
法官	84.5	87.3	-2.8
国有大企业厂长、经理	85.3	88.0	-2.7
科学家	93.1	95.8	-2.7
保险公司职员	64.8	67.4	-2.6
大学教授	92.3	94.9	-2.6
工商、税务管理人员	78.8	81.4	-2.6
党政机关小车司机	67.9	70.4	-2.5
保险公司职业	64.8	67.1	-2.3
社会科学家	92.4	94.7	-2.3

续表

职业	18～35岁组职业声望评分（1）	36岁及以上组职业声望评分（2）	(1)-(2)
党政机关一般干部	74.8	76.9	-2.1
记者	80.3	82.3	-2.0
电视主持人	87.3	89.2	-1.9
文化个体户	72.9	70.4	+2.5
工商业个体户	66.1	63.5	+2.6
样本数（人）	501	1213	

注：所有差异均在0.05水平上显著。

（二）城市不同受教育程度被访者职业评价比较

表8是2002年调查中城市不同受教育程度被访者的职业声望评价比较。与1999年相比，不同受教育水平被访者在所有制和具有市场风险职业评价上的显著差异已全部消失（如“广告设计师”“证券公司职员”“私民营企业家”等）。那时笔者曾根据调查结果得出结论：在中国，受教育程度越高的人市场取向越强，受传统所有制观念的束缚越弱（许欣欣，2000a）。然而现在，这一结论已不再成立。表8数据显示，在不同受教育程度群体声望评价存在显著差异的所有29个职业上，一律是高教育程度被访者的评价低于低教育程度被访者的评价。这说明受教育程度虽然仍是影响被访者职业评价的重要因素，但已不再是影响人们市场取向与所有制观念的决定因素了。

表8　2002年城市不同受教育群体职业评价差异比较

职业	高中及以下组声望评分（1）	大专及以上组声望评分（2）	(1)-(2)
科学家	95.3	93.5	+1.8
社会科学家	94.4	92.1	+2.3
大学教授	94.5	92.2	+2.3
出租汽车司机	60.5	57.9	+2.6
法官	86.9	84.2	+2.7
党政机关一般干部	76.8	73.9	+2.9

续表

职业	高中及以下组声望评分（1）	大专及以上组声望评分（2）	(1) - (2)
乡镇企业厂长、经理	77.1	73.9	+3.2
工商税务管理人员	81.2	78.0	+3.2
保险公司职员	67.0	63.6	+3.4
政府部长	93.5	90.1	+3.4
机械工程师	83.8	80.4	+3.4
商店售货员	61.2	57.8	+3.4
护士	69.0	65.5	+3.5
大城市市长	95.2	91.6	+3.6
街道办主任	69.9	66.1	+3.8
农村民办教师	60.3	56.4	+3.9
导游	75.9	71.8	+4.1
党政机关小车司机	70.4	66.1	+4.3
电视主持人	89.4	85.1	+4.3
村干部	70.9	66.6	+4.3
警察	79.1	74.6	+4.5
公共汽车售票员	57.4	52.8	+4.6
银行职员	79.0	73.9	+5.1
乡长	78.3	73.2	+5.1
作家	83.5	78.3	+5.2
党政机关领导干部	87.2	82.0	+5.2
国有大中型企业工人	58.0	52.7	+5.3
县长	87.2	80.4	+6.8
影视明星	85.4	76.7	+8.7
样本数（人）	1419	299	

注：所有差异均在0.05水平上显著。

（三）城市不同地区被访者职业评价比较

从表9来看，东中部大城市及沿海开放城市被访者与西部中小城市被访者一共在21个职业的评价上存在显著差异。1999年调查时，前者与后者在职业评价上存在显著差异的职业共20个，其中有10个职业的评价是前者低于后者，另有10个职业的评价是后者低于前者。

表9　东中部大城市及沿海开放城市与西部/中小城市被访者职业评价差异比较

职业	东中部大城市及沿海开放城市（1）	西部/中小城市（2）	（1）-（2）
建筑业民工	39.7	46.8	-7.1
国有大中型企业工人	53.3	58.9	-5.6
警察	75.0	80.2	-5.2
机械工程师	79.9	84.9	-5.0
环卫工人	58.2	63.0	-4.8
记者	79.5	83.1	-3.6
乡镇企业工人	51.8	56.0	-4.2
电视主持人	86.1	90.2	-4.1
影视明星	81.1	85.2	-4.1
县长	83.7	87.8	-4.1
作家	80.4	84.1	-3.7
护士	66.3	69.8	-3.5
农民	46.4	49.5	-3.1
党政机关小车司机	67.7	70.7	-3.0
计算机软件设计师	86.9	89.9	-3.0
导游	73.5	76.3	-2.8
保险公司职员	64.5	67.1	-2.6
商店售货员	58.7	61.3	-2.6
大学教授	92.7	95.1	-2.4
科学家	93.6	96.1	-2.5
公共汽车售票员	55.4	57.4	-2.0
样本数（人）	580	1139	

注：所有差异均在0.05水平上显著。

当时划分不同地区进行职业评价比较所基于的假设是：中国的地区不是一个简单的空间概念，而在相当程度上是一个时间概念。东中部大城市与沿海开放城市由于较早实行开放政策、较早引入市场机制，因而生活在这些城市的居民对于改革开放带来的变化有着更多的认识与更大的承受力，其价值观念的转变较之西部/中小城市居民也更快。当时的数据分析显示所依据的假设基本成立：东中部大城市及沿海开放城市被访者一方面对中国自改革开放后涌现出来的市场色彩较浓的新兴职业评价较高，如“私民营企业家”、“工商业个体户”和“乡镇企业工人”等；另一方面，他们对处于权威位置的职业评价也较高，如“政府部长”“党政机关领导干部”等，显示出他们对中国社会转型时期的权力市场化现象有着更深刻、更透彻的认识与体会（许欣欣，2000a）。

然而，2002 年调查时，地区间的这种职业评价差异已不复存在。虽然仍有 21 个职业的评价上存在显著差异，但已是一边倒现象，即全部是东中部大城市及沿海开放城市被访者的评价低于西部城市或中小城市被访者。这说明，虽然居住地区仍是影响被访者职业评价的重要因素，但已不再是反映我国不同地区市场化程度的主要因素了。

（四）城市被访者与农村被访者职业评价比较

与 1999 年调查样本不同，2002 年的调查样本中除城市居民外还包括了农村居民。将城市与农村被访者区分开来计算职业声望得分，则存在显著差异的职业共有 29 个。其中，农村被访者评价高于城市被访者的职业 20 个，农村被访者评价低于城市被访者的职业 9 个（见表 10）。

表 10　城市被访者与农村被访者职业评价差异比较

职业	农村（1）	城市（2）	(1)-(2)
县长	87.4	86.2	+1.2
机械工程师	84.9	83.2	+1.7
保姆	53.2	51.4	+1.8
记者	83.8	81.7	+2.1
国有企业中层管理人员	78.7	76.4	+2.3
警察	80.7	78.4	+2.3
影视明星	86.5	83.9	+2.6
党政机关小车司机	72.3	69.6	+2.7
环卫工人	64.7	61.6	+3.1
作家	85.9	82.6	+3.3
护士	71.8	68.4	+3.4

续表

职业	农村（1）	城市（2）	（1）-（2）
保险公司职员	70.2	66.4	+3.8
工商业个体户	68.5	64.3	+4.2
出租汽车司机	65.1	60.1	+5.0
商店售货员	66.0	60.7	+5.3
公共汽车售票员	63.2	56.6	+6.6
农村民办教师	66.4	59.6	+6.8
乡镇企业工人	62.3	54.6	+7.7
国有大中型企业工人	66.3	57.1	+9.2
建筑业民工	53.8	44.4	+9.4
农民	50.9	49.0	+1.9#
私（民）营大企业主	82.0	85.2	-3.2
政府部长	90.0	92.9	-2.9
法官	83.7	86.5	-2.8
房地产开发经营商	81.5	84.2	-2.7
工商、税务管理人员	78.3	80.7	-2.4
律师	86.1	88.4	-2.3
外资企业职员	74.5	76.5	-2.0
国有大企业厂长、经理	85.4	87.2	-1.8
大城市市长	92.9	94.6	-1.7
样本数（人）	1719	1331	

注：所有差异均在0.05水平上显著，除了那些带有“#”号者。

仔细比较就会发现，凡是农村被访者评价低于城市被访者的职业，基本上都是那些距离农村被访者较远，他们不太熟悉的职业，如“政府部长”“大城市市长”“律师”“法官”“外资企业职员”等，且他们给出的评分与城市被访者之间的差异并不很大；而凡是农村被访者评价高于城市被访者的职业，则多为那些他们有所接触的职业，并且越是体力劳动型职业，农民与市民之间的评价差异越大，如“乡镇企业工人”“国有大中型企业工人”“公共汽车售票员”等，差异都在6分以上。至于被城市被访者给予最低评分的“建筑业民工”，农村被访者则给了比其高出9.8分的评价。

许多关于职业声望的研究都指出了一个决定人们职业评价的重要因

素，即职业认同因素。职业认同观点强调的是一种社会心理学因素。任何人在评价职业声望时都要基于两个原因做出回答：一是对外部世界的体验，二是内心世界的参照标准。外在的刺激和内在的体验对于被访者来说是各不相同的。按照职业认同的观点，职业声望除了反映一种职业在社会组织中所发挥的功能，以及反映社会的文化传统之外，更反映评审人所处的社会位置及其行业。每一个进行职业声望评价的人，对于与其同行类似的职业，都会采取认同的心理，投以善意的态度，给予较高的声望评估。这种取向是人类的本能使然。人类都有追求荣誉地位的欲望，也都有自我防御的本能，因此对于自己所牵涉之行业或职业，出于自我防御之本能，可能给予较高的评价（张华葆，1987：109 ~ 119；吉尔伯特、卡尔，1992：49 ~ 50）。职业认同的观念源自海曼（Hyman）的参照群体（reference group）理论。根据参照群体理论，个人的价值规范、行为心态，通常取决于自己的参照群体，亦即个人向往认同的群体。参照群体理论假设个体很少使用整个社会结构作为参照群体，相反，这些个体通过与更小、更显而易见的群体进行比较来判断自己的地位。对地位满意或不满意的程度取决于一个人的参照群体。近几十年来的许多社会学研究都印证了参照群体理论的重要性。

然而表 10 数据显示，我国农村被访者进行职业评价时并不存在职业认同心理。因为他们在对其他参照职业给出较高评价的同时，将最低的评价给予了自身所从事的职业“农民”（50.9）——这一评分甚至低于被城市被访者视为最差职业的“建筑业民工”的声望得分（53.8）。这说明，在对自身职业进行评价时，主导农村被访者的不是职业认同心理，而是相对剥夺感。由此可见，我国广大农民对于他们与生俱来而不得不从事的职业以及这一职业所带给他们的社会地位并不满意（许欣欣，2004：146 ~ 174）。

（五）不同性别被访者职业评价比较

国外许多有关职业声望的研究都视性别为影响人们进行职业评价的一个重要因素，那么中国的情况如何呢？表 11 数据显示，就全国而言，不同性别被访者在职业评价上存在显著差异的职业共计 11 个，其中 10 个职业的评价是女性高于男性，只有一个职业的评价是男性高于女性，这或许是因为“导游”是一个动态较高的职业，从天性上讲，女性一般较男性更喜欢安静。如果将被访者按户籍区分城乡之后再分析，则城市不同性别被访者在职业评价上存在显著差异的职业为12个，而农村不同性别被访者仅在3个职业的评价上存在显著差异，即“医生”（+2.0）、“保险公司职员”（+3.2）和“文化个体户”（+3.1）。另外，从表11可见，无论是女性评价高于男性的职业，还是男性评价高于女性的职业，其差异都不大。

表11　全国城乡不同性别被访者职业评价差异比较

职业	女（1）	男（2）	（1）-（2）
文化个体户	73.3	70.6	+2.7
村干部	72.0	69.9	+2.1
乡镇企业工人	59.0	56.9	+2.1
银行职员	79.7	77.7	+2.0
法官	86.3	84.3	+2.0
广告设计师	79.0	77.1	+1.9
证券公司职员	72.5	70.8	+1.7
医生	85.9	84.3	+1.6
护士	70.6	69.1	+1.5
大学教授	94.5	93.3	+1.2
导游	74.4	76.6	-2.2
样本数（人）	1520	1530	

注：所有差异均在0.05水平上显著。

在国外许多有关研究中，性别之所以被作为一个重要变量，根本原因在于，妇女通常属于社会中的弱势群体或边缘群体。按照制度主义理论的逻辑，与社会中心群体相比，社会边缘群体对职业的评价往往有着系统性差异，尤其是对处于权威位置的职业（Zhou，unpublished manuscript）。这种差异是由于他们与社会核心制度之间存在的较远的“社会距离”所致。然而，由前面的分析可知，在我国，城市不同年龄群体间存在显著差异的职业共计25个；城市不同受教育程度群体间存在显著差异的职业共计29个；城市发达地区与不发达地区被访者之间存在显著差异的职业共计21个；城市被访者与农村被访者群体间存在显著差异的职业共计29个；相比之下，不同性别群体间存在显著差异的职业只有11个，不仅数量少，而且差异也很小。这说明，由于国家长期以来推行的男女平等政策，我国妇女的地位有了很大改善，无论在政治、经济、社会地位上，还是在职业机会上，均与男性无大差别。因此可以说，与世界上许多国家不同，在中国，目前影响人们与社会核心制度之间“社会距离”的主要变量是年龄、受教育程度之类的人力资本变量，以及地区发展不平衡和城乡二元社会之类的结构性变量，而不是性别变量。另需指出的是，与1999年不同，2002年调查数据显示，不同社会群体之间职业评价上存在的显著差异主要反映其与社会核心制度的距离，而不再是反映人们价值观念中市场化程度的重要尺度。换言之，即经过20多年的改革开放，我国市场转型的发展阶段已趋向同一。

四　中国城市居民未来择业取向①

在职业之间实际上有一种地位秩序存在，作为一种制度社会的显示。在日常观察中，人们的生涯选择和教育训练（如大学主修专业）选择，以及工作愿望的调查，均统治着职业前景的预期，都是明显的职业的社会秩序的证明。有关这一研究的制度逻辑的解释也表明，职业声望等级结构不是随机分布的，而是附属于各种社会学解释。由于职业声望并非就是职业愿望，因此，中国社会结构变迁与制度变迁的趋势不仅可以从人们的职业声望评价方面获知，而且可以从人们的未来择业取向上反映出来。

在问卷中，专门设计了这样一个问题：“假如您能够重新选择，那么您将选择从事什么职业?”。这是一道开放题，没有给出任何限定答案（虽然不排除回答者会在一定程度上受到问卷中测量职业声望时所列职业的影响）。在1999年的调查中，也曾设计过这样的问题。那时的调查结果显示，受当时社会环境的影响，人们在回答这一问题时似乎有一种逆反情绪。以受教育程度和政治面貌为标准进行群体划分后的分析结果显示：各群体无一例外地都把“党政机关领导干部”作为首选（许欣欣，2000a）；

① 由于1999年调查样本中只包括城市居民，因此，为比较之便本节分析中不含农村样本。关于农村被访者的有关分析，笔者另有专文论及（参见许欣欣，2004）。

以年龄为标准进行群体划分的分析结果也显示：除在最年轻的“18～30岁”组中“党政机关领导干部”列居第二外，其余两组的首位选择均为“党政机关领导干部”。鉴于此，笔者当时得出结论：“在中国，权力不仅是人们进行职业评价的重要标准，而且是人们重新选择职业时予以考虑的一个重要因素”（许欣欣，2000a）。那么，几年时间过去，这种逆反情绪是否仍在左右人们的选择呢？

首先，从表12可见，将城市被访者按受教育程度进行区分后，只有“初中及以下”和“成人教育（电大/业大等）”两个群体的未来第一位择业取向仍然是“党政机关领导干部”，其他两个群体已不再如此选择。在“全日制大专及以上”群体中，“党政机关领导干部”被排在第五位；而在“高中/中专/中技”这一群体中，“党政机关领导干部”列居第七位。另外，按政治面貌划分群体后的统计结果也显示：尽管“中共党员”的首选仍是“党政机关领导干部”，但“非中共党员”群体的首选为“中小学教师”，1999年调查时在该群体选择中列居首位的“党政机关领导干部”已退居第四位。

表12　2002年城市不同受教育群体未来择业取向

单位：%

择业取向	初中及以下	高中/中专/中技	成人教育（电大/业大等）	全日制大专及以上
第一位	党政机关领导干部 11.2	中小学教师 12.4	党政机关领导干部 12.5	科研人员/大学教授 18.2
第二位	工人 11.0	企业家 11.0	党政机关一般干部 12.5	中小学教师 15.3
第三位	服务业工作者 10.1	党政机关一般干部 10.8	中小学教师 12.5	技术人员 9.7
第四位	党政机关一般干部 9.2	医生 9.7	经济/金融工作者 9.6	法律工作者 9.1
第五位	中小学教师 9.0	技术人员 7.9	技术人员 8.7	党政机关领导干部 8.0
第六位	企业家 8.5	法律工作者 7.5	企业家 6.7	企业家 7.3
第七位	医生 5.9	党政机关领导干部 6.5	医生 5.8	党政机关一般干部 6.8

续表

择业取向	初中及以下	高中/中专/中技	成人教育（电大/业大等）	全日制大专及以上
第八位	个体工商业者 5.5	经济/金融工作者 5.3	法律工作者/个体工商业者均为 4.8	医生 6.3
样本数（人）	811	493	104	176

如果将表13的内容结合起来分析，这一点会看得更加清楚。按年龄划分群体后，只有“46岁及以上”这一年长组仍将“党政机关领导干部”作为首选，“31~45岁”组将其排在第四位（1999年调查时排第一位），而在最年轻的“18~30岁”组中，“党政机关领导干部”居然没有进入前八位（1999年调查时排第二位）。

表13　2002年城市不同年龄群体未来择业取向

单位：%

择业取向排序	18~30岁	31~45岁	46岁及以上
第一位	企业家 12.0	中小学教师 11.6	党政机关领导干部 12.6
第二位	党政机关一般干部 11.2	企业家 11.1	中小学教师 11.4
第三位	服务业工作者 9.8	党政机关一般干部 8.6	工人 10.5
第四位	技术人员 9.1	党政机关领导干部 8.1	党政机关一般干部 8.2
第五位	中小学教师 8.7	医生 7.7	科研人员/大学教授 7.6
第六位	医生 7.2	技术人员 6.9	服务业工作者 7.2
第七位	工人 5.4	个体工商业者 6.7	医生 6.6
第八位	文艺工作者 5.4	法律工作者 6.4	法律工作者 6.0
样本数（人）	276	639	669

应该说，与1999年相比，这样的择业取向似乎更加正常，它反映出人

们的心态在趋于平和。显然，这在一定程度上表明，随着改革的深入进行，随着计划经济体制向市场经济体制转型的逐步到位，我国长期以来再分配经济中以权力作为分层机制的状况开始发生改观，以控制资源为基础的政治权力开始贬值，“官本位制”的主导地位开始动摇。

此外，从表 12 和表 13 中还可以看到三个需要特别给予关注的取向。一是在“全日制大专及以上”群体的选择中，列居前四位的选择都是专业性很强、需要经过长期专业训练方能胜任的职业（依次为“科研人员/大学教授”“中小学教师”“技术人员”“法律工作者”，见表 12）。这一结果再次显示，在我国，正规知识与科学的合法性基础已初步奠定，长期以来附着于“官本位制”的知识分子有望从传统官僚体系中剥离出来，作为中国社会中具有相对独立地位的知识精英阶层而存在。

另一个需要关注的取向是“中小学教师”在人们未来职业选择中所显示的上升趋势。从表 12 和表 13 可见，在“高中/中专/中技”群体和“36～45 岁”群体的未来职业选择中，“中小学教师”均是其首选。不仅如此，在其他各群体的未来择业取向中，“中小学教师”的排位也很靠前，至少列居第五位。[①] 然而，1999 年调查时，“中小学教师”在各群体的未来择业取向中的排位却最高也不过第六位（许欣欣，2000a）。这样明显的上升趋势，一方面与转型社会中文化资本的价值不断增值有关，另一方面则与我国的基本国策直接相关。由于多年来在城市推行“独生子女政策”，中小学教师的资源获得渠道与资源占有量得以迅速增加，其经济地位及社会地位随之提高。调查显示，在一些大城市中，许多中学教师的收入甚至已高于科研人员和大学教师。

第三个需要关注的取向是“18～30 岁”群体在选择中将“企业家”作为其未来职业的首选，高达 12% 的人做此选择（1999 年调查时仅为 5.4%，列第三位）。[②] 这一取向出现的意义不可等闲视之，必须给予特别关注。因为这是一群刚刚进入或即将进入劳动力市场的生力军，与其他两个群体相

① 需要特别提请注意的是：这里所说的“中小学教师”并不包括“农村民办教师”。因为在广大中国民众心目中，迄今为止，“农村民办教师”依然未脱离其农民身份，这从表 1 所示的中国职业声望量表中可以清楚地看到。

② 1999 年调查时，“18～30 岁”组未来择业的首选是“电脑工程师”，2002 年调查时“电脑工程师”竟未进入前八位。显然，21 世纪初的全球性 IT 产业泡沫化给其造成的阴影颇深。

比，他们的选择更可能是在务实，他们的择业取向更能反映出中国经济社会结构的变迁趋势。

有关研究资料表明，“企业家”的职业化始于19世纪末20世纪初以所有权和经营权的分离为标志的“经理革命”。随着企业家这一职业的社会化，西方发达国家的市场经济体制更趋成熟。无数企业家在市场经济舞台上精彩绝伦的表演，不仅博得了好热闹的西方社会公众的追逐，而且得到许多著名经济学家的高度评价。诺贝尔经济学奖获得者贝克尔认为：“人力资本对现代经济增长至关重要，因为现代世界的进步依赖于技术进步和知识的力量，但不是依赖于人的数量，而是依赖于人的知识水平，以及高度专业化的人才。”英国剑桥学派创始人马歇尔认为，企业家是以自己的创新力、洞察力和统率力，发现和消除市场的不均衡性，创造交易机会和效用，给生产过程指出方向，使生产要素组织化的人。企业家是推动国民经济向前发展的主体。美籍奥地利经济学家熊彼特认为，企业家是那种具备冒险素质、承担创新职能的人，他们的活动是一种创造性；虽然他们不一定总能成功，但他们却总在试图从事新的事业，寻找新的投资机会；他们有远见、有谋略、有心计、有胆识；他们也许不是发明新方法的科学家，但却是成功地引入新方法的人；他们能够看到潜在市场和潜在利益之所在，并且善于按照风险的大小和效益的高低做出经营决策。美国当代管理学家德鲁克认为，企业家是革新者，是敢于担当风险、有目的地寻找革新的源泉、善于捕捉变化，并把变化作为可供开发利用机会的人。企业家是经济王国中的“国王”，在其之上只有经济规律、国家法律和社会以及经济效益，除此之外没有其他束缚和干涉。著名经济学家刘易斯认为，一个贫穷的国家，最稀缺的资源就是企业家。德鲁克也认为，“企业的秩序、结构、动力和领导的根本问题，必须在管理经理人员当中加以解决。经理人员是企业的基本资源，是最稀有的”（钟鸣、王逸编，1999）。

虽然上述西方学者对企业家的论述是从不同角度进行的，但有一点是一致的，即他们都认为企业家不是一般的自然人，也不是一般的厂长、经理，更不是一般的管理人员，他们是可以支配企业生产、能够对生产要素进行优化组合的、有着特定活动内容和特殊利益目标、具有创新精神和超凡经营智慧的经理精英阶层。

企业家是企业的宝贵资源，是企业最重要的人力资本，是一个国家中推动国民经济向前发展的、具有举足轻重作用的经济精英。在西方发达国家的社会公众眼中，企业家是仅次于上帝的职业，是和平年代的巴顿式英雄。然而在我国，企业家在社会公众心目中很长时间都属于陌生字眼。究其原因，首先是我国传统的经济体制所致。由于实行中央集权的计划经济体制，我国的企业领导人多年来充其量不过是附着于“官本位制”的一级官员，他们不需要面对市场，也不必具有创新精神和超凡智慧，只要懂得如何对上级领导唯命是从即可。其次，则是我国传统文化中存在的一些严重缺陷所致。这些缺陷集中反映在关于财富和关于人才的文化方面。“不患寡而患不均”“为富不仁”是我国传统文化中关于财富的主要观念，“树大招风”“枪打出头鸟”“出头的椽子先烂”等恨富人、恨能人的思维方式则是我国传统文化中关于人才的主要观念。这种“两恨”文化情结长期以来在很大程度上妨碍并制约了我国企业家队伍的健康成长。

值得欣慰的是，随着改革开放的深入进行，随着政府干预经济功能的逐步弱化，随着产权制度与现代企业制度的不断完善，我国企业家的生存环境已经有了很大改观。近年来，中国企业家不仅队伍开始壮大、整体素质日渐提高，而且日益成为中国经济舞台上不可或缺的重要角色。企业家的日趋成熟及其在中国经济发展中的突出作用为其赢得了中国社会公众的青睐。表 13 所示的“18 ~ 30 岁”群体将“企业家”作为自己未来职业选择的首选即是明显例证。美国社会学家倪志伟曾经指出，向市场经济的转变将根本改变再分配经济中以权力作为社会分层机制的状况。这是因为，随着权力——对资源的控制——越来越由政治结构转向市场制度，报酬的分配将会朝着有利于掌握市场权力而不是再分配权力者的方向转变。与非市场分配相比，市场交换加强了生产者的权力。随着再分配经济向市场经济的转变，人力资本的回报将相应提高，与此同时，社会流动的机会结构也将发生根本变化，向上流动的成功之路将不仅仅是成为再分配官僚，更重要的是成为一名私营企业主。由经济体制转型带来的机会结构变化的显著标志是：企业家成为一种类似于官僚的社会成就的指示器（边燕杰主编，2002：17）。

虽然中国的体制转型尚未全部到位，虽然拥有资源再分配权力的“党政机关领导干部”依旧是许多人心目中最重要的社会成就指示器，但是，随着市场化程度的加深，我国人力资本回报率提高已是不争的事实（调查结果显示，我国受教育程度与收入的相关系数已从1999年的0.099上升为2002年的0.325）。尤为重要的是，“企业家”成为年轻群体未来择业的首选（在“31～45岁”组中为次选）的结果已明确向我们昭示了这样的事实：在中国，企业家不仅已开始在社会上得到恰当的定义与定位，而且有望在相当程度上成为与“官本位”体系中处主导地位的权力精英有别的、具有一定独立政治、经济、社会地位的经济精英阶层。

不可否认，由于体制转轨的不到位以及法治环境的不健全，目前中国企业家队伍中的许多成员并非真正从市场运作中产生，他们的来源及行为方式与西方发达国家企业家相比有着本质上的不同，他们中的相当一部分人不是靠能力、技术、创新或过人的胆识与谋略运作市场，而是在依靠权力玩儿市场，或曰拿着国家财产在市场中嬉戏把玩。他们既不需要承担市场风险，也不必对自己的经营后果负责任。很多年轻人也许并不十分清楚这些中国企业家与西方企业家的不同，但至少有一点是清楚的，即他们在进行未来职业选择时有着明确的市场取向，他们更希望在市场中搏击，在市场中施展才华、实现抱负，而不愿步其父辈的后尘继续困守在中国行政体系的官阶上逐级攀缘。

五　中国城乡居民的实际流动状况

从人们的职业评价与择业取向来分析中国社会结构的变迁趋势无疑是个好视角，但是，无论职业评价还是择业取向，都包含较多的主观成分，若能将人们的主观评价和愿望与客观的实际流动情况结合起来分析则会更有助于我们做出准确的判断。因此，在2002年的调查中我们加入了有关被访者参加工作后实际流动（即代内流动）情况的内容。

社会流动指个人或群体从一种社会角色或地位向另一种社会角色或地位的运动（或不运动）。在社会学研究领域中，流动研究之所以非常重要，不仅因为它是一个社会中各社会群体生活质量的反映，而且因为它也是一种社会分层强度与社会结构潜在变迁的重要指标。关于社会流动的第一个现代研究是索罗金（Pitirim Sorokin）于1927年出版的《社会流动》。索罗金认为，垂直流动具有一种促进稳定的效果，它可以提供动力使处于较低等级者在特权社会中不受挫折。一个社会的高流动率是一种安全阀，它可以使处于不满地位的底层阶级释放其压力。第二次世界大战以后，流动研究中对社会“开放性”的关注日益增加。开放性主要是用于描述社会分层——即社会不平等状况的一种测量。根据代内或代际流动率的高低，一个社会可被视为开放的、公正的，或封闭的、不公正的。在现代社会中，阶层结构的主要特征之一就是具有开放性。每个人的背景和天赋都不同，一个公平的社会可以给每个人以平等的机会，并建立一种可以通过自身努力而向上流动的机制。

表 14 是我国城市被访者与农村被访者参加工作后变换工作单位的情况统计。从总体来看，有 35.2% 的人变换过工作单位，即代内流动率为 35.2%。若将城市被访者与农村被访者分开来看，则城市居民的流动率较高，为农村居民的 2.57 倍（48.5%/18.9%）。然而，结合流动原因来看，则城市从业者变换工作的主要原因为“组织安排”，高达 63.5% 的人做此回答（见表 15）。由此不难做出判断，影响我国城市从业人员流动的主要因素是一种制度性因素。

有资料显示，西德人一生中有 5.9 个雇主，苏联为 8 个，日本为 2.6 个（边燕杰，2003：351）。与之相比，中国城市居民的雇主数为 2.02 个，农村居民为 1.40 个。显然，我国不仅流动率低，而且被动性强。但是，如果就此得出我国是一个“封闭型”社会的论断，则未免过于武断。

表 14　城乡居民变换工作单位情况

单位：%

换单位次数	总体	城市被访者	农村被访者
一次	13.2	18.2	7.1
两次	10.3	14.3	5.4
三次	6.3	8.6	3.5
四次	5.4	7.3	3.0
从没换过	64.8	51.5	81.1
均值（次）	0.74	1.02	0.40
样本数（人）	3155	1738	1417

表 15　城乡从业人员变换工作单位的主要原因（限选两项的百分比加总）

单位：%

<table>
<tr><th>变换工作单位的主要原因</th><th colspan="2">总体</th><th colspan="2">城市</th><th colspan="2">农村</th></tr>
<tr><td>组织安排</td><td>42. 1</td><td></td><td>63. 5</td><td></td><td>15. 2</td><td></td></tr>
<tr><td>因为要照顾家庭</td><td>25. 6</td><td></td><td>34. 3</td><td></td><td>29. 3</td><td></td></tr>
<tr><td>原单位无法维持下去了</td><td>24. 5</td><td></td><td>27. 5</td><td></td><td>15. 1</td><td></td></tr>
<tr><td>收入低</td><td>33. 4</td><td rowspan="2">44. 7</td><td>22. 6</td><td rowspan="2">32. 7</td><td>69. 1</td><td rowspan="2">83. 4</td></tr>
<tr><td>原单位福利待遇不好</td><td>11. 3</td><td>10. 1</td><td>14. 3</td></tr>
<tr><td>原单位不能充分发挥自身价值</td><td>12. 1</td><td rowspan="2">22. 2</td><td>12. 4</td><td rowspan="2">21. 1</td><td>11. 1</td><td rowspan="2">25. 4</td></tr>
<tr><td>一个地方呆久了，想换个地方呆呆</td><td>10. 1</td><td>8. 7</td><td>14. 3</td></tr>
<tr><td>和单位领导、同事闹矛盾</td><td>4. 6</td><td></td><td>5. 3</td><td></td><td>2. 6</td><td></td></tr>
<tr><td>被原单位辞退</td><td>3. 6</td><td></td><td>3. 8</td><td></td><td>3. 1</td><td></td></tr>
<tr><td>其他</td><td>12. 8</td><td></td><td>11. 8</td><td></td><td>15. 8</td><td></td></tr>
<tr><td>样本数（人）</td><td colspan="2">1055</td><td colspan="2">811</td><td colspan="2">244</td></tr>
</table>

（一）城乡不同年龄群体的流动情况

表 16 是将城乡被访者区分为“18～35 岁”、“36～54 岁”及“55 岁及以上”三个不同年龄群体后的统计结果，从中可见，城市从业者中三个年龄群体的代内流动率依次为 40. 4%、52. 8%、50. 0%；农村从业者中三个年龄群体的代内流动率依次为 25. 3%、17. 3%、13. 0%。城市从业者中年轻人的流动率低于年长者，农村则呈相反趋势：越年轻者，流动率越高，且最年轻组的流动率几乎为最年长组的两倍（25. 3%/13. 0%）。

表 16　城市与农村不同年龄群体变换工作单位情况

单位：%

	城市			农村		
换单位次数	18～35 岁	36～54 岁	55 岁及以上	18～35 岁	36～54 岁	55 岁及以上
一次	14. 3	21. 5	16. 7	7. 6	7. 1	6. 5
两次	12. 7	16. 8	11. 6	8. 3	4. 8	2. 3
三次	7. 4	8. 6	10. 2	5. 6	2. 7	2. 0
四次	6. 0	5. 9	11. 6	3. 8	2. 7	2. 3
从没换过	59. 6	47. 2	50. 0	74. 7	82. 7	87. 0
均值（次）	0. 86	1. 04	1. 17	0. 56	0. 36	0. 26
样本数（人）	498	803	432	447	663	307

众所周知，我国社会曾经是一个城乡高度分割的二元结构社会，严格的户籍管理制度以城乡为界强制性地将我国城市居民与农村居民划分为地位悬殊的两大社会群体。除了上大学、参军、婚嫁或少数招工、提干等机会外，广大农村居民很少有可能摆脱其位居中国社会分层结构最底层地位的农民身份。笔者曾对1990年“人的现代化”课题组与1993年“社会变迁与社会意识”课题组在中国的调查数据进行过分析，结果显示，1990年，我国农民的世袭率为86.5%，1993年为83.1%。不仅如此，两次调查数据按年龄分组后都显示，年龄越小者，世袭率越高，1990年依次为80.7%、77.2%、57.1%；1993年依次为79.9%、75.5%、64.6%（许欣欣，2000b）。也就是说，在20世纪90年代初，我国农村居民年龄越小者，代际流动率越低，受户籍制度及二元社会结构的限制越多，越不容易改变其承袭父辈的农民身份。

然而，2002年的调查结果却向我们展现了不同的流动状况，不仅年轻者的代内流动率高于年长者，而且代际流动率也呈同样趋势。数据分析显示，2002年我国农村居民的农民世袭率按年龄由小到大分组计算，依次为56.1%、70.5%、85.2%。显然，进入21世纪后，我国农村居民年龄越小者，代际流动率越高（即农民世袭率越低），受户籍制度及二元社会结构的限制越少，改变其承袭父辈农民身份的可能性越大。

若将流动原因结合起来一并分析，则会看得更加清楚。表17是农村不同年龄被访者变换工作单位的主要原因比较。不难看出，年龄越小者，因“组织安排”而实现的被动性流动越少。其中，“36～54岁”组因“组织安排”而变换工作单位者是“18～35岁”组的3.55倍（16.7%/4.7%），“55岁及以上”组则为其9.32倍（43.8%/4.7%）。相比之下，因“收入低”“原单位福利待遇不好”等经济类因素以及“原单位不能充分发挥自身价值”“一个地方呆久了，想换个地方呆呆”等追求自我类因素所致的主动性流动，则是年龄越小者越多。其中，因经济因素而变换工作单位者，“18～35岁”组与“36～54岁”组基本持平（88.6%/89.9%），“55岁及以上”组只为其一半（46.1%）；因追求自我因素而变换工作单位者，“36～54岁”组不及“18～35岁”组的一半（16.5%/39.8%），“55岁及以上”组不及其1/7（5.6%/39.8%）。

表 17 农村不同年龄群体变换工作单位的主要原因比较
（限选两项时的百分比加总）

单位：%

变换工作单位的主要原因	18～35 岁		36～54 岁		55 岁及以上	
组织安排	4.7		16.7		43.8	
因为要照顾家庭	37.1		42.5		36.6	
原单位无法维持下去了	13.8		17.4		11.5	
收入低	75.2	88.6	71.9	89.9	40.5	46.1
原单位福利待遇不好	13.4		18.0		5.6	
原单位不能充分发挥自身价值	13.3	39.8	10.7	46.5	5.6	5.6
一个地方呆久了，想换个地方呆呆	26.5		5.8		0.0	
和单位领导、同事闹矛盾	3.4		1.0		5.6	
被原单位辞退	0.0		4.2		11.1	
其他	12.7		11.9		39.8	
样本数（人）	106		104		34	

将城市被访者区分不同年龄群体进行流动原因分析时也能看到大致相同的情况。从表 18 可见，年龄越小者，因“组织安排”这一制度性因素影响而实现的被动性流动越少：“18～35 岁”组因“组织安排”而变换工作单位者仅为“36～54 岁”组的 1/2、仅为“55 岁及以上”组的 2/7。相比之下，因经济因素和追求自我等自致性因素所致的主动性流动，则是年龄越小者越多。其中，因经济因素而变换工作单位者，“18～35 岁”组为“36～54 岁”组的 2 倍多，为“55 岁及以上”组的 6 倍；因追求自我实现因素而变换工作单位者，“18～35 岁”组为“36～54 岁”组的 2 倍，为“55 岁以上”组的 2.5 倍。

表 18 城市不同年龄群体变换工作单位的主要原因
（限选两项的百分比加总）

单位：%

变换工作单位的主要原因	18～35 岁		36～54 岁		55 岁及以上	
组织安排	30.1		59.7		106.8	
因为要照顾家庭	28.0		36.4		38.2	
原单位无法维持下去了	29.2		36.1		7.8	

续表

变换工作单位的主要原因	18～35岁		36～54岁		55岁及以上	
收入低	44.1	59.8	19.1	29.4	6.2	9.4
原单位福利待遇不好	15.7		10.3		3.2	
原单位不能充分发挥自身价值	22.2	34.6	9.3	17.3	8.4	13.8
一个地方呆久了，想换个地方呆呆	12.4		8.0		5.4	
和单位领导、同事闹矛盾	3.1		5.3		8.6	
被原单位辞退	8.1		1.9		3.2	
其他	6.8		14.1		12.8	
样本数（人）	126		406		209	

（二）城乡不同受教育程度群体的流动情况

将城乡被访者按受教育程度进行划分后，从表19可见，无论城市被访者还是农村被访者，受教育程度较高的群体，其流动率也较高。在农村被访者中，“中学毕业及以上”群体的流动率为“小学毕业及以下”群体的1.81倍（28.6%/15.8%）；在城市被访者中，“大专及以上”群体的流动率为“高中及以下”群体的1.13倍（55.9%/49.4%）。

然而从流动原因来看，农村被访者与城市被访者之间却存在一些明显的不同。首先是由于“组织安排”而流动者，农村被访者中是高受教育群体低于低受教育群体（11.4%/19.7%），城市被访者则相反，是高受教育群体高于低受教育群体（74.4%/62.2%）；其次是由于“收入低”及“原单位福利待遇不好”等经济因素而流动者，农村被访者中是高受教育群体高于低受教育群体（89.4%/75.8%），城市被访者相反，是高受教育群体低于低受教育群体，尽管差别不大（31.2%/33.2%）；最后是由于“原单位不能发挥自身价值”及“一个地方呆久了，想换个地方呆呆”等追求自我因素而流动者，虽然无论农村还是城市被访者中都是高受教育群体高于低受教育群体，但在农村被访者中差距较小，而在城市被访者中则差距显著，“大专及以上”高受教育群体因此而流动者几乎为“高中及以下”低受教育群体的3倍（42.3%/15.7%）。

现代社会中，社会流动产生的条件大致可分为两类，一是经济结构的变化，二是社会开放性的增加。经济结构的变化主要由经济发展所致，对流动有直接影响，其变化所引起的位置增减将导致社会成员在不同社会位置上的新的分布；社会开放性的增加则会减少流动的障碍，为社会成员变换其社会位置提供更多的机会，对流动产生间接影响。始于20世纪70年代末的改革开放不仅促进了我国经济的飞速发展，从而通过经济结构调整为我国社会成员提供了较多的“体制外”流动渠道，而且随着社会开放性的不断增加降低了先赋性因素和制度性因素的阻碍作用，使得自致性因素日益成为导致人们流动的重要因素。

表19　城乡不同受教育程度群体变换工作单位情况

换单位次数	农村		城市	
	中学毕业及以上	小学毕业及以下	大专及以上	高中及以下
一次（%）	9.1	6.0	20.2	18.9
两次（%）	8.9	3.5	15.8	14.3
三次（%）	5.2	2.6	10.3	9.1
四次（%）	5.4	1.7	9.6	7.1
从没换过（%）	71.4	86.2	44.1	50.6
均值（次）	0.64	0.28	1.21	1.03
样本数（人）	482	933	272	1325

从上面的分析中可以看到，在我国，人们变换工作单位的自主性正在变得越来越强。越来越多的人不仅有可能为寻求更高的经济回报变换工作，而且开始有可能为寻求更能体现自身价值的职业而改变现状。这后一点尤其重要，它预示着我国社会成员长期以来因计划经济体制制约而形成的归属型人格开始向自尊型人格转化，这是中国人整体人格开始提升的一个重要体现。

按照心理学家的解释，所谓归属型人格，是指人的最低层次的生理需要和安全需要有了一定满足后，归属需要开始占优势，并在相当长的时间内支配人的行为的人格。归属型人格的典型特征是：安于现状，不求进取，以建立家庭为人生最后归宿。所谓自尊型人格，则是指生存、安全、归属这三种基本需要都有了一定的满足后，自尊需要已经在其行为中占优势的人格。这种人格具有积极进取的人生态度，要求更多地实现自身的价值（霍夫曼编，1998：2）。

表 20 城乡不同受教育程度群体变换工作主要原因
（限选两项时的百分比加总）

单位：%

<table>
<tr><th rowspan="2">变换单位的主要原因</th><th colspan="4">农村</th><th colspan="4">城市</th></tr>
<tr><th colspan="2">中学毕业及以上</th><th colspan="2">小学毕业及以下</th><th colspan="2">大专及以上</th><th colspan="2">高中及以下</th></tr>
<tr><td>组织安排</td><td>11.4</td><td></td><td>19.7</td><td></td><td>74.4</td><td></td><td>62.2</td><td></td></tr>
<tr><td>因为要照顾家庭</td><td>38.1</td><td></td><td>40.1</td><td></td><td>33.9</td><td></td><td>34.0</td><td></td></tr>
<tr><td>原单位无法维持下去了</td><td>18.3</td><td></td><td>10.4</td><td></td><td>6.6</td><td></td><td>31.9</td><td></td></tr>
<tr><td>收入低</td><td>30.5</td><td rowspan="2">89.4</td><td>67.9</td><td rowspan="2">75.8</td><td>21.3</td><td rowspan="2">31.2</td><td>31.9</td><td>33.2</td></tr>
<tr><td>原单位福利待遇不好</td><td>48.9</td><td>7.9</td><td>9.9</td><td>22.9</td><td rowspan="3">15.7</td></tr>
<tr><td>原单位不能充分发挥自身价值</td><td>11.5</td><td rowspan="2">29.6</td><td>11.4</td><td rowspan="2">20.1</td><td>28.6</td><td rowspan="2">42.3</td><td rowspan="2">10.3</td></tr>
<tr><td>一个地方呆久了，想换个地方呆呆</td><td>18.1</td><td>8.7</td><td>13.7</td></tr>
<tr><td>和单位领导、同事闹矛盾</td><td>3.5</td><td></td><td>1.8</td><td></td><td>1.9</td><td></td><td colspan="2">6.5</td></tr>
<tr><td>被原单位辞退</td><td>2.2</td><td></td><td>4.4</td><td></td><td>0.0</td><td></td><td colspan="2">4.6</td></tr>
<tr><td>其他</td><td>7.4</td><td></td><td>27.8</td><td></td><td>9.7</td><td></td><td colspan="2">12.0</td></tr>
<tr><td>样本数（人）</td><td colspan="2">126</td><td colspan="2">117</td><td colspan="2">147</td><td colspan="2">629</td></tr>
</table>

毋庸置疑，归属型人格之所以能够成为中国人的主导人格除了现行体制的作用外，尚有其深厚的历史渊源。延续数千年的封建社会不仅构建了中国特有的“官本位”制，而且孕育了与之相应的官至尚价值观，正是这种浓郁的官文化传统长期以来禁锢并扭曲了中国人整体人格的正常发育。对此，许多著名的中西方思想家都进行过精辟的论述。孟德斯鸠认为，中国所谓的法律有歪曲之处，它无助于自由，而是妨碍自由。统治中国人的不是智慧，而是恐惧（罗溥洛主编，1994：6）。黑格尔指出，“在中国，普遍意志直接控制个体行为，后者摒弃思维和个体独立性，俯首听命”（罗溥洛主编，1994：7）。孙中山在概括中国人特征时曾尖锐地指出其具有“不思变通”“不敢行”“不敢为主人”的劣根性。梁启超则将这种劣根性归纳为“乏独立之德”“乏自由之德”“奴性”“苟且”等（刘永佶，1994：236）。

著名心理学家马斯洛曾经说过：“一个人理想的职业是能够展现其自我的职业，这是找到自己个性和真正自我的方法，世界上最幸运的人是因为爱而有所得的人，他们被某事吸引而且发现可以做这件事来度过一生”（霍夫曼编，1998：96）。改革开放前的中国是一个所有社会成员无权、无法也无能自由寻找理想职业的社会，人们只能在组织安排的岗位上做个闪光的螺丝钉终其一生。因此，中国人人格特征中的一些劣根性始终未能彻底革除。

值得庆幸的是，今天的中国，虽然流动率与发达国家相比尚有距离，虽然仍有许多人依旧保有强烈的单位依附情结，虽然受经济结构调整的影响还有许多人的流动属于不得已而为之（如因“原单位无法维持下去了”），但是，越来越多的人开始有了寻找充分展现自我职业的机会与可能则是不争的事实。它意味着有史以来第一次，“自我实现”在中国开始有了群体规模，并具备了实际的普遍意义，中国人长期以来被扭曲的人格终于有了健康发育、健康成长的空间与环境。

六　总结与讨论

几年前，笔者曾根据1999年调查结果做出预测：“随着改革开放的继续深入，随着法制建设的逐步健全与完善，中国社会结构的变化将日益与时代变迁趋同。未来的中国，人们将更注重人力资本的投入，教育和收入在决定人们职业评价与职业选择中所起的作用将稳步上升，政治权力的作用将逐步下降”（许欣欣，2000a）。现在看来，这一预测基本正确。

综上所述，可以看到，人们职业评价和未来择业取向的变化以及实际的流动状况揭示出中国社会结构深层的变动趋势。这一趋势集中体现在三个方面：首先是精英阶层的分化以及进入精英阶层渠道的增加开始引发中国社会关系的变化以及社会结构的重组。任何社会都有一群人是比较受尊重的，因为他们握有政治权力、金钱、科学知识。在传统社会，这三者都集中在同一群人身上。在实行计划经济体制的中国，拥有再分配权力是获得精英阶层地位的必要条件，没有这种权力则意味着被抛弃在精英阶层之外。因此，长期以来，“官本位”权力观一直是中国社会公众的主导价值观，在“官本位”体系的阶梯上逐级攀升则是人们唯一的社会成就指示器。然而，随着改革开放的深入进行，公共物品的减少导致了再分配资源的减少，进而导致再分配权力的下降与市场权力的扩大。市场对知识价值的承认以及对“资本积累铁律”的遵循，不仅提升了文化资本的社会价值，而且导致了持有不同资本精英群体的构成变化及掌握不同资本的精英群体之间关系的改变。从人们的职业评价与择业取向中可以看到，现在的中国已不再是“三千宠爱集一身”，而是有望一分为三：拥有政治资本的权力精英、拥有财富资本的经济精英、拥有文化资本的知识精英相对独立。随着精英的分化，精英地位获得的必要条件亦随之改变——今日中国，一个人要进入精英阶层，除了仕途之外，还有经营企业和读书两条路可选。

其次是社会流动机会结构的根本性变化导致了人们市场取向的日益增强。随着经济体制改革的不断深入，向市场经济的转变正在从根本上改变我国再分配经济中以权力作为社会分层机制的状况。随着再分配经济向市场经济的转变，人力资本的回报率相应提高，进而导致了社会流动机会结构的根本变化。长期以来，拥有资源再分配权力的“党政机关领导干部”一直是绝大多数国人心目中最重要的社会成就指示器。然而今天，在许多人（尤其是年轻人）心目中，向上流动的成功之路已不仅仅是成为再分配官僚，而更重要的是成为一名企业家。他们更希望在市场中搏击，在市场中施展才华、实现抱负，而不愿步其父辈的后尘继续困守在中国行政体系的官阶上逐级攀缘。

最后是文化价值观的变迁引发了国人整体人格提升的开始。在计划经济体制下，资源一直是国家通过各级科层组织进行分配的，享有和使用资源者不是个人，而是工作单位。因此长期以来，绝大多数中国人都被塑造成有着强烈“单位依附”情结的归属型人格，没有任何自我实现的感觉。但是近年来，在改革开放的滚滚浪潮中，随着市场份额的不断扩大、机会的不断增加，中国人的人格正在发生转化。从我们的研究中可以清楚看到，这种人格转化的最重要的趋势即是从安于现状、不思进取的归属型人格转向具有积极进取人生态度、彰显个性、要求更多实现自身价值的自尊型人格。中国人自尊需要的潜能开始大量释放，中国人的人格开始进入整体提升阶段。毫无疑问，这种人格的形成与转化不仅与我国贯彻多年的独生子女基本国策直接相关，而且与我国经济结构的转型和社会结构的日益开放密切相关，因为只有开放型的社会才会为较完善的人的出现提供必需的条件。

毋庸置疑，种种迹象显示，历经 20 多年的改革开放，中国已由发端时的单方面经济体制变迁时期进入了一个经济、社会、文化价值观全方位整体变迁的时期。凡事均有多面性，能否在剧烈的、全方位的变迁时期形成综合协调与驾驭整体变迁的能力，推动中国社会向良性循环的方向发展，这已是摆在执政者面前的一个紧迫并需要严肃认真思考的问题。

参考文献

爱德华·霍夫曼编，1998，《洞察未来——马斯洛未发表过的文章》，许金声译，改革出版社。

边燕杰主编，2002，《市场转型与社会分层》，三联书店。

丹尼斯·吉尔伯特、约瑟夫·卡尔，1992，《美国阶级结构》，彭华民译，中国社会科学出版社。

景天魁等，2004，《社会公正理论与政策》，社会科学文献出版社。

刘永佶，1994，《中国官文化的奠基者与批判家》，山东人民出版社。

罗溥洛主编，1994，《美国学者论中国文化》，中国广播电视出版社。

倪志伟，2002，《一个市场社会的崛起，中国社会分层机制的变化》，边燕杰主编《市场转型与社会分层》，三联书店。

魏昂德，2002，《再分配经济中的产权与社会分层》，边燕杰主编《市场转型与社会分层》，三联书店。

西摩·马丁·李普塞特，1995，《一致与冲突》，张华青等译，上海人民出版社。

许欣欣，2000a，《从职业评价与择业取向看中国社会结构变迁》，《社会学研究》第3期。

——，2000b，《当代中国社会结构变迁与流动》，社会科学文献出版社。

——，2004，《农民流动机会及其相关问题的分析》，景天魁等，《社会公正理论与政策》，社会科学文献出版社。

张华葆，1987，《社会阶层》，台北：三民书局。

钟鸣、王逸编，1999，《两极鸿沟？当代中国的贫富阶层》，中国经济出版社。

周雪光，2003，《组织社会学十讲》，社会科学文献出版社。

Abbott, Andrew. 1981. "Status and Status Strain in the professions." *American Journal of Sociology* 86.

——. 1988. *The System of Professions*. Chicago: University of Chicago Press.

Balkwell, James W., Frederick L. Bates and Albeno P. Garbin. 1980. "On the Intersubjectivity of Occupational Status Evaluations." *SocialForces* 58.

Bourdieu, Pierre. 1991. *Language and Symbolic Power*. Cambridge, Mass: Harvard University Press.

England, Paula. 1992. *Comparable Worth: Theories and Evidence*. New York: Aldine De Gruyter.

England, Paula and Barbara Kilbourne 1988. "Occupational Measures from the Dictionary of Occupational Titles for 1980 Census Detailed Occupations." Ann Arbor: ICPSR.

Feather man, David L. and Robert M. Hauser. 1976. "Prestige or Socioeconomic Scales in the Study of Occupational Achievement." *Sociological Methods and Research* 4.

Freidson, Eliot. 1986. *Professional Power*. Chicago: University of Chicago Press.

Goldthorpe, John H. 1983. "Women and Class Analysis: In Defense of Conventional View." *Sociology* 17.

Goldthorpe, John H. and Keith Hope. 1972. "Occupational Grading and Occupational Prestige." in *The Analysisof Social Mobility: Methods and Approaches*. (ed.) by K. Hope. London: Oxford University Press.

Goode, William J. 1978. *The Celebration of Heroes: Prestige as a Social Control System*. Berkeley: University of California Press.

Hodge, Robert W., Paul M. Siegel and Peter H. Rossi. 1964. "Occupational Prestige in the United States, 1925 - 1963." *American Journal of Sociology* 70.

Miller, Ann R. et al. 1980. *Work, Jobs, and Occupations: A Critical Review of the Dictionary of Occupational Titles*. Washington, D. C.: National Academy Press.

Treiman, Donald. 1977. *Occupational Prestige in Comparative Perspective*. New York: Academic Press.

Wright, Erik O. 1984. "A General Frame work for the Analysis of Class Structure." *Politics and Society* 13.

Yamaguchi, Kazuo and Yantao Wang. 2002. "Class Identification of Married Employed Women and Men in America." *American Journal of Sociology* 108.

Zhou, Xueguang (Unpublished manuscript). "The Institutional Logic of Occupational Ranking: Reconceptulization and Reanalysis."

当前中国社会阶层关系变迁中的非均衡问题*

王春光

当前中国面临的最大问题是发展与秩序的关系问题。在快速的经济发展中，中国社会是否会出现失序呢？如何看待当前中国社会的秩序问题呢？有学者用“断裂”和“失衡”来描述它（孙立平，2003；2004）；也有学者认为“社会紧张”在最近一段时期内难以消除（李强，2004）。“中国总体性社会在很短的时间内发生解体，整个社会被切割成无数的片段甚至原子，也可称之为社会碎片化”（孙立平、李强、沈原，2004：61）。还有学者认为，当前中国已经出现现代化社会阶层结构雏形，但是结构并不合理，存在着引发社会危机的结构性因素（陆学艺，2002）。尽管对当前中国社会秩序有不同的判断，但有一点是共同的，人们普遍认为存在秩序问题。构建“和谐社会”思想的提出，在很大程度上反映了人们对当前中国社会秩序的共识，即中国社会存在着许多不和谐问题，所以，这一思想一经提出，便在社会上引起巨大共鸣，表明了社会对和谐有着强烈的需求。本文基于 2001 年我们课题组所做的全国性问卷抽样调查资料①以及作者本人在其他课题所做的一些个案调查，② 从阶层关系的角度来进一步分析当前中国在发展过程中遇到的社会秩序问题。这里集中关注当前中国在阶层关系变迁中发生的非均衡问题，以此说明中国社会面临的秩序问题。用非均衡问题来说明社会秩序问题，比之失衡、断裂、碎片化、社会紧张

* 原文发表于《社会》2005 年第 5 期。

① 中国社会科学院社会学研究所“当代中国社会阶层结构课题组”于 2001 年在全国做了 6000 多份随机抽样问卷调查，具体抽样办法见陆学艺主编的《当代中国社会流动》，社会科学文献出版社，2004 年。

② 我本人承担了国家社会科学基金的一个普通课题和中国社会科学院的一个 B 类重点课题，收集了一些个案访谈资料。

和社会危机等，具有更大的容纳性，它能更全面地透视社会秩序问题，尽管可能少了一些研究的犀利。

一 社会均衡（social equilibrium）的理论视角

社会学自诞生以来，尽管对社会秩序有不同的看法，但是追求的就是一种社会均衡状态。用社会均衡视角来考察社会是否存在秩序问题，也就成了社会学的一项重要任务。从对社会阶层的研究来看，以马克思为代表的社会冲突理论与涂尔干、韦伯、帕森斯等人的理论似乎有着迥然不同的看法和视野，但是它们都致力于探求社会均衡秩序问题：社会均衡何以可能？或何以不可能？或如何可能？等等。冲突论虽然谈的是社会冲突问题，实则是寻找如何避免冲突从而实现社会均衡之路；功能论更是从如何满足社会功能需求的角度来讨论社会均衡。

在马克思看来，人类社会原本是有秩序的、均衡的，但是由于私有制、阶级和国家的产生，社会均衡秩序才遭受破坏。要重新获得社会均衡，那就需要彻底消灭私有制、阶级和国家等。在他看来，社会均衡就是指各个社会阶级之间不存在剥削、压迫关系，他进一步指出只有到了没有阶级的社会，才会实现真正的均衡，每个人都是全面发展的自由人，他可以做出自主的选择，建立平等的关系。于是我们看到，在马克思的思想里，只要存在阶级，社会就不可能达到均衡。

涂尔干在研究中发现，人类社会在发展中表现出来的一个重要特点就是劳动分工越来越细，社会联系纽带从过去的机械团结转变为有机团结，人与人之间的相互依赖越来越强；但是，另一方面劳动分工在很大程度上破坏了手段与目的的一致性关系，人们在日常生活与社会规范中的不一致性乃至冲突，打破了社会的均衡状态，导致各种各样的越轨行为和问题的出现。在他看来，在劳动分工高度发达的社会，每个人根据自己的特长和优势担当一定的社会角色和功能，完成一定的分工任务，也就意味着社会均衡，但是，这样的均衡往往是难以达到的。按后来的著名美国社会学家默顿的话说，“通过竞争来分配地位必须井井有条，以便为分配秩序中的每一个职位提供信守地位义务的正面刺激。否则，很快就会出现越轨行为”（默顿，1957：134）。在涂尔干看来，目标与手段的一致性对社会均衡具有至关重要的意义。封闭的社会比开放的社会更容易做到社会均衡，因为在开放的社会，人们会感受到更多的压抑和去人性化，注重功利主义，从而导致个体缺乏与社会融合的感觉，因此工业社会的自杀率大幅上升。

韦伯虽然看到了合理化和科层化对社会秩序的意义，但是他最后并没有对社会均衡给予乐观的期待。他的主要理由是：第一，是由阶级与地位的不一致带来的，有了经济条件和机会，有可能影响个人的地位，但是并不意味着就能获得相应的地位，因此往往是新兴阶级的出现对获得一定地位提出要求，而已经获得很高地位的人会从制度上设置障碍，于是就会出现阶层之间的紧张。第二，科层化是现代社会的一个重要特点，它一方面给社会带来稳定的等级关系，促进社会均衡；另一方面它只重视科层制度本身的目的和功能，忽视了个人的需求和欲望，带来了欲望与科层制之间的紧张。从这个意义上看，韦伯“对社会未来的看法比马克思要悲观得多”（李普塞特，1995：70）。第三，在社会合理化的过程中，工具理性与价值理性的不一致也会带来社会的紧张。

帕森斯的理论似乎更具均衡色彩，它强调社会均衡运行，但其认识前提却是，人类社会原本就是“名副其实的各种冲突力量的炸药箱。……任何一种均衡的取得（正如大部分社会在大部分时间里取得的那样），既是奇迹，又是挑战”（李普塞特，1985：19）。所以，帕森斯最主要的研究目标就是寻找社会均衡机制。在他看来，社会分层体系是一个复杂社会用来鼓励人们去获取对社会运行和均衡所必需的不同职位的机制。在功能主义看来，社会分层体系之所以重要，是因为它有满足社会均衡运行的功能。比如让有能力的人担任重要的职位，并给予相应的高报酬，以体现其重要性，但是，托克维尔和马克思早已意识到社会分层本身并不自然地蕴含着社会的均衡，并不意味着每个人都会对自己在社会分层体系中的位置感到满意。在托克维尔看来，分层的社会结构生来就不稳定。故功能主义还需解决社会分层与社会均衡问题，需要探讨什么样的社会分层是合理的和合法的。所以，功能主义分层理论提出了先赋性机制和获致性机制来解释社会分层和社会流动等。

由此可见，社会学一直没有停止对社会均衡问题的研究，不同时代的社会学家从不同角度对社会均衡及其实现机制提出了自己的看法，各有优势，也各有不足，迄今尚未达成一致，但是，他们的一些看法已经被人们认可，对我们从阶层关系角度探讨当前中国社会均衡问题有着重要的理论启发。

第一，社会均衡与社会不平等并不是一对必然相互排斥的概念，但也不是一对必然兼容的概念。换言之，社会不平等有可能带来社会均衡，也有可能带来社会不均衡，其取决于其他许多社会条件和机制。社会阶层体现的就是社会不平等，有了社会阶层分化，那么社会均衡会如何呢？这显然是值得继续探讨的问题。我们在讨论社会阶层关系的时候，有可能找到阶层之间的一些均衡状态，也有可能发现非均衡问题。当然，我们最关心的是在当今中国社会阶层的分化过程中尽可能少地产生非均衡问题，或者说尽可能避免产生非均衡问题。但是，我们却看到，当前中国社会阶层在社会分化过程中涌现出许多非均衡问题，已经或即将影响中国社会均衡发展进程。这就是本文的写作出发点。

第二，社会均衡有着多层的含义，既包括利益关系的合理配置，又包括功能上的相互依赖、合作，还包括目标与手段的一致、价值与行动的统一等内容。如果从阶层关系层面上来理解，社会均衡主要应表现为这样几方面：一是结构性均衡，即有一个合理的社会阶层结构，表现为中间大两头小，最直接、最敏感的指标就是社会中产阶层占人口的绝大部分。二是地位的一致性，特别是经济条件与权力、声望之间需要一致性，或者相匹配，如果有经济条件的人没有声望；反之，有声望的人没有经济条件，都会带来社会紧张和不均衡。三是客观地位与主观意识的相符性，也就是从主观上对自己的客观地位的认可。四是价值理性与工具理性、目标与手段之间的协调性。

第三，社会阶层之间要实现均衡关系，必须要有合理的、有效的与合法的机制作保证。这样的机制必须体现社会公正原则，主要包括：公开、公平的能力竞争机制；合理的、合法的资源配置机制；和平的、公正的、开放的矛盾化解机制；有效的、公开的社会制约和监督机制。

接下来我们将从以上三方面来透视和分析当前中国社会阶层关系的变迁以及带来的非均衡性问题。我们的基本假设是，在当前中国社会阶层关系变迁中之所以会伴随着大量的非均衡问题，是因为合法化增长滞后。这里所谓的合法化，不是指合乎法律的意思，而是一种社会认可和信任。李普塞特有关政治合法性的定义颇有借鉴意义："合法性是指政治系统使人们产生和坚持现存政治制度是社会的最适宜之信仰的能力。当代民主政治系统的合法程度，主要取决于解决造成社会历史性分裂的关键问题的途径”（李普塞特，1997：55）。当然，李普塞特讨论的只是政治合法性问题，实际上整个社会都有合法性问题。我们这里讨论的就是后一个问题，我们称之为合法化问题。显然，在李普塞特看来，合法性与法律是两个不同的概念，法律有可能会带来使人们相信现存政治制度是最适宜的能力，但是也有法律并没有这样的效果。他认为，合法性是一个评价性概念。一种社会现象是否合法，取决于人们根据自己的标准和价值做出判断的一种状态，这就是社会学有关合法性或合法化的基本含义。所以，在这里，我们所说的合法化不是指是否合乎法律的意思，而是指人们依据其自己的标准和价值所做的一种判断，如果大家都给予肯定的判断，那么就使之具有了合法化，否则就缺乏合法化。因此，有了法律、政策和制度，并不等于合法化了，因为法律、政策和制度本身就有一个合法化问题，只有人们认为它们是“最适宜”的，它们才具备了合法化。

不可否认的是改革开放以来，并不是所有方面都缺乏合法化，但值得关注的是，从总体上看，中国社会合法化增长滞后，跟不上社会变迁。从社会阶层关系上看显得尤为明显，这也就是我国社会非均衡问题的症结所在。我们可从以下几个层面来说明这一假设：一是社会价值的迷失，它使人们在一些问题上达不成一致的认同，因此，在实践过程中，人们只专注于追求目的合理性，只关注手段的有效性，不再注意价值合理性问题，这在各阶层处理彼此关系的运行规则上表现得很突出，这就导致了阶层之间的紧张、矛盾和冲突等非均衡问题；二是在制度和政策层面，由于缺乏广泛的吸纳性，或者带有明显的不公平性，因此难以获得所有阶层的认可，导致阶层之间的歧视和隔阂；最后，最大的合法化问题是各个阶层的客观地位与主观意识的不相符，表现为或者不认可当前的阶层地位，或者是没有一种意识形态帮助阶层去认可已经变化了的阶层地位，或者不能有效地诠释阶层地位。因此，我们认为，当前中国社会要获得均衡运行，必须要开展一场合法化运动。

二　新阶层问题

与改革开放前相比，改革后的中国涌现了一些新阶层，他们是私营企业主阶层、个体工商户阶层、经理人员阶层和民工阶层等。这些阶层已经颇具规模，在中国社会中具有相当大的影响，但是他们目前面临的问题是如何融入中国社会秩序和政治体制中。有的阶层提出了公民权利诉求，有的阶层提出了对其阶层地位的合法化诉求，即要求其他阶层认可他们的阶层地位，并赋予他们一定的权力。

马歇尔在探讨18世纪欧洲社会公民资格与社会阶级关系时指出，当时资产阶级或工人阶级作为新阶级，他们拥有独特的极端的阶级觉悟意识，其目的是为取得全面的社会参与和政治参与权而斗争，即为公民资格而斗争。因为在前现代时期，只有少数精英才享有公民资格，新阶层或阶级没有这样的资格，他们得不到这样的资格，使得他们中的许多人赞同革命的意识形态，于是就有了欧洲各国的各种革命运动。马克思在分析工人阶级时，就发现工人阶级作为一个新阶级出现后，便展现出与其他阶级特别是小农阶级不同的特性，对自己的利益提出各种诉求，并开展“自在”的斗争，后来才慢慢发展为“自为”的斗争。我们不能用阶级斗争理论来分析当前中国新阶层带来的新问题，但从马歇尔和马克思的观点中我们可以获得这样的启发：新阶层的出现，显然会影响原来的社会均衡格局，如果社会的融合不是很顺利，就会产生社会非均衡问题。这里就从新阶层与公民资格以及位置合法化的关系两个层面入手，来透视新阶层在中国出现所带来的社会非均衡问题。

虽然中国不像18世纪前的欧洲那样只有少数精英才享有公民资格，但是，公民资格问题在中国并不是不存在，特别是在新阶层出现之后变得更为突出。从城乡二元结构的角度来看，农民工在其从农民分化出来以前事实上也没有享受到跟城市居民一样的公民资格，当他们向非农转移后，特别是进入城市务工经商后，他们不能享受同等的公民待遇问题，就变得更加明显，直接影响到他们与城市社会的均衡关系。比如义务与权利不均衡（同工不同权）、劳动与报酬不均衡（同工不同利）、工作与生活不均衡（同工不同生）、身份与职业不均衡（同工不同名）等，所有这些不均衡都体现在他们无法与城市社会的融合上。改革前中国城乡的关系也没有实现均衡，但是这种非均衡不是发生在各自内部，而是在城市与农村两个部分之间，而现在城乡之间的非均衡程度不但没有降低，反而在扩大，当然更大的不均衡在于农民工阶层的出现而进入了城市社会内部。

公民权的内涵很丰富，这里主要从两个方面测量公民权与阶层的关系：一是养老保险；二是医疗保险。在现代国家，这两方面是每个公民享受的基本权利，但是，在中国，这些权利一直没有得到普及，在阶层分化明显的当今，这些权利的缺位与阶层关系结合在一起，导致了阶层之间更加不均衡的关系。表 1 和表 2 显示，国家社会管理者、专业技术人员、经理人员和办事人员四个阶层比其他阶层享受更多的公民权利，或者说其他阶层明显缺少一些公民权利。在其他阶层中，私营企业主阶层可以凭其经济实力弥补这些缺陷，而个体工商户阶层、工人和农业劳动者阶层则没有这样的能力，所以，这就更强化了他们的弱势地位。公民权利的多少、有无等问题使得中国社会阶层关系更加不均衡：强势阶层因为享受到公民权利而变得更加强势，而弱势阶层因为公民权利的缺失而显得更为弱势。

公民权利配置的不合理，强化了阶层关系的不均衡，而在阶层等级体系中的位置合法化问题则从另一个角度凸显了阶层关系的非均衡性。私营企业主阶层和个体工商户阶层的出现，面临的最大问题就是等级体系中的位置合法化问题。改革前私营企业主是不允许存在的，在法律上是禁止的，个体工商户是严格限制的，在意识形态上也是受到严厉限制的。当然，相比较而言，国家对待后者比对待前者更宽容些，这也体现在将私营企业与个体工商户的政策区分上。在改革开放以来的 20 多年中，这两个阶层的社会地位在社会舆论上经历了各种争论才逐步获得认可，随之在政策和制度上也是分阶段地实现的。在社会舆论上，人们一开始并不认可这两个阶层，总觉得“无商不奸”，这也是过去长期的意识形态宣传之结果。到 20 世纪 90 年代，出现“全民皆商”，这两个阶层才得到社会认可；从政策和制度上看，私营企业从“试试看”到“社会主义经济的补充”，再到“社会主义经济的重要组成部分”，从限制到鼓励，宪法曾为此作了多次修改。私营企业主阶层最后被定位为社会主义建设者，乃至今日一些人成为劳动模范。私营企业主的社会地位合法化比农民工的公民资格获得要实现得快。在政治上，私营企业主不仅是社会主义事业的建设者，而且在各级政协、人大中都有他们的代表，他们还组建了各种行业、商业组织等；在经济上他们的所有权得到了法律的保护；在社会生活上他们还享受到各地出台的不少优惠政策，比如一些大城市的移民政策实际上都是为他们制定的。由此可见，同样是新的阶层，在与社会的融合上，私营企业主阶层与农民工阶层乃至个体工商户阶层之间就存在着严重的非均衡问题。

表 1　不同阶层享受退休养老金或养老保险的现状

单位：%

十大阶层	这个企业单位或机构是否向您提供或将会向您提供退休金或养老保险					
	提供	不提供	不适用	不清楚	不回答	
国家与社会管理者	80.37	9.35	4.67	4.67	0.93	(107)
经理人员	59.72	27.08	12.50	0.69	(144)	
私营企业主	8.20	65.57	21.31	3.28	1.64	(61)
专业技术人员	63.09	15.46	16.40	4.42	0.63	(317)
办事人员	52.51	30.73	13.22	3.17	0.37	(537)
个体工商户	2.10	47.80	47.80	0.21	2.10	(477)
商业服务业员工	24.91	44.37	28.33	1.19	1.19	(586)
产业工人	38.41	34.60	23.51	1.99	1.49	(604)
农业劳动者	6.12	34.69	55.10	2.04	2.04	(49)
城乡无业失业及半失业者	0.00	14.67	81.33	2.67	1.33	(75)
总计	35.51	34.76	26.48	2.10	1.15	(2957)

注：括号内为绝对数。

表 2　不同阶层享受公费医疗或医疗保险的现状

单位：%

十大阶层	这个企业单位或机构是否向您提供或将会向您提供公费医疗或医疗保险					
	提供	不提供	不适用	不清楚	不回答	
国家与社会管理者	80.37	14.02	4.67	0.93		(107)
经理人员	52.08	35.42	11.11	1.39		(144)
私营企业主	9.84	62.30	22.95	3.28	1.64	(61)
专业技术人员	61.83	19.87	15.46	2.21	0.63	(317)
办事人员	44.13	41.15	12.66	1.68	0.37	(537)
个体工商户	1.26	48.22	48.22	0.21	2.10	(477)
商业服务业员工	21.33	48.63	27.65	1.19	1.19	(586)
产业工人	33.11	40.23	23.51	1.82	1.32	(604)
农业劳动者	8.16	34.69	55.10		2.04	(49)
城乡无业失业及半失业者	0.00	14.67	81.33	2.67	1.33	(75)
总计	31.62	39.70	26.18	1.42	1.08	(2957)

注：括号内为绝对数。

私营企业主阶层与农民工阶层这两个新阶层之间也存在着许多非均衡问题。两者之间在许多方面有着相互依赖的关系，但是在权利与义务上却存在着严重的不均衡、不对称问题：绝大多数农民工是为私营企业主打工的，他们虽然工作很艰苦，但是报酬却很低，并且随时都会有被解雇的可能，对此他们基本上没有什么讨价还价的权力。若从原因上看，这两个阶层之间的非均衡并不都是由私营企业主造成的，在很大程度上也是由于政策和制度没有给予农民工相应的身份、权力，因此他们基本上没有与私营企业主讨价还价的能力。当然，很多私营企业主本身也缺乏这样的意识，即适当地保护农民工权益同时也是对自己权益的保护。所以，这就进一步加剧了这两个阶层之间的非均衡。

私营企业主阶层与农民工阶层的出现，也改变了他们与其他社会阶层的关系，并在更广范围内带来了许多非均衡性问题。私营企业主阶层的出现，对国家社会管理者阶层的影响是相当大的。一方面国家社会管理者掌握相当大的权力，私营企业主在许多方面有求于国家社会管理者，所以就想尽办法去搞好与后者的关系；另一方面私营企业主的收入却远远高于国家社会管理者。在这种的关系中，一些国家社会管理者在心态上出现失衡，于是就利用手中的权力，开始与一些私营企业主进行违法的或灰色的交易，更严重的是两者结盟。他们的结盟对其他阶层特别是对社会底层来说无疑是最大的威胁，并带来了更多的社会非均衡问题。比如，工人对私营企业主的投诉得不到解决；农民耕地以公共用地的名义被低价征用，用于商业和企业经营；某些地方领导采用行政手段限制其他企业的市场进入等。

私营企业的出现，在很大程度上改变了国家社会管理者与工人之间的关系。在计划经济时代，政府与工人的关系是一种直接的关系，因为所有企业的“老板”实际上都是政府或者是非个人所有的“集体”，工人对企业的不满，直接冲着政府或代表“集体”的基层管理者而来，因此国家社会管理者与工人有着直接的利益关系。但是在私营企业主兴办的企业中，工人由私营企业主雇佣，按道理来看，国家社会管理者与工人没有直接的利害冲突问题，这本来可以使国家社会管理者在调节企业老板与工人的关系方面发挥更大的作用。但事实上，国家社会管理者为了本地的经济发展，将更多的利益给了私营企业主和其他投资者，将廉价劳动力作为招商引资的法宝之一，从而就不可能帮助工人去争取其正当利益，在这一点上，工人（特别是农民工）还不如在国有企业的地位高。当然由于引进市场机制，政府对国有企业进行现代企业制度改造，结果则是将一些国有企业职工分流下岗，从而进一步削弱了国家社会管理者与工人之间原有的合作关系。这里还需要指出的是，一些国有企业为了降低劳动力成本以提高市场竞争能力，在分流原有企业职工的同时，却雇用了大量农民工，这些农民工与国有企业管理者的关系也不再像原先的工人与管理者的关系。农民工在国有企业工作，不能享受到原有职工的许多权益，更不能对国有企业管理者起到监督、制约的作用。这种关系与私营企业主跟农民工的关系没有什么差别。

由此可见，在阶层分化的过程中，新阶层的出现，改变了原来的阶层关系，特别是各个阶层之间在权利与义务、相互之间的力量均衡方面与以前相比就有了很大的变化，它打破了原来的力量均势，需要新的力量均势，包括政治、经济和社会等方面的力量均势。在这个过程中，新阶层渐渐地对他们的地位有了更多的认识，提出了新的要求，他们显然不满足于他们在现行体制中的地位和权利，农民工显然比他们外出之前更清楚地意识到现行政策和制度对他们的不公；而私营企业主则不满足于经济条件的改善，他们希望有更多的政治参与。与此相应的是，其他阶层也改变了他们对现状的看法。比如国家社会管理者不再满足于对权力的拥有，他们希望在经济上有更大的改善，但是，现行的许多政策和制度却不能满足各个阶层的要求和意识，所以，各阶层对这些政策和制度的不认可（即政策和制度在合法化上出问题），为达到自己的要求，会不断地突破它们，从而带来许多社会非均衡问题。

三　阶层关系运行规则的变迁和重建问题

改革以来阶层关系的另一个变化是运行规则。改革前，中国的阶层关系基本上是在国家的强力规定和控制下运行的，所以，政策和制度性规则对阶层关系起到了决定性的作用。按李强的话说，改革前的社会分层是一种政治身份分层，也就是说，每个人的阶层身份是由国家根据意识形态需求或实际控制需求来规定的。“国家以一系列政治制度、经济制度、劳动人事制度、分配制度等，从多个维度设定全部社会成员的身份”（陆学艺，2004：52）。这样的运行规则意味着每个阶层对与其他阶层的关系缺乏自主决定权、影响力，具体表现为：阶层之间的流动不是按照通常的先赋性或获致性机制进行的，而是按照政治诱致性机制进行的，这样的机制既混合了先赋性机制和获致性机制，又带有很大的随意性，比如靠政治运动来确定阶层关系。所以，改革前的阶层关系运行规则是很独特的，它在很大程度上偏离了正常的社会运行轨迹，当然也导致了严重的社会非均衡问题。首先，它不利于构建合理的社会阶层结构；其次，它并不遵从社会公正原则；最后，将家庭身份和思想标准作为阶层划分标准，忽视了能力和成就原则等。

从阶层关系运行规则来看，改革后的社会运行从过去的不均衡向均衡方向演变，变得相对有规律了些。社会各阶层在处理彼此关系上获得了相当强的自主性，更主要的是阶层之间的流动比以前频繁，流动的机制比以前合理，比如获致性机制的作用明显加强，阶层之间的对话和互动渠道增加了，也有了更多的社会空间供阶层活动，于是也就产生了一些新的阶层。具体地说，在阶层关系运行规则上，过去那些以政治和制度性身份来处理关系的规则在趋向弱化，政策和制度的制定越来越趋向于所谓“科学决策”，并具有将全民纳入考虑的意向。与此同时，像市场竞争机制、社会关系机制这样的规则在阶层关系中发挥着日益明显的作用。阶层关系运行规则的多样化，使得阶层关系有了更大的伸缩性，有利于化解其中的矛盾和紧张。比如，农民工在制度性规则改善不了其工作条件的情况下，就用市场规则（或曰用脚谈判），给私营企业主甚至地方政府造成一定的压力（“民工荒”），以此来调节农民工阶层与其他阶层的关系，促进社会均衡。这在改革前是难以想象的。

阶层关系属于一种社会关系，凡社会关系运行规则都适用于阶层关系，但阶层关系却有着自身的一些运行规则。从这个角度来看，阶层关系运行规则应该分这样几个层次：第一是普遍原则，即适合所有社会关系运行的原则；第二是特殊原则，即只适用于阶层关系的规则；第三是特定阶层规则，只适用于某个阶层的关系运行规则。只有具备此三个层次规则，阶层关系才会均衡。我们看到，当前中国阶层关系在运行规则上存在着这样一些问题：首先是普遍规则的特殊化操作，即本应适用于所有社会关系的运行规则却被局限于某些阶层，而没有得到推广。比如国民待遇原则、公民原则等基本权利原则却没有在所有的社会关系中得到贯彻，城乡二元分割制度就是破坏这些基本的普遍原则的典型例子。其次，本应适用于阶层关系运行的原则却没有确立，或者说缺乏。比如，各地人大乃至全国人大代表的分配规则并没有及时根据已经分化了的阶层关系加以适当地调整，所以，往往不能充分地反映阶层之间的利益均势原则。目前中国出台的不少关系调节政策和规则都未充分地体现分化了的阶层关系格局。最后，有关特定阶层权利与义务之间的对称规则还不健全，不完善，表现为：强势阶层的权利过多过大，而义务过少过小；而对一些弱势阶层来说，权利过少过小，甚至不存在，而义务则过多。在这种情况下，阶层之间形不成相互制约的格局。由于存在这样的规则不配套、不相适应以及相应机制的缺乏，社会运行也就在不少方面存在着非均衡的问题。比如弱势阶层不能有效地保护自己的基本权益，而强势阶层则过于强势，从而存在着强势阶层剥夺弱势阶层利益的一些的情况，而弱势阶层只能使用“弱者的武器”进行抗争，从而带来许多社会紧张和矛盾，甚至危害到社会互信和公正等。

当然，阶层关系运行规则不仅仅表现为制度和政策层面，还表现为非制度层面。目前中国一方面存在着在制度层面没有构建起一个使阶层关系均衡运行的规则框架，正如上面所说的；另一方面也存在着用非制度规则取代制度性规则，或者侵蚀制度性规则而导致的阶层之间的不协调、不均衡。比如用社会关系取代政策和制度，人治取代法治，强势阶层通过非制度性规则开始结盟等。在调节阶层关系上，既需要制度性规则，又需要非制度性规则，但是它们应在不同方面和范围内发挥作用，不应相互取代或渗透，否则会给阶层关系带来很多消极的影响，从而破坏了社会均衡运行。现在最大的问题不只是在调节阶层关系上缺少制度性规则，而是各个阶层对已有的制度性规则的不信任。因此，他们或者不得不寻找其他非制度性规则，或者无规则可循，从而带来对社会秩序的冲击和损害。

四　阶层在目标与手段之间的张力问题

在一个均衡的社会中，目标与手段是相匹配、相一致的。人们在获取目标的时候不会不择手段，而会选择被人们普遍认可的相应手段，因为只有这样，才具有合法性，社会才会均衡。如果我们把阶层作为社会行动者，那么，每个阶层都会有自己的目标和实现目标的手段。只有在目标与手段相一致、相协调的情况下，阶层之间才会达到均衡，否则，如果有目标而缺乏被普遍认可的手段，或为了实现目标而不择手段，那么就会导致阶层之间的紧张、矛盾和冲突，会危及社会均衡运行。“杜尔克姆认为，缺乏手段与目的的一致不仅不会产生自由，反而会导致怨恨和冷漠——一场全体反对全体的战争”（李普塞特，1995：79）。

在中国改革开放的过程中，人们的致富欲望被极大地激发，但是，致富的手段和机会并不是均等分配的，尤其对这样几个阶层的冲击很大：一个是农业劳动者阶层，他们的收入增长缓慢，创收渠道和手段越来越少，在这种情况下，他们中有越来越多的人放弃农业，离开农村，外出务工经商。他们在非农领域和城镇努力获得自己预期的收入，其中，大部分人或多或少赚了一些钱，收入有了一定的提高，但是也有一些人找不到工作，或者找到工作而赚钱不多，于是其中一些人选择了某些非法的手段来实现他们的创收目标，从而带来了诸多社会治安问题。另一个阶层是工人，他们也是一个在改革开放过程中收入增长缓慢的阶层，他们中的不少人在收入上不但没增长，反而下降，甚至失去了收入来源，成为城市贫困人口。他们创收致富的手段也不多，他们对社会地位的改善失去了希望。所以，这个阶层对社会的满意度甚至还不如农业劳动者和农民工。还有一个阶层是国家社会管理者，他们虽然是改革开放的受益者，但是他们中的不少人在心理上却有不少失衡感。他们虽然拥有很大的权力，掌握很多的资源，但是他们的收入却比私营企业主甚至经理人员都低，而在合法的范围内，他们不可能达到其致富的目的。因此，他们中的一些人利用手中的权力为个人牟利，从而走上了贪污、腐败等犯罪之路。最近几年，官员腐败案件越来越多，就是目标和手段不一致带来的非均衡造成的。

当然，其他阶层中也不是不存在目标与手段之间的张力问题，也不是不存在由此而来的非均衡问题。比如，一些私营企业主为了谋取更大的利润，不择手段，如不惜成本拉拢、腐蚀官员；比如，他们千方百计地榨取工人的利益，如拖欠工资、克扣工资、延长工作时间等；比如，偷漏税等。笔者曾与一位私营企业家私下聊天，问道：“是不是合法赚钱做不到？”他说：“不是做不到，而是太慢了，当然结果是赚不到钱”。

表 3　不同阶层对高收入获得的实然判断

单位：%

十大阶层	您认为在当前的中国社会中哪三种人最容易获得高收入												
	有文化有学历的人	当官的人	有资产的人	有社会关系的人	脑子聪明的人	有技术专长的人	家庭背景硬的人	胆大敢干的人	吃苦耐劳的人	其他	不清楚	不回答	
国家与社会管理者	24.19	54.84	5.91	1.61	3.76	3.76	1.61	2.69		0.54	0.54	0.54	(186)
经理人员	25.00	53.92	10.29	2.45	1.96	2.45	1.47	0.98		0.49	0.98		(204)
私营企业主	30.16	47.62	9.52	4.76	1.59	4.76			1.59				(63)
专业技术人员	27.84	49.48	8.04	1.86	1.44	6.39	2.27	0.82	0.21	0.82	0.41	0.41	(485)
办事人员	31.90	48.86	6.08	2.53	2.41	4.56	0.89	0.63	0.51	0.38	1.01	0.25	(790)
个体工商户	27.62	53.59	6.81	1.66	2.03	3.50	1.66	0.55	0.37	0.55	1.47	0.18	(543)
商业服务业员工	29.93	52.03	5.75	2.35	1.96	2.22	1.57	0.92	0.13	0.78	1.96	0.39	(765)
产业工人	29.10	52.92	5.65	1.58	1.85	2.69	0.93	1.11	0.37	0.28	2.69	0.83	(1079)
农业劳动者	28.99	45.35	9.56	1.76	4.34	3.65	0.63	0.94	0.94	0.44	3.14	0.25	(1590)
城乡无业失业及半失业者	26.13	59.05	4.32	2.26	2.06	2.47	0.82	0.21	0.21		1.23	1.23	(486)
总计	28.80	50.65	7.11	1.99	2.63	3.51	1.11	0.87	0.47	0.45	1.95	0.45	(6191)

注：括号内为绝对数。

表 4　不同阶层对高收入获得的应然判断

单位：%

十大阶层	您认为在当前的中国社会中哪三种人应该获得高收入												
	有文化有学历的人	当官的人	有资产的人	有社会关系的人	脑子聪明的人	有技术专长的人	家庭背景硬的人	胆大敢干的人	吃苦耐劳的人	其他	不清楚	不回答	
国家与社会管理者	64.52	3.76	2.69		7.53	15.59		0.54	4.30		0.54	0.54	(186)
经理人员	62.25	4.90	6.86	0.49	5.88	14.71	0.49	0.49	3.43	0.49			(204)
私营企业主	63.49	3.17	9.52	3.17	7.94	11.11		1.59					(63)
专业技术人员	71.55	3.30	2.27	0.82	3.92	12.16	0.41	0.41	2.89	0.62	1.03	0.62	(485)
办事人员	66.46	2.66	2.53	1.01	5.44	14.43	0.25	0.51	4.05	0.38	1.77	0.51	(790)
个体工商户	59.85	5.71	4.97	1.47	8.10	11.60	0.18	0.55	4.79	0.37	2.39		(543)
商业服务业员工	66.49	5.10	3.40	1.05	6.28	9.55	0.79	0.92	2.75	0.65	2.49	0.52	(764)
产业工人	59.78	6.95	3.24	1.11	5.93	11.77	0.28	0.56	5.65	0.74	3.15	0.83	(1079)
农业劳动者	58.87	4.91	5.60	1.70	7.80	10.06	0.06	0.88	4.91	0.19	4.09	0.94	(1590)
城乡无业失业及半失业者	63.04	5.75	2.87	1.85	6.37	9.86	0.62	1.03	4.72		2.46	1.44	(486)
总计	62.67	4.96	3.99	1.28	6.53	11.47	0.31	0.71	4.36	0.40	2.63	0.69	(6191)

注：括号内为绝对数。

当然，从更深的层面来看，目标与手段的张力背后则是价值合理性与目的合理性之间的矛盾和紧张。随着中国从计划经济向市场经济、从传统社会向现代化社会转变，价值合理性在日常生活中日趋衰落，或者说，在日常生活中，如果人们坚守价值合理性，往往会失去很多好处，结果迫使人们在追求目标的过程中放弃了对价值合理性的要求，或者不重视价值合理性，只追求工具理性，追求手段的有效性。若当手段并不合乎价值要求的时候，就不会坚守价值原则和法律，从而带来社会紧张。按李普塞特（1995：31）的话说："价值合理性在经济与政治中的衰退越来越成为现代社会紧张与不稳定的根源"。当然这并不意味着当前人们对价值合理性缺乏认识，而只是由于它缺乏效用，因此不被人们所坚持而已，结果导致功利性思想盛行。为此，我们向调查对象询问了这样两个问题：一是"您认为当前中国社会中哪三种人最容易获得高收入"，另一个问题是"应该是哪三种人获得高收入"。这两个问题旨在测量手段与目标、价值与工具的关系。从对后一个问题的回答中，我们发现，大部分人还是有着相同的价值观的，那就是普遍认为应该是有文化的人、有技术专长的人和脑子聪明的人获得高收入。这种看法充分体现了现代社会的普遍价值观——能力主义。但是从对前一个问题的回答中，我们却发现，能力主义在现实中却遭遇着权力的阻挠。在我们的现实中不是你聪明、有技术专长，就能赚钱，相反，而是权力的大小及其有无决定了一个人赚钱的多少。在现代社会中，本不应该是当官的人最容易获得高收入，但是，我们的调查对象中的大多数却认为当官的人最容易获得高收入。另一些有意思的调查结果是像"吃苦耐劳"这样的价值观在当代并不再受到重视，在现实中也确实不能为人们带来财富，说明人们更多地注重功利性，而不再为某种道德美德而牺牲利益。当然，令人还有点安慰的是还有一些人认为有文化、有学历的人最容易获得高收入，与能力主义价值观还是相吻合的。

五　阶层的主观认识与地位的张力问题

最明显的合法性问题就体现在阶层的主观认识与客观地位之间的关系上。当各阶层不认可他们的阶层地位时，或者他们在主观认识上与他们的阶层地位不一致时，那就说明这个社会缺少合法性。这意味着社会的分层并没有让社会成员信服、认可，就会使现存的社会秩序不稳定。故在功能主义阶层理论看来，仅有社会分层还不够，任何社会都需要有一套意识形态和社会舆论来解释其分层中不平等现象的理由，以便让人们接受自己所处的不平等状态这一事实的合法性。如果社会发生了很大的分化，形成了一个分层系统，但缺乏一套意识形态和社会舆论来解释，或者社会成员对这样的分层不认可，那么这样的社会分层体系、这样的社会分化也会导致社会紧张和非均衡问题。

当前中国阶层关系中至少存在这样几方面的主观认识与地位之间的张力。第一，意识形态的解释不被认可。比如工人在意识形态上仍然被认为是领导阶级，但是在客观地位上却没有体现这一点，因此，工人对这样的意识形态解释不是很认同。从另一个角度来看，这也是阶层的主观认识与客观地位的不一致的表现，即意识形态的解释与阶层地位的不一致。这种不一致的后果是什么呢？显然是阶层的不满以及随之而来的抗争，他们会以意识形态的解释为根据，对他们的阶层地位的低下表达不满。

第二，意识形态对已经分化的阶层体系缺乏全面的解释，特别是对新阶层地位的合法性缺少意识形态的解释，或者是社会舆论没有给予新阶层以合法性的认可。改革前是知识分子的阶层地位得不到合法性的认可，改革后，知识分子的阶层地位的合法性问题得到了解决。而另外一些新阶层的地位合法性问题变得越来越突出，最突出的是私营企业主阶层的地位合法性问题一直没有解决，直到最近，意识形态才认可他们是社会主义的建设者，使他们在一定程度上获得了合法性的地位，但问题是他们在阶层体系中的地位合法性问题仍然没有得到解决。另一个问题是农民工阶层的地位合法性问题也没有解决。从总体上看，中国社会分化在社会上已经得到了认可，人们普遍认为社会已经分成各种各样的阶层，但是意识形态上仍然没有对此做出全面的解释，更没有对这样的分层给予肯定的回答。所以，国家在政策上也就缺乏阶层分析的依据，因此，就难以有效地调节社会各个阶层之间的关系。

第三，一些阶层的相对剥夺感甚至绝对剥夺感有所增强，这在工人阶层和农业劳动者阶层中体现得最为突出。在其他阶层地位大幅改善的同时，工人阶层和农业劳动者阶层的地位改善缓慢，他们与其他阶层之间的地位差距正在不断拉大。更严重的是，他们中的一些人不仅相对地位下降，而且绝对地位下降，成为下岗工人、失地农民、贫困群体，流入到城乡无业失业及半失业阶层中去。他们的被剥夺感尤为强烈。2001 年的全国问卷抽样调查表明，与 1995 年相比，地位越高的阶层，有越高比例的人认为他们现在的生活“好了许多”；而地位越低的阶层，有相似看法的人所占比例越少。国家与社会管理者、经理人员、私营企业主和专业技术人员等阶层分别有 48.39%、47.55%、53.97% 和 43.51% 持有这样的看法，接近一半或超过了一半；而办事人员、个体工商户、商业服务业员工、产业工人、农业劳动者和城乡无业失业及半失业人员中有此看法的分别只占 37.47%、28.91%、24.08%、26.14%、27.84% 和 15.19%，其中大部分不超过三成。与此相对应的是，地位越高的阶层中认为现在生活变坏的比例则越低，而地位越低的阶层中承认生活变坏的比例要高出许多。在国家与社会管理者、经理人员、私营企业主、专业技术人员中，持有此看法的比例分别是 4.3%、8.33%、9.52% 和 4.13%；而在办事人员、个体工商户、商业服务业员工、产业工人、农业劳动者和城乡无业失业及半失业人员中，持此看法的比例则分别是 12.15%、16.94%、17.12%、16.78%、12.89% 和 36.76%。

由此可见，在过去的发展中，底层阶层的人在生活上的改善显然跟不上其他阶层，尤其是大量失业人员在生活上的困难比以前加重。在这样的情况下，各个阶层对当前中国社会分化有着不同的看法，这在他们对当前中国收入差别的看法上有着明显的体现。比如在国家与社会管理者、经理人员、私营企业主和专业技术人员群体中，在面对“社会是否应该存在收入差距”这样的认知问题时，该群体比其他阶层表现出更肯定的倾向，他们中分别只有 13.98%、10.78%、11.11%、12.57% 的人认为一个社会“不太应该”和“完全不应该”存在收入差别；而在办事人员、个体工商户、商业服务业员工、产业工人、农业劳动者和城乡无业失业及半失业人员这样的群体中，对社会收入差别持更多的否定看法，分别有 19.5%、19.88%、24.05%、25.95%、20.74% 和 26.08% 的人认为一个社会“不太应该”和“完全不应该”存在收入差距。显然，底层的人们在主观认识上更多地不愿接受社会的分化，不认可社会不平等。

第四，不少人的阶层认同还没有真正形成，“高达 45.2% 的被调查者没有肯定地认为自己属于某个阶层”（王春光、李炜，2002：90）。这里涉及主观分层和客观分层的关系问题。没有阶层认同，意味着什么呢？一种可能是社会分化不大，社会不平等不明显，人们没有这样的阶层意识；另一种可能是，社会正处在不断分化之中，社会阶层还没有定型，或者社会没有形成一些确定的阶层。笔者认为，当前中国面临的就是后一种情况。虽然我们曾指出，中国社会已经分化为十大阶层，但是这十大阶层并没有固定化，更没有成为社会的一种共识，也没有其他被人们普遍认可的阶层框架话语。因此，我们在调查中碰到各种各样的对阶层的说法。虽然不能由此认为，没有阶层认同，就不利于社会均衡运行，但是，中国目前存在的阶层认同缺失，是在社会快速变迁和转型中产生的。一方面意味着人们对未来还有不少期许；另一方面也是人们在秩序意识上混乱的体现，在处理社会关系上缺乏可依循的规则。

六　结论

如何看待当前中国在社会阶层关系变迁过程中出现的非均衡问题，已成为当前中国社会学研究关注的重点。正如上文指出的，社会学追求的是社会均衡，但是在迄今为止人类历史上还没有出现如社会学追求的那样一种理想的社会均衡状态。在社会学视野里，非均衡问题当然被视为社会运行秩序出了问题，而当前中国社会在阶层关系变迁中出现的非均衡问题又有着许多特性。

从大的历史角度来看，在农业社会向工业社会转变，或工业社会向后工业社会或信息社会转变的过程中，原来的社会秩序都会遭到巨大的破坏。正如美国学者弗朗西斯·福山（2002：8）所说的：“由技术进步引起的社会秩序的混乱并不是什么新现象。尤其是工业革命开始以来，随着一种新的生产过程取代另一种生产过程，人类社会经历了一种无情的现代化过程。”当前中国正在经历着更为复杂的社会大转变，在农业向工业社会转变的同时，正在伴随着信息化进程；当工业化时代的阶层结构尚在形成之中，又碰上因信息化而生的另一些新阶层的出现。在这个复杂转变过程中，工业社会时代的阶层认同尚未确立，却被后现代的许多价值观念（如新环保运动理念、消费理念）所侵蚀，这在很大程度上影响了社会合法性的增长，从而导致社会秩序的失衡。“倘若这一转化（即从工业社会向后工业社会或信息社会的转化——引者注）也和以前的转化（即从农业社会向工业社会的转化——引者注）那样重大的话，那么，它对社会价值观念产生的影响应该同样大，这一点也不应该使我们感到吃惊。”“现代信息时代的民主国家今天所面临的最大的一种挑战是，面对技术和经济方面的变革，它们能否维持住社会秩序”（同上：10～11）。在我们看来，这些问题更是针对我们中国提出来的。

在这样一个复杂的社会大转变过程中，生产技术、经济制度、资源配置方式、生活方式的变革，引起了社会结构形态的变化，最明显地表现为阶层关系发生了显著的变迁。阶层关系在很大程度上反映的是利益关系。比如在这样的变迁过程中，原有的阶层分化了，一些新的阶层诞生，一些旧的阶层消失了；一些阶层的地位提高了，有的下降了。这都可以从他们的利益关系上得到解释。但是，我们往往忽视了这些变化所引起的更深层的影响，即在过去盛行的社会合法性触礁，产生合法性危机，在社会价值观念上形成了“大分裂”——人们不再坚守着价值合理性，而更多地将目的合理性作为行为准则，因此，就有各种“不择手段”的非均衡问题产生。但是，当社会没有提供足够多的合法性资源的时候，人们会将更多的问题归咎于社会，不认可当前的社会利益格局。更危险的是，高地位阶层不坚守价值合理性，带来的是社会运行机制缺少合理的、公正的、普适的机制，从而损害了社会最基本的公民权益。当前我们国家碰到的诸如收入差距的扩大、失地拆迁、税费负担加大、失业下岗、工资拖欠、贪污腐败等非均衡问题，都是跟合法性危机或者合法性增长滞缓直接相关的。

参考文献

弗朗西斯·福山，2002年，《大分裂》，中国社会科学出版社。

李普塞特，1995，《一致与冲突》，上海人民出版社。

——，1997，《政治人——政治的社会基础》，上海人民出版社。

陆学艺主编，2002，《当代中国社会阶层研究报告》，社会科学文献出版社。

——主编，2004，《当代中国社会流动》，社会科学文献出版社。

孙立平、李强、沈原，2004，《中国社会结构转型的近中期趋势与潜在危机》，收录在李培林、李强、孙立平等著的《中国社会分层》，社会科学文献出版社。

王春光、李炜，2002，《当代中国社会阶层的主观建构和客观实在》，《江苏社会科学》第4期。

Merton, Robert K. 1957. *Social Theory and Social Structure*. Revised edn, Free Pr.

产权怎样界定[* **]

——一份集体产权私化的社会文本

折晓叶　陈婴婴

摘　要：产权界定，作为一种当事人之间缔结或改变权利合约的互动过程，无疑是经济生活史上一项重要的社会活动。自 20 世纪 90 年代中期以来，乡镇集体企业改制的某些经验事实表明，社区集体产权主要不是一种市场合约性产权，而是一种社会合约性产权。这种社会性合约既不是某种有意识设计的制度，也不是社会关系的自然表达，而是特定行动关系协调的产物，反映的是一种社会和谐秩序。在市场合约不完备的情况下，它有可能以非正式的方式比较好地处理和解决社区内部的合作问题和产权冲突，具有界定和维护社区产权秩序的作用；但是在制度环境发生急剧变化时，这种作用就十分有限了。在当下依靠行政力量推动改制时，如果仅仅以制度设计来取代非正式的社会合约规则，而不能充分考虑到后者的延续或替代问题，将会给社区的持续发展带来严重的不良后果。

关键词：产权界定　社区集体产权　社会性合约　改制

产权是一种社会基本权利关系的制度表达，它与法权的不同之处在于，实践中的产权不是一种条文、律例或规定，而是一种留有解构和建构空间的制度安排。关于这一问题的讨论大多是在新古典经济学继而新制度经济学的产权理论框架中进行的。引入产权分析也是中国学者在理解和提供改革方案时的一项重要工作，特别是乡镇企业由早期成功走向后期改制的经历以及国有企业面临的改革困境，都促使人们重视对产权经济学范式

---

* 本文为福特基金会和中国社会科学院社会学研究所资助项目“产权变革的社会过程”的阶段性成果之一，特此向资助单位致以谢意。

** 原文发表于《社会学研究》2005 年第 4 期。

的追求。而这一范式的基本逻辑，是以私有制作为产权清晰的最终参照，由此推论出并明确了“只有界定清楚的产权才能有效率”的结论。

然而，这一解释逻辑在中国却遇到了挑战。首先是“产权模糊”的乡镇集体企业作为一个“例外”，在改革初中期曾提供过异常成功的经验。其次是“产权明晰”并没有能够解决乡镇集体企业后期改制中存在的诸多实践难题。例如，为什么在同一地区相同的市场条件下会出现不同的产权选择？为什么有些乡镇企业并不主动改制甚至抵制改制（张军、冯曲，2000）？而且，为什么相当数量的企业在改制后仍然不能避免失败的命运？实际的情况是，乡镇企业原本就存在多种产权模式，在产权选择上甚至出现“一村一制”的多样性现象（折晓叶、陈婴婴，2000b），而每一种模式又都有成功和失败的例子。由此看来，产权理论至少在解释乡镇企业多样化的产权选择上，即在实证解释方面，尚缺乏内在逻辑性，还不能既解释私有制的成功又解释“集体制”的不败。

这些来自当代中国乡村实践的难题，其实是在引进产权经济学的基本概念框架下分析问题的结果。关于“实践知识”相对于“认识论知识”而产生的“悖论”和“抵触”，已有一些经典的研究成果（黄宗智，1993，2005；斯科特，2004/1998：7；孙立平，2002）。相对于企业改制来说，无论是“国企”还是“集体”，目前似乎也都面临着类似的悖论问题：没有产权就没有真正的市场（张维迎，1995，1999）；而没有真正的市场，产权是难以界定的（林毅夫、蔡昉、李周，1997；转引自平萍，2004）。这就给我们提出一个值得认真思考的问题：在当前市场制度不健全的环境下，产权在大规模改制运动中是否可以被合理界定？实践中的产权又是怎样被界定的？

目前，经济学对上述问题的争论尚难以走出困境。新近一些从组织社会学制度学派和“关系网络”学派以及人类学解释逻辑出发的研究，为解释上述悖论问题提供了一些新的思路。倪志伟等在研究“非正式或自发私有化”时指出，在政府反对大规模私有化的情况下，经济活动者转而追求非正式的私有化策略。这里的非正式私有化，是指在社会的意义上将公有财产的产权交给私人，这种移交是宪法所不承认的，因而也就不受法律的保护。非正式私有化是以对资源使用权的社会认知为基础的，它有赖于已经形成并正在发挥作用的社会关系（Nee and Sijin Su，1995，转引自孙立平，2002）。彭玉生进一步指出，非正式产权与非正式规则的运作有关，这些规则涉及谁应该控制并从稀有资源中获取收益。家庭团结和信任将有助于产权中那些非正式规则的实施（Yu sheng，Peng，2004）。林南等则强调了家庭网对集体产权渗透的意义，认为集体制企业私有化的有效途径，是通过家庭网对股份制进行有效利用（Lin and Chen，1999：145－170）。这些研究提出，在市场制度不完善的条件下，产权存在被社会关系网络非正式地界定的可能性。另一些研究指出，产权不仅存在被非经济因素界定的可能，而且并不总是为效率原则所驱使，它还受到政治过程、文化观念等社会性因素的影响；并且，这些因素的不确定性还使产权处于被反复界定的状态。张静在研究农村土地纠纷处理问题时强调了权利和利益关系的重要性，指出土地使用权的界定并不是建立在稳定的法律制度之上，而是常常随着政治权力和利益集团的参与而不断变化，产权归属表现出极大的弹性（张静，2003）。张小军则使用“象征地权”概念，来解释“地权可能通过政治权力的强迫或者社会观念的改变而改变”的现象（张小军，2004）。申静和王汉生的研究从一项集体土地产权遭遇反复界定的实践中，发现产权实际上是“对行动者之间关系的界定”，从而得出“成员权是界定集体产权的基本准则”的结论（申静、王汉生，2005）。而更进一步的研究则切入产权概念主题，试图与经济学概念分析框架进行对话。刘世定对“产权”这一概念及其分析框架在中国问题上的概括力和解释力提出质疑，他根据乡镇企业的经验，寻找到较之产权更为基础的概念——“占有”——作为工具（刘世定，1996），继而提出“关系合同”概念，认为合同只部分依靠于法律体系，部分则嵌入于人格化的关系体系之中。后者发生在正式合同缔结之后，由那些经营代理人在相对独立地从事经营活动的过程中和他的经营伙伴缔结而成，并使合同嵌入于他们之间的关系（刘世定，1999b）。周雪光则着眼于组织与其环境即其他组织、制度环境或者内部不同群体之间稳定的交往关联，进一步提出与经济学“产权是一束权利”不同的“关系产权”概念，以此强调“产权是一束关系”这一中心命题，从而提供了一种与经济学产权理论不同的全新思路（周雪光，2005）。

本文对产权界定的研究与上述思路较为贴近，不过，我们更强调集体产权的社会合约规定性，着重于揭示缔约—解约—再缔约的动态界定的社会过程。我们的研究还只限于对村社区类集体产权的分析，而且尚未涉及其中“以市场方式聘用企业家”的类型，因此，并不试图对共有产权的一般形态和问题做出解释。本文特别关注到，在自20世纪90年代中期以来的乡镇企业改制中，“集体资产退出”是一条基本路径，然而，最令人困惑的却正是这一集体资产的边界和归属为什么会变得如此地难以界定。我们需要追问的是：一项按法定规则界定的名义产权为什么会遭遇到反复界定？界定的依据又是怎样发生变化的？“集体”为什么在正式的制度安排中表现出“弱势”性格，既不具有“回收”资产和投入的能量，又不具有讨价还价的资本和能力？而其间隐含更深一层的问题还有：在集体制的制度框架和意识形态下，何以最终会产生出排斥集体的力量？

一 社区集体产权：一种社会合约性产权

合同、企业治理结构和企业所有权，是同一事物由具体到抽象的三级层面（参见张维迎，1999），合同双方是否是独立法人与合同是否能够执行有关，因此，合同关系与产权关系有重要关联，可以通过前者来透视后者。本文将在同一种意义上使用合约、合同和契约概念，并从广义上加以理解，即任何两个经济实体的双边关系，甚至多边关系，都可以称为合约关系。合约可以是正式的，具有法律效力的；也可能是非正式的，建筑在社会期待之上的（周雪光，2003：221）。所谓社会性合约所指的就是这后一种合约。

我们在讨论乡镇企业的性质时曾经指出，经济学有关企业是“一种或一组市场合约”的中心命题，并不能够对“不规范的市场”中的“非常规”的乡镇企业，特别是村办企业的本质特征做出令人信服的解释。原因在于，乡镇企业产生于社区母体之中，并不是一种纯粹的“市场里的企业”，它同时也是一种“社区里的企业”，不仅企业的经济活动深深“嵌入”于社区的社会关系结构之中，而且非正式合约在解决产权问题上具有特别重要的作用。在我们看来，非正式合约不仅是建立在经济原则基础上的交易合约，而且是建立在社会合法性基础上的以互惠交换为核心内容的社会性合约。这种情形下的企业，就不仅是“人力资本和物质资本的特别合约”（周其仁，1996a），还是一组包含人力资本和社会资本（含制度资本）的特别合约（折晓叶、陈婴婴，2004）。

这样一来，如何理解村落社区企业的“合约”性质，就成为一个理论难题，一个需要对以往的市场合约理论做出某些修正和补充的难题。在村域里通行的社会性合约，其本质也是规定权利关系，特别是对人们预期中的收入和资产在占有和使用中的互惠权利关系进行认定。在这类合约中，约定者关注的不仅是其未来的收益，而且在意其声望、声誉、信任以及互惠承诺；投入的也不仅是土地、人力或资金，而且还有他们的互惠期望、社会期待、信任和忠诚，以及机会成本和风险。这是一种隐含的非正式的社会性合约，它在确定企业事实上的产权安排中具有重要的作用。

对合约的这种理解，较接近于涂尔干对契约的解释：“在契约里，并不是所有一切都是契约的”（涂尔干，2000：185）。所不同的是，涂氏所强调的契约中内含的道德和法律等要素是非契约性的，契约等同于交易；而我们这里所说的社会性合约，其核心要素是互惠和交换，是一种对交易合约残缺或不足予以补充的合约。这样理解的社区集体企业的合约关系，就不是一种处于一切社会规范之外的纯粹经济交易，而是包含社区互惠规范作用的社会交换关系。这种社会交换关系之所以不同于经济交易，是因为它难以确定或者并不期待等量的交易价值，但却追求互惠和回报，并以达成就业、福利、保障、发展等社会性目标为直接目的。

这种社会性合约，是在集体“带头人”的人力资本与社区成员的合力所聚成的社会资本之间达成的。对于村组织和创办企业的带头人来说，这一合约具有动员村民广泛参与并以合作方式支持非农化的作用。工业化初期，许多村庄并没有任何集体积累资金可以投入，所谓的“集体”并不是一个有现值的经济实体，只不过是一个有盈利预期的、有待重建的社区共同体。对于创办者来说，如果有一个可以提供信任、可以运用非市场原则处理经济合作和冲突问题、可以承担转嫁的企业风险、又可以容忍他从多次失败和损失中增长才干的社会场域，就显得十分重要。达成社会性合约，就可以使他从一开始就进入一个社区合作环境，找到一个可以使其人力资本积累和增殖的社会支持系统。在这个系统之中，他为增长才干所付出的经济成本，就会因为社区提供的土地和劳动力低廉而降低；他所付出的社会成本，也因为熟人社会的信任和忠诚以及稳定的社会关系而变得很少。甚至于他所经营的企业的风险也转由社区来承担了（折晓叶、陈婴婴，2004）。

对于社区成员来说，工业化导致他们的“土地权”向“就业权”转换。原来可以分割清楚的地权，经过非农使用后，不再能够分割，而是转换成了非农就业权和集体福利享有权。以往对集体产权的研究，或者只针对土地产权，或者又只针对企业产权，并不关注二者转换过程中权利合约的变化。而土地权向就业权和福利享有权转化时，提出的正是社会性合约问题，因为企业的市场合约所遵从的经济理性不再能够保证村民就业权和福利权的实现，而社会性合约所补充约定的恰恰是这一类建立在共同体合作关系基础上的基本权利。

按照我国法律对集体企业产权的界定，集体企业的财产是一种高度抽象的“劳动群众集体”（一定社区或企业的劳动者集体）所有形态，虽然我们从产权理论出发，可以发现这一规定把集体所有权界定成了一种看不见、摸不着的悬空状态的所有——这种所有，使集体所有的权利主体高度模糊化，既难以体现为集体成员的个人所有权，又不能体现为集体组织的法人所有权（孔祥俊，1996），但是，我们还是可以发现其中隐含着成员权是集体产权的基础这一命题，并且实践中的集体产权也正是按照这一命题来运作的。

成员权是一种建立在共同体成员身份和关系基础上的共享权利，表明的是产权嵌入于社会关系网络的状态。研究产权问题的学者，容易将“由于稀缺资源的存在和使用”所引起的人们之间的行为关系作为产权制度的内核，从而忽略产权发生的既定社会关系背景的作用。按照本研究的理解，产权嵌入于社会关系网络之中，这不仅是指由于物的使用确定了人们之间的社会关系，而且也是指社会关系网络的性质可以影响到物的使用方式，包括产权“排他”的边界、权利的明晰程度以及它所产生的效率和激励效果等。特别是对于产生于村社区母体的共有产权来说，这种“结构性嵌入”就更加明显，甚至于社区母体的社会关系的性质决定着资产聚集和分割的渠道。从这个意义上说，不是交易引起了关系，而是关系引起了交易。

在谈到工业集体成员权问题时，还有两点需要明确。

第一，在村社会，即便是工业化了的村社区，所谓“集体（共有）产权”，也总是要站在村落共同体的立场上才能表达，它不只是包含共同财产权或等同于财产权，而且包含与社会关系相联系的成员资格和权利，甚至于包含嵌入于共同体社会关系网络中的“人权”。例如，生存理性支配下的使用共同财产的就业权利、为规避经济不确定性带来潜在危害的合作权利、摄取由社会网络承载的稀缺资源并由此获益的成员资格权利，等等。特别是经过二十余年的集体工业化过程，工业共同体的运作还使“共有”成为一种被制度化了的文化，使村集体不只表现为一种经济形式，也表现为一种“社区共同体”的社会形态和社区合作文化。因此，我们可以看到，村民所获得的集体产权是一种有限排他的不完全的产权形态，它嵌入于社区共同体的关系网络之中，是由共同体的成员关系来界定的。

第二，需要对不同制度环境下村民是如何获得又如何丧失“集体产权人”的成员身份加以区别。在农业集体制时期，村民的集体成员资格是一种“天赋人权”，是从户籍身份中自然获得的。而且，这种成员资格的获得与土地产权的获得有某些关联之处，也是伴随社会政治运动直接重新分配土地产权的结果。而通过政治运动制造了所有权的国家，同样可以通过政治运动改变所有权（周其仁，2002：9～10）。因而，集体成员的身份在某种意义上说也是国家赋予的，它的获得和丧失都不完全取决于个人或共同体。村庄工业共同体的形成则与此不同，它是由“土地使用权人”和“共同创业人”两种资格来确定成员身份的。原来的天赋人权由家庭联产承包责任制时的“分田人头”重新加以确定，成为新的工业共同体成员资格的基础条件，但这绝不是必然条件，有没有参与工业创业，是获得成员资格的另一维坐标。在本文所涉及的案例村和周边村庄可以看到，只有这两种身份重合者才是当然的成员，有“分田人头”资格但没有参加工业创业者，如常年外出做生意而不屑于村籍的人，则不能获得成员资格；相反，那些对工业创业有贡献的外来人则有可能获得成员资格。这时候的共同体成员资格是由个人和共同体来自主选择的，是不易获得也不易失去的。

这样看来，社会合约性产权的解释逻辑与市场交易合约性产权的解释逻辑不同，它将成员权及其连带的社会关系网络看作社会性合约形成的基础。这种合约是以土地集体所有权为基础，其中渗透了“成员共有权”、“平均权”和“人权”等社会关系成分，因而它必然包含互惠信任和抑制机会主义行为的社会期待。从这个角度来说，村社区共有土地资源的投入是一种社会性投入，索取的也是社会性的回报。其次，这种社会性合约还基于熟人社会的人际关系，具有连带责任和信任感，其背后是习俗和惯例一类的非正式制度。它所约束的双方行为，包括经济性的但不一定是市场性的“交易”行为，或者更确切地说是社会性的“交换”行为，由于发生在村社区这样的熟人社会中，依靠长时段形成的信任来维持，因此它的达成甚至不是在事件发生时才进行，而是事前就以隐性的方式存在。因而，这种合约同样可以形成对获益的稳定的预期。

作为隐性合约，社会性合约基于社会合法性机制。首先，它不同于法定合约，不是正式的书面规定甚至连口头协议也称不上，因此没有法律效力。但它又无疑是一种“事实上的契约关系”（鄰剑星，2004），集体组织及其带头人与社区成员之间以互惠达成相互间有条件的允诺与义务（迈克尔·莱斯诺夫，2004：导论 11 ~ 12），只要一方遵守而另一方默认，就算已经达成相互存有期待的合约。这些期待虽然没有见诸文字，但双方都是默认执行的，一旦双方在此基础上产生了很强的互赖性，如果违约，就会导致纠纷（周雪光，2003：220）。合约双方在实践中所要解决的核心问题，是如何约定一种可以为成员事实上所接受的权力和利益分配机制，在促进总收益增加的同时，如何合理分配来自集体产权安排的权利和收益。这种约定在内部有助于达成社区的整体目标，也有助于共同体的整体生存，还有利于在集体产权内部边界模糊的情况下避免因争议而带来的不便。当然，由于这种合约是相互依赖基础上的产物，相互的义务也可能是不对等的。一旦依赖的倾向发生变化，相互的义务也会随之变化。比如，随着企业的发展壮大，企业对于社区及其成员的依赖性减弱，而后者对前者的依赖反而会增强，这时就会发生权利和义务不对等，引起讨价还价以致发生再缔约的情况。

最后还应看到，这种合约包含观念和道德的力量，它是社区成员互惠行动关系的产物，而不是有意识设计的结果；但它又不同于文化和信念，因为它还借助于特定的法律合法性，如集体制度和集体企业政策等的支持。因此，我们也可以将它看成一种介于正式与非正式之间的制度“合成物”。不过，社会性合约内含的观念和道德的力量，虽然具有习惯法的作用，但并不能绝对地约束权威人物和村人的行为，特别是，一旦外力推行的正式制度或政策的力度强硬到可以挑战习惯、可以被名正言顺地用来作为变迁依据时，它的约束就会被降低；又由于这种“社区眼”的作用以双方“在场”即信息可以共享为前提，一旦社区的经济和社会生活扩展到村里人并不能直接了解和控制时，它的作用就是有限的了，它所能界定的权利边界也就是模糊的、有弹性的和易受损害的了。这正是大多数乡镇企业集体产权难以界定的原因所在。因而，事前对名义产权的界定不管多么模糊，“集体企业”的法定名义仍然给社区所有权划定了保障底线。正如有人所言，“名义产权在某种程度上说也是一种事实力量”（刘世定，1996），它可以对社会性合约提供一个保障的框架，它的保障作用在产权的事中和事后界定中都可以比较清楚地看到。

这样理解问题，就使我们有可能将“乡镇集体企业”中的“镇办”与“村办”从社会性质上加以区别。这一区别对于理解社区集体产权十分重要。已有研究者根据非正式私有化理论和地方法团主义理论对村属企业和镇属企业在要素生产力、代理等方面的差异进行了研究（彭玉生，2002），而按照我们的理解，“村办”企业与“镇办”企业的产权之所以存在实质性差别，就是因为它们所嵌入的社会关系的性质不同。乡镇政府所办的企业，并不带有社区母体的社会关系的典型特征，其收益与区域内的农民没有直接关联，农民难以对它形成稳定的社会期待。因而，改制前后的主要问题都是收益如何在政府官员和企业经营者之间分配的问题（温铁军，1997）。但是，村办企业则与此不同，其原始积累阶段所利用的土地和劳力乃至某些启动资金，都直接取自社区，并且是以共同体内的信任结构和互惠规则作为“摄取”和“出让”的社会性担保的，其收益主要是在企业与村集体组织及其成员之间分配，因而在改制中引发出的诸多问题，也就集中反映为如何对社区进行回报的问题。

现在，让我们根据苏南一个集体制村办企业改制的实例，来对上述问题进行观察。

二　一个动态界定事件

塘村位于长江三角洲沿江平原，曾是苏南众多工业化程度很高，又采用集体制方式办企业的村庄之一。制鞋是村里的主导产业，产品多年来直销日本等国际市场。到20世纪末集体制解体之前，塘村已经是当地有名的富裕村和纳税大户。

20世纪90年代中期以后，苏南本土开始对单一集体制模式进行反思，塘村的改制三部曲也就此正式拉开帷幕。村办集体企业的产权问题一般发生在三个关系层面：一是发生在村集体组织的外部边界处，即村集体与乡镇政府之间；二是发生在村办企业的外部边界处，即村政权与村办企业之间；三是发生在村企“内部人”之间，即经营者与村民及普通职工之间。问题每每都出在如何从上述关系上界定产权。塘村的改制三部曲正是围绕这些问题在这三个层面上不断展开的。

（一）一部曲：“转”——“股份合作制”改造

90 年代中期，当地乡镇企业已经渡过了经济起飞时的高增长阶段，普遍面临经济效益滑坡、产品销路不畅、坏账呆账增多、负债严重的困境。面对困境，人们提出“调整改造产业结构”等举措，开始注意“集体制的弊端”问题。塘村的情景却与此不同。塘村鞋业以外向型经济为主，靠接单生产，销路稳定，效益明显好于当地其他一些乡镇企业，正处于“做好做大”的鼎盛时期，到 90 年代中期，已经兼并了数十家当地镇办企业，1995 年被批准为省级集团公司。在企业效益和职工收益俱佳的时候，对集体制“动手术”的直接目的显然不是追求市场效益。

虽然塘村所在地的乡镇企业从 1993 年即已开始各种转换经营机制的改革，多个镇办村办企业实行了拍卖、租赁和风险抵押承包，一些企业已经试行股份合作制。但是，这一时期所在地的省级政府仍然把注意力锁定在企业“姓社还是姓资”问题上，政策举棋不定，塘村也就并不急于做这件事。进入 1997 年，党的“十五大”召开前后，关于产权制度改革的政策方案陆续出台，地方开始了大规模推行以股份合作制为主要形式的转制。当年中旬，政府有关部门干部进村，在塘村搞试点，按政策和村情设计出一套股份合作制方案，随后召开转制大会，成为当地“骨干乡镇企业改革比较成功的典型”。

塘村掌权者在“接受地方政策指导”中一向很有“办法”，“善于变被动为主动”，很快就给这种自上而下推动的“股份合作制”改造加入了社区意图。塘村领导人在此时已经看到了对集体产权动手术的两种潜在前景。他一直认为集体产权是个“拎不清”的东西，其一，与地方政府包括村级行政组织的关系不清不楚；其二，与职工的关系不清不白，股份化则有可能“把集体那一块从中拎出来”。

于是，集体“存量”在这种背景下做出了如下“置换”[①]：净资产（1997 年）中集体资本金占 93%，其中包括村集体股 46.8%，职工个人股 20.1%，职工享受股[②] 20.1%，经营者个人股 14%；净资产中另有社会法人资本金 7%。

集体产权由此发生了一些实质性变化，其中一部分由私人资本联合而成，另有一部分则以配股的方式量化到个人，而剩余的“集体大股”（法人产权）这时无论从名义上还是实质上都已经与职工个人（出资者）发生了分离。职工的注意力集中在个人股和配给的享受股上，集体股对他们的意义更加模糊，此时的集体股实际上已经彻底地转入集体代理人手中。

另一个显著的分离作用发生在集体产权的外部边界处，村里人对此心知肚明。塘村接受转制，与当地其他一些多年坚持集体制的村庄相似，出于一种非常现实的考虑，这就是，他们再三权衡过村庄的实际利益，预期到如此转制可以改变与地方政府的经济关系。正如一位村干部所说：“股份制前，上面伸手，你不好不给，开支很大。现在股东拿税拿费，我们干部不好说了算的，上面也要考虑”。虽然村里人清楚这并不足以形成对政府行为的约束，但至少可以找到一个合理的说法和托词。如此考虑之下的转制，有可能促使地方权威更快地甚至彻底地退出对村办企业原本就已微弱的控制。

那么，集体企业与村行政组织的产权关系又如何处理呢？塘村在对企业进行股份合作制改造的时候，以职工为入股对象，不强调村民身份，一是因为该村 90% 以上的村民在村办企业里工作，从事力所能及的制鞋工作；二是自从鞋业集团成为村里的主导后，虽然一直实行“公司办村”的管理方式，但企业集团与村委会因为执掌者不同，在职能和财政上又都是相对分开的。以职工为对象的股份合作制，没有让所有的村干部都成为企业股份的当然拥有者，不在企业任职的村主任和其他村干部没有股权证，公司人士说，“他们的利益用其他办法来解决”，也就是由公司支付村干部

① 所谓“集体产权置换”，是指在集体经济组织控股的前提下，划出一定比例的集体股折为现金股，吸纳公司内部职工投资认股。被认购的部分明确为“职工个人股”，数量按工龄、职务、贡献等确定。

② 一般从集体资本金中拿出一部分设立“职工共享股”，按个人现金股一比一的比例划配，量化到人，其股权仍属村集体所有，个人只享有分红权，实行“人在股在，人去股消”。

高于其他周边村数倍的工资，办事经费每年可向公司报批和报销。在这种股份和股权选择及设计中，显然是加入了对社区权利格局的考虑和设计者个人的产权意识，强调了经济精英的权利，为下一步在内部实现“村企分开”埋下伏笔。

（二）二部曲：“拟”——“公司制”处置

塘村转制的第二个直接目的是抑制村庄内部行政系统对产权及其收益的索求。靠办企业起家的村书记对企业成败有更深一层的考虑，认为企业一定要与村政分开。为此，他一直想寻找出一个两全其美的办法来。眼下的股份合作制让他觉得是个办法，但在如何划分资产上，依据仍然不清楚。

时隔两年，进入1999年后，村书记应邀参加了当地一次省级有关大中型乡镇企业改制的会议，他领会到的要义是：“改要改彻底，首先资产要界定清楚。”他在会议文件上标出的重点，基本上包括了界定产权的最新原则，如“公司制”原则、确定企业经营性净资产权属的原则、集体股可退出原则、职工持股会所有权原则、经营者和经营层股权奖励原则等。

于是，塘村在这些地方政策的鼓励和依托下，开始了对集体产权“分家析产”的过程。图1是一份由村集团总公司制定的原始示意图，较为直观地揭示出划分的结果。

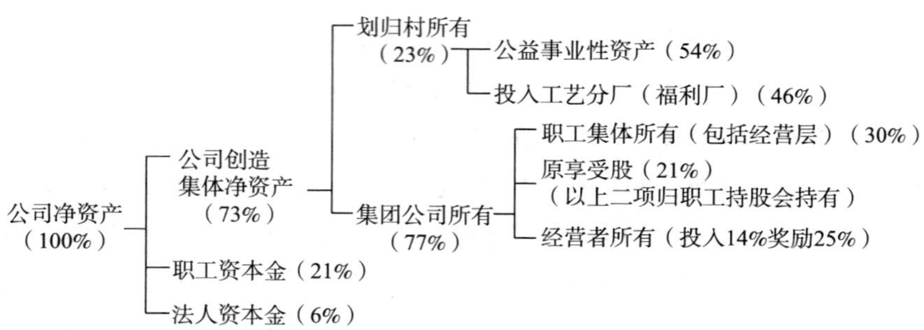

图1　净资产产权界定剥离示意

注：此图依据塘村总公司2001年4月提供的图表绘制。

这份精心制作的原始图表，标明了塘村集体产权经过了如下几个分家过程。

村企分家

在这份原始图表中有一处值得细究的提法和做法，即“公司创造集体净资产”，这个说法第一次将“公司”与“村”加以严格区分，将“村集体”排除在“公司集体”之外。

村行政组织所占资产的比例怎样确定，是一个耐人寻味的过程。实际划分中没有人追问或有所依据地辨析什么是“投入”或“初始投入”，“鞋厂是老板（指村书记兼董事长）办的，村里没有投过一分钱”，这是公司拥有界定权的一个权威解释，村委会和村民对此给予默认。但企业是集体厂也是最具政策合法性的不争事实，因而，首先琢磨和商定出一个分配比例才是大家最关心的事情。村占比例如何确定，地方政策中并无依据可循。细问由来才得知，确定这近1/4的比例很具有戏剧性，完全是村书记兼董事长在与当地另一个同类村庄的交流中偶然获得的一个尺度。也就是说，这个比例曾在当地村庄之间进行过参照和协商，具有一定的地区合法性。事后村书记回忆说：“这个比例也不是随便说说的，估计到村子里靠这些收益差不多也够用，再说资产是公司做出做大的，他们村里也不会有意见。”显然，公司要依据“谁投入、谁创造、谁收益”的原则与村行政组织做一个了断。公司人士甚至认为，公益性资产是公司送给村里的，只有福利企业才是政策性归还。

果然不出所料，村委会没有对公司提出的分割比例提出疑义，只是在划分产业等细节上做了些讨价还价，并坚持要求镇政府出面做见证人，后来镇政府便以正式文件的形式对此加以确认。村主任并不认为自己有理由向公司提出更多要求，只认为“把这个事体定下来”很重要，因为这些年村里办事都是找公司要钱，村里有没有、有多少财产从来都没个说法。

从图1中可以看出，村与公司的“所有物”有严格划分。依据地方政策，社区性的公共物品和按政策享有优惠的福利企业产权应归村集体组织所有，这在村里人看来也是情理中的事，按村里人的说法，公益事业是“为老百姓办的大事实事”，将这部分没有收益但具有公共物品性质的固定资产归村所有，是理所当然。村主任也以同样的逻辑做过一番思量，他最看中的是村里的公共事业设施都归村委会所有，而这些“大事”都已经由公司办好，今后不用再投入。只是在事隔一年之后，他才意识到公益设施的非经营性质，使村里出现了有“资产”而无“进账”的局面。

对公共物品的计价是严格按照投资和折旧计算的，对此村主任手里有一笔细账：“十多年来村里办了 18 项工程，总投入 800 万元呢，考虑到固定资产折旧 10%，一次性折价买进又优惠 10% 这些政策，算给我们这么多。”巧妙之处在如何对归公的福利厂进行计价上。按照地方政策，福利企业只能以集体名义举办，集体资产应占到总资产的 50% 以上。改制中这部分应归在村集体名下。按析产原则，这家福利厂的资产规模“算下来”正合适，刚好补上村应得比例中的差额。看起来，人们对这一部分的实际价值并不真正关心，只按总价 1/4 的析产原则大致匡算。可见，村企分家的真正意图，只在于对“公司创造集体净资产”即新增值资产的权利归公司所有这一界定确定一个说法，并就此把村政和村集体经济组织彻底“排他”在公司集体之外。

经营者与公司集体分家

与此同时，公司内部将经营者的产权与职工持股会的产权也做了明确划分。经营者此时已经占有公司股权中 49% 比例的股份，其中 14% 为前次转制中确定的现金股比例，25% 为本次依照地方政策得到的“奖励股”。

职工持股会是一个掌管职工集体产权的代理机构，它所掌管的这部分股权实际包括两部分，一部分是前次转制中已经配给职工的享受股，另一部分是从公司资产中新划出的（即减去经营者个人股后的剩余集体资产）归职工集体所有的股份。这两部分都已相对独立于企业经营者，虽然其拥有者无权自由支配它，但却可以通过监管防止受到侵害。这样一来，所谓“集体产权”已经不同于以往集体制下的产权，而是具有了相对清晰的产权边界，归某一具体群体——“职工集体”——所有。

塘村的这次转制，虽然保留了职工内部出股和社区合作的性质，但在治理结构的设计上却模拟了“公司制”。经过这样处置，基本上完成了公司治理结构向“股份有限公司”的转变。公司内部成立了股东代表大会，选举产生了董事会和监事会。在这个框架下，村集体只占有公司一个福利小厂 50% 的股份，基本上已经退出公司股权结构。所谓传统的“集体产权”已基本被动摇摧毁，开始向多元产权演变，经营者和职工持股会各占半壁江山，公司成为“共同持股的有限责任公司”。特别是以分配股权的方式，重新形塑出了全新的“产权主体”，各自都有了可以指认、可以计价、可以交易的资产。因此，地方政府和公司经营者都以《公司法》为依据，断定改制后的塘村集团会成为“符合现代企业制度要求的政企分开、产权明晰、自主经营、自负盈亏的法人实体”。

（三）三部曲：“改”——私有化

显然，公司制处置是塘村产权变革中最重要的一步，借此基本上处理了“村集体资产退出”和“经营者持大股”等难点问题，特别是重新界定了新的产权主体。至此，塘村公司的产权变革可能面临两种前景，维持现状或进一步私有化。而后者的基础已经奠定，只要有政策鼓励，将经营者的持股比例增加到足够大时，即可水到渠成，浮出水面。而这两种选择对于经营者来说，都只是要不要或如何在公司“内部人”之间交易产权的问题。

进入2000年之际，有两个因素促进了塘村私有化的进程。此时，地方政府改革派之间首先出现了分歧。原来帮助塘村转制的部门认为，股份合作制更适合塘村这样大而好的企业，搞拍卖转让或减少集体股甚至让其全部退出，不利于企业的发展，也不利于“共同富裕”。而力主私有化的一些干部则代表当地新改革派的意见，决意大刀阔斧推行改制，他们直接进村抓点，参照地方国营企业改制的办法，工作重点是动员村集体彻底退出，由董事长买断企业，并且协调市总工会、银行、镇政府等有关部门支持塘村“改制转私”。第二个因素，是塘村策划了数年的“上市”，在这一年又被合作方提起，现有的内部股份合作制显然不合上市规范。于是，改制转私被正式推向了前台。

“集体资产退出”，是苏南集体企业改制最重要的政策之一。经过前两次转制后的塘村，涉及两个利益实体，一是以村委会为代表的村社区集体，另一个是以职工持股会为代表的职工集体，怎样让他们顺利退出，成为各方运作的焦点。最终，塘村采用了如下几个策略。

变现策略。村集体资产退出企业，此时的苏南，既有官方舆论和政策的支持，又有基层干部的迎合。于前者，政府直接经营企业，已经被认为是“下策”；于后者，获得独立的财政能力，已成为地方政权新的追求。因此，当改制一开始有人劝村委会干脆将福利厂另一半的股权从公司买下时，被村主任一口回绝。此时镇里的企业已经“全部私营了”，镇干部劝说“干脆搞定算了，把福利厂全卖掉”。村主任接受了这个建议，同意将村占资产卖给公司。作价出卖时，村主任、村书记兼公司董事长、镇政府代表三方到场。协商是平和的，几乎没有讨价还价的过程，村书记兼董事长答应这笔钱算作村委会借给集团总公司的，按超出银行数倍的6%的年利率计息。

上市策略。塘村集体资产的另一部分由职工持股会持有。蹲点策划改制的上级领导提议，撤销职工持股会，其所持股权全部转让给村书记兼董事长。但是，撤销职工持股会，涉及全员职工与全体村民，是一个比“村退”政策性更强的事件，其依据何来？《公司法》又再次成为制度依据。理由是职工持股会的存在依据的是《工会法》，与《公司法》有矛盾；它的历史使命已经完成，它的存在使集团公司不符合上市条件。上市的盈利预期对职工已经具有很大的激励，相对于股份而言，它似乎更具有吸引力。集体资产有偿转让，在当地早已不是什么新鲜事，职工持股会代表们对此没有提出异议。村书记兼董事长表示，持股会所持股份可以转让给他也可以转让给别人，代表们一致反对转让给别人，结果全票同意转给村书记兼董事长本人。至于如何“吃下”职工持股会持有的股份，村书记兼董事长答曰：“股份最后由我出面买下，但我也没有（那么些）钱。我考虑了一天，到市银行去商量，能不能借给我个人。农行行长请示了（上级），（同意）借给我私人，我的厂子信誉很好。”

让代表们最关心的另有两件事，一件是这笔转让费如何处置，另一件是公司对职工的政策会不会发生变化。对此，村书记兼董事长做出两项承诺：第一，转让所得从公司总资产中析出，作为公司职工奖励基金，单独立账，专户管理，专款专用，将根据贡献大小对职工实行年度奖励（此一承诺依据地方有关政策做出），满三年工龄的职工每年可拿1000元，与过去分红差不多；第二，对职工的政策保持不变。这些承诺不管公开不公开，实际上都是职工转让股权的潜在期待。

赎买策略。对于转让职工持股会股份，经营层较之普通职工更为敏感。他们原来拥有的享受股份比普通工人高出数十倍以上，如何使他们的利益得到保障，是转让得以顺利完成的关键。处事精明又不失诚恳的村书记兼董事长对此做了如下处理：将经营层年享受股的“明”分红改为“暗”红包，数额差不多，每年还略有增加。

以上策略的实行使塘村的改制进展顺利，村民和职工以平静的心态接受了改制。转让决议达成后，经市总工会和体改委批复执行，按《公司法》的有关规定，办理相关的变更手续。变更后的产权界定示意如下：净资产（1999 年）中的 77% 归集团总公司所有，其中经营者本人拥有 55%，经营者儿子拥有 45%；“村集体”的总资产份额由转制初期的 93%，经过三次动态界定，至此为 23%，冠以“村所有资本金”，主要包括无收益的公益性资产和收益不多的土地收益金及一次性的福利厂转让费等。

至此，塘村鞋业公司完成了私营化的公司制改造，变为有限责任公司。

从塘村产权界定的全过程可知，实行股份合作制，是塘村工业集体制实行后第一次也是最重要的一次界定产权事件，我们以此作为正式合约安排即“事中”界定，并以此为基准，将其他过程划分为“事前”界定和“事后”界定。

三　事前界定：社会性合约的形成和运作

（一）有没有以及什么是“初始合同”

与大多数乡镇企业一样，塘村改制遵循的也是《公司法》中“谁投资，谁创造，谁受益”的原则，已有研究讨论过这一依据的不当之处（温铁军，1997），这里我们将从另一个角度来看问题。依据《公司法》的上述原则，“初始”投入和界定是改制最为重要的依据。但是，追寻起来，我们往往被告知，大多企业都陷于“无初始合同”的尴尬之中，塘村集体组织亦不例外。于是，村集体对企业有无所有权、应占有多少资产，就成为包括集体组织在内的各方不断追问的问题。由于没有初始合同作依据，这往往成为企业经营者向村讨价还价或压低归村比例的理由。

这里所谓“初始合同”，是指企业创办之际的正式市场合约，遵循的是科斯意义上的“企业”即一种或一组市场合约的规则。但是，乡镇集体企业的创办遵循的不完全甚至可以说不主要是市场的企业合约逻辑。在这一点上它类似于公有制企业，同样也不是建立在市场合约基础之上的（参见周其仁，2002：101 注 4、140、150）。有研究指出，无初始合约基本对应于乡镇企业创办时期的市场环境和制度背景，企业创建之初，不可能建立一个正式的初始合约，企业所需要的土地很大一部分由当地政府半送半卖取得，是不付费或少付费的，并没有一个哪怕是最简单的契约；其机械设备部分来自原集体的财产，价格很低或者不付费，作为地方政府的支持无偿给予企业，因此也没有任何契约；其资金大部分来自银行贷款，也得益于地方政府官员的支持。地方官员在当时的条件下，利用手中权力，采用集体担保甚至集体贷款给企业使用的方式来为企业取得所需资金，这其中也没有任何正式契约。无初始契约的弊端在企业建立之初并没有显露出来，但当企业发展壮大之后，各参与方提出价值分割要求时，就逐步暴露出来了（焦斌龙，2000）。

塘村办厂与大多数乡镇企业一样，在村政权组织主持下，依靠为城市加工项目来注册“集体厂”，在此名目下再依靠能人找项目“借鸡下蛋”，“集体”就作为企业的一个不可分割的产权所有者整体性地存在。企业创办之初，实行“收入转队记工”的办法，进厂村民的所得并不直接归自己，而是分配到生产小队，再由小队以记工分的形式分配给本人，以便拉平与不能进厂的事农者之间的收入差距。显然，“集体人”主体之间无所谓也无市场性合约可言，而是以一种内部规矩来维持经营秩序，减少体制摩擦，实现公平分配。

没有初始合同，这使集体企业在事后量化和界定资产时遭遇到极大的困难。因而，一些经营好的大中型集体企业为减少对企业经营的冲击，并不主动改制甚至抵制改制，或者如塘村一样干脆将“投入”只确定为“投资”甚至“现金投入”，而对土地、劳力以及无形资产等投入掩去不计。在谈到这一话题时，村主任回忆说：“当时什么也没有，只给了他们几间破旧房子（村办公室）。”办厂的现任村书记兼董事长也对此记忆犹新，他说：“村里一分钱也没有出。（拿到第一批外贸订单时）我个人拿出 350 元，另外从上海那边一个老队长那里借了 100 元。”参与改制设计的董事长助理这样介绍：“其实所有职工都知道，这个企业是老板（指村书记兼董事长）一手办起来的，别人没有投资的。老板说，要说该给谁股份，那个老队长应该给一点。（好在）老板没有换过，如果换过就比较麻烦，其他人不用考虑。”

但是，既然集体初始投入为零，所谓企业发展过程中的累积增殖也就与集体无关。照此逻辑推论下去，则塘村企业可能类似“戴红帽子企业”，按地方政策“摘帽”即可。然而，改制又何以在塘村这样的村庄中既被“公司人”倡导，又被村集体接受并被村民所默认呢？塘村改制过程中的许多关键问题仍然难以解释。看来，这里面另有某些隐性的非经济的力量在发挥作用。

村社区的集体产权在事先安排时，虽然难以确立一个正式的经济性合同，但却有一个建立在社区情理之上的隐性的或者说非正式的社会性合约，村办企业大多就是在这种隐含社会合约的情形下创办的（刘世定，1999a；陈剑波，2000）。只不过，达成社会性合约，并不只是出于经济性的（如节约交易成本）需要，其更深层的动力在于维护社区共同体集体生存的需要，是社区互利互惠逻辑的延伸。

从塘村办厂的经历中可以看到，创办企业是一个风险选择，选择是对风险的对抗，也是对未预料结果的承担。选择的对与错，往往是人们事后对结果的评价，而选择行动本身却是在前途未卜、对错难分时进行的，权威人物之所以能够掌握选择的主导权，正是基于村民对他们行事能力的判断和人格的信任（折晓叶、陈婴婴，2000a）。因此，村民在选择集体办企业时，也更愿意依靠事前对这些权威人物的判断，以便选出一个可信可靠的人，带领大家共同致富。他们也必须与创办人达成某种隐含的合约：集体地、永久性地放弃土地经营，参与非农产业，投入创业初始回报极其廉价低效的劳力和部分土地，投入机会成本和承受因企业不景气而转嫁的风险。这些，对于农民来说，几乎就是其经济权利的全部转让，因此，他们要求以“集体经济”的法定名义保护他们的投入；除此以外，他们所能投入的也主要是信任、忠诚、合作，以及身家托付和对互惠回报及“共同富裕”的期待；而村民索求的主要是以集体地流动到非农职业、保障就业和提高社区福利水平为主要内容的回报。这种不言而喻的约定，在村子里人人皆知，成为一种符合社区情理的、具有社会合法性的、对合约双方都有很强约束的力量，我们在此称之为“社区力”或“集体力”。相应地，企业家所获得的回报也是丰厚的，他所经营的企业可以向社区转嫁风险，他个人不仅有低成本、高收益的经济性回报，而且有抉择人和创新者的权威地位，有能人甚至救星、恩人的声望，以及可信可靠的声誉等社会性回报，而他也必须按社区内通行的互惠规则给社区以回报。这种合约，对村民和权威人物都有相当的约束力，以致权威人物在做出抉择时，不能不考虑自己对村人的责任和忠诚于社区的重要性。这也是村书记兼董事长在改制前后都须将“村里老老小小”和村内公益事业放在重要位置，不敢肆意怠慢的原因所在。

不容置疑，地方的集体经济政策在制度上支持了社会性合约的存在，为它可以作为“初始合同”提供了法律合法性依据。更重要的是，这种事前隐含的社会性合约，具有非正式地界定集体产权的作用，或者严格地说可以成为不能剥夺集体所有权的合法性依据。因此，我们才可以视之为隐性的、非正式的“初始合同”。塘村第一次也是最重要的一次界定产权事件——实行股份合作制改造，正是以此作为依据，将 93% 净资产确定为“集体资本金”的。同时，从集体产权在事中和事后多次遭遇“再界定”的过程中我们也看到，由政策正式界定的“集体产权”，作为正式制度，只是一种“制度底线”，底线以上具有大量可以建构的制度空间，而底线的维持则是要以非正式的社会性合约来保证的。

（二）界定依据和方式——合法性机制

产权合约安排是通过预期来影响人们的经济行为的，因此它从一开始就有合法化的要求（周其仁，2002）。但是，合法化是一个复杂的多层面的社会政治参与过程，绝不能简单地将其只归结为法律合法化问题，特别是不能忽略“社会承认”“社区情理”一类因素的作用，因为某些实践中的合法性难题是借此来解决的。

塘村在界定产权时，不仅寻求上级行政支持、政策和法律认可，而且看重当地的意识形态取向，甚至社区的观念和道德以及社会期待所产生的影响，并试图在其中求得某种平衡。我们可称这种种方式为“合法性机制”，即那些诱使和迫使行动者（组织或个人）采纳受到社会承认具有公义性的组织制度结构和行为的制度以及观念力量（周雪光，2003：75）。

我们将合法性机制看成一组既具有独立意义又相互作用的机制丛，主要有这样几种成分（参见刘世定，1996）：法律合法性、行政合法性、官方意识形态合法性、社会情理合法性。不同机制的界定结果既可能是兼容的，也可能是不兼容、矛盾的，但却是可以并存的；而且，它们之间的不一致性还可以成为达成某种平衡的前提；甚至没有哪一种合法性机制所隐含的逻辑可以作为单一的逻辑来整合界定的过程，即使正式的界定过程也无法一味地排斥非正式的过程，而且还可能依存于后者。

初始的社会合约性产权的界定所依据的主要就是这其中的“社会情理合法性”机制，其基本思想是：一个社会的社会观念、社会期待和期望规则一旦被广为接受，就成为人们习以为常的社会事实，具有道德力量，从而规范着人们的行为。如果有悖于这些“社会事实”，就会出现“合法性”危机。因而，可以更确切地把社会情理合法性机制看作一套社会承认的逻辑或合乎情理的逻辑（周雪光，2003：74）。“社会情况合法性”机制的实践性很强，在权利界定中具有极其重要的作用，它所造成的既定社会事实往往会成为法律、行政乃至官方意识形态界定的参照，甚至成为促使这些法规、惯例、观念变通或变革的力量。相对而言，前三种机制在实践中则具有统一性、强制性、稳定性和滞后性，并因各自变化的速度、程度和范围不同，所界定的初始结果往往不相一致，这应是事情的常态；而界定过程正是这几种机制相互摩擦、磨合、交织和最终兼容的过程。“社会情理合法性”机制又具有很强的潜隐性，它的界定结果即便与另外三种不兼容，也有可能在事实上起作用，与其他界定结果并行而存，并使后者在事实上无效用。因而，我们视之为最具实践意义的界定机制，它不仅在确定初始社会合约时有作用，而且在界定后文将要分析的非正式“事实产权”“无争议产权”中，也具有重要作用。

在塘村的一系列产权安排中，我们便看到了许多这样看似矛盾却长期并存的现象。

村办企业之归属和收益的确定，实际上不是完全按照名义所有权索求的逻辑，而是按照村域内通行的互惠互利规则和逻辑来进行的。在“无工不富”的工业化初期，塘村村集体组织虽有办厂的念头和动力，却没有资金也找不到好项目。于是，“老村干”们请曾经当过会计的村中能人，即现任村书记兼董事长来主持办厂。如果说按政策话语“集体所有权”所表述的产权是“模糊”的话，那么村企之间对工厂的实际权利归属却一开始就十分地清楚，“厂是某某办的”“某某的厂”，这在村里是一个通行的说法，不仅规模较大的鞋厂，对其他小厂也是这样认定的。这些说法的实际意义是，办厂人对厂具有村里人界定的非正式的控制权，“谁办的厂谁说了算”，其他人不可以插手，即便是作为名义所有权代表的村政组织也不可随便干预。正因为有这个规则，才会有人在一无所有、前途不清的情况下出面为集体办厂。但是，在村档案中可以看到，办鞋厂的成绩却是作为政绩记在老书记的先进事迹中，作为对集体产权法律合法性的对应。而实际上，村政领导对鞋厂不得要求任何实际的权力，村里人也将办厂的功劳和因此致富的感激只记在创办人头上，以致后来鞋厂在与日商合资时可以经营者与日商两人的姓名来联合命名；村里的小企业转制时，在村里人看来，将企业首先卖给办厂的人似乎是天经地义的事情。这种情况在我们所观察的其他类型的集体合作经济形式中也同样存在。我们在某村曾经看到一张安排不甚合理也不符合效率原则的股份公司机构图，当问及为什么某些分公司和企业会从总公司变动到村委会名下时，得到的回答出人意料，原来仅仅是因为创办这些企业的老村主任从总公司退位到村委会，因而理所当然地带走了“他的公司和企业”。更出人意料的是，在村子里，这些法定集体企业所发生的这种变动，被看成是一件非常正常而合理的事情，以致村组织据此而改变了村公司的管理和财政流程（折晓叶、陈婴婴，2000b）。

其实，这正是村里人处理产权矛盾的一种平衡策略，矛盾的一方被强调时，另一方则被虚拟化或者象征化了，但却保留事后追究的权力。村里人按照他们习惯的方式，一方面将控制企业的权利认定给了开办和经营厂的人；另一方面又将名义产权留给了村集体，而且这两种界定都具有意义。村里人在非正式地界定产权时，绕开了对名义所有权的追究，将它悬置起来，但并不出让。他们对实际产权归经营者的强调合乎小社区情理的安排，对名义产权归村集体的保护，则合乎大社会政策和意识形态的要求，也表明村民对“共同拥有”的在乎，这些都具有平衡权利的作用。即使是村政组织，在“经济发展为中心”的目标下，也采取了灵活的策略，懂得“要让企业做下去，就不能老搬出政策压人”的方略。这样做出的认定一旦成为惯例，就具有了社会合法性，在正常情况下都会被自觉执行，成为双方都采用的最佳反应策略。我们可以将这种界定下的产权看作一种“习俗性产权”，它基本上不是依赖于界定和实施所有权的法则和逻辑，而是依赖于共同体内部自组织的互惠互利规则和逻辑（青木昌彦，2001：35～36）。

例如，村组织在将企业的控制权交给经营者时，隐含的互惠的逻辑是，如果公司保证支付“为村民办大事”的费用，他们就不反对公司自主经营并占有和支配盈余；村民默认“谁办的厂谁说了算”，或者在改制时不同意把企业转给别人，这里互惠的逻辑则是，把厂交给会办厂又顾大家的人，厂才办得好，厂好了大家才有饭碗，有钱赚；而将名义产权留给村组织，则是出于希冀通过集体组织保护村民分享企业收益，维持福利水平。塘村企业在发展过程中，曾出资八百余万元，为村民办成“十八项公益大事”，就是这种互惠的结果。进一步说，它们最终合乎这样一种情理和逻辑：社区的整体利益得以增进，个人的收益才有保障；社区尊重经营者的权利，经营者也同样会尊重社区的权利。其相互之间对此有着稳定的预期。这种稳定性来自村里人长期的实践经验，他们认识到，遵循这种情理和逻辑，实际上有助于达成社区的整体目标，也有助于共同体的整体生存，还有利于在集体产权内部边界模糊的情况下避免因争议而带来的不便。

这里需要注意的是，村民对集体企业所有权归属的认知仍然遵循着土地产权的逻辑。他们既投入土地办厂，就把借助土地谋生的权利转换成在企业就业的权利，当他们的就业权利遭受剥夺或没有获得合理补偿时，才会向集体索要，甚至以让企业“管吃管住”的传统方式加以抗争。但是，他们并不就此认为企业是自己的，而往往认为企业是老板的，土地才是自己的。可见，所有权的分割不只受法律的影响，还受社区传统社会结构和习惯力量的影响。村民对产权的这种认知，与国家构造的产权安排和结构有很大的不一致，当问题涉及他们安身立命的根本——土地——之所属时，农民的认知遵循的也主要是习俗产权的逻辑，他们的这种“合法性”意识根深蒂固（参见党国英，1998）。

应当看到，社区情理合法性机制具有“软约束”的性质，当外部行政干预强大到实行“一刀切”的统一行动，或者机会主义强大到足以破坏道德力量时，它的约束力就会被消解。还应看到，社区的情理合法性机制表现的其实是社区共同体关系网络的特征。村域内非正式界定的产权所嵌入其中的社会网络越稳定，对财产的使用就越可能是习惯性的，这种使用越受到社会规范的支持，对于这种产权的争议就越少，这种产权也就越是有保障，并且在制度环境变化时，会成为获得正式产权的基础（Nee and Su，1995）。这正是塘村改制遵循的一条基本逻辑线索。在这种逻辑下，企业控制权落入经营者手中，就不仅仅是由于“经营者的可替代性降低”而产生“套牢”的问题，也是社区谋求通过经济发展而求得“共同富裕”的一种互惠互利的制度安排。

这种由“小社区”情理和通行规则界定的习俗性产权，在大多数情况下与其他几种“大社会”合法性机制的界定结果并不一致，有时甚至冲突，然而却总以潜隐的非正式的方式存在着。可见，获得社区情理合法性的意义，在于实践的便利。当然，这并不说明其他几种合法性机制在界定村社区产权中无效。村社区生存在大小社会文化和正式、非正式制度环境的交合之处，界定过程必定是这几种机制相互摩擦、磨合、交织和最终兼容的过程。从塘村改制的过程中可以看到，苏南官方意识形态中对集体制的评判，一直影响着村企分家析产的进程，特别是影响着制度企业家的行为。他们非常看中地方公共观念的力量，更愿意按照当时当地大众社会的价值和道德准则以及人们对他对企业的社会期待来安排产权结构、调整自己的行为，并且还会在做出重大决策和变动之前，寻求地方行政“给说法”“给见证”“给政策”，甚至通过运作或与某些官员“共谋”，让事实上已经在村域内通行的产权安排得到官方认可。可见，获得官方意识形态合法性和行政合法性的意义，不仅在于获取政策收益，而且在于获取地方社会的认可和赞许。在产权界定中还可以看到，无论是社区成员还是制度企业家都要求对其名义或法定所有权进行预设或追认，要求在法律上实现其实际占有权的合法化。因此，法律合法性仍然是对产权的一种终极保障，具有“保底线”“保安全”的作用，是产权合法性的终极目标。

四　事中界定：社会性合约的达成和弱化

依靠社会性合约界定的“集体企业”，是一种“主体非人格化”的模糊的名义产权安排，这就给产权在实际执行中留下大量可供解构和建构的空间。事中界定，就是发生在这样一种情形下的经过重新界定的事实上的产权安排。

（一）社会性合约的实现与“剩余”产权的占有

社会性合约在企业创办初期和在非正式地界定企业控制权中所起到的

作用，是显而易见的，那么，它在什么条件下难以约束非正式产权的膨胀以致不能阻断集体产权的私化过程呢？这是本节想要说明的问题。

与社会性合约相关联的是如何理解村社区集体产权的“剩余”问题。村社区的实际问题是，集体产权往往没有正式初始合同，在发展过程中大多如塘村一样并未实行过真正的承包制，就是说并未向经营者“清产核资”即核清所经营的资产价值，因而也就无从以此为基础来计算或预期“剩余”，那么，它的产权问题何在，其中的关键要素又是什么呢？

在新制度经济学派的解释中，“剩余”的占有和享用是产权问题的核心。所谓剩余，是相对于合同以外的权益。不完全合同理论对这种实际占有权力的产生进行了创造性的思维。这一理论虽然是在企业是一系列市场合约的框架中提出的，但不同的是，科斯定理告诉我们，只要谈判（交易）是有成本的，产权分配就是重要的；而不完全合同理论则认为，由于信息的不完整和不确定，换言之，即明晰所有的特殊权力的交易成本过高，合同是不可能完全的。当合同不完全时，资产归谁所有，谁拥有对资产的支配权或控制权，才变成了关键性问题（哈特，1998：译本序 7、35）。这一理论从根本上说明了法定产权（合同）以外的“事实产权”产生的可能条件，即由于合同不完备从而出现“漏洞”。如果合同有可能是完备的，就不存在所谓产权问题，任何所有制形式的效果就都是相同的。这一理论出现后，“产权”概念强调的重心发生了变化，如果说过去的理论强调的是对财产权利和剩余收益的占有，那么现在强调的则是对剩余资产的使用权或控制权。

上述理论强调了合同完备的不可能性，也就是说，不完备是一种被动状态。企业家理论和人力资本理论对此给予了别开生面的解释。除去信息不可能完备、交易成本过高外，这两种理论还认为，市场的企业合约之所以特别，就是因为在企业合约中包含了人力资本。人力资本的产权特性使得在直接利用这些经济资源时无法采用“事前全部讲清楚”的合约模式。企业合约作为一个特别的市场合约，其特别之处——合约里多少保留了一些事前说不清楚的内容而由激励机制来调度——可以由人力资本的产权特征得到说明（周其仁，2002）。也就是说，合同的不完备是一种制度设计，是加入了设计者意愿的主动行为。这两种理论还进一步地用企业家的人力资本来界定企业产权，提出“企业家和制度企业家才能界定企业控制权”

（周其仁，2002：104）。

但是，上述两种解释，强调的都还是正式制度设计，还不能够对村社区复杂的制度变迁过程给予完满的解释。这里，我们换一个角度，从正式合约里包含非正式合约要素、正式制度寄生于非正式制度过程（斯科特，2004/1998：7）的角度理解问题，正式合同不完备或者不可能，是因为一部分权利需要非正式合约来调整和控制，或者说，没有这些非正式过程，正式过程就不可能存在和完成。这一思路不仅反映了我们关于社会性合约的考虑，也反映了契约法和企业间合同关系治理形式的演变实践。例如，"古典合同法"只关心合同条文的执行以及如何解释法律条文等问题，发展到"新古典合同法"后，开始强调合同双方有着依赖关系，再发展到"关系合同法"后，就只搭建一个如何解决合同问题的治理框架，而合同关系则可依据情况随时调整（周雪光，2003：222～223，2005）。

那么，在社会性合约作为初始合同的情形下，何谓"剩余"，其意义又何在呢？从塘村的社区目标中可以发现，社区社会性合约所要求的"互惠"条件集中在满足就业、实现福利以及公益方面，对这些方面的期待在当地又有特定的社区发展水平作为参照，因此实现这些目标所需要的投资，相对于劳动密集、效益尚好的鞋业收益来说，并不能算多。塘村以此作为底线，采用"公司办村"的方式经营社区福利，这之后所产生的便是所谓"剩余"问题。可以看到，首先，"剩余"被最大化了，而且从未采用承包制等其他治理方式来重新确定企业总资产，这就使"剩余"无限膨胀了；其次，公司人对控制"剩余"的要求，随其膨胀而逐渐从非正式转向正式；最后成为再次缔约的潜在动力。

（二）"二次合同"与非争议产权

倪志伟和苏思进在研究中国经济改革时，从市场转型的角度，提出中国经济增长的功绩应归于产权的非正式私有化。非正式产权是嵌入于更为广泛的规范和习俗的框架之内的。一般来说，非正式产权所嵌入其中的社会网络越稳定，对于产权的争夺就越少，这种产权也就越有保障。但是，随着时间的推移，当对财产的使用已经是习惯性的，并且是受到社会规范支持的时候，用非正式的方式建立的产权就会不断地硬化。在将来，这种非正式的产权会成为获得正式产权的基础（Nee and Su，1995）。

这一研究给予的启发是，非正式产权嵌入于社会网络之中，网络所提供的稳定性有可能使这种产权在习惯的作用下变成非争议性的，从而合理地转换为正式产权。但是倪、苏的研究没有对这种转换是通过什么机制而实现的做出交代，而对这个过程的揭示，正是本文的兴趣所在。前面我们已经对在社会合法性机制作用下经营者获得非正式控制权的情形进行了探讨，需要进一步说明的是，这种控制权需要通过再缔约过程才能变成非争议的进而变成正式的产权。

对“二次关系合同”的透视，是有助于理解问题的一个角度。

我们首先将“二次合同”定义为与“初始合同”相对应的实际执行的事实合同。研究者对“二次合同”有正式与非正式之分，实践中，非正式“二次合同”的产生是大量的、活跃的和具有解构意义的，往往由于它的实际存在而使正式文本合同形同虚设，导致正式合同的再缔结。

这一类“二次合同”，问题一般多出现在文本合同关系松散（失灵、疏离）的地方，是非正式关系作用的结果。从“嵌入性”视角出发所做的解释，认为合同部分依靠于法律体系，部分则嵌入于人格化的关系体系之中。后一种被称作“二次嵌入”的机制，发生在正式合同缔结之后，由那些经营代理人在相对独立地从事经营活动的过程中与他的经营伙伴缔结而成，并使合同嵌入他们之间的关系。这一过程将引发非正式的再缔约过程，于是形成“二次关系合同”（刘世定，1999b）。

塘村鞋业公司的对外贸易所采用的“接单”生产方式，正是这种“二次关系合同”得以缔结的契机。接单生产，大多依靠企业经营者掌握和建立的人际关系网络，并且由经营者私人掌握。在我们访问的这一类企业中，厂长本人都直接掌握两大权力，首先是接单权，其次是财务权。实际上，只要这两权在手，企业的生死存亡在相当程度上就掌握在经营者个人手中了。有关研究指出，这时“经营者的可替代性便大大降低。因为这时更换经营者，要冒垮掉那个企业的风险。企业资产便因而具有了经营者专控资产的特性。这意味着经营者占有资产的排他性的强化，甚至法律上的所有者也在一定程度上被排除在外。一般来说，经营者对其占有权边界的认知也会随此而发生变化，和刚刚获任时相比，他会更多地将企业资产特别是在他的控制下增殖起来的资产，看作其排他性占有的领域”（刘世定，1999a）。塘村转制时亮出“公司创造集体净资产”的底牌，就是这种认知的结果。

在这种认知下，企业经营者对经营权收益乃至所有权的索求，就成为集体企业转制的另一大动力。甚至在转制政策尚未明确的情况下，经营者个人实际上已经排他性地占有、支配和处置着企业资产，企业资产是否流失或转移，完全依赖于经营者个人对集体的忠诚、对其私有意识和欲望的限制等道德因素来约束，这时候，法定所有权已经无法限制企业资产的转移。“二次合同”的一个明显结果，就是通过对界定规则和习惯的多次非正式确认，强化在社区中已经存在的事实上的“非争议产权”，最终使其全方位地取得正式合法性的支持。

当然，经营者对于资产转移的这种暗箱操作所产生的暂时性、有限性和不确定性，往往会产生焦虑甚至犯罪感，因而就要求对个人私有权的补偿公开化和合法化。这种非正式合同的公开化和合法化要求，又将导致另一类“二次合同”的缔结，而这往往采用正式缔约的方式，使名义所有者与实际占有者之间的权利博弈由“暗处”走向“明处”。

这另一类“二次合同”问题，原本出现在市场竞争机制失灵的场域，是非市场力量作用的结果。经济学家假设，在充分竞争的市场条件下，公司可以通过市场机制选择最佳的合作伙伴，签订长期合同。但是，合同双方一旦进入合同执行期，这种合同就不再受市场竞争规律的制约。这是因为合同双方有了信息的不对称性和“谈判”地位的不平等性。假设一个小公司签订长期合同向一个大公司提供某种产品配件，在合同执行期，合同双方就产生了相互的依赖关系。但是这种依赖关系是不平等的，大公司可能有着更为有利的竞争地位，因此要求“重新谈判”合同条件，而小公司由于对大公司的依赖地位而不得不接受“重新谈判”的不平等条件（周雪光，1999）。这种合同的再缔结，往往因权力不平等，引起对产权的重新界定。

塘村转制三部曲中的股份制改造、公司制处置和改私，都带有建立“二次合同”的意义。转为股份合作制时，“公司人”提出70%净资产归公司占有的要求，欲与“村集体”重新确定资产关系；村集体资产由最初占有总资产的93%，经过股份制改造、公司制处置和改私三次分割，最后确定为只占23%，都可以被看作一次次“二次合同”的缔结。可以看到，企业经营者对企业产权事实上的控制和占有，使他们与名义所有者之间的权力天平倒向经营者一方，出现与上述权力地位不平等相似的情况，这正是导致“二次合同”文本化的主要原因。这也是在委托－代理人之间出现“套牢”问题，出现经营者实际上已经非正式占有，而委托人又因为没有足够的信息或适当的动力去监督企业而不得已采用的方式。可以看到，乡镇企业发展过程中出现的一系列转制或改制举措，如经理收入与企业剩余挂钩、风险抵押承包、经理租赁承包制、认债购股、股份合作制中经营者持大股、企业改制转私等，大都起于不得已的“放权让利”，集体“放权”让经营者尽其所能来找项目、拉关系，应对市场风险和面临的各种问题，包括独自承担风险。经营者借此在自己的企业建立起不可逆转的管理权威后，“让利”就成为“激励”的必要手段。这时候，缔结“二次合同”也成为名义所有权者被动地维护自己权利的最后手段。

（三）“公司办村”与村政“出局”

再缔约的过程强化了公司的强势性格，权力的摆针偏向公司一侧，于是，集体制下“村企合一”的机制也由办厂初期的“村办企业”顺利地过渡到“公司（或企业）办村”。在这里，村办企业不仅是指企业产权的归属关系，也指以村庄的方式办企业；反之，“公司办村”不仅是指以公司的方式办村，也指企业所有权向公司的转移。

“公司办村”在当地如塘村一样的村庄中十分流行。在一些村庄里，企业集团公司集“党政企”权力为一体，村委会往往作为集团公司的一个分支机构，主管农业和村政事务，村财政也是公司财政的二级核算单位，村政事务的所有费用均由企业支出，并且采取“实报实销”的方式。有的村庄，农业部分干脆就是企业的一个“车间”或农场，生产、经营和管理也是以企业的方式进行的。从这个意义上来说，村庄就是一个企业，是以企业或公司的方式存在的。

这种现象，其实是村书记兼董事长的权力现象在村庄管理体制中的反映。在公司经济成为村庄经济命脉的情况下，村书记兼董事长的设置不仅实现了村企权力一元化，同时也宣布了村政被公司“兼并”的结局，村集体也由此丧失了集体资产看管人的地位和权力，表现出弱势性格。

不难发现，公司“埋单”对村政产生了两个实质性的影响。首先，村作为下属机构，与分厂有相似的从属地位，接受公司的统一领导，从而失去对公司的控制权，进而也就失去了与公司讨价还价的能力。其次，公司办村是一种福利性经营策略，主要职能是在企业经济增长和增进社区福利之间确定决算，并负责向村提供社会福利，而福利资金的提取也没有合同规定，不是依据产权大小对剩余按比例分享。在这个过程中，公司对村庄事务的权力伴随福利供给的增长而增长，村委会则逐渐演变为公司集体福利的执行机构，公司经济增长越快，村委会可支配的福利资源也就越多。在这种格局下，村委会与公司之间产生了新的权益博弈策略，只要公司不反对支付“为村民办大事”的费用，他们就不反对公司兼并村政，反而还可以通过福利策略让公司效益尽可能多地在村庄内部分配和共享，也就是说，可用“村政缺席”这个最小成本来换取“增进福利”这个最大收益。

（四）界定者：“公司人”、制度企业家及产权的等级秩序

塘村模拟“公司制”转制时，曾亮出这样一张底牌——“公司创造集体净资产”，这可以被看作实现“公司人”控制的宣言。明确集体资产是公司创造的，这在产权界定中具有重要意义，可以此作为公司占有绝大部分资产的依据，也可依此由公司获得在分家析产中“定盘子”的权力（指有权制定方案等）。

这里的“公司人”，类似于经济学所称谓的“内部人”，是指事实上或依法掌握了控制权的经理人员，他们的利益在公司战略决策中得到了充分体现。经理人员常常通过与工人共谋来达到这一目的（青木昌彦、钱颖一主编，1995）。但是，塘村的全部劳动人口几乎都在村办公司工作，公司董事长又是村政最高领导人，为什么还要分出内外？

在塘村，村企分家并在企业中形成内部人“共谋”并且得以长久维持，是建立在这样一个共同利益和社区基础之上的：现任村书记兼董事长创办企业在先，入主村政在后，没有“老村干”的身份，也不是工业化初期“村集体经济”的带头人，因而也就不会虔诚地秉承集体制的制度和意识形态遗产。相反，他始终认为自己最适合“做企业”，因而与村政“拎清楚”一直是他要达到的愿望和谋略。加之，公司内部出现的“我们赚钱，他们花钱”的不满和不平衡心态，使公司内部成员更愿意与经营者结盟，以便请村政“出局”；而且村书记兼董事长又不是来自“经理人市场”上的外聘经营者，他来自社区内部，作为村书记，他被官方和民间都赋予

了集体资产“看管人”的角色，与村民和职工之间不存在明显的利益冲突。并且，企业绝大部分经营管理层人员都是从企业内部提拔上来“愿意跟着他干的”，而职工90%来自本村，多是他亲手安排的乡里乡亲，因而他们之间的联盟更容易并可更好地维持下来。

实现“公司人”控制，是集体产权转变和界定中的关键步骤。其一，在正式改制之前，内部职工股东已经与名义集体所有者——村集体之间，通过不平衡的利润分配获得了绝大部分的利益，甚至在“公司办村”的格局下村委会干部也无权“出股”和享有股份分红；其二，通过非正式的事实上的占有和控制，“公司人”及其领导者在正式改制时获得了“定盘子”即界定产权的权力。虽然在塘村的产权界定过程中，“公司人”的权力和利益，在排除村委会成员后，也同样发生了分化，产权在多次界定之后，最终集中到村书记兼董事长个人及其家庭成员手中，但是在村企分家之时，“公司集体”进而“职工集体”已经获得了相对于“村集体”较多的资产权利，尔后这些权利仍以“职工奖励基金”的方式得以保障。

不过，在多次产权界定中，真正掌握和运作界定权的是“公司人”的领导者——村书记兼董事长，正所谓“强权界定权利”。这种权力源自他“制度企业家”的特征、身份和能力（周其仁，2002：104）。这里，制度企业家是指兼有社区政权领导职务和企业经营者双重身份的企业家，较之普通企业家，他们一方面可以更便利地获取体制内资源，另一方面也需要为社区直接而负责地承担公共义务和责任（折晓叶、陈婴婴，2004）。

在苏南等地的村办企业中，制度企业家一般有两种固定搭配：一种是由“老村干”直接创办企业并担任现职，有“党支部书记－董事长”“村主任－总经理”的搭配方式；另一种是村政权组织吸收有经验的村办企业经营者入主村政，担任村书记职务，或者外聘成功人士经营企业，并委以村书记副职等。一般来说，不再委派其他村干部进入企业，目的是要通过这种制度安排既给企业经营者一定的经营自主权，又将社区利益与企业紧密联系，依靠企业的成功使社区和村政也从中获益。塘村属于后一种情况。

制度企业家在产权安排中之所以具有强权，这与集体制产权内含的行政等级制度相关联。集体制的权力结构以“行政职位权力”为基础，以此形成等级结构，特别是最高权力，是由“行政职位”加“公司职位”共同构成，失去前者就必须放弃后者，在这里，产权明显依附于行政权。因而，“村书记兼董事长”这个职位，作为村内最高权力，一直是村域政治争夺的焦点，也就不足为奇了。而且，产权内含行政权，权力和财力紧密结合，也是私有化过程中集体产权得以最终向“党支部书记－董事长”职位集中的制度基础。

这里的问题在于，制度企业家的双重身份在什么条件下会发生分离，作为“村书记”的董事长为什么可以“少”代表村集体而“多”代表公司呢？

我们注意到，至少有两个因素影响到他的行为。其中之一，兼职的双重身份改变了村集体与企业经营者之间的“委托－代理”关系。需要说明的是，这里并不是从严格的意义上使用“委托－代理”理论，只是为了与事实上经营企业的“代理人”相区别，所以仍将企业以外的社区组织领导人称为“委托人”。村书记兼董事长的角色安排，从形式上看，似乎与“政企分开”的理论逻辑格格不入，但却在实际中被广泛采用，其中隐含着这样的双赢逻辑：这种角色安排使担当者既成为集体产权法人代表（委托人），又是企业经营者（代理人），从而改变了“委托－代理”链。从名义产权的角度来看，委托权被同时安排给了代理人，这是在代理人的行为不易直接被委托人观察到的基本假设下，将合约激励变为委托安排激励的最优办法（张维迎，1995）。而从实践中事实产权的角度来看，则是对已经被代理人非正式地占有了的企业所有权进行某种约束，这是在代理人的行为已无法被控制的假设下，将委托激励变成责任或制度激励的最优办法。只有如此，村社区才有可能通过对“村书记”角色的社会期待，获得相对最大的收益。不过这样一来，也就顺理成章地把村政组织所代表的集体对企业的所有权虚置起来了，特别是在村书记身份依附于经营者身份时，情形会更加如此。

其中之二，在村书记兼董事长的权力结构中，甚至从没有真正实行过“承包制”，因为向谁承包是不清楚的，产权主体是无须追究也无须分清楚的，他可以集“党政企”于一体，甚至连“家”也融入其中，几者的区别在他的实际运作中是模糊化的。他的“视厂如家”，与普通职工不同，从产权的角度来看，在他那里，企业就是自己的，公产与私产的界线是模糊的，两者之间的贡献甚至也是相互的。例如，他根本不太区分自己和家庭的“私产”与企业“公产”之间的差别，甚至一连几年都不从企业拿出由地方政府核定的属于自己的上百万奖金，“就像顾家一样地顾厂”。当然，在这样的制度安排中，他也可以不分公私地将集体资产据为己有。在这种情形下，一旦政策和意识形态主张“集体退出”，他就会强调自己“企业创办人”的身份，从而淡化自己的“集体代理人”身份。

我们观察到，这一双重身份自身所产生的角色冲突，在“政府创办并控制乡镇企业得到的合法化承认和保护比获得‘清晰的产权’要高”（萨克斯，1993；李稻葵，1994，转引自周其仁，2002：113）的制度环境中，被隐蔽、被淡化了，而随着上述制度约束条件在改革开放中逐步消失，它便被启动、被强化、被凸显了。在重新界定产权时，塘村村书记兼董事长首先弱化自己的村书记身份，站在企业家的立场上寻求自己和“公司人”的最大权益。但是，村书记这另一重身份也仍然约束他，即便按当地人通行的办企业时“村里没有投入一分钱”的说法，他也须为工业集体制解体时期的村政和公益事业做出“对得起村里”并让村里人认可的安排，仍然要“为了村里的老老小小”承诺在位期间不改动原有的用人制度和管理方式。他的这种行为方式可以看作制度角色和社区道德共同约束的结果。可见，在村域内，这种角色冲突尚不足以彻底改变制度企业家的双重性格和责任。

五　事后界定：社会性合约的清算和表达

所谓产权的事后界定，首先是相对于企业没有事前或初始的经济合约而言。一般认为，事后界定是一种谈判程序。然而，一旦进入事后谈判程序，就会发现陷入了一种科斯困境：在自愿谈判和交易的情况下，产权的初始界定不影响资源的配置。一些经验研究表明，实际操作中的产权界定最终要看双方的谈判，是双方讨价还价的结果（张晓山，1999），而不管这种谈判是桌面上的还是私下的无言较量。这里的关键问题是，谈判双方的权力是否对等，是否具有谈判的本钱和能力，谈判程序是否公正等。其次，由于产权界定准则的确定是在企业已经壮大成熟之后才进行的，那么，事后界定就变成一种纯粹“内部人界定”的过程，公平与否，是以内部人自愿达成的协议为依据，外部人的界定不管多么合理，都很难作为评判公平的依据。最后，是相对于一次历史性的清算而言，由于清算后退出的集体资产仍然作为不可分割的“村财”而存在，并且还有再次进行集体经营的可能性，因此，事后的末次界定并不意味着集体产权的解体，而是对以往产权潜在的矛盾和争议的一次强制性裁决。

（一）形塑“卖方”和无言较量

“产权主体非人格化”或“所有者缺位”是人们判定公有制产权模糊性时的一个基本因素。这种现象对于乡镇集体企业来说，是指其产权关系具有社区内“公有”或“共有”的模糊性。在这种集体制框架内不可能存在市场性交易，谁是卖方与谁是买方一样，原本是一个并不存在的问题。改制提出产权转让问题后，有偿出让或受让集体产权的交易行为需要人格化的买卖双方，这样一来，谁是产权主体，谁是卖方，就成为一个不断被追问的问题，一个特定的产权问题。因而，形塑或者说营造出一个人格化的产权主体特别是“卖方”，就成为事后界定产权时的必经过程。

从塘村的经历中可以看到，股份合作制和公司化过程最实质性的结果，是以分配股权的方式重新形塑出人格化的“产权主体”，即产生出可以指认的落实到具体对象的初始“卖方”。不管分配中“蛋糕”如何切割，大小是否合理，过程怎样复杂，其结果是村集体、职工集体和经营者各自都被赋予了可以指认、可以计价、可以交易的资产，成为有资格进行市场交易的买方和卖方。这一结果应该说是转制最为实质性的内容，它为实现产权交易准备了条件，提供了可能性，之后的私有化不过是在市场交易原则下经营者与其他产权主体之间进行的买卖而已。从这个意义上说，实行股份合作制是重新界定集体产权或者说最终走向私有化的最重要的过程。

形塑人格化的产权主体虽然是在事后进行的，但是在事中所形成的事实产权就已为其规定出了确定“买方”的大原则，即村书记兼董事长是控股且具有买方资格的最佳人选。而“卖方”的形塑及其定价，则是产权事后界定中最值得探究的过程。

“卖方”的确定是法律合法性和社会情理合法性机制共同作用的结果，这在村中并无疑义，问题在于如何为卖方定价。一旦出现资产分割，定价就需要寻求经济法律依据。在塘村改制的每一个环节中，我们都可以看到《公司法》被多次作为依据。而当乡镇企业的股份制改造直接套用《公司法》时，集体产权内含的社会性合约便会遭到严重无视甚至否定，这对集体企业产生的影响几乎是颠覆性的。

从塘村所在地的诸多案例中可以看到，改制企业一旦依据《公司法》，就可以将企业分块出售而不必整体出售，这就为大而盈利的大中型企业的出售提供了依据。一旦成为上市公司，在所谓“规范化”的要求下，合作制内部的公共积累和内部职工股便失去存在的可能，这也为公司产权向经营者手中集中提供了依据。而且，一些研究指出，企业经营者一旦按照《公司法》运作上市，便可以通过资产评估和建立规章制度，顺理成章地把企业原有的上级所有者——乡镇或村的经济联合体“总公司”或“联社”以及名义所有者——社区成员排除在外。于是，在企业经营者成为独立法人的同时，集体企业的资产便名正言顺地转入他们手中（温铁军，1997）。一旦依据《公司法》改造，在确定产权时就容易只依据“资本金投入”来确定初始产权，如果根据“谁投入，谁创造，谁获益”的原则，乡镇企业的“投入”特点将被忽略，从而造成集体资产的变相流失。有研究认为，乡镇企业并不像国营企业那样是《公司法》的主要立法对象。如果仅从初始投入角度来界定财产权益，至少要明确，在我国农村资金要素长期高度稀缺的条件下，乡镇企业恰恰是不得不以劳动和土地“替代资本投入”而形成企业资产的。对此，《公司法》却基本没有涉及，这就从客观上已经造成了集体资产流失和农民权益的损失（温铁军，1997）。

不过，塘村在为卖方实际定价时，却也难以完全遵循《公司法》。若按“资本金投入”，塘村集体初始投入为“零”，零定价是不可能为村民所接受的。定价虽然没有经过标准的谈判过程，但却是在无言较量中进行的。这时候，作为“卖方”的“村集体”由于没有事先确立的可以作为依据的经济合同，其资产经过事中反复界定之后，“卖价”仍然难以用经济原则来加以确定。村主任在介绍这一情况时一再重复这句话：“他（村书记兼董事长）会考虑村里的”。在这里，无言较量成为一种非正式的谈判过程，社区成员希冀通过社区情理合法性机制来对此加以约束。可以看到，社会性合约再次成为事后界定产权时的重要依据，不过，它也只能起到“保底线”的作用罢了。我们可以从下面这个过程中清楚地看到这一点。

（二）“倒推算法”的合约含义

塘村在界定村集体资产时，采用“公司行政”的方式，首先为之确定了一个占总资产“四分之一”的定价比例。在我们对这个比例表示疑惑之际，公司一方指明“这也不是随便说出的”，村政一方也表示“不好再向公司要什么”。接着，他们各自用同样的逻辑为我们算了一笔细账，以示这个比例数的合理所在。

计算从村政和社区福利的需要出发，倒推出集体资产的大致数额，可用如下公式表示：

公共性设施和事业需求 + 村政日常工作开支 + 村民福利开支 = 村集体资产

“倒推算法”首先根据村内预期“办大事”即建设大型公共设施和公共事业的所需费用算出一个底数，再加上日常工作开支和村民福利费用，形成村资产的基本结构。由于村里的大事（在村书记兼董事长手里）基本都办好了，因此对已经形成的公益性物品折旧后作为固定资产归村所有；预期要办的公益项目已经有限，则从集体股变现资金中拿出一小部分即可满足；日常开支按改制前的正常水平预算，也大致可由变现资金所获利息（变现资金投入鞋业公司以获得较高的长期收益）和政策性收益（如土地使用费、农业发展基金、社会事业费）等来维持。这一算法的底线，是保持村民在近20年集体工业化过程中已经享有的福利水平，并有所上升，也就是维持社会性合约的底线目标。这也正是村委会和村民愿意接受这一安排的隐含条件和期待，即社会性合约所隐含的内容。

以“倒推算法”界定的产权，显然不完全合乎经济学意义上的产权安排逻辑，它不是按照所有权或物权收益分享比例来界定资产，而是按照满足公益需要的程度来推导出资产数额及其权利归属，具有习俗性的“福利产权”性质。福利产权所涉及的资产“量”的多少，事实上涉及社区情理合法性对公共福利提出的预期，也与村民对分享企业收益的认知有关。工业部门与农民熟知的农业部门大不相同，它在为村民提供高收益的同时也剥夺了他们对于工业活动的知情权，企业收益对于村民来说，是一个无法控制的变量。因此，村民并不关心收益分享额的上限能达到多少，但对下线却有一定的预期，那就是在企业经营不出现大问题的情况下，维持历史最好水平并逐年有所提高，并且这种预期是以达到当地最高水平为参照的。也可以说，这种习俗性的“福利产权”，是按照村社区共同体的共享互惠原则和逻辑做出的“末次合同”安排。

这一“末次合同”明显地具有社会性合约的性质，按照缔约双方的表述，这是一种“还债”的历史契约和“还情”的社会契约。村书记兼董事长事后说“这就对得起村里了”，个中意含的“债务”就是含糊地指“村里以往的支持”，这应该包括对集体优惠政策的利用、对土地资本转移收益的无偿占有、对内部廉价劳动力的利用和未支付的社会保障资金的占有等。以公共性资产和公益投入来清还历史“欠债”，是目前苏南村集体企业改制中比较通行的做法，虽然对“债务”未做明晰计算，但这一做法既承认改制安排中对集体无形资产计价的合理性，又可以避免因这部分资产难以准确计价而可能被悬置的难题和尴尬，因此受到地方政府支持，也得到村干部和村民的赞同。塘村由于一直比较重视社区公益建设，村中“大事”早在公司发展过程中基本办妥，所以将公益性资产还村，表明公司已经逐年还清了村社区应享有的权益；至于今后公司“钱多了还要为老百姓办事”，就如公司经营者和村主任所表示的，“那就是个人为老百姓办事了”，由此而对这两种公益行为进行了严格区别。而在苏南另一些对社区改造和建设长期投入不足，欠债较多的村庄，事后也不得不同样采取向社区投入改造资金的办法来清还历史欠账，例如，将改制前多年积累的减免税依法投入社区改造资金；将股份制改造过程中置换出来的村集体所有的现金依法投入社区改造资金；按国家规定每年上交地方政府的费用作适量分流，部分依法作为乡镇财政规费的转移支付投入社区改造；等等（毛丹等，2002）。上述做法也可以看作工业集体制解体时期回报村民的一种方式。改制中若能为村民建立起一个以维持和增进福利为标准的财政结构，不失为一个能让村民直接而长久受益的相对明智的办法。

这一事后安排的真正问题，首先在于，改制中村集体回收到账的这一笔资金该如何管理和处置，使之真正用于增进福利。为避免回收资金被滥用和流失，地方政府鼓励探索集体资产经营增值的办法，例如，建立工商业社区用以招商引资，委托证券投资，利用闲置土地、厂房、基础设施推进产业化经营，等等。但村干部和村民对于再次进行集体经营特别是生产性经营已经没有太大兴趣，害怕再次陷入“集体经济”的困境。如果退出经营后的资产留在村组织手里，村委会又担心被上级政府和某些官员“惦记着”、被“借走”用了，村民则担心钱到了村干部手里守不住，被“开支”完了。因此，改制后的集体资产相当普遍地采用如塘村那样租借给企业使用的办法，由集体组织收取租金并加以管理。这部分资产被认为在量上界定清楚，在质上提高了安全性，因为租金能保证租借资产有稳定收入（邹宜民，1999）。这部分收入作为全村的福利保障，在村社区中受到认可，也相对易于监督。

其次在于，以社会性合约作为底线确定的村财底盘，至多只能维持村民的现有福利，至于社区进一步发展的资金将以何种方式筹集，进而社区新的公共空间如何再建构，这里的关键问题，是村政组织是否能够发展成为“村政”与“民企”的合作体系，以处理好社区内分散化的经济资本如何向社区公共事业投入、新的公共资源和“公共财产”如何聚集、新的公共权威又如何树立等一系列问题（折晓叶、陈婴婴，2004）。

（三）末次合同中的机会主义

塘村以福利需求为根据界定的产权，最终作为村企商定的结果，以“协议书”的正式文本形式签署，并由镇政府存档加以确认，具有法定意义。并且，这一文本是对集体制产权的一次历史性清算和确认，又具有“末次合同”的意义。“末次合同”既是对事中形成的事实上的产权的一个法定默认，又带有讨价还价的谈判过程所提供的届时机遇，因而其缔结过程类似于一次“末次博弈”，事中被“排他”在边缘的村集体，这时候反倒可以以法人所有权者的身份出场博弈。虽然较量是无声的，但是，“出场”就意味着提供了变量，增加了预期，制造了机会。

作为处置集体产权的“最后一次晚餐”，改制中包含的机会主义欲望似乎是显而易见的，这从大量有关批评和揭露中可见一斑，例如，企业经营者在清产核资中对资产的隐匿和分割，致使集体资产隐性流失；官员与经营者“合谋”欺骗政府和集体，地方官员事后寻租，双方恶意串通，弄虚作假，以各种名目侵占集体资产；转让双方串通故意压低底价成交；等等。这很类似于“一次博弈”或“末次博弈”中的“一锤子买卖”：如果双方认为他们的交易是一次性的或最后一次的，那么未来收益的损失就可能微不足道，在这种情况下，违约的成本似乎就十分的低，从而双方违约的概率就十分的大。

那么，发生在村庄共同体内部的“末次合同”安排，会不会真的也是一次“末次博弈”呢？在村社区，改制虽然可以看作处置集体产权的最后一次博弈，但是仍然受到社会性合约的无声监督，受到社会期待的潜在约束，并没有表现出“末次博弈”的完整特点，只不过变成社区“重复博弈”中的一个关键性场次。严格地说，发生在村社区共同体内部的博弈几乎没有“一次性”的和“最终性”的，长时段的共同生活使任何一种博弈都“嵌入”于相对稳定的社会关系网络之中，人们的思维和决策受到制度文化模式的支配，很难做出为村里人不齿的赤裸裸的机会主义选择。当社区还是乡镇企业赖以生存的母体时，即便企业转为私营，企业家仍然要十分重视自己的信誉和声誉，因为他在留有自己和家人根基的熟人社会中，始终进行的是一个重复的博弈，要想得到社区持续性的合作，他必须拥有“兑现承诺”的良好声誉，必须对自己的机会主义行为有所限制，这正是社会性合约的延伸效应起作用的结果。

但是，社会性合约毕竟是由当事人之间的人际关系来维持的，塘村书记可以在企业产权归自己家庭时，仍对村民和村组织做出恪守“不解雇职工”“有钱还投资村里建设”等在先前合约还对他起作用的情况下所做的种种承诺。这样做似乎不完全是个人的道德操守问题，其透露出的是村社区对他个人的社会期待。这种社会期待对这样的权威人物尚具有约束力，他们在位期间一般不会轻易改辙，但这种“承诺”嵌入于所做个人与社区的人格化的社会关系网络之中，一旦这种关系解构或者断裂，由于没有制度化的保证，这种人格承诺对其后继者的约束就值得大打问号了。我们发现一些相似的例子，在苏南另一个大型村办集体企业改制时，村民出让股权时得到时任董事长和总经理的承诺：只要企业存在，就要保证他们的就业机会，并以他们在职期间工资的 9% 为限，为他们购买养老保险（公司支付 7%，个人支付 2%）。不幸的是，时隔不久这位董事长去世，他儿子接替职位后，出于提高效率和管理的需要，首先改变的即是用人用工制度，不再承诺保障村民就业。当公司外聘人员的优厚待遇引起一些本地职工的不满和反抗时，公司加快了置换企业职工的速度，首批 42 名够一定年龄的村民职工被辞退，其中未到退休年龄的，每月发给 300～400 元生活费，待达到退休年龄后再办理正式退休手续。之后，还陆续采用“一次性买断工龄”的办法清退不适应公司需要的本地职工（王红领，2000）。

这时，改制所引发的机会主义行为将不可避免地爆发，这正是塘村等诸多改制村庄存在的潜在危机，也是近年来改制地区清退职工诉讼案逐渐上升，基层政权组织财政严重萎缩等问题的成因之一，这个问题同样也是改制设计者——地方政府面临的严峻社会问题。

六　结束语

我们从考察一项集体产权遭遇反复界定的过程中，提出了集体产权其实是一种社会性合约的看法，并且探讨了这种合约对于界定产权关系的有限作用。从中可以得出如下一些初步结论。

改制即以私有化的方式明晰产权，这是否是企业改革的关键所在，理论界已经有“产权还是市场重要”之争。不过，这些争论首先是以肯定内部“产权明晰”和外部“市场充分竞争”都是企业改革的必要条件为前提，只不过存疑于孰重孰轻的问题，并没有涉及在解决这个悖论问题中产权单位内部是否具有处理问题的能力，譬如，社区的互惠规则、平衡机制和合作能力等是否也是构成“激励”和“效率”以及解决冲突的要素，等等。其实，由互利互惠规则和逻辑串起的“互惠链”，现实地维持着社区内的产权秩序。在政策推动改制之前，产权在塘村这样发展水平较高的集体制村庄中并不是社区问题的核心或关键，也就是说，社区用习俗和惯例有可能比较好地解决自己的产权问题，而由外力推动，自上而下用统一政策一致性地处理产权问题，则有可能破坏这种平衡，从而使产权问题真正凸显出来。

社会性合约反映的是一种社会和谐秩序，但它既不是某种有意识设计的制度，也不是社会关系的自然表达，而是特定行动关系协调的产物。作为一种非正式制度和过程，它与“集体经济”政策和“共同富裕”意识形态等正式制度相互依存。这二者之间的关系接近于斯科特所描述的共生关系（参见斯科特，2004/1998：425），仅仅依靠简单的政策和意识形态话语本身并不能建立可以正常运作的社会秩序，它们在很大程度上依赖或寄生于非正式的社会性合约；同时，没有政策和制度环境的支持，处于行动关系中的社会性合约也难以自我创造和维持，因而，在制度环境发生急剧变化时，社会性合约对产权的界定作用就是十分有限的。

在市场合约不完备的情况下，社会性合约有可能比较好地处理和解决内部的合作问题和产权冲突，也具有维护集体产权底线的作用。从塘村改制的经历来看，以政策确立的所谓“集体产权”，实际上是依赖这种社会性合约维持的。在以行政力量推动改制时，如果只以制度设计替代非正式互惠规则和逻辑而不充分考虑社会性合约的延伸或替代问题，将会给社区的持续发展带来严重问题。特别是对于像塘村这样原本企业经营绩效好，村内公益事业发展水平高的社区共同体来说，以外部行政方式和政策规定打断原有的利益平衡机制时，就不能够只偏重于保障经济合约的明晰和企业经营者的权益，也必须以制度化的民主公平的方式留住村民应得的长久利益，以便弥补“硬性”的市场合约对“软性”的社会性合约的消解。否则，问题看似明晰了、简单了，却有可能在公共空间形成既没有正式制度安排又破坏了社会性合约的真空状态，使社区公共利益的获得成为大问题。可以看到，在这种情形下，社区利益的维持已经具有更大的不确定性，只能依靠当事人之间个别的更加软性的人际关系。改制后，塘村在经历村委会主任的换届选举前，曾发生过全体党员“抗上”事件，他们反对上级政府以行政方式提前换下村主任的做法，执意推选原主任，其中潜藏的一个原因，就是原主任与公司董事长是“连襟”，村民预期他通过这种亲戚关系，会比较容易向改私后的公司为村里要钱。这种预期较之原来由社区共同体关系网络的合法性机制提供的预期，其不确定性要大得多。

社区“集体制”所具有的社会合约规定性，使其产权成分并不都是市场合约性的，还包含“成员共有权”、“平均权”和“人权”等社会关系成分，因而我们并不能把集体产权当作一个简单的经济问题来处理。在处置集体产权时，不能只遵循经济权法则的逻辑，还须遵从社会关系法则的逻辑，否则不但不能真正解决集体制的弊端，也难以找到改私后解决公共问题，维持共同体生存和发展的替代方案。改私是一个对共同体成员强制性“排他”的过程，在将集体产权明晰到经营者个人私有时，如果不能公正地处理如何排除原始产权主体——全体村民的权利问题，使社区丧失公共积累和公共财政能力，无力重建新的公共空间，不能满足成员的公共需求，就会使这种产权安排与嵌入其中的社会关系网络发生撕裂，从而导致高昂的讨还成本。一旦公共问题突出起来，社区成员对公共产权的共识就会发生变化，对原有公共产权的追索和清算，就可能成为一个新的产权难题。

在社会性合约存在并发挥作用的情况下，村社区内的不“理性”行为是有可能大量存在，并被合理维持的，因为产权问题受到社会性合约的调节和抑制。例如，改制时，村民对自己的就业权利是否得到保障的关心远胜过对占不占有股份、占有多少股份的关心。村民们因自己拥有的“集体”名分，追究的不是企业究竟创利多少，归属村民的比例是否合理，而是个人的收入和福利是不是逐年提高并且达到当地较高水平；他们在产权变动时计较的不是企业资产自己有没有份，而是有没有按规矩维持已经得到承诺的收入和福利。村民是以这样一种理性逻辑来计算自己的利益的：他们以土地交换的非农机会，只有通过在企业就业才能实现，只要保障他们的就业权利，他们就不反对改制；他们的非农收益，只有在企业保证盈利的情况下才能持续地获得，只要能使企业盈利并以福利的形式分享部分收益，他们就不反对经营者个人拥有企业。只有当这两种权利遭到侵害时，他们才会重新追究自己作为集体成员的权利，产权问题才会真正突出和激化起来。

参考文献

财政部清产核资办公室，1998，《全国集体企业产权界定案例》，改革出版社。

陈剑波，2000，《制度变迁与乡村非正规制度》，《经济研究》第 1 期。

党国英，1998，《论农村集体产权》，《中国农村观察》第 2 期。

哈特，1998，《企业、合同与财务结构》，费方域译，三联书店、上海人民出版社。

郝思恭，1992，《乡镇企业的产权与发展战略》，山西人民出版社。

胡晓翔，1998，《民营化逻辑与乡镇企业改制》，http://www.econ.jxufe.edu.cn/student/classweb/98fdc/fctd/fdczl4.htm。

黄宗智，1993，《中国研究的规范认识危机——社会经济史中的悖论现象》，《史学理论研究》第 1 期。

——，2005，《认识中国——走向从实践出发的社会科学和理论》，《中国社会科学》第 1 期。

焦斌龙，2000，《中国企业家人力资本：形成、定价与配置》，经济科学出版社。

孔祥俊，1996，《中国集体企业制度创新》，中国方正出版社。

科斯、阿尔钦、诺斯等，1994，《财产权利与制度变迁》，刘守英等译，三联书店。

李贵卿，1999，《对乡村集体企业产权制度改革若干问题的思考》，《中国软科学》第 4 期。

林毅夫、蔡昉、李周，1997，《充分信息与国有企业改革》，三联书店、上海人民出版社。

鄰剑星，2004，《事实合同新说——王泽鉴〈事实上之契约关系〉读后》，http://www.Lawwalker.net/detail.asp? id。

刘尚希，1998，《苏南案例：乡镇企业与政府关系的重构》，《湖北财税：理论版》第18期。

刘世定，1995a，《乡镇企业发展中对非正式社会关系的利用》，《改革》第2期。

——，1995b，《顺德市企业资产所有权主体结构的变革》，《改革》第6期。

——，1996，《占有制度的三个维度及占有认定机制——以乡镇企业为例》，《社区研究与社会发展》，天津人民出版社。

——，1999a，《科斯悖论和当事者对产权的认知》，《社会学研究》第2期。

——，1999b，《嵌入性与关系合同》，《社会学研究》第4期。

——，2003，《占有、认知与人际关系》，华夏出版社。

卢梭，1982，《社会契约论》，商务印书馆。

毛丹、张志敏、冯钢，2002，《后乡镇企业时期的村社区建设》，《社会学研究》第6期。

毛科军，1993，《中国农村产权制度研究》，山西经济出版社。

迈克尔·莱斯诺夫，2004，《社会契约论》，江苏人民出版社。

诺斯、道格拉斯等，1994，《制度、制度变迁与经济绩效》，刘守英译，三联书店。

彭玉生，2002，《中国的村镇工业公司：所有权、公司治理与市场监督》，《清华社会学评论》第1期。

平萍，2004，《站在改革的下一个十字路口：产权、充分信息与市场环境——对国有企业制度安排的研究述评》，《开放时代》第6期。

青木昌彦，2001，《比较制度分析》，远东出版社。

青木昌彦、钱颖一主编，1995，《转轨经济中的公司治理结构》，中国经济出版社。

邱泽奇，1999，《乡镇企业改制与地方权威主义的终结》，《社会学研究》第3期。

詹姆斯·C. 斯科特，2004/1998，《国家的视角》，王晓毅译，社会科学文献出版社。

申静、王汉生，2005，《集体产权在中国的实践逻辑——社会学视角下的产权建构过程》，《社会学研究》第1期。

孙立平，2002，《实践社会学与市场转型》，《中国社会科学》第5期。

唐跃军，2002，《转轨经济中内部人控制分析》，《国际经济合作》第2期。

涂尔干，2000，《社会分工论》，渠东译，三联书店。

王红领，2000，《委托人"政府化"与"非正式化"对企业治理结构的影响》，《经济研究》第7期。

王元才等，1995，《乡镇企业产权制度改革》，重庆出版社。

温铁军，1997，《乡镇企业资产的来源及其改制中的相关原则》，http://www. chinaelections. org/readnews. asp? newsid = % 7B284FDC54 - 5C7E - 48F0 - 9561 - 1AAFEC58C65C%7D。
——，2001，《重新解读我国农村的制度变迁》，《天涯》第2期。
谢作诗、杨绍江，2002，《集体企业改制为何主选公司制》，《经济学消息报》4月26日。
许经勇、任柏强，2001，《对我国乡镇企业产权制度的深层思考》，《经济纵横》第10期。
阎洪生，1995，《乡镇企业产权制度改革研究》，东北大学出版社。
姚洋，2000，《政府角色定位与企业改制成败》，《经济研究》第1期。
张建国，1998，《集体股退出企业》，《中国资产新闻》5月20日。
张静，2003，《土地使用规则的不确定：一个解释框架》，《中国社会科学》第1期。
张军、冯曲，2000，《集体所有制乡镇企业改制的一个分析框架》，《经济研究》第8期。
张维迎，1995，《企业的企业家——契约理论》，三联书店、上海人民出版社。
——，1999，《企业理论与中国企业改革》，北京大学出版社。
张小军，2004，《象征地权与文化经济》，《中国社会科学》第3期。
张晓山，1996，《走向市场：农村的制度变迁与组织创新》，经济管理出版社。
——，1999，《乡镇企业改制后引发的几个问题》，《浙江社会科学》第5期。
折晓叶，1996，《村庄边界的多元化——经济边界开放与社会边界封闭的冲突与共生》，《中国社会科学》第3期。
——，1997，《村庄的再造——一个“超级村庄”的社会变迁》，中国社会科学出版社。
折晓叶、陈婴婴，2000a，《产权选择中的“结构—主体”关系》，《社会学研究》第5期。
——，2000b，《社区的实践——“超级村庄”发展历程》，浙江人民出版社。
——，2004，《资本怎样运作——对改制中资本能动性的社会学分析》，《中国社会科学》第4期。
周其仁，1987，《农民、市场和制度创新》，《经济研究》第1期。
——，1996a，《市场里的企业：一个人力资本与非人力资本的特别合约》，《经济研究》第6期。
——，1996b，《人力资本的产权特征》，《财经》第3期。
——，2002，《产权与制度变迁：中国改革的经验研究》，社会科学文献出版社。
周雪光，1999，《西方社会学关于中国组织与制度变迁研究状况述评》，《社会学研究》第4期。
——，2003，《组织社会学十讲》，社会科学文献出版社。
——，2005，《关系产权：产权制度的一个社会学解释》，《社会学研究》第2期。

祝瑞洪等，1999，《关于苏南模式产权结构转型中的几个问题》，《镇江学刊》第 3 期。

邹宜民，1999，《苏南乡镇企业改制的思考》，《经济研究》第 3 期。

Granovetter, Mark and Richard Swedberg. 1992. *The Sociology of Economic Life*. Boulder, CO: Westview Press.

Lin, Nan and Chih-Jou Chen. 1999. *Local Elites as Officials and Owners: Shareholding and Property Right in Daqiuzhuang*, *Property Rights and Economic Reform in China*. Stanford: Stanford University Press.

Nee, Victor and Sijin Su. 1995. "Institutions, Social Ties, and Commitment in China's Corporatist Transformation." In John McMillan (ed.). *Reforming Asian Socialism: The Growth of Market Institutions*. Ann Arbor: University of Mi chigan Press.

Oi, Jean C. and Andrew G. Walder (eds.). 1999. *Property Rights and Economic Reform in China*. Stanford: Stanford University Press.

Smelser, Neil J. and Richard Swedberg (eds.). 1990. *The Economics and Sociology of Capitalism*. Princeton: Princeton University Press.

——. 1994. *The Handbook of Economic Sociology*. Princeton: Princeton University Press.

Swedberg, Richard. 1993. *Explorations in Economic Sociology*. New York: Russell Sage Foundation.

Yushen, Peng. 2004. "Kinship Networks and Entrepreneurs in China's Transitional Economy." *American Journal of Sociology* Vol. 109. No. 5. Chicago: Chicago University Press.

纵贯性数据与生长模型在社会科学实证研究中的应用*

宋时歌　陈华珊

摘　要： 这篇文章演示了如何使用纵贯性数据和生长模型来回答关于“变化”和“趋势”的研究问题。首先，我们讨论纵贯性数据在社会学研究中的主要优点；然后，通过比较几种纵贯性数据分析方法，揭示生长模型较之于其他传统方法的主要优势。我们还讨论了简单生长模型的几种延伸，包括对模型中固定效应的延伸和对随机效应的延伸。最后，为了帮助读者更好地理解文中讨论的分析技术，并进而能够在自己的研究中使用这些技术，我们提供了一个简单范例来解释文中提到的主要概念和分析策略。

关键词： 纵贯性数据　生长模型　多层次模型　自回归协方差结构　身高发育　中国健康与营养调查

社会科学研究诸多领域的核心问题都涉及了“发展”“变化”“趋势”等动态概念，但是，长时间以来，对于这些动态问题的“动态”特征的讨论与关注在很大程度上局限于理论研究的层次，例如经典社会学理论中，涂尔干对人口增长、劳动分工与社会道德关系的分析。由于定量研究方法论发展的相对滞后，绝大多数对“变化”与“发展”的实证分析停留在较低水平。在既往研究中，对于研究对象的动态特性或者只进行简单的描述性分析，或者将其完全忽略，从而将动态社会现象过度简化，以适应静态分析模型的要求。

具体来讲，定量研究方法论发展的滞后之处表现在几个方面。首先，

---

* 原文发表于《社会学研究》2005 年第 5 期。

研究者不能肯定能否对“变化”和“发展”进行定量研究；其次，研究者无法确定什么样的数据适合研究“变化”与“发展”；最后，研究者缺乏合适的统计模型与分析工具。

虽然社会科学研究者对于研究变化和发展一直都有着浓厚的兴趣，但是他们真正开始严肃地探究对变化与发展进行严谨的实证研究的可能性则是20世纪六七十年代的事情。在这段时间里，各式各样的新模型和新方法像走马灯一样被提出，然后迅速被人遗忘。以致许多学者得出结论说对发展与变化进行实证分析是不可能的，与其在这上面浪费时间不如去研究其他问题，至少要将研究的问题以不同的方式提出，尽可能淡化研究主题中关于变化和趋势的成分（Cronbach and Furby，1970）。直到20世纪80年代，随着纵贯性数据（重复测量数据）的大量出现和多层次统计模型方法论的成熟与完善，这种情况才发生了根本性的变化。

社会科学研究者所习惯使用的数据是“横截面数据”（cross-sectional data）。尽管“横截面”调查也采用间隔一定时间连续访问的方式，但是在“横截面”调查中采用更换样本的形式，使得每次调查被访问的对象都不相同，因此这样的数据记载的是被访者在某一个时点（通常是被访的时候）的情况，而没有将这个时点作为一个连续过程的一部分去考察。使用这样的数据无法区分“个体间效应”（between effect）和“个体内效应”（within effect），因而无法用来回答关于变化与发展的研究问题。关于这一点，后文还会详细讨论。比横截面数据稍微好一些的是所谓“两波数据”（two-wave data）：数据中记录每个被访者在两个时点的信息。如果我们将变化定义为“某个观测值在两个测量点之间的变化”的话（Willett，1989），那么这种两波数据可以用来很好地描述这个现象。关键的问题在于：如此定义的“变化”实际上剥离了变化过程本身所固有的动态成分，而将其过度简化为两个状态之间的静态比较。首先，在没有关于变化曲线形状的先验知识的情况下，两个时点之间的比较无法揭示出个体变化的轨迹。其次，两个时点之间的比较无法将真正的变化与测量误差区分开来（Singer and Willett，2003：10）。只有当被观测者拥有三个或者三个以上时点的数据时，对个体变化的模式与特征进行深入细致的实证研究（Willett，1997），以及对变化背后所隐藏的社会过程进行因果推论才成为可能。

当越来越多的纵贯性数据出现在研究者视野中时，接下来的问题就是，如何充分地提取与利用隐藏在这些数据中的有关变化与发展的信息？与传统的两波数据研究设计相对应的分析方法是所谓“差异分”（difference score）[①] 方法：求出两次测量值之差，然后将测量值之差作为因变量而将个体的其他一些特征作为自变量进行回归分析，从而得出哪些因素对个体的变化与发展有着什么样影响的结论。这种方法非常直观，因而曾经获得过广泛的应用。但是其最大的弱点在于差异分本身是关于变化过程的一个有误差的测量（falliable measure），它包括了两部分的信息：真正的变化和测量误差。魏里特（Willett，1989）提出了修正的方法，但是这种修正方法需要引入样本之外的信息。从这个意义上来讲，对于差异分方法的批评与对这一分析方法所依赖的研究设计和数据格式——两波数据——的批评殊途同归（Willett，1989：376）。建议研究者应该尽量避免使用两波数据（以及相应的差异分方法），而采用多波数据（拥有三个或者三个以上观测点的纵贯性数据）和生长模型分析方法。

按照数据收集时间安排的不同，纵贯性数据可以分为固定时点（fixed occasion）与变动时点（varying occasion）数据。收集固定时点数据的时候，对所有被访者的访谈遵守相同的时间安排。也就是说，所有被访者拥有相同数目的观测点，而且在两次相邻测量之间的时间间隔相等。相反，在收集变动时点数据的时候则不必严格遵守上述两个条件。固定时点数据又叫“时间结构数据”（time-structured data），因为从设计到实施，从收集到分析，“时间”这一变量都起着极其重要的作用。从字面上来讲，所有的纵贯性数据都可以称为时间结构数据，无论是固定时点还是变动时点；毕竟，所有的纵贯性数据在收集和分析中都离不开“时间”。这里最重要的区别在于我们用以结构化数据的“时间”变量是不是最适合我们分析目的的那一个。一般来说，可以作为“时间”的变量不止一个，有日历时间、生物年龄、（学校）年级、失业时间等。举一个简单例子，如果我们要研究学生学习成绩的变化，最合适的时间变量是学生的年级，而日历时间和生物年龄则不那么重要。在这种情况下，如果我们的研究设计是以年

---

① 在文献中有时候也叫作“变化分”（change score），或者“获得分”（gain score）（Willett，1988：363）。

级为基础进行重复测量的（比如说，先测量一年级入学新生的成绩，第二年再测量同一批人在二年级的成绩，等等），那么这样的数据（在满足了其他条件的情况下）就是固定时点数据，也就是时间结构数据。相反，如果我们的研究问题是学生学习成绩变化，但我们的数据是根据生物年龄或者日历时间进行组织结构的，这样的数据就无法称作固定时点数据或者时间结构数据，即使所有其他条件都得到了满足。需要指出的是，在使用纵贯性社会调查数据进行生长分析的时候，我们经常碰到的是第二种情况而不是第一种。

对于固定时点的情形，传统的处理方式是采用重复测量的方差分析，包括一元方差分析（univariate ANOVA）或者多元方差分析（MANOVA）。但是一元方差分析对不同测量波次的方差协方差进行复杂的约束设置，否则它所估计的 F 比值检验就会出现正定误差，造成对零假设的拒绝（Stevens，2002）。采用多元方差分析方法尽管能避免上述问题，但需要对重复测量进行复杂的转换，并且它所检验的实际上是不同测量之间的对比。无论是一元方差分析还是多元方差分析，在进行重复测量方差分析模型的时候更大的问题在于其对缺失值的处理。当数据中存在缺失值时，方差分析模型的处理方式是从数据中剔除带缺失值的个案，而仅保留完整的个案。这种方式用在抽样调查数据中，就经常会造成丢弃大部分个案的情形。但是在多层模型的分析框架内，不论是固定时点还是变动时点，都可以很好地解决，并且多层模型可以很方便地引入随时间变化的自变量（time-varying covariates），而方差分析模型则做不到这一点。对固定时点数据多元方差分析模型的一个自然延伸是所谓潜变量生长曲线模型（latent variable growth curve modeling）（Willett and Sayer，1994；Duncan et al.，1999）。潜变量生长曲线模型属于结构方程模型（structural equation modeling）的一种。虽然潜变量生长曲线模型继承了其他固定时点模型对数据结构的各种苛刻条件，但是一旦这些条件得到满足，潜变量生长曲线模型是一种非常强大而且灵活的分析工具。最新的研究试图比较这两种研究传统的优劣并且将其结合起来以充分发挥彼此的优势（Muthen，2000：113－140；Heck，2001：89－127；Raudenbush，2001b；Rovine and Molenaar，2001：65－96；Curran，2003；Skrondal and Rabe-Hesketh，2004）。由于篇幅限制，我们这里对基于结构方程模型的潜变量生长曲线模型以及相关研究方法论方面的最新进展无法进一步讨论，感兴趣的读者可以阅读前面我们列出的相关文献。

一　纵贯性数据与生长模型：一个假设的例子

（一）基本模型

举一个简单的例子，假设我们希望研究一群被访人在某一个连续性变量 Y 上随时间变化的情况。令 Y_{ti} 代表第 i 个被访人在观测点 t 上的测量值（$t \geqslant 3$），令 AGE_{ti} 代表该被访人在观测点 t 上的年龄，Y_{ti} 与 AGE_{ti} 的关系可以用一个简单的线性回归模型来描述：

$$Y_{ti} = \pi_{0i} + \pi_{1i} AGE_{ti} + r_{ti} \quad (1)$$

这里 π_{0i} 是截距，它代表的是被访人 i 在零岁时 Y 的值；[①] π_{1i} 是斜率，它代表的是被访人 i 在观测期内在 Y 上的变化率。π_{0i} 和 π_{1i} 合在一起决定了该被访人在 Y 上的“生长轨迹”（growth trajectory）。

在公式（1）中的下标 i 代表的是不同的被访人。也就是说，通过允许不同的个人的 π_{0i} 和 π_{1i} 彼此不等，公式（1）所代表的模型允许样本中的每一个被访人拥有独特的生长轨迹。为了解不同个体之间生长轨迹的变异程度，我们可以进一步将 π_{0i} 和 π_{1i} 分解为两部分：

$$\pi_{0i} = \beta_{00} + \mu_{0i} \quad (2)$$

$$\pi_{1i} = \beta_{10} + \mu_{1i} \quad (3)$$

其中 β_{00} 代表的是总体平均（population average）的初始状态，β_{10} 代表的是总体平均的生长速度，而 μ_{0i} 和 μ_{1i} 代表个体水平的随机误差项，该误差项符合方差分别为 τ_{00}，τ_{11}，协方差为 τ_{01} 的二项正态分布。公式（1）（2）（3）一起组成了一个简单但是非常强大的生长模型。这个模型非常适合用来回答有关变化与发展的研究问题。

---

① 辛格和魏里特（Singer and Willett，2003）建议模型中使用（$AGE-1$）而不是直接使用 AGE，这样可以使第一层模型的截距所代表的含义更加清楚。在多层模型中，这个问题通常称为“中心化”（centering）。关于这个问题的更多讨论见 Kreft et al.，1995。

（二）一些扩展

关于固定效应的一些扩展

由公式（1）（2）（3）构成的基本模型可以方便地进行各种各样的扩展，使之适用于各种各样的研究问题。首先，个体水平的变量（individual-level covariates）可以被加入到公式（2）（3）中，这样我们可以检验不同个体之间生长轨迹的变异除了随机误差之外是否还受某些可观测因素的影响。接着上一节的例子，假如说我们想检测不同个体在 Y 上的生长轨迹的差异是否受被访人性别的影响，公式（2）（3）可以被扩充为：

$$\pi_{0i} = \beta_{00} + \beta_{01} SEX + \mu_{0i} \tag{4}$$

$$\pi_{1i} = \beta_{10} + \beta_{11} SEX + \mu_{1i} \tag{5}$$

同理，其他个体水平（第二层）的变量可以容易地加入模型中去，并使用常用的统计检验方法来检验这些变量是否具有显著作用。这样，公式（1）（4）（5）构成的新模型是对简单生长模型的第一种重要的扩展。更进一步，方程（4）（5）中的截距与斜率参数可以作为更高层次（比如家庭层次、社区层次、地域层次等）模型的因变量，从而将这个两层的基本生长模型扩展到三层、四层甚至更高层中去。①

在公式（1）中，我们假设个体的生长轨迹是线性的（Y 与年龄的关系使用线性回归描述）。这是一个方便的假设，但并不总是符合实际情况。在生长分析中，生长轨迹的确定是所有后续分析与假设检验的基础，因而有着极其重要的意义。作为生长分析的第一步，就是利用探索性数据分析的手段（散点图、曲线图和平滑曲线图等）对样本生长轨迹获得一个直观的了解。然后在这一了解的指导下，尝试使用不同形状的曲线进行拟合，然后比较各自对数据的拟合程度。除了线性模型之外，在文献中经常见到

① 像使用其他统计模型一样，这里需要考虑的核心问题是模型的准确性（accuracy）与简约性（parsimony）之间的平衡。任意忽略多层次数据中的某些嵌套关系会导致模型与现实脱节，从而不能准确地反映现实（Moerbeek，2004）；相反，不加选择地将现实世界中的嵌套关系直接地翻译到统计模型中则失去了使用统计模型来研究社会的根本意义：将纷繁复杂的社会想象用简约而优美的方式描述出来。从计算的角度来看，三层以上模型（特别是如果涉及很多跨层交互项的情况下）在估计时比较容易碰到数值问题，而且得到的模型（由于多元交互项的存在）比较难于理解、解释。

的还有二次模型［在方程（1）中再加入一个年龄的平方项］，三次和三次分段线性模型，等等。需要注意的是，数据中每一个体拥有的重复观测点数目越多，研究者在选择生长轨迹时的灵活性越大。如果数据中每一个体只有三个观测点的话，为了使模型能够被确定，研究者没有什么选择只能使用线性生长模型；如果每一个体有了四个或者五个观测点的话，那么拟合二次生长模型就成为可能；想拟合更为复杂的模型就需要更多的观测点。

关于随机效应的扩展：不同的协方差结构

上面提到的两种主要扩展都是针对生长模型中的固定效应（fixed effects）展开的；针对模型中的随机效应（random effects），也可以做一些重要的扩展。首先，我们可以选择哪些自变量在拥有固定效应之外还应该拥有随机效应。以我们前面讨论过的由公式（1）（2）（3）或者公式（1）（4）（5）构成的生长分析模型中，我们允许决定生长轨迹的所有参数（截距和斜率）在不同观测个体之间随机变化。这种设定非常灵活，但这种灵活性不是没有代价的。模型中随机效应越多，模型估计的时候遇到数值问题的可能性越大，模型估计难度越高。如果这种情况发生，研究者将不得不找出到底是哪一个随机效应导致的数值问题，并从模型中将该随机效应移除，只估计该变量的固定效应。在研究中也有可能发生某随机效应没有统计显著性的可能，在这种情况下，为了模型的简约性，研究者也可以将不显著的随机效应从模型中移除。在涉及多层嵌套结构的生长模型中，由于模型规模增大，模型复杂性提高，仔细地选择模型中随机效应就变得非常重要了。

作为多层统计模型的一员，生长模型对个体内部（within individual）在不同时间点的残差分布遵循一定的模式。如果我们将构成生长模型的第一层和第二层模型合起来的话，这一点更加清楚：

$$Y_{ti} = (\beta_{00} + \beta_{01} SEX_i + \beta_{10} AGE_t + \beta_{11} SEX_i \cdot AGE_t) + (\mu_{0i} + \mu_{1i} AGE_t + r_{ti}) \tag{6}$$

令：

$$\varepsilon_{ti} = \mu_{0i} + \mu_{1i} AGE_t + r_{ti}$$

则方程（6）变成了我们熟悉的多重回归的形式：

$$Y_{ti} = (\beta_{00} + \beta_{01} SEX_i + \beta_{10} AGE_t + \beta_{11} SEX_i \cdot AGE_t) + \varepsilon_{ti} \tag{7}$$

与多重回归不同的是，方程（7）中的误差项由三个不同的部分组成，因此它的方差协方差矩阵是分块对角矩阵（block diagonal matrix），其中个体内（within person）的方差和协方差都为非零值，但不同个体之间协方差为零。方程（7）的误差项方差协方差矩阵可以写成：

$$\varepsilon : N\left(0, \begin{bmatrix} \Sigma_r & 0 & 0 & L & 0 \\ 0 & \Sigma_r & 0 & L & 0 \\ 0 & 0 & \Sigma_r & L & 0 \\ M & M & M & 0 & 0 \\ 0 & 0 & 0 & 0 & \Sigma_r \end{bmatrix}\right) \tag{8}$$

其中：

$$\Sigma_R = \begin{bmatrix} \sigma^2_{r_1} & \sigma_{r_1r_2} & \sigma_{r_1r_3} & \sigma_{r_1r_4} \\ \sigma_{r_2r_1} & \sigma^2_{r_2} & \sigma_{r_2r_3} & \sigma_{r_2r_4} \\ \sigma_{r_3r_1} & \sigma_{r_3r_2} & \sigma^2_{r_3} & \sigma_{r_3r_3} \\ \sigma_{r_4r_1} & \sigma_{r_4r_2} & \sigma_{r_4r_3} & \sigma^2_{r_4} \end{bmatrix} \tag{9}$$

其中：

$$\sigma^2_{r_j} = Var(\mu_{0i} + \mu_{1i}AGE_t + r_{ti}) = \sigma^2_r + \sigma^2_0 + 2\sigma_{01}\,AGE_t + \sigma^2_1\,AGE^2_t \tag{10}$$

而：

$$\sigma_{r_tr_{t'}} = \sigma^2_0 + \sigma_{01}(AGE_t + AGE_{t'}) + \sigma^2_1\,AGE_t \cdot AGE_{t'} \tag{11}$$

这里σ^2_r代表个体内方差，σ^2_0代表μ_{0i}项［在方程（4）中］的方差，σ^2_1代表μ_{1i}项［在方程（5）中］的方差，而σ_1代表μ_{0i}和μ_{1i}的协方差。

以上关于误差方差和协方差结构的设定非常灵活，它允许模型中存在异方差（heteroscedasticity）和自相关（autocorrelation）。研究者需要提出的问题是：上述的方差协方差矩阵的设定是否在研究某一个具体问题的时候合情合理，以及它对数据的拟合是否优于其他模型设定。对于纵贯性数据来说，个体内重复测量的数据存在高度的自相关性。在生长模型和多层模型中，我们可以明确地使用这种自相关结构来构造误差的方差协方差结构。其中，经常被提到的协方差结构是所谓“一阶自回归协方差结构”

(first-order autoregressive error covariance structure)。该模型中的方差协方差矩阵由两个参数决定：剩余方差 σ^2 和自相关系数 ρ。新的方差协方差矩阵看起来是这个样子：

$$\Sigma_r = \begin{bmatrix} \sigma^2 & \sigma^2\rho & \sigma^2\rho^2 & \sigma^2\rho^3 \\ \sigma^2\rho & \sigma^2 & \sigma^2\rho & \sigma^2\rho^2 \\ \sigma^2\rho^2 & \sigma^2\rho & \sigma^2 & \sigma^2\rho \\ \sigma^2\rho^3 & \sigma^2\rho^2 & \sigma^2\rho & \sigma^2 \end{bmatrix} \tag{12}$$

比较公式（12）所描述的自相关协方差结构与公式（9）与（11）所描述的协方差结构可以得出几个重要的结论。首先，自相关协方差结构是一个简约的设定，它只需要顾及两个参数（而标准多层模型的协方差结构由四个参数决定）。其次，由于自相关系数 ρ 取值范围为 [-1，1]，公式（12）所描述的模式是：①个体内误差项的方差不变，②个体内误差项的协方差随着与主对角线的距离增加而递减。这一特殊的模式在实际研究中非常有吸引力，因为常识告诉我们：对同一个体进行测量时，在控制了所有可以控制的因素之后，相距较近两个测量点要比相距较远的测量点更为相似。

采用不同协方差结构的生长模型可以使用常用的 *AIC* 或者 *BIC* 进行比较。

（三）生长分析所需数据结构

使用多层模型进行生长分析需要所谓的“长型”数据，又叫“一元数据”(univariate data structure),[①] 以别于“宽型”数据，或者叫“多元数据”(multivariate data structure)。[②] 举一个简单的例子，假如我们要测量一群儿童在 1～4 岁时的身高，为简单起见，假设我们的数据中只记录两种信息：儿童的编号和儿童在 1～4 岁这 4 个测量点上的身高测量（以厘米为

① 长形数据的另外一个名字叫“人年数据”(person-year data)，是离散时间生存分析中常用的术语。离散时间生存分析的第一步是要将数据中记录的生存时间从连续形式转为离散形式（如果原始变量为连续变量的话），第二步就是按照生存时间长短在数据中生成新的记录，这样，如果一个癌症病人从开始观察起生存了 5 年，并且记录间隔为 1 年，那么他在新生成的人年数据中将会有 5 个记录。

② 多元数据是基于结构方程模型的潜变量生长曲线模型使用的标准数据类型。

单位)。我们的数据可以是这个样子（见表1)。

表1　长型（一元数据）示例1

ID	*H*1	*H*2	*H*3	*H*4
1	72	80	91	100
2	68	74	80	91
3	80	92	100	109
⋮	⋮	⋮	⋮	⋮

其中，*ID* 是儿童的编号，变量 *H*1 到 *H*4 记录了儿童从 1 到 4 岁的身高。在这个数据中，每一个儿童在数据中占一个记录，每一次身高测量以一个单独的变量的形式出现，有多少次测量就会有多少个变量与之相对应。这是一个典型的“宽型”数据。

上述信息还可以另一种形式出现（见表2)。

表2　长型数据示例2

ID	*AGE*	*H*
1	1	72
1	2	80
1	3	91
1	4	100
2	1	68
2	2	74
2	3	80
2	4	91
3	1	80
3	2	92
3	3	100
3	4	109
⋮	⋮	⋮

其中，*ID* 仍然是儿童的编号；AGE 是一个新出现的变量，代表的是儿童在某一个时间点上的年龄；旧数据中的 *H*1 到 *H*4 被合并为另外一个新变

量 H。数据中每条记录记载的是儿童在某一观测点的情况；由于我们研究中每个儿童有多个观测点，所以每个儿童的信息占据了数据中的多个记录。[①] 这是一个典型的“长型数据”例子。使用多层模型进行生长分析的时候需要首先将宽型数据转换为长型数据。

二　关于生长模型的一些问题

对于习惯了使用多重回归模型分析横断面数据的社会科学研究人员来说，纵贯性数据和生长分析代表了一种非常不同的思路，因而也经常容易犯一些不该犯的错误。这里我们着重讨论两方面的问题。

（一）关于标准化

标准化是多重回归分析中十分常见的一种技术。标准化技术的倡导者认为在回归分析中使用标准化技术可以：（1）比较不同自变量的相对重要性；（2）使跨样本比较成为可能。但是事实证明，这两种观点都是站不住脚的。首先，在任何统计模型中，只有那些具有相同测量尺度的变量的效果可以进行直接比较，而标准化并没有增加任何信息从而使那些测量尺度不同的变量具有可比性。[②] 其次，标准化不但没有帮助跨样本比较，由于不适当地将样本分布差异引入分析之中，反而使这种比较更加困难。具体来讲可以有两种错误：①某一个回归系数在两个比较样本中的强度相同，但是由于因变量或者某一个自变量在两个样本中的分布不同而导致标准化之后的回归系数大相径庭；②某一个回归系数在两个比较样本中强度不同，但是由于相关变量分布差异而导致标准化回归系数相同（Willett et al.，1998）。无论哪种情况发生，研究者都会被错误的统计方法导致的错误结论所误导。

---

① 在这个简单的例子中，我们假设所有儿童拥有相同数目的观测点，而且在每一个观测点上所有儿童的年龄是相同的。我们称这种数据为“均衡”数据（balanced data）。后面我们会提到，均衡数据是很多其他统计模型所必需的，但并不包括基于多层模型的生长模型。

② 举一个简单的例子，假如我们在研究收入的时候希望通过标准化技术来比较变量“性别”和“受教育程度”对收入大小的影响。如果我们的结果显示，经过标准化的性别这个变量一个标准差的变化比经过标准化的收入这个变量一个标准差的变化对收入影响更大，我们能够由此得出结论说对于收入获得来说，性别比教育更为重要吗？

除了上述这些普通问题之外，标准化在生长分析中还会导致一些额外的困难。在纵贯性分析中进行标准化最常用的方法是在每一“波”数据内部进行标准化。适合使用生长分析进行研究的社会现象一般都有一个特征：它们在不断地“生长”，一种说法就是，我们研究对象的均值与标准差在不同的数据波之间均会发生变化。借用前面儿童身高的例子，样本中的儿童在第一次测量时（1 岁时）身高的均值和标准差均比第二次要小；第二次又会比第三次要小。在这种情况下，对纵贯性数据进行波内标准化人为地增加了早期观测数据中（比如说，1 岁时儿童的身高测量）的变异程度而减少了后面数据中的变异程度。如此得到的生长曲线与使用原始数据得到的生长曲线相似之处很少，容易导致错误结论的产生。进一步说，假如我们的观测样本在不同波之间有变化，而且这种变化不是随机发生[两种最重要的样本变化原因是：（1）旧样本的流失；（2）新样本的加入]，那么波内标准化赖以实行的均值和标准差在不同数据波内计算的时候将基于不同的样本，这样，经过波内标准化的系数在不同波之间将不具有可比性，这对本来就很严重的问题来说无疑是雪上加霜。

还有一种标准化方式值得一提。在使用横截面数据研究儿童生长发育的时候，为了衡量儿童发育是否正常，需要将测量到的儿童身高数据与一个经过年龄和性别标准化标准参照身高进行对比。具体的做法是根据如下公式：

$$z_i = \frac{Y_{isa} - H_{sa}}{\sigma_{sa}}$$

这里 z_i 代表的是第 i 个儿童经过标准化的身高（z 值），Y_{isa} 代表的是性别为 s，年龄为 a 的第 i 个儿童的身高，H_{sa} 代表的是国际参照人群中性别为 s 年龄为 a 的所有儿童身高的中位数，σ_{sa} 代表的是在这一参照人口中性别为 s 年龄为 a 的所有儿童身高的标准差。这里，由于标准化依据的参数（中位数和标准差）来自样本之外，因此避免了我们前面提到的许多问题。特别值得一提的是，由于在标准化过程中采用了标准参照人群，经过标准化处理的结构系数（比如说，回归系数）可以进行跨样本的比较、检验。①

当我们从横截面数据的分析转移到纵贯性数据的分析的时候，这种以

① 使用这种方法进行对比分析的一个优秀范例见 Burgard，2002。

标准参照人群为基准的标准化方法出现了困难。简单地说，标准化将原始数据中所包含的生长信息从绝对尺度转化为相对尺度（相对于所选用的标准参照人群），从而将时间结构从数据中摘除。换句话讲，标准化将儿童身高测量从厘米、英尺之类的绝对单位变成了没有度量单位、本身没有独立意义的一系列离差。我们讲儿童身高与他们的年龄有着因果关系，因为除了一些极其特殊的例子之外，儿童要随着年龄的增长而长身体。有了这种认识，我们以年龄为自变量通过建立回归模型来解释身高变化的做法才是有意义的。通过标准化身高而得到的 z 值与年龄则没有这种因果关系，我们没有任何理由预期随着年龄的增长，儿童的身高与标准身高的差异会增大或者减小。在这种情况下进行回归分析（以 z 值为因变量，以年龄为自变量）也就不会揭示太多关于儿童成长发育过程规律性的东西。

为什么在横截面数据分析中非常有效的标准化方法在纵贯性数据分析中会带来这许多问题呢？究其原因，横截面数据本身不包含系统性的生长信息。如果不引入样本之外的额外信息（经过年龄和性别标准化处理的标准参照身高），横截面数据本身无法回答任何有关生长的研究问题。在这种情况下，使用标准参照人群的生长信息进行标准化这种做法的实质是借用这个标准对比人群的生长轨迹，将我们手中所掌握的横截面数据中零零碎碎的生长信息系统化和“纵贯化”。这种做法的合理性依靠一个强假设：标准参照人群的生长曲线所代表的生长轨迹代表了一种普适的、放之四海而皆准的标准。还是举前面儿童发育的例子，接受这个假设等于承认所有儿童，不论其种族、民族、文化背景、地域和地理环境等种种因素，他们的身高发育轨迹都可以使用那个标准参照人群的发育轨迹来加以判断、衡量。需要指出的是，即使通过标准化生长变量而引入了额外信息，使用横截面数据也只能回答非常有限的一些研究问题：与标准参照人群相比，某被访者的生长状态是正常、超前还是落后？与之形成鲜明对比的是，纵贯性数据本身提供了极其丰富的生长信息，我们可以直接拟合出样本中每一个体的完整的生长轨迹、中心趋势，以及变异程度，并找出其影响因素。在此基础上，如果我们希望比较被研究群体的生长轨迹与标准参照群体生长轨迹的异同，我们可以将他们放在同一个曲线图中（以年龄为 X 轴，以身高为 Y 轴），通过图示的方式直观地看出不同生长轨迹的相同之处和不同之处，而不是削足适履地用标准化这种方法试图将一条条包含丰富信息的独特的生长轨迹强行纳入标准参照人群的生长轨迹这个参照系统之中去。

（二）不同的方差协方差结构对模型的影响

前面提到，生长分析与普通多层分析的一个最大不同之处在于生长分析所使用的纵贯性数据有时间顺序。这一点在进行数据分析和模型建立的时候需要考虑进去。这种考虑具体地反映到对生长模型中误差项的方差协方差结构的选择上。前面我们讨论了两种常用的方差协方差结构：多层模型默认的协方差结构和一阶自回归协方差结构。除此两种之外，还有许多种协方差模型可供研究者选择（Singer and Willett，2003：258 - 259）。面对诸多选择，研究者会问一个问题：如果没有找到最符合需要的协方差结构的话，我们的生长模型会受到什么影响呢？特别是，模型中的固定效应参数的估计是否会产生偏差？一般说来，选择不同的协方差结构不会对固定效应参数估计产生显著的影响；但是，选择合适的协方差结构会提高参数估计的精度（Goldstein et al. ，1994；Singer and Willett，2003）。这一点在我们后面的实例中可以看到。

三　一个生长模型的例子：中国儿童的身高发育

作为本文的最后一部分，我们使用宋时歌（Song，2005）研究中所使用的部分数据来演示如何使用生长模型来分析中国儿童的身高发育。我们的目的并不是想通过这个研究做出新的发现或者验证什么假设；相反，我们将它作为一个教学例子，希望通过这个例子来说明使用纵贯性数据和生长模型进行实证研究过程中需要遵循的一般原则和步骤。出于这个目的，我们只简单地介绍一下研究目的、使用的数据和变量，然后将主要精力放在模型选择、参数解释和结果讨论上面。[①]

（一）研究目的、数据、变量

本研究主要目的是比较中国当代 0 ~ 18 岁男女儿童在 1989 ~ 2000 年身

① 感兴趣的读者可以向作者索取本文使用的数据和 *R* 以及 *Stata* 程序。

高发育模式。①

本研究所使用的数据来自“中国健康与营养调查”（CHNS）。这是由美国卡罗来纳人口研究中心、中国疾病与控制中心和中国营养与食品安全研究所共同进行的一个纵贯性研究。到目前为止，该研究已经发布了5波数据（1989年、1991年、1993年、1997年、2000年）。我们这里选择的是样本中1989年年龄在0～7岁的儿童。研究中的因变量是中选儿童在5个观测点上的身高测量（以厘米为单位）。出于本文前面讨论的原因，我们没有对身高测量进行任何标准化处理而直接采用原始身高测量。

（二）探索性数据分析

第一步是对数据进行探索性分析。这里最重要的探索性分析是每一个儿童的生长曲线，如图1所示。

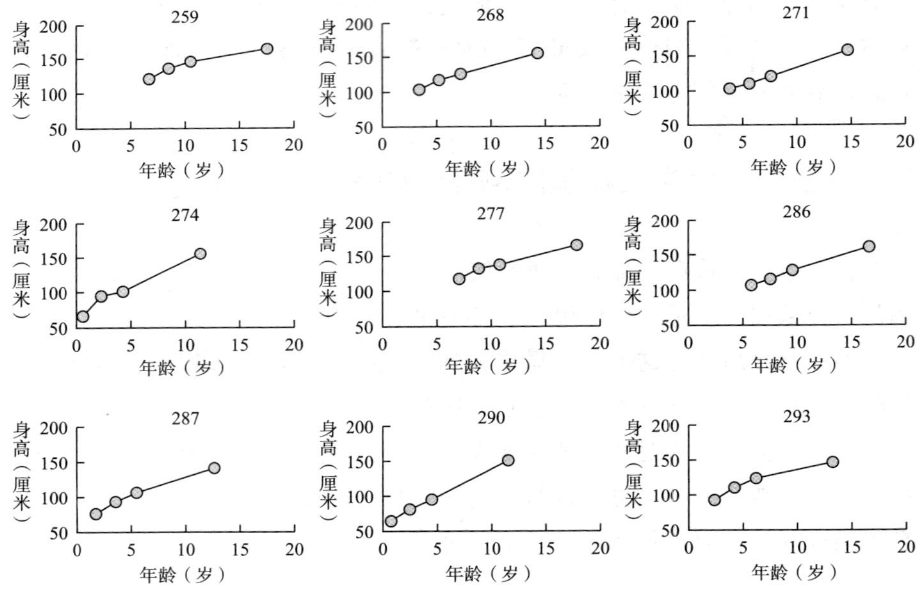

图1　经过非参数平滑处理的儿童身高与年龄关系（几个随机选取的儿童）

① 为了使我们的演示简明易懂，我们这里呈现的结果只是宋时歌（Song，2005）所进行的研究中很小的一部分。具体来说，我们忽略了家庭水平和社区水平的影响因素，仅仅考虑了观测水平（第一层）和儿童水平（第二层）的两个变量：年龄和性别。这样做省去了在模型中处理高维交互项和处理缺失值（在这个数据中缺失值的发生主要在家庭和社区水平上）这两项烦琐的工作，从而使得参数解释和结果讨论简明易懂。

由于我们的样本量相当大，不可能将所有儿童的生长曲线一一列出，因此我们随机地挑选了9个儿童，将他们身高的生长曲线以非参数平滑的方式描绘出来。从这些儿童的生长曲线可以看出，有些儿童的生长曲线可以近似地看作一条直线（ID =271，286，290），另外一些儿童的生长曲线表现出较明显的非线性模式（ID =259，268，274，277，287，293）。我们在进行生长分析的时候有必要尝试不同类型的生长曲线，并比较看哪种曲线对数据拟合得最好。

（三）模型选择

下一步是确定生长曲线的形状。由于没有很强的理论来指导我们的选择，这里我们采用数据驱动的办法（data-driven approach），也就是说，我们将估计几个不同的模型，然后根据不同模型对数据的拟合度来决定采用哪种生长曲线。在这个简单的例子里，我们需要决定：（1）模型的固定效应部分应该如何设定；（2）模型的随机效应部分应该如何设定。这里，固定效应的设定第一步是确定公式（1）中的*AGE*以什么形式进入模型的固定效应部分。我们将考察线性生长、二次曲线生长、三次曲线生长、四次以及更高次曲线生长模式。在确定了基本生长曲线之后，第二步是考察其他自变量如何影响生长曲线。在这个简单演示中，我们将只考虑性别这个变量的作用。

在确定了固定效应部分设定之后，下一步要对模型的随机部分进行类似的处理。模型的随机部分的设定也需要分两部分进行。首先，我们要决定是否允许那些决定儿童生长轨迹的年龄变量（*AGE*的一次项、二次项、三次项等）在不同儿童之间随机变化。由于在我们的数据中，每一个儿童最多只有5个观测值，为了使模型能够被确定，模型的随机部分中最多只能允许2个年龄变量（AGE 和 AGE^2）同时在模型中存在。我们还需要选择最佳的模型误差的方差协方差结构。在本文这个简单的例子中，我们在拟合得最好的模型基础上保留所有的固定效应项，然后将模型中的协方差结构用一阶自回归结构［*AR*（1）］替换掉，然后比较看新模型对数据的拟合是提高了还是降低了。

所有模型采用限制最大似然法（REML：Restricted Maximum Likelihood Estimation）进行估计。模型选择采用*AIC*和*BIC*统计量（Akaike，1973；

Raftery，1995：111－164）。表 3 报告了 13 个模型四方面的信息（见表 3）：似然方程的对数值、自由度、*AIC* 和 *BIC* 统计量。模型选择主要是根据 *AIC* 和 *BIC* 的变化进行的：*AIC* 和 *BIC* 的值越小，模型对数据的拟合越好。[①] 模型 1 到模型 5 专注于生长曲线固定效应的确定。我们可以看到，随着年龄高次项的不断加入，模型拟合度也在不断改善，*AIC* 从线性模型（模型 1）的 78216 降低到四次模型（模型 4）的 75262；*BIC* 从线性模型的 78246 降低到四次模型的 75313。从 *AIC* 和 *BIC* 来判断，四次模型是拟合得最好的模型；更高次项的加入不但没有进一步提高，反而降低了模型拟合度（*AIC* 从四次模型的 75262 升到了五次模型的 75283，*BIC* 从四次模型的 75313 升到了五次模型的 75341）。

表 3　模型选择：确定生长曲线的形状

模型	Log Likelihood	D. F	*AIC*	*BIC*
模型 1：*AGE*	－39104	4	78216	78246
模型 2：模型 1＋AGE^2	－37926	5	75862	75899
模型 3：模型 2 ＋AGE^3	－37873	6	75758	75803
模型 4：模型 3＋AGE^4	－37624	7	75262	75313
模型 5：模型 4＋AGE^5	－37633	8	75283	75341
模型 6：模型 4＋*AGE* 随机效应	－37359	8	74734	74793
模型 7：模型 6＋AGE^2 随机效应	－37357	9	74733	74799
模型 8：模型 7＋*BOY*	－37345	10	74710	74784
模型 9：模型 8＋*AGE*×*BOY*	－37348	11	74718	74798
模型 10：模型 9＋AGE^2×*BOY*	－37274	12	74573	74661
模型 11：模型 10＋AGE^3×*BOY*	－37220	13	74466	74561
模型 12：模型 11＋AGE^4×*BOY*	－37226	14	74480	74583
模型 13：模型 11 固定效应＋*AR*（1）协方差结构	－37360	11	74743	74824

模型 6 和模型 7 在固定效应拟合最好的模型（模型 4）基础上检验年龄的一次项与二次项的随机效应是否显著。前面提到，受到我们使用的数

① 在绝大多数情况下，使用 AIC 和 BIC 所得到的关于模型选择的结论高度一致（如本文的例子）。在极少数情况下，这两种统计量会得到稍微不同的结论。如果这种情况发生，研究者或者再使用其他统计量进行验证，或者根据专业知识，选择理论上更有说服力的那个模型。

据的局限，我们无法比较更多年龄项的随机效应。结果显示，允许年龄项在不同儿童之间随机变化显著地改善了模型整体拟合度（*AIC* 从模型 4 的 75262 降低到了模型 6 的 74734，*BIC* 从模型 4 的 75313 降低到了模型 6 的 74793）。在加入年龄的二次项的随机效应之后，*AIC* 与 *BIC* 给出了矛盾的结果：*AIC* 从模型 6 的 74734 降低到了模型 7 的 74733，而 *BIC* 则从模型 6 的 74793 升高到了 74799 。尽管有这些细微的差别，模型 6 和模型 7 在模型拟合方面没有太大的变化。

模型 9 到模型 12 在模型 7 的基础上进一步考察儿童的性别这一变量如何影响他们身高的生长轨迹。用生长模型或者多层模型的术语来说，这里的性别变量是个体层次变量（individual-level covariate），相对于年龄这一观测层次变量（observation-level covariate）。在真正的社会科学研究的模型中一般会有不止一个个体层次变量，经常会有更高层次的变量，比如家庭层次和社区层次，被用来解释不同个体之间生长轨迹的变化。模型 8 是在模型 7 的基础上加入了性别变量的主效应。这一模型假设男女儿童的身高只在出生的时候（初始状态）有系统性的差别，而在以后的发育过程中没有显著的性别差异。我们可以看到，在加入了性别变量的主效应之后，模型拟合有一定程度的改善（*AIC* 从模型 7 的 74733 降低到 74710，*BIC* 从模型 7 的 74799 降低到 74784）。

在上面几个模型中，我们假设男女儿童不仅在出生的时候有身高差别，并且在后天的身高发育上也有系统的差别。这几个模型不同的地方在于对这种后天差别模式的设定上：模型 9 假设性别差异只影响身高发育的线性模式而模型中所有高次项所代表的对这种线性模式的各种微调与修正则不受性别差异的作用。*AIC* 和 *BIC* 一致显示这种假设是不受数据支持的（*AIC* 从模型 8 的 74710 增加到 74718，而 *BIC* 则从 74784 增加到 74798）。模型 10 假设身高发育方面的性别差异不仅体现在初始状态和线性趋势方面，而且体现在年龄的二次扰动项上。*AIC* 和 *BIC* 显示这一模型的拟合不但显著好于模型 8 和模型 9，而且显著好于模型 7 和模型 6（*AIC* 降至 74573，*BIC* 降至 74661），为迄今为止所有模型当中拟合最好的模型。

进一步地，在加入了性别与年龄三次项的交互作用后，模型 11 的拟合度进一步提高（*AIC* 从模型 10 的 74573 降至 74466，*BIC* 从 74661 降至

74561）。模型 12 显示，年龄四次项的交互项不但没有进一步改善模型拟合程度，反而导致模型拟合的降低（*AIC* 升至 74480，*BIC* 升至 74583）。应该指出的是，虽然模型 12 的拟合不如模型 11，但是仍然优于其他所有模型。模型 13 在模型 11 所有固定效应的基础上加入了一阶自回归协方差模型。由于模型 11 的协方差结构由四个参数构成，而模型 13 的协方差结构由两个参数构成，因此模型自由度从模型 11 的 13 降到模型 13 的 11。模型 13 对数据的拟合（*AIC* =74743，*BIC* =74824）要优于模型 1 到模型 5（没有随机效应的模型），但是不如模型 6 到模型 12（加入随机效应之后的模型）。因此我们的最佳模型是模型 11。

（四）分析与讨论

表 4 展示了拟合最好的模型和对自回归效应进行特殊处理的模型——模型 11 和模型 13 ——的参数估计结果。正如我们在前面提到的，不同的协方差结构对固定效应的参数估计影响很小。表面上看，两个模型最大不同之处在于：模型 11 的随机效应部分包括四项：*AGE* 的随机效应，AGE^2 的随机效应，截距的随机效应和残差；而模型 13 的随机效应只包括两项：残差和自相关系数 ρ。值得注意的是，模型 13 的标准差一般要比模型 11 的标准差稍大，从另外一个角度说明了简单的 *AR*（1）协方差结构对数据的拟合不如普通多层模型的协方差结构。

正如我们前面讨论过的，生长轨迹由初始状态和生长速度这两组参数决定。生长轨迹的初始状态由模型的截距决定。由于我们在模型中引入了儿童性别这一二分变量，男孩和女孩拥有不同的截距。根据模型 11，零岁女婴的平均身高为 58.55 厘米，而男婴为 58.55 +1.69 =60.24 厘米。模型 13 给出非常相近的结果。

在我们的模型中，生长速度由四个参数同时决定：年龄的一次项、二次项、三次项、四次项。让 GR_t 代表儿童在年龄 t 上的生长速度，π_{1i} 到 π_{4i} 代表年龄一次项、二次项、三次项、四次项的系数（Raudenbush and Bryk，2002：171）：

$$GR_t = \pi_{1i} + 2\pi_{2i} \cdot ACE_t + 3\pi_{3i} \cdot ACE_t^2 + 4\pi_{4i} \cdot AGE_t^3$$

同样，由于儿童性别这一变量及其模型中其他自变量的交互项的存在，男女儿童拥有不同的生长速度。举例来说，根据模型 11，一个 2 岁女童的生长速度为 $13.02-2\times1.23\times2+3\times0.09\times4=9.18$ 厘米/年；相应地，一个 2 岁男婴生长速度为 $(13.02+1.69)+2\times(-1.23+0.94)\times2+3\times(0.09+0.01)\times4=11.93$ 厘米/年。模型 13 给出非常相近的结果。如果我们针对每个年龄组重复以上计算，就得到了根据我们的生长模型预测出的男女儿童身高发育生长轨迹，如图 2 所示。

表 4　中国儿童身高发育生长模型参数估计

	模型 11（默认协方差结构）	模型 13［AR（1）协方差结构］
固定效应		
AGE	13.02 (0.22)	12.96 (0.23)
AGE^2	-1.23 (0.05)	-1.21 (0.05)
AGE^3	0.09 (0.00)	0.09 (0.00)
AGE^4	0.00 (0.00)	0.00 (0.00)
BOY	1.69 (0.30)	1.75 (0.34)
$AGE \times BOY$	0.94 (0.19)	1.03 (0.21)
$AGE^2 \times BOY$	-0.22 (0.03)	-0.24 (0.03)
$AGE^3 \times BOY$	0.01 (0.00)	0.01 (0.00)
截距	58.55 (0.36)	58.42 (0.40)
随机效应 AGE	0.45 (0.01)	
AGE^2	0.00 (0.06)	
截距	5.40 (0.10)	
		0.71 (0.01)

续表

	模型 11（默认协方差结构）	模型 13［*AR*（1）协方差结构］
残差	4.02 （0.04）	7.53 （0.07）
个体总数	4457	4457
观测值总数	11582	11582
AIC	74465.58	74742.61
BIC	74561.22	74823.53

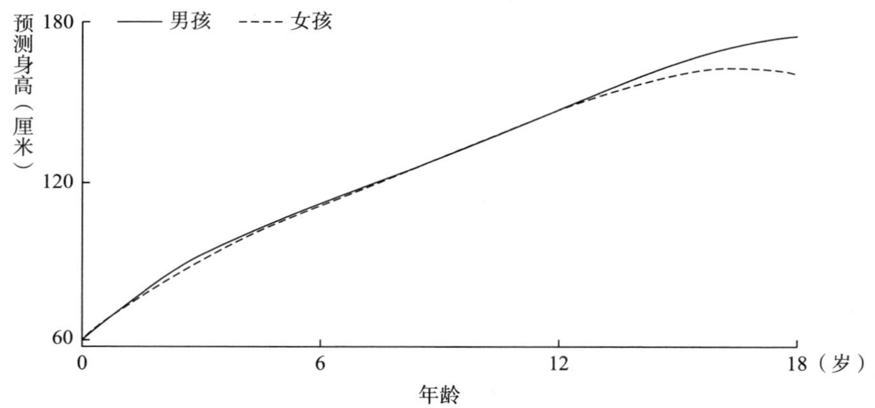

图 2　中国 0～18 岁男孩与女孩身高发育的生长曲线预测值

在模型 11 中，截距、年龄的一次项和二次项的随机效应都非常显著，显示出这些效应在不同儿童之间有相当程度的变异。模型 11 和模型 13 的生育残差标准差显示出相当大的差异。模型 11 中的残差标准差为 4.04，而模型 13 中的残差标准差为 101.62。考虑到表 1 中 *AIC* 和 *BIC* 显示出这两个模型拟合度之间很小的差异，这两个模型残差标准差之间显著的差异表明自回归协方差结构和年龄的随机效应都非常重要。因此，在下一步的分析中，建立一个同时包含自回归协方差结构和年龄随机效应的模型也许会进一步改进数据拟合程度。

四　结论

通过简要地介绍社会科学实证研究者在过去半个世纪对于涉及变化和

趋势这类研究问题进行探索的历程，我们在本文中试图说明为什么纵贯性数据和生长分析是处理这类问题的最佳工具。作为结束语，我们希望在这里再强调一下贯穿本文的几个要点。首先，进行有关变化和趋势的研究必须使用拥有三波以上观测点的纵贯性数据。传统的横截面数据和两波数据没有包含足够的生长信息来回答上述问题。文献中现有的一些通过引入样本之外的信息以达到使用横截面数据或者两波数据来研究变化趋势的方法都是一些权宜之计，一般都要依靠强假设才能够成立，而且能够回答的研究问题范围有限。其次，对纵贯性数据进行分析最有力的工具之一（当我们关注的变量是连续变量的情况下）是基于多层分析模型的生长模型。基于多层模型的生长模型与其他分析框架（比如说，基于结构方程模型的潜变量生长曲线模型）相比有一些重要的特点。

基于多层模型的生长模型最重要的一个优点是它对各种不规则的数据结构（缺失值、观测时点数不相同、观测时点之间间隔不等等）有很强的处理能力。这一点对于严重依赖抽样调查而不是实验或者拟实验方法的社会学研究者尤其重要。由于抽样调查规模大、费用高、组织工作困难等客观原因，通过抽样调查获得的纵贯性数据比通过实验或者拟实验方法获得的数据更容易产生这样或那样的数据缺漏和问题；通常情况下，在发现数据缺漏之后，研究人员只能依靠在后期数据分析时通过统计技术想办法进行补救。许多分析方法（*ANOVA* 和 *MANOVA*）需要完全平衡数据，这对于通过抽样调查得到的数据来说几乎是不可能做到的。在这种情况下，研究者基本上没有什么其他选择而只能使用基于多层模型的生长分析。

由于生长分析与多层分析的渊源，从基本的生长分析向多层生长分析的扩展就非常自然和方便。多层生长模型是对单层生长模型的一个极其重要的扩展。有了多层生长模型这个分析工具，我们不但可以研究社会现象的变化轨迹，而且可以将个体生长变化这一动态的个体过程放到一个更宏大的社会经济制度背景中去，对各种宏观因素如何影响个体发展进行严谨的实证分析。

在过去 10 年中，纵贯性数据与生长分析方法论获得了长足的发展。这些新发展包括通过将基于多层模型的分析框架与基于结构方程模型的分析框架统一到一个更为宽泛灵活的潜变量分析框架中去（Muthen，1997，2000；Skrondal and Rabe-Hesketh，2004）；如何处理缺失值问题（Little and

Rubin，2002；Schafer and Graham，2002）；如何使用纵贯性数据进行因果推论（Raudenbush，2001a）；等等。在统一多层模型和结构方程模型的努力中很重要的一部分是将各种协方差结构嫁接到基于多层模型的生长模型中去（Raudenbush，2001b）。由于篇幅所限，我们只比较了生长模型中两种协方差结构：多层模型协方差结构和自回归协方差结构。对于各种协方差结构的研究是生长分析中一个令人兴奋的研究领域，这方面方法论的一些最新进展以及强大而容易操作的分析软件的出现使得以前认为不可能建立的模型成为研究者常用工具的一部分。

根据近几十年国际上社会科学发展的经验，新的研究问题、新的分析方法和新的研究设计与数据结构是一种互相促进的关系。在国际主流的社会科学研究越来越重视使用纵贯性数据和动态模型来提出和回答关于变化和趋势的研究问题的潮流下，国内的实证研究领域也会不可避免地迈出从静态模型到动态模型关键的一步。随着"中国健康与营养调查"等一批高质量的纵贯性数据的出现，这个链式反应已经开始了。我们希望我们的努力能够为加速这一过程略尽绵薄之力。

参考文献

Akaike，H. 1973. "Information Theory as An Extension of the Maximum Likelihood Principle." Second International Symposium on Information Theory，Budapest，Hungary，Akademiai Kiado.

Burgard，S. 2002. "Does Race Matter? Children's Height in Brazil and South Africa." *Demography* 39.

Cronbach，L. J. and L. Furby. 1970. "How We Should Measure 'Change' —or Should We?" *Psychological Bulletin* 74.

Curran，Patrick J. 2003. "Have Multilevel Models Been Structural Equation Models All Along?" *Multivariate Behavioral Research* 38.

Duncan，Terry E.，Susan C. Duncan，Lisa A. Strycker，Fuzhong Li and Anthony Alpert. 1999. "An Introduction to Latent Variable Growth Curve Modeling：Concepts，Issues，and Applications." *Quantitative Methodology Series.* Mahwah，N. J.：L. Erlbaum Associates.

Goldstein, Harvey, M. J. Healy and J. Rasbash. 1994. "Mult ilevel Time Series Models with Applications to Repeated Measures Data." *Statistics in Medicine* 13.

Heck, R. H. 2001. "Multilevel Modeling with SEM." *New Developments and Techniques in Structural Equation Modeling.* (eds.) by G. A. Marcoulides and R. E. Schumacker. Mahwan, N. J.: Lawrence Erlbaum Associates.

Kreft, Ita G., Jan de Leeuw and Leona S. Aiken. 1995. "The Effect of Different Forms of Centering in Hierarchical Linear Models." *Multivariate Behavioral Research* 30.

Little, Roderick J. A. and Donald Rubin. 2002. *Statistical Analysis with Missing Data*, 2nd edition. New Jersey: John Wiley and Sons.

Moerbeek, Jirjam. 2004. "The Consequence of Ignoring a Level of Nesting in Multilevel Analysis." *Multivariate Behavioral Research* 39.

Muthen, B. 1997. "Latent Variable Modeling of Longitudinal and Multilevel Data." *Sociological Methodology.* Vol 27.

——. 2000. "Methodological Issues in Random Coefficient Growth Modeling Using a Latent Variable Framework: Applications to the Development of Heavy Drinking in Ages through 18 to 37." *Multivariate Applications in Substance Use Research: New Methods for New Questions.* (eds.) by J. S. Rose, L. Chassin et al. Mahwah, N. J.: Lawrence Erlbaum Associates.

——. 2002. "Beyong SEM: General Latent Variable Modeling." *Behaviormetrika* 29.

Raftery, A. E. 1995. "Bayesian Model Selection in Social Research." *Sociological Methodology.* (ed.) by Peter V. Marsden. Cambridge, Mass.: Blackwells.

Raudenbush, Stephen W. 2001a. "Comparing Personal Trajectories and Drawing Causal Inferences from Longitudinal Data." *Annual Review of Psychology* 52.

——. 2001b. "Toward a Coherent Fremework for Comparing Trajectories of Individual Change." In *New Methods for the Analysis of Change.* (eds.) by Linda M. Collins and Aline G. Sayer. Washington, DC: Ameri can Psychological Association.

Raudenbush, Stephen W. and Anthony Bryk. 2002. *Hierarchical Linear Models: Applications and Data Analysis Methods*, 2nd edition. Thousand Oaks; London; New Delhi: Sage Publications.

Rovine, Michael J. and Peter, C. M. Molenaar. 2001. "A Structural Equation Modeling Approach to the General Linear Mixed Model." *New Methods for the Analysis of Change.* (eds.) by L. M. Collins and A. Sayer. Washington, DC.: Ameri can Psychological Association.

Schafer, J. L. and J. W. Graham. 2002. "Missing Data: Our View of the State of the Art."

Psychological Methods 7.

Singer, Judith D. and John B. Willett. 2003. *Applied Longitudinal Data Analysis*. NY: Oxford University Press.

Skrondal, A. and S. Rabe-Hesketh. 2004. *Generalized Latent Variable Modeling: Multilevel, Longitudinal, and Structural Equation Models*. Boca Raton: Chapman and Hall CRC.

Song, S. 2005. "Determinants of Children's Growth in Height at the Individual, Family, and Community Level: The Case for Contemporary China." *Paper presented in the anuual meeting of Population Associaition of America*. Philadelphia, PA.

Stevens, J. 2002. *Applied Multivariate Statistics for the Social Sciences*. Mahwah, N. J. ,: Lawrence Erlbaum Associates.

Willett, J. B. 1988. "Questions and Answers in the Measurement of Change." In *Review of Research in Education*. (ed.) by Ernest Z. Rothkopf. Vol. 15. Washington, D. C. : American Education Research Association.

——. 1989. "Questions and Answers in the Measurement of Change." *Review of Research in Education*. (ed.) by E. Z. Rothkopf. Washington, D. C. : American Education Research Association.

——. 1997. "Measuring Change: What Individual Growth Modeling Buys You." *Change and Development: Issues of Theory, Method, and Application*. (eds.) by E. Amsel and K. A. Renninger. Mahwah, NJ. : Lawrence Erlbaum Associates.

Willett, J. B. and A. G. Sayer. 1994. "Using Covariance Structure Analysis to Detect Correlates and Predictors of Individual Change Over Time." *Psychological Bulletin* 116.

Willett, J. B., J. D. Singer, et al. 1998. "The Design and Analysis of Longitudinal Studies of Development and Psychopathology in Context: Statistical Models and Methodological Recommendations." *Ddevelopment and Psychopathology* 10.

关于中国村落共同体的论战*

——以“戒能－平野论战”为核心

李国庆

摘　要：当今的中国农村正处于剧烈的阶层分化之中，村干部与村民之间常常处于对立状态。要搞清出现这些问题的历史根源，需要深刻认识中国村落的社会结合性质究竟是建立在合理打算基础之上的结社，还是受共有的社会规范制约的、作为命运共同体的村落共同体。围绕这一根本问题，日本社会学、法学等领域的学者基于20世纪40年代初期的“中国农村惯行调查”资料，展开了一场被称为“戒能—平野论战”的大辩论。大多数学者认为中国村落是以完成特定功能为目的的结社，村落由于阶层分化和宗族组织而缺少凝聚力，村干部并非村民利益的代表因而缺少绝对权威。村民之间的互助行为是一种最低限度的经过合理计算的交换行为，村落仅仅是维持生活所必需的“生活共同体”。基于这种认识，今天中国农村在推进向以功能组织为主导的村落类型转变的过程中，急需加强村落的共同体性质，强化村民对村落的认同感，修复村落的过度分化，促进村落社会的整合与稳定。

关键词：村落共同体　结社　生活共同体　阶层分化　消极的互助

一　研究目的与主题

研究中国农村现代化发展，一个重要的问题是要明确中国村落的基本

---

* 原文发表于《社会学研究》2005年第6期。

社会性格，进而分析阻碍社会发展的经济、社会因素，促进农村经济产业化、政治民主化和社会领域的自由、平等、合理发展。

社会变迁理论认为，“从农业社会向现代产业社会转型过程中，地域社会最基本的变动是在农业社会形成的共同体的解体”（富永健一，1986：322）。也就是说，随着社会分工的发展，农村人口流动量增大，生产活动和生活活动空间扩展，从而打破了农村社会内部的封闭性，降低了村落内部同质性和自给自足的程度，村落共同体的基础解体；无偿的劳动互助组织将被各种功能组织取代，合理化程度得到提高；教育的普及带来机会的大众化，村落的制约力减弱，个人的自由度增大；社会资源分配均等化，个人和家庭的平等化程度提高。村落社会从地域性较强和共同关心程度较高的状态向异质性较强的复合社会分化，从共同社会（gemeinshaft）向利益社会（gesellschaft）即功能分化的、个人更加自由平等、合理主义占主导的状态转变。

就地域社会的基本变动方向而言，中国农村也不例外。但是，中国农村的发展有它自身的固有特点，中国农村并没有出现像西方发达国家或南美洲发展中国家曾经经历的村落社会解体问题，没有出现大量农村人口涌入城市形成贫民窟的现象。相反，20 世纪 70 年代末中国的经济改革恰恰是从农村土地承包制开始的，农村成为中国经济与政治改革的起始点，在改革中农村地区的力量日益壮大，村落作为地缘社会组织所发挥的作用日趋显著，社会空间的开放程度不断提高。

在分析中国农村的历史地位、预测未来的变动方向时，有必要对中国村落社会的基本性质加以探讨，即中国的村落究竟是一个内部凝聚力较强的共同体，还是一个相对松散的结社性质的社会组织。这一问题将有助于把握中国农村的社会分化与开放的形式和途径。

探讨中国农村的社会性质首先要寻找中国村落内部社会结合形态的原型。中国至今还是一个农村色彩浓厚的国家，特别是在中国广大的中西部地区，找到相当传统的农村地区并不是一件困难的事情。但是，就村落内部的组织构成原理和人与人的结合形态来说，在经过土地改革、人民公社化等社会主义改造之后，农村的传统组织和传统文化已经发生了深刻变迁，我们需要回到 1949 年以前去寻找中国农村社会的原型。20 世纪 40 年代日本学者以华北地区 6 个村庄为对象的“中国农村惯行调查”记录了当时中国农村社会的基本结构，为探讨中国村落社会性质提供了一个窗口。

二 满铁调查概要与《中国农村惯行调查》

（一）日本与欧美关于中国农村研究的不同点

欧美和日本社会学者都曾对1949年以前的中国农村进行过大量实证调查。从研究的地区和内容的基本特点来看，欧美学者的研究地区主要分布在中国南方，研究的着眼点并不局限于村落内部，而是超出村落范围，从村落外部环境解读农村社会结构和农民生活原理。按照调查的基本关注点，可以分为以地方市场为对象的研究和关于国家政权与乡村社会的研究。前者以施坚雅为代表，后者以杜赞奇为代表。

美国的中国社会经济史学家施坚雅着眼于农村集市贸易体系，研究市场体系对村落经济社会结构的影响，建立了独特的市场共同体理论。他1964年发表的《中国农村的市场和社会结构》，否定了村落作为中国农村基本单位的意义，认为地方市场才具有传统农耕社会的完整特征，构成了一个社会体系。他认为："农民的实际社会区域的边界不是由他所在村庄的狭窄的范围决定，而是由他所在的基层市场区域的边界决定的"（施坚雅，1998：40）。基层市场满足了农民家庭所有正常的贸易需求，既是农产品和手工业品向上流动进入市场体系中较高范围的起点，也是供农民消费的输入品向下流动的终点。作为社会体系，基层集市是农民熟人社会的边界，农户所需要的劳务和资金需求一般在这里得到满足；基层市场构成了通婚圈的范围并与农民的娱乐活动有关。复合宗族、秘密会社分会、庙会董事会等组织都以基层集市为单位，因而较低的和中间的社会结构形成了与市场结构平行的等级网络；集市同时又是沟通农民与地方上层交往的核心。施坚雅认为，人民公社的范围远远超出了基层市场甚至中间市场或高级市场的范围，违反了已有的社会体系，最终导致了农村经济发展的停滞。而解决困难的根本办法，就是要将集体化单位与自然系统明确联系起来。

杜赞奇对中国华北农村的研究主题是国家政权的扩张对乡村社会权力结构的影响。其主要问题是国家的权力和法令如何行之于乡村？它们与地方政府组织和领袖的关系如何？国家权力的扩张如何改造乡村旧有领导机构以推进新政策？杜赞奇使用“权力的文化网络”概念来说明国家政权与乡村社会之间的互动关系。他的权力的文化网络中包括市场、宗族、宗教以及水利控制类等级组织以及庇护人与被庇护者、亲戚朋友之间的非正式相互关系网。由于这些组织与网络攀缘依附于各种象征性价值，从而赋予文化网络以一定的权威，地方政府与中央政府高度依赖文化网络以建立自己的权威。宗教是国家向地方渗透的另一个重要渠道，国家代表全民举行最高层次的祭礼仪式，将自己的文化霸权加之于通俗象征之上；而乡绅则通过祭祀活动表现其领导地位，乡村的祭礼将地方精英及国家政权联络到一个政治体系之中。杜赞奇的研究告诉我们，中国的村落并不是孤立存在的，国家通过行政和文化的渠道向乡村渗透，极大地改变了村落的宗族和宗教，对村落的社会结构产生了重大影响。因此，研究村落必须关注国家政权的影响，研究国家与地方相互关系的变化（杜赞奇，1994）。

经常引用日本满铁调查报告资料的黄宗智指出，西方学者与日本学者有很大不同，西方学者对中国农村的研究以形式主义为主，日本学者对中国的研究以实体主义为主。西方学者与日本学者的这种差异产生的原因主要在于，“西方的学者多着重研究中国较先进的地区，即那些商品经济较发达、社会分化较明显和较先进的地区，宗族组织较高度发展的地区。因此他们多强调村庄结合于市场系统与上层社会亲族网的一面”，自然村完全被深入基层社会的国家政权和士绅所控制（黄宗智，1986：27）。“日本对近代中国的研究，则多受战时在华北平原所做实地调查的影响。该地区农业以旱作为主，且缺乏河道运输。因此，农村经济的商品化程度远低于长江下游和四川盆地。小农为市场生产的比率较低，为贩卖产品而上集市所花的时间也较少。商品经济的不发达和较少的农业生产剩余，造成了一个以自耕农——即在生产关系上与外界接触较少的人——为主的社会。村庄成员的绝大部分是拥有土地的自耕农，这又意味着国家政权在村民生活中占有重要的地位——因为自 18 世纪中叶起，国家赋役已经摊丁入地。国家政权渗入村庄，又促使村庄政治组织为应付国家赋税而形成。村庄之中，居民未经高度阶级分化，缺乏显要人物，又使家族的组织结构较长江下游和珠江流域地区薄弱。华北农村的宗族，一般只有少量族产（几亩祖坟地），而不会跨越村与村或村与市之间的界限。这样的家族结构，加强了村庄的内向性”（黄宗智，1986：27）。黄宗智认为，日本学者所主张的村庄共同体是一个重要概念，应该给作为村庄内在组织与外来政权的主要交叉点的村民委员会以足够重视。

（二）关于《中国农村惯行调查》

日俄战争结束后，日本获得了对中国东北铁路沿线地区的主权后设置了南满洲铁道株式会社。为了调查中国的国情作为制定对华政策的依据，1907 年“满铁”设立了专门的调查部，作为对中国国情的综合研究机构。调查首先在“满洲”地区展开，涉及经济、政治、军事、社会、民俗、文化、技术、土地制度等各个领域。随着日本对中国的侵略向华北地区扩大，调查地区逐渐延伸，遍布整个中国，调查人员最多时超过 2000 人，持续了 40 年之久。

“中国农村惯行调查”是“满铁”最具代表性的研究。这项调查是东亚研究所受兴亚院的委托于 1940 年 11 月至 1942 年 11 月实施的。实地调查由“满铁中国北部经济调查所惯行班”承担，以华北地区的 6 个村落（河北省 4 个村落、山东省 2 个村落）为对象，共分 7 次进行。调查项目包括家庭、村落、土地所有、佃耕、水利、公租、金融交易等农村社会生活的主要规范，目的在于搞清在家庭、家族、村落组织、社会团体、共同作业、民间信仰、土地的借贷与买卖等社会活动中的社会规范。实地调查报告从 1941 年夏开始出版发行，由东亚研究所第 6 调查委员会的专家学者负责对报告进行分析，学者来自东京大学法学院和京都大学经济学部。

在正式实施“中国农村惯行调查”之前，第 6 调查委员会于 1940 年 8 月组织该调查委员会委员对中国农村的 8 个村落进行了一个月的实地考察，编辑了《满洲北中部农村视察状况》的报告（1940 年 12 月）。报告中特别值得关注的是戒能通孝为《中国法的惯行调查第一部报告书》写的导论。就是在这篇报告中，戒能提出，中国村落并不存在强有力的共同关系，村民与村落的结合关系极为松散，从而全面否定了中国农村中的共同体关系。另一个值得注意的报告是平野义太郎的论文《作为中国北部村落基础要素的宗教与山庙》。在这篇文章中，平野论证了中国以村庙为中心形成的村落凝聚作用，指出村民的是非善恶等规范意识的原动力是以村庙主神为核心形成的。平野的研究报告主张，在中国的村落社会中存在着强有力的共同关系。平野的这篇报告发表后，刊登了戒能否定平野义太郎的观点、主张中国村落中不存在共同体性质的社会关系的文章。这就是围绕中国村落共同体存在与否而展开的“戒能－平野论战”。

这项调查战前以《中国北部惯行调查资料》为名出版。1952～1957年，岩波书店以中国农村惯行调查刊行会编《中国农村惯行调查》为书名再版，全书共6卷。

三　关于中国村落共同体的论战

第二次世界大战之后，以《中国农村惯行调查》6卷本的调查报告为依据，清水盛光、平野义太郎、戒能通孝和福武直等学者分别出版了关于中国农村社会结构性质与共同体思想的研究专著（福武直，1976b；清水盛光，1951；牧野巽，1978）。他们使用相同的调查资料，却得出了截然相反的结论。关于中国农村是否具有村落共同体的性质，是日本社会学关于中国农村研究的主要争论焦点。

（一）关于村落的共同体性质

社会学对地域共同体的一般定义是，一定规模的住户比较集中地居住在有一定界限的地理区域内；居住者之间表现出坚固的内聚性相互作用；他们具有不基于血缘纽带的共同成员感和共同归属感（英克尔斯，1981：100）。村落共同体以土地的私人占有为基础、以村落共有的水利设施为补充，在共同体中形成了关于耕地和耕作的规则、用水规则等共同体规则，并在此基础上确立了生活规范。在村落生活中，村民之间形成了共同的文化信仰，形成了超越个别利益、在生命意义上的相互认同感。

依现代化理论来看，在共同体性质较强的村落中，地缘组织的功能分化不发达，因而往往是一个自给自足性强的封闭世界。在共同利用的物质基础之上建立起来的村落规则对人的行动具有强烈的制约性，共同体内部社会关系缺乏平等性，人的行动往往缺少自由和合理性。而在现代社会，生产力的发展使村落产业结构和就业结构分化，农民阶层分化，社会成员的经济社会活动空间扩大，村落成为开放的社会空间，村落共同体的封闭结构解体，最终是村民的自由度和平等化水平提高，合理主义得到发展。

从社会功能不发达的村落共同体中解脱出来，向功能分化的地域社会转化，将是地域社会变迁的基本方向。但是，另一方面，从文化论的立场来看，尽管村落共同体的弱化趋势难以避免，但是村落共同体的作用不可能完全消失。它发挥着维系村民之间认同意识的作用，加强了村落的凝聚力，对村落的可持续发展具有无法替代的作用。

（二）中国的村落是否具有村落共同体性质

1. 平野义太郎和清水盛光：中国存在村落共同体

平野义太郎在 1941 年发表的《会、会首、村长》一文中，提出中国村落具有共同体性质的观点。这篇文章的分析材料来自对河北省顺义县沙井村的调查。平野注意到该村的村公会和公会组织的存在。他认为，“会首集中起来商议的公会是自然村的自治机构。这一公会自前清时代开始就已成立。自古以来，公会就不是由政府设立的组织，而是自然村落的自治组织。而且，会首们的公会背后存在着村落自然形成的生活协同形态——“会”，“会”与按照县政府的命令建立的保甲、邻闾制以及国家的行政组织——行政村是不同的，“会”正是村民的自然的生活合作体。“会”以庙为中心，是按照地理和历史自然发展起来的村民的自然聚落。村落的财产叫作“会里财产”，公会建筑以及其他的村有财产被统一称为庙产，就意味着自然村落“会”是以庙为中心自然产生的，是共同生活组织，结成了共同的村落组织。

平野认为中国农村存在着“乡土共同体”，认为包括中国在内的亚洲村落以农村共同体为基础，以家族邻保的连带互助形式实施的水稻农业要求以乡土为生活基础，以生命的协同、整体的亲和作为乡土生活的原理；主张村落在农村生活中的农耕、治安防卫、祭祀信仰、娱乐、婚葬以及农民的意识道德中的共同规范等方面具有共同体意义。平野特别强调，中国的农村社会是以寺庙祭祀为中心形成的共同生活组织。

在平野之前，已有学者指出了中国村落具有强烈的共同体性质，其中最具代表性的社会学者是清水盛光。在《中国社会研究》一书中，清水首先阐释了分析中国村落共同体存在的意义。他指出，“贯穿于各个时代的中国政治的根本特征在于绝对的专制主义”，是官僚阶级对人民阶级的专制。专制主义形成的主观基础是君主思想的合法化以及服从于统治阶级的官僚阶级观念，实质上就是王权天命思想和家长制思想。专制主义的客观基础则存在于被统治阶层的社会构成之中，它从村落共同体自律性连带的性质中体现出来。他指出，自律的连带不是依靠有实体的组织建立和维持的，而是一种由社会意识支配的协同关系，是以自然形成的村民的亲和感情为基础产生的，伴随着义务感的行为、思维以及感受等方式。这种自律性自治的村落结合的主观基础，是血缘村落中的血缘结合以及地缘村落中的地缘结合。

清水认为，中国村落自治的根源在于自然村。中国村落有以里老和老人为中心实施的各种自治功能。从结果来看，中国村落的经营权完全集中于村民的手中，即使掌握村政的只有乡长和乡老等少数人。一般情况下，一个村落本身构成了一个小小王国，但是也有邻近的或由于某种理由结合起来的二三个村落举办共同事务甚至共同选举村干部的，这些联合起来的几个村落同样具有自然村的性质。村落统治分为两个侧面，一是通过村庄领袖实行的村落管理，清水称之为他律性自治，村主任履行对上的职责。另一个侧面就是村民的自主性自治，这种自治可以称为自律性自治，自律性自治得以建立的基础就是村落的共同体性质。那么，乡长的管理事务涉及村民生活的哪些方面呢？清水把它归纳为四个方面。

第一是对外职能，即与县衙门相关的事务。村落首领具有政府代表的色彩。在对外事务中，最为核心的功能是地租征收。他们或者直接履行税收职责，或者为县衙门收税官吏提供信息，使之准确地把握情况。这一职责使国家的统治触角能够延伸到村落这一社会的最基层。第二，在村落的公共事务中，可以将乡长的职责分为对冒犯共同体规则的行为加以制裁的惩戒功能和维持集合体的统制功能。中国村落领袖的职能特点是，他们的职责超出了民事的范围界限，承担刑事审判的职能，能够行使自律性的惩治权。村民之所以服从严厉的村规，是因为村民懂得个人是难以脱离村落独立生存的，要维持村庄的集团性，需要村民之间的相互制约，制裁正是为了维持村庄的整体性。这种村庄整体的制约性与村庄的集团性程度成正比，而且血缘村庄的集团性显然强于地缘村庄。第三，乡长需要仲裁村落中家族之间的纠纷，调停村民之间的矛盾。这是村落最为基础的职能，研究个案最为丰富。第四，乡长为了实现村落统治，还需要处理与邻村之间产生的各种纠纷。

清水盛光关于中国村落共同体的观点并非一元论，其中包含着两个侧面。一方面强调村落的共同体性质，另一方面则强调中国的村落包含着阶层分化，是由乡绅和士绅支配的社会。这种阶层分化即使在作为村落最为基础的共同事业举办的“看青会”中也同样得以体现。对于如何认识村落的共同体性质与村庄的阶层分化，清水认为，由于阶层分化的进展，村落共同体性质呈现淡化的趋势，而正是村落共同体的作用延缓了村落社会秩序的分化。清水主张，纯粹的共同社会是专制主义的客观基础，而向阶级社会的发展将破坏共同社会，进而破坏专制主义基础。因此，专制主义与阶级社会是相互矛盾的（旗田巍，1973：11～12）。

清水盛光分析了影响中国村落共同体的两个因素，第一，村落共同体的集团性强弱与村落的结合性质有关。在以巩固的血缘意识为基础的同族村落中，集团性最强；在家族意识强且异姓混住的地缘村庄，村落的集团性较弱。第二，集团性强的村落，村民的连带意识越强，村落的民主程度较高；在专制的村落中，则会产生强者对弱者的强制关系。

这里的势力关系应该理解为构成村落的家族或宗族之间势力的强弱之差，而不是个人之间的力量差异。自然村的集团性在某种程度上与封闭性互为表里，常常产生出村落之间的斗争对立关系，在极端情况下就会出现中国南方地区的械斗现象。

2. 戒能通孝和福武直：中国农村不存在村落共同体

对于以上观点，大部分学者持不同见解，认为中国村落中不存在村落共同体性质的结合，至少这种性质非常淡薄，这一观点的代表学者是戒能通孝。戒能在《中国土地法惯行序说》（收录于《法律社会学诸问题》，1943）中，研究了中国土地所有权的法律性质，论证了中国农村的土地所有权性质与近代所有权的同质性，进而对日本村落和中国村落进行了对比。他认为，虽然两国的村落有很多相似之处，例如都存在着以村庄为单位的契约、村庄的租税负担以及村庄财产等，但是两者的内部结构存在着本质区别，主要表现在：第一，中国社会完全不具有封建性质；第二，不仅是村落，即使家庭也没有构成真正的共同体，而是由分散的个人构成的；第三，村庄集团的性质不是共同社会而是利益社会（旗田巍，1973：14）。

戒能指出，从定义出发，村落共同体是村民为了从外部环境保护自身利益而结成的内向型合作关系，村民的参与是自主的，成员相互之间具有伙伴关系意识；它不是由统治机构设置的，而是以上层村民为核心形成的纯自主性合作组织，干部代表村民利益，因而村落的权力和决策得到了成员积极的、发自内心的支持。但是日本学者通过对“中国农村惯行调查”资料的分析，发现中国村落没有明确的地理边界，村民的土地往往是跨越村庄边界的，因而没有形成固定和稳定的村落地域集团。其次，村干部不是为村民服务而是为处理官方事务迫不得已选举出来的。以村主任或会首为首的村干部是有闲的地主阶层，没有获得村民内在情感上的支持，仅仅是支配者而已。村落甚至家庭都没有形成紧密的团体结合，而是由松散的个人联合而成的集团，由纯粹的实力关系所支配。这一观点与主张中国村落共同体性质的清水盛光和平野义太郎有着本质上的对立。

与戒能通孝持相同观点的是福武直。1946 年，福武直出版了专著《中国农村社会结构》一书（1976 年收录于福武直著作集第 9 卷）。在这部著作中，福武直从社会学的角度提出了农村共同体理论的研究视角。“农业经济学以农村经济生活为核心课题；社会学虽然不以经济本身为目的，但仍然需要探索农民生活中基本的经济现象以及通过这些经济活动而产生的群体与社会的关系。这一研究不限于经济，它还包括政治、宗教、教育等几乎所有的生活侧面。农村的政治关系和政治组织创造了群体生活和宗教生活，形成了农民的生活圈域和宗教集团，对此必须加以研究。如此，农村社会学涉及了上述农村生活的全部领域，它的研究对象是现实状态和整个农民生活中的共同形态以及产生这种共同形态的条件和结果。农村社会学包括下述问题：农民生活是以怎样的共同体形态为背景运转的？他们的社会结构是在何种形式下构成的？哪一种结合最为重要？他们的生活外延有多大和形成了哪些生活圈域等”（福武直，1976a：31～32）。

福武直对中国的村落和日本的村落做了对比研究，从村落社会结构、村落群体以及政治结构三方面指出了中国村落的特征。

首先是关于村落社会结构。从经济基础来看，中国的农业技术远远落后于日本，农业经济水平在日本之下。从阶级构成来看，两国的超小农经济都占有绝对优势，这是两国的共同点。但是，日本的中层农户比较稳定，而中国则是普遍的贫困化。从租佃关系来看，中国的地主与佃农关系一般说来是契约关系，佃农除交纳地租之外没有其他特殊义务。日本的地主与佃农之间存在着本家与旁系这样一种亲密的血缘关系，这种亲族关系的存在为贫农阶层社会地位的上升流动提供了可能性。总之，日本的阶级关系与身份关系相互重合，上下层的经济剥削关系被家族主义温情的面纱所掩盖。相反，中国的阶层分化促进了地主富农与贫农的分离，阶级关系表现为赤裸裸的剥削与对立关系。

从村落群体来看，中国村落缺乏村有公共财产；而日本的村落有很多的公共财产，这些公共财产显然起到了强化村民共同体意识的作用。中国的村民对村庄边界的意识淡漠，是属人主义，根据个人之间的关系亲疏确定自己的行为准则。日本的村落边界清晰，是属地主义。此外，中国的土地庙并不是宗教活动的中心，它所具有的是政治的和社会的意义；而日本的土地神与祖神二者合一，村落与家庭和同族具有同一性。

从政治结构来看，中国的自然村与行政村相分离，行政干部由实力者担任，村民与他们之间是一种侍奉关系，他们也没有为村民谋福利和保护村民的意识。日本的村干部具有全村利益代表者的意识，并努力从封建的统治下保护包括贫民在内的村落共同体利益。在村落自治方面，日本的农民表现出超越中国的合作精神（福武直，1976c：52）。

福武直的实地调查显然是以清水盛光关于中国村落共同体的论述为前提的，但是得出的结论却完全不同。福武直认为，华中地区无论从任何意义来讲，都不存在村落共同体。华北地区的村落与华中地区相比集团性要强，但仍然是微弱的。华北地区的村落也并非戒能通孝所讲的分散个人的集合体，而是有组织的生活共同体。但是这一生活共同体是消极的，人们各有各的打算，不是强有力的共同体。因此，从整体上看，中国不存在村落共同体。

（1）福武直论华中地区缺乏村落共同体特性

在1946年出版的《中国农村社会结构》一书中，福武直首先论述了中国华南地区农村社会的特点。他指出，按照一般规律，农村地区社会集团的统一性强，农村地区居民的连带意识比城市居民更强大，具有自给自足性，甚至表现出孤立性、封闭性和排外性。但是对华中地区考察之后得出的结论是，华中地区的村落已经不再是一个小王国，也不是孤立的环节社会，村落已经丧失了共同体特质。

福武直指出，华中地区农村的一般类型是，村落中的近邻是结合程度很强的地缘集团，但是村落不是一个在社会生活中能够自我满足的统一体。在华中的村落中，村落之下的村社是具有显著统一性的组织，而村落应该视为范围极广的社会生活组织。村落虽然是建立宗教组织“会”的最大地缘范围，但是这些村落并不举办特定的集体活动。“会”的成员不是村落的全体成员，只有一部分村民参加“会”的活动。在这些村落中，看不到为了共同防卫而实施的打更即夜间警备行动，也极少有村落组织的看青活动和共同灌溉等活动。村落中看不到由各户出资或提供劳动力修路或疏浚河道的活动，更没有由村落共同设立的私塾学校。除了一个聚落构成一个村落的事例之外，集团意义大都产生于村社即自然村。但无论是作为村社的自然村还是作为村落的自然村，集体性行动都很贫乏（福武直，1976a：248）。

此外，从村落管理来看，华中农村没有像集团性较强的宗族村落那样制定村规民约，对于违反农村生活规范者的制裁也很少在村内进行。领袖的选举不是按照宗族势力的强弱或家庭地位的高低，最终是以能力和财力为标准的，由于他们与一般村民之间的差距很小，不具有高度的权威。村民对村落的认同意识低，自律性的自治十分消极。在华中地区，村落的统治是一种任其自然的状态。同样可以说，在这样的村庄中，由于没有举办积极的集团活动，不需要对村庄的统治，因而也就没有产生专制的条件。

福武直进而从村落的封闭性和排外性分析了华中农村的社会性质。一般来讲，村落的封闭性与集团的统一性成正比。也就是说，村落的集团结合性越强，村落对外部的排斥性越强，封闭性也就越强。封闭性表现在对外来者的排斥、与邻村的对立与隔阂。华中农村地区的调查显示，由于缺少村有财产，宗族村落又很少，村落的内部结合程度相对微弱，对外来者的排斥并不显著。在村落外部，与邻村之间相互隔离、对立甚至发生械斗的情形更加少见。与此相反，华中地区村落与邻村联合起来组成行政村，共同举办宗教活动或通婚的事例却相当普遍，村庄显示出极大的开放性。由于村庄界限本身不明确，所以没有发生村界纠纷以及争夺水利权纠纷的前提条件。华中的村落已经在相当高的程度上脱离了自给自足性。村落经济对城镇的高度依赖是显而易见的。不仅如此，村落的政治活动与日常生活需求也难以在村落中完结。例如，华中地区的村落自治活动并不像北方农村那样具有村内完结性，而是受到村落外部因素的影响。作为华中地区村民重要社交活动场所的茶馆也主要是分布在中心集镇，村内的被称为扇馆的小茶馆仅仅是对集镇茶馆的补充。福武直的这一观点与施坚雅把地方共同市场视为中国农村基层社会的观点如出一辙。华中地区的农村作为形成社会集团的地域空间虽然具有一定的集团性，但是这一范围绝不是充足的，与华北和华南的村落相比，华中地区的村落更加开放，更缺少自我满足性。

福武直还分析了华中地区缺乏村落共同体性质的历史成因。第一，从华中地区村落的形态来看，由于当地的村落属于散村形态，村与村之间又是相互连续的，村庄之间界限不清。第二，从经济形态来看，当地自古以来货币经济发达，农村完全脱离了自给自足经济，转而依靠市镇经济。从村落内部来看，华中地区的农耕缺少产生共同作业的契机。当地以水稻作业为主，由于一家一户的水田相连，易于保护农作物，没有组织类似北方的看青会的必要。网状的河流便于灌溉，减少了兴修水利工程共同作业的必要。华中地区自然环境优越，没有遭受旱灾的忧患，洪水也可以通过无数的湖泊和纵横交错的河流来调节，因此难以产生村落命运共同体的意识。第三，从村落社会结构来看，由于村落内部少有大姓宗族，宗族规模往往很小，村落内部的结合程度微弱。村落内部的阶层分化程度较低而社会流动性又很高，因此村内的领导阶层是不固定的，统治基础也十分脆弱。华中地区没有共有的村落财产，土地庙的土地属于庙产而非村落所有的财产，不利于村落共同体意识的产生。从村落庙产的性质和规模来看，华中地区的庙祭祀着泛化的神灵，庙的规模很大，一般是几个村庄联合起来才能修建。村民一般到规模较大的土地庙参拜祈祷，宗教仪式不局限于某个村落内部，促进了村落开放性的形成。总之，规定华中地区村落社会性质的因素是其固有的自然条件以及在得天独厚的自然条件之上达到的经济发展阶段。

福武直认为华中农村是与村落共同体相去甚远的社会。他指出，对被用来说明中国社会特质的村落共同体、农业共同体、农村共同体等概念的含义的理解因人而异。首先，马克思提出的村落共同体以及农业共同体是从原始的氏族共同体向以私有制为基础的敌对社会转移的过渡阶段。也就是说，在这一时期，紧密而狭隘的血族结合形式——氏族共同体的“共同的房屋和集体居住”的经济基础遭受破坏，房屋及其附属物宅基地逐步成为耕作者的私有财产，土地仍然属于集体所有但是已经不再进行共同耕作，土地被定期分配给成员耕作，收获物成为个人的私有产品。在这种农村共同体中，一方面还保留着土地的共有，另一方面以血缘为基础的氏族制度已经不再起支配作用，房屋和宅基地成为纯私有财产，耕地归私人所有，实行分割作业。总之，村落共同体是一种“古代的生产方式”（福武直，1976a：256～257）。其次，桑德森也认为村落共同体属于特定的发展阶段。桑德森指出，农村共同体是由农村地区的居民与社会制度相互作用形成的。村落共同体的区域范围是人们的需求得以实现的社会空间。村落共同体是由原始的农业集落向现代的农业集落过渡的形态。在他列举的6个近代农业村落形态中，第一个就是宗族村落，宗族村落是在村落中永久居住的血缘集团，拥有共有地，村落的界限范围也十分清晰（引自福武直，1976a：257～258）。第三种村落共同体的概念是由清水盛光定义的，他将土地的共同所有和血缘村落等变量分离开来，视之为孤立的类似小王国性质的共同体，这一理论基础是涂尔干的环节社会理论（清水盛光，1951）。

按照马克思意义上的村落共同体遗制的定义，村落中应该存在共有地、祠堂和族产等经济与社会资源。然而在中国农村，拥有村有地的村落极少，仅有的作为庙产的土地以及草场的性质也不同于马克思所讲的概念，是由宗族设立的财产。但即使是宗族财产，在华中地区也极为少见，华中的村落绝非“血缘集团”，而是“连很少的共有地都不存在、村庄界限不清的村落”，因而也不同于桑德森所讲的村落共同体。

在索罗金的累积性共同体概念的意义上，华中地区的村落也不能算作共同体。因为满足村民生活需求的各种活动并不是在村落中全部完成的，村民的许多需求都是在外部社会特别是与市镇的联系中完成的。与集镇经济的密切性是华中地区农村生活的特质，比如，市镇茶馆的生活对于农民的生活来说具有极为重要的意义，是人们极为重要的社会交往场所。在“满足农民的生活需求”的意义上，华中地区拥有自足性的生活共同体的中心是城镇，因此，华中地区的农村共同体可以被称为城镇共同体。福武直曾经预测，华中地区的城镇共同体将日趋强化。这一变化趋势将有助于打破村落的封闭性，进而有助于打破中国社会停滞性的根源，促进农村地区开放性的提高。

福武直在总结了上述关于村落共同体的理论之后提出了自己的概念。福武直的农村共同体的含义是，这是一个自给自足的地域社会，是日常生活中相互接触的最大区域，是大部分生活上的需求得以满足的最小区域。农村共同体受历史、社会、自然的各种条件制约而呈现不同的阶段与类型，村落共同体是农村共同体的历史阶段之一和类型之一。村落共同体可以被定义为，在农家聚居的一定地域范围之内自给自足地经营共同生活，农村的各种集团在地域社会中不断得以累积，村民的社会关系也集中在这一范围之内的、开放度较小的封闭性村落。这一概念既包括马克思意义上的在土地共有基础上建立起来的农业共同体，也包括以完全的私有化为基础的共同体；不仅包括血缘的村落共同体，也包括非血缘的村落共同体等各种类型（福武直，1976a：260）。

（2）福武直论华北农村的“生活共同体”

福武直对华北地区的村落社会特性也展开了分析。首先，福武直指出，华北地区的村落性质不是村落共同体，而仅仅是一种结社。这一特点最为明确地表现在“公会”的性质上。公会是华北地区村落中自发和自律性的自治机构，起源于上供会和善会等祭祀村庙的“会”。这一祭祀组织后来发展成为看青会，以后又承担了对外的职能，从而转化为代表村落整体的公共组织。

福武直关注的是村公会的结社性质。所谓结社，是为了完成特定功能、由固定成员结成的组织。村公会最初不是全体村民的组织，它首先是一个祭祀村庙的宗教组织，它的成员仅限于村落中的土地所有者，非农户和没有土地的贫穷农户被排除在外。只是在公会发展成为村公会组织之后，其功能逐步扩大，最终承担起村落共同体的功能。

认识村公会组织起源的意义在于，正是由于其结社而非村落共同体的性质，掌管村公会事务者自然而然地由富有实力的地主和富农出任。由于村公务繁忙，对外交往甚至带有一定危险性，村中善于交际的中农或贫农上层常常被推举出来出面处理村落与外界的交往。虽然村落也举行村主任的公开选举，但是参与选举的村民局限在上层村民的范围内，一般村民对于村主任或村理事的选举持漠不关心的态度，显然，选举出来的村主任也无法代表全体村民，仅仅获得了一部分上层村民的支持。村主任也不以自己为全体村民的代表，没有高度的对全体村民的利益负责的集体领袖意识，仅仅对推选自己的、有土地的上层村民负责。村主任与村民之间的关系仅仅限定于最低限度的事务联系（福武直，1976a：486～490）。

尽管中国华北地区的村落内部不存在像日本的自然村那样的村民全身心投入的共同体关系，但作为一个地缘共同体，华北地区的农村毕竟存在着各种各样的生活互助关系。如何认识这种村内互助关系，福武直认为，首先，华北地区的村内合作是消极的，而且合作被限定在最小的范围之内。其次，由于村内缺乏有机的连带意识，村民之间的私人合作也是利益打算性的，带有显著的理性授受性格。

对于村内协作的消极性，前面讲到，村落整体的协作是由村公会主导的，而村公会与村内的看青会是完全相同的组织体系。防止农作物偷盗的看护组织与村行政组织同为一个组织，足以显示村公会性格与功能的消极性。另一方面，村内改善村民生产生活环境、增进村民福利的富有建设性的事务十分缺乏。根据“中国农村惯行调查”，虽然村庙具有村庄象征的意义，但是其管理不是全体村民的共同工作，一般由村内私人的善会负责。庙产的收入往往被用作村办学校教师的收入，否则学校经营将陷入困境。此外，村内道路修建、水利灌溉设施的修建与管理、水井的挖掘与护理等事务虽然完全属于村民之间的共同事务，但是在1949年以前的华北农村，却很少成为整个村落的公共事务。即使是村庙的修建，不到万不得已，很少有人问津。至于对村内贫民的救助活动，则完全不在村内公共活动的范围之内。缺乏村落集体活动的原因，除了村庄管理者并非民选代表的因素之外，另一个原因是村落缺乏集体资产，村落的财政基础薄弱，无力支持村落的建设活动，从而导致村落集体性的脆弱。

福武直指出，华北地区农村村民之间存在着各种合作关系，主要包括帮工即劳动力的交换、搭套（即家畜的交换）。这些协作不是以村落或村社为单位进行的，仅仅是两三户人家之间的合作。而且由于家庭经济地位变化无常，合作的对象时常发生变化，一般来说最多不超过5年，因此可以说中国华北地区普遍缺少以村落为单位的耕作的协作组织，而且村民之间的协作是以合理计算为基础的。这一判断也可以推广到非经济领域，在华北农村，确实存在着婚丧嫁娶活动中的劳动交换、房屋建筑中的互助以及金钱方面的互助，也存在着宗教共同组织，但是这些活动大都是以经济组织为背景的，具有显著的“合理打算性”（福武直，1976a：492～494）。导致福武直做出上述判断的背景是日本农村中普遍存在的农耕合作组织。日本自然村落中的农耕组织是以地缘组织为单位的，这种农耕组织的相互协作增进了情感的融合。由于长子继承的家庭制度，日本农户的空间流动性很小，村民之间的交往是长远的、连续的，并非完全是经过合理计算的。

为什么中国华北地区的农民缺乏村落共同性？福武直指出至少有以下几个因素。

首先是阶层分化的制约。村落中的阶层构成首先是少数的富农阶层、中农阶层、占大多数的贫农阶层，以及为村落所抛弃的极少数的赤贫农民。阶层的分化导致了村落凝聚力的减弱。前面讲到，村公会最初是由看青会发展而来的，看青和打更等共同防卫事务成为村落的重要活动内容，而看青的重要对象首先就是村内没有土地的贫农和赤贫农民。也就是说，在村庄最主要的事务中，下层村民是被排斥在村落的范围之外的。另一个事例是村费的征收。由于村费是按亩征收的，因此，赤贫阶层显然作为无产者被排斥在外，因此他们实质上是作为无能力者被村落所抛弃，因而也不可能得到村落的任何生活援助。这些为数众多的村民自身也没有村民意识，对于村中事务漠不关心，往往采取一种旁观态度。

其次是宗族的制约力量。华北“村落不仅呈现出阶层这一立体性的消极分离因素，而且在水平面上受到族化的分离”（福武直，1976a：497）。华北地区普通的、具有典型意义的村落是数姓共居，其中的一两个宗族人数较多。同一宗族往往集中居住，而且具有显著的宗族意识。宗族之间由于人数规模的差异以及经济能力的差异，宗族实际上起到了分化村落的作用。宗族之间没有直接的关联，甚至具有潜在的竞争，对于村落统一性的形成作用是消极的。

在上述探讨的基础上，福武直将中国华北地区农村的性质定义为“生活共同体”。其含义是，一方面，由于受到阶层和宗族等分离因素的制约，农村的集体性十分脆弱；另一方面，村落也并非仅仅是个人的集合体，而是在各种条件限定下的生活互助单位。正因为村落的生活共同体性质，村落仍然具有对外封闭性，在以村外作为参照群体时，村民仍然具有本村人、外路人或异乡人的意识。外村人迁居到新的村落仍然需要村民的保证，要取得正式村民的资格则需要长时间的交往（福武直，1976a：501～503）。

（三）关于中国村落共同体论战的背景

直接参加了“满铁”调查的学者旗田巍对这场围绕中国村落是否存在共同体的论战背景做了深入分析。在1973出版的《中国村落与共同体理论》一书中，旗田认为，平野义太郎之所以自始至终认定中国存在着村落共同体，与他的大亚洲主义价值观念有直接关系，即平野一直在积极寻找亚洲地区的共同价值观，从而希望以此为基础建立亚洲共同体。平野强烈主张，大亚洲主义的政治、经济和文化的发展必须建立在东洋共通的客观的社会基础之上，而东洋社会的底层结构就是乡土共同体（旗田巍，1973：41）。可见平野的价值观直接影响了他对中国村落共同体的分析和判断。

而戒能通孝的基本研究立场则是“脱亚入欧”。他认为，仅仅有人的群集并不能构成一个共同体。村落共同体的基本条件必须具有团伙意识，这种意识是在相互作用的基础上建立起来的。集团参与必须是自主的而不是强制的。集团的领袖不仅仅是支配者，而且是共同体利益的代表者，他们从村落的发展出发，积极为村民提供服务，并且赢得了村民的内心支持。戒能认为，只有同属于封建制的日本和欧洲国家才具有共同体的因素，而中国的村落不存在村落共同体。他的这一观点得到了福武直的支持。福武直援用“满铁”调查资料，经过分析后得出了中国农村不存在村落共同体，村落仅仅具有“生活共同体”性质的结论。

四　评述与基本结论

以“中国农村惯行调查”资料为依据，日本学者就中国村落中是否存在共同体性质展开了论战。论战为我们提出了应该如何把握中国村落结合性质的重大问题，对于我们思考经历20世纪50年代集体化过程之后正在重新走向个体化的中国村落的结合性质及其未来的发展方向具有借鉴意义。

在中国村落共同体论战中，日本学者平野义太郎和清水盛光认为中国的村落具有强大的凝聚力，具有显著的村落共同体性质，而且这一特点是整个亚洲不同于欧美国家的特质。这一结论的得出是以学者的价值观念为基础的。另一派学者戒能通孝、福武直强调，中国农村中并不存在日本农村对村民具有巨大制约作用的社会规范，村民的关系是扩散性的，村落本身不是共同体，而仅仅是一种结社性质，村内只是在“看青”“打更”等安全防卫之类的基本需求层次上组织起来，不存在精神上的相互认同和相互依存性。他们对中国村落性质做出判断时，是以日本的自然村为参照标准的。根据笔者的考察，日本的自然村以江户时代以前形成的村落为原型，是一种自然形成的、具有严格的共同体特质的地缘组织。与更加注重血缘关系的中国农村相比，日本农村在日常生活以及非日常生活当中，村落这一地缘集团内部关系的“和”得到了极大重视。

日本社会学家铃木荣太郎用“村落精神”来概括日本自然村的社会意识的统一性。这一概念表述的是自然村所具有的超越个人和家庭之上的集团累积体的固有特性，这种精神是一整套制约日常和非日常生活中人们的社会行动的习俗和制度规范，是维持村落社会秩序的基本原理。在日常生活中，日本人最重视的是村内的地缘关系，其深层动机来自“家”的地缘延续性。按照日本传统家族制度，长子作为继承人继承家族的财产和祖传的产业，这一制度规定了家的高度定居性以及财产的排他性导致的长子以外子女的高度流动性，以保证家族财产不被分割，家族和家业永远延续。一般情况下，长子留在村内继承家产，而其他子女则到城市地区谋生。由于村内亲族关系的累积程度相对稀少，人们要保持家族的长期稳定性，在村落中满足日常生活的各种需求，就必须重视村落内部地缘关系，从而形成了日常生活的关系网络。正是家与家之间强有力的结合关系扩展和覆盖了整个村落，才形成了村落整体的共同利益和统一规范。村有土地和共同财产作为强有力的物质基础维持和强化着村民的共同归属意识。正是这些条件的综合作用使日本村落中的地缘关系得以维系，村落得以长久稳定发展。笔者对此的理解是，日本自然村的“村落精神”实质上是地缘关系优先的体现，村落社会最基本的组织原理是地缘性，村落是以地缘为基础的各种社会关系的累积体，村民重视地缘关系甚于重视血缘关系。在中国，农村居民相对缺乏共同体意识，血缘性构成了中国村落社会结合的最基本的关系，是血缘关系优先的社会。

这一议论使人们联想到20世纪70年代后期到80年代的詹姆斯·斯科特（James Scott）和萨缪尔·波普金（Samuel Popkin）的论战。斯科特认为农民属于道德经济范畴，在农民的价值观念和生活态度中，地方的规则发挥着重要的规范作用。波普金则认为农民的行为方式属于经济合理主义。按照这一逻辑，日本农民更接近于道德小农，中国农民则更接近于理性小农。

村落共同体的论战核心实质是家优先还是村落优先的问题。让我们把目光转向今天的中国农村。当前的中国农村正经历着从以家庭和村集体为主体的村落类型向以各种功能组织为主体的村落类型的转变。所谓功能组织，其实是一种结社，是一种以谋求特定利益为目的的利益组织，而不是全体成员利益共享的共同体。这种结构转变之所以能够顺利实现，其深层的原因正是在于中国村落共同体性质的薄弱。今天中国村落的特质，是具有较强的行政功能，不同于自主自治的共同体村落。1949年以后，中国村落虽然有公共土地财产，但是各个家庭并不直接拥有所有权。村落向以各种功能组织为核心的社会结构转变，正是顺应了中国农村的传统社会结构。

按照各个家庭联合成村落的模式，中国村落的结构类型可以分为以村行政组织为主体的村落和以家庭为主体的村落两种类型。以江苏南部为代表的地区，特别是在集体经济产权改制之前，村落发挥着经济活动的主体作用，集体经济的发展强化了村落的各种职能。20世纪90年代初，乡镇企业开始改革企业的产权制度，推进企业的股份制改革和企业的集团化，村落的经济功能开始分化。以浙江省温州市为典型地区，家庭的力量大于村落，家庭成为经济活动的主体。村落的经济功能被分化出去，行政管理范围相对缩小，民间组织和各种专业化的功能组织逐步增强，这一趋势代表着中国村落结构的未来模式。

在经济和行政功能独立后，村落将成为以生活互助为基本功能的生活空间。作为日常生活单位，需要确立每一个农户的独立的社会地位，使其成为村落共有财产的真正所有者，这样村落社会成员才能在自由、平等的基础上建立新的合作关系。

目前中国农村在积极推进各种功能组织建设的同时，更需要培育社区文化，形成村落的凝聚力，以实现农村社区的稳定。培养村民对社区的认同意识，建立村民日常生活的互助组织，加强村民对村落的认同归属感，这是建立真正的村民自治的基础条件。

参考文献

杜赞奇，1994，《文化、权力与国家》，王福明译，江苏人民出版社。

福武直，1976a，1946，《中国农村社会结构》（福武直著作集第 9 卷），东京大学出版会。

——，1976b，1947，《中国村落的社会生活》（福武直著作集第 10 卷），东京大学出版会。

——，1976c，1948，《日本农村和中国农村》（福武直著作集第 4 卷），东京大学出版会。

富永健一，1986，《社会学原理》，岩波书店。

黄宗智，1986，《华北的小农经济与社会变迁》，中华书局。

戒能通孝，1943，《法律社会学诸问题》，日本评论社。

李国庆，1989，《福武直农村社会学理论述评》，北京大学社会学系编《社会研究》第 5 期。

——，1999，《日本农村的社会变迁》，中国社会科学出版社。

铃木荣太郎，1968，1940，《日本农村社会学原理》（铃木荣太郎著作集 Ⅰ – Ⅱ），未来社。

牧野巽，1978，《中国家庭研究》，御茶水书房。

内山雅生，1990，《中国华北农村经济研究序说》，金泽大学经济学部编辑发行。

平野义太郎，1945，《大亚洲主义的历史基础》，河出书房。

旗田巍，1973，《中国村落与共同体理论》，岩波书店。

清水盛光，1939，《中国社会研究》，岩波书店。

——，1951，《中国乡村社会论》，岩波书店。

仁井田升，1967，《中国的法与社会、历史——遗稿集》，岩波书店。

三谷孝编，1999，《中国农村变革与家庭、村落、国家——华北农村调查记录》，汲古书院。

施坚雅，1998，《中国农村的市场和社会结构》，史建云、徐秀丽译，中国社会科学出版社。

小林弘二编，1986，《旧中国农村再考——追寻变革的起点》No. 352，亚洲经济研究所编辑发行。

亚历克斯·英克尔斯（Alex Inkeles），1981，《什么是社会学?》，陈观胜、李培莱译，中国社会科学出版社。

中国农村惯行调查刊行会编，1952，《中国农村惯行调查》（共6卷），岩波书店。

Popkin，Samuel L. 1979. *The Rational Peasant*. Berkeley，CA：University of California Press.

Scott，James C. 1976. *The Moral Economy of the Peasant*. New Haven：Yale University Press.

2006 年

社会学与文化自觉[*][**]

——学习费孝通“文化自觉”概念的一些体会

苏国勋

摘　要：本文以费孝通学术思想“从生态研究进入心态研究”的变化经历为范例，结合社会学研究对象从物质实体向关系实在的转化倾向，论证社会学研究从单纯追求实用性向实用性与人文性相结合的客观发展趋势，以及文化自觉在社会学研究中所扮演的重要角色。

关键词：文化自觉　和美　人文性　生态秩序　心态秩序

一　引言

近来，国内学术界纷纷关注文化自主性问题。在笔者看来，文化自主性的根本，就是近年来费先生反复讲过的文化自觉问题。1998 年，费先生在北大百年校庆时曾写道：

> 在中国面向世界，要世界充分认识我们中国人的真实面貌，我们首先要认识自己，才能谈得到让人家认识我们和我们认识人家。科学地相互认识是人们建立和平共处的起点。
>
> 人文学科就是以认识文化传统及其演变为目的，也就是我常说的“文化自觉”。在文化传统上说，世界没有一个民族有我们中华文化那么长久和丰富。我们中国人有责任用现代科学方法去完成我们“文化

* 本文是笔者为参加北京大学召开的追思费孝通学术思想研讨会而撰写的论文，值此费老辞世一周年之际，谨以此文表达对一代宗师人品和学术思想的崇敬和感佩之情。

** 原文发表于《社会学研究》2006 年第 2 期。

自觉”的使命，继往开来地努力创造现代的中华文化，为人类的明天做出贡献。(费孝通，1998)

在该文中，他进一步解释说：

> 文化自觉，意思是指生活在一定文化中的人对其文化有“自知之明”的意思。不是要“复归”，同时也不是主张“全盘西化”或“全盘他化”。自知之明是为了加强对文化转型的自主能力，取得决定适应新环境、新时代的文化选择的自主地位。(费孝通，1998)

从社会学视角立论，文化是一个价值体系，它是由理念价值、规范价值、实用价值（即所谓道德理想、典章制度、器物行为）三个层面共同构成的统一整体。它是一个民族—国家自我证成的根本特征。从这个意义上说，坚持文化自主性，就是做到文化自觉，这是一个民族—国家自尊、自重、自信的体现。在当前全球化背景下，文化自觉既是中华民族与世界上他民族之间的共处之道，也是中国社会内部多民族、多种文化之间的共生之道。对于中华民族来说，做到文化自觉，既不妄自菲薄，也不妄自骄矜；既拒斥“文化霸权主义”，也反对“我族中心主义”；就是要秉承“和而不同”的立场处理好不同文化、不同民族—国家之间的相互关系。在这个问题上，1993 年费先生在与日本学者的学术交流中以恢宏的气度、豁达的胸怀、简练的语言高度概括了他对人类社会及其文化未来发展的途径和光明前景的看法：“各美其美，美人之美，美美与共，天下大同”。这十六个字精辟地阐明了文化自觉的要义，也是我们今天谈论当代中国学术文化自主性的基本前提。费老以其一生的学术实践身体力行，为后人在学术研究中坚持文化自觉、践行文化自主树立了楷模，他的学术思想发展的每一阶段都体现着治学和做人的统一，浸透着老一辈学人深厚的文化自觉意识，值得我们认真学习和总结，一代接一代地将薪火传承下去。

二 “脚踏实地，胸怀全局”

1980 年 7 月，社会学作为一门学科刚刚在中国大地破土复出，为了培养师资和科研人才，费先生亲自主持了社会学恢复后的第一个暑期讲习班，邀请了美国匹茨堡大学和香港中文大学的教授以及国内一些知名的老一辈专家为学员们讲授社会学知识。开班伊始，作为讲习班主持人（当时称班主任），费老就开宗明义地以“为现代化服务的社会学”（sociology for modernization）为题，讲解了恢复社会学教学和研究是为了更好地认识中国和为中国的现代化服务的宗旨。作为讲习班的一名学员，我清楚地记得，费老结合自己几十年的学术实践，从江村社会经济调查到西南联大写作《禄村农田》时期的社会人类学田野调查，再到新中国成立后在贵州和云南进行的少数民族社会历史调查，深入浅出地讲解了社会学对于深入了解和认识中国社会，尤其对于在中国实现现代化的作用和意义。费老讲课中浅显易懂的语言、生动的比喻、理论联系实际的分析给大家留下了深刻印象。他语重心长的教诲令我们这些初涉社会学的学员感到既新奇又实在：新奇的是，从一些不被人们注意的日常生活现象中可以得到许多与常识不同的认识，并将此提升到科学知识的层面；实在的是，社会学并没有需要经过玄思妙想才能去理解的深奥大道理，而是一门强调一切认识离不开社会实践、立足本土的地方性知识（local knowledge）的学问。这一认识成为激励学员们日后脚踏实地从事社会学工作念兹在兹的座右铭。

给我留下的另一个深刻印象是，费老作为老一辈知识分子的杰出代表，其爱国爱民的赤子之心、希望用自己的有生之年为国家的现代化服务的拳拳报国之情，溢于言表，流露在学习、生活的每一个细节中，使每个讲习班学员每当谈论起费老的精神品格无不肃然起敬，深受感动。当时费老已进入古稀之年，但他仍几乎每天参与外国教授的讲课和讨论，适时地做出必要的补充和解释，引导学员用中国事实恰当地理解西方的理论概念。他特别强调以认识中国社会为宗旨的“为现代化服务的社会学”与以西方社会发展模式为依归的现代化理论原则之间的区别。这一点对于我这个正在攻读现代外国社会理论的研究生来说，具有非常重要的警示作用。在笔者看来，费老在此时提出这一口号具有很强的针对性。其一是为社会学正名。在中国文化脉络下，人们深知“名不正则言不顺，言不顺则事不成”的道理，要想推倒压在社会学身上长达几十年之久的种种“罪名”和不实之词，就必须显示出社会学在解决社会实际问题上的效用，为此必须把刚刚恢复的社会学引向侧重经验研究之路，以期表明这门学科是以应用研究为主的，同时又具有解决社会问题的实用功效；其二，社会学恢复伊始，开班第一讲就请美国教授讲授西方社会学理论，这在当时并非没有异议。“为中国现代化服务的社会学”口号的提出，固然起到了政治上的自我防卫作用，但更重要的是，其三，讲习班的成功举办充分显现出费老在社会科学发展前景上的学术洞见和全局观。两种观点两个境界，其间差别岂可以道里计。

费老认为，发展中国社会学既不能用传统学术“复归”的办法，也不能走“全盘西化”或“全盘他化”的路，而必须立足于当代中国的现实，用科学的方法来研究中国的实际问题，从而使研究社会的这门学科成为科学。类似的表述在20世纪80年代的一些社会学教科书中所在多有，尽管从今天社会科学发展水平来看这种表述似可斟酌（以免导入实证主义之途），但在当时——社会学停滞近30年、十年“文革”浩劫刚刚结束不久——强调社会学应以自然科学为摹本，致力于经验科学化，与过去唯上、唯书相比已是很大的进步。费老认为，社会学研究必须立足本土，同时要深入地了解这门学科在世界的发展，要有全局观点；结合实际学习理论，但不唯书、不唯上，不照抄照搬。这在现在看来已近乎老生常谈了，但在当时确乎需要政治勇气，此外更需要文化自觉。

三 “从生态研究进入心态研究”

社会科学研究需要文化自觉，这既是研究对象的性质决定的，也是研究者本人应具备的学术素养。众所周知，社会科学的研究对象并非自然生成的现象，而是由人们有目的的行动造成的结果，其中除了有时空、环境等客观因素的作用之外，更多的是由人的主观动机、意图乃至价值观所引发的行动建构而成。与此相关，现代认识论已不再把科学，如数学视为对可见的和不可见的物的研究，而是看作对关系和关系类型的研究（卡西尔，1995）。循此思路可以看到，当代科学的对象正经历着从实体向关系的转变。如社会学，在这门学科创立之初从孔德视社会学为社会物理学、斯宾塞基于进化论观念把社会比喻为生物有机体，到涂尔干主张像研究物一样来研究社会的社会实在论观点，以及形形色色的机械论、有机体论、地理环境决定论等各种还原（化约）论观点大行其道；曾几何时，今天的社会学主流已转到从各种不同视角，如制度论、功能论、文化论、建构论、嵌入说、理性选择说等，着重研究不同层面上的行动者，如经济与社会、市场与国家、市场与民间组织之间的互动关系。由此不难看出，这里确有一个研究对象从外在向内在、“从物质实体向关系实在”的转化趋向，前后两相比较迥然有别。导致这一转变固然是因为社会认识论的根基已从经验主义转到后经验主义，自库恩的《科学革命的结构》一书出版以来后经验主义对社会学研究方法论的重大影响明显可见；当然也因为社会学研究实践在不断扩展，社会认识逐步深入，这从以下事实可见一斑：社会学从创立之初实证主义即在方法论上占据主导地位，及至中期研究重心转到美国后与美国本土的实用主义传统相结合，转向工具实证主义（instrument positivism），[①]再到20世纪60年代以后批判理论、符号互动论、现象学社会学、常人方法学、科学的社会研究、科学知识社会学（SSK）等反实证主义流派的勃兴，及至80年代出现的“人文科学回归宏大理论”（Skinner，1985）以及试图综合现有理论视角的“新功能主义”（Alexander，1985），则是上述研究进路综合、整合发展趋势的理论表达。

费老一生坚持“从实求知”的学术实践，他的每一篇文章都紧密地贴近中国社会经济的发展变化，牢固把握着时代的脉搏，自觉地把“志在富民”作为自己学术活动的始终如一的追求。从30年代开启的第一次学术生命中，他使用人类学方法深入边远乡村，坚持田野调查，完成了《江村经济》《生育制度》《乡土中国》等一系列早期著作，其中他对中国社会结构的精辟分析并概括为“差序格局”的深刻洞见，为他在海内外学术界赢得了崇高的声誉。在“文革”结束后的第二次学术生命中，费老不顾古稀之年的身心劳累，为重建和发展中国社会学殚精竭虑。为推动我国社会经济事业的发展，他从农村到小城镇、再到城市社区，“行行重行行”，实践了“志在富民，皓首不移”的诺言。90年代进入晚年以后，当他回顾一生的心路历程时，他把早期的那些研究归结为“人文生态层次上的研究”，表示并不满足于这些成绩，认为在全球化时代，人类“还需要一个所有人类均能遂生乐业，发扬人生价值的心态秩序”，而这更值得社会学去探讨。为此他提出“从共存的生态秩序研究进入共荣的心态秩序研究”的命题。

① 工具实证主义的典型特征，一是以伦德伯格为代表，相信社会可以通过科学获得救赎，一是以拉扎斯菲尔德为首的哥伦比亚大学致力于量化研究的方法论探讨，而被米尔斯贬称为“抽象的经验主义”（abstracted empiricism）（关于这个问题可参见 Bryant，1985）。

费老这一时期越来越多地谈论文化问题，提出“文化自觉”，强调“文化自主”，主张不同文化之间要“和而不同”。费老的这一思想变化，在笔者看来，是从学术研究上切合了当代社会学对象从外在客体向内外综合转换的发展趋势。如在他生命晚年发表的《试谈扩展社会学的传统界限》一文中，费老明确提出：

> 社会学是一种具有“科学”和“人文”双重性格的学科，社会学的科学性，使得它可以成为一种重要的“工具”，可以“用”来解决具体的问题……然而，社会学的价值，还不仅仅在于这种“工具性”。今天的社会学，包括它的科学理性精神，本身就是一种重要的“人文思想”；社会学科研和教学，就是一个社会人文精神养成的一部分。社会学的知识、价值和理念，通过教育的渠道，成为全社会的精神财富，可以帮助社会的成员更好地认识、理解自我和社会之间的关系，以提高修养、陶冶情操、完善人格，培养人道、理性、公允的生活态度和行为，这也就是所谓“位育”教育的过程，是建设一个优质的现代社会所必不可少的。（费孝通，2005：483）

在阐释心态层次的秩序时，费老多次提到他的老师潘光旦先生的“位育论”：“我紧紧跟随他（指潘先生）学习了30多年，经常听他根据儒家的中庸之道反复阐发的‘位育论’。位就是安其所，育就是遂其生。在全球性的大社会中要使人人能安其所，遂其生，就不仅是个共存的秩序而且也是个共荣的秩序”（费孝通，1999）。这表明，费老提出“共荣的心态秩序”并非是对“共存的生态秩序”的简单否定，而是将其融会在自身中，即“中和”，其运思逻辑是中国文化特有的和合学说，而不是西方文化奉行的主客分立、二元对决的零和逻辑。据此可见，从“位育论”到“共荣的心态秩序”，一以贯之的是两代先辈学人对中华文化的深刻自觉，这种文化自觉培育了中国知识分子那种有容乃大之胸襟的价值根源，构成了中华民族多元一体格局的认同基础。

四 “各美其美，美人之美”

尽管早在20世纪30年代吴文藻先生就提出了社会学中国化的口号，

但由于时代和客观条件的限制，除了引导当时的社会学工作者更多关注和研究中国社会的现实问题之外，并未引起从学理上对社会认识论问题的深入反思，终使这一真知灼见未能超出前贤的先知先觉阈限而发挥出更大的影响。及至台湾学者重提这个口号时，已是全球化浪潮搅动得东亚大地风起云涌的 80 年代了（参见杨国枢、文崇一编，1982）。回顾近年来有关社会科学中国化的讨论，由于涉及社会科学知识的普遍性特殊性、全球性地方性的相互关系问题，出现了因各执一端而造成的一般个别、同一差异的理论上的两难局面。讨论者在通常的情况下都是援引辩证法的对立统一规律来解说和辩护自己的观点。这种做法从理论和方法论上来看当然是顺理成章的，但对于以解决社会实际问题为旨趣的经验科学，如社会学来说，却还缺少具体方法层面上的操作意义。关键在于如何理解两个对立方面的统一以及这种统一以何为基础：是分立抑或是中和？不消说，西方文化主张对立面是通过差别、对立、矛盾的运动和斗争达到统一的，也就是从分立讲统一的；而从中国传统学术的“理一分殊”概念来看，文化世界体现着从一元整体到多元分殊的现象，就文化的全体来说“理”是一、是本体，然而就文化的分殊面来说，“理”又是分殊的、是客观的认识对象，要通过个别的、特殊的认知和分离来确定。因此，要把握由“理一”显示出的“分殊”现象形态又不能失却其主体性和整全性（参见成中英，2001）。这提示我们：文化世界是一个有机整体，它同时具有特殊性（分殊）与一般性（理一）的面向，对其特殊性的认知能够统合于一般性之中，因而“分殊”的“理”，只是一元的“理”的个别表现。简言之，西方文化把统一的基础放在分上，而中国文化则主要侧重在中和上，这是两种解决问题的不同路向。

大凡学习过一点宗教社会学知识的人都知道，人们的宗教知识是从进化论角度习得的，任何一本与宗教有关的教科书都告诉人们宗教信仰是从泛神论（自然神论、万物有灵论）到多神论再到一神论发展进化的。在这种习而不察的概念所组成的宗教知识框架影响下，人们自然而然会得出一神论信仰要比多神论和自然神论信仰高级、精致甚至理性这样的价值判断，殊不知这种貌似客观—中立的宗教知识和概念里浸透着浓厚的西方中心论的价值观念。从福柯的知识权力说中人们可以看到这种宗教社会学知识作为一种权力对人们精神领域的宰制作用，用这种概念框架去研究中国宗教或民俗信仰，必然会得出中国人在宗教信仰领域中的无知、愚昧、迷信传统、非理性、实用主义、功利心态，进一步推论出西方文明优于东方文明的结论。其实，这个结论早已为19世纪以来的人类学研究所证伪，这种以己之长比人之短的做法也成为西方的比较文化或跨文化研究最为人所诟病之处，适足表现出西方中心主义所固有的机械论之线性思维定式的偏狭、不宽容、为我论，在文化上搞以我划线、排斥异己，其根源恰恰存在于西方的宗教（文化）原教旨主义之中。反观中国人的宗教观念或民俗信仰，倘以西方宗教为基准，其中确有包括祖先崇拜在内的多神信仰、“临时抱佛脚，有事才拜神”的功利心态等方面的问题或弊端。但如果换个角度思考，从中国文化所习惯的和合思维方式和行为方式上去认识，这反倒可能是中国文化的一个长处：正是这种在信仰上宽容、豁达、包容异己、海纳百川的胸襟，体现了中国传统文化中的“毋意，毋必，毋固，毋我”（孔子语）、中和变通的哲学思想。唯其如此，才使有数千年历史的中华民族避免了欧洲发生的十字军东征和伊斯兰圣战式的、惨烈的宗教屠戮。

按照哈贝马斯的说法，信奉西方宗教的欧洲人，其强烈的民族主义情绪最集中表现在欧洲历史上长期以来排犹主义盛行（哈贝马斯，2000）。据史书记载，公元70年，犹太人被罗马人打败、首都耶路撒冷被攻陷亡国后，惨遭屠戮，不得不背井离乡、颠沛流离辗转迁徙于世界各地近两千年。然而，在欧美各国备受歧视的犹太人却凭借着一神论的宗教信仰和民族语言文化的支撑，迄今仍保留着犹太民族的独立地位和身份。可具有讽刺意味的是，潘光旦先生（1983）的研究表明，犹太民族流落在中国的一支却在开封融入了中华民族。当然，开封的犹太人融入中华民族的史实，有着复杂的主观和客观因素，其中的主要角色固然是犹太人，但谁人又能说与其周围的民族及其文化、社会制度、宗教信仰没有关系？为什么犹太人没有融入东欧的波兰、俄罗斯，西欧的法国、德国，也没有融入与中国毗邻的印度？上述国家历史上都曾有过犹太人出没，这一切难道都是偶然的吗？联想到近年来中东巴勒斯坦与得到美国支持的以色列（犹太人）的武装冲突几近演变成两个民族之间冤冤相报、轮回式仇杀的惨烈战争，我们不难看出，一神论的救赎宗教——无论美国、以色列信仰的基督新教、犹太教或阿拉伯民族、巴勒斯坦人崇信的伊斯兰教——在终极关切上的排他性，以及在行为取向上对“异教徒”的不宽容、不妥协，集中体现了宗教原教旨主义（或基要派）的偏狭，必然减弱或背离他们口头宣称的“宗教信仰自由”和多元文化主义的精神。在全球化时代，中华民族的这种平等待人、取人之长、兼容并蓄、有容乃大的气度和精神必将进一步发扬光大，因为这种精神本身，从和合观点来看，就是“全球性”的题中应有之义，必然是构成全球文化的一个不可或缺的组成部分。

由此看来，在社会学研究中，决不能以西方的是非标准作为评估中国一切事务的判准，而要经过思考、分析，不惟书本、不惟洋人，坚持文化自主性，做到像费老所说的“从实求知”。这样说并不意味着西方文化一无是处，相反，西方自启蒙运动以降在科学技术、人文理念、社会建制等方面取得的许多成就已成为人类文明的主流成分，值得我们认真学习借鉴，否则就会在另一个极端上堕入我族中心主义（ethnocentrism）的陷阱。问题是我们过去对待自己的传统文化往往采取一种虚无主义的态度，妄自菲薄，丧失了文化自觉。应该承认，基于漫长历史发展的结果，中西方文化沉淀为两种不同的文化样态，二者既呈分立态势，又是一种互补关系，共同构成当代世界文化的两个主要类型。概括说来，西方文化基于主客二分立场发展出一种侧重经验分析—逻辑推理的理路，目标在于获取主体对客体的控制和支配；中华文化则立基于物我两忘的互为主体性（inter-subjectivity）之上，倾向历史综合—直观隐喻的路向（相对于自然的而言，历史的亦即社会的、文化的），以保持人对外部环境的调适、适应。

犹如韦伯（2004）所说，西方文化的精神旨在理性地支配世界，中国文化的精髓趋向于理性地适应世界。尽管这种单从类型学来谈论文化可能带有失之笼统、言不及义的弊病，故有被人讥评为“大而无当”之虞，然而，任何理论都是一种思维的抽象、一种概括，因而都需借助概念工具，只不过有些概念指涉的是对象的集合性（如属、种差等）特征，有些则只关乎个体性特征，它们之间只是视角（perspective）上的差别，并无品质优劣的不同。何况任何概念，从现代认识论来看，都只是一种建构，仅仅表示着一种主体的立场和取向，并不意味着如本质主义（essentialism）所主张的那样概念与指涉之间一定名实相符，因此大可不必求全责备。中西方文化上的这种差异性和互补性凸显在中西方医学关系上。众所周知，中医的经络学说视人体为一系统整体，通过“望闻问切，四诊合参”的途径达到辨证施治的目的。而西医是建立在生物学、生理学、解剖学和临床治疗学等基础学科之上，把人身整体分解为局部组织进行治疗的。二者依据各不相同的理论和方法对疾病进行治疗，疗效也各不相同。通常认为，西医对急性病症、局部病变疗效要优于中医，而中医和中草药则对许多慢性疾病和疑难杂症有显著疗效，同时又可免除西医西药所衍生的许多副作用。近年来，世界卫生组织也在大力倡导将传统医学与现代医学结合起来，以达到疗效上的互补，为改善人类的健康状况而服务。

中华文化与世界文化之间以及西方文化与世界文化之间，都有一个局部对整体、特殊性对普遍性、地方性对全球性的问题；而中西方文化又都是世界文化的构成性成分，二者之中都含有整体、普遍性、全球性的内容，因而中西方文化之间是一种平等关系，而非隶属关系。不仅如此，世界上不同民族的文化之间的相互关系亦应作如是观。文化自觉要求我们对中华文化所具有的世界文化身份及其与其他民族文化之间的关系有一个清醒定位。费先生提出“各美其美，美人之美”就是提倡在不同民族文化间既要知己之长，也要晓他人所长；相互学习，取长补短；“己欲立而立人，己欲达而达人”，推己及人；以健康和豁达的心胸平等对待自己和他人，共同面对新世纪全球化对人类提出的巨大挑战。

五 “美美与共，天下大同”

在一些论述中，全球化在文化上的表现往往被描述成变民族文化为世界文化的单向过程，这是一种片面的、静态的单向思维。必须从这种静态思维转向一种双向的动态思维，即把全球化视为一种从民族文化向世界文化以及从世界文化向民族文化之间的双向、不断循环往复的运动过程。这样说来，文化就永远处于不断变化的运动过程之中，而不是某种静止状态。文化是一个由表意符号组成的世界，它非常容易在不同系统中传播，文化传播的作用方式和生产方式就是一种流动状态，所以传播学用流通、交流、沟通等词汇名状文化。从文化变迁角度来看，任何一种文化都在不同程度上经历着发生、发展、衰退、再生的过程，这是一个普遍的现象。说到底，文化变迁就是选择、吸纳、同化不同系统的文化成分，将其变成自己的构成性要素，这在古今中外的民族文化中都是屡见不鲜的。因此，文化在任何时候都是一个动态的、开放的、不断变化着的系统，它的发展、壮大永远离不开与其他文化的交流、沟通和传播。任何担心全球化可能带来文化冲击和消极后果而主张文化上“闭关自守”的观点，都是没有根据的，也是做不到的。相反，为了把我们的民族文化发展壮大成真正符合时代需要的先进文化，就必须进一步深化文化领域里的改革开放，以不断创新的精神从世界各民族的优秀文化中吸取营养，来改革和更新自己的文化传统。

这样说来，在全球化时代做到文化自觉，就不仅要了解自己民族文化的长处，还应了解自己文化的短处，特别是那些不符合时代要求的、阻碍社会生产力发展的落后观念。譬如，传统道家思想提倡藏锋保身，退而守拙；经验直观的思维模式，正言反说的隐喻表达；神秘性的思辨象征，反智式的抱残守缺；重长久而不思进取，贵和合而不事竞争，显然这一切都难以适应全球化的激烈市场竞争，也使文化交流难以畅通。这就要求坚持文化自主性要有全局视野，认清世界发展的主流趋势，促进国际文化交流的开展，了解不同民族文化的长处，尽力吸收作为自身的构成性要素。费先生形象地使用中国传统文化以和为美的“和美”思想去表征人类文化的发展前景：“美美与共，天下大同”。显然，这是从“和”的进路来展望世界文化的发展前景，世界上各民族的优秀文化和美地融为一体之日，亦即人类理想社会到来之时。这样看来，全球文化就包含着世界的和民族的、全球的和地方的两种充满张力的要素。用当代西方一些社会学家的话说，全球文化的形成过程是一个世界的和民族的、全球的和地方的、普遍的和特殊的两者的对立统一。罗伯森（R. Roberson）用全球地方化（glocalize，glocalization）来说明全球化是一个相对自主的双向过程，其间存在着普遍性的特殊化和特殊性的普遍化双重动因（罗伯森，2000）。贝克（U. Beck）把这一对立面相互转化的辩证法之学理根据归结为思维的悖论——自反性（reflexivity）（贝克，2001），吉登斯（A. Giddens）则把它视为现代性的后果（吉登斯，2000）。吉登斯特别提到，全球化时代社会科学的一个重要特点就是，它的概念、理论、话语不断循环往复于自己研究对象之中，并且“自反性地”重新建构、改变着研究对象，也就是赋予研究对象与自己原来的理论、概念、论述以完全相反的性质。譬如，全球化概念、理论、话语就是明显例证，本意是表征全球社会发展的世界整合、统一、同一的趋势，现在不仅指这一现象，而且还把与之相反的意义赋予其中，亦即与世界整合现象相伴随的还添加了凸显特殊性的“寻根”热潮，争取弱势群体权利的“差别的政治”“承认的政治”“多元文化主义”的崛起，以及民族分离主义、宗教原教旨主义的盛行。可以想见，在全球化的压力下，随着国际上南北半球国家之间贫富差距的增大以及由此引起的“反全球化”浪潮的迭起，民族—国家内部不同地区由于开发程度的差异所导致的收入差距和经济利益的差别，也会以多元文化主义为诉求在文化自主性上曲折地反映出来，民族分离主义、宗教极端势力、地方主义、家族主义都会以地方、民族、宗教或家族寻求同一性的方式表现出来。这些都会为当代的人文学术研究带来更多的挑战。究其原委，与其说全球化使社会科学研究变成不稳定的、具有各种意料不到的风险，毋宁说全球化时代使社会认识的对象，即社会本身充满了不确定性。

从这个意义来说，全球化时代的文化自觉也不是一个一成不变的、封闭的概念，其内容显然要随着全球社会经济的日益丰富发展而不断改变。因此，胸怀全局，全面地了解和掌握世界脉搏和各民族文化发展变化的信息，吸取世界各民族文化中的精华，在相互学习中共同努力克服全球化为世界带来的风险，为一个更为和谐的世界的早日到来而贡献力量，就成为今天坚持文化自主性的一个不可或缺的方面。这就是费老“文化自觉”概念给我们的深刻启发。

参考文献

贝克等，2001，《自反性现代化》，赵文书译，商务印书馆。

成中英，2001，《合内外之道：儒家哲学论》，中国社会科学出版社。

费孝通，1998，《百年北大与文化自觉》，“中华校园网”（www.54youth.com.cn）。

——，1999，《中国城乡发展的道路》，载《费孝通文集》第12卷，群言出版社。

——，2005，《费孝通论文化与文化自觉》，群言出版社。

吉登斯，2000，《现代性的后果》，田禾译，译林出版社。

哈贝马斯，2000，《关于主权和公民资格的过去和未来》，曹卫东译，《国外社会学》第6期。

卡西尔，1995，《人论》，甘阳译，上海译文出版社。

潘光旦，1983，《中国境内犹太人的若干问题——开封的犹太人》，北京大学出版社。

罗伯森，2000，《全球化：社会理论与全球文化》，梁光严译，上海人民出版社。

韦伯，2004，《中国的宗教：儒教与道教》，康乐、简惠美译，广西师范大学出版社。

杨国枢、文崇一编，1982，《社会及行为科学研究的中国化》，台湾“中央研究院”民族学研究所。

Alexander，Jeffrey C.（ed.）1985. *New functionalism*. Beverly Hills，CA：Sage Publications.

Bryant，Christopher G. 1985. *Positivism in Social Theory and Research*. London：Macmillan.

Skinner，Quentin.（ed.）1985. *The Return of Grand Theory in the Human Sciences*. Cambridge：Cambridge University Press.

个体与宏观社会的心理关系：社会心态概念的界定[*][**]

杨宜音

摘　要： 本文通过对社会心态的研究框架的讨论，对社会心态进行了概念界定。本文认为，社会心态是一段时间内弥散在整个社会或社会群体/类别中的宏观社会心境状态，是整个社会的情绪基调、社会共识和社会价值取向的总和。社会心态透过整个社会的流行、时尚、舆论和社会成员的社会生活感受、对未来的信心、社会动机、社会情绪等而得以表现；它与主流意识形态相互作用，通过社会认同、情绪感染、去个性化等机制，对社会行为者形成模糊的、潜在的和情绪性的影响。它来自社会个体心态的同质性，却不等同于个体心态的简单加总，而是新生成的、具有本身特质和功能的心理现象，反映了个人与社会之间相互建构而形成的最为宏观的心理关系。

关键词： 社会心态　社会情绪　社会共识　社会价值观

社会心态（social mentality），一般是指在一段时间内弥散在整个社会或社会群体/社会类别中的社会共识、社会情绪和感受，以及社会价值取向。在社会急剧变迁时，社会心态变化快、形态复杂，无论对个体还是对社会组织和制度的影响都很大。在每一个剧烈变动的社会中，作为社会变迁的表达和展示，社会心态是社会变迁研究的一个重要组成部分；对社会心态的把握和调适，也是社会变革的一个无法忽视的社会心理资源与条件。因此，无论是政府的宏观决策和管理部门，还是研究中国现实社会变

---

* 本文部分想法得益于与陈午晴博士和孟宪范编审的讨论，特此致谢。

** 原文发表于《社会学研究》2006 年第 4 期。

迁及社会问题的学术界，都会特别关注这一领域的研究进展。社会心态作为社会行为的外在氛围，也与社会成员息息相关。

在我国，“社会心态”一词，自20世纪80年代至今频频出现在学术界的讨论和大众媒体中。[①] 身处经济社会体制转换时期的中国人对这一表述早已耳熟能详。可以说，无论平民百姓还是国家政要，从来没有人像现在这样意识到社会心态对个人、社会、市场、国家的影响，从来没有人像现在这样无法对社会发展和改革进程的社会心理环境视而不见。

“社会心态”概念的凸显必然有其深刻的社会、历史、文化、政治等方面的原因，这本身就很值得研究。不过，首先应该解决的是“社会心态”概念的界定问题。应该说，社会心态是目前我国社会科学研究中一个被普遍接受却又意义含混的概念。目前，社会心理学家在“如何界定社会心态”“社会心态的心理结构是怎样的”“社会心态是如何形成的”等问题上还没有形成共识，这就直接影响到社会心态的测量、社会心态的影响因素和形成机制以及社会心态的调控等方面的研究进展。由此看来，有必要将社会心态尽快纳入我国社会心理学家的研究视野。本文试图从辨析理论的视角出发，界定社会心态概念，以期形成社会心态研究理论框架的基础。

从字面意义上看，“社会心态”一般被理解为“社会的心理状态”“社会的心智状态”“普遍的社会心理”“民心”“民意”“人心”等等，是使用频率很高的一个词语，但却没有被多数辞书收录。[②] 国内报章、学术论文中对“社会心态”一词的界定多不严格，一般是个人根据不同的理论视角，例如哲学、社会学、心理学、传播学等，对这一概念的内涵进行直接推定，因而缺乏足够的论证。更多的人则是在约定俗成的意义上使用这一概

---

① 以“社会心态”为关键词查到中国期刊全文数据库1994～2006年5月的相关论文篇目共计4198篇，其中核心期刊127篇；中国哲学社会科学综合信息支持系统的相关书目（包括章节）421条。

② 《辞海》和《中国大百科全书·心理学卷》、《中国大百科全书·社会学卷》、《简明社会心理学词典》（时蓉华主编，1988）、《简明心理学百科全书》（荆其诚主编，1991）、《国际心理学手册》（Pawlik等主编，2002/2000）等辞书中，都没有收录这一词条。在社会心理学及社会学的教科书中，也没有可以对应这一概念的内容。仅于《社会科学新辞典》（汝信主编，1988）中，有“心态”（mentality）一词，其释义是：“影响着个人、人类群体和各民族思想的全部舆论、习俗、传统、信仰和价值体系”。该词条的释文从词源学的角度指出，心态一词是17世纪英国哲学的产物，它表示心理的集体特征、某个民族、某个人类群体等特殊的思想和感觉方式（汝信主编，1988：1002）。

念，径直讨论社会心态与其他现象之间的关系，或讨论社会心态的预警及调控。[①] 在一些学科的研究中，社会心态被视为一个研究视角，如史学中的心态史学研究（参见郑永华，2000；王章维、郭学旺，2000；程利、王晓丹，2002）。在文献检索时，这一词汇使用频率很高，被广泛用于历史学、社会学、教育学、经济学等领域，被作为转型时期宏观经济社会发展的影响要素来看待。

社会心态概念的用法大致可以分为几类。（1）社会心态是在特定的社会、历史、文化条件下，一定地域内人们普遍具有的社会心理的总和。例如丁水木（1996）的定义是：社会心态是指人们在社会生活中由经济关系、政治制度以及整个社会环境的发展变化而引起的直接的、在社会群体中较为普遍存在的、具有一定的共同性的社会心理反应或心理态势。具有社会性、大众性和概括性。（2）社会心态是在一定的思想和心理支配下的社会各种群体主观上的情绪、情感、态度等心理状态和社会心境状态，通过言论、行为、习俗、舆论表现出来，是社会、政治、经济、文化变化的“晴雨表”（揭扬，1997），具有时代性和相对稳定性。（3）与个体心态不同，社会心态是指社会群体的心智状态，它是社会心理和社会意识形态以整体面貌出现的主体状态，具有群众性、整体性、客观性、实践性和历史性。例如，张二芳（1996）认为，它是社会心理和社会意识形态相互渗透、有机结合而成的状态结构，是以整体面貌存在和流行于社会成员之中、内化为社会主体的精神结构的心智状态；是理性与非理性的中介，具有整体性、转换性、动态性、倾向性、两极摇摆和自我调节性。

这些概念界定注重了社会心态概念与社会存在、社会意识以及个体行为之间的关系，注重了社会心态的社会整体特性和外显特征，形成了“社会心态”与相近概念——例如“社会意识”“大众心态”“群体心理”等——的区别，以及“社会心态”与非学术概念——例如“人心民意”“社会良知”等——的区别。但是，上述的概念界定仅仅指出它不同于个体心理，以及一些功能特性，但缺乏操作化定义，因而无法解释社会心态到底来自哪里，即无法将联系个体的社会态度、价值偏好和行为取向与社会心态之间

① 例如，冯伯麟，1995；宋智勇，1997；揭扬，1997；李颖伯、王燕美，2001；胡红生，2001；高云峰，2002；等等。

的社会心理机制清晰地刻画出来。

在西方，“心态”概念最初是在法国年鉴学派创立的“心态史学”中出现的。据法国“年鉴学派”历史学家 J. 勒戈夫考证，从词源学来看，法语的形容词 mental 源自拉丁文 mens，意为思想的、精神的、心理的。在古典拉丁文中没有的中世纪拉丁词 mentalis 属于经院哲学的词汇。但法语中，作为名词的 mentalitiet（心态）并非直接派生自形容词 mental，而是在 19 世纪中叶从英语中借用来的。作为 mental 的派生词的英语名词 mentality 则早在 17 世纪就已存在。因此，心态一词是 17 世纪英国哲学的产物（汝信主编，1988）。它表示心理的集体特征，某个民族、某个人类群体等特殊的思想和感觉方式，不同于官方的意识形态。1929 年，法国年鉴学派发动了对西方传统史学的革命，其主要目标是改变史学仅以上层人物的军事、政治活动为研究内容的状况。此后，新史学将社会文化、信仰、群体共有的意识和观念纳入自己的研究范围（罗凤礼，1998）。心态史学家认为，“心态主要是集体的，它似乎远离社会斗争的沉浮。但如果把它同社会结构和社会发展分割开，将是一个严重的错误”（汝信主编，1988：1002～1003）。心态史学的视角从一个侧面提出了心态概念，但是，限于学科特性，关于什么才是社会心态的问题，还需要从社会心理学这一最接近这个概念的学科角度来进一步辨析。

社会心理学研究的是和社会有关的心理学问题（潘菽，1983）。它试图解释个体的思想、情感和行为如何受到他人实际的、想象的或潜在的存在的影响（Allport，1985）；同时，也探讨个体的思想、情感和行为如何透过个体对现实的认知、情感和意向这样的建构性心理过程影响到他人和社会（Taylor，1998）。从社会心理学定义中，我们可以看到，（1）社会心理学研究的不但是个体如何受到他人行为的实际的影响，而且是个体如何受到那些潜在的影响，甚至是个体自行想象而具有影响力的那些影响对个体发生作用的过程和机制。（2）个体在社会中生活，像受到其他影响因素（例如气候、物理环境）的影响一样，受到社会中他人的影响。（3）所谓他人，不但指个体，而且指他人所构成的群体、社会、历史、文化等等。（4）所谓影响，不是一个单向的过程，而是相互的过程，作为接受影响的主体，对影响具有建构和解释的能力，于是，社会环境就不再是简单的外在于人的环境，而是被主体建构过的环境。由此可见，从社会心理学角度研究社会心态，可以揭示出个体心理与群体社会心理、微观与宏观之间相互作用的过程与机制，应当是非常重要的学科角度，它为对社会心态概念做出恰当的操作性界定提供了保证。

然而，在社会心理学百年学科史当中，“社会心态”并不是一个积累了很多研究成果的领域。这是由于在社会心理学两大学术传统当中，心理学的社会心理学，特别是以北美社会心理学为代表的主流社会心理学主要从个体的角度来建构社会心理学研究的体系和领域。这一学术传统下的社会心理学着重研究个体如何受到他人和社会的影响，并以自身的方式解释和应对社会关系与社会环境。而超越个体的、以社会整体为分析单位的社会心态，则不被作为研究的对象。不过，作为社会心理学中最为宏观的研究对象，社会心态是基于个体心理的，因此，我们仍然可以从主流社会心理学的学科积累中发现研究的路径。

一 从“群体中的个体”视角看社会心态的心理结构

在世界社会心理学中居主流地位的北美心理学的社会心理学，其个体主义、理性主义和自由主义的特征使得社会心理学各个研究领域大都以理性、自主和个体的角度，从个体出发来涉及与社会的关系。例如，自我、人际知觉、归因、判断的准确性、印象的控制与管理、喜欢和吸引、在社会影响下的从众、服从和依从，与他人的沟通、领导者的个人魅力、权威人格、侵犯、利他等等，无不以个体为中心，群体只是充当个体心理与行为的背景。经过近百年的发展，社会心理学对于个体社会心理过程的机制已经有了较为成型的理论和一些公认的结论。例如，从个人的内部社会心理现象的角度探讨态度的结构与功能、态度的转变、社会心理表征与社会记忆、社会生活中的控制与自主性、行为的决策与判断、社会动机、社会情感；从个人特性的社会心理现象的角度探讨自我、个体发展、社会性别等；从人际社会心理现象的角度探讨沟通、语言与社会行为，包括社会规范、从众与服从在内的社会影响机制、吸引与亲近关系、利他与亲社会行为、侵犯与反社会行为、刻板印象、偏见与歧视等；从群体社会心理现象的角度探讨组织行为、社会冲突；从群际社会心理现象的角度探讨群体认同、社会运动等（Gilbert et al.，1998）。从中我们看到对个体社会心理的研究路径循着一个从外显到内隐、部分到系统、表层到深层、变动到稳定、个人到人际、群体到群际的结构。这一路径是从个体出发的，并且着眼于群体中的个体（individual in the group）或个体在群体中，群体只是个体心理活动的背景或对象，重心在个体。而且，这里面蕴含的一个预设是，个体被他人影响是不妥的、不光彩的、是失去独立性的，因而是要避免的。显然，这样的视角不能直接用于社会心态研究。但是尽管如此，它却可以提供一个心理结构的重要的参照。我们以一个示意图来简要说明（见图1）。

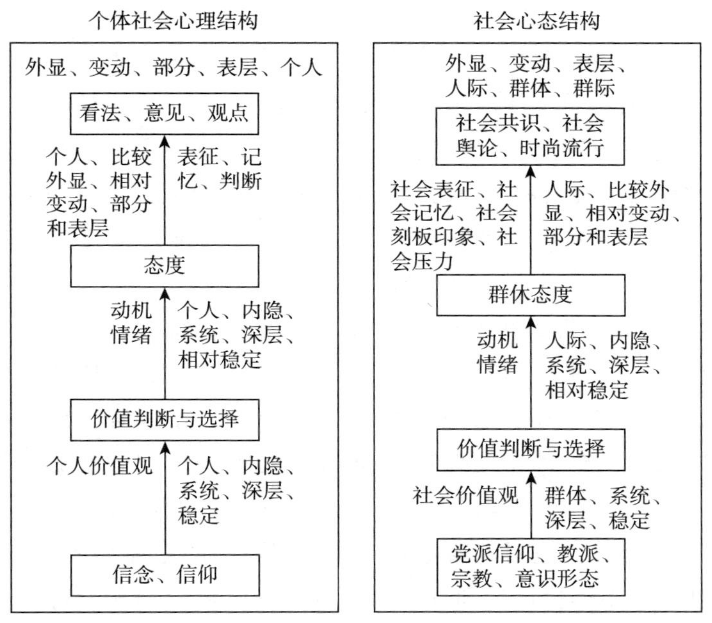

图1　个体社会心理结构及对社会心态结构的推定

从图1中我们可以大致看出，在社会心理学的视角下，价值观及信仰既是个体的选择倾向，又是个体态度、观念的深层结构，它主宰了个体对外在世界感知和反应的倾向，因此是重要的个体社会心理过程和特征；与此同时，价值观及信仰还是群体认同的重要根据——共享的符号系统，因此又是重要的群体社会心理现象。从分析层面上看，价值观可以分为个体价值观、社会价值观和文化价值观。个体价值观是指个体的“价值体系”，包括：（1）对人及其与宇宙、自然、超自然等关系的构想，对社会及与其成员关系的构想（简称世界观）；（2）在文化所属的具体社会中，为了维系它的存在而必须具有的价值理念（简称社会观）；及其（3）成员个人所必须具有的价值理念（简称个人观）。这套价值体系给文化社会成员一个有意义的生活目标，以确保社会制度稳定及正常运作，并给予其成员一套行为准则（杨中芳，1994）。个体价值体系中关于个体与个体之间关系或个体与社会之间关系的架构，通常也被称作 social values，但它主要是指价值体系中有关“社会性”的部分，如个体在小群体中与他人的合作、竞争等策略，而不是指社会层面的价值观（Beggan and Allison，1994）。societal values 则是指“隐含在一套社会结构及制度之内的一套价值，这套价值的持有使现有的社会架构得以保持。社会制度在这里包括社会化、社会控制、社会规范和社会奖惩等。它通过规范、价值、惩罚等给个人带来外在压力，也通过社会价值的内化给个人带来就范的压力”（杨中芳，1994）。为清楚起见，我们把个体价值体系中的 social values 称为“社会性价值观”，而将隐含于社会制度中的价值观称为“社会的价值观”（societal values）。这一区分是价值观研究从仅仅关注个体价值观层面走向同时关注社会价值观层面所必须进行的（杨宜音，1998）。

在价值观的分析层面上将个体的“社会性价值观”与“社会的价值观”区分开来，为我们研究社会心态提供了理论基础。个体“社会性价值观”对应于“社会的价值观”；“个性”（personality，又译人格）对应于理论上的“社会性格”，在民族国家概念形成的近代被表达为“国民性”（national character，又译国民性格）；个体的社会心理状态（包括态度、情绪、价值观、预期、应对策略等）对应于“社会的心理状态”，即“社会心态”。所以，个体价值观和社会价值观以及二者的相互映射关系，应该成为社会心态这一研究领域的核心概念。

从北美个体主义取向的社会心理学已有成果中，我们得以了解从个体的意见观点到信仰的心理层次结构，并且以此结构推定社会心态概念的心理层次结构也将是一个由表及里的构成关系。但是，从个体心理到社会心态之间究竟如何勾连呢？这种相互映射的关系怎样成为现实呢？让我们从社会心理学的另一大思想传统中汲取资源。

二　从“个体中的群体”的视角来看社会心态的形成机制

社会心理学的另一大学术传统——社会学的社会心理学——与心理学

的社会心理学相比，较多涉及群体方面，对正式团体（formal group）与非正式群体（informal group）、群集（integration）与集群（category）行为，比如群体的极化现象、群体的沟通网络、竞争与合作、流言的传播、时尚的形成、骚乱和暴动等特殊情境下形成的大众行为，有着独特的贡献。特别是欧洲社会心理学家秉承了涂尔干、塔尔德、勒庞、列维·布留尔、冯特等学者形成的传统，让社会心理学始终具有“社会”的性质。在社会学的社会心理学看来，群体或大众（mass）虽然来源于每一个社会个体，却又以一种整体的形态存在和影响着每一个社会成员，使人以为这就是自己的观念、态度和意志；或者自己无法摆脱这种观念、态度和意志的控制。早在一百多年前，法国的社会心理学家勒庞（Le Bon，又译黎朋、勒邦）便开创了群体心理学的研究。他对大革命时期法国人社会心态的研究，特别是他在《乌合之众》（*Crowd*：*The Study of Popular Mind*）一书中对群众心理（popular mind）的研究已经成为社会心理学研究中的经典（莫斯科维奇，2003/1981）。与勒庞同时代的社会学家和社会心理学家塔尔德（G. Tarde，又译塔德）的《模仿律》、涂尔干（E. Durkheim）的“集体表象”（又译集体表征）概念和以后的精神分析学家弗洛伊德（S. Freud）的《群众心理学与自我分析》、荣格（C. G. Jung）的“集体无意识”概念、麦独孤（W. McDougall）的“群体心智”（group mind）概念都是这一时期提出的重要群体心理学概念和群体心理机制。尽管他们使用的词汇不同，表述各异，但是，都强调群体心理是一种完全不同于个体心理的东西。经历了心理学行为主义和认知思潮的冲刷和影响，经过几十年沉寂之后的社会心理学，仍然首先是在欧洲，出现了泰菲尔的社会认同理论（Tajfel，1978），特纳等人（Turner et al.，1987）在泰菲尔社会认同理论基础上提出的“自我类别化”（self categorization）概念，以及雷彻（Reicher，2001）在阐述群众行为的社会认同模式中对于“自我刻板化”等概念的讨论，这一切都让人感到一种回到勒庞的研究取向，一种对社会心理学之社会性质的重新强调。这种回归，大概是源于进入了莫斯科维奇（S. Moscovici）在《群氓的时代》中断言的处境：“我们生活在一个大众社会（mass society）和大众人（mass men）的时代里”（莫斯科维奇，2003/1981：6）。

社会学的社会心理学和欧陆的社会心理学从群体结构、类别，群体规范与压力，群体中的社会角色，集群行为（临时性群众行为、暴乱、骚乱、恐慌）、大众行为（时尚、流行、谣言、流言）和社会运动等角度对群体心理学做出的贡献，以及政治心理学和大众传播心理学对民意和舆论的研究，已经比较接近社会心态这一概念所处的研究层面或领域。

其中，社会情绪的研究，例如，乔治（George，1990）的“群体情感基调”（group affective tone）概念，麦金托什等（McIntosh et al.，1994）的“社会诱发性感情”（socially induced affect）概念，凯利（Kelly，2001）区分的“群体情感”（group affective）、“群体情绪”（group emotion）、“群体心境”（group mood）和“群体特定情感”（group dispositional affect），为大众心态的情绪方面的研究提供了一定的基础。

而欧洲社会心理学自20世纪80年代以来形成的社会认同理论（social identity theory），作为有关个体与群体心理关系的理论体系，对推进我们探讨社会心态形成机制更是极富价值。这一理论从社会认同的角度，通过知觉过程的“类化”（categorization）机制，抓住“心理群体的形成”（psychological group formation）这一关键过程，主要探讨个体归属于群体、凝聚为群体、个体与群体、群体与群体之间相互关系的社会心理机制，解释了各种集群现象而不是群体（group）现象，成为战后欧洲社会心理学家对世界社会心理学最有意义的理论进展。社会认同理论还解释了大规模群集状态中的去个性化现象和从众现象，以及合作与竞争、语言的认同作用、社会流动等方面的社会心理现象，并根据大批的研究发展出了精细模式，以之与主流社会心理学进行了对比。社会认同理论改北美主流社会心理学“个体在群体中”或“群体中的个体”的视角为“群体在个体中”或“个体中的群体”（group in the individual），为个体心理与群体心理之间搭建了一座桥梁。最为典型的是特纳的“自我类别化”理论和浩格（M. Hogg）等人的群体动机理论。以这样的视角，我们可以揭示个体融入社会的机制（见图2），当然它仍然是站在个体的角度，讨论个体如何将群体纳入个体。

个体心理	社会心态形成机制	社会心态
个体价值现	社会卷入与同质化	社会的价值观
个体社会态度	社会认同	社会共识
情感	情绪感染	情绪基调
个性	去个性化	国民性

图2　群体社会心理结构及对社会心态形成机制的推定

在“群体在个体中”这一过程里，个体决定群体是否会影响自己，因为，是否认同群体的主动权把握在个体手中。而情绪的感染就有一些无意识成分，是个体容易失控的方面。个体一旦认同了群体，受到了感染，就会丧失原有的个别性或责任感，就会消失在群体之中。

三　从“群体与个体”的视角来看个体与社会心态的相互建构

社会心态被理解为“万众一心”“众心之心”，是个体经过社会交往、社会卷入这些社会行为，经过社会认同、去个性化（deindividualization）、情绪感染、模仿等心理过程之后，融于群体而形成的“群体之心”（group mind）。当我们的分析单位从“群体”扩大到“社会”时，“群体之心”就会扩大为“社会之心”（social mind）、“社会共识”（social consensus）和“社会常识”（commonsense knowledge）。这里所说的社会之心，已经不同于一些正式群体、小群体的心理，而是大群体的、非正式群体的、统计群体的、社会类别的心理，甚至是整个社会的心理；它不再等于个体心理的简单集合和汇总，而是形成一个全新的，与个体心理有可能相同，也可能不同的，不容易把握、不容易辨识，却的确存在，有着巨大影响力的社会心理力量，正像我们在“万众一心”“同仇敌忾”“举世瞩目”“众志成城”“群情激昂”“民心向背”等情境中体验到的那样。正是在这样的社会心理氛围中，在由万千个体自身织就，并栖息之中的意义和情绪之网上，发生着个体自身的心理活动过程。

如果我们有可能整合个体的社会态度及个体的社会性价值观与群体的社会态度及社会的价值观，从而发现（1）社会心态的个体心理结构及群体心理结构；（2）个体与社会的心理互动过程中社会心态构成的心理机制，那么，还不足以完整地界定社会心态的概念。因为，在这两种视角下，个体仍然是一个核心和出发点。事实上，群体影响着个体以及个体决定着自己是否要融入群体，还没有涉及个体与群体相互建构的必然与必要性。因此，还需要从主体间性（inter-subjectivity）的角度提出一个“群体与个体”（group and individual）相互建构的分析模型。

我们用以下示意图予以说明（见图3）。

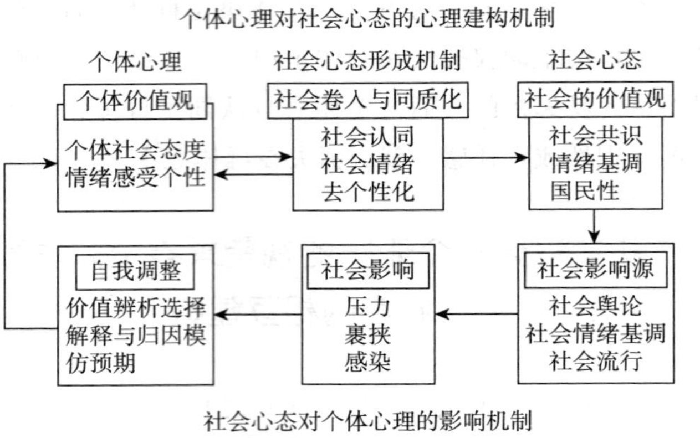

个体心理对社会心态的心理建构机制

个体心理	社会心态形成机制	社会心态
个体价值观 个体社会态度 情绪感受个性	社会卷入与同质化 社会认同 社会情绪 去个性化	社会的价值观 社会共识 情绪基调 国民性
自我调整 价值辨析选择 解释与归因模仿预期	社会影响 压力 裹挟 感染	社会影响源 社会舆论 社会情绪基调 社会流行

社会心态对个体心理的影响机制

图3 “群体与个体”视角下的社会心态模型

当大众传媒、消费的大众化、人员的社会流动越来越广泛深刻时，个人与个人的面对面交往关系已经不再是个人的全部关系，个人与群体、个人与类别、个人与整个社会都变得密不可分。社会心态连接着个人与群体、个人与社会阶层、个人与市场、个人与国家，它是这些社会构成要素相互作用的反映窗口，在这个意义上，社会心态不仅是一个名词，而且是一个描述活动状态的动词。个人对群体以至整个社会之心态的感受、想象、猜度、判断、推测，经过一番转换，或直接或间接、或在意识层面或在无意识层面，会反过来对个人的内心和行为形成某种影响。尽管，在现代社会，个人之间不再是熟人社会中“你中有我，我中有你”般的唇齿相依，然而，人们却因社会心态而彼此不可能分离。因此，社会心态是一种个体社会建构的方式，个体并非仅仅受到社会心态的影响，相反，他还是这一生存背景的营造者（Reicher，2001）。在社会心态无可避免地镶嵌进个人生活中去的同时，个人也通过大众化（massification）过程成为所谓“大众人”（mass men）。这样的个人与社会的联系，并不一定是通过生产、分配、交换和消费建立的，而是一种心理联系。更确切地说，是心态联系，在这样的联系中，个人被社会心态化，社会心态也被个人化。

这样的“个体与群体”的视角，还应当放在中国特有的文化心理背景下来理解。这是由于传统中国社会中的“我”与“我们”之间有着相互通融的关系，“我”既不是独立于“我们”之外，也不是消失在“我们”之中，而是借助“我们”来表达“我”，通过“我”（小我）的修养而扩大形成“我们”（大我）。这就与寻找我与我们差异的“自我认同”不同，也与寻找“我们”与“他们”差异的“社会认同”不同（杨宜音，2001）。这也可能是中国特别需要社会心态概念的文化心理原因。

从个体与群体的视角出发，我们会发现，社会心态还可以被看成一种社会资源，确切地说，是一种社会心理资源。正像其他自然资源一样，围绕着这些社会心理资源也可以从生成、发现/表达、养护、激发、调集、使用、消减、再生等方面来认识它。社会心态就是政府、社会组织、民间社会的社会心理支持系统。在突发事件来临之际，这一系统是否有效地提供支持，将影响到政府处理突发事件的成败。即所谓“民以载舟，亦可覆舟”。另一方面，个人应对突发事件的行为本身，也是在激发、调用、培育、养护个人社会支持系统中的社会心理资源，并以这一资源供养人和获益者的双重身份参与到更大的社会系统中去。因而，社会心态是一个复杂系统，它反映了个人与群体、个人与政府之间的多重互动关系与资源共生共享关系，也就是相互建构的关系。

在“群体与个体”的分析框架下，本文对社会心态的定义是：

> 社会心态是一段时间内弥散在整个社会或社会群体/类别中的宏观社会心境状态，是整个社会的情绪基调、社会共识和社会价值观的总和。社会心态透过整个社会的流行、时尚、舆论和社会成员的社会生活感受、对未来的信心、社会动机、社会情绪等而得以表现；它与主流意识形态相互作用，通过社会认同、情绪感染等机制，对于社会行为者形成模糊的、潜在的和情绪性的影响。它来自社会个体心态的同质性，却不等同于个体心态的简单加总，而是新生成的、具有本身特质和功能的心理现象，反映了个人与社会之间相互建构而形成的最为宏观的心理关系。

首先，这一定义试图借鉴个体分析水平（individual level of analysis）和群体分析水平（group level of analysis）对个体社会态度和群体社会态度进行研究的框架，提出社会分析水平（social level of analysis）的框架。其次，这一定义将社会心态的心理层次由表及里界定为：社会情绪基调、社会共识及社会价值取向。再次，这一定义从社会认同、情绪感染、相互建构的角度解释个体与群体之间的联系机制。最后，将社会心态放入“影响变量、过程变量和结果变量”的模式（input-process-outcome model）中进行功能界定。总之，这一定义揭示社会心态的实质是个人与社会相互建构的最为宏观的心理关系。定义是揭示事物的特有属性的逻辑方法。从逻辑学角度来看，本文采用了发生、互为因果和关系作为种差提出了界定社会心态本质属性的表述。

在以往的有关研究中，有人使用“国民心态”概念指代社会心态。国民心态强调的是心态的适用国度，或整个国家中国民的心态，而未能显现其作为社会心理的性质。国民心态实际上与“国民性”和“民族性格”概念有很重要的相关。国民性是将国民视为一个较稳定的整体，从与其他国家国民的区别性角度进行概括，因此更注重文化、历史和社会制度的因素，而不是从社会心理状态的形成、表达及其与个体之间的心理关系的角度进行概括。鲁迅提出的中国人的劣根性和改造国民性，也是建立在对中国文化心理的深刻洞悉上的。因此，如果使用国民心态这一概念，与我们探讨社会心态，即在转型时期的背景下，个人的价值观与生活方式如何凝聚为社会价值观，社会价值观如何影响个人的价值选择，以及这一双向过程的社会心理机制、社会心理结构，将会形成较大差距，也与社会心理学的理论视角不够吻合。

民意、民心、公众意见、舆情、舆论等概念与社会心态概念应该说是相当接近的。特别是从表现形态上看，它们构成了社会心态的一部分。在许多学术论文中，民意民心、公众意见以及舆情经常与社会心态概念混用。但是，从社会心理学角度来看，民意、舆论等都是社会心态的表达和表现，并不是社会心态本身。我们可以透过民谚、牢骚、街谈巷议、流言、传闻、“段子”、网上帖子和博客、手机短信、流行词汇等了解社会心态；我们也可以透过集会、暴动、骚乱、罢工、上访等了解社会心态；我们还可以透过消费方式、时尚与流行、人际关系（上下级关系、代际关系、亲密关系等）、市场风险承受力、储蓄、抢购、阅读偏好、社会信任等了解社会心态。因此，民意、公众意见、舆论、舆情等是社会心态的构成部分，但不是全部。很多研究者借助社会调查方式了解公众对热点问题的看法，借以刻画和描述社会心态，这无疑是社会心态研究的一部分，但社会心态研究不应该仅限于此。

社会心态不同于民意之处还在于，民意是对某些具体事件、政策、事实的看法和意见，而社会心态是比较难以触摸的，是渗透到某些看法和意见中的。例如，人们对住房制度改革、选择职业、职业培训、消费方式、闲暇生活、婚姻择偶以及子女教育等方面持有各种态度和意见，但是，从中可能反映了短期行为的行为选择方式和价值观。这种短期行为的行为选择方式和价值观或许并不为某人所赞同，但是却影响他对别人的信任，对机构和社会组织或社会规则的信任，从而他自己也被迫选择了短期行为的行为方式作为应对策略。因此，社会心态表现的不仅是个体的社会心理，而且是某些群体甚至是整个社会的社会心理状态。但后者并不一定代表前者，它有可能与个体的社会心理相悖。社会心态的研究不同于民意调查之处在于，它要发现的并不是一个个个体的意见，而是通过了解一个个个体的意见，通过研究这些个体的意见整合起来以后对社会和个体产生哪些影响、怎样产生影响、为何产生影响、如何使其变化，从而说明社会心态的机制和作用。并且，通过这一研究，发展出对社会心态的测量、预测和干预等方法。严格说来，社会心态研究应纳入社会心理学的研究框架，由社会学家、政治学家、大众传播学家、舆论研究者和社会心理学家合作进行。

社会心态概念还常常与社会心理概念混用。这种混用的基础在于社会心理的宏观意味。作为社会心理学中最为宏观的概念，社会心理或社会心态无法采用属加种差的方法直接界定，因而，采用社会心理、社会心态、时代精神、社会心智等概念指涉的都是同一个内涵。由于社会心理常常与微观或中观的社会心理混淆，例如，个体的社会心理、群体的社会心理、人际的社会心理、群际的社会心理，使用社会心态将可以突出它作为特定概念的性质。

总之，社会心态作为一个社会心理事实，不仅是一个重大的理论课题，并且与处于转型时期中国社会的社会实践紧密相关。在从“群体与个体”的视角对其进行概念界定的基础上，还需要发展出可行的测量指标，并将社会心态作为影响变量、过程变量和结果变量来研究，从而完成描述、解释、预测和调控社会心态的目的。

参考文献

程利、王晓丹，2002，《略论心态史与中国近代社会研究》，《云南师范大学学报》第2期。

丁水木，1996，《社会心态研究的理论意义及其启示》，《上海社会科学院学术季刊》第1期。

冯伯麟，1995，《市场经济条件下的社会心态研究》，《社会学研究》第2期。

高云峰，2002，《社会转型时期社会心态的嬗变过程》，《辽宁师专学报》（社会科学版）第2期。

古斯塔夫·勒庞，2000/1895，《乌合之众》，冯克利译，中央编译出版社。

胡红生，2001，《试论社会心态调控的基本目标及其实现途径》，《甘肃理论学刊》第1期。

揭扬，1997，《转型期的社会心态问题及其有效疏导》，《中共浙江省委党校学报》第5期。

荆其诚主编，1991，《简明心理学百科全书》，湖南教育出版社。

李颖伯、王燕美，2001，《北京人的社会心态与首都经济》，《北京联合大学学报》第1期。

罗凤礼，1998，《历史与心灵——西方心理史学的理论与实践》，中央编译出版社。

潘菽，1983，《试论社会心理学》，《百科知识》第1期。

Pawlik，Kurt 等主编，2002/2000，《国际心理学手册》，张厚粲主译，华东师范大学出版社。

汝信主编，1988，《社会科学新辞典》，重庆出版社。

塞奇·莫斯科维奇，2003/1981，《群氓的时代》，许列民、薛丹云、李继红译，江苏人民出版社。

时蓉华主编，1988，《社会心理学词典》，四川人民出版社。

宋智勇，1997，《转型时期的社会心态分析》，《江西社会科学》第2期。

王章维、郭学旺，2000，《“大跃进”时期国人社会心态探析》，《新视野》第2期。

杨宜音，1998，《社会心理领域中的价值观研究》，《中国社会科学》第2期。

——，2001，《自己人：一项有关中国人关系分类的个案研究》，《本土心理学研究》总第13期。

杨中芳，1994，《中国人真是集体主义的吗？——试论中国文化的价值体系》，载杨国枢主编，《中国人的价值观——社会科学观点》，台北：桂冠图书公司。

张二芳，1996，《社会心态的研究及其意义》，《理论探索》第1期。

郑永华，2000，《辛亥时期会党社会心态之变化》，《清史研究》第1期。

Allport, G. W. 1985. "The Historical Background of Social Psychology." In G. Lindzey and E. Aronson (eds.). *The Handbook of Social Psychology* (3rd). New York: McGraw-Hill.

Beggan, J. K. and S. T. Allison. 1994. "Social Values." In Ramanchandran (ed.) *Encyclopedia of Human Behavior*. Vol. 4. New York: Academic Press.

Gilbert, Daniel T, Susan T. Fiske, Gardner Lindzey (eds.). 1998. *The Handbook of Social Psychology* (4th edition). Boston: McGraw-Hill.

Goerge, J. M. 1990. "Personal Affect, and Behavior in Groups." *Journal of Applied Psychology* 75.

Kelly, J. R. 2001. "Mood and Emotion in Group." In M. A. Hogg and R. S. Tindale (eds.) *Blackwell Handbook of Social Psychology: Group Processes*. Malden, M.: Blackwell Publishers.

McDougall, W. 1923. *Outline of Psychology*. New York: Scribner.

McIntosh, D. N., D. Druckman and R. B. Zajonc. 1994. "Socially Induced Affect." In D. Druckman and R. A. Bjork (eds.). *Learning, Remembering, Believing: Enhancing Human Performance*. Washington DC: National Academy Press.

Rei cher, S. 2001. "The Psychology of Crowd Dynami cs." In M. A. Hogg and R. S. Tindale (eds.) *Blackwell Handbook of Social Psychology: Group Processes*. Malden, M.: Blackwell Publishers Ltd.

Tajfel, H. 1978. *Differentiation between Social Groups*. London: Academic Press.

Taylor, S. E. 1998. "Social Being in Social Psychology." In Daniel T. Gilbert, Susan T. Fiske, Gardner Lindzey (eds.) *The Handbook of Social Psychology* (4th edition). Boston: McGraw-Hill.

Tumer, J. C., M. A. Hogg, P. J. Oakes, S. D. Reicher and M. S. Wetherell. 1987. *Rediscovering the Social Group: A Self-Categorization Theory*. Oxford: Basil Blackwell.

农村流动人口的“半城市化”问题研究[*][**]

王春光

摘　要：本文尝试用“半城市化”概念来分析农村流动人口在城市的社会融合问题。“半城市化”是一种介于回归农村与彻底城市化之间的状态，它表现为各系统之间的不衔接、社会生活和行动层面的不融合，以及在社会认同上的“内卷化”。由于系统、社会生活和行动、社会心理三个层面的相互强化，农村流动人口的“半城市化”出现长期化的变迁趋向，这是对中国社会发展提出的一个严峻挑战，对中国社会结构的转型和变迁是相当不利的。

关键词：半城市化　社会整合　嵌入　社会认同　系统

是否允许农村人口进城务工经商、是否走城市化道路这样一些问题，曾经困扰了中国几十年，进入 21 世纪后，似乎已经不再是问题了。然而，现在我们面对的挑战是如何让进城的农村流动人口融入城市社会。最近几年，社会各界都在为农民工问题而呼吁，政府也出台了一些旨在改善进城农村流动人口状况的政策，比如要求让他们的子女在城市与其他孩子享受同等的教育待遇，要求将他们纳入社会保障体系等等。这些政策以及一些相应的研究主要针对如何改善他们在城市的“暂居状态”，很少考虑到农村流动人口在城市的社会融合。然而现实中却出现了超出“暂居状态”，长期留居城市的变化趋势。因此需要从更远、更广的视野去研究和看待农民工在城市社会的生存现状。

* 本文是作者主持的中国社会科学院重点课题：“中国城镇社会流动与制度环境研究”的阶段性研究成果。对帮助过我以及对我的研究有启发的人表示由衷的感谢。

** 原文发表于《社会学研究》2006 年第 5 期。

一　研究视角和问题

经历20多年的经济快速发展，当前的中国社会却深陷法国社会学家涂尔干提出但没能解决的整合困境，即劳动分工导致的利益分化和冲突如何可以成为规范整合（normative integration）的基础（参见Gough and Olofsson，1999）。这在进城的农村流动人口身上表现得尤为明显：他们已经加入城市的劳动分工，承担着城市专业分工的一些重要功能，但是并没有自然地整合到城市社会中去。“分工绝对不会造成社会的肢解和崩溃，它的各个部分的功能都彼此充分地联系在一起，倾向于形成一种平衡，形成一种自我调节机制”（涂尔干，2005：193）。农村流动人口在城市找到了工作，也有钱可赚，但是，最近几年以来，他们的权益受损问题、子女得不到公平教育、受到社会歧视等等社会整合问题却越来越突出。

劳动分工，并不必然产生平衡机制，并不意味着达成社会整合。实际上涂尔干也意识到了这一点，而卡尔·波兰尼（Karl Polanyi）在其大转变理论中提出的嵌入（embedding）观点对此更具解释力。他说，人类历史经历的两大转变——即从传统社会（traditional society）向纯市场社会（pure market society）转变，再从纯市场社会向受规制的市场社会（regulated market society）转变——中，纯市场社会经历了脱离嵌入（disembedding）和嵌入（embedding）两个过程，而真正脱离嵌入的时间在整个人类历史上是很短暂的。在他看来，在大部分的历史时间中“不是经济嵌入在社会关系之中，就是社会关系嵌入在经济系统中”。纯市场的独立存在，势必会对社会系统乃至文化系统造成一定的破坏，损害社会整合和系统整合（Polanyi，1957）。也就是说，仅凭市场，不但解决不了社会整合问题，反而不利于社会整合。

从波兰尼的理论来看，改革开放使中国经历了从计划体制下分离和引入市场的“脱离嵌入”大转变，大大地加快了中国的经济发展。转变过程中，出现了部分市场处于长时间的“脱离嵌入”状态，没有与社会、制度乃至文化系统实现很好的衔接（或重新嵌入），从而带来许多社会整合问题。用这一观点来反观农村流动人口与城市社会的关系，就会发现：农村流动人口虽然进入城市社会，但他们主要还是在不太成熟的市场层面与城市发生联系，即使在市场层面，他们也只能在城市的“次级劳动力市场”实现就业，难以进入城市主流劳动力市场（李强，2005）。自20世纪80年代以来的20多年时间里，农村人口进城，一直被当作纯粹的就业者和劳动者，被局限在次级的劳动力市场，大多从事非正规就业，有限地参与城市的劳动分工，并没有与城市的社会、制度和文化系统实现有效的衔接，真正融入城市社会。我们将这种现象概括为“半城市化”。

当然，“半城市化”是相对于“城市化”而言的。从整合理论来看，城市化就是农村人口在城市的一种社会融合，按博兰尼的看法，是经济活动与社会、制度和文化的相互嵌入。也就是说，城市化包含三层含义：一是系统层面的整合，即经济系统、社会系统、文化系统及制度系统四者相互衔接，而不是脱节的，农村流动人口仅仅从经济系统上被接纳，在其他系统中却受到排斥，不能说是实现了城市化；二是社会层面的整合，即农村流动人口在行动、生活方式等方面与城市居民不存在明显区隔；三是从心理上认同城市社会，对城市有着归属感。由此观之，“半城市化”并没有在三个层面上实现完全的“嵌入”：农村流动人口虽然进入城市，也找到了工作，但是没有融入城市的社会、制度和文化系统，在城市的生活、行动得不到有效的支持，在心理上产生一种疏远乃至不认同的感受，处在“半城市化”状态。①

以往在讨论城市化的时候，往往缺少对“城市化不彻底”的概括和分析。“半城市化”概念的提出，从社会整合层面弥补了城市化研究的不足。具体来说，这个概念有三层含义：第一层含义是系统之间的不整合，即城市各个系统之间相互不衔接和不整合，在中国主要表现为市场系统与社会、体制和文化之间的不整合；第二层含义是社会不融合，表现为不同城市人群在生活、行动等实践层面之间相互不融洽、隔绝和排斥等；第三层

① 我对“半城市化”的使用，深受美国学者P. H. 廖塔、詹姆斯·米斯克尔的启发，他们指出，“半城市化的各种背井离乡的人口也有可能形成其他一些黑暗地带。现在有数千万的难民生活在约旦河西岸和加沙、苏丹以及非洲大湖地区的半永久性的营地里。这些人口密集的名副其实的贫民窟（那里的生活没有机会，没有希望）会自行演变成类国家，成为动荡的沃土”（廖塔、米斯克尔，2004）。他们所说的“半城市化”包含这样三层意思：第一，流入城市的是那些难民，他们根本没有生活机会和希望；第二，他们会在城市中长期生活下去；第三，他们生活在城市贫民窟，那里成了社会动荡的沃土和类国家（即暴力滥用）。但是，本文使用的“半城市化”是基于社会整合理论，在含义上与此有很大的不同。

含义表现在心理上的排斥、歧视和不认同。这三层含义是紧密相关、相互作用的，系统间的不整合导致社会的不融合和心理的不认同，而后两者反过来也会成为系统不整合的根据或借口，从而强化系统的不整合问题。由此可见，“半城市化”这一概念也就是指农村流动人口处在系统整合与社会融合和社会认同之间一种负面的双向互动关系的状态，即系统的不整合对社会融合和社会认同的负面影响以及后两者对前者的强化。

与城市化相比，“半城市化”的关键就在“半”上，形象地看，犹如一个人一只脚已经跨进门槛，另一只脚还在门外一样，是一种分离的现象。农村流动人口的“半城市化”就在于，他们虽然进入了城市，在城市找到了工作，也生活在城市，但是，问题在于，城市只把他们当作经济活动者，仅仅将他们限制在边缘的经济领域中，没有把他们当作具有市民或公民身份的主体，从体制上没有赋予其基本的权益，在生活和社会行动层面将其排斥在城市的主流生活、交往圈和文化活动之外，在社会认同上对他们进行有意无意地贬损甚至妖魔化。按波兰尼的整合理论，农村流动人口的“半城市化”就体现在体制、社会生活行动和社会心理三个层面上的不整合。

二　农村流动人口“半城市化”的社会具象

从上述三个层面进一步透视和分析农村流动人口的“半城市化”具象，可以看出以下几个方面的问题。在系统层面上，由于没有社会系统、制度系统和文化系统的配套改革，导致农村流动人口在城市社会不能享受完整的市民权利，他们不能与城市居民“同工同酬、同工同时、同工同权”（陆学艺，2005），权利配置错位且不完整。在经济活动上，农村流动人口只能从事非正规就业，并且没有被赋予组织权、社会保障权、发展权（比如受培训、受教育等）等，他们的发展能力以及向上流动的机会也就受到了限制，甚至随着时间的流逝而不断地弱化和减少。在城市的社会生活行动层面上，他们不能进入城市主流社会，只能生活在城市的边缘地带，与城市居民形成了明显的隔离，难以建立交往纽带。由于缺乏与城市居民的交往和理解，享受不到基本的市民权，于是，他们在城市社会中失去了话语权，经常遭到城市社会的歧视和妖魔化，成为城市社会问题的替罪羊和首选的排斥对象。在社会心理层面上，由于不被城市居民所接纳和认可，反过来也导致了他们对城市社会的复杂情结，逐渐地转向对内群体的认同，寻找内群体的情感支持和社会支持。下面从三个方面揭示这种“半城市化”的社会具象。

（一）非正规就业和发展能力的弱化

就业非正规化是系统不整合的综合体现。按国际劳工局的定义，就业非正规化是指所从事的劳动“得不到公共当局的承认、记载、保护或管理”，因此经常被剥夺了七种基本保障：劳动力市场保障、就业保障、工作保障、生产保障、技能更新保障、收入保障和代表性保障（国际劳工组织，1972）。虽然在政策文件和法律中也有保障农村流动人口的基本就业权利的规定，但是在实践层面上，他们的就业权利很不令人乐观，因为城市各个系统之间存在着严重的错位。

农村流动人口是当今中国城市社会中最大的非正规就业群体。有统计表明，在中国城市，2000 年有 1.2251 亿非正规就业人员，其中 1.134 亿是从农村劳动力转移过来的。从城乡分布来看，城镇非正规就业人员占多数，达 7046 万，其中农村转移劳动力达 6135 万（转引自王萍，2004）。与其他非正规就业者相比，农村流动人口有如下特点：得不到法律和制度的有效保护，经常受到市政管理部门的清理和追赶；报酬低，是城市社会的“工作中的贫穷者”；工作环境恶劣，工作时间长，劳动强度大，得不到正常的休息保证，更享受不到法定的节假日休息权利；就业不稳定，缺乏职业经历累计和晋升的保证机制。

非正规就业将农村流动人口锁定在单纯的劳动力上，没有给予同等的其他权益和发展机会，比如教育和培训机会、晋升机会、社会保障权益等。机会的欠缺和不公正，显然不利于农村流动人口在城市的发展。随着时间的推移，中国农村流动人口处在被市场和再分配权力双重弱化的处境：一方面随着产业结构的调整和升级，随着城市生活水平的提高，他们越来越弱势化；另一方面由于受利益结构刚性化的影响，再加上农村流动人口缺少发言权和影响力，因此，再分配体系难以出现向农村流动人口倾斜的调整和改革，使得他们缺少公共服务和社会支撑系统的保障。最能说明问题的是教育系统。

一个公正的教育体制是让所有人享有均等的机会，在这样的体制中农村流动人口的后代可能获得比他们自己更强的发展能力，而不是相反。尽管最近几年政府试图改变农村流动人口子女受教育的不平等状态，但是效果很不理想。比如各地政府不再允许公立学校向外来人口子女收取赞助费，但各种变相的收费仍然层出不穷；在公立学校上学的成本（包括生活成本）太高，使得农村流动人口难以承受；还有不少学校拒绝接纳农村流动人口子女入学；公立学校对农村来的孩子存在严重的歧视；他们中的不少人不能持续而稳定地在城市上学，到了上初中的时候，因为受升学的学籍限制，父母不得不把他们送回农村上学，断断续续的教育不利于他们学习成绩的提高；等等。所有这些因素严重地损害了农村流动人口子女的受教育权益和机会，他们中的不少人对学习失去了兴趣，甚至产生厌学情绪；老师也对他们失去了信心和耐心，甚至表现出非常歧视的态度。

> 一些进入公办学校的孩子已经因为忍受不了歧视而离开。北京一家媒体记录了这样一个女孩 8 岁时离开公立学校的故事：“课间操的时候，我头晕，就回到教室，他们（本地孩子）回来就说丢了一支笔。非说是我偷的。我特别难受。跟谁都没说，压在心里。我就让爸爸把我调到这个打工子弟学校来了。”

> 曼曼现在在附近的公立燕子矶小学上学，学校给免了赞助费，赞助费本来要交 1000 块。她只上了两个月学前班就上一年级了，老师问她懂不懂，她就点头。“在家里，我们都说‘会不会’。她不知道‘懂’的意思呢。”母亲说。曼曼的两个眼圈总是黑的。她每天晚上做作业最早要做到 9 点钟，最晚要熬到 12 点。因为父母只读过一年级，基本不怎么认字。没人教她，她一个人蹲在那琢磨半天。“作业做不完，老师要凶的”。有两回，曼曼都湿着裤子回家，“作业做不出紧张得尿身上了。”母亲发现几次曼曼放学带回来的都是冷饭，问她怎么回事？她说：“老师说做不完作业不准吃饭，我老做不完，就只好把饭盒放在书包里。”“我和另外一个孩子是班上最笨的孩子。第一次考试只考了 4 分。”曼曼说：“为什么别人家的孩子都有父母教呢？”①

---

① 以上两则故事都摘自 2004 年 12 月 2 日《南方周末》有关“民工第二代”的报道。这两则故事很能说明相当多的农村流动人口子女在城市的受教育状况。

显然，在城市，农村流动人口本身就是弱势人群，他们的子女在教育机会上没有享受平等的待遇，加上社会的歧视和家庭教育的缺失，农村流动人口子女并没有因为教育而改变其父母带给他们的弱势地位，相反，父母的弱势地位反而通过各种机制传递给他们，使他们不能增强在城市社会的生存和发展能力。

（二）居住边缘化和生活“孤岛化”

只允许农村人口进城工作，而没有从其他体制上接纳他们，或者说没有让就业体制嵌入到其他体制中去，其结果是，农村流动人口不能获得稳定的就业和收入来源，没有能力租住或购买体面的住房，导致居住的边缘化和生活的“孤岛化”。

居住条件在一定程度上反映个人及家庭的社会地位，中国许多城市放开户籍吸纳外来人口的一个重要前提就是固定的居住条件。国际上对城市移民居住条件的比较研究表明，农村向城市移民，在居住上经历了逐步融入的过程：第一步并不是直接拥有自己的房子，而是先租房子住，一般租住在城市中心贫民区，然后随着收入水平的提高，离开贫民区，在城市边缘地带修建简陋棚户，逐渐将其改造为更加坚固的房屋。①

目前中国城市的农村流动人口大多停留在租房子阶段，他们在城市基本上采用三种居住形式，即租简易房子，自搭棚屋，住在雇主提供的房子。从区域来看，他们大多居住在城乡接合部的“城中村”。虽说现在还不能用“贫民窟”来描述中国农村流动人口在城市的居住条件，但至少可以说他们的居住条件是非常“边缘化”的，表现为两方面：第一，他们是城市低租金、非正式的房屋租赁市场的最大主顾；第二，居住在城市最简陋、环境最恶劣、区位最差的房子里。

受收入低的限制，农村流动人口能承受的房屋租金大多在500元以下，有不少人集体租房子住，每个房间月租100多元。他们中只有少数人能承受得起一个人居住或一家人居住的房租负担，但租金也不会很高。由于就业和生活不稳定，他们不讲究在城市的居住条件，只要能避风躲雨就可以了，不会奢望有空调或取暖设备、洗澡设施，也不计较室内有没有卫生设

① 参见John F. C. Turner的研究，转引自吴维平、王汉生，2002。

施等。城中村的房子最适合农村流动人口的需要，也有利于他们的社会交往。据深圳市有关部门估计，深圳当前950万外来人口，大约有700万居住在城中村。一个只有400户、2000多原村民的城中村，吸纳了8万多外来人口，是原村民的40倍之多。深圳布吉镇本地人口只有7.5万，外来人口多达100万，后者是前者的13.3倍，其中大多居住在城中村。① 成都市作为西部地区的一个省城，也有不少城中村，其中大部分集聚了比本地人口多很多的外来人口。成都市有关部门介绍说，成都市包括成华区青龙厂、站北路、五块石、洞之口、肖家村等15个辖区，现在已经成为外来人口居住区。有不少地区外来人口超过本地人口，有的地区几乎每家每户修房屋出租，成为当地一大产业。②

还有不少农村流动人口住在单位提供的厂房或工棚里，条件大多比自己租的房子还差，十多人乃至几十个人拥挤在有限的空间里，过着“集中营”式的生活。特别是在一些建筑工地，农民工住在临时搭建的棚屋，冬冷夏热，没有厕所，没有可供洗澡的地方，工人就在露天下沐浴，特别是在寒冷的冬天，洗澡成为大问题，一些农民工反映说，他们根本不敢洗澡。到了夏天，屋内温度比屋外更高，晚上，他们宁可坐在屋外乘凉，也不愿回到屋内忍受高温煎熬。居住条件更糟糕的是一些进城捡垃圾的农村流动人口，他们根本不去租房子，而是在城郊空旷地带，或者在某个树林里，用捡来的塑料布、破旧的门板、塑料泡沫、纸板箱搭个棚屋，到公共自来水龙头那里挑水喝。笔者在深圳调查时，曾看到来自河南、安徽等地50多户拾荒者居住在一片废弃的荒地上，污水横流，蚊子苍蝇满天飞舞，这是居住在深圳这个现代化大都市的人所无法想象得到的。

居住在与城市隔离的“孤岛”之中，使农村流动人口的生活状况表现为非正常化、隔离化和村落化三个方面。

所谓非正常化，是指他们的生活不稳定、不完整，他们中的不少人过着单身生活，生活在同性别的人群中，接触不到异性朋友。已婚者没办法过上家庭生活，性需求难以得到满足。有的是与子女长期分离，子女在农村靠老人照看，缺乏父母的正常呵护和监督，从而产生各种社会化问题。

① 2004年笔者对深圳的调查。

② 2003年6月，笔者对成都某派出所的调查。

所谓隔离化，是指农村流动人口只生活在他们自己的圈子中和有限的空间里，在生活和社会交往上与城市居民和城市社会没有联系，更不能分享日趋丰富的城市公共生活。

> 对我来说，交通费很少，因为我很少出去。超市我从来也没进去过，买不起，进去干什么……农村人在大城市不可能长期呆得住的，房租高、收入低，孩子上学、赡养老人都是问题，在农村要是实在过不下，去了大队和乡里乡亲的，总会接济补助些，不会让我们饿死也不管，在这里生活可没人管我们的死活。北京人对外地人“干什么都不一样”，租房子要看外地人老实不老实，要是在这一带呆时间长了，人家熟悉你，还好些。要是刚来的生人，北京人总是怀疑小心提防。在背后打听情况，打听清楚了才肯把房子租给咱。（笔者2003年6月做的访谈，访谈对象来自河南农村，在北京摆早点摊）

农村流动人口在城市生活的隔离化还表现为缺少公共生活空间，他们或者没有时间享受公共空间，或者没有能力去享受，或者没有胆量去享受。我们在北京接触到一些农村流动人口，他们说自己没有去过故宫、颐和园、圆明园和长城等景点。大多是由于没有经济条件，买不起门票（或者舍不得买），有的是担心跑到公共场所会被警察抓走，乃至收容遣送回家（2004年国家取消了收容遣送制度，他们就少了这方面的担心）。一个在北京工作了6年的农民工没有去过天安门，他告诉我们说，他怕到一些有名的公共场所惹麻烦。他们很少去电影院看电影，因为电影票太贵了，看一场电影少则20元，不少农村流动人口一天的工资收入也就20元。

由于与城市社会相隔离，只生活在自己的群体当中，农村流动人口过着与其在家乡村庄相似的“村落化”的生活。表现为：第一，他们的交往圈局限于自己的内群体，缺少与外群体的交往；第二，他们居住在一起，形成农村流动人口聚落。

他们的内群体不仅仅指他们的家人、同乡，还包括跟他们一样的所有农村流动人口。他们的交往圈基本上是根据这样的逻辑展开的：亲人（血缘和姻缘）—朋友（情缘）—村里人（地缘和业缘）—同一个乡镇（地缘和业缘）—同一个县（地缘和业缘）—同一个地区（地缘和业缘）—

同一个省（地缘和业缘）—农村流动人口（身份和业缘）。最大的边界是农村流动人口。左右他们交往的原则是血缘、地缘、业缘和社会身份，这为他们构建了在城市生存的社会支撑体系。如北京的“河南村”“浙江村”“新疆村”，深圳的湖南平江村，广州的新疆村等。2003 年我们根据深圳一个管理着 15000 多外来人口聚落的管理处的名册，做抽样分析，发现这个村落集聚的外来人口主要来自江西省新余、樟树等地和广东省粤东一带农村（分别占 33.33% 和 32.94%），超过当地流动人口的一半。

农村流动人口在城市的聚居，表现出以地域为范围的村落生活模式。生活的“村落化”，一方面说明城市社会对他们的排挤，另一方面也使他们能够化解由于城市的排挤带给他们的各种困难，由此形成了与城市社会很不相同的生活方式、行为方式和文化氛围。

（三）社会认同的“内卷化”

城市社会的“妖魔化”贬损，从社会心理层面将农村流动人口推向从内部寻找支持，我们称之为社会认同的“内卷化”。社会舆论的“妖魔化”和社会认同的“内卷化”，使得农村流动人口在感情上与城市社会产生距离，从而影响他们与城市居民的交往，产生各种各样的紧张、矛盾和冲突，反过来进一步强化他们与城市的不融合。

农村流动人口之所以难以进入城市居民的生活圈子，除了与他们的居住边缘化和经济收入低密切相关外，还有一个重要原因是城市社会对他们的“妖魔化”的社会排斥。比如“盲流”“打工仔”“打工妹”。歧视性的称呼折射出城市对农村流动人口的排斥心态，最初是绝对排斥，现在则陷入了两难困境：一方面城市已经离不开农村流动人口的工作和劳动，另一方面又不希望他们长期待在城市，仍然以居高临下乃至鄙视的目光看待他们，甚至将他们“妖魔化”，从而为排斥他们寻找合理的借口。近年，深圳的一位专家竟然对媒体说，“是外来人口尤其是素质低的农民工延缓了深圳的现代化进程”（转引自艾君，2004）。当然这一观点遭到很多人的批判，连这个专家本人也出面说媒体曲解了他的意思，但是却不可因此而误以为只有个别人歧视外来人口，不少人口头上并未显示对外来人口的歧视，但在心里、在日常生活的具体行动中仍然会表露出对农村流动人口的污名化、“妖魔化”倾向。

“妖魔化”的社会排斥和与城市隔绝的生活状态显然会影响农村流动人口对城市社会的看法。一方面城市的繁荣和更多的赚钱机会，吸引着农村流动人口，他们逐渐失去了对乡土社会的认同；另一方面城市的排斥也使他们没能生发出对城市的归属感。因此，他们中的不少人开始转向在本群体内部寻找认同，笔者称之为认同的内卷化。内卷化最早是由美国人类学家戈登威泽（Alexander Goldenweiser）提出来的，后来另一个美国人类学家格尔兹（Clifford Geertze）在研究印度尼西亚农业变迁时引用这个概念来解释他遇到的情形。尽管不同学者对内卷化有不尽相同的解读，但是基本上还是保留着这个概念的核心含义：即在外部扩张和变化被锁定和约束的情况下转向内部的精细化发展过程（转引自刘世定、邱泽奇，2004）。本文借用内卷化的一个基本含义：在不能向外部转变和扩张的情况下只能转向内部的变动。

农村流动人口的社会认同内卷化包含这样几层含义。第一，对城市社会不认可，或者不被城市社会所认可。更多的情况是他们不被城市认可。第二，对农村社会逐渐失去了认可或者不被认可。在这一点上，更多的是他们不认可农村社会。第三，逐渐转向对自己群体的认可，或被自己群体所认可，在这点上认可与被认可同时存在。当然，这里只是说，随着在城市的时间越来越长，随着更多年轻人的加入，农村流动人口在社会认同上已经呈现内卷化的趋势，但是还没有定型，这是一个正在进行中的过程。

城市的社会排斥是造成农村流动人口不能认同城市社会的主要原因。社会歧视、制度限制、就业非正规化、居住边缘化等等，都构成了对农村流动人口的社会排斥，使他们难以认可城市社会。

马某某来自江苏农村，比其他农村流动人口幸运的是她嫁给了北京人，老公在某出版社工作，有稳定的收入，婆婆和公公也没有歧视她，但是她碰到的问题是，周围的人特别是丈夫的北京亲戚看不起她，她说：

> 我是打工妹中处境最好的，但也深受城市居民的歧视和侮辱。我所在的单位老板经常说我们是民工，没有资格和条件跟他们拿一样多的工资，我们似乎理所当然处于低等的社会地位。在家里，婆婆和公公对我很好，没有什么抱怨和看不起，但我的小姑子、我丈夫的表叔甚至一些朋友都看不起我，在他们看来，我嫁给北京丈夫，好像好处

很多，似乎占了天大的便宜。(笔者 2003 年 6 月访谈)

按道理来说，马某某在经济、生活方面已经融入城市社会了，但是仍因为来自农村、没有稳定的职业，被城市社会所排斥。

来自城市社会的排斥，对农村流动人口的孩子们的影响比大人更甚，他们对城市社会有许多不适、不满和不认可。许多农村流动人口的孩子面临着与城市孩子无法整合的困难，他们不能形成相互的认可，正如北京一位打工子弟学校校长对我们所说的：“外来打工子弟与城市孩子不好整合，他们的经济条件、生活习惯、学习基础、语言以及地域情结等都不一样，正如水与油一样，不相容。外来子弟在公办学校，就有被歧视的感觉，心理比较脆弱，或者自卑，或者逆反，心理障碍导致他们不适应公办学校”(笔者对北京市海淀区某民工子弟学校访谈，2003 年 5 月)。前几年的研究表明，只有 8.3% 的农村流动人口对城市社会有“家”的感觉，其他则或是没有“家”的感觉，或说不清楚，或没有答案（王春光，2001)。

对农村的许多方面的不喜欢、不认可，也是目前农村流动人口社会认同内卷化的另一个驱动因素。不少年轻的农村流动人口对农村社会也逐渐地疏远，逐渐地不喜欢农村社会。一位年轻的农村流动人员对我们说，他很不喜欢回家过年，在家乡根本没办法待下去。为什么呢？他说，村里到处都很脏，上个厕所也不方便，更主要的是，没有朋友可玩，也没有电视可看。所以，有一年他在农历年三十回乡，过了正月初三，就迫不及待地回到北京（笔者 2004 年 5 月在北京丰台区访谈)。当然，有这样想法的人还是少数，但是，有越来越多的新生代农村流动人口并不把回到农村作为自己的未来选择（王春光，2001)。

在对农村社会的认同减弱、而对城市社会还没有形成认同的情况下，农村流动人口出现了内部认同的趋势：他们寻求对自己内群体的认同，表现为对内群体的身份认同、情感认同和生活认同。

在身份上，他们中有一些人既不认为自己是农民，又不认为自己与城市居民相同，也有一些人觉得自己既是农民又是城市居民，带有双重身份，当然还有人认为自己就是农民而不是城市居民。我们的调查发现，第一和第二种情况在增加，而第三种情况在减少。第一和第二种情况都表明对乡村的认同在弱化而对城市缺少认同实际状况。拿第二种情况来说，他们很想成为城市居民，但又面临着许多困难，这是一种对现实无奈的理性认识，渐渐地他们也会失去了对城市和农村的认同，去寻找内群体的认同。

内群体认同的另一个功能就是寻找情感上的安慰和交流。农村人口进城务工，基本上生活在自己的圈子内，靠内群体人员之间的交流来驱散在城市社会的孤寂，也确立了彼此之间的认同。深圳的一个调查对象对我们这样说：

> 到了深圳，有失也有得。像我这样大龄未婚、来自农村的女青年很多，我认识的就不少。这就是代价。为什么会这样呢？我觉得现在谈恋爱，太实际了，不注重感情，我接受不了。我不想去婚姻介绍所，那里更注重实际，不会有什么结果。我不想将就结婚。现在我交往的圈子很小，不是老乡就是同事之间，晚上基本上躲在家里看电视，从头到尾看到睡觉。（深圳，2003 年 4 月）

农村流动人口在异地他乡，最重要的生活内容就是跟老乡交往，在与城市居民隔离状态下形成的内群体认同成了他们生活的重要支撑。他们并不认可这种漂泊的生活，但是也没有办法改变这种生活。他们也并不是很悲观。在拾荒者集聚区，一位安徽来深圳的农村流动人员对我们说："苦一点没事，有钱赚就可以了。我们捡垃圾的，住在一起，彼此关系很好，没有为捡垃圾争吵过、打架，经常互相帮忙"（深圳访谈，2003 年 4 月）。虽然在城市捡垃圾是最差的职业，一天的收入非常低（每天赚 40 到 50 元），住得很差，吃得很差，但是他们的精神状态很不错，很乐观，也很愿意跟我们谈，而且个个显得很友善。他们不会为蝇头小利而争，对自己的内部生活有着很强的认可，特别是相互之间的帮助，更是他们在城市生活的基础所在。

三　进一步的讨论

显然，"半城市化"问题已经呈现在我们面前，呈现出复杂性和多样性，涉及社会、经济、体制、社会认同等多个层面。"半城市化"实际上就是一种结构性问题，是农村人口向非农、城市化转变过程中出现的结构性现象。现在的问题是，如此众多的农村流动人口生活、工作在城市，与城市社会难以实现融合，为什么还没有出现像斯科尔所说的那样“会自行演变成类国家，成为动荡的沃土”呢？是否在将来会出现呢？半城市化会不会成为一个难以化解的问题呢？这些都是摆在我们面前需要认真研究和思考的问题。

从历史演变的角度来看，几乎在所有国家的工业化、城市化过程中，或多或少都曾出现过“半城市化”现象，主要是因为农村流动人口不论在劳动技能及相关的收入上，还是在生活方式和习惯上，都不能马上与城市社会相适应、相融合。从这个意义来说，“半城市化”几乎是普遍的现象。纵观发达国家的历史，会发现，虽然不少刚从农村进入城市的人口不论在就业还是在居住、生活、社会认同上都会碰到当前中国农村流动人口所碰到的问题，但是，他们却没有遇到像中国这样的体制隔离问题。相反，发达国家不断出台一些社会福利、社会保障政策，旨在帮助这些处于“半城市化”的人口早日融入城市社会。如在日本，20 世纪 60 年代政府出台廉租房政策，就是要解决这些“半城市化”人口的居住问题。经过第一代农村移民的“半城市化”，他们的子女由于享受到与城市其他居民孩子的同等待遇，所以很快就融入城市社会，从而消解了第一代的“半城市化”问题，使得“半城市化”问题没有在第二代身上延续。从这里可以看出，发达国家的“半城市化”主要发生在社会生活、行动和认同层面，而在体制层面基本上不存在障碍和不整合。相比而言，正如上面指出过的，目前中国农村流动人口的“半城市化”问题不仅体现在社会生活、行动和认同层面，而且更明显地体现在体制层面，是后者的不整合导致前者的不整合。所以，从这个意义来看，中国的“半城市化”问题更严重。

但是，与许多发展中国家相比，中国目前存在一些相对有利条件：经济保持快速发展，农村仍具有一定的土地保障条件，与过去相比具有向上流动的可能性，这都使得“半城市化”问题没有像在发展中国家那么“激化”的表现。在过去的 20 多年时间内，中国经济的快速发展，为农村人口向非农和城市流动提供了大量机会，使他们得到比在农村务农高得多的收入，特别是进城务工经商者，不仅获得较高的收入，还能享受到城市的进步和文明，在一定程度上改善了他们的职业地位和经济地位，表现出一定向上流动的可能。与此同时，他们在农村多多少少还有一些农地作为生活的最基本保障，降低了向非农、城市流动带来的生活风险。同时，由于城市快速发展而不断占地，在政府的强力推动下，农村流动人口不断地被驱散，不断地在流动，难以在城市某些地区长期聚集，没有形成像发展中国家那样的“类国家”社区。

但是，随着时间的推移，这样的有利条件正在不断消失，农村流动人口在流动中获得的结构性比较优势也在不断流失。首先，新生代农村流动人口和第二代农村流动人口在壮大，逐渐地取代第一代农村流动人口。与第一代农村流动人口相比，他们对社会越来越不认同，既不愿返回农村，又难以融入城市；他们对不公平现状有更多的感受和意识，对他们的边缘化地位越来越敏感，他们的相对剥夺感在增加，在行动上表现出越来越多的对抗性和报复性。其次，失地、无地农民大量涌现，加入农村流动人口行列，农村的土地保障对他们来说没有了意义，这使得他们失去了多种选择。

当然，最大的问题是制度改革满足不了农村流动人口在城市的社会整合之要求。长期性的制度不整合，将会使“半城市化”成为一种坚固的结构性现象，而且会“不断复制”。最近几年，国家试图从制度和政策上进行改革和调整，消除对农村流动人口的歧视性和不公平对待，但是，由于牵涉到地方利益、群体利益的调整，因此遭遇重重阻碍，连酝酿近10年的全国性户籍制度改革也遭遇挫折，迟迟不能出台，一些省市在短暂地取消暂住证后又恢复了这项制度。制度和系统层面如此长期的不整合（system disintegration），透过社会行动和心理认识，使得农村流动人口的“半城市化”在许多方面表现出趋于结构化、长期化和永久化的特征，不少农村流动人口失去了完全融入城市社会的能力。比如，在长时间的非正规就业状态中，农村流动人口享受不到城市社会保障，致使他们难以在城市长期生活下去；由于享受不到晋升的权利，他们在工作技能上得不到快速提高，从而限制了他们适应城市产业结构的变迁等；他们的子女不能享受到与城市孩子同等的教育权利，从而损害到他们今后参与高考竞争的能力，更损害到他们实现向上流动的能力；等等。反过来，农村流动人口在社会行动和心理认识层面上的这种结构性的“半城市化”，又在强化着城市的制度性调整和系统性整合。由此可见，有越来越多的因素综合地阻碍着农村流动人口的“半城市化”向城市化转变。这是中国社会发展面临的最大挑战之一。

当然，中国对解决这个问题还有一定的结构转型性优势：中国还处在社会转型之中，社会结构还有一定的弹性，按波兰尼的观点，中国经历了市场化的“脱离嵌入”这个大转变，接下去应该是迈向市场“重新嵌入”其他社会系统的另一个大转变。因此，现在到了全面调整城乡关系、迈向城乡一体化的制度和系统重构与整合阶段。只有在这样的大背景中才能有效地解决农村流动人口的“半城市化”问题。

参考文献

艾君，2004，《对外来人口，政府不仅需要观念的改变》，《新京报》11 月 27 日。

白南生、宋洪远等，2002，《回乡还是进城？中国农村外出劳动力回流研究》，中国财政经济出版社。

国际劳工组织（ILO），1972，《就业、收入和平等：肯尼亚提高生产型就业的战略》，日内瓦。

蓝宇蕴，2005，《都市里的村庄》，三联书店。

刘世定、邱泽奇，2004，《“内卷化”概念辨析》，《社会学研究》第 5 期。

陆学艺，2005，《“三农”新论》，社会科学文献出版社。

陆学艺主编，2004，《当代中国社会流动》，社会科学文献出版社。

李培林，2004，《村落的终结》，商务印书馆。

李培林主编，2003，《农民工：中国进城农民工的经济社会分析》，社会科学文献出版社。

李强，2005，《农民工与中国社会分层》，社会科学文献出版社。

P. H. 廖塔、詹姆斯·米斯克尔，2004，《一张地球反射地图带来的新思考》，《参考消息》6 月 27 日。

史柏年等，2005，《城市边缘人》，社会科学文献出版社。

苏国勋、刘小枫主编，2005，《社会理论的开端和终结（Ⅰ）》，华东师范大学出版社。

涂尔干，2005，《〈社会分工论〉第二版序言》，渠东译，载苏国勋、刘小枫主编《社会理论的开端和终结》，上海师范大学出版社。

王春光，1995，《社会流动和社会重构》，浙江人民出版社。

——，2000，《巴黎的温州人》，江西人民出版社。

——，2001，《新生代农村流动人口的社会认同与城乡融合的关系》，《社会学研究》第 3 期。

《王萍委员：解决城市非正规就业的政策主张》，2004 年 3 月 8 日，中国网。

吴维平、王汉生，2002，《寄居大都市：京沪两地流动人口住房现状分析》，《社会学研究》第 3 期。

吴忠民，2004，《社会公正论》，山东人民出版社。

余德鹏，2002，《城乡社会：从隔离走向开放》，山东人民出版社。

Gough，Ian and Gunnar Olofsson（eds.）. 1999. *Capitalism and Social Cohesion*. London：Macmillan Press.

Polanyi，Karl. 1957. *The Great Transformation The Political and Economic Origins of Our Time*. Boston：Beacon Press.

流动人口地位获得的非制度途径*

——流动劳动力与非流动劳动力之比较

李春玲

摘　要： 本文通过比较流动劳动力与非流动劳动力的职业地位获得和经济地位获得的异同，试图考查户籍制度作为一个制度分割机制，如何对社会流动产生影响。通过对全国抽样调查数据的分析，本文最终获得的结论是，三重制度分割——二元社会结构、二元经济结构和二元劳动力市场结构——使流动人口劳动力被隔离在特定的社会和经济空间之内，而正式制度对这个空间领域的控制和影响较弱。这就导致了流动人口的极其特殊的社会经济分层形态和社会经济地位获得模式，它也迫使流动人口沿着特殊的流动路径并遵循着非正式的规则来实现上升社会流动，这些特殊的路径和非正式规则构成了一种社会经济地位获得的非制度模式。

关键词： 流动人口　地位获得　户口制度

户籍制度是当前中国社会的一项重要的制度安排，长期以来，这项制度一直制约着中国的人口流动。不过，自经济改革以来，户籍制度受到了极大的冲击，大规模的城乡人口流动促使这项制度不断地松动，就目前来说，户籍制度已不再是人口地域流动的最主要的障碍，它对劳动力流动的制约作用似乎也在减弱。然而，户籍制度对于社会流动的影响仍然显示出持续的效应，它导致了流动劳动力（非本地户口的劳动力）与非流动劳动力（本地户口的劳动力）的社会经济地位获得模式和过程有着极大的不同。本文通过比较流动劳动力与非流动劳动力的职业地位获得和经济地位获得的异同，试图考查户籍制度作为一个制度分割机制，如何对社会流动产生影响。

---

* 原文发表于《社会学研究》2006 年第 5 期。

一 研究背景和研究主题：市场分割与流动路径

已有的中国流动人口研究文献资料已注意到，流动人口的职业流动和社会流动具有一些特殊性。如一些研究者发现，流动人口出现了职业和社会地位的分层现象（“农村劳动力流动的组织化特征课题组”，1997）；有的把流动人口就业人员区分为四大类：雇佣就业者、自营就业者、管理者和游民（王汉生等，1997）；又有研究者发现，流动劳动力有着特殊的职业流动模式。与城镇居民相比，流动农民前次职业的业绩不能积累、社会地位上升途径单一、各次工作机会获得的相关性很弱，因此再次职业流动后地位上升的较少，这使流动农民群体中的精英分子产生失范行为（李强，1999，2000；袁亚愚，1994）。尽管有这些发现，但多数研究者并未对此问题做进一步的探讨，研究者们通常更为关注的是社会网络对流动人口工作流动产生的作用，有学者认为，社会网络对流动人口工作流动的重要性要高于非流动人口（王奋宇、赵延东，2003）。

在社会流动研究领域，新结构主义和新制度主义成为最近10年来研究当代中国社会流动问题的主要理论取向。社会学家从制度经济学家（如：Piore，1975；Doeringer and Piore，1971；Averitt，1968；Smith，1990）那里吸收了“二元经济”（dual economy）、“市场分割”（market segmentation）和“内部劳动力市场”（internal labor market）等概念并加以重构，用以社会分层的结构分析。他们认为，社会分层系统是由不同的、作用大小不一的分层过程所组成，而不是一个适用于全社会范围的单一过程，因为市场是被各种制度规则所分割的。在不同的工业部门和企业机构中，存在着不同的就业类型、不平等的收入和福利待遇以及不同的职业提升阶梯，有着同样特征的个人，如同样的受教育水平、训练资历、心理素质、工作努力程度等，在不同的部门和机构中往往获得不同程度的奖酬回报，这就是由结构分割因素造成的。这类研究证实，妇女和少数民族的劣势地位不仅是由于他们缺乏人力资本投资，而且也是由于他们进入的是二级劳动力市场（secondary labor markets）。二级劳动力市场与一级劳动力市场或内部劳动力市场（first labor market or internal labor market）的流动规则不同，在二级劳动力市场就业的人工资收入较低而且也没有职位晋升机会

（参见李春玲，1997）。中国的社会学家也尝试采用这些理论来解释近20年来的中国社会分层和流动的变化，但很少有学者采用这些理论来系统分析流动人口的社会经济地位获得过程。

采用西方学者提出的市场分割理论来解释中国社会的实际情况也遇到一些问题。与西方市场经济社会的市场分割相比，当前中国社会的市场分割似乎更为复杂。在西方市场经济社会，二元经济划分出两个不同的劳动力市场：一级劳动力市场和二级劳动力市场。处于不同劳动力市场中的就业人员享有不同的工资水平、福利待遇和晋升机会。然而，在当前的中国社会，却有多重的分割机制导致了多元的分割格局。目前来看，至少存在着三种分割机制导致了市场的分割：二元的社会结构、二元的经济结构和二元的劳动力市场结构。二元社会结构是指城乡分离和地区隔离的分割体系，这种二元结构导致了具有本地户口的劳动力与非本地户口的劳动力之间的分割；二元经济结构是指体制内外或公有制与非公有制之间的分割体系，它导致了体制内或公有部门、国有部门的就业者与体制外或非公有部门的就业者之间的分割；二元劳动力市场结构是指（专业性）人才市场与（非技术性、体力）劳动力市场之间的分割体系，它导致了拥有较多人力资本的劳动力与较少人力资本的劳动力之间的分割。图1显示出在三种结构性分割机制作用下区分出的七种类型的劳动力。

	公有部门（体制内）	非公有部门（体制外）
本地户籍劳动力	①在一级劳动力市场中的劳动力：有本地户口并在国有部门或集体所有制单位工作；	②在一级劳动力市场中的劳动力：有本地户口和较多人力资本并在私营或三资企业工作； ③在二级劳动力市场中的劳动力：有本地户口但较少人力资本并在私营或三资企业工作；
非本地户籍劳动力	④在一级劳动力市场中的劳动力：非本地户口但有较多人力资本并在国有部门或集体所有制单位工作； ⑤在二级劳动力市场中的劳动力：非本地户口和较少人力资本并在国有部门或集体所有制单位工作；	⑥在一级劳动力市场和二级劳动力市场中的劳动力：非本地户口但有较多人力资本并在私营或三资企业工作； ⑦在二级劳动力市场中的劳动力：非本地户口和较少人力资本并在私营或三资企业工作。

图1　市场分割下的七类劳动力

在多元分割的劳动力市场中，绝大多数的流动劳动力处于上述图表中的第 7 类，他们是体制外、二级劳动力市场中的体力或半体力工人、自雇佣劳动者和小经营者，一般来说，他们的收入较低，工作不稳定，职业上升流动机会少。有一部分流动劳动力就业于体制内（国有部门和集体企业），他们属于上述图表中的第 4 类和第 5 类，但多数情况下是第 5 类，即虽就业于体制内但实际处于二级劳动力市场，他们并不享有体制内正式职工的通常待遇，而实际的工资收入和工作待遇与第 7 类没有多大差别。只有极少数的拥有较多人力资本的流动劳动力属于第 4 类，他们处于体制内和一级劳动力市场，具有较高的收入、稳定的工作及职业晋升机会。大多数有较多人力资本的流动劳动力属于第 6 类，他们徘徊于一级劳动力市场与二级劳动力市场之间，时常在一级劳动力市场中因户口问题而遭受就业歧视。

总而言之，绝大多数流动劳动力处于类似的就业状态：他们多数时候滞留在二级劳动力市场和非公有部门，收入和工作不太稳定，缺乏上升社会流动机会，依赖于社会网络，处于社会底层。不过，仍有少量的流动劳动力通过某些特殊途径改善了他们的社会经济地位状况，比如，挤入一级劳动力市场和公有部门，获得一份稳定的专业或管理职位，进而获取本地户口；或者，通过投资经商、购买房产而取得本地户口。这些现象必然导致了流动人口的社会分化，在流动人口中出现了社会经济的分层现象。然而，由于上述三种结构分割因素的作用，流动劳动力的上升社会流动和社会经济地位获得面临一些特殊的障碍，迫使他们寻求特殊的上升流动途径和地位获得路径。这使他们的地位获得模式与非流动劳动力的地位获得模式十分不同。非流动劳动力的地位获得过程受到正规制度规则的保护和引导，而流动劳动力在谋取社会经济地位上升过程中采取的步骤，常常意味着突破现存的制度规则或在现存制度安排之外开辟新的路径。本文通过比较流动劳动力和非流动劳动力的地位获得模式的异同，试图论证这样一个观点：由于制度分割的作用，流动劳动力与非流动劳动力的社会经济地位获得模式和规则不同，非流动劳动力遵循制度路径获取社会经济地位的上升流动，而流动劳动力则通过非制度的路径来改善他们的社会经济地位。

二　流动劳动力与非流动劳动力的社会经济差异

本研究采用的数据资料是中国社会科学院社会学研究所“当代中国社

会结构变迁研究”课题组于2001年11~12月收集的全国抽样调查数据，调查采用多阶段复合抽样方法，从全国3300个市县级抽样单位抽取了73个市县区的408个居民委员会/村民委员会的6240名16~70岁的居民进行调查，最终获取有效样本6193个。经加权处理后，此调查数据的样本分布在基本的人口信息和主要的个人社会经济背景信息方面（包括性别、年龄、文化水平和就业状态等）与第五次全国人口普查数据的样本分布极为接近（参见李春玲，2005a：18）。在6193个样本中，有7.1%是流动人口，而在人口普查的数据中，约6.9%是流动人口。本文所说的流动人口是指居住于某一县或市但没有当地户口（本县或本市户口）的人，非流动人口是指居住于某一县或市并拥有当地户口（本县或本市户口）的人。流动劳动力是指在某一县或市务工经商但没有当地户口（本县或本市户口）的人，非流动劳动力是指在某一县或市务工经商并拥有当地户口（本县或本市户口）的人（见表1）。

表1　流动人口与非流动人口的人口特征差异

单位：%

		本次调查数据		第五次人口普查数据（16~70岁）
		非流动人口	流动人口	流动人口
性别	男性	50.4	51.0	52.0
	女性	49.6	49.0	48.0
年龄	16~30	32.0	57.4	55.3
	31~50	45.7	35.3	36.5
	51~70	22.3	7.4	8.2
户口	非农	28.2	11.8	23.2
	农业	71.8	88.2	76.8
婚姻状况	从未结婚	16.7	29.8	36.3
	已婚有配偶	79.5	68.1	62.3
	离异未再婚	0.8	0.6	0.6
	丧偶未再婚	3.0	0.8	0.9
是否在业	在业（有工作）	76.3	77.4	78.6
	不在业（无工业）	23.7	22.6	21.4

续表

		本次调查数据		第五次人口普查数据（16～70岁）
		非流动人口	流动人口	流动人口
文化水平	没有学历	8.9	5.4	3.7
	小学	28.9	25.4	21.7
	初中	39.1	46.5	51.9
	高中职高	13.2	19.1	12.0
	中专	4.6	0.5	5.5
	大专	3.6	2.6	3.6
	大学本科	1.6	0.6	1.5
	研究生	0.1	0	0.1

表1列出了流动人口与非流动人口在人口特征方面的异同。与非流动人口相比，流动人口的男性比例较高，同时未婚者和年轻人比例较高，而且农业户口的人比例较高。在流动人口中，57.4%的人年龄在31岁以下，88.2%的人是农业户口，29.8%的人未婚，而非流动人口的相应比例分别为32%、71.8%和16.7%。

表2　流动人口与非流动人口的阶层分布

单位：%

十类阶层	总样本		排除农业劳动者样本	
	非流动人口	流动人口	非流动人口	流动人口
国家与社会管理者（领导干部）	1.2	0.3	2.2	0.3
经理人员	1.7	0.8	3.1	0.8
私营企业主	0.9	2.5	1.7	2.7
专业技术人员	4.8	2.1	8.7	2.4
办事人员	7.8	5.7	14.3	6.3
个体工商户	9.6	28.2	17.7	31.2
商业服务业员工	9.4	30.2	17.1	33.4
产业工人	14.1	18.0	25.9	19.8
农业劳动者	45.4	9.6	—	—
无业失业半失业者	5.0	2.6	9.2	2.9
总计	100	100	100	100

注：表2中的阶层分类采用“中国社会结构变迁研究”课题组提出的十大阶层划分，参见陆学艺主编，2004；李春玲，2005b。

表2列出了流动人口与非流动人口的阶层构成差异。流动人口中农业劳动者的比例远低于非流动人口，在非流动人口中，农业劳动者的比例为45.4%，而流动人口中，农业劳动者的比例仅为9.6%。由于流动人口主要在非农业领域从事经济活动或者是由农业领域转向非农领域，因此，应该把农业劳动者从样本中排除，来比较流动人口的阶层构成。如果排除农业劳动者，流动人口与非流动人口展现出不同的阶层构成形态。非流动人口中的国家与社会管理者、经理人员、专业技术人员、办事人员和产业工人的比例较高，而流动人口中的私营企业主、个体工商户和商业服务业员工的比例较高。此外，非流动人口中白领阶层（国家与社会管理者、经理人员、私营企业主、专业技术人员和办事人员）所占比例（30%）远高于流动人口（12.5%）。流动人口中的业主阶层（私营企业主和个体工商户）所占比例（33.9%）远高于非流动人口（19.4%）。这些差异反映出流动人口与非流动人口的社会分层形态不同，并且，流动人口更可能获得的较高社会经济地位的阶层位置也与非流动人口不同，这必然导致两类人群的社会经济地位获得模式的不同。

表3显示了流动人口与非流动人口的社会经济特征的异同。数据显示，非流动人口更可能就业于国有和集体所有制单位，而流动人口更可能受雇于私营企业或从事个体经营。排除了农业劳动者样本之后，23.5%的非流动人口的就业者就业于国有单位，15.4%的非流动人口就业于集体所有制单位，而流动人口的相应比例则为9.5%和8.1%。流动人口就业者有73.4%就业于私营企业或个体经营及个人单独做事（无确定单位），而非流动人口的相应比例则为56.3%。流动人口劳动力所从事的工作缺乏稳定性，但他们似乎比非流动人口劳动力更容易找到新的工作。部分原因是，非流动人口劳动力通常希望获得的是一份长久性的、工资较高的工作，这类工作比较难找；而流动人口劳动力可以接受临时性的、工资较低的工作，这类工作较易获得。此外，流动人口劳动力所获得的单位福利要少于非流动人口劳动力。

令人吃惊的是，流动人口就业者的平均收入高于非流动人口就业者，包括农业劳动者的所有样本和不包括农业劳动者样本都是如此。在包括了农业劳动者的所有样本中，非流动人口就业者的平均月收入是422.79元，而流动人口就业者的平均月收入是869.24元。在排除了农业劳动者的样本中，非流动人口就业者的平均月收入是1282.12元，而流动人口就业者是

1304.8 元。两组数据的卡方检验都是显著的，即流动人口就业者的平均收入显著高于非流动人口就业者。这种状况可以这样来解释，非流动人口中包含了大量的低收入的农业劳动者，而流动人口中农业劳动者所占比例较低，因此，流动人口就业者的平均收入要比非流动人口高。同时，即使排除了农业劳动者，流动人口的平均收入仍然比非流动人口略高，因为流动人口就业者大多集中于大中城市，而非流动人口中有很大比例在小城市和小城镇，而大中城市的收入水平明显高于小城市和小城镇，这就导致了流动人口就业者的平均收入高于非流动人口就业者。然而，在同一个城市中，流动人口就业者的平均收入还是低于非流动人口就业者。

表 3　流动人口与非流动人口的社会经济特征

		所有样本		排除农业劳动者样本	
		非流动人口	流动人口	非流动人口	流动人口
你工作的单位属于什么所有制？	国有	11.1%	9.2%	23.5%	9.5%
	集体	7.4%	7.9%	15.4%	8.1%
	混合	1.3%	4.7%	2.5%	4.8%
	私营和个体	79.1%	74.1%	56.3%	73.4%
	合资、合营	0.4%	2.7%	0.8%	2.8%
	外资	0.7%	1.3%	1.6%	1.3%
你工作的单位是什么类型？	党政机关	1.9%	1.9%	4.1%	2.0%
	企业	17.4%	37.3%	36.1%	38.3%
	事业单位	8.2%	4.6%	17.2%	4.7%
	无确定单位	72.4%	56.2%	42.4%	55.0%
你是否是业主？	是	10.7%	30.7%	19.6%	33.9%
	不是	89.3%	69.3%	80.4%	66.1%
你目前的工作是否稳定？	非常稳定	13.5%	11.4%	13.6%	11.4%
	比较稳定	42.9%	32.3%	43.2%	32.3%
	不稳定	43.5%	56.3%	43.1%	56.3%
如果你失去现在的工作，是否容易找到新的工作？	非常容易	5.8%	12.4%	5.8%	12.4%
	比较容易	25.4%	29.4%	25.3%	29.4%
	比较困难	52.0%	43.4%	52.1%	43.4%
	非常困难	16.8%	14.9%	16.7%	14.9%

续表

		所有样本		排除农业劳动者样本	
		非流动人口	流动人口	非流动人口	流动人口
你的工作单位是否向你提供医疗保险、退休金或住房福利？①	没有福利	89.4%	90.3%	80.9%	89.0%
	少量福利	2.7%	3.2%	5.0%	3.6%
	部分福利	3.5%	3.9%	6.3%	4.3%
	所有福利	4.3%	2.6%	7.8%	2.8%
你的月收入是多少？		422.79 元	869.24 元	1282.12 元	1304.80 元
家庭消费指数②		4.95	5.50	6.76	5.72
社会经济地位指数③		52.12	55.62	57.64	55.86
你认为你的社会地位属于哪个等级？	上层	1.4%	0.8%	2.0%	0.9%
	中上层	8.2%	3.4%	11.5%	3.7%
你认为你的社会地位属于哪个等级？	中层	41.9%	47.5%	48.2%	48.1%
	中下层	25.4%	27.1%	23.7%	28.2%
	下层	23.0%	21.2%	14.6%	19.1%

注：①三项福利都提供为“所有福利”，提供其中两项福利为“部分福利”，提供一项福利为“少量福利”，三项福利都不提供为“没有福利”。

②家庭消费指数是根据家庭拥有的家用电器和耐用品的数量计算出来的，具体计算方法参见李春玲，2005a：224。

③社会经济地位指数的计算方法是参照和修正邓肯的社会经济地位指数的回归公式而得出，具体计算方法参见李春玲，2005b。

表 3 的数据还显示，如果将农业劳动者从样本中排除，流动人口的家庭消费水平和社会地位明显低于非流动人口，流动人口的家庭消费指数和社会经济地位指数都低于非流动人口。同时，他们对自身社会地位的评价也低于非流动人口。

表 4 列出了城镇地区流动人口就业者和非流动人口就业者的十类阶层的收入状况。各阶层比较而言，流动人口中的经理人员、个体工商户、商业服务业员工和产业工人的收入水平高于同阶层的非流动人口，而非流动人口的私营企业主、专业技术人员、国家与社会管理者、办事人员和农业劳动者的收入水平高于同阶层的流动人口，这就表明，流动人口要成为大企业主、高收入的专业技术人员和办事人员较为困难，他们较可能从业于经理人员、个体工商户和工人，而在经济收入方面超过同阶层的非流动人口。

表4　流动人口就业者与非流动人口就业者各阶层收入水平比较（城镇）

单位：元

十类阶层	非流动人口就业者		流动人口就业者	
	均值	频数	均值	频数
国家和社会管理者	966.85	37	—	—
经理人员	1540.30	51	1721.91	3
私营企业主	4880.23	27	1203.35	11
专业技术人员	985.07	128	908.69	7
办事人员	673.03	208	563.86	18
个体工商户	749.49	234	1390.23	114
商业服务业员工	526.33	330	688.63	18
产业工人	465.25	333	778.89	55
农业劳动者	110.79	50	29.30	14
无业失业半失业者	—	—	—	—
总计	1282.12	1398	1304.80	240

总体而言，流动人口处于一种劣势的社会经济地位状态。不过，流动人口与非流动人口之间在社会经济地位方面的差异并不像人们通常所估计得那么大。与当地的非流动人口相比，流动人口的确处于劣势地位，但与所有的非流动人口相比，他们并不一定处于最不利的状态。实际上，他们的社会经济地位状况略好于非流动人口的低层人员，流动人口的流动行动本身就意味着由社会底层向上流动。

三　流动人口与非流动人口的社会经济地位获得

上述数据显示出流动人口与非流动人口的社会经济地位状况有所不同，同时，在流动人口和非流动人口群体的内部也都存在着社会经济地位的分化，就是说，并非所有的流动人口都处于社会底层，部分流动人口也有可能进入社会中上层。但是，由于前面提到的多重分割机制的作用，流动人口进入社会中上层的路径和获取较高社会经济地位的模式，与非流动人口有所不同。我们可以从三个方面——社会流动率、社会地位获得模式和经济地位获得模式——来比较流动人口与非流动人口的地位获得的异同。我们以职业地位代表个人的社会地位，按照社会分层研究的通常做法，它是用社会经济地位指数来进行测量的。另外，以经济收入来代表个人的经济地位，测量指标是个人的月收入。

（一）流动人口与非流动人口的社会流动率比较

地域流动作为个人的行为选择是一种争取上升社会流动的努力，这意味着，也许流动人口比非流动人口更努力地寻求上升社会流动的机会，表5的数据证明了这一点。流动人口就业者的工作变动次数多于非流动人口，然而，他们的上升社会流动率未必高于非流动人口。在包括了农业劳动者的所有样本中，流动人口的上升流动率（51.7%）远远高于非流动人口（22.4%），这是因为许多流动人口在流动之前是农民，而由农民转变成其他从业者就意味着一种上升流动；与之相反，非流动人口中有较大比例的从未流动过的农业劳动者，因而，非流动人口就业者的上升社会流动率远低于流动人口。如果把农业劳动者样本排除，流动人口就业者的上升流动率（35.4%）就低于非流动人口就业者（42.1%），也就是说，如果不考虑由农业职业到非农职业的变化，流动人口就业者的实际上升流动机会少于非流动人口，尽管他们工作变换的频率更高。不过，流动人口就业者的下降流动率（8.2%）也低于非流动人口（17.3%）。这些数据反映出，流动人口必然经历较多的工作变动和克服较多的阻碍才能实现上升社会流动；但同时，由于他们更为努力地寻求上升流动机会，或者说更加渴望改善自身地位状况，他们遭遇下降流动的可能性又少于非流动人口。这些情况表明，流动人口就业者的社会经济地位获得过程有其特殊的路径。

表5　流动人口与非流动人口就业者的工作变动和社会流动之比较

单位：%

		所有样本		排除农业劳动者样本	
		非流动人口	流动人口	非流动人口	流动人口
你变换过多少次工作？	从未换过工作	56.8	32.2	33.2	27.4
	换过一次	24.8	37.1	38.1	40.4
	超过一次但少于七次	18.1	30.5	28.2	32.0
	超过七次	0.2	0.1	0.5	0.1

续表

		所有样本		排除农业劳动者样本	
		非流动人口	流动人口	非流动人口	流动人口
社会阶层流动率	上升流动率	22.4	51.7	42.1	35.4
	不流动率	64.5	40.7	40.6	56.4
	下降流动率	13.1	7.6	17.3	8.2

注：表5中“上升流动率”是指有多少比例的人最初的阶层位置（刚开始工作时的阶层位置）与当前阶层位置发生变化，并由较低阶层位置变动为较高阶层位置；“不流动率”是指有多少比例的人最初的阶层位置与当前阶层位置没有发生变化；“下降流动率”指有多少比例的人最初的阶层位置与当前阶层位置发生变化，并由较高阶层位置变动为较低阶层位置。十类阶层的高低位序排列如表4所列。

（二）流动人口与非流动人口就业者的职业地位获得比较

表6所列数据是通过7对线性回归模型的分析，比较流动人口就业者与非流动人口就业者的职业地位获得模式的异同。职业地位以社会经济地位指数来表示，社会经济地位指数越高，表明职业地位越高。表6中的7对线性回归模型都是以社会经济地位指数作为因变量，自变量共有17个，包括文化程度（受教育年限）、工作资历（工作年限）、家庭背景和生长环境（父亲职业、父母亲文化程度、14岁户口身份和14岁时家庭收入），表中所列各自变量的回归系数反映了各种因素（自变量）对流动人口就业者和非流动人口就业者的职业地位获得的影响程度，从中我们获得了两个发现。

1. 文化程度对非流动人口就业者的职业地位获得的作用大于流动人口就业者

数据显示，受教育年限对于流动人口和非流动人口的职业地位获得都有影响，但对非流动人口就业者的影响大于对流动人口就业者的影响。非流动人口就业者每多受一年教育，社会经济地位指数得分增加1.27分，流动人口就业者每多受一年教育，社会经济地位指数得分增加0.72分。也就是说，尽管文化程度对流动人口就业者的职业地位获得有影响，但这种影响要弱于对非流动人口就业者的影响。

2. 家庭背景对非流动人口就业者的职业地位的作用明显大于流动人口就业者

家庭背景对非流动人口就业者的职业地位获得有强烈的影响，但对流

表 6　流动人口与非流动人口的职业地位获得的影响因素之比较（多元线性回归的非标准化回归系数：因变量为社会经济地位指数）

自变量	模型 1		模型 2		模型 3		模型 4		模型 5		模型 6		模型 7	
	非流动人口	流动人口	非流动人口	流动人口	非流动人口	流动人口	非流动人口	流动人口	非流动人口	流动人口	非流动人口	流动人口	非流动人口	流动人口
受教育年限	1.27 * (0.04)	0.72 * (0.14)												
工作年限	0.05 * (0.01)	0.01 (0.04)												
父亲职业（参照组为农民）														
管理人员			12.97 * (0.77)	8.67 * (2.7)									7.97 * (0.82)	6.02 * (2.81)
专业技术人员			10.59 * (0.67)	1.70 2.30									6.50 * (0.71)	-.28 (3.09)
办事人员			6.68 * (0.64)	-5.34 (5.01)									2.78 * (0.68)	-6.70 (5.03)
自雇劳动者			8.09 * (1.13)	2.42 (3.25)									4.50 * (1.13)	1.07 (3.29)
工人			4.88 * (0.35)	-.93 (1.04)									1.22 * (0.43)	-1.05 (1.12)
父亲教育水平（参照组为文盲）														
小学					1.52 * (0.28)	1.22 (1.08)								

续表

自变量	模型 1		模型 2		模型 3		模型 4		模型 5		模型 6		模型 7	
	非流动人口	流动人口	非流动人口	流动人口	非流动人口	流动人口	非流动人口	流动人口	非流动人口	流动人口	非流动人口	流动人口	非流动人口	流动人口
初中					3.95* (0.39)	1.16 (1.15)								
高中					6.53* (0.62)	-1.53 (1.56)								
中专					6.18* (0.94)	2.22 (3.3)								
大专以上					10.79* (0.90)	-6.01* (3.02)								
母亲文化水平（参照组为文盲）														
小学							2.26* (0.30)	2.83* (0.95)					1.25* (0.29)	2.65* (0.96)
初中							6.15* (0.48)	3.48* (1.21)					3.10* (0.48)	2.87* (1.23)
高中及以上							11.65* (0.73)	4.39* (2.13)					4.23* (0.77)	2.87 (2.26)
14 岁时户口身份									8.71* (0.33)	4.39* (1.80)			5.16* (0.45)	4.06* (1.95)
14 岁时家庭年收入											0.01* (0.00)	-0.01 (0.00)	-0.01 (0.00)	0.01 (0.00)

续表

自变量	模型 1		模型 2		模型 3		模型 4		模型 5		模型 6		模型 7	
	非流动人口	流动人口	非流动人口	流动人口	非流动人口	流动人口	非流动人口	流动人口	非流动人口	流动人口	非流动人口	流动人口	非流动人口	流动人口
常数项	41.73* (0.42)	49.14* (1.54)	50.44* (0.14)	55.56* (0.48)	50.38* (0.20)	55.12* (0.83)	50.80* (0.15)	54.11 (0.57)	50.78* (0.13)	55.38* (0.43)	52.06* (0.13)	55.70* (0.49)	49.97* (0.15)	54.17* (0.65)
调整后 R^2	0.25	0.07	0.14	0.02	0.06	0.01	0.08	0.04	0.13	0.01	0.00	0.00	0.18	0.05

注①：表中括号内数据为标准误；显著水平；$*p<.05$。

动人口就业者的影响较弱。父亲的职业身份、父亲的受教育水平和母亲的受教育水平都对非流动人口就业者的职业地位获得有显著、强烈的影响；然而，父亲职业对流动人口就业者的职业地位获得只有微弱影响，父亲受教育水平对流动人口就业者的职业地位获得没有显著影响，只有母亲受教育水平对流动人口就业者有显著影响，但影响程度小于对非流动人口的影响。在非流动人口就业者当中，若父亲职业为管理人员，其社会经济地位指数得分平均比父亲职业为农民的人高 12.97 分；若父亲职业为专业技术人员，其社会经济地位指数得分平均比父亲职业为农民的人高 10.59 分；若父亲职业为办事人员，其社会经济地位指数得分平均比父亲职业为农民的人高 6.68 分；若父亲职业为自雇劳动者，其社会经济地位指数得分平均比父亲职业为农民的人高 8.09 分；若父亲职业为工人，其社会经济地位指数得分平均比父亲职业为农民的人高 4.88 分。在流动人口就业者当中，若父亲职业为管理人员，其社会经济地位指数得分平均比父亲职业为农民的人高 8.67 分，而父亲为其他类型职业，则社会经济地位指数与农民家庭出身的人没有显著差异。在非流动人口就业者当中，若父亲受教育水平为小学，其社会经济地位指数得分比父亲是文盲的人高 1.52 分；若父亲受教育水平为初中，其社会经济地位指数得分比父亲是文盲的人高 3.95 分；若父亲受教育水平为高中，其社会经济地位指数得分比父亲是文盲的人高 6.53 分；若父亲受教育水平为中专，其社会经济地位指数得分比父亲是文盲的人高 6.18 分；若父亲受教育水平为大专及以上，其社会经济地位指数得分比父亲是文盲的人高 10.79 分。而在流动人口就业者当中，父亲受教育水平不同，并未导致个人社会经济地位指数的显著差异。母亲的受教育水平对流动人口和非流动人口就业者的职业地位获得都有影响，但对非流动人口的影响更大。在非流动人口就业者当中，若母亲受教育水平为高中及以上，其社会经济地位指数得分比母亲为文盲的人高 11.65 分，而在流动人口就业者当中，若母亲受教育水平为高中及以上，其社会经济地位指数得分比母亲为文盲的人只高 4.39 分。另外，14 岁时家庭年收入对非流动人口就业者的职业地位获得有显著影响，但对流动人口就业者没有显著影响。14 岁时的户口身份对流动人口和非流动人口都有影响，但对非流动人口的影响要大于流动人口。这些情况表明，非流动人口就业者想要取得较高的职业地位，在较大程度上取决于其家庭背景和成长环境，而对于流动人口就业者来说，家庭出身并不是一个决定性的因素。

对当代工业化国家和正在工业化国家的社会分层研究都显示出受教育水平和家庭背景是影响个人社会经济地位的决定因素，这是由工业化社会的社会结构特征和社会分层制度规则所决定的。也就是说，在工业化社会，受教育水平和家庭出身背景是影响个人社会经济地位获得的常规因素，基于这些常规因素的作用，人们遵循着制度安排的路径进行社会流动——家庭背景较高的人有更多机会进入社会中上层，拥有高学历的人更可能获得较高的职业地位。而上述数据分析所得出的结果显示，在当前中国社会，非流动人口的职业地位获得更易受常规因素的影响，并且他们的职业地位获得路径遵循着制度的规则。而流动人口的职业地位获得过程较少受常规因素的影响，他们的职业地位获得似乎遵循着非制度的路径。对于流动人口来说，家庭出身背景，以前的户口身份，甚至受教育水平，都不一定是最重要的影响因素，更重要的因素也许是个人的勤奋努力、机遇、冒险精神或社会网络，而这些因素的作用是遵循着非制度的规则。

（三）流动人口与非流动人口就业者的经济地位获得比较

与表 6 类似，表 7 所列数据是通过 5 对线性回归模型的分析，比较流动人口就业者与非流动人口就业者的经济地位获得模式的异同。经济地位以个人的月收入高低来表示，月收入越高，表明经济地位越高。表 7 中的 5 对线性回归模型都是以月收入对数作为因变量[①]，自变量共有 6 个，包括了文化程度（受教育年限）、工作资历（工作年限、工作年限平方[②]）、户口（城镇、农村）、性别（男、女）、工作单位所有制（国有、非国有）和工作单位类型（企业、事业单位、党政机关、无正规单位），表中所列各自变量的回归系数，反映出了各种因素（自变量）对流动人口就业者和非流动人口就业者的经济地位（月收入）的影响程度。从中我们可以发现流动人口与非流动人口的经济地位获得过程的异同。

① 因线性回归模型要使因变量与各自变量为线性关系，所以需要对月收入进行对数转换。

② 工作年限与月收入对数是曲线关系，所以要加入一个工作年限平方自变量。

1. 文化程度对非流动人口就业者的经济地位获得的影响大于流动人口就业者

受教育年限对流动人口和非流动人口就业者的经济地位（收入水平）都有显著影响，但对非流动人口的影响更大。表7中的模型1是对教育的经济回报率的估计，即估计受教育水平对个人收入有多大的影响。在对非流动人口教育回报率的估计中，受教育年限的回归系数为0.12，而在对流动人口教育回报率的估计中，受教育年限的回归系数仅为0.05。这说明，文化程度对非流动人口就业者收入水平的影响大于对流动人口就业者的影响。

2. 户口因素对非流动人口就业者的经济地位获得有影响而对流动人口就业者无影响

表7中的模型2是在控制了受教育年限和工作年限这两个因素的条件下估计户口身份对个人月收入的影响。模型2的数据分析结果显示，户口身份对非流动人口就业者的收入水平有显著影响（回归系数为0.87），但对流动人口的收入水平没有显著影响（回归系数为0.26并且不显著）。也就是说，在相同文化程度和工作年限的情况下，对非流动人口来说，有城镇户口的人的收入水平明显高于农业户口的人，而对流动人口来说，有城镇户口的人的收入并不比农业户口的人高。这表明，如果你是外来的、没有本地户口，那么是城镇户口还是农村户口，对你的收入水平并没有太大影响。

3. 性别因素对非流动人口就业者的经济地位获得有影响而对流动人口就业者无影响

表7中的模型3是在控制了受教育年限和工作年限这两个因素的条件下估计性别因素对个人月收入的影响。数据分析结果显示，性别因素对非流动人口就业者的收入水平有显著影响（回归系数为0.33），但对流动人口就业者没有显著影响（回归系数为0.15并且不显著）。这就是说，在相同文化程度和工作年限的情况下，对非流动人口来说，男性的收入水平显著高于女性，但对流动人口来说，男性的收入水平并不比女性高。

4. 单位因素对非流动人口就业者的经济地位获得的影响大于对流动人口就业者的影响

表7中的模型4是在控制了受教育年限、工作年限和性别这三个因素的条件下估计所有制因素对个人月收入的影响。数据分析结果显示，单位所有制因素对非流动人口就业者的收入水平有显著影响（回归系数为0.77），

表 7　流动人口与非流动人口的经济地位获得的影响因素之比较（多元线性回归的非标准化回归系数：因变量为月收入对数）

自变量	模型 1		模型 2		模型 3		模型 4		模型 5	
	非流动人口	流动人口	非流动人口	流动人口	非流动人口	流动人口	非流动人口	流动人口	非流动人口	流动人口
受教育年限	0.12* (0.01)	0.05* (0.02)	0.07* (0.01)	0.05* (0.02)	0.12* (0.01)	0.05* (0.02)	0.08* (0.01)	0.06* (0.02)	0.06* (0.01)	0.04* (0.02)
工作年限（0.01）	0.02* (0.01)	0.08* (0.00)	0.03* (0.01)	0.08* (0.01)	0.03* (0.01)	0.08* (0.01)	0.02* (0.01)	0.08* (0.00)	0.03* (0.01)	0.09*
工作年限平方 ×1000（0.00）	-0.01* (0.000)	-0.01* (0.00)	-0.01* (0.00)	-0.01 (0.00)	-0.01 (0.00)	-0.01 (0.00)	-0.01 (0.00)	-0.01 (0.00)	-0.01 (0.00)	-0.01
户口（参照组为农业户口）										
非农户口			0.87* (0.05)	0.26 (0.17)						
性别（参照组为女性）										
男性					0.33* (0.03)	0.15 (0.10)	0.34* (0.03)	0.16 (0.09)	0.31* (0.03)	0.17 (0.10)
单位所有制（参照组为非国有）										
国有							0.77* (0.06)	-0.17 (0.17)		
单位类型（参照组为无正规单位）										
企业									1.16* (0.04)	0.49* (0.10)

续表

自变量	模型 1		模型 2		模型 3		模型 4		模型 5	
	非流动人口	流动人口	非流动人口	流动人口	非流动人口	流动人口	非流动人口	流动人口	非流动人口	流动人口
事业单位									0.93* (0.08)	0.32 (0.29)
党政机关									1.09 (0.12)	-0.21 (0.33)
常数项	4.50* (0.07)	5.66* (0.19)	4.65* (0.07)	5.70* (0.19)	4.40* (0.07)	5.64* (0.19)	4.55* (0.07)	5.62* (0.19)	4.44* (0.07)	5.45* (0.19)
调整后 R^2	0.16	0.15	0.22	0.15	0.18	0.15	0.21	0.15	0.30	0.21

注①：表中括号内数据为标准误；显著水平：$* p < .05$。

但对流动人口就业者没有显著影响（回归系数为 -0.17 并且不显著）。这就是说，在相同文化程度、工作年限和相同性别的情况下，对非流动人口来说，国有单位就业者的收入水平高于非国有单位，但对于流动人口来说，其收入水平并不存在所有制的差异。

表 7 中的模型 5 是在控制了受教育年限、工作年限和性别这三个因素的条件下估计不同单位类型对个人月收入的影响。数据分析结果显示，单位类型对流动人口和非流动人口就业者的收入水平都有影响，但对非流动人口的影响大于对流动人口的影响。

在绝大多数当代工业化和正在工业化的社会，文化程度、工作资历和性别都是影响个人收入水平的常规因素，这是由工业化社会的结构特征和社会分层制度所导致的后果。而户口制度和单位制度是中国社会特殊的制度安排，是影响中国人收入分配的常规因素。然而，比较这些因素对流动人口与非流动人口就业者的收入水平的不同影响，我们发现，现存的制度安排是导致非流动人口的经济分层的重要因素，但这些制度安排对流动人口内部的经济分化作用力并不是很大。这是因为现存的制度安排为非流动人口当中的一部分人提供了优待、保护或特权，这些享受优待政策和享有特权的人的经济地位状况明显优于其他非流动人口。而流动人口的情况则不同，流动人口基本上不能享受现存制度提供的任何优待条件，因而，这些制度因素对流动人口内部的经济分化没有太大的影响。事实上，现存的制度安排对于所有流动人口都是不利的。

四　结论

通过对流动劳动力和非流动劳动力的社会流动和地位获得模式的比较，我们获得了这样的印象：流动劳动力更努力地争取、实际上也更频繁地经历着工作变动和职业流动，但他们获取上升社会流动的机会明显少于非流动劳动力；流动劳动力有可能争取到的上升流动机会多处于远离国家控制和制度规范较弱的领域，他们所能取得的较高的阶层位置是中小企业主和中小企业的管理者，而不太可能是国家或社会管理者（政府部门官员）和专业技术人员；流动劳动力的社会经济地位获得模式与非流动劳动力极为不同，影响个人地位获得的常规因素和正式制度对他们的社会流动和地位获取似乎没有发挥正常的作用。[①] 这并不意味着，现在的社会结构因素和制度因素对他们没有影响，实际上，这些结构和制度因素对他们的社会流动产生了决定性影响——把他们排挤到正规制度安排之外的领域，使他们处于社会边缘状态，从而不能按照常规的地位获得模式去争取上升社会流动机会，而是采取特殊的方式和特殊的路径进行流动。如果想突破制度阻碍和结构屏障，从社会底层进入社会中上层，那么，对他们来说，家庭出身背景、人力资本投资、工作资历的积累、受雇于好单位等因素——现在制度安排所设置的常规社会流动路径——并不是最重要的，更重要的可能是社会网络、机遇、冒险、大胆、钻制度的空子等非常规因素。

因此，我们最终获得的结论是，三重制度分割——二元社会结构、二元经济结构和二元劳动力市场结构——使流动人口劳动力被隔离在特定的社会和经济空间之内，正式制度对这个空间领域的控制和影响较弱。这导致了流动人口的极其特殊的社会经济分层形态和社会经济地位获得模式，也迫使流动人口沿着特殊的流动路径并遵循着非正式的规则来实现上升社会流动，这些特殊的路径和非正式规则构成了一种社会经济地位获得的非制度模式。

参考文献

李春玲，1997，《中国城镇社会流动》，社会科学文献出版社。

——，2005a，《断裂与碎片——当代中国社会阶层分化趋势的实证分析》，社会科学文献出版社。

——，2005b，《当代中国社会的声望分层——职业声望与社会经济地位指数测量》，《社会学研究》第 2 期。

李强，1999，《中国大陆城市农民工的职业流动》，《社会学研究》第 3 期。

——，2000，《中国城市中的二元劳动力市场与底层精英问题》，《清华社会学评论（特辑）》，鹭江出版社。

① 作者想要特别提请注意，本文的数据分析结果——常规因素对流动人口就业者的地位获得影响较弱或无影响（表 6 和表 7 的数据分析结果），从统计方法角度来看还有一些不太确定之处。由于本文所用数据的样本数量的局限，流动人口的样本数很少（占 7.1%），调查样本中绝大多数是非流动人口，这可能导致非流动人口的统计值更易于显著，而流动人口的统计值更易于不显著。因此，本文的结论只是初步的，需要更好的调查数据来进一步证实。

陆学艺主编，2004，《当代中国社会流动》，社会科学文献出版社。

袁亚愚，1994，《中国农民的社会流动》，四川大学出版社。

“农村劳动力流动的组织化特征课题组”，1997，《农村劳动力流动的组织化特征》，《社会学研究》第1期。

王汉生、刘世定、孙立平、项飚，1997，《“浙江村”：中国农民进入城市的一种独特方式》，《社会学研究》第1期。

刘林平，2001，《外来人群体中的关系运用——以深圳“平江村”为个案》，《中国社会科学》第5期。

唐灿、冯小双，2000，《“河南村”流动农民的分化》，《社会学研究》第4期。

王春光，2001，《新生代农村流动人口的社会认同与城乡融合的关系》，《社会学研究》第3期。

王奋宇、赵延东，2003，《流动民工的经济地位获得及决定因素》，李培林主编，《农民工：中国进城农民工的经济社会分析》，社会科学文献出版社。

项飚，2000，《跨越边界的社区——北京“浙江村”的生活史》，三联书店。

Averitt, Robert T. 1968. *The Dual Economy: The Dynamics of American Industry Structure*. New York: Norton.

Brinton, Mary C., Yean-Ju Lee and William L. Parish. 1995. "Married Women's Employment in Rapidly Industrializing Societies: Examples from East Asia." *American Journal of Sociology* 100.

DiPrete, Thomas A., Paul M. de Graaf, Rund Luijkx, Michael Tahlin and Hans-Peter Blossfeld. 1997. "Collectivist Versus Individualist Mobility Regimes? Structural Change and Job Mobility in Four Countries." *American Journal of Sociology* 103.

Doeringer, Peter and Micheal Piore. 1971. *Internal Labor Markets and Manpower Analysis*. Lexington, MA: D. C. Heath.

Fligstein, Neil and Haldor Byrkjeflot. 1996. "The Logic of Employment Systems." In *Social Differentiation and Social Inequality*. (eds.) by James N. Baron, David B. Grusky and Donald J. Treiman. Boulder, CO: Westview Press.

Kerckhoff, Alan C. 1996. *Generating Social Stratification: Toward a New Research Agenda*. Boulder, CO: Westview Press.

Piore, Michael J. 1975. "Notes for a Theory of Labor Market Segmentation." In *Labor Market Segmentation*. (eds.) by Richard C. Edwards, Michael Reich and David M. Gordon. Lexington, MA: D. C. Heath.

Smith, Michael R. 1990. "What Is New in 'New Structuralist' Analyses of Earnings?" *American Sociological Review* 55.

本土“理想型”与社会理论立场[*][**]

——邹川雄的两部“本土化”专著述评

徐　冰

1995 年，邹川雄于台湾大学社会学研究所完成博士论文《拿捏分寸与阳奉阴违：一个传统中国社会行事逻辑的初步探索》。几年后，该论文分为《理论》和《实践》两本书出版。其中，《理论》的篇幅较《实践》多出 1/3，可见其论文的重心在理论上。

这不是一般的社会学理论论文。以往那些论文常常在西方理论脉络中选择一个（或者几个）人物、概念或者命题进行讨论。它们常有比较固定的模式和参考文献，以在既有观点基础上增加一点新意为目的。而邹氏的论文是一个“本土化”的尝试，以开拓对中国人与中国文化的社会学研究为志向。它涉及穿梭于中西之间、各学科之间的知识，需要研究者自己创造概念、构思架构，表达原创思想。这样的论文耗力更大，可能引起更多的争议，因此并不多见。虽然已经完成了 10 年多、出版了 5 年多，但是它不会像“批量生产”的论文那样每过几年就显得过时。与之相对，它在同类研究中只能称为“近期的”，它也会给很多年后的同类研究带来启发。

鉴于这两本书的特殊价值，笔者愿意花些笔墨为它们做评。

一　理论旨趣

在“导论”第一段，邹氏就指出，这是一项“本土化”研究。他关怀的是，在西方理论居支配地位的时代，如何能够既认真看待西方理论所展

---

*　这两本书是《拿捏分寸与阳奉阴违：一个传统中国社会行事逻辑的初步探索》、《中国社会学实践：阳奉阴违的中国人》。文中将分别简称它们为《理论》和《实践》。

**　原文发表于《社会学研究》2006 年第 6 期。

开的视野与观点，又摆脱“西方中心主义”的束缚，而能够妥帖地理解本土社会人们的身心状态（《理论》，1999：1）。

邹氏的“本土化”观点承自他的导师叶启政教授，后者在“叶序”中对此观点进行了阐述（《理论》，1999：③~⑧）。

此“本土化”观点是在与实证主义相抗衡的方法论脉络之中引出的，它的预设是社会科学与自然科学有所不同。叶氏指出，人类社会有一个可贵的特性，就是人们的所想、所感、所视、所为依社会环境而不同，因此，社会现象并不像物理现象那般遵循同一的自然法则。人类社会中的“自然”是“同”中充满了“异”，而这些“异”才是要探讨的关键意义所在。

“叶序”中说，西方现代社会科学可能揭示出了人类生活的一些共性，而且，一百多年来，西方社会中的思想、价值在全球蔓延，使得其他社会分享了一些西方社会的特征。因此，西方学者所建构的知识，特别是马克思、韦伯、涂尔干等大师的理论，对理解其他社会也有举足轻重的价值。然而，台湾社会毕竟有着与西方不同的源远流长的文化传统，由此形成种种与西方不同的“社会表征”。它们在自己的社会现代化过程中难以保存完好，有些削弱、有些扭曲，但是不会完全消失，而是以“变了形”的方式坚韧地存在着。因此，即使现代化有一些普遍特征的潜势，它们在台湾社会中也无法以西方原产地的原有姿态一成不变地呈现，它们也一样“变了形”。在西方现代文化与中国传统文化的双重变形之处，叶氏提出了“本土化”研究的一个基本方法。

这一方法就是将中国传统与西方现代行事理路的“理想型”（ideal type）进行对照。这个方法有着深刻的理论目的：挖掘西方知识背后所深藏的文化成见，特别是诸多哲学人类学的预设。这样做可以反过来加深对中国人与中国文化的理解，从而开启本土社会学研究的大门。

韦伯曾经倡导在社会学研究中使用“理想型”概念，这是一种“思想实验”的方法（韦伯，1997：29）。它基于新康德主义的假设，即真实是“无限之流”（an infinite flux），无法在它的整体中把握它。研究者只有从具体的真实中抽取出特定的元素，形成概念，才能获得知识（Hekman，1983：20）。这样建构的概念也称为“构念”（construct），理想型就是把许多分散的、时有时无的个体现象的某一（或者更多）侧面抽取出来而形成的分析性构念（Hekman，1983：31－33）。

邹氏在“结论”部分延续了“叶序”的观点，并引用吉登斯（Anthorny Giddens）所说的“社会学的三种想象力”，继续阐述此建构本土“理想型”的理论价值（《实践》，2000：165～180）。

首先，在20世纪末的台湾，许多传统中国社会的事物已经“变了形”，人们现在的身心状态、思维方式和行事逻辑与传统中国人有一定距离。因此，邹氏的传统理想型并不完全，甚至不主要来自直接经验，而是很大程度上依赖于祖先留下的文献资料。这种工作需要吉氏所说的“历史的想象力”，去重新发现我们自己刚刚经历的过去。同时，“变了形”并不意味着传统已经完全消失，它与现实仍有千丝万缕的联系，这有助于发挥历史的想象力。

其次，在西方文化笼罩的社会中，发挥吉氏所说的“人类学的想象力”有助于避免“种族中心主义”（ethnocentrism）。西方社会理论的一些术语，一方面衍生于西方文化脉络，具有西方性格；另一方面可能具有一些普遍意涵。邹氏一方面借用社会理论中具有普遍意涵的重要概念，如“相互主体性”“共识观冲突观”等，作为建构其理论的基础；另一方面将一些西方性格较强的概念作为参照，以凸显中国本土概念的特征。这些对照包括“目的理性行动、拿捏分寸行动”“策略性行动谋略行动”等。

再次，吉氏所说的“批判的想象力”指关心未来各种可能性的发展。邹氏的理想型是关于传统中国而不是现代社会的，因此在“批判”维度上好像较弱。但是，他的“理想型”具有更宽广的视野，提供更深刻的洞察以及更多自我反省的可能性，因此有助于关照今日的台湾社会，提出关于未来的假设。他的假设是，台湾的现代化是不能绕过中国传统体制的，这是传统中国与西方现代双重变形的“相生”与“相克”过程。

这就是邹氏建立中国本土的“理想型”的理论旨趣。

二 “理想型”的铺陈

马克斯·韦伯的“基督教观念”（Christianity）堪称“理想型”的典范。它的意涵来自“表达信仰的文章、从教堂法规与习惯而来的规范、行动的格言，以及无数具体的相互关系的结合”，韦伯把这些意涵融合成一个“理念”。

邹氏却不容易找到这样简明的标签，因为中国人不强调以单个清晰的概念来把握意涵，而是用一些词语相互呼应地表达超出字面本身的意思。

他以汉语中的日常用语“拿捏分寸”和“阳奉阴违”作为切入点，并为它们赋以理论意义。“阳奉阴违”原是一个贬义词，但是邹氏赋予它以人们通常意识不到的社会学意义，使它与“阴阳互济”“阴阳调和”这两个褒义词联系起来（《理论》，1999：4）。

如果要给这个“理想型”贴标签，可能要将这两个日常用语连起来，称为“拿捏分寸与阳奉阴违”。这是邹川雄博士论文的大标题，也与《理论》一书的小标题大同小异。他有时说中国人思维与行动的理想型是“拿捏分寸”（《理论》，1999：229），这时的重心在哲学思维或个人态度上。经过所谓“社会性转化”之后，“理想型”的重心滑向“阳奉阴违”。所以他选择“阳奉阴违”作为《实践》一书的小标题。

要理解这个“理想型”的意涵，需要把这两个日常用语与周围的其他概念联系起来，形成一定的脉络。而这个脉络的“脉纹”，即邹氏所说的“逻辑”，或者“叶序”所说的“理路”，则需要联系邹氏的铺陈方式来理解。下面沿着《理论》一书的章节顺序来理解他的“理想型”意涵。

首先，在“引子”与“第一章”中，邹氏将“拿捏分寸”作为中国传统思维方式的特征，并在思想史中进行阐述。

他从庄子“庖丁解牛”的寓言引出“拿捏分寸”的神韵：自由生活的真谛在于使内在人心与外在世界之间的节奏合拍，形成“合宜”关系。这又牵涉出一个将世界观和方法论联系起来的观点：这个世界是一个阴阳格局的世界。阴阳是一对对偶概念，但它们不是二元对立而是往复交感的。这些思想源自中国群经之首——《易》，而《易》有一个从自然到人心的思路。沿着这个思路，最后的核心在“时”与“中”的把握上。后来的《中庸》把这个观点阐述得更清楚：“喜怒哀乐之未发，谓之中；发而中节，谓之和。中也者，天下之大本也；和也者，天下之达道也。致中和，天地位焉，万物育焉。”这就是“拿捏分寸”思维的主旨（《理论》，1999：63）。

其次，“第二章”将这个哲学的思维与社会的秩序和行动结合起来，使之具有社会理论的意义。

传统中国社会秩序的调节机制是“礼”，儒家以“正名”来形成“礼”的共识。这里的“名”有两层意义，一方面它是理想的共识，具有客观性；

另一方面它又必须在日常生活中实际地提取与阐释，被行动者赋予主观意义。儒家经典符号体系中的“名”不像西方概念那样严谨，留下很大的模糊空间。人们在这个空间里灵活多变地对它进行再阐释，这就是拿捏分寸的行动。于是，经典或者“阳”的层面的“名”与它的具体运用或者“阴”的层面的“实”之间有了距离。名实分离是中国社会中常见的现象，人们不仅容忍它，而且认为有必要，因为这给他们留下很大的创造空间（《理论》，1999：98～102）。类似地，与“礼”相关的还有一些“阳/阴”对偶概念，如“公/私”“义/利”等，都是“阳”的层面确立共识，“阴”的层面拿捏分寸。

再次，“第三章”从“共识秩序”向“权力冲突”转化，建立“共识/冲突”之间的也是更鲜明的“阳/阴”二重模型，即“阳奉阴违”的行动模型。

“礼”本身就与阴阳二重性现象联系在一起，但是这还主要在共识秩序或者“阳”的范畴。只有将权力和利益的冲突纳入考虑，以相关的谋略行动作为“阴”的范畴的主要内容，才能描绘出更鲜明的“阳”与“阴”之相反相成的画面——“阳礼阴谋”的画面。邹氏吸收了福柯（Michel Foucault）的“积极的权力观”，认为权力不仅是压迫与禁止的力量，而且是生命力量与智慧的表现。福柯的权力与策略联系在一起，而邹氏所说的谋略与西方理论家所说的策略还有所不同。后者重视手段与目的的联结，近乎遵循客观因果法则；前者的“机心”与“修养”的色彩更重，目的是形成一种冷静、灵活多变和圆熟的身心状态，适应多变甚至危险的情境。

“阴”的层面的谋略思想十分丰富，兵家的《孙子》、道家的《老子》和儒家的《易》是几个代表。在这些思想和“礼”的思想的交汇作用下，中国人的行动是“阳奉阴违”的，这可以概括为“阳儒阴道”；中国的政治哲学——帝王学——是“阳奉阴违”的，这可以概括为“阳儒阴法”。这是邹氏这个研究中最闪光、最重要的观点。

最后，“第四章”在社会历史条件的层次上分析“阳奉阴违”的默认体制的展现过程。

邹氏指出，传统中国社会的组织主要靠两个层次的伦理，一是皇权政治伦理，它促成了政治的大一统；另一个是宗法差序伦理，它在基层社会中的影响更大。这两个层次的伦理之间既存在矛盾又相互吸收，促成了

"阳奉阴违"的默认体制。皇帝颁布的命令，经过地方、宗族和个人，在各个级别上会不断打折扣，但是从官员到百姓都不会公开（"阳"的层面）违背它，只能私下（"阴"的层面）里重新阐释它、改变它。

经过四章的转承，可以看出这个"理想型"意涵的深厚。

三　铺陈思路与理论立场

邹氏的"理想型"有着深厚的中国意涵，这说明他的"本土化"探索是成功的。同时，这个研究不是中国传统学问的"自然"延伸，它是社会学的理论研究。社会学是衍生于西方的一门科学，因此邹氏不可避免地受到西方理论的影响。他的铺陈思路是受一些西方观点影响的，这些观点在西方脉络中是有立场的。这个立场参与形成了他的视角，影响他去"看"什么，影响他揭示中国本土意涵时的轻重缓急。

笔者尝试揭示他的立场，探讨这个立场对其研究的影响。

（一）"社会性转化"

邹氏建立"理想型"的目的是理解中国本土社会人们的身心状态，他想传神地呈现中国人心灵世界的某一层面，想贴近中国人的行为（《理论》，1999：2）。这里的心灵世界与"叶序"中所说的"所想、所感、所视"大体相当，但是，邹、叶二人都不使用"心理"这个更简明的词，这样的措辞是有意为之的。

他们认为，身心状态类似于社会学家布迪厄（Pierre Bourdieu）所说的"惯习"（habitus），而与心理状态有所不同。后者是一时或者短暂的情境因素所致，而前者是长期、稳定的惯性状态（《理论》，1999：6~7）。这个观点延续了马克思、涂尔干和韦伯三大社会学家的思想。

在马克思那里，社会心理是浅层而多变的，社会意识则更深刻、更稳定。原因之一是前者的主体是个人，后者的主体是社会。说"社会"是一个主体可能有些费解，对此，涂尔干做了进一步的阐述。

涂氏指出，要把"社会"当作"物"来看，而这个"物"是能够思想的。在他那里，"社会"与"集体"两个词可以互换，他把集体对作用于它的各种物的思想反映称为集体表征（collective representation）。集体表征是最重要的社会事实之一，由此，社会事实不是没有任何心理性质的，因为它毕竟表现为思想或行为的方式。社会事实与心理事实的区别在于，前者是关于个人的，而后者是关于集体的。[①] 他是从原始宗教开始讨论集体表征的，但是把它延伸到作为西方现代理智脉络之基本单元的概念上。他指出，概念是普遍性表征，因为它们是集体或者社会的表征。社会是一种能使思想具有普遍性、具有概念和类别特点的机制，概念表达的是社会想象事物的方法（阿隆，2000：242）。可见，涂尔干用集体表征来描述理智的历史演进过程，在这个过程面前，个人心理就显得浅显和多变了。

韦伯也是在对当时的心理学进行批评的同时来确立社会学的对象与方法的。他指出，心理物理学或者生理心理学研究反射行为，法国社会心理学——黎鹏（Le Bon）的群众心理学和塔德（G. Tard）的模仿心理学——研究群体中的非理性“行为”，对行为者而言，对这些行为都无法恰当地予以语言表达，好像神秘经验一样是自己所无法理解的。与此相反，社会学所关心的“行动”则是行动者能够用语言表达、能够赋予主观意义的，因此是能够进行理性理解的（韦伯，1997）。与反射行为以及群体中的情绪和模仿行为相比，理性的行动是深刻而持久的。

“心理”并不都和浅薄、多变相联系。邹氏引用李泽厚的观点，认为文化心理有一个深层而稳定的结构（《理论》，1999：9）。这是中国思想史的观点，在西方称为心理哲学或者哲学心理学。在上述三大家为社会学建立基础的时候，西方现代的哲学心理学已经发展了两百多年。学者们相信每个人都有一个相同的心理结构，社会生活乃是以此心理结构为基础而展开的。这里的“心理”显然不是浅薄、多变的，而与李泽厚所说的“心理”相似。这种深层的“心理”与实验心理学所关心的浅层的“心理”汇聚成一股“心理学主义”的思潮。三大家是在与“心理学主义”对抗的过程中为社会学争得一席之地的。他们认为，上述浅层“心理”无涉意义，而深层“心理”又太过抽象。

马克思说：“人的本质不是单个人所固有的抽象物，实际上，它是一切社会关系的总和。”根据这个观点，邹氏指出，当代哲学和社会理论中的一个重要观点就是反对笛卡儿以孤独的思维主体作为理论建构的出发点，从“主体

① 翟学伟对涂尔干的“社会的”与“心理的”关系进行了讨论，见翟学伟（2004：4～6）。

性”向“相互主体性”的“转化”是一个大趋势（《理论》，1999：82）。笛卡儿关于思维主体的观点为17～19世纪的哲学心理学定下了基调，因此，这里的“主体性”与“相互主体性”分别与哲学心理学和社会学相对应。循着这个思路，中国思想史中的心理哲学观点就是“社会性转化”的前身。

《理论》前两章就是按照这个思路编排的。这不是中国古代思想史的顺序。在中国古代思想史中，政治哲学和心理哲学是相互纠缠着发展的，而以宋明理学为代表的心理哲学是在比较晚的时候才成熟起来的。这个思路的基础是上述“转化观”。

当然，邹氏所提及的吉登斯、布迪厄等人都是受过心理学训练的社会学家，他们都在削弱“心理”与“社会”之间的二元对立，并因此在当代社会理论界享有盛誉。

但是，这两本书给笔者留下的整体印象是，邹氏受法国（后）结构主义进路的影响较大，这个进路沿袭了涂尔干等“社会”决定“个人”的观点。的确，“相互主体性”已经成为当代社会理论中的重要观点，而在这时，还有没有主体性可言呢？这是当代社会理论中最细微、最深刻的问题，下面将渐次地进入这个问题。

（二）“共识到冲突的转化”

《理论》中最重要的观点“阳礼阴谋”是在第三章中阐释的，而这一章的思路基于另一个“转化观”——“共识到冲突的转化”。

冲突论并不一直是社会学中的主流。在20世纪上半叶的一段时期，社会学的重心移到美国。帕森斯的功能论名扬天下，马克思的冲突理论却因为与共产主义运动的联系在美国遭到禁止。但是，这不意味着冲突观对社会学的影响中断了。

韦伯指出，西方的现代化肇始于价值理性的转化，却功成于工具理性的蔓延。而在工具理性的背后，则是几百年来不断被阐释的利己观。霍布斯在17世纪时就指出，人是不断追求权力、财富、快乐、安逸等利己欲望的存在者，这会导致所有人对所有人的战争。帕森斯就是吸收了霍氏的观点，提出抑制人的利己本性的功能论的。[①]

① 关于“人是利己的存在者”与西方现代社会学之间的关系，见洪胜杓（2006）。

工具理性是西方现代社会的一个特征，它也成为社会学家审视所有社会的一个视角。这样来看中国的传统社会，容易得出“应然”与“实然”脱节，甚至恰恰相反的结论。“应然”对应于儒家理想，“实然”则对应于追求利益、权力的行动。邹氏的“阳礼阴谋”观当是受这种思想启发而形成的。

然而，社会学是一门有整合社会科学之野心的学科，它自始就有整体论的倾向。与此相联系，它的每个重要理论之内以及诸理论之间常常充满矛盾。因此，不能以个人的利己论为起点，沿着直线式逻辑推出社会学的所有观点。

自涂尔干以后，社会学并没有忽视道德理想（“应然”），而是不断揭示它们在社会共识方面的功能。所以，在邹氏的“阳礼阴谋”中，并不是“阴”为真、“阳”为假，而是分别指涉社会和个人两个层面。他把前者称为客观的，后者称为主观的，认为两者之间是可以相互转化、相互配合的（《理论》，1999：147）。“真实”应该是两个层面相互作用而形成的整体。

梳理前三章，好像经历了一个“心理”与“社会”之间的循环，邹氏要进一步阐释主观的心理意涵。但这不是他的思路。他指出：

> “阳奉阴违”的行为是身处于具阳/阴二重性和间隙化之社会情境下的中国人，当其以追求利害及成功为目的时，也就是进行谋略行动时，所往往采取的行动策略。在这里我们考虑的是处于社会共识秩序与权力网络下的“社会人”，而不强调个别人心理动机的好坏。（《理论》，1999：160）

可见，当他以“阳奉阴违”来概括中国人真实行动的特征时，他的重心已经转到“阴”的层面上了。“阴”是主观的，但又不是心理的，这话矛盾吗？

他没有解释清楚。我们可以结合上面的讨论提出以下解释：（1）在邹氏看来，心理的是个别人的、多变的。而按照利己观，功利动机是每个人所共有的、稳定的动机，因此它不是心理的。（2）这种动机对应于韦伯所说的主观意义，它是社会学的。（3）按照福柯的理论，权力行动是社会脉络而不是个人决定的。所谓策略是脉络的策略，它与个人心理无关。（4）中国人的自私不只是个人的自私，它包括在“差序格局”中，为小圈子中的利益牺牲大圈子的利益（《理论》，1999：219）。这种利己是社会的，而不是个人心理的。

这几个方面的解释之间并不是连贯的，其中存在着矛盾。研究者需要自己取舍，建立体系。而这是一项艰难的工作。

韦伯从（1）转到（2），他是从个人行动开始讨论的，然后一跃过渡到宏观的文化系统上。福柯不满意于这个思路，他把重心放在微观社会脉络上。

可以看出，邹氏更欣赏并借鉴了福柯的理论。好像他是从（3）向（4）转，讨论以“差序格局”为特征的中国社会脉络中的权力行为。但是，他只是在一个注释中提到“差序格局”与中国人的自私之间的关系，而没有系统地阐述中国人的自我观与谋略行动之间的关系。

就是因为邹氏吸收了西方理论的观点，认为真实的行动是追求利益与权力的，是工具或者功利的，因此关注“阴”的层面的谋略行动。但是，这种行动对人的存在有什么意义，他没有深入阐释。他回避对动机的深入阐释，这是受福柯的影响。

邹氏引述了福柯的名句：“权力关系本身是意向性的（intentional），但却是非主体性的（nonsubjective）”（《理论》，1999：219）。这里的意向性指权力关系中充满了策略，而非主体性则指没有人能够发明或者制定权力运作的逻辑或者目的。在行动者有意识追求的目的之外，存在着特定脉络本身的策略逻辑，它不能归因于任何人的计划或者有意识的目的。

这个权力观要在（后）结构主义的脉络中来理解，福柯参与推出了这个脉络的一个招牌式观点：“主体性之死”（death of subjectivity）。

列维－施特劳斯（Levi-Strauss）等结构主义者反对诠释学重视时间的观点，转而重视空间。他们所描绘的空间结构是纯形式的，超越任何具体认同。好像这个结构不随时间而变化，类似于康德所说的物自体（多斯，2004：576～577）。福柯认为，不同时期、不同局部的社会结构是不同的。但是，在以社会结构（无论是宏观的还是微观的）排斥主体性（认同内容）这一点上，他与列维－施特劳斯是一致的。福柯等以描绘排除主体性的空间图像的方法来证实“主体性之死”的假设，此方法与此假设之间有循环的关系。

福柯认为权力是话语结构的内在性质，因此，“非主体”的权力观是“主体性之死”观点的翻版。

泰勒（Charles Taylor）指出，权力与支配不需要一个清晰界定的施行者，但是，它们需要一个受害者。只有在某事强加给某人时，才能称为支配。权力可能为情境所刻画，支配者和被支配者都陷于情境之中。但是，只有在压抑人们重要的欲望、目的的时候，才能谈到权力。这时需要关于自由的观念，假设没有权力压迫，人可以实现什么价值？因此，权力不可避免地与主体性的观念联系在一起。

（后）结构主义者批判原子论的主观主义，在揭示文化语言的背景对理解行动的重要性方面做出很大贡献。但是他们走到了另一个极端，以结构之名消解人类行动的目的性维度。这个极端的观点是错误的。福柯反对原子论的权力观，他的这个观点是深刻的。但是，他以极端的方式排斥主体性，因此使权力失去了关键特色。他以这样的权力观为基础所做的历史分析极具原创性，但是其中存在着矛盾（Taylor，1985：152 - 183）。

泰勒对福柯的评论是当代社会理论界诠释学与（后）结构主义两个进路的代表人物之间的对话。这两个进路都反对经验主义的原子论观点，都关注“相互主观的意义”（intersubjective meanings）。但是这时，还有没有主体性可言？两个进路的回答是不同的。（后）结构主义宣称主体性死了。诠释学认为还是要谈主体性，只是这不是封闭于个人之内的，而是在“对话”中建构的主体性。

这两个进路之间的分歧是细微的，但又是深刻的，它涉及对文化语言的态度问题。（后）结构主义认为语言是异化人的，而诠释学认为语言能够表达自然之真实，并且参与构成了人的真实存在。

可以看出，邹氏反对原子论观点，关注“相互主体性”。这时，他受福柯的影响较大，主体性概念在他的理论框架中失去了位置。但是，他要阐释的中国意涵却涉及主体性问题。于是，内容与结构之间出现了矛盾。

邹氏指出，福柯的权力理论突出“实（体）”的控制，因此具有西方色彩。邹氏自己则突出中国式权力对“虚”的控制，这是在阴阳虚实中拿捏分寸，其目的在于保全自身（包括身心及权位）（《理论》，1999：220）。而这种拿捏分寸、保全目的需要进入人的内心世界来阐释。他说《老子》的智慧有一种伟大的胸怀，《易》更追求一种坚忍而不苦闷的情操，它们都涉及内心的拿捏分寸的修养，这才是中国人人生修养的精华所在（《理论》，1999：185～186）。但是在排斥主体性的结构里，这样的点睛之语却只能在边缘位置，显得支离破碎。

不仅这一章，后面《实践》一书的表述也受这个结构的影响。

《实践》中表述得最清楚、最能给人留下深刻印象的是开始部分，这是关于政治领域的“阳奉阴违”的。邹氏在“自序”中概述了这个领域的逻辑：“阳”宣扬礼义道德而“阴”则为利益分赃，“阳”为文人政府而“阴”为胥吏暗盘政治，“阳”强调共识团结而“阴”则拉关系、搞派系。这种看不出人生修养的“阴谋”在他的结构中是比较容易表述的。

《实践》最后一章描述人际互动与个人领域的“阳奉阴违”，而这是与人生的修养关系密切的领域。

邹氏指出，中国人的社会化是一个先学“阳”、后学“阴”的过程，“阳”塑造了公开场合的“公己”（public self），它符合儒家的道德理想；“阴”是在私下场合满足“私己”（private self）的利益与情感（《实践》，2000：131～142）。可见，由“阳”到“阴”是把“阳”往下拉、打折扣的过程。在这个过程中，人们可以为“名实不符”“假公济私”进行辩解。这些做法是受情境影响而形成的，“阴/阳”二重性的社会体制使人们感到不确定和不信任。在这样的环境下，所谓原则只能放在“心”里。这时，做到“外圆内方”是需要自我修养的（《实践》，2000：142～158）。

这一章中常有闪光点，但是整体来看却显得有些散乱。邹氏的“公己”“私己”概念引自社会心理学家杨中芳。杨氏认为，“私己”来自内在、原始的冲动，是自私自利的。于是，中国人自我的两面性是外表的“公己”（大我）和内在的“私己”（小我）之间的反差所形成的（杨中芳，1991）。而邹氏所说的“内方”好像不是自私的原始冲动。那么，自我的深层是由什么构成的？有没有文化的因素？

“叶序”中说，将中国传统与西方现代的“理想型”进行对照，可以挖掘西方知识背后的文化成见，特别是诸多哲学人类学的预设。这句话值得回味。

上述分析显示，建构中国本土的“理想型”需要把自己的本体论预设明确地表述出来，否则这个理论结构就“拿”不出那些闪光的中国式观点，对那些观点的表述就会显得散乱。

而一个本体论预设与一定的价值关怀又是联系在一起的。

四　理论立场与价值关怀

像霍布斯那样，预设人是自私自利的动物，很可能支持抑制自私本性的法律。像福柯晚期那样，预设人是具有“性审美”潜力的动物，很可能要求社会话语减少对此潜力之压制。像泰勒那样，预设人是自我阐释的动物（a self-interpreting animal），很可能支持有助于实现文化自我之价值的政治制度。像儒家那样，预设人有善的自然潜能，很可能支持有助于自我修养的社会规范。邹氏的预设更复杂，但是，这个预设也会倾向与一定的社会理想有亲和关系。

社会理想涉及邹氏所说的“批判的想象力”。他认为，台湾的现代化是不能斩断与中国传统文化的联系的，中国传统模式经过“变形”，可能成为现代模式的一个基础。这个观点同样适合中国大陆社会，很多学者已经认识到这一点。中国文化的现代转化是当前社会科学家们所关心的问题。

近年来，中国传统谋略受到突出的关注。描述官场权谋的古装电视剧连续不断，“戏说”中的和珅甚至成为一些人为官的榜样。谋略是中国传统文化中的重要部分，但是，在大陆流行“厚黑学”、台湾出现选举丑闻的背景下，这些重视谋略的现象却令人担忧。

面对这样的社会状况我们更能感到韦伯的深刻。他指出，资本主义是一个理想，现代化是从价值理性的转化开始的。泰勒继续指出，经过现代转化，自我理想取代了新教伦理的地位，成为西方人现代化的内在动力。在“自我实现”这个口号的背后，有着深刻的哲学思想。泰勒把这种思想称为“真诚的伦理”（the ethics of authenticity）。他指出，这种自我观与工具理性成犄角之势，它可以阻止工具理性对人的异化（Taylor，1992）。

如果没有“真诚的”自我观的配合，西方的工具理性不仅不能得以充分发展，而且可能成为异化人的“铁笼”。相应地，如果没有自我修养与情怀的支持，中国式的谋略可能使人们丧失安全感，使社会陷于诚信危机之中。

邹氏不满于仅在工具的层次阐释谋略，他要进入中国人自我修养与情怀的境界之中。这是他的深刻之处。但是在他的“相互主体性”结构中，主体性失去了位置，因此他的深层关怀没有充分表达出来。

基于这种深层关怀，中国人的现代化道路不应是将传统理想往下拉、打折扣，而是对它们进行转化，形成与现代工具理性相配合的现代自我观。这种观念是针对普通人而不是圣人的，在这个意义上，好像它比传统理想要低一些；但是，它比古代理想具有更鲜明的普遍性观点，在这个意义上，它比传统理想还高呢。可以预言，受深远的中国传统文化影响的社会，它们的现代化也需要深刻的理想。

从上面的介绍与评论可以看出，邹氏的本土化研究不是“义和团”式的。它需要吸收西方前沿社会理论，并与中国传统思想、中国（包括台湾）社会中的经验相互撞击，形成清晰的理论结构。这种结构要有深刻的哲学人类学预设，要“拿”得住具有中国神韵的经验现象。在急功近利的时代里，这样艰难的探索是少见的。

笔者在10年前就读过这篇博士论文，近期再读这两本书，仍然受到感染，很快进入深深的愉悦状态之中。

这是令人钦佩的研究。笔者尝试揭示邹氏的理论立场，并从其他立场与他对话，是希望能够拓展理论视野，加深对他的理解。而激励更多学者做出更多中国原创性的社会学理论研究，是笔者这个书评更大的目的。

参考文献

雷蒙·阿隆，2000，《社会学主要思潮》，葛志强、胡秉成、王沪宁译，华夏出版社。

弗朗索瓦·多斯，2004，《从结构到解构：法国20世纪思想主潮》（下卷），季广茂译，中央编译出版社。

洪胜杓，2006，《儒家与近代社会学家的人性理论之间的比较研究》，中国社会科学院社会学研究所，《社会理论》第2辑。

韦伯，1997，《社会学的基本概念》，顾中华译，台北：远流出版公司。

杨中芳，1991，《试论中国人的“自己”：理论与研究方向》，载杨中芳、高尚仁，《中国人、中国心——人格与社会篇》，台北：远流出版公司。

翟学伟，2004，《中国社会中的日常权威——关系与权力的历史社会学研究》，社会科学文献出版社。

邹川雄，1999，《拿捏分寸与阳奉阴违：一个传统中国社会行事逻辑的初步探索》，台北：洪叶。

——，2000，《中国社会学实践：阳奉阴违的中国人》，台北：洪叶。

Hekman，Susan. 1983. *Max Weber and Contemporary Social Theory*. Oxford：Martin Robertson Press.

Taylor，Charles. 1985. "Foucault on Freedom and Truth." *Philosophy and Human Sciences*：*Philosophical Papers Ⅱ*. London：Cambridge Press.

——. 1992. *The Ethics of Authenticity*. Cambridge：Harvard University Press.

员工心理契约的结构及其内部关系研究*

李 原 郭德俊

摘 要：员工心理契约是指，在组织与员工的相互关系中，员工所感知到的彼此为对方承担的责任。它包括两个方面的内容："组织责任"和"员工责任"。本文采用验证性因素分析，通过对796名被试进行的调查研究表明，对于中国员工的心理契约来说，三维结构的解释相比二维结构和单维结构更为合理，即在"组织责任"与"员工责任"中均包括三个维度：规范型责任、人际型责任和发展型责任。采用回归分析检验相互责任的内部影响，研究结果并没有发现"组织责任"对"员工责任"的平行影响关系，它们之间表现为一种交互作用的关系（既有平行又有交叉的影响）。

关键词：员工心理契约 规范型责任 人际型责任 发展型责任

一 问题的提出

契约关系是组织环境中一种普遍存在的社会现象，它通过对相互责任的界定把个体与组织有机结合起来，对双方的行为进行规定和约束。但是，在员工与组织的相互关系中，除了书面契约规定的内容外，还存在着隐含的、非正式的、未公开说明的相互期望和理解，这些构成了心理契约（psychological contract）的内容。与经济契约相比，心理契约虽然多以模糊性和隐含性为特点，但它同样会影响到员工的工作绩效、工作满意感、对组织的情感投入，以及对组织的忠诚。

改革开放之前，传统的中国组织对个人形成一种"组织化"的统治，

* 原文发表于《社会学研究》2006年第5期。

个人与组织的关系由于资源主要由单位垄断性分配的机制从而异常紧密（李汉林，2004）。在这种紧密的相互作用中，形成的契约关系也是稳定而牢固的：组织对员工不仅承担经济职能，而且还包括各种社会职能；与此同时，员工的回报是服从和依赖。随着体制改革的不断深化，组织的职能与格局发生了巨大变化，从而不可避免地导致了组织与员工之间心理契约的改变。而心理契约作为维系员工与组织之间的心理纽带，它的改变势必直接影响到员工对于组织的态度与行为。因此，在中国当前的文化和社会背景下，对组织中的心理契约进行探讨有着理论和现实的双重意义。

（一）员工心理契约概念的发展

20 世纪 60 年代初心理契约这一概念被引入管理领域。组织心理学家阿吉利斯在其《理解组织行为》（Argyris，1960）一书中，用“心理的工作契约”来说明工人与工头之间的关系；莱温森（Levinson，1962）等人将心理契约界定为存在于雇员与雇主之间内隐的、不成文的相互期望的总和。科特（Kotter，1973）指出，心理契约是个人与组织之间的一份内隐协议，协议中指明了在彼此关系中一方期望另一方的付出与回报的内容。施恩（Schein，1978、1980）则把它界定为“任何时刻都存在于个体与组织之间的一系列没有明文规定的期望”，并明确指出它对于行为动机的重要意义。总体来讲，心理契约的研究包括两个视角：员工视角——员工个体（或雇员）对于组织与员工相互责任的期望与理解，称为员工心理契约；组织视角——组织（或雇主）对于组织与员工相互责任的期望与理解，称为组织心理契约。

然而，在实证研究领域，对于如何确定组织视角上的心理契约一直存在争议，焦点集中在到底什么人和什么事能代表组织水平的期望？罗素（Rousseau，1989、1995）针对这些争论指出，心理契约是对于雇佣双方相互责任与义务的认知，组织作为契约的一方，只提供了形成心理契约的背景和环境，它本身并不具备建构心理契约的认知加工过程。罗素还进一步提出了建立在个体水平上的心理契约的狭义定义，认为它是在组织与员工的互动关系中，员工个体对于雇佣双方彼此应该为对方承担的责任的认知与信念。其核心内容是双方互惠互利的责任，包括“组织对员工承担的责任”（简称“组织责任”）和“员工对组织承担的责任”（简称“员工责任”）。当然，这里所说的责任，指的是员工对于彼此责任的主观认知，而不是客观的实际责任。由于这一定义界限明确，为实证研究带来了便利，因而被颇多研究者采用（李原、郭德俊，2002）。本项研究也是在对这一概念界定的基础上进行的。

（二）现有研究的不足及问题的提出

自从罗素开创了心理契约实证研究的先河以来，近20年间涌现了大量研究，内容涉及心理契约的结构、内容、发展、变化、违背等众多领域。然而，在文献综述的基础上我们发现，在心理契约的内容和结构方面依然没有形成共识，尚有必要进行深入的理论论证及实证研究。其分歧主要表现在以下三个方面。

第一，心理契约在结构上存在分歧。大部分研究者支持二维结构，也有研究者提出了三维结构，还有研究者笼统地把心理契约视为一个维度综合考察它的影响。另外，各结构中包括的内容缺乏稳定性。例如，对于组织为员工提供的培训责任，一些研究将其划入交易责任，另一些研究则将其划入关系责任。再有，不同研究者有时使用相同的概念称谓，但实际上所表达的概念内涵并不相同（例如米尔沃德和霍普金斯所用的交易责任与罗素等人使用的同名但概念意义十分不同）。

第二，心理契约的形成与发展受到个体、组织和社会三个水平因素的影响。该领域中绝大多数的研究来自西方，然而我国的文化、社会和经济背景均与西方国家不同，这种环境的不同是否会对心理契约的构成产生独特影响，也是值得深入探索的问题。

第三，为了探讨心理契约的结构和内容，通常的实证研究在孤立和分离的基础上考察“员工对组织的责任”和“组织对员工的责任”，缺乏对于契约内部两种责任之间相互影响的研究。那么，在现实生活中，“组织的责任”是否会影响到“员工的责任”？其影响力有多大？进一步说，组织责任中的不同方面对于员工责任中的不同方面又有什么样的影响？这些问题均缺乏充分的实证检验。[①]

契约研究的领域虽然众多，但对契约结构的剖析无疑是进一步深入研究的基础和保证。针对目前研究中的这些不足，我们试图在我国情境下对

① 有关组织中心理契约的文献综述参见李原、郭德俊（2002）。

心理契约的特点进行探索性研究。首先，我们针对契约结构中的各种观点进行梳理，从我国文化的角度形成对心理契约的结构构想。其次，在理论构想的基础上编制心理契约问卷，运用因素分析验证我们结构构想的合理性。最后，进一步探讨心理契约中双方责任的交互影响关系。

二 理论构想与研究假设

（一）中国员工心理契约的三维构想

前面已经指出，有关心理契约结构方面的已有研究结果并不一致，主要可以划分为二维结构说和三维结构说。其中二维结构说占主导地位，它最早由麦克尼尔（MacNeil，1985）提出，认为心理契约包括交易和关系两个维度。交易维度（transactional dimension）由具体、短时、有形的相互责任构成，双方强调当前利益的即时交换。例如，员工方根据工作要求生产合格产品，企业方根据产品数量支付报酬。关系维度（relational dimension）由广泛、长时、开放性的相互责任构成，它不仅基于经济成分的相互交换，还基于未来的事业发展、自身的学习进步以及社会情感方面的交换。在此，契约内容更多为主观性的理解。例如，企业方为员工安排培训，提升员工的自身能力水平；员工方不断进行技术创新，提高企业的生产效率。罗宾森等（Robinson et al.，1994）、米尔沃德和霍普金斯（Millward and Hopkins，1998）、哥克威克和泰垂克（Gakovic and Tetrick，2003）、拉加等（Raja et al.，2004）、陈加洲等（2003）的研究均验证了二维结构的存在，不过，不同研究者在每个维度上包括的具体内容不尽相同。

近年来，一些研究者对二维结构说提出了异议。李、汀斯利和陈（Lee，Tinsley and Chen，2000）进行的一项香港与美国工作小组的跨文化研究，得到的结果支持三维结构的合理性，他们将这三个维度界定为：交易维度、关系维度和团队成员维度。其中交易维度依然强调具体、有形、基于当前利益的工具性相互交换；此时的关系维度具体界定为雇佣双方（成员与团队之间）相互支持与帮助，彼此沟通与交往，互相信赖与忠诚，承担长久的、开放性的责任；此时的团队成员维度（teamplayer dimension）具体指的是员工与组织在事业发展上彼此承担责任。科伊尔-夏比洛和凯斯勒（Coyle-Shapiro and Kessler，2000）对“雇主责任”进行分析时也得到类似的三个维度，他们界定为交易责任、培训责任与关系责任。朱晓妹、王重鸣（2005）针对我国知识型员工的研究发现：组织责任由物质激励、环境支持和发展机会三个维度构成；员工责任由规范遵循、组织认同、创业导向三个维度构成。

仔细考查有关契约结构的两种学说，我们认为三维结构模型对于解释中国员工的契约结构更为恰当。理由有二：其一，二维结构说与三维结构说具有内在关联性，当组织文化或社会文化强调人际配合时，二维结构中的“关系维度”会进一步分离成两个独立维度；其二，中国的文化背景十分强调社会联系与人际支持，这一点与三维结构中关系维度的内容相似，而被经典的二维结构所忽视或掩盖。以下做具体说明。

首先，通过对两种结构说包括的内容及测量问卷的构成条目进行分析，可以看到它们的内在关联性。其中三维结构和二维结构所包括的“交易维度”在概念内涵上是相同的。而经典二维结构中的“关系维度”其内容分别指向两个方面。一个方面指向工作。在此组织要满足员工的事业发展需求，使员工得到工作中的成就感和满足感；员工要主动承担角色外的工作任务（extra-role job），促进组织的进一步成功和发展，这部分内容与李、汀斯利和陈的“团队成员维度”、科伊尔－夏比洛等人的“培训维度”、朱晓妹等人的“发展机会责任”的内容十分相似。另一个方面指向人，强调人际支持与社会联系。在此，组织要关怀与尊重员工；员工要在组织中主动为他人提供支持和帮助。这部分内容与李、汀斯利和陈的“关系维度”相同，也与朱晓妹等人提出的环境支持责任有很大的相似性。当然，在经典的二维结构中，“关系维度”体现的内容主要是“彼此对事业的成功承担责任”，而指向人的方面的条目较少，明显处于次要地位。但是，当组织环境中强调人际配合、团队取向时，关系维度中“人际支持与社会联系”方面的责任就会凸显出来，从而分离成为一个独立维度。

其次，在分析中西文化的差异时，一些社会心理学家早就强调，中国文化中社会关系的因素扮演着重要角色。很多学者认为中国人更多带有集体主义文化（collectivism）取向，其特点是愿意与他人共享物质与非物质的各种东西，允许并愿意让他人参与自己的生活，也希望自己参与他人的生活（Hui and Triandis，1986）。杨国枢进一步认为，中国人的社会取向可以分为四类主要特征，即家庭取向、关系取向、权威取向及他人取向。他强调，中国人十分看重人际关系的和谐，希望别人接受自己并希望获得别人的奖赏和称赞，为了避免人际冲突宁可做出一定的妥协与让步。而美国人相对来说更强调个人，张扬独立和看重竞争（杨国枢，1981、1993）。正是由于人际关系这一要素在中国文化中的重要作用，所以在社会科学研究中，西方人的分析单元是个体，而中国人的分析单元应该考虑关系中的个体（individual-in-relation）（许烺光，1989）。基于中国文化的背景，我们认为在员工心理契约的研究中，除了强调基于当前利益交易的责任和满足事业发展空间的责任之外，强调社会联系和人际支持的责任也十分重要。因为中国人需要"存在"于社会关系之中，虽然这个维度常常被主流的西方研究所忽视。李、汀斯利和陈（Lee，Tinsley and Chen，2000）也指出，华人员工相信组织中的人际交往可以促进相互责任的实现。

为了避免概念称谓上的歧义，使其更符合文化习惯，我们把这三个维度架构为：规范型责任、人际型责任和发展型责任。规范型责任强调雇佣双方明确、具体、基本的相互责任。人际型责任强调雇佣双方的社会联系、相互信赖与彼此尊重。发展型责任强调雇佣双方彼此对事业成功和事业发展承担责任。当然，这一理论构想是否合理尚需实证检验。为此，我们将在理论构想基础上编制调查问卷，并通过验证性因素分析检验这一构想的合理性。

假设1：对于我国企业员工来说，心理契约的三维结构相比二维结构更为合理。

（二）心理契约内部的影响关系

心理契约包括两个方面：员工对于"组织为员工承担的责任"和"员工为组织承担的责任"的感知。那么，二者之间的相互影响关系如何？在心理契约内部关系的研究中一直存在着争论：从严格意义上讲，"组织责任"与"员工责任"是互为作用、相互影响的，二者密切交织在一起。这种动态变化状况无疑给研究带来极大困难。不过，目前多数研究者认可这样一种解释：在现实的企业关系中，员工与组织双方的关系并不是完全对等的，组织总是起着决定作用，员工是在看到、听到或体会到组织对员工提供的条件与承诺后，相应调整自己的态度与行为，使自己的责任与组织的责任相匹配。所以，在二者关系中，相对来说组织对员工承担的（或承诺承担的）责任在先，员工对组织承担的责任在后（Rousseau，1995）。

罗素（Rousseau，1995）等人曾从理论上探讨了心理契约中双方责任的内部关系，指出，从社会交换的角度出发，员工从企业中得到的报偿与其对企业的贡献是相应的。如果企业只注重给员工经济利益的短期回报，而不关注长期的、发展方面的投资，那么员工会调整自己的付出，使之对企业的责任也局限在完成规定的工作任务，不会主动承担职责之外的工作。企业只有增加对员工发展机会的投资，重视对员工的人文关怀，才会使员工对组织形成情感承诺，从而建立长期的关系纽带。言下之意，心理契约的各维度相互之间为一种平行的影响关系，即组织对员工提供的交易型责任，影响到员工对组织的交易型责任；组织对员工的关系型责任，影响到员工对组织的关系型责任。陈加洲（2000）的实证研究支持了二维结构中这种平行关系的存在。

那么，"组织责任"与"员工责任"内部关系中的这种平行影响关系是否在中国员工中切实存在呢？我们希望通过实证研究来检验。

假设2：在心理契约内部，"组织责任"对"员工责任"的影响是一种互惠互利的平行影响关系。具体而言，组织责任的三个维度会平行影响到员工责任的三个维度。

三　研究方法

（一）被试

被试来自北京、上海、石家庄、保定、广州、深圳6个城市共20家企业，这些企业涉及医药、化工、电子、通信、出版等行业。其中国有企业7家，民营或私营企业7家，外资或合资企业6家。调查共发放问卷1020份，回收有效问卷796份，有效率78.0%。被试中男性占49.1%，女性占50.9%；文化程度为高中、中专以下者占9.9%，高中或中专占32.2%，大专或大学占48.4%，硕士及以上占9.5%。年龄30岁以下者占49%，30~40岁占34%，40岁以上占17%。

（二）问卷

员工心理契约包括两方面内容，因此，"员工心理契约调查问卷"也相应分为两部分："组织责任"分问卷和"员工责任"分问卷。问卷编制工作包括四个步骤。

第一步，收集问卷项目。我们从以下几个方面入手：查阅文献、收集国内外相关问卷（Rousseau，1998，2000；Lee，Tinsley and Chen，2000；Millward and Hopkins，1998；陈加洲等，2003）；对人力资源管理方面的专家、学者和实践者进行深入访谈，收集他们对心理契约结构和内容的看法；分别对4家企业共计23名员工分4组进行焦点小组访谈，了解员工针对雇佣关系中"员工责任"和"组织责任"的想法；对中国人民大学2000级MBA和EMBA在职研究生进行开放式问卷调查，收集"组织责任"和"员工责任"中包含的具体内容。

第二步，对收集到的条目进行归类、合并、修订、重要性评定。收集到的条目有不少表述重复、内容相似，需要进行整理。这项工作由研究者本人及人力资源管理专业的两名研究生组成三人小组共同完成，并请两位人力资源专家对整理结果进行评定。

第三步，进行预试。共发放问卷250份，回收有效问卷183份，有效率73.2%。采用因素分析对问卷的结构进行初步考查，并对项目进一步筛选，删去在潜变量上负荷过低的项目，最终形成正式问卷。

第四步，编制正式问卷。最终修订的《员工心理契约调查问卷》，"组织责任"分问卷中包括21个项目，其中规范维度5个项目，人际维度9个项目，发展维度7个项目；"员工责任"分问卷中包括18个项目，其中规范维度6个项目，人际维度5个项目，发展维度7个项目。问卷项目以自陈方式呈现，采用李克特五级量表评分。

例题1：组织责任方面（共21个条目）

你觉得以下方面是否符合你在企业中的实际情况？请根据①-⑤标度的意义在相应选项上画"√"。

①非常不符合　②比较不符合　③不确定　④比较符合　⑤非常符合

1. 这个企业给我提供的工作富于挑战性	① ② ③ ④ ⑤
2. 这个企业给我提供了事业发展的机会	① ② ③ ④ ⑤

例题 2：员工责任方面（共 18 个条目）

你觉得以下方面是否符合你自己的实际情况？请根据①－⑤标度的意义在相应选项上画“√”。

①非常不符合 ②比较不符合 ③不确定 ④比较符合 ⑤非常符合

1. 忠诚于这个企业	①②③④⑤
2. 自觉帮助企业做额外的工作而不计较有无报酬	①②③④⑤

四 结果分析

（一）三维结构检验

1. “组织责任”三维结构检验

为验证心理契约中“组织责任”三维结构假设的合理性，需要与其他可能存在的模型进行比较。在已有研究文献的基础上，我们与另外两个竞争模型进行比较。二维竞争模型的提出主要基于经典二维结构说的内容，前面已指出不少实证研究支持这一观点。我们把人际维度与发展维度合并，与规范维度并列构成二维模型。单维模型则把三种成分组合起来构成一个维度。提出这一模型的原因在于，一些学者认为心理契约是一个连续体，它的两端分别指向两种契约：交易成分和关系成分。另外，也有研究者没有针对心理契约中的“组织责任”和“员工责任”进一步细分，而是视其为一个整体进行研究（Freese and Schalk，1996；Herriot et al.，1997）。通过单维模型可以检验这种研究思路的有效性。验证性因素分析结果见表 1。三维结构模型在潜变量上的负荷见表 2。

表 1 验证性因素分析结果比较（组织责任）

模型	X^2	df	X^2/df	RMSEA	SRMR	GFI	NNFI	CFI	IFI
单维模型	1096.14	189	5.800	0.087	0.052	0.86	0.85	0.87	0.87
二维模型	1012.60	188	5.386	0.083	0.050	0.87	0.86	0.88	0.88
三维模型	798.74	186	4.294	0.072	0.045	0.89	0.89	0.90	0.90

表 2　观测变量在潜变量上的负荷及误差负荷（组织责任）

序号	题目	因素 1	因素 2	因素 3
QER02	良好的上下级关系	0.69	—	—
QER03	信任员工	0.64	—	—
QER06	友善的工作环境	0.76	—	—
QER11	尊重员工	0.76	—	—
QER12	合作氛围	0.69	—	—
QER14	真诚对待员工	0.75	—	—
QER15	关怀个人生活	0.73	—	—
QER20	提供工作指导	0.74	—	—
QER21	肯定贡献	0.62	—	—
QER01	挑战性工作	—	0.51	—
QER05	事业发展机会	—	0.71	—
QER16	工作自主权	—	0.70	—
QER17	参与决策	—	0.70	—
QER18	工作发挥所长	—	0.70	—
QER07	学习机会	—	0.58	—
QER13	晋升机会	—	0.66	—
QER04	绩效工资	—	—	0.45
QER08	稳定工作保障	—	—	0.65
QER09	公平待遇	—	—	0.61
QER10	良好福利	—	—	0.57
QER19	工作条件保证	—	—	0.61

2. “员工责任”三维结构检验

同理，验证“员工责任”三维结构假设的合理性时，我们也在文献的基础上提出两个竞争模型进行对比。在二维竞争模型中，将人际维度与发展维度合并为一个维度，与规范维度并列构成两维模型，该竞争模型用于验证经典二维结构的合理性。单维模型则把三个维度合而为一，检验“员工责任”的各个项目是否实际上只是一个维度。验证性因素分析结果见表3。三维结构模型在潜变量上的负荷见表4。

表3　验证性因素分析结果比较（员工责任）

模型	X^2	Df	X^2/df	RMSEA	SRMR	GFI	NNFI	CFI	IFI
单维模型	718.05	135	5.320	0.087	0.054	0.88	0.85	0.86	0.86
二维模型	674.60	134	5.034	0.084	0.053	0.88	0.85	0.86	0.87
三维模型	622.75	132	4.718	0.081	0.051	0.89	0.86	0.88	0.88

表4　观测变量在潜变量上的负荷和误差负荷（员工责任）

序号	题目	因素1	因素2	因素3
QEE04	完成角色外工作职责	0.60	—	—
QEE10	为企业牺牲个人利益	0.71	—	—
QEE13	出谋划策	0.65	—	—
QEE14	学习新技术	0.75	—	—
QEE16	优质工作	0.70	—	—
QEE17	全身心投入	0.74	—	—
QEE11	维护组织形象	0.63		
QEE01	加班工作	—	0.49	—
QEE02	忠诚组织		0.67	—
QEE03	不支持竞争对手		0.37	—
QEE05	辞职提前通告	—	0.48	—
QEE06	保守商业秘密	—	0.70	—
QEE12	接受工作调整	—	0.61	—
QEE07	人际和谐	—		0.68
QEE08	团队精神	—		0.68
QEE09	帮助同事	—		0.63
QEE15	信息沟通	—	—	0.65
QEE18	主动配合上级	—	—	0.56

（二）问卷信效度检查

总量表和各项分量表的内部一致性系数见表5。表5中各项信度系数均较高，说明量表的信度较好。另外，分别考察表2和表4中三维结构在潜变量上的载荷可以看到，“组织责任”和“员工责任”两个分问卷包括的因素结构清晰，因素内所包括的条目在相应因子上的载荷也较高（“组织责任”中各项均达到0.45以上，“员工责任”中各项均达到0.37以上），说明问卷的结构效度较好。

表5 各项测量指标的平均数、标准差、问卷信度汇总

各量表	*M*（SD）	Cronbach a
组织对员工承担的责任	3.546（0.8020）	0.934
规范责任	3.617（0.7643）	0.712
人际责任	3.614（0.8009）	0.909
发展责任	3.319（0.8425）	0.849
员工对组织承担的责任	4.211（0.6928）	0.905
规范责任	4.118（0.7546）	0.673
人际责任	4.428（0.6093）	0.839
发展责任	4.132（0.6994）	0.866

（三）心理契约的内部关系研究

运用多元回归分析方法对这一问题进行考察，分别以组织承担的三种责任维度作为自变量，以员工承担的三种责任维度作为因变量进行回归分析，结果见表6。

表6 “组织责任”对“员工责任”的回归分析

因变量 / 变异源	员工承担的人际责任		员工承担的发展责任		员工承担的规范责任	
	Beta	*t*	*Beta*	*t*	*Beta*	*t*
组织承担的人际责任	0.44**	8.64	0.36**	7.13	0.16**	3.07
组织承担的发展责任	-0.17**	-3.49	-0.01	-0.23	-0.03	-0.59
组织承担的规范责任	0.19**	4.46	0.16**	3.37	0.25**	5.56
F	70.96		69.67		38.30	
R^2	0.21		0.21		0.12	

注：* $p<0.05$，** $p<0.01$.

表6的数据表明，对于“员工承担的人际责任”来说，组织的三种责任维度共同解释变异量的21%，并且组织责任的三个维度的预测力均

具有显著水平。对于“员工承担的发展责任”来说，组织的三种责任维度共同解释变异量的21%，其中组织的人际责任和规范责任的预测力达到显著性水平。对于“员工承担的规范责任”来说，组织的三种责任维度共同解释变异量的12%，其中组织的规范责任和人际责任的预测力达到显著水平。

五 讨论

在三维结构检验中，采用验证性因素分析的目的是比较多个模型间的优劣，确定最佳匹配模型。衡量模型好坏的指标很多。X^2/df 通常作为一个重要指标，该值越接近0，表明观测数据与模型拟合得越好。$X^2/df<3$ 表示整体模型拟合得非常好。不过，这一指数受到样本容量的影响，当影响容量较大时，$X^2/df<5$ 就可以接受。近年来不少人采用RMSEA拟合指标对观测数据与构想模型的支持情况进行评价。其变化范围为0～1，越接近0越好，0.08以下说明模型拟合理想。其他几个常用指标GFI、CFI、IFI、NNFI的变化范围均为0～1，越接近1越好。当这几个指标大于0.90时，被认为拟合理想（孟庆茂、侯杰泰，2001）。

从表1可以看到，“组织责任”三维模型在常用拟合指数上均达到较为理想的水平。其中CFI、IFI都达到0.90，NNFI、GFI接近0.90，RMSEA < 0.08，$X^2/df<5$。与其他两个模型相比，三维结构的拟合指数明显优于其他二者，说明三维结构的假设是合理的。从表3可以看到，“员工责任”三维模型在以上几个拟合指标上也达到可以接受的水平。其中 $X^2/df<5$；RMSEA值为0.081，接近0.08，可以接受。GFI、CFI、IFI均在0.88～0.89的范围内，NNFI值为0.86，虽然没有达到理想的0.90的水平，但在可以接受的范围内。与其他两个模型相比，三维结构的拟合指数也相对优于其他二者，尤其在 X^2/df 和RMSEA上差异明显。

结果表明，三维模型均优于其他两个模型，同时又具有很高的拟合度和稳定性，假设1得到了验证，即对于中国员工的心理契约来说，三维结构的解释更为合理，即“组织责任”与“员工责任”均包括规范、人际、发展三个维度。它与西方经典二维结构说的最大差异在于，雇佣双方彼此的“人际支持与社会联系”责任凸显出来，成为一个独立维度。前面已经论述过，这与中国文化有着一脉相承的联系。表6概括了员工心理契约的三维结构及其相应内容。

与国内现有的契约结构研究相比，我们的研究结果与朱晓妹等人（2005）的结构在组织责任维度上有很多相似性。从问卷条目来看，他们的“发展机会”维度与我们的发展维度是等同的；他们的“物质激励”维度强调的是企业给员工提供明确的物质待遇，与我们的规范维度内容也非常相似；他们的“环境支持”虽然包括了充分资源的物质环境，但大多数内容强调的是组织内良好的人际和社会环境，这些内容正是我们在人际责任维度中体现的要素。但是，两项研究在员工责任方面有较大的不同。这也许与两个量表所选择的条目不同、研究中所抽取的被试样本不同有关。总之，这一问题值得进行深入的探讨和研究，如表7所示。

表7 员工心理契约的内容

	组织对员工承担的责任	员工对组织承担的责任
规范维度	企业对员工提供明确、具体、有关工作环境和物质待遇的条件。这些条件一般在企业中有较明确的规定。例如薪水、福利、稳定工作保障	员工遵守企业制度和行为规范，承担组织明确规定的工作要求和岗位职责。例如保守商业机密、如果组织需要接受工作调整
人际维度	企业给员工提供良好的人际环境，关心员工的个人生活，为员工解决生活中的困难。例如尊重员工、关怀员工的个人成长与个人生活	员工为企业建设良好的人际环境，与周围同事相互帮助、资源共享。例如对同事提供帮助、主动配合上级完成各项工作
发展维度	企业给员工提供事业发展的空间，能使员工充分发挥自己的优势和潜能。例如工作的挑战性、培训与学习机会	员工付出额外的工作努力，自觉承担角色外的工作任务，促进组织事业的发展与成功。例如主动承担额外工作而不计报酬、努力使个人工作达到优质标准

通过多元回归分析考察结构内部的互惠影响关系，结果并不支持罗素（Rousseau，1995）等人提出的一一对应的平行影响关系。它们之间既有平行影响也有交叉影响。我们认为这种交互影响是符合现实情况的。心理契约中三个维度之间并非相互独立，它们相互之间具有一定的相关性，会通过相互作用共同影响到员工的责任。我们的结论在一定程度上支持了基于契约违背研究而提出的交互影响的看法。赫里特和潘伯顿（Herriot and

Pemberton，1996）在他们的研究基础上指出，契约中的交易内容被违背时，导致明确的谈判、个人投资的调整或离职；关系内容被违背时，情绪反应扮演着重要角色，同时员工更多关注于契约中的交易成分。这说明二者之间还存在着交互影响的作用。达波斯和罗素（Dabos and Rousseau，2004）采用管理者—员工的匹配数据，分别从管理者角度收集组织责任的数据，从员工角度收集雇员责任的数据，进而考察双方责任的互惠关系，结果也发现双方责任的互惠性表现得十分复杂。其中一个原因来自互惠关系方面的时效性，即一方施惠之后，对方是会做出相应的即时回报还是要等很长一段时间再回报，这取决于很多因素，如契约性质（例如交易型还是关系型）、资源卷入性质（例如薪水、职业发展）以及组织大环境的特点。所以，不容易看到理论假设中的平行对应关系。

从研究结果还可以看出，“组织承担的人际责任”对于员工责任的三个维度均有显著预测力。这表明，如果组织给员工提供良好的人际环境、对员工体现更多的人文关怀，可以促使员工积极为组织承担各方面的责任与义务。值得注意的是，“组织的人际责任”在西方经典的二维结构中是相对受到忽视的内容。而在对我国员工的研究中它却是一个对员工责任影响十分重要的预测因素。这从一个侧面反映出心理契约的内容受到文化的影响，说明在我国文化环境下员工的心理契约有着自己的特色。同时也表明，为了建设积极和谐的心理契约关系，企业管理者有必要对这一内容给予重点关注。

“组织承担的规范责任”对于员工责任的三个维度均有显著预测力，这表明如果组织提供良好的经济报酬和物质条件，不仅会促使员工积极完成基本的工作要求，还会促使员工与组织之间建立广泛的、关注长期发展和社会交往的联系。这一结果支持了“物质奖励是激励员工行为的重要因素”这一经典的强化理论观点。

研究发现，“组织承担的发展责任”对于“员工的人际责任”具有负向预测力，也就是说，当组织给员工提供了更多事业发展空间时，员工在人际配合与相互支持上的责任感反而降低了。该结果似乎与一般常识有出入。分析其中可能的原因：当组织给员工提供更多发展机会和空间时，会使员工从工作中得到更多乐趣，也更关注自己事业的发展与成功，而相对来说在一定程度上忽视了对周围人的关注和交往（“员工的人际责任”）。

这也给我们提出了一个进一步的研究课题，有必要通过实证研究深入探讨其原因。

我们研究中的不足表现在两个方面。

首先，组织责任和员工责任之间的影响是动态的、交互的，二者中任何一方的变化都会导致另一方的变化，而这种新的变化又会进一步导致对方的改变。我们的研究只是选取了一个静态视角来考察二者之间的相互关系，未能真正揭示这种关系的内在机理。未来的研究应该加强纵向角度的研究，追踪考察这一动态交互作用的历程，以及这一过程受到哪些因素的影响。

其次，在心理契约的研究中，大部分实证研究采用个体水平的视角来探讨员工对于自己与组织互惠责任的感知，我们的研究也是如此。然而，在契约研究中缺乏从组织视角下的考察毕竟是不完整和不全面的，甚至会导致对其核心问题产生误导——毕竟心理契约是双方互惠互利的责任（Guest，1998）。莫里森和罗宾森（Morrison and Robinson，1997）指出，“（目前）心理契约被广泛界定为员工对于自己与组织之间互惠责任的理解，这种理解的基础是此员工所感知的来自组织的承诺，但组织的代理人未必认可这些责任和义务”，这一阐述也表明从组织角度研究心理契约的必要性。可见，未来心理契约的研究中补充组织视角的研究具有重要意义。

了解心理契约的内容和结构具有重要的现实意义，它可以为企业中的人力资源管理提供指导。心理契约是主观的，员工感到组织背信弃义（没有履行承诺）未必发生在组织真正背信弃义之时。所以，在雇佣双方之间加强沟通，明确相互之间的期望与责任，可以降低双方由于心理契约理解上的分歧而产生的误解，有利于在组织中建立一种互信（mutual trust）、互敬（mutual respect）、互报（mutual obligation）的良性关系，实现员工与组织的最佳匹配，真正构建所谓的命运共同体。

六　小结

本研究可以得出以下结论。

假设 1 得到了验证。采用验证性因素分析，结果表明心理契约的三维结构对于中国员工来说更为合理，即包括规范型责任、人际型责任、发展型责任。

假设 2 没有得到验证。心理契约中“组织责任”对“员工责任”的影响表现为一种交互作用的关系。其中组织承担的人际责任和规范责任对员工责任的各方面均有显著预测力。

参考文献

陈加洲，2000，《企业员工心理契约的结构》，中国科学院心理学博士学位论文。

陈加洲、凌文辁、方俐洛，2003，《企业员工心理契约的结构维度》，《心理学报》第 3 期。

李汉林，2004，《中国单位社会》，上海人民出版社。

李原、郭德俊，2002，《潜信用：组织中的心理契约》，《心理科学进展》第 1 期。

孟庆茂、侯杰泰，2001，《协方差结构模型与多层线性模型：原理与应用》（内部资料）。

许烺光，1989，《美国人与中国人——两种生活方式的比较》，华夏出版社。

杨国枢，1981，《中国人的性格与行为：形成及蜕变》，《中华心理学刊》第 1 期。

——，1993，《中国人的社会取向：社会互动的观点》，载杨国枢、余安邦主编《中国人的心理与行为——概念及方法篇》，台北：桂冠图书公司。

朱晓妹、王重鸣，2005，《中国背景下知识型员工的心理契约结构研究》，《科学学研究》第 1 期。

Anderson, N. 1998. "The Psychological Contract in Retrospect and Prospect." *Journal of Organizational Behavior* 19.

Argyris, C. 1960. *Understanding Organizational Behavior*. Homework, IL: Dorsey Press.

Coyle_Shapiro J. C. and L. Kessler 2000. "Consequences of the Psychological Contract for the Employment Relationship: A Large Scale Survey." *Journal of Management Studies* 17.

Dabos, G. and D. M. Rousseau. 2004. "Mutuality and Reciprocity in the Psychological Contracts of Employees and Employers." *Journal of Applied Psychology* 89 (1).

Freese, C. and R. Schalk. 1996. "Implications of Differences in Psychological Contracts for Human Resources Management." *European Journal of Work and Organizational Psychology* 5.

Gakovic, A. and L. Tetrick. 2003. "Perceived Organizational Support and Work Statns: A Comparison of the Employment Relationships of Part – time and Full – time Employees Attending University Classes." *Journal of Organizational Behavior* 24.

Guest, D. 1998. "Is the Psychological Contract Worth Taking Seriously?" *Journal of Organizational Behaviorn* 19.

Herriot, P. and C. Pemberton. 1996. "Contracting Careers." *Human Relations* 49.

Herriot, P., W. E. Manning and J. M. Kidd. 1997. "The Content of Psychological Contract." *British Journal of Management* 8.

Hui, H. and H. Triandis. 1986. "Individalism-Collectivism: A Study of Crosscultural Researcher." *Journal of Cross-Cultural Psychology* 17.

Kotter, J. P. 1973. "The Psychological Contract." *California Management Review* 15.

Lee, C, C. H. Tinsley and G. Z. Chen. 2000. "Psychological Normative Contracts of Work Group Member in the US and Hong Kong." in Rousseau (ed.) *Psychological Contract in Employment: Cross-Nntional Perspective.* Newbury Park, CA: Sage.

Levinson, H., C. R. Price, K. J. Munden, and C. M. Solley. 1962. *Men Management, and Mental Health.* Cambridge, MA: Harvard University Press.

MacNeil, I. R. 1985. "Relational Contract: What We Do and Do Not Know." *Wisconsin Law Review.*

Millward L J. and J. Hopkins L. 1998. "Psychological Contracts, Organizational and Job Commitment." *Journal of Applied Social Psychology* 28 (16).

Morrison, E. and S. Robinson. 1997. "When Employees Feel Betrayed: A model of how Psychological Contract Violation Develops." *Academy of Management Review* 22 (1).

Raja, U., G. Johns and F. Ntalianis. 2004. "The Impact of Personality of Psychological Contracts." *Academy of Management Journal* 47.

Robinson, S., M. Kraatz and D. Rousseau. 1994. "Changing Obligations and the Psychological Contract: A Longitudinal Study." *Academy of Management Journal* 37.

Rousseau, D. 1989. "Psychological and Implied Contracts in Organization." *Employee Rights and Responsibilities Journal* 2.

——. 1995. *Psychological Contracts in Organizations: Understanding Written and Unwritten Agreement.* Thousand Oaks, CA: SAGE Publications.

——. 1998. *Psychological Contract Inventory* (Ver 1).

——. 2000. *Psychological Contract Inventory Technical Report* (Ver 2).

Rousseau, D. M. and Tijoriwala. 1996. "Perceived Legitimacy & Uni lateral Contract Changes: It Takes a Good Reason to Change a Psychological Contract." Symposium at the SIOP Meetings, San Diago, April.

Shapiro J. C. and L. Kessler. 2000. "Consequences of the Psychological Contract for the Employment Relationship: A Large Scale Survey." *Journal of Management Studies* 17.

Schein, H. 1978. *Career Dynamics: Matching Individual and Organizational Needs.* Reading, Mass: Addison – Wesley.

——. 1980. *Organizational Psychology.* Englewood Cliffs, NJ: Prentice – Hall.

2007 年

加强社会建设理论和经验的研究*

李培林

中国社会学当前面临难得的发展机遇。这个机遇的到来，与和谐社会建设重大战略任务的提出、中国社会的巨大变迁、中国经验产生的广泛影响，以及中国社会学多年来基于深入调查积累的研究成果，都是密切相关的。同时，中国社会学的发展目前也面临诸多理论和经验领域的挑战，这些挑战我觉得主要集中在三个方面：一是如何从规律和法则的高度来认识、理解和阐释中国的巨大变迁；二是如何回答中国发展中目前的和一些中长期的重大现实问题；三是如何构建基于中国经验的社会建设理论。

关于如何从规律和法则的高度来认识、理解和阐释中国的巨大变迁，这不是一件很容易的事情。因为中国正在经历的巨大社会变迁的确是前所未有的，尽管从 1840 年以降，很多有识之士就在讨论“千年未有之变局”，但近 30 年来中国的变化的人口规模之大、发展速度之快和变化程度之深，在世界现代化历史上是空前的。

人口规模之大，是说全世界目前发达国家的总人口也没有 13 亿人口这么多，这么大规模的人口进入现代化的过程，就像一辆庞大超重的列车，一旦发动起来快速前行，如何控制是一个很复杂的问题。对中国这样一个十几亿人口的大国来说，人口变量是任何研究都难以回避的。人口总量、人口结构和人口素质的变化，会改变很多发展的结果和规则。中国的发展不但与人口小国有很多不同的要求，而且与人口零增长甚至负增长的国家相比，也面临着完全不同的对经济增长的要求。

发展速度之快，是说在全球化的过程中，中国的发展并不是完全重复过去一般的现代化过程，而是把很多国家上百年，甚至几百年的变化过程

* 原文发表于《社会学研究》2007 年第 2 期。

压缩到几十年的时间里完成，因为现在技术、资本、产品、制度、思想等要素传播和流动的速度已经不是过去可以同日而语的了。如此快速变化之下的中国社会，前工业化的、工业化的和后工业化的发展问题集中显现，前现代的、现代的和后现代的现象同时并存，各种社会矛盾错综复杂。因此，我们必须在新的社会多样化的条件下，探索促进社会整合、社会团结、社会和谐的新途径。

变化程度之深，是说变迁是全方位的。一方面是经济体制转轨与社会结构转型的同步进行。这20多年来，经济发展的主题，往往使人们把社会结构的变化单纯视为经济改革的自然结果或伴随现象，而实际上，社会结构的转型本身，就是一种推动经济社会发展的独立力量。中国社会结构变化的优势，是弹性依然很大，具有很大的空间，当改革调动起人们的积极性和创造力的时候，整个社会很快充满了活力。农业中技术对劳动的替代，农村劳动力向非农产业的迅速转移，乡村人口向城市的大量集中，都给社会带来巨大的收益。另一方面，就业结构、生活方式、行为选择、价值观念都发生了深刻变化，也产生了一些新的问题。例如，随着中国从农业社会向工业社会的转型，以血缘、地缘关系为纽带的传统社会关系转变为以业缘关系为纽带的现代社会关系。从某种意义上来说，人们所生活的社会正在从一个原来的熟人社会转变为一个陌生人的社会。在这种情况下，如何重建社会信任关系就是一个新课题。再比如，随着经济基础的重大调整和多种经济成分的发展，社会利益格局产生深刻变化，不同的社会阶层和利益群体产生不同的利益诉求。处理这种不同利益主体之间的摩擦、矛盾甚至冲突，对我们这样一个社会主义国家来说，也是一个市场经济条件下的新课题。还比如，伴随着经济社会的快速变化，不同的社会阶层、不同的年龄段人口、不同区域的人群，在一些基本价值的认识上产生了巨大差异，这就涉及如何在新形势下建设核心价值体系和形成社会共识的问题。

关于如何回答中国发展目前的和一些中长期的重大现实问题，这是社会学的发展必须面对的。有的学者认为学问可以超越现实问题，我觉得至少社会学作为一门经验学科，是无法回避重大现实问题的。不仅无法回避现实问题，而且必须直面现实问题。社会学在历史上的几次大的发展中形成了一些有影响的学派，都与解决现代化过程中一些特定的重大现实问题有关。

有些问题我们很难从过去的历史经验中找到现成的答案。比如在推进市场化改革的过程中，中国的收入差距也不断扩大。这究竟是一个阶段性的问题，还是一个新的长期趋势，现在还难以定论。直到 20 世纪 90 年代中期，多数学者还认为，这种差距的扩大是市场化改革的“自然结果”，中国随着发展的进程和富裕起来，分配问题也会自然得到解决。但现在，中国的贫富差距扩大的曲线什么时候出现走向缩小的拐点，是否会符合库兹涅茨（S. Kuznets）先扩大后缩小的“倒 U 型”收入分配曲线的规则，以及这种差距扩大的趋势会最终带来什么结果，都变得不太明朗。因为在全球化竞争背景下，中国不同产业的比较收益差距扩大，非实体经济的飞速发展使财富积累速度加快，产业集群化的现象使投资更加向特定区域集中，体力劳动的充分供给和竞争过度造成低位劳动工资水平停止不前，加之腐败和非法收益的存在，这些都成为导致收入差距进一步扩大的影响因素。同时还要注意到一些特殊因素的影响，如中国传统的“均贫富”文化遗产以及计划经济时期平均主义分配的制度遗产，会影响社会对收入差距的心理承受力。另外，体制转变时期出现的机会不平等和权钱交易现象，会使社会成员对造成差距的原因产生强烈不满，从而使贫富差距问题在人们心理上放大，成为一个产生社会问题的深层影响因素，等等。

也有些问题使我们面临着两难选择。如，一方面，要解决社会保障资金的短缺问题和扩大社会保障的覆盖面；另一方面，又要注意经济增长的周期性波动规律与社会福利刚性增长规律的差异，防止福利主义的陷阱。一方面，要通过技术创新来实现产业升级和增加市场规则的制定权；另一方面，又要通过发展劳动密集型产业来扩大就业。一方面，要继续维持低生育政策；另一方面，又要防止社会过快老龄化。仅从就业问题来说，中国经过近 30 年的改革开放和持续发展，在解决温饱问题以后，就业成为最突出的民生问题。自 20 世纪 90 年代中期以来，失业的阴影一直在困扰着中国，而且中国的就业局面并未完全按照菲利普斯曲线变化。由于技术和资本对劳动的替代，中国经济增长的就业弹性在不断降低，每年新生劳动力的供给还在持续增长，国有企业人员精简的改革还未全部结束，3000 多万事业单位人员的改革还未真正启动，农业劳动力向非农产业转移的压力还非常巨大。一些相信“技术进步的力量”的学者认为，从农业时代到工业时代，从工业时代到信息时代，技术一直在增加就业机会而不是减少就业机会。但在中国现阶段，劳动密集型产业对解决就业问题的特殊意义，不能因强调技术进步而被轻视和低估。与此同时，现在又面临着就业紧张和劳动力结构性短缺并存的新问题。中国劳动低成本的黄金时代，将随着未来劳动供求关系的变化而在今后十几年逐步走向完结，“中国制造”必须开始考虑在低价制造之后如何继续保持比较优势和竞争力的问题。

还有些问题需要根据中国的国情进行新的探索。比如我们说“政府的宏观调控、市场的资源配置和社会的利益关系协调”，这是现代社会运行的三种基础机制。换句话说，在建设社会主义市场经济的过程中，我们的关注点是处理好政府和市场的关系。在和谐社会建设的新形势下，如何认识深刻变化了的社会，如何正确处理政府、市场、社会三者之间的关系，如何把发展社会主义民主政治、完善社会主义市场经济和构建社会主义和谐社会统一起来，是需要重点解决的新问题。但直到现在，社会是什么？社会在哪里？社会怎样运行？具体地说像教育、医疗机构这样的不同于政府机构和企业的“非营利组织”怎样改革？社区怎样建设？公民社会都有哪些要素？这些问题在理论和可操作的层面都还没有完全讲清楚。什么是社会主义，怎样建设社会主义的问题，还需要在实践的基础上继续进行探索和深化认识。

关于如何构建基于中国经验的社会建设理论，我想一方面要沉下心，做些扎实的学术积累工作，提炼出一些马克思主义中国化的社会建设规则，广泛吸收中国传统的社会建设思想精华和西方现代社会建设理论成果。做学问要有返回经典的耐心、独上高楼的境界和秋水文章的心力。另一方面要注意理论联系实际，注意把普遍的理论概念与可操作的实际层面相衔接，在这方面，“社区”概念的普及和进入社会分析与实际操作领域是个很好的例子。党的十六届六中全会的决定，从构建社会主义和谐社会的高度，提出了社会建设的理论体系和实践要求，并把一系列关于社会建设的概念第一次写入中央文件，如“社会结构”“社会体制”“社会组织”“社会工作”“社会政策”“社会心态”“社会认同”等。这些概念在社会学中都是大家所熟悉的，但我们需要在探索中不断地丰富其理论内涵，加强其解释力度，深化其实际操作意义。

坚持结构分析和机制分析相结合的学科视角，处理现代中国社会转型中的大问题*

渠敬东

建设有中国特色的和谐社会，社会学家确实应有所承担。怎样才能有所承担？首先，我们不能自甘于作为一种补充学科或剩余学科，只想着去搞圈地运动，寻找仅仅属于自己研究对象的现象和领域，总希望在经济学家的市场和政治学家的政府之外寻找自己的一块领地；这样做的结果，就是永远摆脱不了这些学科的阴影，总想跑到别处去确立自己的正当性，而遗失了对社会总问题的关怀和承担。对于今天中国的社会变迁来说，学科间的差别并不是研究领域或研究对象的差别，而是视角的问题、思路的问题、着眼的逻辑有所不同。其中的道理也许在目前学科的细分中不容易看到，但如果我们回到现代社会的早期阶段，也就是回到社会学面临着现代危机的那个经典阶段就会看得很清晰、很透彻。这就是为什么我们一直强调中国社会学必须回到西方经典时期的总问题上去的理由。其实，经典社会学三大传统的兴起，无不应对的是社会总体结构的问题，这与中国目前的境况很相似，所有细微的现象都会牵一发而动全身，都会牵掣出总体性的结构问题。19 世纪，不管是马克思、涂尔干还是韦伯，他们所讨论的问题从来都没有绕出国家和市场之外，绕出工厂和企业之外，专门发明一套所谓“社会”的学问与这些实质问题毫无联系；相反，摆在眼前的现象都是一样的，可他们处理这些现象的角度和方法却发生了革命性的变化。马克思不再满足于英国古典政治经济学的逻辑来分析资本主义社会，而是从商品中看到了市场、企业和国家的本质，乃至人的物化本质；涂尔干也始

* 原文发表于《社会学研究》2007 年第 2 期。

终坚持用社会的道德意涵来统摄现代社会中的个人、群体和国家；韦伯从人心、社会和经济的诸领域中看到了理性化的逻辑。

所以，社会学家的承担，并不意味着社会学家只去关注人际网络、社会资本或者 NGO 之类的所谓社会组织，社会学家更应该密切关注市场、企业和国家等这些社会转型的核心领域，关注它们所具有的政治、经济和文化意涵。只是我们需要通过一种更为独到的视角去讲市场，去讲企业，去讲政府，去讲沈原所谈的公民权问题，而不仅仅停留在意见的层面上。例如，今天人们研究企业，产权是一个很重要的角度，但经济学的产权概念已经突破了企业归谁所有的单向的所有权命题，而是将企业员工的资本形态，如人力资本纳入产权分析框架中来，把企业中福利资本的构成形态，如员工持股纳入产权结构中来，把企业的经营治理过程，如委托代理机制纳入产权分析中来，进而将企业理解为所有组织要素及其过程要素的整合，拓展了我们对企业组织的解释。社会学家在这一点上应该向经济学家学习，同时也应该找到自己考察企业组织的总体视角。比如，上述经济学家对产权的考察，比较倾向于自由主义的分析脉络，如果我们细致分析一个不能做经济总量分析的企业单位，如东北地区的某些大型国有企业，如钢铁、纺织或矿山等企业，当这些企业与当地社区相互嵌生为一个比较封闭的领域时，我们就很难将这些企业作为一个独立的市场经济单位来分析，而需要结合一些社会主义的思想资源和分析脉络，将企业首先理解成一种社会单位。其实，卡尔·波兰尼的“嵌入性”概念以及他对“自我调节市场”的挑战，都是社会学有别于经济学或其他学科的独特理论视角，在某种意义上构成了对市场和国家的更充分的解释力，这是社会学家的独到之处。

总之，我想强调的第一点，是社会学家必须在理论和实践两方面上都勇于面对现代中国社会转型与重建过程中的大问题，即总体性问题。我们的社会学前辈，无论是西方的还是中国的，都是在迎接着现代社会转型之大问题的挑战来思考的；而且，这一思考也始终坚守着结构分析和机制分析的两条基本路线。

首先，我们来看看结构分析。结构分析最强调分析的总体性，即一个社会每个生产生活的片段，都应回归到社会总体结构的基本特性上去。第二，结构分析的总体性更强调构成结构的每个环节的特性，即着力去寻找总体结构的每个位点的分布及其相关特征。拿就业为例，我们不仅要对供求关系的总量做分析，还要将分析贯彻到构成上述供求结构的每个位点上去。今天，如果从全国范围内人才的供求总量去分析的话，恐怕仍然是供小于求，但如果我们将分析落在结构的每个位点上，会发现像北京、上海这样的大城市，已经从原来的民工潮，转向为今天的学生潮，即知识型人才供求失衡的局面——大量人才积压，甚至很多人才都转向做蓝领工人，还有一定数量的人才面临着失业危险。相比而言，中西部地区人才短缺的情况丝毫没有得到改善。因此，就业问题突显出来的结构问题，并不是人才供求总量的问题，而是地区差异和制度安排问题；同时如果将就业问题落在每个位点上，我们会发现不同位点上供求关系的变化竟呈现相反的态势。再比如医疗改革的问题。如果我们仅仅按照市场的逻辑来讨论医疗如何市场化，最后会发现，所有的大病小恙都涌入大医院，而地方医院或社区医院则很少有人来看病了。因此，若从结构分析的角度来看医疗改革，就不能只依靠市场化的逻辑，还需要从社会安排的总体布局上来重新给医疗机构定位；此外，我们还需要从人们最日常的消费心理结构出发来细致考察患者的就医心理。所有这些现象都需要引入社会学的视角来做分析。

其次，社会学研究也必须坚持机制分析的路线。机制分析不完全是制度分析，而是通过系统的思路或过程的思路来考察一个现象或一件事情的来龙去脉，看看它究竟通过一种什么样的逻辑转化到另一种逻辑那里去，或从哪个点出发逐步过渡到其他的方向上去。比如说，如果我们纯粹从社会分层的逻辑出发来看农民工这个群体，会发现无论是第一代还是第二代农民工，都落在社会结构的一个固定位点上；但如果我们采用机制分析的视角，会发现两代农民工的性质和社会作用都完全不同。第一代农民工无论从生活方式还是价值取向上，都依然带有传统农村的结构特征，他们大多数人都生在农村、长在农村，都愿意将在城里打工挣到的钱积攒下来，回老家盖房子，等到干不动的那天回老家颐养天年。可第二代农民工却大为不同了，他们大多生长在城市里，已然有了城里人的生活习惯和价值观，老家已经不再可能成为他们的最终归宿了，因此，他们的心理结构及其所决定的行为特点，以及他们的心理比较所形成的相对剥夺感都往往会比上一代人来得更强烈，因而他们未来的社会影响也大多发生在城市里的工厂和社区中。所以，虽然两代人的结构位点大致相同，但若采用机制分析的路径进入他们的内心世界，我们会发现塑造两代人的生存状态的社会机制却殊有不同。我想，也许只有社会学才能更敏锐地关注到这一面向。

再举个例子，是从我的研究同事周飞舟那里得到的启发。现在大家都从经济发展或从征地和拆迁等社会效果的角度来考察房地产业的现状。如果从机制分析的角度来看，它往往与单纯的经济分析或社会分析不同，而是将渗透在这一产业链条上的每个机制及其相互转换刻画出来。为什么地方政府支持和鼓励地产商来做这些事情，中央调控政策很难贯彻到地方上去？因为整个房地产经济是地方政府最主要的收入来源。20 世纪 90 年代中期税制改革后，中央和地方的关系发生了重要变化，地方政府的收入已经不再侧重于乡镇企业的税收，而是一方面通过现存的国家土地政策的空隙，通过征地拆迁、抬高地价获得收入；另一方面通过建筑营业税等地方税种获得收入，目前，有些城市里地税收入的近 50% ~60% 都来自建筑业，谁还愿意抑制房地产？乡镇企业衰落的原因，除了市场因素外，一个最重要的因素在于地方政府已经没有动力来促进这种企业的发展，如果他们的收入来源更依赖于房地产，他们就会一方面不断开发开发区、工业园区和生活园区，一方面与当地银行配合不断为买房者提供按揭贷款，把该地区房地产市场的价格抬起来，连带抬高地价和房价，从土地征用和建筑营业税中捞到好处。这其中，政治、经济和权力等各方面的制度因素都会卷入进来，成为与中国总体社会结构的运行密切相关的社会机制。因此，机制分析的着重点并不仅仅在于社会学家呼吁这些失地农民多可怜，更重要的在于要顺藤摸瓜，发现产生这些现象的连带机制及其根本症结，再去从制度和政策上寻找疗治方案。只有通过机制分析，社会学家才能找到我们社会分析的最独特之处，才能提出我们最有创建，也最切实可行的方案，从而为社会建设服务。

此外，我还想强调一点，就是今天中国的社会学家要充分尊重中国的经验，这些经验应该不仅仅是中国的经验，而且是经验背后由结构和机制分析所带来的理论问题。最近我们在东北调查大型国有企业时发现，很多大型国有企业的复苏，除了国家产业布局的重新安排等因素外，其中也有一个比较重要的因素值得讨论。一些企业不仅在内部注入了现代企业的经营和管理方式，同时也非常强调计划经济时代安置员工、鼓励和动员员工参与的办法，他们很清楚，对于这么大规模的国有企业来说，结合自身的特点，为员工设置各种与其利益分配、价值认同和感情归属的制度通道，对于一个企业组织来说有多么重要，员工参与的程度和范围，对于积累企业人力资本和塑造员工安全心理有多么重要。所有这些制度及其运行机制的建设，无论它形成于哪个时代，只要它合理合情，就应该得到我们这些社会学家的充分尊重和认识，并从中总结出积极的理论意涵。我想说重新重视中国经验的社会意义，是对我们曾经经历过的文化和制度传统的尊重，无论它们是市场经济带来的基础，还是社会主义制度带来的基础，还是传统文化带来的基础，都不应该逃脱我们的视野。所以，只有社会学家回到自身所特有的结构分析和机制分析上来，尊重和回应中国总体社会转型所提出的大问题，我们才能同样用我们的头脑和双手和人民一起真正建设属于我们自己的和谐社会。

老年人日常照料的角色介入模型[*][**]

夏传玲

摘　要：本文在总结国内外老年人照料研究的基础上，提出老年人日常照料的角色介入模型，其核心是三个规律，即（1）成本命题：一个角色介入老年人日常照料的成本越大，其介入照料的概率就越低；（2）邻近命题：与被照料者的地理和社会邻近度越高，照料角色介入的可能性就越高；（3）责任命题：对被照料者的责任感越高，照料者介入的可能性就越大。由此三个命题所延伸出的六个假设，通过多元正态概率模型对2000年"中国城乡老年人口状况一次性抽样调查"的原始数据进行分析，结果显示，多数假设得到数据的支持。这一研究结果对厘清老年人照料的社会化和家庭照料之间的关系及其理性的公共政策选择，提供了新的视角和理论依据。

关键词：人口老龄化　日常照料　角色介入

在人口老龄化、高龄化和女性化的发展进程中，老年人口的日常生活和照料问题将是影响社会稳定、社会和谐与社会发展的潜在的重要问题之一。当我国的人口老龄化还处于较低水平的时候，王梅和夏传玲（1994）就曾经指出，老有所医的问题将会是影响老年人生活状况和家庭养老负担的最重要问题之一，并呼吁加强这方面的研究力度。

---

* 本文的写作得到福特基金会访问学者项目的支持，草稿分别在美国伊利诺伊大学香槟分校、中国社会学会2006年太原年会和中国老龄科研中心演讲过，得到了许多学者的赐教，他们当中，特别要感谢伊利诺伊大学的廖福挺（Tim F. Liao）教授和中国老龄科研中心的张恺悌研究员。感谢中国老龄科研中心提供原始数据。

** 原文发表于《社会》2007年第3期。

一　老年照料的角色介入模型

在过去的十多年中，老年人的照料问题一直是经验调查研究关注的主题之一。陈成文（1998）对湖南农村的调查表明，在1000名被调查的农村老年人中，不需要日常生活照料的老年人占84.5%，依靠子女照料的占10.2%，依靠配偶照料的占5.0%，依靠亲友照料的占0.1%，依靠邻居照料的占0.1%，依靠社会照料的占0.1%。这一调查显示，对于农村老年人的生活照料而言，子女、配偶、亲友、邻居和社会分别是最主要的照料者。

周云（2001）博士利用“1998年中国高龄老人健康长寿基础调查”的数据分析表明，照料有病老人的主力仍是家庭成员，主要照料者依次是“子女及其配偶”（78%）、“老年人配偶”（11%）和“社会服务”（6%）。在主要照料者的排序上，周云博士发现，城乡之间是一致的，但比例不同。“城镇生病的高龄老人比农村的更少依赖子女而更多依靠本人的配偶和社会服务；依靠社会服务的比例比农村的高出4倍多……城镇男性有病老人依靠配偶的比例比农村同类比例高出12个百分点，较城镇女性有病老人的相同比例更高出26个百分点。”而且，周云博士认为，不同性别的老年人的照料者角色构成有所不同，男性高龄老年人更依赖其配偶，女性高龄老年人则更依赖其子女。

许传新和陈国华（2005）对“湖北省武汉市552个老年人的生活照料网络的调查”表明，正式照料者所覆盖的老年人群占15.4%，非正式照料者所覆盖的老年人群占92.4%，还有4.7%的老年人在正式和非正式照料网络的覆盖之外。与其他调查不同的是，在这个调查中，从覆盖面上来看，照料者的次序分别是儿子（53.8%）、女儿（53.4%）、配偶（51.8%）、儿媳（40.2%）、女婿（21.2%）、朋友（7.1%）、其他亲属（6.5%）和保姆（2.9%）。许传新和陈国华（2005）引用王来华等（2000）的观点解释这一现象，认为儿媳和女婿在照料者顺序中较低的顺位，是因为“一是他们对照顾老年人的投入并不被寄予很高的期望；二是他们都清楚自己的地位，这种地位一般都不是一种照顾者的主体地位，而是一种附属地位，干一些‘拾遗补阙’的事情，同时也是一种不负主要责任的地位。”

唐美玲（2005）于2004年在江苏南部四个城市对643个成年被访者的调查①表明，当老年父母的年龄增大时，其子女提供日常照料的概率也加大，在45岁以下的被调查者当中，有61.0%的人在其父母生病时提供照料，而在45~59岁的被调查者当中，却有72.3%的人在父母生病时提供照料，60岁及以上被访者当中，则有85.7%的人在父母生病时提供照料，同时，他们在生病时得到子女照料的比例为63.7%。

上述这些调查，尽管规模、时间和地点各不相同，但它们均显示出，就老年人的日常生活照料而言，老年人对配偶和子女角色的相对倚重，而社会化照料服务却相对滞后。为什么会出现这种状况呢？不同的学者给出了不同的答案，而且，学术界也没有一个主流共识存在。

例如，唐美玲（2005）的调查表明，子女对父母的经济支持与自己的兄弟姐妹数量有弱相关关系（$r = 0.192$），兄弟姐妹数量越多，对父母的经济支持越多。她进一步认为，这一现象是父母年龄和同辈监督共同作用的结果："这可能一方面与父辈的年龄有关，兄弟姐妹数量多的父母的年龄较大；另一方面兄弟姐妹越多越容易形成一种互相监督的孝敬父母的风气，如果其中有人不孝敬父母，会受到其他人的不满与责备。"但是，就日常照料而言，唐美玲却认为："对于父母生病时的照顾，不因兄弟姐妹的数量和父母居住方式的不同而存在差异（$p = 0.207$，$p = 0.605$）。"但遗憾的是，她没有给出具体的数据来支持这一论点。

大多数的经验研究均表明，子女数和居住方式会影响子女对老年人的日常照料（黄润龙，2005）。国内外研究表明，有许多因素会影响到家庭对老年人的日常照料，这些因素包括（1）性别角色的传统定义（Horowitz 1985）；（2）与性别关联的社会和道德价值（例如，责任、义务和奉献）（Brody and Schoonover，1986；Pratt，Schmall and Wright，1987；Finley，Roberts and Banahan，1988）；（3）照料者的年龄；（4）婚姻状况；（5）排行；（6）是否有幼儿（Stoller，1983）；（7）照料者和被照料者之间的情感纽带（Brody and Schoonover，1986；Finley et al.，1988）；（8）被照料者的体力和智力下降的程度；（9）照料者的受教育程度；（10）社会阶级；（11）经济资源；（12）社会经济地位；（13）照料者的可近度（Horowitz，1985，

① 这一调查的时间框架是了解距离调查时间最近的三个月。

Matthews and Rosner，1988，张恺悌、伊密、夏传玲，1996）；（14）地理距离；（15）缺乏其他替代方案；（16）照料者的健康状况；（17）被照料者的经济状况；（18）既往的照料关系（Robinson and Thurnher，1979）。

有些因素可能随不同照料角色而异，例如，儿媳介入照料的动机不是基于亲情和互惠，而更多的是出于对丈夫的责任（Brody，1990），或者是因为没有其他出路而不得不做（Merrill，1993）以及对性别角色规范的内化、在婚姻中缺乏权力以及社区压力（Guberman，1999）。

除了上述个体层次上的因素之外，影响老年人日常照料的因素还存在宏观方面的结构和文化因素。例如，除了家庭成员之外，政府、市场和社区也是英国老年人照料的主要角色（Sin，2006）。我们一般把家庭和亲友所构成的照料者网络称为“非正式照料”网络，而把由政府、市场和社区所构成的照料者网络称为“正式照料”网络。这样，在宏观方面，（19）正式照料是否存在？（20）它们和非正式照料之间的关系（挤出还是挤入效应）（张恺悌等，1996）？在文化上，是否存在一个（21）“责任伦理”，规定照料责任的层序，以此来界定谁是最适合的照料者（杨善华、贺常梅，2004）。宏观的人口政策，特别是生育政策，也会对潜在照料者的数量造成影响（郭志刚、刘金塘、宋健，2002）。这些宏观因素均会影响不同照料角色介入老年人日常照料的概率和程度。

而且，对一种照料形式的（22）经历、（23）期望，会影响人们对其他照料来源的理解、期望和经历。例如，在英国的亚裔移民当中，对家庭的期望和对政府的期望同时共存，但对各种社会服务的种类和覆盖面的了解却明显不足；相反，白人对政府的期望很高，对家庭的期望高低并不影响这一期望，但他们对各种社会服务的了解较多（Sin，2006）。

最后，人们用以评价这两类不同的照料体系所采用的标准也不同。平等、覆盖面和质量是我们考察正式照料的标准，但在讨论非正式照料时，我们关注的却是不同的问题，如孝道（同上）。

上述调查和研究并没有涉及下列问题。不同的照料角色，介入老年人日常照料的因素，有可能是不同的，一个例外是许传新和陈国华的研究。他们用五个独立的对数概率模型分别拟合了影响“配偶”、“子女”、“儿媳/女婿”、“其他亲属”和“正式照料”等角色介入老年人照料的因素，结果显示，不同角色的影响因素有显著不同。其中，影响配偶介入的显著因素是“再婚”、“与配偶同住”和“与子女同住”，这三个因素显著提高配偶介入老年人照料的概率。

影响“子女”介入的因素分别是“再婚”、“与配偶同住”、“与子女同住”、“子女数”和父母的健康状况“一般”，其中，“再婚”、“与配偶同住”和健康状况是减少子女介入概率的因素，“与子女同住”和“子女数”是促进子女介入概率的因素。

影响“儿媳/女婿”介入的因素包括老年人的“性别”、“再婚”、“年龄”、“与配偶同住”、“与子女同住”、“子女数”和父母的健康状况“一般”，由此可见，所有影响子女介入概率的因素，同样也出现在影响儿媳和女婿的介入因素中，而且，效应的方向相同。除此之外，老年人的性别和年龄也是重要的影响因素。

影响“其他亲属”介入的因素包括老年人的“性别”“再婚”“年龄”“党员”“子女数”，影响“正式照料”介入的因素包括老年人的“再婚”、“单独居住”、“与配偶同住”、“与子女同住”和“子女数”（许传新、陈国华，2005）。

在这项研究中，许传新和陈国华所考察的因素大体可以分为三个方面：一是和照料需求相关的方面，包括老年人年龄和健康状况；二是与居住格局相关的变量，包括“单独居住”和“与子女同住”；三是和照料者有关的变量，包括“再婚”和“与配偶同住”①（这两个变量反映的是配偶的状况）、子女数等。不过，这一调查分析虽然给我们了解照料任务的角色分配提供了十分重要的信息，而且区分了正式照料和非正式照料的不同，但是，他们的分析并没有区分老年人是否具有照料需求，也没有明确日常照料发生的时间范围，在应用对数概率模型时，也没有考虑到不同角色之间的照料介入概率之间的关联，从分析技术来讲，即没有考虑这五个对数概率模型之间的残差项之间的关联。

实际上，这三个方面是老年人照料的三个过程。首先，影响老年人日常照料需求的因素与供给的因素是不同的。例如，夏传玲（2002）应用泊松回归模型和负二项回归模型，拟合“1992 年中国城乡老年人供养体系调

① 依据对一些调查数据的分析经验，“再婚”和“与配偶同住”应该是高度相关的变量，因为已婚老年人的分居概率非常低。因此，在一个概率对数模型中同时包含这两个变量，会出现共线性问题。因此，这两个变量共同反映的问题是“配偶”这一照料者角色是否存在。

查”的调查数据，结果表明，年龄、性别、健康状况、慢性病和保健行为是影响老年人护理需求的显著因素。

其次，与经济供养不同的是，日常照料是一个依赖于社会互动的过程，空间因素是决定照料者和被照料者之间行为的重要因素。夏传玲（1995）用“社会可近度”和“地理可近度”两个概念，前者以社会交往频率为指标，后者以居住格局为指标，应用线性回归模型来拟合北京市中年人的照料行为，结果显示，社会可近度和地理可近度均是影响照料行为的显著因素。

再次，向老年人提供照料的行为，更多取决于照料者的特征，而不是被照料者本身的属性。此时，日常照料需求已经形成，由谁来承担这些照料任务，则取决于不同照料者角色自己的特点以及不同照料者角色之间的互动。同时，正如医学社会学的研究所表明的那样，照料者的存在与否，也会刺激照料需求的形成，即日常照料的需求和供给方面之间并不遵循简单的价格供给规律（Mahar，2006）。

从这三个方面来看，在研究老年人日常照料的大多数研究中，我们更多的是关注各种具有统计上显著效应的变量，并没有指明造成这些变量具有统计上显著效应的机制，即没有一个实质性的理论，用来揭示不同角色对老年人照料的介入概率和程度的内在原因。就这个问题而言，有两个理论和我们这里所关注的问题最相关：一是依恋行为模型（Cicirelli，1983）；二是动机拥挤论（Frey and Jegen，2001）。

Cicirelli 在其帮助行为的路径模型中指出，子女帮助老年父母的主要因素是依恋行为（attachment behavior），以居住远近、探望频率和通电话的频率为指标[①]。而依恋行为则受到依恋感，即心理上的亲近感和孝道责任感（Seelbach and Sauer，1977）的影响，老年人的依赖程度则同时影响依恋行为和目前的帮助行为，这一路径模型如图 1 所示（Cicirelli，1983）：

心理学家发现，奖励，特别是货币奖励，会降低个人的内源动机[②]。

① 需要注意的是，Cicirelli 的“依恋行为”概念和夏传玲所提出的“社会可近度”概念具有相似性。

② 当一个人在没有任何外部奖励的情形下而从事一种活动，则他的动力是内在的，这时，他就具有从事这种活动的“内源动机”，相反，如果外部奖励是他从事这种活动的重要动力，则外部奖励就成为他从事这种活动的“外源动机”。

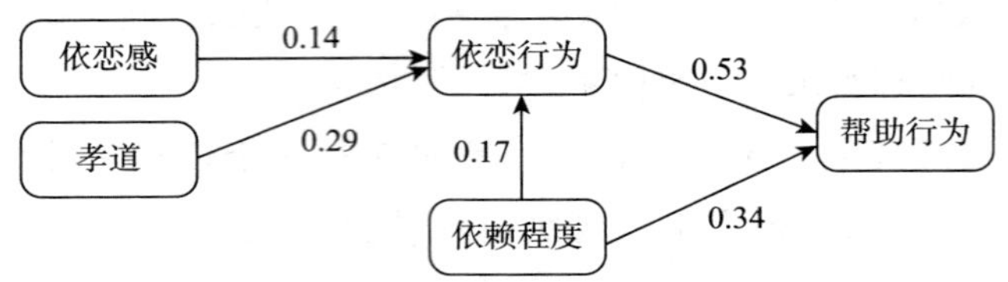

图 1　Cicirelli 的依恋行为模型

资料来源：依据 Cicirelli（1983）文中图 2 简化。

这一现象最初是由 Titmuss（1970）在研究献血行为时发现的。他指出，卖血现象的存在将损害献血的社会价值，从而降低个人无偿献血的意愿。同时，心理学家也在实验中发现，在特定条件下，外部奖励会挫伤个人的内在积极性。这一效应被冠以不同名称，如“过度合理化假说”（Lepper, Greene and Nisbett, 1973）、“奖励的隐含成本”（Lepper and Greene, 1978）和“行贿效应”（Deci, 1975），最近则被称为“认知评估论”（Deci, Koestner and Ryan, 1999）。Jordan（1986）的经验研究支持认知评估论，他对一个政府的工作激励项目的研究表明，和绩效挂钩的奖励会中度降低参与者的内源动机，相反，和绩效不挂钩的奖励则会增加个人的内源动机。在存在挤出效应的地方，增加经济激励，不仅不会增加供给，反而会降低供给，经济学中的价格机制（基于相对价格效应）失灵。当非经济性质的社会关系转换为纯粹基于货币的社会关系时，也就是，当用货币媒介替代原来的媒介来调节社会关系时，结果是一个低效甚至失灵的经济系统。

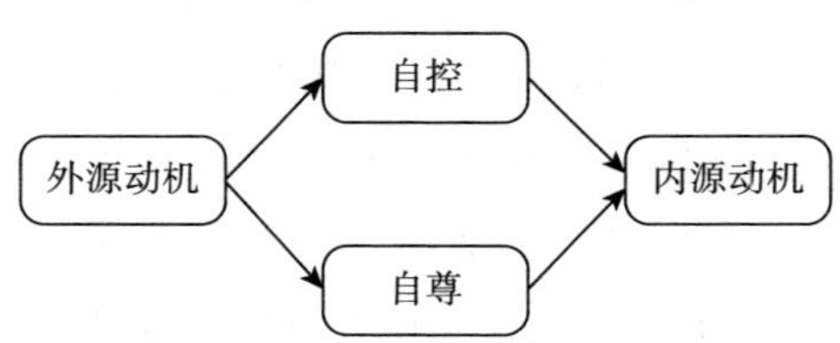

图 2　动机拥挤理论

Frey 和 Jegen（2001）提出内源动机和外源动机之间的关系是拥挤关系，这一理论被称为“动机拥挤论”。当外源动机降低内源动机时，我们称之为“挤出效应”；当外源动机提升内源动机时，我们称之为“挤入效应”。外源动机通过影响个人的自控和自尊，进而影响个人的内源动机。当外源动机把行为控制从个人的内控转移到外部控制时，个人产生挫折感，则产生挤出效应。当外源动机支持个人的自控和自尊时，则产生挤入效应。

个人对任务的期待性和奖励的形式是影响动机拥挤效应的两个重要因素。在简单的任务情形下，个人的内源动机不存在，则不可能出现挤出效应。在具有内在奖励的任务情形下，个人的内源动机存在，引入外源动机后，是否出现挤出效应则取决于奖励形式：有形奖励对内源动机具有负面效应，言语奖励对内源动机具有正面效应。当外源动机和任务行为脱钩，或者任务不是令人期待的时候，有形奖励不会挤出内源动机（Deci et al.，1999）。

对于照料而言，亲情、孝道和慈善动机，均属于内源动机，而互惠、交换、社会工作等原则则属于外源动机。按照动机拥挤理论的阐释，对于家庭成员而言，出于亲情和孝道，家庭成员对老年人的照料属于内源动机，但引入社会服务介入老年人的日常照料之后，家庭成员的照料行为是否会发生挤出效应？

社会服务和家庭养老之间的关系，被概括为“拥挤效应”（crowding effect）。这一效应的最初表述出现在现代化理论中，这一理论认为，与现代化过程相伴随的一个现象是，老年人逐渐丧失其社会和经济功能，而责任则从家庭转向公共系统（Burgess，1960）。在这种责任的转移过程中，老年人从公共系统那里获得了独立生活所必需的经济资源，这些经济收入替代了原来由家庭成员（特别是子女）所提供的经济供养，家庭成员照料其老年成员的意愿将有所下降（Kreps，1977）。这一效应后来被称为“挤出假设”：政府把家庭挤出养老责任之外，从而损害了家庭团结（Janowitz，1976；Berger and Neuhaus，1977；Glazer，1988）。

Abramsand 和 Schmitz（1984，1985）利用美国1979年的税收数据，研究州政府的转移支付对私人慈善捐款的数量效应，结果表明，受惠人的需求和州政府的转移支付会显著和实质性降低私人慈善捐款的水平。Abramsand 和 Schmitz 应用经济学中的“挤出效应”概念来解释这一数量模型，他们认为，应用挤出效应的概念，成熟的社会福利系统把养老责任从家庭转向社会，从而降低了子女向老年父母提供经济保障和日常照料的意向，弱化了代与代之间的纽带，给代际关系带来了负面影响。正如 Frey 和 Jegen（2001）所指出的，这种“挤出效应”仍然是相对价格效应的表现，个人层次的偏好或动机仍然没有发生变化。

与挤出效应针锋相对的观点是“挤入效应”假设：当政府或社会为老

年人提供经济和服务支持时，这些资源将强化老年人的家庭团结，特别是代与代之间的团结（Künemund and Rein，1999）。其基本论证是，由于交换预期和互惠性的存在，老年人付出得越多，得到的回报也就越多。福利系统能够提高老年人的付出能力，老年人能够支配的资源越多，他们能够参与交换的范围就越广，从而出现“挤入”效应：福利的水平越高，子女对老年人的支持也就越高。

我们认为，依恋行为模型和动机拥挤理论分别给出了影响不同角色介入老年人照料的两个重要因素，即邻近度和责任伦理，但除此之外，还有一个重要的因素是不同角色介入老年人照料的潜在成本，这是因为不同的角色在承担老年人照料的同时，还会承担其他重要的社会角色，如工作、照料子女等等，这些角色丛之间有时会面临竞争，需要个人在不同角色之间做出排他性[①]的抉择，这时，个人的任何决定都暗含着经济学所强调的“机会成本”和个人所直接付出的时间、精力和其他可测量的经济支出。因此，不同角色对老年人照料的介入概率（P_i）和程度，是其照料成本（C）、邻近度（A）和责任伦理（R）的函数：

$$P_i = f(C, A, R)$$

其中f（）表示函数关系；C（care-giving cost）表示照料成本，当老年人或家庭从市场直接购买社会服务时，例如，雇佣保姆，这种照料成本就表现为雇佣的市场价格，如果是家庭成员提供照料时，他的工资或收入就是其照料成本的间接测量；A（accessibi lity）表示邻近度，照料者之间的情感纽带和地理距离是邻近度的两种测量；R（filial responsibility）表示责任伦理，对孝道和家庭责任的认同，是这一变量的测量。

因此，老年人日常照料的角色介入模型可以简述为三个命题：

①成本命题：一个角色介入老年人日常照料的成本越大，其介入照料的概率就越低；

②邻近命题：和被照料者的地理和社会邻近度越高，照料角色介入的可能性就越高；

③责任命题：对被照料者的责任感越高，照料者介入的可能性就越大。

① 照料选择的排他性是由于照料过程的社会互动性要求照料者在同一时间和地点，只能给予有限数量的被照料者以服务，否则，就会以降低照料质量为代价。

这三个规律的共同作用，就会形成我们所观察到照料者的顺序（见图3）：在所有的照料者角色中，配偶是第一顺序的照料者，然后才是同住的子女、不同住的子女、孙子女、亲属、朋友、邻居和志愿者等等。

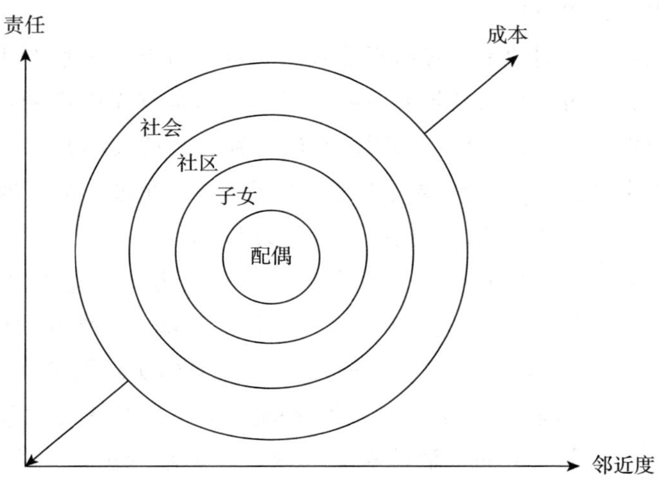

图3　老年人日常照料的角色介入模型

下面，我们将从这一理论模型开始，解释一个经验调查中所观察到的各种效应。

二　样本和研究假设

本文所采用的调查数据是2000年“中国城乡老年人口状况一次性抽样调查”的原始数据，被访对象是60岁及以上的老年人。这次调查采取复杂的抽样设计，在20个省、自治区、直辖市一级，采取配额抽样，分城乡各自抽取500个老年人；省、自治区、直辖市以下则采取PPS抽样，每个省份各抽取4个市和县。入户后按照随机数表确定被调查老年人。整个抽样框得到较好的贯彻，因老年人生病、痴呆、旅行、搬迁等原因而无法访问，造成样本替代的比例只有3.8%。本次调查共发放问卷20700份，回收问卷20548份，其中城市问卷10249份，农村问卷10299份，回收率为99.3%。最后的有效问卷为20255份，其中城市为10171份，农村为10084份，问卷有效率为98.6%（中国老龄科研中心，2003）。这个调查的数据具有较高的实践效度（Pawson，1989）和总体代表性。

在所有被访老年人当中，有1399个老年人在被调查时点处于“需要他人服侍日常生活的状态”（参见问卷的G2题器：“今年，您的日常生活要别人服侍吗?”即具有日常照料需求的老年人是本次分析的样本（中国老龄科研中心，2003）。

与其他调查不同的是，我们不是采用假定的情形来考察老年人出现照料需求时，其他角色介入老年人照料的行为，而是首先确定老年人是否已经处于被照料的状态，然后，再用回溯法得到照料持续的时间（把日常照料需求操作定义为老年人需要他人照料的月数），在进行分析时，我们对照料持续期进行对数转换，得到的变量名为lncare。

本文所涉及的自变量包括（1）城乡，变量名为urban，城市编码为1，乡村编码为0；（2）被照料者的性别，变量名为male，男性编码为1，女性编码为0；（3）年龄，变量名为age，为被访者的实际周年数，这是一个连续变量；（4）月收入对数，变量名为logincm；（5）家庭规模，变量名为famsize，是老年人共同生活的家庭人数，为定距变量；（6）照料者规模，变量名为caresize，是老年人的各类照料者角色的人数之和，如儿子数、儿媳数等等。

依据角色介入模型直接检验方式设计的三个潜变量（命题），分别测量每一种照料角色介入老年人照料的成本、临界度和责任感，但这样的经验数据还不存在。而且，这三个潜变量的测量也存在有待解决的问题，例如，我们可以以收入作为照料成本的潜测量，但多个子女构成的“子女”角色则无经验对应的测量单位。因此，本文采取的是间接检验方式，即依据角色介入模型原理，分别推导出数据中常见的人口学或家庭变量效应，然后再通过一个恰当的统计学模型检验这些预测效应是否独立存在，从而间接对理论模型做出支持或否定的判断。据此，通过对数据中相关变量的观察，我们将分别讨论不同角色介入老年人照料的城乡效应、性别效应、年龄效应、收入效应、照料负担效应、家庭规模效应和照料者的规模效应。这几种效应的基本假设及其和角色介入模型之间的关系如下。

1. *城乡效应*

对于照料而言，城市和乡村的差别在于邻近度上的差异，由于人口密度和交通、通信上的差异，城市中人们之间的邻近度一般高于乡村，因此，我们假设：

（1a）就配偶的介入概率而言，城乡之间没有差异，这是因为无论在城市还是农村，配偶一般是共同生活；

（1b）城市当中的儿子和儿媳的介入概率低于其乡村中的相同性别的对应角色，由于农村的继承模式和住房获得方式的不同，农村中，儿子、儿媳和老年人的空间距离较城市近；

（1c）和假设1b中的理由相同，此时，乡村中，女儿出嫁较远，而城市中则可以相处较近，因此，我们假设，城市中的女儿和女婿的介入概率高于农村中的女儿和女婿；

（1d）由于在调查中没有区分孙子女和外孙子女，因此，上述儿子、女儿和老年人之间的邻近度差异，就不会表现出来，因此，我们假设，在本次调查中，孙子女的介入概率没有城乡差异；

（1e）同理，由于在本次调查中没有指明社区中的亲友，而且，经常走动的亲友本身就和邻近度关联，因此，我们假设，“社区”这一照料者角色（包括问卷中的亲友和邻居）的介入概率没有城乡差异；

（1f）在城市地区，较高的人口密度和较便捷的交通和通信，都使得社会提供专业或商业的老年照料服务的成本大大下降，因此，“社会”这一照料者角色（包括问卷中的志愿者、地方政府、社会工作者和保姆）的介入概率就具有城乡差异。

2. 配偶照料的替代效应

和子女介入照料的价值观不同，老年配偶的照料行为是基于爱情语义（所谓“少年夫妻老来伴”，这和西方基于激情的爱情语义有些差异，但这不是本文论述的主题），而不是孝道伦理，因此，在照料责任上，配偶会高于子女以及其他角色，而且邻近度上，配偶也高于其他照料角色；在照料成本上，当老年人进入老年阶段时，其配偶也会进入或接近老年阶段，多数处于离退休状态，因而，照料成本低于其他角色。这样，配偶的存在会减少子女的照料介入，出现替代效应（Stoller，1983）。

（2a）被照料者的性别效应：由于男性老年人的丧偶率低于女性，因此，男性老年人的配偶介入概率高于女性配偶，同时，由于配偶照料的替代效应，男性老年人的儿子、儿媳、女儿、女婿、孙子女、社区和社会的照料介入概率均低于女性老年人；

（2b）被照料者的年龄效应：随着老年人的年龄递增，丧偶的概率也递增，因此，年龄对配偶介入的效应是负的，对其他角色的介入概率的效应是正的。

3. 收入效应

按照挤入效应，随着老年人收入的增加，各种角色的照料介入概率将增加。

4. 照料负担效应

俗语云，“久病床前无孝子”，如果这个俗语正确的话，我们将观察到，随着照料需求的增加，子代的照料角色的介入概率将下降，按照替代效应，配偶的照料介入概率将增加，同时，“社区”和“社会”照料角色的介入概率也将增加。

5. 照料网络的规模效应

如果单个照料者介入老年人照料的概率是既定的话，那么，随着网络规模的增加，这一类型的照料者介入照料的概率会增加，即出现“累加效应”。在这里，照料网络的规模操作化为两个变量，一是家庭规模（famsize），二是照料者规模（carersize）。

（5a）随着家庭规模的增加，家庭角色介入老年照料的概率将增加（非正式照料），而社区和社会介入老年人照料的概率将减少（正式照料）；

（5b）随着各类照料者规模的增加，不同类别的照料者角色介入老年人照料的概率将增加。

6. 挤出效应

当社区和社会介入老年人的照料时，家庭角色的介入概率将下降。

在分析工具上，除了描述性统计量之外，我们将采用多元正态概率模型（multivariate probit）来检验上述假定，选择这一模型的理据主要有两个，一是调查过程的考量，由于不同照料角色的照料行为是由同一个被访者提供的，因此，对它们之间的观察就不是相互独立的；二是实质性的考量，由于不同被照料者之间的照料行为是对一个共同的照料对象的反应，因此，它们之间的反应是彼此相关的。在许传新和陈国华（2005）的分析中，这两点均未被考虑到，这也是我们的研究不同于上述研究的一个地方。这种差异所带来的一个效应是，我们可以考察不同照料者之间介入照料的关联。一旦我们假定存在观察上的独立性，多元正态概率模型中不同方程的误差项之间的方差和协方差矩阵中的元素，就是不同角色介入概率之间的挤入和挤出效应的测量。此时，多元正态概率模型和路径模型殊途同归。

三 分析结果

（一）老年人照料需求的分布

本次调查数据表明，在所有被访的老年人中，只有6.8%的老年人处于需要别人照料日常生活的状态，这和人们对老年人的刻板印象有所不同。当然，对于不同年龄段的老年人而言，照料风险会随着年龄的增加而增加，从60～64岁组的2.9%逐渐上升到85岁及以上组的32.4%（见表1）。

表1 不同年龄组的日常照料需求

	60～64岁	65～69岁	70～74岁	75～79岁	80～84岁	85岁及以上	总体
需要照料的比例（%）	2.9	4.6	6.8	10.9	18.3	32.4	4.6
照料持续时间（月）	4.56	4.46	4.17	5.05	4.84	5.06	4.66

在需要照料的老年人中，照料的持续期最短的不足一个月，最长的达到76个月，平均为4.66个月（标准误为0.173）。而且，在不同的年龄组中，照料持续期具有一定程度的差异，但变化的模式和年龄的递增之间没有明显的线性关系（见表1）。需要注意的是，照料持续期的分布呈J型（见图4），因此，在进行多变量的分析时，为了拟合模型的技术需要，我们将对“照料月数”这一变量进行对数转换，得到新的变量lncare的分布接近正态分布（见图5）。

对于家庭而言，除了被访的老年人之外，其他人员也可能处于需要日常照料的状态，从而对其他家庭成员造成更强的照料压力。本次调查显示，在已经有老年人需要照料的家庭中，19.4%的家庭还有其他家庭成员需要照料，其中，11.5%的家庭中，需要照料的家庭成员是老年人。在制定社会照料的公共政策时，我们应给予这类家庭更多的关注。

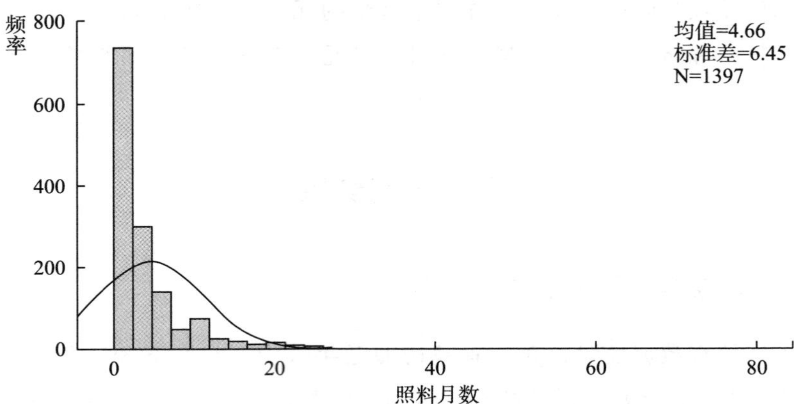

图 4　老年人照料需求的分布（原始数据，单位：月）

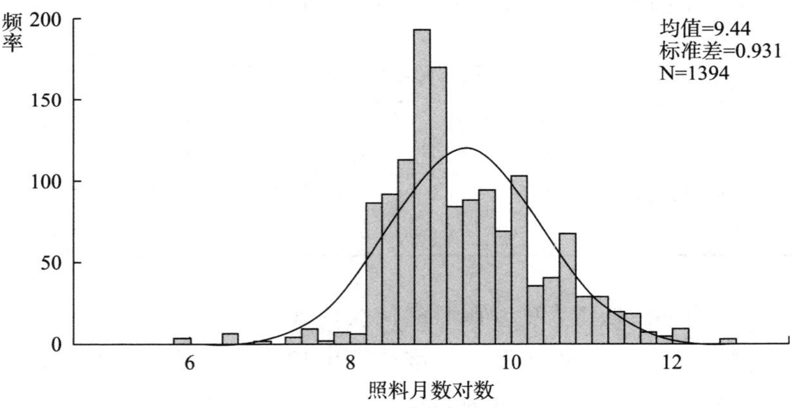

图 5　老年人照料需求的分布（对数转换，单位：月）

（二）不同照料者的照料介入概率和程度

当老年人出现照料需求时，家庭中的不同角色和家庭之外的照料资源就有可能被激发，应对所出现的照料需求。那么，哪些角色更有可能响应老年人的照料需求呢？下面，我们将从两个角度来考察这个问题。

一是从老年人的角度来看，我们考察的是不同照料者角色的实际覆盖面。本次调查显示，从覆盖面上来看，照料者角色的顺序依次是儿子（52.3%）、儿媳（44.9%）、女儿（39.8%）和配偶（33.7%），这些都属于第一梯队的照料者角色；女婿（17.1%）和孙子女（16.9%）属于第二梯队；保姆（6.6%）、亲友（5.1%）、邻居（2.6%）、居委会/街道（1.3%）、志愿者（1.0%）、专业人员（0.4%），属于第三梯队（见表2）。

表2 不同照料者角色对老年人照料的覆盖面（N=1399）

单位：%

配偶	儿子	儿媳	女儿
33.7	52.3	44.9	39.8
女婿	孙子女	亲友	邻居
17.1	16.9	5.1	2.6
志愿者	居委会/街道人员	专业人员	保姆
1.0	1.3	0.4	6.6

这一照料者顺序，与陈成文（1998）对湖南农村的调查结果基本相同，与“1998年中国高龄老人健康长寿基础调查”的数据所显示的照料者顺序稍有差异，与本次调查数据所显示的覆盖面相比，在高龄老年人的照料者中，子女和社会服务的比重均有所加大（周云，2001）。在具体照料者角色的覆盖面上，本次调查与许传新和陈国华（2005）的调查结果有所不同，次序不同的角色是“儿媳”，这一照料者角色从许传新和陈国华的调查中的第四位上升到本次调查中的第二位。

从严格的意义上来讲，不同调查的照料者角色的顺序之间不具有可比性，因为照料者角色的覆盖面是两个因素共同作用的结果：一是针对不同的老年群体而言，不同角色的照料者是否存在，即照料者角色的“存在概率”（availability）；另一个因素是潜在的照料者角色实际介入老年人的“介入概率”（engagement）。覆盖面是这两种概率的乘积，因此，如果不同调查在不同照料者角色中的存在概率不同，即使介入概率相同，我们也可以观察到不同的覆盖率顺序。

表3 不同照料者的介入概率（N=1399）

	配偶	儿子	儿媳	女儿	女婿	孙子女
介入百分比（%）	78.3	25.0	23.3	20.6	9.3	2.6
潜在照料者（人）	653	2921	2695	2698	2557	9024

实际上，介入概率是从照料者的角度来看老年人的照料。介入概率就是所有潜在的照料者转变为一个实际的照料者、承担老年人的照料任务的

比例。由表3可见，在介入概率上，最高的是配偶（78.3%），儿子、儿媳和女儿是第二梯队，介入概率分别是25.0%、23.3%和20.6%，女婿的介入概率降低到只有近一成（9.3%），为第三梯队，最后一个家庭成员是（外）孙子女，他们的介入概率只有2.6%。

除了介入概率之外，反映照料者的照料行为的另外一种重要指标是介入程度，即照料者对老年人照料所投入的时间、精力和货币。在本次调查中，我们把介入程度操作化为不同照料者角色介入照料的时间长度（人均天数）。由介入程度的指标来看，照料者的顺序依次是配偶（499.71）、保姆/小时工（331.46），这是介入程度最高的两个角色。儿媳（244.55）、儿子（158.29）、其他亲属（118.17）居中，女儿（89.93）、孙子女（86.33）、女婿（60.75）、居委会/街道（51.83）和朋友/邻居（38.04）次之，介入程度最低的照料者角色是志愿人员（1.84）和“养老机构”①（0.00）（见表4）。

由表4还可以看出，不同照料者角色的介入程度，在城乡之间还存在巨大的差异。和城市的照料者相比，乡村介入程度较大的照料者角色有配偶、居委会/街道和朋友/邻居，介入程度相当的照料者角色有儿媳、志愿人员和养老机构，其余角色的介入程度均较低，包括儿子、女儿、女婿、孙子女、其他亲属和保姆/小时工。

表4　不同照料角色的人均照料天数（N=1399）

		配偶	儿子	儿媳	女儿	女婿	孙子女
城市	均值	371.79	243.76	268.94	145.48	109.02	126.56
	个案数	126	123	104	130	51	42
	标准误	31.6	32.0	33.3	16.6	16.0	17.7
农村	均值	558.96	140.53	239.64	68.88	42.36	76.25
	个案数	272	592	516	342	133	167
	标准误	40.9	15.9	34.5	13.5	10.8	12.6
总计	均值	499.71	158.29	244.55	89.93	60.75	86.33
	个案数	398	715	620	471	183	209
	标准误	38.7	22.0	34.3	14.6	13.0	14.1

① 调查样框为社区中的老年人，因此，机构养老的介入程度是一个被低估的变量。

续表

		配偶	儿子	儿媳	女儿	女婿	孙子女
城市	均值	176.57	15.27	2.81	14.77	0.00	335.69
	个案数	27	13	5	6	1	39
	标准误	22.3	5.3	2.4	4.5	0.0	27.3
农村	均值	84.46	50.67	1.08	87.11		206.84
	个案数	46	24	7	7		1
	标准误	10.9	8.4	1.0	9.8		18.1
总计	均值	118.17	38.04	1.84	51.83	0.00	331.46
	个案数	73	38	12	13	1	40
	标准误	17.7	7.8	1.9	8.8	0.0	27.1

不过，由于在本次调查中，不同角色介入照料的程度是采用回溯法进行测量的，这一测量方式具有较大的测量误差，而且，所有角色的照料行为信息均由被访老年人一个人提供，这就更有理由让我们相信，在本次调查中，不同角色介入照料的程度存在较大的测量误差，因此，上述介入程度的数据，只能反映老年人照料状况的大致情形，而不是单个角色的介入程度的精确测量。不过，与介入程度相比，不同角色是否介入照料的测量，测量误差则比较低。有鉴于此，在下面的多变量分析模型中，我们就只考察不同角色介入照料的概率模型，而不考察不同角色介入照料的程度模型。

同时，考虑到一些角色的介入概率相对较低，我们将合并“其他亲属”和“朋友/邻居”，并称之为“社区”，这一新的类别介入老年人照料的概率是6.5%。“志愿人员”、“居委会/街道”、“养老机构”和“保姆/小时工”合并成为“社会”，其介入老年人照料的概率为8.5%。

（三）不同角色介入照料的多元正态概率模型

我们假定，不同角色是否介入老年人的照料，取决于一个无法观察的潜变量 y_i^*，当这个潜变量大于0时，我们就可以观察到该照料者角色介入到老年人的照料中；当这个潜变量小于等于0时，该角色就不会介入到老年人的照料中。同时，潜变量 y_i^* 由8个联立方程来表示，影响它的自变量是被照料的老年人的特征和照料角色自己的特征。具体说来，老年人日常照料的多变量正态概率模型的设置为：

$$
\begin{cases}
y_1^* = \beta_{01} + \beta'_{im} X_{im} + \beta'_{71} X_{spouse} + \varepsilon_1 \\
y_2^* = \beta_{02} + \beta'_{im} X_{im} + \beta'_{72} X_{son} + \varepsilon_2 \\
y_3^* = \beta_{03} + \beta'_{im} X_{im} + \beta'_{73} X_{div} + \varepsilon_3 \\
y_4^* = \beta_{04} + \beta'_{im} X_{im} + \beta'_{74} X_{dau} + \varepsilon_4 \\
y_5^* = \beta_{05} + \beta'_{im} X_{im} + \beta'_{75} X_{siw} + \varepsilon_5 \\
y_6^* = \beta_{06} + \beta'_{im} X_{im} + \beta'_{76} X_{grandc} + \varepsilon_6 \\
y_7^* = \beta_{07} + \beta'_{im} X_{im} + \varepsilon_7 \\
y_8^* = \beta_{08} + \beta'_{im} X_{im} + \varepsilon_8
\end{cases}
$$

其中，y_i^* 表示第 i 个角色是否介入的潜变量，当 y_i^* 大于 0 时，P_i 等于 1，表示第 i 个角色介入老年人的照料。更具体地说，y_1^* 表示“配偶”介入的潜变量，y_2^* 表示“儿子”介入的潜变量，y_3^* 表示“儿媳”介入的潜变量，y_4^* 表示“女儿”介入的潜变量，y_5^* 表示“女婿”介入的潜变量，y_6^* 表示“孙子女”介入的潜变量，y_7^* 表示“社区”介入的潜变量，y_8^* 表示“社会”介入的潜变量，β_{0i}表示第 i 个方程的截距项，εi 表示第 i 个方程的误差项。

$\beta'_{im}X_{im}$表示被照料的老年人特征对照料角色是否介入的影响，例如，城乡（area）、性别（male）、年龄（age）、月收入对数（logincm）和照料月数对数（lncare）和家庭规模（famsize），即：

$$\beta'_{im} X_{im} = \beta'_{isex} X_{male} + \beta'_{iage} X_{age} + \beta'_{ilogincm} X_{logincm} + \beta'_{ilncare} X_{lncare} + \beta'_{ifamsize} X_{famsize}$$

除此之外，照料角色的特征也包括在五个方程中，分别是 $\beta'_{71} X_{spouse}$ 表示配偶是否健在对介入老年人照料的效应，$\beta'_{72} X_{son}$ 表示儿子数对介入老年人照料的效应，$\beta'_{73} X_{diw}$ 表示儿媳数对介入老年人照料的效应，$\beta'_{74} X_{dau}$ 表示女儿数对介入老年人照料的效应，$\beta'_{75} X_{siw}$ 表示女婿数对介入老年人照料的效应，$\beta'_{76} X_{grandc}$ 表示孙子女数对介入老年人照料的效应。

为了使得方程可判定，我们对 8 个联立方程的误差项做了如下 4 个假定，分别是：

①$E(\varepsilon_m)=0$，其中 $m=1,\cdots,8$

②$Vare(\varepsilon_m)=1$，其中 $m=1,\cdots,8$

③$Cov(\varepsilon_{ij})=Cov(\varepsilon_{ji})$，其中 $i=1,\cdots,8;j=1,\cdots,8$ 且

$$④\begin{pmatrix} & \varepsilon_1 & \varepsilon_2 & \varepsilon_3 & \varepsilon_4 & \varepsilon_5 & \varepsilon_6 & \varepsilon_7 & \varepsilon_8 \\ \varepsilon_1 & 1 & & & & & & & \\ \varepsilon_2 & \rho_{21} & 1 & & & & & & \\ \varepsilon_3 & \rho_{31} & \rho_{32} & 1 & & & & & \\ \varepsilon_4 & \rho_{41} & \rho_{42} & \rho_{43} & 1 & & & & \\ \varepsilon_5 & \rho_{51} & \rho_{52} & \rho_{53} & \rho_{54} & 1 & & & \\ \varepsilon_6 & \rho_{61} & \rho_{62} & \rho_{63} & \rho_{64} & \rho_{65} & 1 & & \\ \varepsilon_7 & \rho_{71} & \rho_{72} & \rho_{73} & \rho_{74} & \rho_{75} & \rho_{76} & 1 & \\ \varepsilon_8 & \rho_{81} & \rho_{82} & \rho_{83} & \rho_{84} & \rho_{85} & \rho_{86} & \rho_{87} & 1 \end{pmatrix}$$

即任一方程的误差项均值等于0，方差等于1，误差项的方差和协方差矩阵为对称矩阵。

由“中国城乡老年人生活状况一次性抽样调查”（中国老龄科研中心，2003）的数据所拟合的多元正态概率模型结果见表5。由此表可见：

第一，调查数据支持假设1a，配偶介入的概率没有城乡差异，变量urban的系数只有0.061，不具有统计上的显著性。

第二，假设1b也得到数据支持，变量urban在“儿子”的介入方程中的回归系数为-0.415，在“儿媳”介入方程中的回归系数为-0.396，两者皆具有统计上的显著性（$p<0.01$），但效应的方向为负。这两个回归系数说明，城市中的儿子和儿媳的介入概率低于其乡村中的对应角色的介入概率。

表5 不同角色介入老年照料的多元正态概率模型（N=1325）

	因变量							
	配偶	儿子	儿媳	女儿	女婿	孙子女	社区	社会
Urban	0.061 (0.105)	-0.415** (0.074)	-0.396** (0.074)	0.237** (0.074)	0.234** (0.083)	-0.136 (0.092)	0.128 (0.114)	0.825** (0.136)
Male	0.271* (0.107)	-0.221** (0.075)	-0.326** (0.076)	-0.296** (0.074)	-0.246** (0.084)	-0.342** (0.089)	-0.310** (0.118)	-0.570** (0.121)
Age	-0.025** (0.007)	0.007 (0.005)	0.012** (0.005)	0.004 (0.004)	0.003 (0.005)	0.032** (0.005)	-0.004 (0.007)	0.028** (0.007)
Logincm	0.017 (0.017)	-0.007 (0.011)	-0.011 (0.012)	-0.013 (0.011)	-0.005 (0.012)	-0.012 (0.012)	0.001 (0.017)	0.141* (0.034)

续表

	因变量							
	配偶	儿子	儿媳	女儿	女婿	孙子女	社区	社会
Lncare	0.134 ** (0.041)	0.036 (0.029)	0.020 (0.029)	-0.048 (0.028)	0.035 (0.036)	0.025 (0.037)	-0.008 (0.045)	-0.037 (0.039)
Famsize	-0.027 (0.022)	0.124 ** (0.019)	0.193 ** (0.019)	0.022 (0.017)	0.052 ** (0.018)	0.074 ** (0.019)	-0.071 * (0.032)	-0.114 ** (0.036)
Carersize	2.565 ** (0.134)	0.284 ** (0.025)	0.292 ** (0.026)	0.253 ** (0.025)	0.158 ** (0.028)	-0.006 (0.008)	- -	- -
常数项	-1.410 * (0.660)	-1.488 ** (0.442)	-2.068 ** (0.443)	-0.581 (0.433)	-2.004 ** (0.506)	-3.571 ** (0.531)	-0.911 (0.679)	-3.868 ** (0.705)
	误差项的方差和协方差矩阵							
	配偶	儿子	儿媳	女儿	女婿	孙子女	社区	社会
配偶	1							
儿子	0.002 (0.064)	1						
儿媳	0.048 (0.065)	1.352 ** (0.074)	1					
女儿	0.011 (0.064)	0.468 ** (0.052)	0.421 ** (0.050)	1				
女婿	0.054 (0.070)	0.507 ** (0.060)	0.550 ** (0.058)	1.416 ** (0.098)	1			
孙子女	-0.074 (0.077)	0.390 ** (0.059)	0.452 ** (0.061)	0.418 ** (0.057)	0.537 ** (0.062)	1		
社区	-0.126 (0.099)	0.120 (0.076)	0.235 ** (0.079)	0.231 ** (0.073)	0.220 * (0.079)	0.409 ** (0.082)	1	
社会	-0.357 ** (0.095)	-0.025 (0.076)	-0.151 * (0.076)	-0.082 (0.072)	0.035 (0.078)	0.048 (0.082)	0.109 (0.094)	1

注：1. 括号中的值为估值的标准误。

2. * 表示在5%的置信水平上显著，** 表示在1%的置信水平上显著。

3. 模型的似然对数为3918.5799，检验所有的 $\rho_{ij}=0$：χ^2（$df=28$）=1237.56，大于该卡方值的概率为0.0000，拒绝所有零假设。

第三，调查数据也支持假设1c。变量urban在“女婿”介入的方程中的回归系数为0.234，在“女儿”介入方程中的回归系数为0.237，两者均具有统计上的显著性（$p<0.01$），这两个回归系数说明，城市中的女儿和女婿的介入概率高于其乡村中对应角色的介入概率。

第四，“孙子女的介入概率没有城乡差异”这一假设（1d）也得到数据的支持，在孙子女的介入方程中，urban 的回归系数为 -0.136，这一系数不具有统计上的显著性，说明孙子女的介入概率没有城乡差异。

第五，假设 1e 得到数据支持，在“社区”介入的方程中，变量 urban 的回归系数是 0.128，不具有统计上的显著性，说明社区角色的介入概率没有城乡差异。

第六，假设 1f 得到数据支持，在“社会”照料角色的介入方程中，变量 urban 的回归系数是 0.825，具有统计上的显著性（$p < 0.05$），说明城市中社会角色介入老年人照料的概率要高于农村。

第七，被照料者的性别效应假设 2a 得到数据支持，和女性被照料者相比，在对男性老年人的日常照料过程中，其配偶介入的概率有所上升（回归系数为 0.271），子代的介入概率所有下降，其中在儿子介入的方程中，被照料者新版的回归系数为 -0.221，在儿媳介入的方程中，为 -0.326，在女儿介入的方程中，为 -0.296，在女婿介入的方程中，为 -0.246，在孙子女介入的方程中，为 -0.342。在所有这些子代的介入方程中，被照料者的性别效应均为负数，说明配偶角色存在替代效应。除此之外，配偶的替代效应还表现在被照料者性别在“社区”和“社会”角色的介入方程中的效应，其回归系数分别是 -0.310 和 -0.570，说明配偶角色的介入对社区和社会角色的介入的替代效应。

第八，被照料者的年龄效应假设 2b 只得到部分支持，在配偶介入方程、儿媳介入方程、孙子女介入方程和社会介入方程中，被照料者的年龄效应和假设预测的方向相同，被照料者年龄对配偶介入的效应是负的（-0.025），对儿媳介入（0.012）、孙子女介入（0.032）和“社会”角色的介入概率的效应是正的。对于其他角色的介入概率，被照料者的年龄没有显著效应。被照料者的年龄和性别效应，特别是性别效应的出现，间接说明了配偶介入的挤出效应。

第九，“挤入效应”假设 3 基本上没有得到数据支持，老年人月收入对数的回归系数，在八个不同角色的介入方程中，除了在“社会”角色的介入方程中显著之外（0.141），其余均不具有统计上的显著性。由此可见，老年人收入的增加，只是增加了受价值规律调节的“社会”照料角色的介入概率，而没有增加其他照料角色的介入概率。

第十，“照料负担”效应的假设并没有得到数据支持。随着被照料者的照料时期的增加，配偶介入的概率有相应增加（回归系数为0.134），但其他各种照料角色的介入概率却没有明显降低。这说明，照料负担没有降低老年人子女的介入概率，也没有增加社区角色和社会角色的介入概率。不过，在有照料需求的老年人中，仍有62.1%的老年人持有“久病床前无孝子”这一观点。由多元正态概率模型的参数所得出的结论和被访老年人自己的主观认识之间的差距，可能具有三种解释，一是观念和现实之间存在一定差距；二是自己例外论：人们倾向于把自己当作是负面价值判断的例外；三是“久病床前无孝子”所反映的是照料角色的介入程度，而不是介入概率。在这三种解释之间的选择，则需要专门的研究加以讨论。

第十一，照料网络的规模效应基本得到数据支持。假设5a基本成立，随着家庭规模的增加，儿子、儿媳、女婿和孙子女的介入概率都有相应增加，“家庭规模”这一变量的回归系数，在配偶介入方程中只有-0.027，不具有统计上的显著性，同样不显著的介入方程有“女儿”（0.022）。在儿子介入方程中为0.124，在儿媳的介入方程中为0.193，这两个回归系数均具有统计上的显著性（$p<0.05$）。在“女婿”（0.052）、“孙子女”（0.074）的介入方程中，家庭规模的效应统计上显著，但效应规模远远不及对“儿子”和“儿媳”介入概率的影响。同时，随着家庭规模的增加，社区和社会的介入概率将下降。家庭规模在“社区”介入方程中的回归系数为-0.071，在“社会”介入方程中为-0.114，两者均具有统计上的显著性（$p<0.05$），说明随着家庭规模的增加，正式照料的介入概率将下降。

假设5b也基本上得到数据支持。在配偶、儿子、儿媳、女儿和女婿的介入方程中，潜在照料者规模的回归系数分别是2.565、0.284、0.292、0.253和0.158，这些系数均具有统计上的显著性（$p<0.01$）。这说明，随着潜在照料者数量的增加，该角色介入老年人照料的概率也有相应增加，从这个角度来看，潜在照料者规模的增加，会提高老年人非正式照料系统的稳定性，从而降低老年人失去其照料的风险，这是对“多子多福”的另一种注释。但是，子代各个角色的效应规模远远不及配偶，而且，潜在照料者的规模效应并没有显示在“孙子女”这一照料者角色上，随着孙子女数量的增加，孙子女介入照料的概率并没有明显增加，其回归系数为-0.006，不具有统计上的显著性。

第十二，假设6并没有得到数据支持。在本次调查数据中，挤出效应随着照料角色的不同而异。从多元正态概率模型的误差项矩阵（表5）可见，与社会角色的介入呈负相关的角色有配偶（-0.357）和儿媳（-0.151），其他角色，例如，儿子（-0.025）、女儿（-0.082）、女婿（0.035）、孙子女（0.048）和社区角色（0.109），均没有统计上显著的效应。这些数据说明，在目前的情形下，不是社会化服务（社区、社会角色）挤出家庭角色的照料，而是家庭照料角色，特别是配偶和儿媳，挤出社会化服务。从责任伦理、可近度和成本三个规律来看，我们很容易解释这一结果：配偶和儿媳在可近度上、成本上和责任上均比社会化服务具有相对优势。

四　结论和讨论

老年人的日常照料，无论对于被照料者，还是对于照料者而言，都是一个暗含巨大的情感、时间、体力和经济压力的任务，而且，个体的人生规划也无法解决这个问题（Kane and West，2005）。在这里，我们并没有讨论日常照料所暗含的压力，也没有考察照料和护理质量，更没有考察被照料者的生活质量，以及照料系统的所有参与者的满意度。因此，本文不是对不同照料系统的评估性研究，而是关注影响这些不同角色，特别是家庭、社区、政府和市场，介入老年人日常照料规律的研究。

本文在总结国内外老年人照料研究的基础上，提出老年人日常照料的角色介入模型，其核心是三个规律：即（1）成本命题：一个角色介入老年人日常照料的成本越大，其介入照料的概率就越低；（2）邻近命题：和被照料者的地理和社会邻近度越高，照料角色介入的可能性就越高；（3）责任命题：对被照料者的责任感越高，照料者介入的可能性就越大。

由此三个命题所延伸出的六个假设，通过多元正态概率模型对中国老龄科研中心与2000年实施的“中国老年人口一次性抽样调查”的原始数据的分析，多数假设得到1399个个案数据的经验支持，直接验证了角色介入模型的预测力，间接支持了角色介入的理论模型。

在老年人日常照料的角色介入模型的关照下，我们对大多数的经验研究所观察到或分析得出的变量效应有了一致的理论解释。例如，反映潜在照料者规模的因素有子女数（黄润龙，2005）和照料者的排行（Stoller，1983）；宏观的人口政策，特别是生育政策，也会对潜在照料者的数量造成影响（郭志刚等，2002）。

反映可近度规律的主要因素有居住方式（黄润龙，2005）、照料者和被照料者之间的情感纽带（Brody and Schoonover，1986；Finley et al.，1988）、地理距离（Robinson and Thurnher，1979）、照料者的可近度（Horowitz，1985；Matthews and Rosner，1988；张恺悌等，1996）。

反映责任规律的主要因素有性别角色的传统定义（Horowitz，1985）、与性别关联的社会和道德价值（Brody and Schoonover，1986；Pratt et al.，1987；Finley et al.，1988），儿媳介入照料的动机不是基于亲情和互惠，而更多的是出于对丈夫的责任（Brody，1990），对性别角色规范的内化、在婚姻中缺乏权力以及社区压力（Guberman，1999）。

反映成本规律的主要因素有照料者的年龄、婚姻状况、是否有幼儿等（Stoller，1983）、照料者的受教育程度、社会阶级、经济资源和社会经济地位（Horowitz，1985；Matthews and Rosner，1988；张恺悌等，1996）、被照料者的体力和智力下降的程度、照料者的健康状况和被照料者的经济状况（Robinson and Thurnher，1979）。

除了家庭成员之外，政府、市场和社区也是老年人照料的主要角色（Sin，2006），不同照料角色之间的关系，则是这三个规律共同作用的结果。

当然，也有一些经验研究所发现的效应，并不能为老年人照料角色的介入模型所解释。例如，缺乏其他替代方案（Merrill，1993）、既往的照料关系（Robinson and Thurnher，1979）、对一种照料形式的经历和期望（Sin，2006）以及不同照料体系所采用的评价标准（Sin，2006）。这些效应的存在说明，还有其他一些规律可能制约着不同照料者的介入概率和程度，这有待将来的研究做进一步的探索。

第一，老年人日常照料的角色介入模型具有较强的政策含义，特别是针对家庭照料和社会服务之间的制度选择。面对人口老龄化、高龄化、女性化所带来的潜在照料负担，有一些学者建议发展老龄产业，以减轻家庭照料的负担，提高老年照料的专业性和照料质量，同时，也为经济发展提供新的增长点，即老年照料的社会化建议。但这些建议，虽然出自对老年人的生活质量的关注，但没有考虑到老年照料社会化的负面效应。

第二，如果以产业的眼光来看，老年照料的需求和服务供给，不适用一般商品的价值规律，即服务供应量的增加并不会降低服务的价格，竞争的增加也不会降低服务的价格，反而，服务的供给会提升照料服务的需求，价格的增加并不能保障服务质量的增加，这种“自我膨胀”的趋势是造成美国等西方国家医疗费用急剧上升的重要因素（Mahar，2006），也是我们在引入市场机制来介入老年人的日常照料的制度设计时，需要引以为戒的教训。

第三，从需求方来看，本文的研究表明，老年人的角色介入是责任伦理、可近度和成本三个规律共同作用的结果，虽然这三者之间的关系需要做进一步的研究，但这三个规律至少向我们表明，老年人日常照料的社会化服务，并不一定能够替代其他照料角色的介入，因为可近度规律要求社会化服务具有较高的覆盖面，从而降低每一个潜在照料需求者和提供照料的专业机构或人员之间的可近度。在农村地区，这几乎是不可能的任务。从产业规律来说，要实现这种覆盖面，必定要加大产业的成本，同时，成本规律也需要社会经济发展到一定的水平，让大多数家庭照料者的平均收入大于专业人员的服务价格，才有可能发生社会化服务挤出家庭照料的挤出效应。在可以预见的将来，出现这种情形的可能性非常小，即使出现，也可能只出现在部分经济比较发达的地区。

第四，即使社会化服务克服了可近度和成本上的障碍，它对家庭照料的替代（即挤出效应）还需要观念上变化，即对老年人的日常照料的责任的重新划分，但观念的变化是需要时间的。照料伦理和照料供给的社会结构之间互为因果，它们之间的关系是需要给予特别关注的。

参考文献

陈成文，1998，《农村老年人的生活状况及其社会支持——对湖南省 1000 名农村老年人的调查》，《社会科学研究》第 6 期。

郭志刚、刘金塘、宋健，2002，《现行生育政策与未来家庭结构》，《中国人口科学》第 1 期。

黄润龙，2005，《我国空巢老人家庭状态》，《人口与经济》第 2 期。

唐美玲，2005，《城市家庭子女对父辈的养老支持分析——苏南四城市老年人生活状况调查》，《南方人口》第3期。

王来华、约瑟夫·施耐德，2000，《论老年人家庭照顾的类型和照顾中的家庭关系：一项对老年人家庭照顾的实地调查》，《社会学研究》第4期。

王梅、夏传玲，1994，《中国家庭养老负担现状分析》，《中国人口科学》第4期。

夏传玲，1995，《北京市老年人日常生活照料模型》，乔晓春编《中国生育率下降过程中的新人口问题及其对策研究》，中国人民大学出版社。

——，2002，《日常护理需求的事件数模型》，《市场与人口分析》第1期。

许传新、陈国华，2005，《城市社区老年人生活照料网的构成及影响因素分析》，《市场与人口分析》第3期。

杨善华、贺常梅，2004，《责任伦理与城市居民的家庭养老——以“北京市老年人需求调查”为例》，《北京大学学报》（哲学社会科学版）第1期。

张恺悌、伊密、夏传玲，1996，《市场经济条件下的家庭养老与社会化服务》，《人口研究》第4期。

中国老龄科研中心，2003，《中国城乡老年人口状况一次性抽样调查：数据分析》，中国标准出版社。

周云，2001，《从调查数据看高龄老人的家庭代际关系》，《中国人口科学》第S1期。

Abrams, Burton A. and Mark D. Schmitz. 1984. “The Crowding-out Effect of Governmental Transfers on Private Charitable Contributions: Cross-section Evidence.” *National Tax Journal* 37 (4).

——. 1985. “The Crowding-out Effect of Governmental Transfers: A Rejoinder.” *National Tax Journal* 38 (4).

Berger, Peter L. and Richard John Neuhaus. 1977. *To Empower People: The Role of Mediating Structures in Public Policy*. Washington: American Enterprise Institute for Public Policy Research.

Brody, E. M. and C. B. Schoonover. 1986. “Patterns of Parent-Care When Adult Daughters Work and When They Do Not.” *The Gerontologist* 26 (4).

Brody, Elaine M. 1990. *Women in the Middle: Their Parentcare Years*. New York: Springer Pub. Co.

Burgess, Ernest Watson. 1960. *Aging in Western Societies*. Chicago. IL: University of Chicago Press.

Cicirelli, Victor G. 1983. “Adult Children's Attachment and Helping Behavior to Elderly Parents: A Path Model.” *Journal of Marriage and the Family* 45 (4).

Deci, Edward L. 1975. *Intrinsic Motivation*. New York: Plenum Press.

Deci, Edward L., Richard Koestner and Richard M. Ryan. 1999. "A Meta-Analytic Review of Experiments Examining the Effects of Extrinsic Rewards on Intrinsic Motivation." *Psychological Bulletin* 125 (6).

Finley, N. J., M. D. Roberts, and B. F. Banahan. 1988. "Motivators and Inhibitors of Attitudes of Filial Obligationtoward Aging Parents." *The Gerontologist* 28 (1).

Frey, Bruno S. and Reto Jegen. 2001. "Motivation Crowding Theory." *Journal of Economic Surveys* 15 (5).

Glazer, Nathan. 1988. *The Limits of Social Policy*. Cambridge. Mass.: Harvard University Press.

Guberman, Nancy. 1999. "Daughters-in-Law as Caregivers: How and Why Do They Come to Care!" *Journal of Women and Aging* 11 (1).

Horowitz, A. 1985. "Sons and Daughters as Caregivers to Older Parents: Differences in Role Performance and Consequences." *The Gerontologist* 25 (6).

Janowitz, Morris. 1976. *Social Control of the Welfare State*. New York: Elsevier.

Jordan, Paul C. 1986. "Effects of Extrinsic Reward on Intrinsic Motivation: A Field Experiment." *Academy of Management Journal* 29 (2).

Künemund, Harald andMartin Rein. 1999. "There is More to Receiving than Needing: Theoretical Arguments and Empirical Explorations of Crowding in and Crowding out." *Ageing and Society* 19 (1).

Kane, Robert L. and Joan C. West. 2005. *It Shouldn't Be This Way: The Failure of Long-term Care*. Nashville: Vanderbilt University Press.

Kreps, J. M. 1977. "Intergenerational Transfers and the Bureaucracy." in *Family, Bureaucracy, and the Elderly*. edited by E. Shanas and M. B. Sussman. Durham. N. C.: Duke University Press.

Lepper, Mark R. and David Greene. 1978. *The Hidden Costs of Reward: New Perspectives on the Psychology of Human Motivation*. Hillsdale. N. J.: L. Erlbaum Associates.

Lepper, Mark R., David Greene, and Richard E. Nisbett. 1973. "Undermining Children's Intrinsic Interest with Extrinsic Reward: A Test of the Overjustification Hypothesis." *Journal of Personality and Social Psychology* 28 (1).

Mahar, Maggie. 2006. *Money Driven Medicine: The Real Reason Health Care Costs So Much*. New York: Pymble, NSW.

Matthews, Sarah H. and Tena Tarler Rosner. 1988. "Shared Filial Responsibility: The Family as the Primary Caregiver." *Journal of Marriage and the Family* 50 (1).

Merrill, D. M. 1993. "Daughters-in-law as Caregivers to the Elderly." *Research on Aging* (15).

Pawson, Ray. 1989. *A Measure for Measures: A Manifesto for Empirical Sociology*. London: Taylor and Francis Routledge.

Pratt, C., V. Schmall, and S. Wright. 1987. "Ethical Concerns of Family Caregivers to Dementia Parents." *The Gerontologist* 27 (5).

Robinson, B. and M. Thurnher. 1979. "Taking Care of Aged Parents: A Family Cycle Transition." *The Gerontologist* 19 (6).

Seelbach, W. C. and W. J. Sauer. 1977. "Filial Responsibility Expectations and Morale among Aged Parents." *The Gerontologist* 17 (6).

Sin, Chih Hoong. 2006. "Expectations of Support among White British and Asian-Indian Older People in Britain: The Interdependence of Formal and Informal Spheres." 14 (3).

Stoller, Eleanor Palo. 1983. "Parental Caregiving by Adult Children." *Journal of Marriage and the Family* 45 (4).

Titmuss, Richard Morris. 1970. *The Gift Relationship: From Human Blood to Social Policy*. London: Allen and Unwin.

农民工在中国转型中的经济地位和社会态度*

李培林　李　炜

摘　要：中国在改革和发展中产生的大量从农业向非农产业转移的农民工，通过推动劳动力市场的形成，为中国的市场化转型和现代化发挥了重要而特有的作用。本文基于对2006年在中国28个省区市进行的大规模问卷调查资料的分析，发现农民工的收入地位更多地是由教育、工作技能等获得性因素决定的，而不是身份歧视因素所决定的；同时还发现收入和经济社会地位相对较低的农民工，却意外地具有比较积极的社会态度。影响农民工态度和行为的因素，更重要的可能不是社会横向利益比较，而是自身的纵向利益比较，因而更显著地遵循历史决定逻辑，而不是经济决定逻辑。

关键词：农民工　经济地位　社会态度

一　问题的缘起

中国的转型包括两个方面，一是从计划经济体制向社会主义市场经济体制转轨，二是从一个农业的、乡村的、封闭半封闭的社会向一个工业的、城市的、开放的现代社会转型。在过去的研究中，更多的研究集中在阐述改革开放对社会结构变迁的推动，而对于社会结构转型本身带来的社会收益，还研究得不够。中国经济的快速成长，其要素之一是劳动力的比较优势，而这种优势很大程度上依赖于中国农村劳动力大规模地向非农产业的转移。如中国与苏东国家相比，除了政治体制、意识形态、改革的步

* 原文发表于《社会学研究》2007年第3期。

骤和目标的巨大差异，还有一个容易被人们忽视的巨大差异，即社会结构的差异。苏东国家在改革之前，基本已经实现了工业化，农业也基本完成了技术对劳动的大规模替代，社会结构产生了变动的瓶颈和整体的刚性。而中国在改革之初，社会结构的弹性依然很大，社会结构变动具有很大的空间，在基层运作中也存在很大的灵活性。所以，当改革调动起人们的积极性和创造力的时候，整个社会就很快充满了活力。农业中技术对劳动的替代，农村劳动力向非农产业的迅速转移，乡村人口向城市的大量集中，都给社会带来巨大的收益。过去我们在测算中国 GDP 增长的贡献因素时，除了资本和劳动的贡献，将剩下的一块称为全要素生产率的贡献，而且往往简单地认为全要素生产率的贡献主要来自技术进步和体制改进。但最近据专家测算，仅劳动力从农业向非农产业的转移，对中国 1978～1998 年 GDP 增长的贡献就占 20% 以上，要远高于体制改进因素的贡献（蔡昉、王美艳，2002）。

但西方有很多学者一直对中国大规模的民工流动可能造成的社会后果表示担忧，中国也有学者把进城的农民工视为对社会稳定的一种威胁。如早在 1994 年民工潮初起的时候，中国就有学者预言“流民潮几乎就是社会的一个火药桶……反社会的心理将长久地影响曾一度处于流民潮的每一个人……中国社会如果发生大的动荡，无业农民一定是动荡的积极参与者和主要的破坏性力量”（王山，1994：62～63）。

然而，现在人们更多地把农民工视为经济建设的主力军，而不是社会稳定的破坏者。据专家估计，农民工每年给城市经济创造 1 万亿～2 万亿元人民币的 GDP 增量，并为农村增加 5000 亿～6000 亿元人民币的收入（国务院研究室课题组编，2006：62）。另据北京市统计局的测算，目前北京市农民工的劳动力贡献，在建筑业占 83%，在批发零售业占 49%，在制造业占 29%（国务院研究室课题组编，2006：365）。

中国把从农业向非农产业转移的劳动力称为“农民工”。“农民工”这个概念主要指户籍身份还是农民、有承包土地，但主要从事非农产业工作、以工资为主要收入来源的劳动者。2006 年 1 月 18 日，国务院通过了《国务院关于解决农民工问题的若干意见》的文件，这是“农民工”的概念第一次写入中央政府具有行政法规作用的文件。农民工包括两大部分：一部分是在家乡附近乡镇企业工作的“离土不离乡”的农民工；另一部分是离开家乡到外地去打工的农民工，也称“流动民工”。

近十几年来，“农民工”在中国一直是学术界、政策制定部门和新闻界关注的热点。在1984年以前的改革初期，中国农村劳动力向非农产业转移的主要方式是通过乡镇企业，其主要特点是“离土不离乡、进厂不进城”，这曾经被称为“中国式的城市化道路”。1984年，国家放宽了对农民进城的限制，拉开了农民大规模进城务工经商的序幕。1985～1990年，从农村迁出的总人数还只有约335万，而同期乡镇企业新吸纳的农村劳动力为2286万人，乡镇企业仍是农民在职业上“农转非”的主渠道。但1990～1995年情况就大不一样了，根据多项大规模的全国抽样调查结果，外出打工的流动民工占农村劳动力总数的比例平均在15%左右，据此推算1995年达到6600多万人，同期乡镇企业新吸纳农村劳动力2754万人，乡镇企业吸纳农村劳动力的能力开始下降，而进城流动民工的人数仍在快速增加。根据2004年中国国家统计局在全国31个省（区、市）对6.8万农户和7100个行政村的调查，当年外出就业农民工约1.2亿人，占农村劳动力的24%左右。加上在乡镇企业就业的农村劳动力，2004年全国农民工总数大约为2亿人，他们平均年龄28岁左右，绝大多数为初中教育水平，主要从事制造业、建筑业和服务业工作（国务院研究室课题组，2006：3～4）。

本文要回答的问题是，为什么大规模的农民工流动没有引发社会的动荡？处于城市低收入地位的农民工为什么没有产生强烈的社会不满情绪？在城市聚集居住并经常受到不公正待遇的农民工为什么没有产生大规模的集群行为？

本文使用的数据来自我们在2006年3～5月在中国进行的“社会和谐稳定问题全国抽样调查”，此次调查覆盖全国28个省份，130个县（市、区），260个乡（镇、街道），520个村/居委会，访问住户7100余户，获得有效问卷7063份，调查误差小于2%，符合统计推断的科学要求。[①]

---

① 此项调查按照严格的科学抽样方法，以2000年全国第5次人口普查的区市县统计资料为基础进行抽样框设计，采用分层多阶段抽样方式。首先，采用城镇人口比例、居民年龄、受教育程度、产业比例4大类指标7个变量，对东中西部的2797个区市县进行聚类分层，在划分好的37个层中，采用PPS方法抽取130个区市县，在抽中的每一区市县中，采用PPS方法抽取2个乡镇街道，共抽取了260个，在抽中的每一乡镇街道中，采用PPS方法抽取2个村/居委会，共抽取520个，收集抽中村/居委会中所有居民个人或家庭的名单资料，共覆盖160余万人，近50万户居民。然后，在此抽样框中，采取PPS方法抽样，最后抽中7100样本户，覆盖全国28个省份，130个县（市、区），260个乡（镇、街道），520个村/居委会，可推断全国居民总体、分城乡居民人口总体、分东中西部居民人口总体。

二　农民工的工作条件、工作待遇普遍低于城市工人①

从月工资收入的比较来看，农民工和城市工人的收入差距是十分明显的。农民工平均月工资为 921 元，只相当于城市工人平均月工资 1346 元的 68.4%，而且大约 80% 的农民工月工资在千元以下，甚至有 27.1% 的农民工月工资在 500 元及以下（见表 1）。

表 1　农民工与城市工人的月收入比较

单位：%，元

月薪	农民工　N = 738	城市工人　N = 1126
500 元及以下	27.1	17.1
501 ~ 1000 元	52.2	37.0
1001 ~ 1500 元	13.9	21.8
1501 ~ 2000 元	3.8	11.2
2000 元以上	3.0	12.8
总计	100.00	100.00
平均值	921	1346
$X^2 = 111.83$，$P < 0.001$		

从劳动时间来看，农民工在平均收入远远低于城市工人的情况下，平均劳动时间却大大多于城市工人。尽管中国实行 8 小时工作制，但农民工平均每周工作 56.6 小时，比城市工人每周平均 47.9 小时的劳动时间要多大约 9 个小时。有 81.39% 的农民工劳动时间超出法定的每周 40 小时，有约 34% 的农民工每周工作在 60 小时以上（见表 2）。

对调查数据的分析表明，农民工与城市工人的收入差距，在年龄、职业、地域、教育等各种影响因素中，最重要的因素是人力资本，即受教育水平和工作技术水平。从受教育情况来看，农民工中有 45% 具有初中教育水平，但也有 25% 只有小学教育水平，还有 13.3% 未受过正式教育；而在

① 本文中农民工的界定是具有农业户籍身份从事二、三产业劳动的工资收入者；城市工人是指非农户籍身份的从事二、三产业劳动的工资收入者。两者的职业主要包括产业工人、商业服务业员工、办事人员、专业技术人员和经理人员。

城市工人中，约70%都具有高中以上的教育水平，其中有34%具有大学教育水平。从所从事工作的技术水平来看，农民工中从事体力和半体力劳动的比例高达约83.3%，而城市工人有近一半人（49.21%）从事需要专业技能的工作。

表2　农民工与城市工人的周工作时间比较

单位：%，时

每周工作时间	农民工　N = 762	城市工人　N = 1146
不足20小时	2.31	2.59
21 - 40小时	16.29	44.22
41 - 60小时	47.83	39.50
61 - 80小时	25.85	10.32
80小时以上	7.71	3.37
总计	100.00	100.00
平均值	56.6	47.9
$X^2 = 199.53$，$P < 0.001$		

表3　农民工与城市工人的工作技能比较

单位：%

工作技能	农民工　N = 769	城市工人　N = 1152
需要很高专业技能的工作	3.63	14.03
需要较高专业技能的工作	12.99	35.18
半技术半体力工作	43.03	31.33
体力劳动工作	40.35	19.46
总计	100.00	100.00
$X^2 = 226.51$，$P < 0.001$		

多元回归分析进一步证明：当引入人力资本、工作状况、就业地点等因素来考察农民工和城市工人的收入差异时，农民工身份因素对收入的影响竟然消失了（见表4）。从表3的分析结果可以看出，受教育年数较多、能从事专业技能工作、男性、有管理职位、就业于东部地区和大中城市市区的农民工和城镇工人，都会得到较高的工资；在人力资本、工作状况、就业地点相同的条件下，农民工的工资收入和城市工人并无

显著差别。

农民工和城市工人因为身份差异而造成的工作待遇差异，主要不是在工资收入方面，而是在社会保障方面（见表5）。如在养老保险方面，农民工拥有养老保险的占16.3%，城市工人占67.3%；在失业保险方面，农民工拥有失业保险的占6.2%，城市工人占44.5%；在医疗报销方面，农民工能够报销部分或全部医疗费的占28.4%，城市工人占66.3%。

回归分析进一步证明，即使在同样的人力资本、工作状况、就业地点的条件下，农民工和城市工人拥有的社会保障也有着明显的差异（见表6）。城市工人享有养老保险、失业保险和医疗费报销的机会分别是农民工的2.99倍（1∶0.335）、3.22倍（1∶0.311）和1.62倍（1∶0.619）。

表4　各类因素对农民工和城市工人工资收入的线性回归分析

变量类型	自变量	非标准回归系数	标准误	标准回归系数
	常数	-447.84*	228.69	
身份	农民工（对照组：城市工人）	36.80	76.69	0.015
人力资本	劳动技能（对照组：体力工作）			
	高级专业技能工作	656.41***	109.90	0.167
	较高专业技能工作	264.44**	83.23	0.098
	半技术半体力工作	154.25*	69.75	0.061
	受教育年	64.97***	9.78	0.205
	年龄	1.67	2.86	0.014
	男性（对照组：女性）	256.03***	54.49	0.102
工作状况	周工作时长	4.04*	1.83	0.052
	管理职位（对照组：无管理职位）	342.82***	73.81	0.105
就业地点	就业场所（对照组：乡村）			
	大中城市市区	330.37***	83.47	0.136
	小城镇	-107.52	79.66	-0.040
	就业区域（对照组：西部）			
	东部	413.43***	71.04	0.171
	中部	-99.41	76.48	-0.038
	N = 1713			
R2 = 0.223				

注："*" $P<0.05$；"**" $P<0.01$；"***" $P<0.001$。

表 5　农民工与城市工人的社会保障待遇比较

单位：%

社会保障	农民工　N = 769	城市工人　N = 1152	X^2	P
有养老保险	16.3	67.3	485.72	0.000
有失业保险	6.2	44.5	365.98	0.000
有医疗报销	28.4	66.3	307.72	0.000

表 6　各类因素对农民工和城市工人享有社会保障的 Logsit 回归分析

变量类型	自变量	模型 1：养老险		模型 2：失业险		模型 3：医疗费报销	
		B	Exp（B）	B	Exp（B）	B	Exp（B）
	常数	-3.321***	0.036	-2.289***	0.101	-2.866	0.057
身份	农民工（对照组：城市工人）	-1.092***	0.335	-1.168***	0.311	-0.479**	0.619
人力资本	劳动技能（对照组：体力工作）						
	高级专业技能工作	0.397	1.488	0.650*	1.916	0.873**	2.394
	较高专业技能工作	0.481*	1.617	0.263	1.300	0.358	1.430
	半技术半体力工作	0.308	1.361	0.43	1.044	0.132	1.141
	受教育年	0.101***	1.106	0.103***	1.109	0.127***	1.135
	年龄	0.033***	1.034	0.012	1.012	0.044***	1.045
	男性（对照组：女性）	0.211	1.235	0.321	1.378	0.279*	1.322
工作状况	周工作时长	-0.018***	0.983	-0.030***	0.971	-0.014**	0.986
	管理职位	0.138	1.148	0.216	1.241	0.357	1.429
单位类型	单位类型（对照组：个体单位）						
	公有制单位	1.916***	6.793	1.602***	4.962	1.583***	4.868
	私营单位	1.050***	2.857	0.824**	2.279	0.377*	1.457
就业地点	就业场所(对照组：乡村)						
	大中城市市区	1.032***	2.808	0.729***	2.093	0.013	1.013
	小城镇	0.378	1.459	-0.007	0.993	-0.466*	0.627
	就业区域（对照组：西部）						
	东部	0.410*	1.506	-0.058	0.943	0.162	1.175
	中部	-0.384*	0.681	-631***	0.532	-0.787***	0.455

续表

变量类型	自变量	模型 1：养老险		模型 2：失业险		模型 3：医疗费报销	
		B	Exp（B）	B	Exp（B）	B	Exp（B）
	N	1594		1559		1519	
	-2 Log Likelihood	1568.87		1473.23		1644.84	

注："*" $P<0.05$；"**" $P<0.01$；"***" $P<0.001$。

三　农民工意外地呈现出积极的社会态度

按照一般的社会分层理论，人们的经济状况和经济地位，决定着人们的社会态度。这也是一些学者把农民工视为威胁社会稳定的因素的重要原因。但我们的调查却发现，农民工并没有因其经济地位而表现出更加突出的社会不满情绪，反而呈现出积极的社会态度。

在社会安全感方面，农民工的社会安全感明显高于城市工人。我们在调查中把社会安全感分为人身安全、财产安全、劳动安全、医疗安全、食品安全、交通安全、隐私安全 7 个方面，农民工的评价较高，7 项社会安全感均明显高于城市工人，其中只有在"劳动安全"感方面，农民工与城市工人差异较小（见表 7）。

表 7　农民工与城市工人的社会安全感比较

单位：%

社会安全感	农民工	城市工人	X^2	P
隐私安全	89.74（N=714）	78.93（N=1099）	65.27	0.000
人身安全	87.18（N=744）	75.79（N=1136）	68.37	0.000
财产安全	83.95（N=742）	77.28（N=1133）	43.79	0.000
劳动安全	79.14（N=734）	77.47（N=1127）	23.81	0.000
医疗安全	70.07（N=721）	60.11（N=1093）	39.78	0.000
食品安全	65.57（N=735）	45.30（N=1131）	104.47	0.000
交通安全	65.24（N=740）	60.54（N=1139）	39.98	0.000

在社会公平感方面，农民工的总体社会公平感也明显高于城市工人（见表8）。在14个社会领域的社会公平感评价中，农民工的公平感明显高于城市工人的有11个领域，包括实际享有的政治权利、财政和税收政策、工作与就业机会、财富及收入的分配、义务教育、不同地区/行业之间的待遇等领域，只有在司法与执法、养老等社会保障待遇、城乡之间的待遇3个领域，农民工的公平感低于城市工人。特别值得注意的是，在与就业、收入分配、发展有关的社会领域——如每个人的发展机会、工作与就业机会、财富及收入的分配、不同地区/行业间的待遇——农民工的公平感更是大大高于城市工人，均高出10个百分点以上。而人们通常认为，这些领域恰恰是农民工受到社会歧视之所在。

在对地方政府工作的满意度（很满意＋比较满意）方面，农民工总体上也同样一般高于城市工人。特别是对地方政府在义务教育、树立良好社会风气、维护社会治安、实现社会公正、依法办事等5个方面，满意度明显高于城市工人（见表9）。

特别令人意外的是，收入较低，通常被人们认为在城市受到不公正待遇的农民工，在社会群体间利益冲突的感知方面，不如城市工人强烈，回答“有严重冲突”和“有较大冲突”的比例仅为城市工人的一半；认为社会群体利益冲突“绝对会激化”和“可能会激化”的比例也比城市工人低16个百分点。当然，对这一问题“说不清”的农民工比例也大大高于城市工人（见表10）。

表8 农民工与城市工人的社会公平感比较

单位：%

公平认同的领域	农民工	城市工人	X^2	P
高考制度	85.70（N＝662）	82.02（N＝1065）	16.51	0.001
义务教育	80.83（N＝730）	77.31（N＝1129）	14.84	0.002
实际享有的政治权利	73.90（N＝691）	67.57（N＝1055）	11.59	0.009
财政和税收政策	66.05（N＝675）	58.65（N＝987）	19.27	0.000
每个人的发展机会	63.48（N＝730）	53.04（N＝1097）	32.52	0.000
司法与执法	62.81（N＝668）	63.76（N＝1034）	11.81	0.008
公共医疗	57.10（N＝707）	52.48（N＝1091）	14.69	0.002
工作与就业机会	53.71（N＝735）	40.99（N＝1109）	35.56	0.000

续表

公平认同的领域	农民工	城市工人	X^2	P
财富及收入的分配	45.20 (N=718)	33.46 (N=1083)	34.98	0.000
养老等社会保障待遇	42.68 (N=682)	48.60 (N=1072)	24.47	0.000
不同地区/行业之间的待遇	41.43 (N=682)	31.31 (N=1041)	23.02	0.000
提拔干部	38.46 (N=660)	33.77 (N=1027)	16.23	0.001
城乡之间的待遇	30.96 (N=712)	30.54 (N=1053)	7.50	0.058
总体上的社会公平状况	67.10 (N=708)	58.70 (N=1096)	38.80	0.000

表9　农民工与城市工人对地方政府工作满意度的比较

单位：%

对地方政府的满意度	农民工	城市工人	X^2	P
义务教育	80.53 (N=713)	72.73 (N=1101)	17.95	0.000
科技发展与推广	78.31 (N=658)	76.12 (N=1020)	25.92	0.000
发展经济	77.01 (N=717)	78.54 (N=1088)	18.35	0.000
树立良好社会风气	72.48 (N=721)	64.98 (N=1101)	23.35	0.000
维护社会治安	68.48 (N=743)	62.15 (N=1129)	29.47	0.000
实现社会公正	67.56 (N=693)	60.16 (N=1063)	25.44	0.000
依法办事	65.62 (N=705)	60.82 (N=1062)	25.57	0.000
医疗卫生服务	62.11 (N=734)	60.53 (N=1103)	7.67	0.053
环境保护	59.76 (N=740)	52.43 (N=1128)	15.85	0.001
社会保障和救助	54.62 (N=680)	55.66 (N=1034)	8.76	0.033

表10　农民工与城市工人对地方政府工作满意度的比较

单位：%

我国是否存在社会群体之间的利益冲突	农民工 N=769	城市工人 N=1152	社会群体之间的利益冲突是否会激化	农民工 N=769	城市工人 N=1152
有严重冲突	4.21	7.29	绝对会激化	2.90	8.34
有较大冲突	14.42	30.10	可能会激化	35.89	46.08
有一点冲突	49.55	44.91	不太可能激化	32.21	27.94
没有冲突	16.92	9.30	绝对不会激化	5.96	5.07
说不清	14.90	8.41	说不清	23.03	12.57
总计	100.00	100.00	总计	100.00	100.00
$X^2=77.95$，$P<0.001$			$X^2=32.45$，$P<0.001$		

四　对农民工具有的积极社会态度的解释

为什么收入较低、被人们认为在城市受到不公正待遇的农民工会具有比较积极的社会态度呢？如何解释这种不符合经济地位决定社会态度的现象呢？

解释之一是与农民工对自身境遇的归因有关。虽然农民工的经济状况和社会待遇低下，但他们倾向于认为这是自身的素质与能力所致，而非社会性因素造成的。从表3的回归分析中可知，农民工的工资收入的制约因素主要是人力资本（受教育程度和劳动技能），因户籍身份导致的劳动报酬歧视并不明显。面对这种境遇，要提升自己的经济收入，他们只有依靠自己的勤勉努力和知识技能的提高。这也反映在调查中，农民工比城市工人更重视努力程度和教育对个人成功机会的影响（见图1）。社会保障待遇方面的户籍差异虽然普遍存在，但对于农民工而言，这毕竟不如获得就业岗位和增加收入来得直接与重要。因此，即便农民工被社会公众视为“弱势群体”，但他们自身还是认为存在着“个人发展”和“工作与就业”的机会公平，他们并未将经济、社会地位的不平等（inequality），归因于社会的不公正（injustice）。

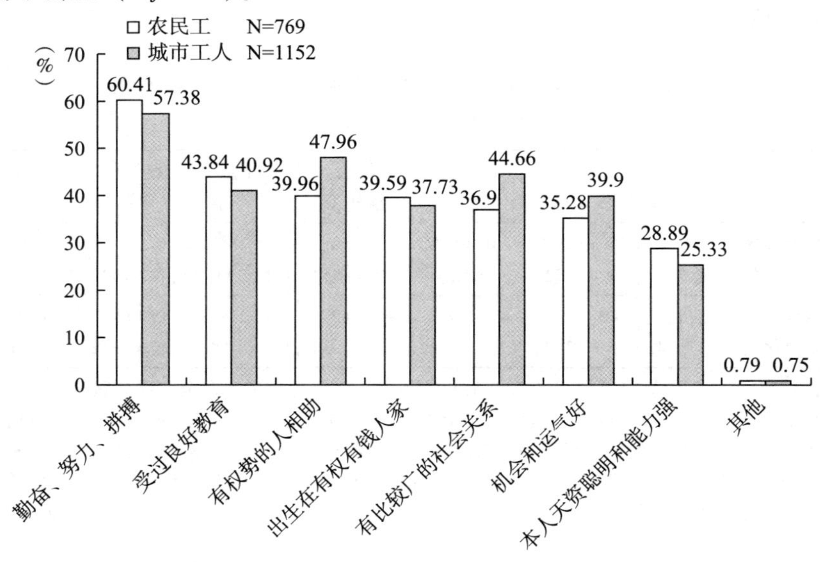

图1　农民工与城市工人对个人成功的归因比较

解释之二是和农民工的生活期望与权利意识有关。一方面，农民工由于受教育水平较低，生活需求层次较低，期望也低，因而更容易得到满足，所以他们的社会安全感、公平感、满意感、信任感等社会评价也就更加积极。相关分析表明，上述的社会评价对社会群体的利益冲突的感知存在着负相关。也就是说，社会安全感越高、公平感越高、满意度越高、社会信任感越高、受教育程度越低的人，对当前社会群体利益冲突的感受就越弱，就越不容易认为社会利益冲突有强化的趋势（见表11），而农民工正是这样的对社会高评价的群体。

另一方面，农民工也缺乏自我权利意识和社会参与性。比如根据调查结果，在民主意识方面，和城市工人相比，农民工表现出较低的社会参与性，较高的权威服从。如“公共场所个人不必负责”和“投稿报纸参加讨论的人是出风头”的赞同率农民工均高于城市工人；而对“民主就是政府为人民做主”“国家大事有政府来管，老百姓不必过多考虑”“政府搞建设要拆迁居民住房，老百姓应该搬走”等判断，农民工赞同的比例也都高于城市工人（见表12）。相关分析也表明，民主—权利意识和对社会群体的利益冲突的感知存在着正相关（见表11），也就是说，民主—权利意识越低的人，对社会群体利益冲突的严重性就越不敏感。

表11　农民工与城市工人社会利益冲突感知与社会评价的相关分析（Pearson 相关系数 r）

	社会安全感	对政府工作满意度	社会信任度	社会公平感	民主—权利意识	受教育年
对社会群体之间的利益冲突程度的感知	-0.265 ** (N = 1472)	-0.300 ** (N = 1220)	-0.258 ** (N = 965)	-0.281 ** (N = 1112)	0.200 ** (N = 1443)	0.221 ** (N = 1709)
对社会群体之间的利益冲突激化趋势的感知	-0.205 ** (N = 1397)	-0.258 ** (N = 1149)	-0.242 ** (N = 915)	-0.219 ** (N = 1049)	0.170 ** (N = 1362)	0.185 ** (N = 1599)

注：** $P<0.01$。表11中，社会安全感由7项有关社会各领域的安全度评分题目合成；对政府工作满意度由10项有关政府工作的评分题目合成；社会信任度由13项对政府、政府信息、政府人员、社区、社会组织、传媒等方面的信任评价题目合成；社会公平感由涉及13个社会生活层面公平程度的评分合成；民主—权利意识由7项有关政府—个人权利、社会参与的陈述题目合成。上述题目的分值越低，表示某方面的程度越低（弱），分值越高，表示某方面的程度越高（强）。

表 12　农民工与城市工人在民主—权利意识方面的比较

单位：%

民主—权利观念（赞同率）	农民工	城市工人	X^2	P
公共场所就是个人不必负责的场所	17.78（N=740）	8.72（N=1145）	49.18	0.000
政府搞建设要拆迁居民住房，老百姓应该搬走	52.48（N=699）	47.02（N=1092）	9.85	0.020
老百姓应该听从政府的，下级应该听从上级的	66.11（N=738）	53.80（N=1108）	29.46	0.000
给报社投稿参加讨论的人是喜欢出风头的人	24.60（N=674）	13.02（N=1098）	40.87	0.000
民主就是政府为人民做主	77.45（N=725）	61.60（N=1117）	51.21	0.000
国家大事有政府来管，老百姓不必过多考虑	44.61（N=742）	26.11（N=1136）	71.75	0.000
老百姓交了税，政府爱怎么花就怎么花	14.41（N=747）	8.92（N=1135）	29.86	0.000

解释之三是与农民工的比较参照体系有关。农民工更容易与家乡的农民相比较，与自己的过去生活相比较。换句话说，农民工的利益曲线是向上走的，更容易产生比较积极的社会态度。比如在主观认同上，农民工与城市工人相比，更倾向于认为自己属于“群众”、“乡下人”、“低学历者”和“体力劳动者”，与此同时，我们却发现，农民工却并不比城市工人更倾向于认为自己是“穷人”、“雇员”和“被管理者”；和农民相比，农民工对自己是“穷人”、“乡下人”、“低学历者”和“体力劳动者”的认同更少一些（见表 13）。特别是在经济社会地位认同的比较中，农民工甚至并不比城市工人更倾向于认为自己是下层，虽然认为自己属于“中层”的农民工略少于城市工人，而认为自己属于“中下层”和“下层”的农民工略高于城市工人，但差异很小（见表 14）。

表 13　农民、农民工与城市工人在身份认同上的比较

单位：%

身份认同	农民 N=2703	农民工 N=769	城市工人 N=1152	X^2	P
穷人	80.83	71.82	70.20	8.94	0.011
群众	98.79	96.25	86.77	253.03	0.000
乡下人	98.89	89.83	15.31	3358.83	0.000

续表

身份认同	农民 N = 2703	农民工 N = 769	城市工人 N = 1152	X^2	P
雇员	42.03	84.68	88.05	229.59	0.000
被管理者	47.04	80.50	81.02	52.66	0.000
低学历者	94.23	88.04	59.18	805.66	0.000
体力劳动者	96.56	77.52	44.14	1330.20	0.000

表 14　农民工与城市工人在经济社会地位认同上的比较

单位：%

社会经济地位认同	农民工　N = 769	城市工人　N = 1152
上	0.70	0.36
中上	5.15	5.60
中	41.93	43.82
中下	30.63	31.61
下	21.26	18.34
不好说	0.33	0.27
总计	100.00	100.00
$X^2 = 3.55$，$P = 0.471$		

正是由于农民工的利益曲线是向上走的，他们对未来的发展也抱有更加乐观的态度。调查显示，农民工对过去5年来生活水平变化的评价和对未来的生活水平的期望，都比城市工人更积极。有72.32%的农民工认为过去5年的生活水平有所上升，有62.76%的农民工认为未来的生活水平会有所上升，都比城市工人高出约10个百分点（见表15）。

表 15　农民工与城市工人在生活评价、生活预期方面的比较

单位：%

5年来生活水平	农民工 N = 769	城市工人 N = 1152	未来5年生活水平	农民工 N = 769	城市工人 N = 1152
上升很多	10.94	8.09	上升很多	11.49	10.21
略有上升	61.38	53.13	略有上升	51.27	43.77
没变化	18.81	22.71	没变化	12.33	18.63
略有下降	6.21	10.69	略有下降	4.48	8.75

续表

5年来生活水平	农民工 N = 769	城市工人 N = 1152	未来5年生活水平	农民工 N = 769	城市工人 N = 1152
下降很多	2.18	4.67	下降很多	1.52	2.59
不好说	.50	.72	不好说	18.91	16.06
总计	100.00	100.00	总计	100.00	100.00
$X^2 = 30.75$，$P < 0.000$			$X^2 = 31.95$，$P < 0.000$		

五　结论和相关政策讨论

根据以上的分析，我们可以得出以下几点结论：第一，农民工作为一个群体，其收入水平低于城市工人，而其劳动时间多于城市工人；第二，农民工与城市工人的收入差异主要是由于受教育水平和劳动技能的差别；第三，农民工的社会保障水平远远低于城市工人，这种社会保障的差异，与农民工的户籍身份以及农民工的社会保障制度设计有关；第四，农民工并没有因为较低的收入水平和经济社会地位而表现出消极的社会态度，反而呈现出预料之外的积极社会态度，这种状况的形成更主要是由于农民工向上走的利益曲线，以及他们更容易把农民作为比较的参照体系。

由此我们可以得出的具有社会政策含义的结论是：

第一，提高农民工收入水平的渠道，最重要的是提高农民工的受教育状况，加强农民工的职业培训，提高农民工的工作技能。也就是应当主要通过加大对农民工的人力资本投入来提高农民工在劳动力市场上的收入地位，而不是仅仅依赖最低工资标准的提高。

第二，农民工与城市工人最大的非市场化差异或身份差异，集中在社会保障状况方面。户籍体制的改革如果不与养老、医疗、失业等社会保障待遇相联系，对改善农民工的生活状况的作用是有限的。应当抓紧建立适合农民工流动特点的社会保障体制，消除农民工在劳动力市场上的机会不平等。

第三，应当促进和保护农民工的积极社会态度，把农民工作为新市民看待，取消农民工融入城市社会生活的体制性障碍，加强农民工对城市社会的认同。

第四，中国的城市化不可能完全靠农民进城生活来解决，新农村建设的最终归结点，是生活在乡村地区的绝大多数人主要不再依靠土地种植收益，也能过上城市水准的生活。

中国在改革和发展中产生的大量农民工，不仅因为最早进入真正的劳动力竞争市场而极大地推动了中国从计划经济向市场经济的转轨，也因为承担起中国工厂制造的主力军角色而极大地推动了中国从农业社会向工业化社会的转型。收入和经济社会地位相对较低的农民工，却意外地具有比较积极的社会态度，真正从深层决定农民工社会态度和行为取向的，可能不是经济决定逻辑，而是历史决定逻辑。

参考文献

蔡昉、王美艳，2002，《中国经济增长究竟有多快?》，《新视野》第4期。

戴约（F. C. Deyo）编，1991，《经济起飞的新视角》，中国社会科学出版社。

国务院研究室课题组编，2006，《中国农民工调研报告》，中国言实出版社。

李培林，1996，《农民工的社会网络和社会地位》，《社会学研究》第4期。

李培林、张翼、赵延东，2000，《就业与制度变迁》，浙江人民出版社。

李培林主编，2003，《农民工：中国进城农民工的经济社会分析》，社会科学文献出版社，

林毅夫、蔡昉、李周，1999，《中国的奇迹：发展战略与经济改革（增订版）》，上海三联书店。

世界银行，2004，《中国推动公平的经济增长》，清华大学出版社。

王山，1994，《第三只眼睛看中国》，山西人民出版社。

周业安、赵坚毅，2004，《市场化、经济结构变迁和政府经济结构政策转型——中国经验》，《管理世界》第5期。

Amsden，Alice H. 1989. *Asia's Next Giant*：*South Korea and Late Industrialization.* New York：Oxford University Press.

Cai，Fang and Dewen Wang. 2003. "Migration as Marketization：What Can We Learn from China's 2000 Census Data?" *The China Review* 3（2）.

Deyo，Frederic C. 1995. "Capital，Labor，and State in Thai Industrial Restructuring：The Impact of Global Economic Transformations." In Jozsef Borocz and David Smith（eds.）. *A*

New World Order? Global Transformation in the Late Twentieth Century. Westport, CT: Praeger.

——. 2000. "Reform, Globalization, and Crisis: Reconstructing Thai Labour." *Journal of Industrial Relations* (Australia) 42, 2 (June).

Koo, Hagen. 2001. *The Culture and Politics of Class Formation.* New York: Cornell University Press.

Lin, Justin, Gewei Wang and Yaohui Zhao. 2004. "Regional Inequality and Labor Transfers in China." *Economic Development and Cultural Change* 52 (3).

Krueger, A. O. 1992. *Economic Policy Reform in Developing Countries.* Oxford: Basil Blackwell. Krugman, Paul. 1994. "The Myth of Asian Miracle." *Foreign Affairs* 73.

Stark, O. and J. E. Taylor. 1991. "Migration Incentives, Migration Types: The Role of Relative Deprivation." *The Economic Journal.* Vol. 101.

Todaro, M. P. 1969. "A Model of Labor Migration and Urban Unemployment in Less Developed Countries." *American Economic Review* 59 (1).

Wade, Robert. 1990. *Governing the Market: Economic Theory and the Role of Government in East Asian Industrialization.* Princeton: Princeton University Press.

World Bank. 1993. *The East Asian Miracle: Economic Growth and Public Policy.* New York: Oxford University Press.

Zhao, Yaohui. 1999. "Migration and Earnings Difference: The Case of China." *Economic Development and Cultural Change* 47 (4).

佛教寺院经济及其影响初探[*][**]

何　蓉

摘　要：本文以宗教与经济生活的关系为基本视角，考察了中国中古时期佛教寺院经济的内容、规模和经营方式，指出在其物质化的外表之下包含着宗教的理念，而且，通过积极参与社会公益事业，寺院经济在宗教上的正当性得到了保障，体现并传播了佛教的基本伦理原则。本文以中古佛教的经济经营与社会影响为核心，剖析了其宗教性的特征，为进一步综合研究中国社会经济的演进提供了初步的框架。

关键词：佛教寺院经济　社会的宗教　布施–功德观

吕澂先生在论及中国佛教诸宗派的演变时指出，唐武宗会昌灭佛之后，“以庄园经济为基础的义学”衰落（吕澂，1979：242），其中包含着一个非常重要的见解，即中国佛学乃至佛教的发展与演变，是与一定的供养方式或经济模式直接相关的。

证诸史籍，则晚唐、五代之前的千年与北宋以降的千年间，中国佛教经历了以讲求义理辞章的庙堂之学为突出特征到以民俗化的佛事实践为主的转变，其供养方式也经历了从世俗供养为主到僧侣自我供养为主的变化。换言之，佛学讲论最为兴盛的年代，正是佛教寺院经济蒸蒸日上之时，而唐武宗灭佛在相当程度上截去了当时佛教赖以依托的经济根基，并昭示着中国佛教将由新的方向而去。

宗教与经济在现象上的这种契合方式并非偶然，但却与佛教留给人们的印象不相侔：何以一种宣扬弃世苦修的宗教，其发展会受到寺院的经济

* 本研究系教育部人文社会科学重点研究基地基金资助项目的前期成果，项目批准号06JJD840001。

** 原文发表于《社会学研究》2007年第4期。

模式的制约，且出现义学与财富同盛共衰的情况？近年来对于佛教物质文化的研究亦表明，历史上，佛教的确呈现冥想入定与经济经营并存的现象：一方面认为“钱、财、宝”是修行的障碍，强调少欲知足是修行的基本条件之一；另一方面广占田宅，产生了势力强大的寺院经济，从而产生了与一切皆空、制欲苦修的基本教条不甚一致的、以雄厚财力为支撑的金碧辉煌、庄严具足的外表（柯嘉豪，2003）。由此产生的一个问题是，佛教的寺院经济是否具有宗教上的正当性，又具有什么样的社会影响呢？

历来对寺院经济的研究（如：陶希圣，1979；何兹全编，1986；黄敏枝，1977b，1989；道端良秀，1977）主要是从社会史、经济史的内部，关注作为经济部门之一的寺院经济的特征、规模、种类等内容，较少讨论寺院经济的宗教特质以及它如何影响到社会经济的演化，而在这一视角下，兰道尔·柯林斯与谢和耐的见解颇为引人注目。

法国著名汉学家谢和耐（Jacques Gernet）以重商主义来总结中国佛教的经济经营。他认为，中国在传统上是一个农业国，而印度有较发达的工商业传统，很早就产生了大规模的海上贸易，其经济法律的实践要比中国先进得多。佛教东传的过程不仅传入了一种宗教观念与宗教传统，而且也传入了一整套经济、法律的制度与方法。具体地说，佛教僧众传入中国的是一种“近代资本主义的形式”，即通过积累供物和商业收入而组成的供品资产，形成了一种共同管理之下的公共财富，是一种“供物的资本化现象”（谢和耐，2004：232）。

柯林斯指出，在中国中古时代早期和初唐，僧侣们如同企业家一样，系统地管理信徒们捐献的土地与财产，寺院是土地交易、金融贸易和生产机械的生产、使用中心。因此，他认为，自汉朝末年至明朝初年，中国与其说是一个“儒教社会”（Confucian society），不如说是一个“佛教社会”（Buddhist society），存在一个强大的“佛教寺院资本主义”（Buddhist monastic capitalism），佛教僧侣们在政治斗争、社会生活的方方面面都发挥着重要的作用（Collins，1986：58－73）。

由以上种种，产生了如下问题：中土佛教是否积极参与了社会生活，尤其是经济生活？如果是，它如何在其教义范围内容纳经济经营，以何种方式参与经济经营且产生了什么样的影响，在其寺院经济的发展过程中，有可能存在所谓佛教的资本主义吗?

基于此，本文选择以中国中古时期的寺院经济为切入点，[①] 从宗教教化所造成的经济行动的精神因素入手，讨论经济社会结构的宏观发展的微观机制问题，试图从佛教这一维度上建立关于宗教的特性与社会经济发展的某种可能的联系。

一 寺院经济的宗教意义

(一) 经济经营的宗教底色

佛教寺院经济在南北朝时期就开始形成、膨胀，发展速度惊人，寺院的产业和投附的人口激增，在北魏及北齐，寺院已成为介于国家与民众之间的不容忽视的势力。唐朝寺院经济的实力更为强大，各个大寺名刹往往附有庄园，广占田亩人户，道端良秀将寺院占有的领地称为寺领，包括寺田、庄园及僧田等部分，寺院作为管理者役使在寺田上从事耕作的庄户、奴婢。一般来说，寺院的庄园不止一二所，庄园内部除了田地之外，还有屋舍、碾硙、车乘、林地、果园、菜圃等，内部分工很细致（黄敏枝，1977a，1977b；道端良秀，1977）。

概言之，寺院收入的主要来源是国家的土地配额、封赐，信徒的布施，以及土地买卖、质押兼并，寺院的设备出租、实物出借与货币借贷，等等。其中，土地是寺院财产中的重要组成部分。寺庙获得土地的主要途径有国家封赐、信徒布施、土地买卖、由质押而兼并，等等，其中包括：寺庙经由国家赐予土地，称为赐田或赐庄；唐代均田法中有授田于僧尼的制度，僧给田三十亩，尼二十亩，僧侣们死后，其所领僧田也可能会归入寺庙的常住田；由于佛教认为掘地伤生，僧人不事生产，因此，赐额之外，往往还将附近农户若干封赐于寺庙，这样，寺庙不仅获得土地的收益

① 本文将中古时期定义为三国至唐、五代，即公元3至10世纪。这段时期是中国宗教信仰领域的重要发展阶段，儒、释、道三教已逐渐定型，中国佛教在学习、传播源自印度的教义和礼仪的基础上，又加以改造与创新，形成了独具特色的中土佛教诸宗派，对中国社会产生了深远影响。这是本文选择以中古、特别是隋唐作为研究中国佛教寺院经济的切入点的主要原因。有关寺院经济的研究成果相当丰富，中国学者陶希圣、全汉昇、何兹全等，法国学者谢和耐，日本学者道端良秀、那波利贞、友松圆谛等，都做出了贡献。

权，而且拥有对世代在这些土地上耕作的农户的某种控制权。

私人布施是寺庙获得土地的最为常见的方式。佛教信徒中，在上者是位高权重的王室贵胄，在下者是普通的殷实富户，他们出于信仰和积功德的目的将私人庄园赠予寺院；但是，也有为着逃避税收和劳役的原因而布施财产的，这是因为寺院僧侣享有免除税务力役的特权，富家子弟剃度为僧，其产业就可以逃避征税。

不过，土地的收入只是僧伽财富的来源之一。一般来说，寺院往往是地区的商业活动中心，寺院周围形成了手工业品的生产及交易场所，宗教节日同时也是集市交易日；大寺院在集市上设有“邸舍”、“邸店”或“铺店”，既供往来行人歇息，亦有出售货物的柜台。

此外，寺院还有可以出租取利的设备。谢和耐在对敦煌文书的分析中发现，敦煌寺院的主要收入之一来自工业作坊，例如碾硙、油梁等项，前者是以水为动力的粮食加工设备，后者是生产烹饪、香火和燃灯用油的榨油坊。在当时，仅有大寺院、贵族和大官僚的土地上有水碾等机器设备，这不仅是寺院经济实力的表现，而且还意味着它在当地的水利体系中居于占优的地位，以至于为了保护下游农户的灌溉之利，国家不得不规定在农田灌溉期限制或禁止使用碾硙等机器（谢和耐，2004：142～153）。

由于富有钱币、布匹、粮食等物，寺院与社会各阶层都有借贷往还并获取收益。除了借钱供富裕家户周转之外，寺院也会出借实物，最常见的是粮食，出借对象是农民，主要是为他们提供种子和下一次收成之前的生活必需品。

在长达数百年的繁荣之中，寺院经济为中国发展出新的经济形式，中国的拍卖与典当业都始于佛教寺院。

拍卖源于僧侣之间的个人财产转让。僧侣个人可以拥有私人财产，例如衣物、法器和随身物品等，由于僧侣没有后代，在他们死亡之后，这些财产往往采取“唱衣”即拍卖的形式被让渡。根据敦煌文书的记录，参加拍卖的不仅是亡僧们的随身细物，还包括他们通过宗教服务而获得的衣物或织物形式的报酬，即“儭”（daksinã）。有些拍卖品可能非常贵重，因为为了出席奢华的道场，僧侣们的衣着、装饰、器物会非常讲究。唱衣实际上是僧侣财产让渡的非常重要的手段（谢和耐，2004：87～95；吴永猛，1977）。南北朝时期的南朝寺院的质库则被认为是中国典当业的源头，富有资财的寺院从事借贷活动，既可慈善救济，解困于一时，又可生息积财，供养三宝。从唐代开始，典当便不再局限于寺院，民间商人、高门富户等建立的民当与政府设立的官当均涉足其间，公私质库并举，兴盛的典当业出现多方竞争分利的局面。

由此产生的一个问题是，当寺院从事经济经营时，它们与世俗经营如何能够区别开来？这是关系到寺院及僧众在宗教上的正当性的根本问题，特别是，当时的寺院经济已经从规模和实力上成为重要的经济部门，并与其他民间经济力量产生了竞争，因此，这一问题尤其需要澄清。

从本质上看，寺院经济仍然具有宗教的本质。例如，寺院经济的宗教特性体现于寺院常住财产所引起的以产权为基础的财产观念上。谢和耐认为，僧侣们亲自管理通过布施得到的、不可分割的财产，即“常住”，其主要目的在于“将本图利和谋求新财产”，其主要特点是“以产权观念为基础”（谢和耐，2004：95）。特别是在作为农业社会之根本的土地问题上，中国传统的做法是耕者有其田，而在佛教寺院经济中，依附于土地之上的农民必须将每年的部分收入交给寺庙，但获得了世袭的耕种土地的权利；寺院得到皇帝赐予的土地，但僧侣们充当了农业管理者的角色，而不亲自从事农耕，寺院获得的只是土地的收益权，这与佛教一切皆空、灭贪去执的基本教义是相符合的。

此外，在土地交易的过程中，寺院比世俗家户更多一层宗教的优越性。谢和耐指出，在一桩普通的土地交易中，若买方是寺院，那出售土地的人便可自认为在建福业，而僧伽和出家人在思想上的权威会增加其土地兼并的正当性。正是在这种宗教力量的影响之下，产生了一种“从布施的宗教领域”，向着“明显是世俗的、几乎是不道德的出售和借贷领域的飞跃”（谢和耐，2004：138～164）。魏明杰（M. J. Walsh）进一步指出，中国的佛教寺院在长期的生存目标之下，依赖于用经济资本（物质财富）产生积聚文化资本（看不见的资产，如声望、好名声、文化精神权威等）的转化方式，同样一桩土地交易，如果交易中的一方是寺院的话，另一方会因为寺院所具有的宗教优越性而获得额外的效用，因此，文化资本是寺院得以参与土地交易的一个重要因素（魏明杰，2003）。

在佛教商业和金融活动中，突出表现其独特的宗教逻辑的是资产的增益，特别是“利息”的概念。利息不仅被许可，而且其生生不息具有宗教意义，代表着布施、功德的相续无尽。

此外，在经济活动中，宗教教化所具有的思想上的权威发挥着规范人的行动的作用。僧人们用因果报应的说教宣称，凡向三宝借债而不偿还者，均会遭到恶报，或得恶疾，或死后投胎为牲畜、饿鬼，不得超度为人，等等，使得违约的心理成本极高。例如，寺院质库从事质钱活动时，作为抵押物的“典”的实际作用并不大。在一般情况下，典物的价值肯定要高于出借的钱或帛的数额，但是，在寺库的契约中，恰恰是抵押物的价值难以确定，可以说，它起到的主要是物证的作用。有些借贷甚至在没有文契的情况下就成交了，一个广为引用的例子表明，从黄金到苎麻都可以用来作为质钱的证物：

> （甄）法崇孙彬，彬有行业，乡党称善。尝以一束苎，就州长沙寺库质钱，后赎苎还，于苎束中得五两金，以手巾裹之，彬得，送还寺库。道人惊云：近有人以此金质钱，时有事不得举而失，檀越乃能见还，辄以金半仰酬。往复十余，彬坚然不受。（《南史》卷七〇，“甄法崇传”）

这种没有文契、质物仅仅是物证的交易，带给寺院很大的风险。而这种实践之所以能够成立并存续，正是在于寺院所具有的宗教的权威。

从这一意义上说，前引柯林斯的论断是有问题的。他将僧侣们视为管理寺院公共财产的集体的企业家（corporate entrepreneneurs），认为僧侣们开辟了土地交易的市场，而且组织了中国最早的金融市场（Collins，1986：70－71）。但是，他所谓的“佛教资本主义”的论断没有考虑到寺院经济的宗教本质。如上所述，佛教东传之后，尽管从经济经营的技术、种类和规模上而言形成了寺院经济这样一个新的经济部门，但是，资本主义和资本化意味着成本收益的考量，并以资本核算来调节其行动，而寺院经济仅有戒律的约束，并未发展出理性的经济制度。因此，佛教寺院经济在经营过程中的突出特点不是资本主义的理性计算的精神，而是其宗教信仰之根，其力量足以使寺院经济在缺少现代意义上的契约和信用保障的基础上运行。

与著名的新教伦理的命题相比较，中国佛教的事例其实提供了另一个宗教影响经济的路径。韦伯认为，新教徒要在现世的经营中获得财富，作为得到上帝恩宠的证明，这样的目标促进了以职业概念为基础的理性行为这一近代资本主义的要素（韦伯，1987）。而对于佛教僧侣来说，尽管他们经管着大量的产业，但是，一切皆空、灭贪去执的基本教义决定了他们不可能像俗人那样拥有物质财富，除了必要的供养之外，财富自身及其积累是没有意义的。

（二）“富寺贫僧”现象与普济天下的追求

以上对于寺院经济的内在的宗教特质的考察，不能自动解决这样的质疑：寺院经济的宗教、经济特征是如何共存的，其宗教权威是否成了为僧众牟利的手段？为了回答这一问题，需要关注寺院经济的另一特征，即“富寺贫僧”现象：由于寺院常住财产与僧众私人财产彼此独立，因此，即使僧伽富有资财，僧众也有可能很贫寒，表现在一方面是奢华的道场、贵重的法器、庄严的佛像、盛大的斋局，另一方面，普通僧侣却有可能乞食抱贫，亲历了中国佛教由盛转衰的日本求法僧圆仁记录了武宗灭佛后僧尼流离失所的动荡，“唐国僧尼本来贫，天下僧尼尽令还俗，乍作俗形，无衣可着，无物可吃，艰穷至甚”（圆仁，1986：卷三：195）。最典型的是，有些寺院甚至不向僧众提供日常饭食。例如，唐初义净就抱怨中国寺院中不供衣食的做法，他认为，与其听任“寺家巨富，谷麦烂仓，奴婢满坊，钱财委库，不知受用，相共抱贫”，不如将常住财用于供养僧人，这样，僧人们就不必“巡家乞食”，为生活劳心劳力，从而“端拱不出寺门”（义净，1995：221）。

其实，唐朝的佛教律令明确规定寺院要供应僧尼饭食（何兹全，1982），从戒律清规来看，寺院应是一个基本生活单位，僧尼应居住在寺院之内，过着由寺院供食的集体生活。但是，僧尼的实际生活与经律的规定颇有出入。义净所抱怨的寺院不供衣食的情况，到了唐朝晚期仍然存在。郝春文对敦煌文书的研究表明，寺院与僧人之间在财产上彼此独立，部分僧人甚至居住在寺外，与家人或亲属生活在一起，寺院里有修堤、借贷等事务都需要辗转知会；即使住在寺内的僧尼也过着单吃单住的个体生活，或者僧人之间互相结成“同活”“共活”关系；敦煌寺院收入和支出账目没有关于僧尼日常食用的支出，表明寺院并不供应住在寺内的僧尼日常饮食（郝春文，1998：74～95、166～178）。

由此看来，寺院是一个实力强大的经济单位，却不一定是僧尼们的基本生活单位，寺院富有资财，并不意味着僧人就此而生活富足。之所以会出现这种寺富而僧穷的局面，是因为从制度来看，僧尼与寺院在生活居住、财产所有权等方面在很大程度上是彼此独立的。

寺院财产称为“常住”资财，即属于僧团所有的公共财产，是不可分割和违禁取用的；僧尼私人的资财则可以进行自行分配和转让。寺院有其内部的公共财产管理体制，每年结算之时，管理经济事务的寺僧要向全体僧人汇报当年的收支情况，有库司、典座、直岁等执事僧，分别负责钱财出纳、物品分配使用、轮值主持寺院生产等事。寺院越大，寺务越繁杂，执事僧的种类与职能越多样（白文固，1984；谢重光，1986）。日本僧人圆仁记载了他在扬州开元寺、长安资圣寺等处亲历的众僧大会，敦煌文书中也有寺院收支状况的记录（郝春文，1998：123～165）。

对于寺庙与僧侣之间的这种财产关系，陶希圣指出，寺院财产即常住资财属于寺院，或者更广义地说，是属于教会（十方）的。比拟于世俗财产制度，则常住财产类似于家族公有财产，僧尼财产类似于家族成员的私有财产（陶希圣，1979）。除了寺领土地收益之外，放债取息、信徒们的其他布施和经营邸店、出租碾硙等的收益也归入寺院常住财产。以佛教的讲论而言，僧人如果通过侵吞挪用或营私霸占等方式取用常住之物，同样会转生为畜类或奴婢，以其身力、血肉偿其宿债。

僧侣们的私人财产主要来源于布施，即通过给信徒做法事而获得的报酬。一些有影响力的法师的资产数目可能会非常大，包括贵重的布帛、法器、经卷等。然而，对于释义净那样希望静心修行、不肯“巡家乞食”的僧人来说，寺院与寺僧的这种相对独立的财产关系会带给他们一些经济上的压力，特别是由于义净曾经前往印度学习，当地以信徒布施供奉僧人的做法留给他深刻的印象，两相对比之下，中土佛教将大部分布施物纳入常住财产、听任僧人抱贫的做法，自然会令他颇有微词。

那么，常住财产存在的意义何在？一则造像营建，庄严圣教，二则祓苦与乐，广建福业。

佛教有“像教”之称，传入中国后，相当多的寺院财产消耗于宗教建筑、法器、装饰品和佛像的建造之上。这种对于物质外表的营建，实际上既是佛教的一种传教方式，又是信徒表达信仰的手段。

以佛教造像为例，从南北朝至隋唐，造像之风炽烈，即使是乡村的佛教信仰，其“观佛”的修行方法、浴佛、行像、行道等仪式及道场，也以佛像为中心（刘淑芬，2005/1993）。佛像每每以金铜等珍贵材料制成，唐武宗曾宣布，塑像“但用土木，足以致敬。不得用金、银、铜、铁及宝玉等”（《唐会要》卷四十，1955：862），但仍未改变这种情况。这实际上与佛教的传播手段有关。印度人龙树撰《大智度论》云：“随中众生所好可以引导其心者为现。又众生不贵金而贵余色琉璃、颇梨、金刚等。如是世界人，佛则不现金色。观其所好则为现色”（《大智度论》卷八十八）。这就是说，为着要在受众中树立宗教的权威，势必要在外表上投合对方对于佛国的想象。因此，佛教信徒将佛典中以比喻手法描绘出来的庄严的净土世界具体化，并用世俗的黄金珠宝来塑造，大兴土木、不遗余力地表现佛门之庄严华美，以虔敬之心和血肉之躯在人间营造了理想世界的写真。

寺院的另一个重要支出项目是建福业的活动，即修造道路、桥梁等基础设施与社会救济。佛经指出，行善犹如稼穑，可以聚福，故称为福田，《大智度论》《优婆塞经》等将福田划分为不同种类，福田可以体现为一些具体工作，如兴立僧房堂舍、园果浴池树木，施医给药、造船、设桥、作井、造作圊厕等七种，或旷路义井、建造桥梁、平治险隘、孝养父母、恭敬三宝、给事病人、救济贫穷、设无遮会等八种（吴永猛，1977：291～292），涉及救贫济困和公共建设等方面的内容，体现了佛教普济天下的胸怀。

全汉昇曾全面介绍了寺院的各种慈善事业。例如，他指出，医院即起源于寺庙，唐代寺院中有悲田、悲坊之设，专门赈济、留医贫病之人，即使是在会昌灭佛期间，由于担心贫有疾者得不到救济，李德裕还请改悲田为养病坊，由专人管理，并给予一部分寺产，使之得以存续（全汉昇，1977）。而对于寺院和僧侣们而言，积极从事各项社会公益事业，如修路搭桥、救济贫病灾民等项，是佛家慈悲为怀的具体体现，也是获得信徒皈依的重要手段。仍以医病而论，医学本是印度世俗教育的“五明大论”之一，印度医学随着佛教东渐而传入中国；为着弘扬佛法，治病救人遂成为僧侣们救济众生的一种方式，在唐人心理中，更形成了对于佛法和佛医的期待（陈明，2003）。

由此，可以说中古寺院是具有相当规模的经济单元，但这种寺院经济既不以财富积累为最终目标，也不以供养僧众为主要目的，其核心的关注是普度众生，正是这一目标统一了“少欲知足”的教义与“庄严具足”的外表，使佛教寺院中存在着表面上相互对立的行动，即一方面是虔诚刻苦的修行，另一方面是聚敛并流通数量惊人的财富。将这种对立的行为方式推到极致的是隋唐时盛极一时的三阶教及其无尽藏。

三阶教始自隋朝僧人信行。信行认为，处于“五浊诸恶世界”的此世，应普信一切佛乘及三乘法，正学一切普真普正佛法。在修行方式上，强调要乞食苦行，他并身体力行，不为比丘而为沙弥，乞食且一日仅一食；他反对偶像崇拜，认为一切众生皆是真佛，路遇男女皆礼拜，而且死后还要以身布施，将身体置于森林，供食鸟兽。

与这种苦行的生活形成鲜明对照的是三阶教经营的“无尽藏”。无尽藏本是佛典义理，法离生灭之相，即为无尽，一多相即，故为无尽。具体到经济生活中，即将施主施舍的财物子母辗转，生息不已，其利无尽，因此，亦称无尽藏或无尽财。《两京新记》中记载了信行在长安化度寺设立的无尽藏，“贞观之后，钱帛金玉积聚，不可胜计。常使名僧监藏，供天下伽蓝修理。藏内所供，燕、凉、蜀、赵，咸来取给”，而且，即使是大量的银钱出入，“亦不作文约，但往至期还送而已”（《两京新记》，见辛德勇，2006：57）。道端良秀分析了《太平广记》等有关记载指出，化度寺的无尽藏院的设置目的，是要用于天下伽蓝的修理、供养和救贫事业（道端良秀，1977）。

三阶教、无尽藏能够兼苦行与财富于一身，其关键之处在于能积能消。一个苦行僧会使供品向他大量云集而去，但是，他会立即将所有供奉交给常住无尽财。最后形成这样一种方式，即苦行导致财富，财富又用来供养三宝。尽管三阶教及其无尽藏只是佛教宗派之一，而且持续时间不长，但是，包含在其宗教实践中的苦行与财富的并存却是普遍存在的，三阶教僧人只是将这两个方面都推到了非常极端的地步。在这些僧人身上，具备了一种独特的圣徒气质：一方面，践行乞食苦行的生活；另一方面，又劝信徒布施金帛，以之辗转生利。愈是彻底的苦行，愈会募得大量财富。①

---

① 与之相对，在基督教传统下的圣徒性乃以贫困为圣徒生活的“装饰”，即使只有一个便士，这个小小的经济保障，却也构成了“实在的精神障碍”，贫困成为被崇拜的品质（参见詹姆斯，2005：191～197）

恰恰是信仰的因素保证苦行与财富能够并存。财富从四面八方汇聚到寺院里，又以高涨的热情被投入到建福业的活动中。在财富积与消的流转的背后，蕴含着佛教徒们自度度人的理想和业报轮回的宗教讲论的力量。

二 “社会的宗教”及其影响

（一）寺院的经济模式的历史演变

公元9世纪的会昌灭佛是中国佛教史上的标志性事件。其间，唐武宗敕令各节度使及州辖区内只准留一寺，其余佛寺或被毁或被撤，田产没官，僧尼还俗，铜像、钟磬法器熔销铸钱。整个灭佛过程共毁佛寺4600余所，还俗僧尼26万余人，没收良田数千顷、奴婢15万人。佛教的繁荣戛然而止。自此而后，劫后重生的佛教以禅宗、净土最盛，天台、华严、三论、唯识等经籍宗派式微。

会昌灭佛的发生证明了前述谢和耐以“重商主义”来总结中古时期佛教的寺院经济之有误（谢和耐，2004：3）。中古佛教的寺院经济属于获政府特许的经济经营，在政教关系良好时，寺院经济有可能拥有大量的金银动产，居于金融流通的中心地位，这在农业传统的中国是比较突出的现象，但是，在政教关系恶化时，国家对寺院经济的干预，甚至财产的侵夺，则表明其发展方式及关系类型完全不同于重商主义时期商业资本依赖新兴民族国家、实现对外扩张的模式。所以，所谓重商主义只在比喻的意义上描绘出寺院财富数量大和流通性较强的特征。

会昌灭佛后，佛教僧众的供养方式有所转变，除了世俗供养之外，怀海禅师所倡导的“一日不作，一日不食”的自我供养发展成修行与劳作相结合的农禅方式。尽管寺院经济在宋代仍然颇具规模，而且，由于宋代地方财政支绌，寺院在地方公益事业中发挥着积极的影响（黄敏枝，2005/1989），但是，宋以后，佛教已完全融入中国本土社会，与中古时期相比较，僧众以顾命守成居多，已很难如前代高僧大德那样发大悲愿、行菩萨道。

在元朝短暂的佞佛阶段之后，明清两朝的佛教寺院几乎已经没有什么经济上的特权，经营范围基本上限于农业，在本质上就是地主租佃制的经营方式，规模也有限。制度上，明太祖朱元璋对佛教实行了管制、隔离和怀柔等三类政策，并将佛教分为禅、讲、教三宗，令研究教理的讲僧、有行持的禅僧离群索居，而与民众接触的主要是执行经忏礼仪的教僧，这不仅从内部割裂了佛教，而且使佛教留给人们的印象就是避世苦修或以经忏为业（释见晔，1994）。

清承明制，佛教仍继续在与思想界疏离、与世俗界融合的方向上发展，因此，这种被人为割裂的形象恰恰成为近代以来人们心目中的佛教。例如，韦伯对于佛教的看法正是基于这种认识。韦伯认为，佛教没有产生有条理的经济伦理原则，无论是原始状态还是大众宗教状态均如此。前者即印度早期的以个人自力而度、以摆脱因果轮回而达到至福的小乘佛教，托钵苦行的僧人身无一物，心无牵绊，以修行求开悟，最终达致涅槃境界。在他眼中，这种拒斥现世的宗教伦理的“首尾一贯的遁世态度与所有的经济伦理或理性的社会伦理之间，毫无任何通道可言”（韦伯，1993：333）；传播到中国、日本之后，又演变出包含在民间宗教之中的“完全变形的”佛教，这是亚洲地区典型的大众宗教，只是借着祭典、偶像崇拜或秘迹的方式来求得救赎，根本无法产生出导向一种理性的生活方法论的推动力（韦伯，1993：331～336）。

也因此，尽管从宗教史的经验来看，中国自中古时期起，就儒释道三教并称，互动频繁，但是，在宗教社会学的考察中，往往遵循韦伯的儒教与道教、正统与异端的二分，从而使得佛教的宗教理念及其现世经营被忽略了，而实际上，其影响力是有迹可寻的。

质言之，从宗教与经济的角度而言，寺院中的借贷、利息等事件不仅仅具有经济方面的意义，并且具有一定的源于宗教的伦理意义，亦会产生相应的社会影响。这一点可以通过对佛教、天主教及新教的比较来体现。

以“利息”观之，在佛教经济活动之中，利息不仅被许可，而且其生生不息具有宗教意义，代表着布施、功德的相续无尽，这便与西方基督教经济观念之间形成了鲜明对比。例如，早期基督教是禁止借贷取息的。耶稣的诫命中明确地包含有“素朴的互助伦理”，并且已经“体系化为一种有关同胞感情之爱的‘信念伦理’”，这种互助可以是普遍性的、延伸至每一个人的，“想积聚财宝于天上，人就必须在此世借贷给那些无法期之归还者”（韦伯，1993：339～340）。基于这种互助伦理，在天主教的基本立场来看，“借贷协议本身不可以以报酬为前提条件”（席林，2003：53、

206)。直到新教改革之后，这种认识才得以改变，人们转而认为利息是由提供资金者借出资金而应得的业务利益，因此借贷取息是正当的，韦伯指出，由此便为最虔诚的人打开了通往营利事业的道路（韦伯，1993：275～283）。

韦伯在分析了天主教、新教（特别是禁欲新教）对待利息和借贷的态度后指出，前者禁止借贷取息，但是，在实践中，这一禁令导致各种钻法律漏洞的行为，基于现实的考虑，教会不得不容忍“贫民当铺”之类的融资给穷人的措施；后者则创造出了一种资本主义的经济伦理，将企业的成功归诸一种理性生活态度的结果，其影响之一是彻底摧毁了传统的慈善形式，使得无计划的、形式化的慈善行为转变成一种理性化的经营，防止慈善导致乞讨的出现。这意味着，人只能在其职业劳动中得到神意的确证，传统的慈善的宗教性意义被消除（韦伯，1993：282～283）。

反观佛教的经济事业，则一方面是贷款取息的合理性，另一方面是普度众生、慈悲为怀，这两者并行不悖，利息的存在意味着借贷等经济行动的正当性，而其慈善事业则显示了救济利生的利他精神。

佛教与天主教、新教对于利息、经济经营和慈善事业的态度的对比如表1所示。

表1　佛教与天主教、新教对于利息、经济经营和慈善事业的态度的对比

	佛教	天主教	新教
借贷取息	允许，代表福报绵延无尽	原则上不允许，被迫妥协（如贫民当铺）	许可借贷取息，以贫民当铺为不当得利
慈善事业	普济天下的利他主义	仪式身段性质的施舍	慈善成为理性的经营，济贫意在防止懒惰
经济经营	正当，但以耗财建福业为目标	不可执着于财富	理性经营，正当得利

说明：有关天主教与新教的总结来自韦伯，1993：279～283。

由表1可见，佛教与基督教形成鲜明对比的是：在前者，宗教虔诚与经济利得是紧密相关的，宗教苦行可以聚敛大量的财富，在宗教的护持下，财富在流动中具有了信仰的意义；在后者，宗教虔诚起初排斥了经济利得，但禁欲新教产生以后，上帝的意志被认为不可测度，人只能履行天职并获得神意的确证，这才使得宗教上最虔诚和最守伦理的人致力于职业性的理性经营活动，在此，无休止的财富追求和积累乃是基于宗教的虔诚。通过这一对比，可以看出，基督新教与佛教都不排斥现世的经济经营，但其宗教意义不同，由此建立了宗教与经济之间两种不同的关联：新教强调在现世履行天职并获得成功；佛教则强调奉献自身所有以积累宗教资财。前者造成了宗教虔诚与经济行为之间直接的因果关系链，即越是虔诚的信徒越会投入到营利事业中去；后者在主观上不存在寻求神意确认的焦虑，而且，其经济的事业具有宗教的合法性，在本质上是一种“方便”或手段，亦不具有宗教上的优越性。

谢和耐指出，中国佛教之所以在经历了宗教虔诚高涨的年代之后转向腐败与衰落，要归咎于其自身的矛盾，即宗教与经济的并列存在（谢和耐，2004：304～305）。通过上文的讨论，可以看到，谢和耐的这一观点仅仅关注了佛教的经济经营，忽视了它在社会公益方面的事业，而后者体现了中国佛教入世经营背后的出世之心与救世热忱，并在国家、家族的力量之外，形成了具有普遍意义的社会的一维，自觉地负起救贫济困、劝善止恶的责任，从而有助于社会良俗的形成。而当近世的佛教一方面退居山林、一方面以迎合的姿态融入民俗社会之后，也就是它于社会这一维度逐渐收缩之时，它所提供的宗教庇佑越来越有限，在宗教影响、经济力量等方面均走向衰落。

（二）宗教与经济：中古佛教的宗教性

论者认为，以五代北宋为界，中国佛教的历史演化可以划分为学理佛教与民俗佛教两个阶段，在此转变过程中，佛教的精神气质发生重大改变，后者营建了带有浓厚民俗色彩的泛神论的、仙佛不分的神圣秩序（李四龙，1996）。那么，在所谓学理宗教，即佛学思想的引入和发展、佛教宗派的蔚然成形的阶段，与后期民俗化的佛教相比，佛教又具有什么样的精神气质和相应的社会影响呢？

通过以上对作为一种经济组织的佛教寺院的经济经营及其宗教理念的研究，本文认为，中古时期的大乘佛教兼具深刻的信仰和对现世的关注，认为尽管身处五浊恶世，也不应该逃避现实，而应当在现世发见净土，既讲求佛法修行，亦讲究普济天下，以出世之心行济世之道。佛教僧伽以财富为手段经营社会公益事业，其寺院经济给中国带来了新的财产观念、新的经营方式。在中国以血缘、家族为基本组织方式联结起来的文明之中，代表了新的普遍的社会力量，宽容、开放地面对众生，积极参与公共事务，营建出一种带有普遍精神的力量，是以普度精神涉入俗世的社会的宗教。①

从功能来讲，此“社会”一词代表着一种新兴的力量。在中土自东汉末年以降的长期战乱纷争中，佛教自利利他、济世救人的形象引起了各个阶层的民众的期待。佛教这种庇佑的基础是超越种群、血缘和地缘的无差别的爱，特别对于以宗族血缘为基本结构单元的中土而言，它不仅仅在功能上是国家政治力量或强宗大族势力的一种替代，而且，毋宁说，它代表着一种新的力量的兴起。

这种力量之新在于它代表了一个具有自身内在逻辑的领域，是可以与国家的、家族的势力并列共存的。能显示其内在逻辑的一个典型的例子是，自东晋至初唐二百余年间，以“沙门不应拜俗”“沙门不敬王者”等议论为代表，佛教徒基于自身理念，以僧团戒律为核心，婉转地坚持了对中土君臣、父子之伦理和礼仪的反对。

此一力量在其最强盛之时，自觉地负有自度度人、拔苦与乐的责任；而以灭佛事件、以退守山林的禅宗之兴起为标志，佛教所代表的“社会”的力量也相应地有所收缩。

整体上，以宗教与经济的角度观之，中古佛教在千年的传承之中，在主观上始终不离宗教救济的目标，其经济成就以宗教教化为目标。相应地，在其经济经营中体现并传播了基于业报观的布施—功德因果关系链条。

中土原有“积善之家有余庆，积恶之家有余殃”之类的善恶报应思想，但均属现世的范围之内。中土原有的观念认为，人的生命仅有一次，人死不能复生，死后形魄归于地，魂气无不之，将视其继嗣及血食之有无，或附着于祖庙，或化为野鬼。换言之，人的归宿是确定的，无论生前是行善还是作恶，其结果都只会增减此生的福寿。生死轮回、生时行为思想的善恶决定死者归宿乃是印度佛教的思想，与中国传统思想结合产生了三世因果、六道轮回等思想，认为善业或恶业会造成来世的善报或恶报，因而强调个人身体力行，持戒精进，或行善积功德，求至福于来生（侯旭

① 这一概念并非源自卢曼所谓“社会的宗教”，卢曼试图用这一概念表明，在人们似乎已经远离宗教的现代社会里，宗教实际上居于社会的中心地位，宗教的沟通技术提出了对社会的特殊的描述方式（卢曼，2003，2004）；它在一定程度上与近代以来佛教人士以人间佛教、人生佛教等号召使佛教步入现实生活的倾向相通，但仍有不同，这一概念主要是对中古佛教的一种总结，表明它与国家、家族鼎足而三的地位，以及产生的独特影响力。

东，1998：66～85；黄启江，2004：1～46）。

所谓业或“羯磨”（Karma），意为造作，泛指一切身心活动，可分为身业（行动）、语业（或称口业、言语）、意业（思想）。业是有情流转生死的动力，一旦发生，就不会自行消除，必将引起善恶报应。业报并称，即指业的报应或果报，佛教认为，身、口、意的造作，无论善恶，必将得到相应的报应，这是可以说明人的生活际遇和彼此差异的业报法则。

正由于福祸其来有自、善恶各得其报，因此，以布施积功德、求解脱，是佛教信徒所笃信的修行方式之一。布施，指施予他者以财物、体力和智慧等：出家人说法度人，是为法施，即以佛法施于人；在家人以财物施人，舍财济贫，是为财施，即以财施予人；救人于危难之中，则是无畏布施。布施的对象遍及众生，根据布施者的心理状态，又分为净施与不净施，前者指布施时不求现世福报，只希望获得最终摆脱轮回的最高的宗教目标；后者是为着现世的功名利禄等而行布施。

在布施的概念之下，人们的交往和交换行为中体现着宗教的意义。例如，僧侣们通过建福业的行为，如济贫、医病、为死者做法事等，获得世俗人斋饭、钱帛等供养，在僧人为法施，在世俗人为财施。双方都会因为这一行为（业）而得到功德，即通过做善事而得福报的品德。

不过，佛教徒的终极追求仍是涅槃境界，凡是执着于果报者仍然不能达到出离生死的至高目标。这一点体现出佛教作为宗教所具有的超越性，在此前提下，劝诫布施者亦不必执着于果报，而要以“回向”为大利，即把自己所修功德施往他处，或者施于他人。

布施－功德观构成了佛教经济活动背后的宗教逻辑。因此，在实践上，中古佛教尽管认可从事经济活动的正当性，而且自身还具有非常物质的外表，但是，其经济经营的目标不在于积累资产，财富只不过是一种方便，借财富以建福业，行善布施以积功德，绵延不绝，直至最终的解脱。可以说，新教徒是要在世俗的经营和经济的成功之中获得其宗教恩宠的证明，而佛教徒没有这样的紧张，他所要做的是将财富注入使众生的公益增加的地方，而在财富的流转中获得其宗教意义。

布施－功德观的意义同样是深远的。中土原有的信仰建立在现世福报的基础之上，注重以方术或仪轨预测或改变上天的心意，也因此注重神祇或崇拜的“灵验”，也就是说，人们对所崇拜的神灵具有某种期待，如疗疾、求子、祈雨等等，神灵的香火是否兴盛，取决于它是否通过了人们的有效性验证（侯旭东，1998：55~62；韩森，1999）。与此相对照，布施—功德观的意义在于，它表明宗教的利得并非基于天意，而是基于人的行动与思想的善恶，由此，它建立了一种业力，即行动、意念与宗教利益之间确切的、然而又超脱现世的因果关系，强调扬善制恶的重要性。这一观念的合乎逻辑的后果应当是一种积极、向善的伦理原则，这一点恰恰是韦伯在其中国研究中没有能够触及的。

以宗教与经济的视角而论，韦伯的新教伦理命题之所以引人关注，在于它从宗教的角度提供了对于现代资本主义经济发展方式的动力学解释。韦伯对世界诸文明的比较—历史研究也正是对这一命题的进一步推进，实际上，人们很可能更关注他的进一步的提问，即“为什么资本主义没有在西方以外发生”？但是，这一问题不仅涉及宗教与经济之间的关联，即宗教通过发挥既定的社会功能、通过影响观念和伦理原则而影响人的选择行为，而且涉及宏观社会背景对于宗教的约束及其互动，属于一个宏观的社会历史演变的课题。而他在对中国的研究中，分析了作为正统的儒教理性主义、作为异端的道教的神秘主义及巫术性卡里斯马信仰等信仰体系，表明中国何以缺乏发展理性资本主义的种种因素。但是，他的分析缺失了佛教这一维度，而仅仅将佛教划入藉祭典、秘迹求得救赎的典型的大众宗教，从而忽视了中国佛教所营建的经济与公益事业及其社会影响。

在这个意义上，本文对中国中古时期佛教的考察补充了韦伯传统下的宗教社会学论述对于中国宗教的认识，表明佛教一度作为国家、家族力量之外的一种具有普遍意义的存在，在社会经济方面发挥了不容忽视的影响。而且，在其经济经营中所体现的因果性的伦理原则既提供了佛教影响人的行动的一种模式，又可以视为对中国宗教的宗教性（religiosity）的一种探讨，为从综合与宏观的角度进一步研究中国社会的经济演进提供了某种具有解释潜力的微观机制。

同时，本文将讨论的核心局限于宗教理念中具有影响人的行动的潜力的机制，因为宗教对中国的社会经济与文化所产生的具体影响，还需要结合其他环境因素来分析，例如国家政权的控制与干预、礼教传统的对立与互动，等等，唯此方可了解中国宗教的比较全面的面貌及其历史地位。因此，本文虽然着力于宗教与经济的考察，但避免了诸如“为什么中国没有产生资本主义”之类过于笼统因而失之简单的提问，而将着眼点放在中国的宗教与经济之间的关联及其演变上，表明在寺院庄园中成长起来的，不仅仅是数量惊人的财富，而且有历代佛教徒济世救人的大悲誓愿，后者正是佛教在中古时期积极入世的一面的根基，这使得这一事业虽然经历了演变及衰落，仍然具有鼓荡人心的力量，其深远的影响历久不歇。

参考文献

白文固，1984，《南北朝僧官制度探究》，《世界宗教研究》第 1 期。

陈明，2003，《沙门黄散：唐代佛教医事与社会生活》，荣新江主编《唐代宗教信仰与社会》，上海辞书出版社。

道端良秀，1977，《唐代佛教寺院与经济问题》，张曼涛编《佛教经济研究论集》，台北：大乘文化出版社。

韩森（Valerie Hansen），1999，《变迁之神：南宋时期的民间信仰》，浙江人民出版社。

郝春文，1998，《唐后期五代宋初敦煌僧尼的社会生活》，社会科学文献出版社。

何兹全，1982，《佛教经律中关于寺院财产的规定》，《北京师范大学学报》第 6 期。

何兹全编，1986，《五十年来汉唐佛教寺院经济研究（1934－1984)》，北京师范大学出版社。

侯旭东，1998，《五、六世纪北方民众佛教信仰》，中国社会科学出版社。

黄敏枝，1977a，《南北朝寺院经济的形成与发展》，张曼涛编《佛教经济研究论集》，台北：大乘文化出版社。

——，1977b，《唐代寺领庄园的研究》，张曼涛编《佛教经济研究论集》，台北：大乘文化出版社。

——，1989，《宋代佛教社会经济史论集》，台北：学生书局。

——，2005/1989，《宋代佛教寺院与地方公益事业》，辑入刑义田等主编“台湾学者中国史研究论丛”之《礼俗与宗教》，中国大百科全书出版社。

黄启江，2004，《佛教因果论的中国化》，氏著《因果、净土与往生——透视中国佛教史上的几个面相》，台北：学生书局。

柯嘉豪（John Kieschnick），2003，《“少欲知足”、“一切皆空”及“庄严具足”：中国佛教的物质观》，胡素馨编《寺院财富与世俗供养》，上海书画出版社。

李四龙，1996，《民俗佛教的形成与特征》，《北京大学学报》第 4 期。

刘淑芬，2005/1993，《五至六世纪华北乡村的佛教信仰》，辑入刑义田等主编“台湾学者中国史研究论丛”之《礼俗与宗教》，中国大百科全书出版社。

龙树，《大智度论》卷八十八，［后秦］鸠摩罗什译，《大正藏》第二十五册。

卢曼，2003，《宗教教义与社会演化》，刘锋、李秋零译，中国人民大学出版社。
——，2004，《社会的宗教》，周怡君等译，台北：商周出版社。
吕澂，1979，《中国佛学源流略讲》，中华书局。
马克斯·韦伯，1987，《新教伦理与资本主义精神》，于晓、陈维纲等译，三联书店。
——，1993，《宗教社会学》，康乐、简惠美译，台北：远流出版公司。
全汉昇，1977，《中古佛教寺院的慈善事业》，张曼涛编《佛教经济研究论集》，台北：大乘文化出版社。
释见晔，1994，《明太祖的佛教政策》，《东方宗教研究》第四期，艺术学院传统艺术研究中心。
《唐会要》，1955，中华书局。
陶希圣，1979，《唐代寺院经济》，中国经济史料丛编（唐代篇），食货出版社。
威廉·詹姆斯，2005，《宗教经验种种》，尚新建译，华夏出版社。
魏明杰（Michael J. Walsh），2003，《佛教寺院中土地、功德及其交换的可能性》，
胡素馨编《寺院财富与世俗供养》，上海书画出版社。
吴永猛，1977，《附录通论·中国佛教经济之发展》，张曼涛编《佛教经济研究论集》，大乘文化出版社。
席林（Otto Schelling），2003，《天主教经济伦理学》，顾仁明译，中国人民大学出版社。
谢和耐，2004，《中国5-10世纪的寺院经济》，耿昇译，上海古籍出版社。
谢重光，1986，《晋-唐僧官制度考略》，《世界宗教研究》第3期。
辛德勇，2006，《两京新记辑校、大业杂记辑校》，三秦出版社。
义净，1995，《南海寄归内法传四》，参见义净原著、王邦维校注《南海寄归内法传校注》，中华书局。
圆仁，1986，《入唐求法巡礼行记》，顾承甫、何泉达点校，上海古籍出版社。
Collins，Randall. 1986. *Weberian Sociological Theory*. London：Cambridge University Press.

马克斯·韦伯：基于中国语境的再研究*

苏国勋

摘　要：M. 韦伯自20世纪80年代被推介到中国以来，因其思想的复杂性及其同中国现代化需要的契合，一直对中国的学术思想发生着强烈而持久的影响。但是，M. 韦伯的思想对中国而言并非无可挑剔。本文选取新儒家代表人物之一的牟宗三关于中西文化的论述同 M. 韦伯的中西文化观念进行比较研究，明晰了中国儒家思想与西方理论理性之间的互补关系。在此基础上，本文从中西文化的内在特点以及中西交流的历史经验出发，批判了 M. 韦伯思想中的西方中心论内核，并以之为比照，昭示了中国文化的包容性。

关键词：马克斯·韦伯　观解理性　道德理性　西方中心论　批判

一　M. 韦伯思想的东渐：一种知识社会学的简略考察

作为社会学经典理论三大奠基人之一的 M. 韦伯，其思想为中国学术界所熟悉要远比马克思和涂尔干晚许多。马克思的思想随着俄国十月革命（1917 年）的炮声即传到了中国。20 世纪 50 年代以后由于意识形态方面的原因，马克思和恩格斯的著作并列以全集的形式由官方的中央编译局翻译出版，作为国家的信仰体系，其影响可谓家喻户晓。涂尔干的著作则是由留学法国的许德珩先生（《社会学方法论》，1929）和王了一（王力）先生（《社会分工论》，1935）译介在 1930 年代前后出版的。这两部著作

* 原文发表于《社会》2007 年第 5 期。

中文译本的出版，不仅使涂尔干以及以他为首的法国年鉴派社会学在中国学术界闻名遐迩，而且也使他所大力倡导的功能主义在中国社会学深深植根。那时人们更多地把涂尔干视为整体论 - 功能论者，强调他的方法论所主张的要像研究“物”一样来研究社会的经验主义观点，即侧重他的社会实在论维度，而缺乏深入地将其社会学思想理解为古典经验论与先验论之间的张力表现。譬如他主张的存在于人们的意识之外并对人们的行动具有某种强制性的“社会”或“社会性”是一种由道德、“集体意识”或“集体表象”（collective representation）构成的观念实在，显然这里更多地属于涂尔干称之为“社会学理性主义”的观点，而不是或主要不是经验论或实证论的观点。由于中国社会学舶来自英、法的实证主义思想，在传入的早期，A. 孔德、斯宾塞的化约论—社会有机体论和涂尔干的整体论—功能论传播甚广，几乎脍炙人口。相比之下，德国人 M. 韦伯由于侧重从主观意图（意义）、个人行动去探讨社会的理解（versthen）、诠释的进路（interpretative approach），故鲜为人知。加之，M. 韦伯的思想大多是后来经过美国人的翻译辗转从英文传播开来，虽然他与涂尔干同属一代人，但在德国以外成名则要比涂尔干晚了许多。或许这就是中国早期社会学文献鲜有提及 M. 韦伯名字的原因。

新中国成立后，马克思主义被确立为国家指导思想的理论基础，出于意识形态的原因，马克思主义主张的阶级斗争和社会革命思想与 A. 孔德以来西方社会学以秩序和进步为标的的政治保守主义存在着严重抵牾，于是在 1952 年的高等学校院系调整中取消了社会学的教学和研究。这一举措意味着自清末西学东渐高潮中，也是中华民族面临亡国灭种的危急时刻从西方传入的社会学，[①] 经过半个世纪有声有色的发展后在外力因素的干预下不幸夭折了，加之此后较长一段时间内与国际学术界隔绝，致使中国的社会科学知识体系在这个时期内一直处于相对不完整和封闭状态。1980 年在改革开放的热潮中，以中国社会科学院建立社会学研究所为契机，一些高等院校陆续恢复或者设置了社会学系，中国大陆的社会学冲破重重阻力，在新形势下终于又破土复出了。M. 韦伯的思想正是随着社会学的恢

---

① 最初，严复借鉴先秦荀子“人不能无群”的思想率先将英人斯宾塞的 *Study of Sociology* 一书译为《群学肄言》（1896），可见社会学最初被称为“群学”，后章太炎译日人岸本能武太的《社会学》（1902）一书，此后，在中国这门学科才开始使用“社会学”的名称。

复开始在中国学术界传播开来的。1987 年由于晓、陈维纲等人合译的《新教伦理与资本主义精神》在北京由三联书店出版，M. 韦伯的学术思想才开始为中国读者所了解。尽管此前台湾学界早在 20 世纪 60 年代就已出版了该书的张汉裕先生的节译本以及后来由钱永祥先生编译的《学术与政治，M. 韦伯选集（Ⅰ）》(1985)，但由于当时两岸信息隔绝，这样的图书很难抵达大陆学者手中。此外还应提及的是，中国学者此前也曾零星出版过 M. 韦伯的一些著作译本，譬如，姚曾廙译的《世界经济通史》(1981)、黄晓京等人节译的《新教伦理与资本主义精神》(1986)，但由于前者是以经济类图书刊发的，显然其社会学意义在一定程度上会受到遮蔽，后者则是一个删除了全部注释重要内容的节译本，难以从中窥视 M. 韦伯思想全貌，无疑也会减损其学术价值。

中国学术界在 20 世纪 80 年代中后期引介 M. 韦伯思想固然与当时社会学刚刚复出这一契机有关，除此之外还有其重要的现实社会背景和深刻的学术原因。众所周知，20 世纪 80 年代是中国社会经济改革开放方兴未艾的年代，经济改革由农村向城市逐步深入，社会生产力得到很快发展。但是，社会转型必然会伴随着制度创新的阵痛和风险，改革旧有体制的弊端涉及众多部门的切身利益，需要人们按照市场经济模式转变思维方式和行为方式，重新安排和协调人际关系。加之，由于中国幅员广袤，南北方自然条件和东西部开发程度存有殊多差异，在改革过程中也可能产生新的不平等，以及随着收入差距的拉大，社会分层开始显露，公务人员贪污腐化等不正之风蔓延开来为虐日烈，社会问题丛生，社会矛盾渐趋激烈。这些都表明中国的改革开放政策带来的社会经济发展遇到了新的瓶颈。针对这些新现象、新问题，社会科学界必须做出自己的判断和回答。

撇开其他因素暂且不论，单从民族国家长远利益上考量，当时中国思想界可以从 M. 韦伯论述 19 世纪末德意志民族国家的著作中受到许多启发。当时的德国容克地主专制，主张走农业资本主义道路，成为德国工业发展的严重障碍；而德国中产阶级是经济上日益上升的力量，但是领导和治理国家又缺乏政治上的成熟。M. 韦伯基于审慎的观察和思考做出了自己的选择：出于对德意志民族国家的使命感和对历史的责任感，他自称在国家利益上是“经济上的民族主义者”，而在国家政治生活中自我期许“以政治为志业”。联想到 M. 韦伯有时将自己认同于古代以色列先知耶利米，并将其视为政治上的民众领袖，亦即政治宣传鼓动家，他在街头闹市泪眼面对民众，或批判国家内外政策，或揭露当局特权阶层的腐化堕落，只是出于将神意（启示）传达给民众的使命感，而非由于对政治本身的倾心。然而M.韦伯内心又清醒地认识到，现代性是一个理智化、理性化和“脱魅”（disenchantment）的时代，其间已没有任何宗教先知立足的余地，作为一个已经选择了政治为职业的人，只能依照责任伦理去行动。这意味着要忠实于自己，按照自己既定的价值立场去决定自己的行动取向，本着对后果负责的态度果敢地行动，以履行“天职”的责任心去应承日常生活的当下要求。或许，M.韦伯这一特立独行的见解以及他对作为一种合理性的劳动组织的现代资本主义的论述，与中国当时的改革开放的形势有某种契合，对知识分子的思考有某种启迪，因而促使人们将目光转向这位早已作古的德国社会学家。

此外，第二次世界大战结束以来，国际学术界以及周边国家兴起的“M.韦伯热”也对中国学界关注M.韦伯思想起到触发作用。M.韦伯的出名首先在美国，这与后来创立了结构功能学派的帕森斯有关。帕氏早年留学德国攻读社会学，1927年他以德国学术界（M.韦伯和桑巴特）关于资本主义精神的争论为题获得博士学位，返美后旋即将M.韦伯的《新教伦理与资本主义精神》一书译成英文于1930年出版，并在其成名作《社会行动的结构》中系统地论述了M.韦伯在广泛领域中对社会学做出的理论贡献，遂使M.韦伯此后在英语世界声名鹊起，并在国际学界遐迩闻名。20世纪50年代以后M.韦伯著作很多被翻译成不同文字在世界各地出版，研究、诠释M.韦伯的二手著作也如雨后春笋般地涌现。1960年代联邦德国（西德）兴起的“M.韦伯复兴”运动，其起因是二战后仿效美国做法发展起来的德国经验主义社会学（科隆学派），与战后陆续从美国返回德国的法兰克福学派的批判理论从理论旨趣到方法论立场发生了严重抵牾，从而点燃了一场长达十年之久的德国社会学关于实证主义的论战。由于参加争论的两派领军人物都是当时的学界泰斗，加之论战中的几个论题——社会科学的逻辑问题（卡尔·波普尔vs阿多诺）、社会学的“价值中立”问题（帕森斯vs马尔库塞）、晚期资本主义问题（达伦多夫、硕依西vs阿多诺）（参见Adorno，1976）——都直接或间接源于对M.韦伯思想的理解，对这些重大问题展开深入研讨和论辩，其意义和影响远远超越社会学一门学科的范围，对当代整个社会科学界都有重要参考借鉴价值。作为这场论战的结果，一方面促使 M. 韦伯思想研究在国际学术界的升温；另一方面也对美国社会学界长期以来以帕森斯为代表的对 M. 韦伯思想的经验主义解读——“帕森斯化的 M. 韦伯”——作了正本清源、去伪存真性的梳理。譬如，在帕森斯式的解读里，M. 韦伯丰富而深刻的社会多元发展模式之比较的历史社会学思想，被扭曲地比附成线性发展史观之现代化理论的例证或图示。因此，在论战中从方法论上揭示 M. 韦伯思想的丰富内涵，还 M. 韦伯思想之本来面目，以及“去帕森斯化”，正是“M. 韦伯复兴”运动的题中应有之义。

随着东亚“四小龙”的经济腾飞，M. 韦伯研究热潮开始东渐。二战结束后不久日本经济很快得到复苏，特别是 1960 年代以后传统上受儒家文化影响的一些东亚国家或地区，如韩国、新加坡和中国台湾、中国香港成为当时世界上经济发展的黑马，甚至被喻之为“四小龙”。如何解释这一现象以及它与 M. 韦伯关于儒教的论述是什么关系就成为国际学术界共同关心的课题。美国汉学家们曾就“儒家传统与现代化”的关系于 60 年代先后在日本和韩国召开了两次国际学术研讨会；80 年代初香港也举行了“中国文化与现代化”的国际学术会议，其中心议题就是探讨儒家伦理与东亚经济起飞的关系。许多学者都试图用 M. 韦伯的宗教观念影响经济行为的思想去解释东亚经济崛起和现代化问题。有将“宗教伦理”视为“文化价值”者；也有将“儒家文化”当作“新教伦理”替代物者，在解释东亚经济崛起和现代化时把儒家传统对“四小龙”的关系类比为基督教对欧美、佛教对东亚的关系；还有人将 M. 韦伯论述肇源于西欧启蒙运动的理性主义精神推展至西方以外，譬如日本，等等。所有这一切，无论赞成抑或反对，都使传统上受儒家文化影响的地区围绕东亚经济腾飞而展开的文化讨论，与 M. 韦伯关于现代资本主义起源和中国文化的论述发生了密切关系，客观上推动了 M. 韦伯著作及其思想在中国的出版和传播。

二　中国思想与 M. 韦伯的对话：以牟宗三为例

M. 韦伯关于亚洲宗教的论述，集中在《中国的宗教：儒教与道教》和《印度的宗教：印度教与佛教》两书，至于他对《古代犹太教》的论述，虽然地缘上属于西亚，但其影响主要在亚洲以外的欧美基督教世界，故不在亚洲宗教论列。在 M. 韦伯（2006）看来，倘从亚洲文化上考察，中国文化在其中扮演了类似法兰西在近代欧洲的角色，而印度哲学则可媲美古代的希腊。意思是说，在亚洲，中国文化关注世俗生活，长于对人情世故的洞察和处理，是一种入世文化；印度文化擅长超越的形而上的哲学思辨，属于一种出世文化。M. 韦伯的比较文化研究之参照标准是欧洲文化或说欧洲文化的统一性，他对中国宗教和其他东方宗教的论述，犹如上面这个比喻一样，只是为了突显西方文明的特色而用来作为反衬，因而难于超脱他那时代西方殖民者所固有的“欧洲中心论”（eurocent rism）视角。从这个意义来说，M. 韦伯关于中国的论述既包含有许多真知灼见，同时也存在着偏见谬误。大体说来，中国人在接受 M. 韦伯的早期（1970 年代~1980 年代），适逢改革开放政策推行伊始，社会科学界刚刚与国际学术界接触，当务之急在于更多地了解外部世界的情况，奉行的是“拿来主义”做法。当时关注作为中国文化的异在他者（Otherness）——西方文化——对中国文化的看法、论述和挑战，按照中国人“兼听则明”的古训，以期通过学习别人长处弥补自己之不足，从中汲取自我发展的参考借鉴。如果说那时是对 M. 韦伯思想的学习、接受阶段，那么 30 年后的今日，则处于一种消化和反思的时期，更多地表现出中国人在对外文化交往中的文化自觉（cultural awareness）。

M. 韦伯在为其《宗教社会学论文集》所作的总序（“资本主义精神与理性化”）中开宗明义地指出，其比较文化研究的宗旨在于找出导致现代资本主义在欧洲产生的原因。他在详细考察了东西方世界在宗教、文化、科学技术、法律、行政、事业经营诸领域中的不同特征后，认为西方文化具有一种其他文化所没有的、“具有普遍意义和价值之方向”、独特形态的“理性主义”，再加上其他一些社会结构和制度因素的配合，终导致现代资本主义在欧洲得以产生。尽管 M. 韦伯在《中国的宗教：儒教与道教》中从相对主义立场出发，认为以儒教为代表的中国文化也属于理性主义，但儒教的这种理性主义与以清教（puritanism）为代表的西方文化的理性主义具有重要差别：“儒教的理性主义意指理性地适应世界，清教的理性主义意指理性地支配世界”（M. 韦伯，2004：332）。在 M. 韦伯的解释中，清教徒本来出于一种宗教伦理动机——拒斥现世诱惑而专注灵魂拯救，但中间经过“预定论”和“天职观”教义的转折，却导致教徒热心世俗经济行为，这本是一种“在世而不为世”的、“无心插柳柳成荫”式的非预期行为，显示了基督教“从内向外”的超越性。“真正的基督徒，出世而又入世的禁欲者，希望自己什么也不是，而只是上帝的一件工具；在其中，他寻得了他的尊严，既然这是他所期望的，那么他就成为理性地转化与支配这个世界的有用工具。”（同上：333）在M. 韦伯看来，儒教缺乏这一“将世界加以理性化的转化的工作”（同上：325）。换言之，一心引导人们诚意、正心、格物、致知的“内圣”功夫，儒家倡导的“君子不器”式的独立人格与清教徒一心想成为“神的工具”截然对立，怎么就能转化成修身、齐家、治国、平天下的“外王”抱负和事功业绩，其间缺少类似清教徒的“预定论”“天职观”那种中介式的转化，再加上其他一些因素的配合（如家产、官僚制、社会结构等），导致儒家专注内在道德修养和个人人格自我完善，而忽视外在事功，终使科学认知和民主政治无法得到长足发展。M. 韦伯的这一结论性的判断，不仅对西方的中国学研究具有重要启示，而且在当代中国有关传统文化复兴的讨论中也不时地被提及并以不同形式发生着直接或间接的影响。

当代新儒学的代表人物牟宗三先生在自己的著述中曾涉及与此相关的问题，可视为新儒家面对西方文化的挑战做出的正面回应。牟宗三（1988：164）在《历史哲学》一书中用“综合的尽理之精神”界说中国文化的本质，用“分解的尽理之精神”解释西方文化的本质。之后，他又提出“理性之运用表现与理性之架构表现”两个概念。所谓运用表现（functional presentation），发自德性，即禅宗所说“作用见性”之意，宋明儒学的“即用见体”，易经所说的“于变易中见不易”；这种运用表现中的“理性”显然指康德意义上的实践理性，是说人格中的德性，而其运用表现就是此德性之感召，或德行之智慧妙用，显然属于德性层面，亦即内圣功夫。架构表现（constructive presentation，frame-presentation）中之“理性”，是就失去人格中德性，即实践理性之意义而转化为非道德意义的理论理性，因此也是知性层面上的（牟宗三，1992：155）。牟氏认为，西方文化系统是智的“知性形态”，其背后精神是“分解的尽理之精神”，其外在表现就是概念的心灵（conceptual mentality），故在西方文化中形成了国家制度、法律体系、民主政治、逻辑、数学和科学等。而中国文化是仁智合一的文化，以仁统智的文化。因此，如何由“综合的尽理之精神”转化出“分解的尽理之精神”，由“理性之运用表现”转化出“理性之架构表现”，从儒学的内圣中开出科学民主的新外王，这是儒学复兴必须解决的三个相互联系的问题。牟宗三在《理性的运用表现和架构表现》一文中，试图用“道德理性自我坎陷”来解决中国文化的现代转化问题。他认为从内圣、道德理性的运用表现中直接推不出民主与科学来，必须经过一个“曲折”。换言之，道德理性只有通过自我坎陷、自我否定的“曲通”办法才能成为观解理性（理论理性），从而才能成就民主与科学。道德理性的自我坎陷就是使仁让开一步，使智在仁智合一的文化模型中暂时脱离仁，成为“纯粹的知性”，开出智之独立系统：

> 从内圣到外王，在曲通之下，其中有一种转折上的突变，而不是直接推理。这即表示，从理性之运用表现直接推不出架构表现来。然则，从运用表现转架构表现亦必不是直转，而是曲转。这曲转即表示一种转折上的突变。（牟宗三，1992：166）

牟氏的“道德理性自我坎陷说”，从积极意义来说，它承认中国文化确有不足，即所谓“有道统而无学统与政统”。为此他主张否定那些阻碍在中国产生、形成科学与民主的不利因素，解决儒学中如何从内圣开出新外王的难题；从消极意义来说，它有如梁漱溟的“中国文化是理性的早熟”说法一样，带有为中国文化伦理本位压抑认知不能长足发展辩护的意味：

> 论境界，运用表现高于架构表现。但若缺了架构表现，则不能有建筑物。是以中国文化一方面有很高的境界，智慧与气象，而一方面又是空荡荡的，令近人列举的头脑发生太惨的感觉。……所以中国不出现科学与民主，不能近代化，乃是超过的不能，不是不及的不能。中国文化只向运用表现方面发展，而没有开出架构表现。光用运用表现在现在已显不够。理性之架构表现与运用表现都需要，都要出来。只要明白理性表现精神发展的全部意蕴及其关节，则早熟的说法便显得不恰当，亦可不必要。（牟宗三，1992：161）

乍看起来，牟氏“中国文化是超过的不能，不是不及的不能”与梁漱溟的“中国文化早熟”说法，虽然都带有为儒学辩白的痕迹，但牟氏把分解的尽理之精神/综合的尽理之精神、架构表现/运用表现、理论（观解）理性/实践理性、智之知性形态/仁智合一形态、伦理中立性（ethical neutrality/伦理关联性（ethical relevance）、宗教型/礼乐型、方以智/圆而神（二者同为易经语）、并列关系（co-ordination，牟氏称为“对列之局”）/隶属关系（sub-ordination）等一系列对应概念分别对举，用以表征中西方文化的不同特征，其中确有比梁氏说法更深刻、更值得深思的内容，即他从学理上深刻地揭示了作为理性之运用表现的中国文化的内在超越性质，以及它与作为理性之架构表现的西方文化所具有的外在超越性质的区别及其互补关系——“相辅助以尽其美，相制衡以去其蔽”。M. 韦伯批评中国文化缺少超验的制度与世俗的制度之间的紧张和对立，从牟氏的“辩证思维”观点来看，其正确之处在于指出了中国文化缺少了科学与民主这一种中间架构的东西，这既是作为一种“综合的尽理之精神”的中国文化之缺憾，但也是它与西方文化相比较而言所具有的长处；同理，这既是作为一种“分解的尽理之精神”的西方文化之长处，也是它与中国文化相比较而言所具有的短处。中国文化是“综合的尽理之精神”。所谓“综合”，是指“上下通彻，内外贯通”；“尽理”，即尽心、尽性、尽伦、尽制。尽心尽性是从仁义内在一面说的，是指礼乐的礼制意义上的；尽伦尽制则是从社会礼制一面说的，也就是尽了仁义内在之心性。所尽之理均属道德政治之事，不是自然外物的；是实践的，不是认知的或观解的；是属于价值、“应然世界”的事，而不属于自然、“实然世界”的事。

> 中国（文化）首先把握生命，西方文化生命的源泉之一的希腊，则首先把握“自然”。他们之运用其心灵，表现其心灵之光，是在观解“自然”上。……中国人之运用其心灵是内向的，由内而向上翻；而西方则是外向的，由外而向上翻。即就观解自然说，其由外而向上翻，即在把握自然宇宙所以形成之理。其所观解的是自然，而能观解方面的“心灵之光”就是“智”。所以西方文化，我们可以叫他是“智的系统”，智的一面特别凸出。（牟宗三，1988：169）

西方文化所见长的智属于“知性之智”，固然可以彰显“知性主体”，突出“概念之心灵”，因而也能产生科学与民主；而中国文化生命无论道儒释，其用心端在超知性的“直觉之智”。西方文化认为这种超知性之智只属于上帝的神心，中国圣哲则认为在人心中即可转出。牟氏把这种“直觉之智”称之为“圆智或神智”，并认为“人心之超知性一层，则彼（西方文化）不能通透，是固其文化生命中本源处之憾事也”（同上：179）。据此，牟氏得出结论说：“西方的文化生命虽是分解的尽理之精神，却未尝不可再从根上消融一下，融化出综合的尽理之精神。而中国的文化生命虽是综合的尽理之精神亦未尝不可从其本源处，转折一下，开辟出分解的尽理之精神”（同上：174）。这就是说，中西文化，两相比较，各有所长，各有所短。从未来远景来看，中学未必不如西学，西学并不注定就优于中学；从现实来看，也只是功能各有所司，目的各有侧重罢了。未来理想的文化，必然是扬弃二者之短、兼具二者之长的统一形态的文化。显然这与M. 韦伯那种从二元分立对决、零和博弈上比较中西文化的视角迥然有别，牟氏全然是从互补、汇通的和合视角看待中西文化之间的差异。这就使中国文化的“致中和”思想将为中西文化会通、迈向自然谐一的远景开辟道路，在当前全球化时代更具建设性意义。

这就是牟氏所说的“理性表现精神发展的全部意蕴及其关节”。明乎此，才能理解儒学思想家是在内心世界的维度消除了M. 韦伯式的张力和对立，从而获致人格上的圆成。换言之，M. 韦伯批评儒学没有超验地诠释这种对立自有其道理，但他并不理解儒家在内心世界里消除这种对立以及外向超越与内向超越这二者之间具有的根本性区别之重要意义。就是说，外在地克服超验与世俗之紧张和对立是西方文化的特点，确保知性得到长足发展并在事功上结出民主、科学的丰硕成果，这确是西方文化的一大长处；而在内心里消除超验与世俗的紧张和对立是中国文化的特色，内向超越专注仁义之心性，却阻塞了知性发展的道路，为此就必须经过自我坎陷（自我否定）的转折，为知性发展让开道路，务使内圣开出科学、民主的新外王。M. 韦伯以西方文化之长比中国文化之短，却又不屑于正视别人的长处，以庇护自家之短，这正是其意识中的“欧洲中心论”在作祟。这里征引R. 贝拉在“基督教与儒教中的父与子”一文的分析，阐明内向超越与外向超越的区别及其意义。R. 贝拉通过对明朝天启（1621～

1627）年间御史大夫左光斗因反宦官魏忠贤被诬陷下狱、受尽酷刑弥留之际所写家书的考察，对比中西文化对父与子关系的立场（亲亲孝道与俄狄浦斯［弑父］情结）：

> 这种态度（指儒家倡导的“威武不能屈、富贵不能淫”一类的修养——引者注）体现了一种真正的英雄式的忠诚，即使在这样（临危）的时刻也不为所动。一个伟大文明的力量与绵延的根就展现在这些字句中。但是与此同时，儒教对于父与子关系的论述却阻断了俄狄浦斯情结产生任何结果，除了孝顺——在最后的分析中孝顺不是针对某个人的，而是针对一种个人关系的模式，人们持有这种模式是为了拥有终极的合法性。……在西方，从摩西启示时代开始，社会关系的每一特殊模式原则上都是从终极性（ultimacy）中派生出来的。在中国，孝与忠却成了绝对（absolutes）（Bellah，1970：96）。

从外向超越的观点来看，这个终极性的所在不是自然的有机社会秩序，而是转向一个超验的参照点，即超验的绝对实在：自然的一切只具有相对价值，而上帝才是绝对。譬如在犹太－基督教传统中，知性的理性化赋予了上帝“造物主”的地位，并且认为它是绝对不变、全能、全知、也就是绝对地超越现实的终极实在。而内向超越的中国文化则正好相反，用牟氏的话说，儒学的正心诚意、格物致知的内圣功夫，乃用心立言，一切自“仁”发，自始即把握着“生命”这一根本，对待浑噩质朴之现实生活而由以“人”为本，“内而调护自己之生命，外而安顿万民之生命”，故其与人间之关系乃人之自然的有机关系（仁），这种以世俗性、社会性关系为联结的文化要比一切从“智”出发的西方文化更为契合而亲切。故而，中国文化“以其生活之智慧渗透上天好生之德，亲切地证实了那个超越的绝对实体乃是一‘普遍的道德实体’”（牟宗三，1988：66）。职是之故，在中国文化里，没有什么事物能超出这一普遍的道德实体——仁义之心性——而能被证明具有正当性。这就是中国文化就道德而言的内在超越性。从这个意义来讲，儒学讲“内在性”意指“人的本性”，即人之所以为人者的内在精神，如“仁”“神明”等；所谓“超越性”指宇宙存在的根据或宇宙本体，即“天道”“天理”“太极”等。诚如当代另一位持儒学观点的学者汤一介（1991：2～3）所说，“儒家哲学的‘超越性’和‘内在性’是统一的，这样就形成了‘内在超越性’或‘超越的内在性’的问题——就成为儒家哲学‘天人合一’的思想基础，是儒家所追求的理想境界，也是儒家之所以为儒家的精神所在。”这样，汤一介就把“内在性”“超越性”分别与孔子所说的“性命”“天道”对应起来。对比起来看，西方讲的“超越性”（transcendence or transcendency）词义是指外在的、超乎己身之外的卓越、超绝；哲学上是指超越经验即超验的独立存在、先在，如柏拉图的“绝对理念”；神学上是指基督教将摩西启示时代（犹太教）的“终极实在”与古希腊哲学的“绝对理念”结合在一起而成为“绝对存在”，即上帝（God）。简言之，基督教讲的“超越性”为西方文化中的“神人隔绝”确立了根据；儒学主张“超越性”和“内在性”的统一，构成了中国文化中“天人合一”的基础。前者是“分”的理路，后者是“合”的理路，其间的差别，洞若观火，由此导致中西文化迥然不同的发展路向。

从知识论而言，理性主义的一个基本特征是它鉴定规律或规则的存在，对规律的预设正是理性思维的前提。就这点而言，西方文化和儒家文化都是理性主义的。西方文化假定了自然规律（the law of nature）和自然法（natural law）的存在，而儒学也预设有“道”和“理”的存在。尽管“道”的概念在先秦时期主要是由道家哲学所阐发，但它同时也为儒家和其他流派所共有，后来的宋明理学从中衍生出“理”的概念，这两个概念都强调有某种普遍规律或秩序的存在。不过，西方理性主义所说的规律是指作为知识对象的自然界与自然法，而儒学理性主义所关注的规律主要是指任何社会中的“道”和“理”。故儒学主要经典之一的《大学》开宗明义就写道：“大学之道，在明明德，在亲民，在止于至善”，这正是孔子所说的“知人”之知。前者从自然出发，并把任何社会视为与自然相类似；而后者的主要关注点则在于人和社会，并以人和社会为中性来看待自然。从这个意义上可以概括地说，西方文化是以自然为中心的，而中国文化是以人为本位的。在社会理论上，西方理性主义和儒学理性主义都相信社会世界存在着某种普遍的秩序（前者称自然法，后者则曰作“礼”），并都把这种秩序视为同社会的公正、正义和道德相一致，且都认为理性的人能认识、产生和遵守这种秩序，因而人能成为道德主体。不过西方主流哲学与儒学立交之间还有重要区别：第一，西方文化的普遍秩序之超越性在于人与自然（或神圣的）东西的同一性（外在超越性），而儒学文化中的普遍秩序既是超越的，又是内在的（内在超越性）；第二，前者认为社会秩序是原子论的和机械论的（社会唯名伦），后者认为社会秩序是整体论和有机体论的（社会唯实论）；第三，在前者重道德规律（自然法）是与自然规律相类似的，而在后者看来正是人的道德存在（礼）使人有别于自然和其他存在。据此可知，西方的自然法是由外向内地从社会加诸个人的，所强调的是权利；而礼是对种种人际关系的界定，它强调的是义务和责任。

牟氏上述观点也可视为传统儒学在道德与科学关系上一贯的、有根据的立场选择，即当学者内在于科学本身，完全不考虑其与道德的关系，这时科学可说具有“伦理中立性”；但当学者外在于科学，从人世间作反省时，即从人性活动和人的文化理想上来看，则科学不能与道德截然分开，这时可说科学具有“伦理关联性”，二者是相辅相成的。这里的外在与内在是指认知主体对科学的关系或立场而言的，中国文化相对而言可说是伦理本位，对科学而言显然倾向外在立场。这一立场非常接近当代科学哲学关于科学知识增长的宏观解释策略中所强调的社会因果性（social causation）的“强纲领”（strong program）见解。譬如以巴恩斯（B. Barnes）和布鲁尔（D. Bloor）等人为代表的英国爱丁堡学派（Edinburgh School）的科学知识社会学（scientific sociology of knowledge）以及科林斯（H. Collins）等人的巴思学派（Bath School）主张的科学的社会研究（social studies of science）观点就认为，利益、信仰、道德、价值等外在于科学理性的社会性因素，不仅通过科学政策、科学组织、科学共同体的评价标准、科学发展水平和方向等对科学认知活动外在地发生影响，而且对科学认知的内容也内在地施加影响。科学史家把这种观点称为“科学合理性的社会学转向”（the sociological turn of scientific rationality），认为这是受 T. 库恩（T. Kuhn）《科学革命的结构》一书影响的科学哲学中出现的一种社会 - 历史学派的见解（J. R. Brown, 1984）。类似的见解还可在 W. 蒯因（W. Quine）对经验主义教条——概念与事实在范畴上的同一性——的抨击、费耶阿本德（P. Feyerabend）通过对历史事例的研究证明科学认识中无政府主义方法的长处、维特根斯坦（L. Wittgenstein）后期语言哲学关于理解事实与某种生活形式（form of life）的框架存在相互关联的论断，以及罗蒂（R. Rorty）对哲学和科学在文化中所处地位的论述中得到体现。他们的一致之处在于强调人类认知的“相对性”或“实用性”立场，质疑科学赖以对世界进行分类整理的规范概念体系并不真实存在，由此形成了概念上的相对主义，直接威胁到了康德哲学对现象进行确知性研究的认识论。科学哲学家 L. 劳丹（Laudan，1997）则把它称为外理性（arationality）观点，相反的见解则被称为合理性（rationality）观点。这说明，即使在西方文化的核心部位——科学哲学中也已出现了类似中国文化提法的异质性因素。可见，外理性的说法不仅存在于中国文化，而且在西方文化中也是其来有之。

其次，牟氏的观点虽然与 M. 韦伯的社会科学方法论之“价值中立性与价值关联性”（value neutrality and value relevance）概念在表述形式上相似，但实质上却在内容上有诸多不同。第一，M. 韦伯的概念指涉的是社会学一类的社会科学；而牟宗三是就科学作为一个全称概念而言说的，他是从康德哲学的理论理性与实践理性上（即在认识论上）论述科学与道德的关系，进一步阐明中西方文化的特征及其互补关系。第二，M. 韦伯的用意是在社会科学方法论层面阐明，何以社会研究只探究现象之间的因果关系难以奏效，还必须辅之以对隐蔽于现象背后的主观意义即行动动机即意义的“理解”（verstehen），因为意义 - 价值之于社会行动犹如时间 - 空间之于自然现象，它们都参与了对象 - 事实的构成，故属于构成性原则（constitutive principle）。在这种脉络下，“价值关联性”是社会科学具有“价值判断”（value judgment）的理据，属于应然断言（ought）；而“价值中立性”则具有事实描述（fact descriptions）的性质，属于实然陈述（is）。在表层意义上，它提醒科学研究者应恪守职业伦理并严格自律，不能因为社会现象有价值介入就放纵主观偏好，做到“学术上的禁欲”。在这个脉络下“价值中立性”是个规范性原则（regulatory principle）。但在深一层意义上，这是 M. 韦伯的“理解的社会学”内在张力的表现：他用“价值关联性”拒斥 19 世纪后期欧洲社会学中主张社会科学只关注事实而不涉及价值的实证主义思潮，而用“价值中立性”反对德国经济学中的历史学派抹杀社会科学客观性的主观主义偏颇。而在更深层面上，这是 M. 韦伯作为一名新康德主义者区分现象（phenomena）与物自体（noumena）、解决科学与道德之间关系的一个进路。在这个意义上，M. 韦伯显然是把原因（说明）和意义（理解）两方面融合起来，要比单纯的实证主义进路显得全面而合理。可是引申地进一步来看，在 M. 韦伯的脉络中，价值中立性（因果分析）是与责任伦理（the ethic of responsibility）相关，而价值关联性（意义理解）则与信念伦理（the ethic of conviction）相连（参见施路赫特，1986）。这样，外在最终还须走向内在，超越性还是透过复归伦理发挥作用，这与儒家原本就以内在伦理为本可谓殊途同归。

但是，M. 韦伯的做法，在某些人——比如列奥·施特劳斯（Leo Strauss）——看来，正是现代性迫使人们接受的典型的现代二元论。启蒙运动以降，随着自然科学的长足发展，机械论的宇宙观开始风行开来，前现代的目的论的宇宙观已逐渐被非目的论的（如机械论的）宇宙观所取代，这导致在西方学术界两种截然相反的思潮风行。一种属于唯理主义，因为非目的论的宇宙观要求一种非目的论的人生观才能与之相匹配，这就意味着必须从机械论等“自然的”观点及理性的观点看待社会生活，换言之，只能用欲望、冲动即本能去解释人生及其意义，这就是孔德的“社会物理学”等实证主义社会学的进路。这导致在社会认识中将理性绝对化，由此引出黑格尔自然哲学式的一元论（naturalisticmonism）、规则学知识（nomological knowledge）以及机械论史观的线性进步观念流行。用这种办法研究人的行动及其属人意义，表现出方法与对象性质之间的错位，显然无法令人满意。于是，一种折衷的办法应运而生：即自然科学上的非目的的宇宙观和社会科学上的目的论的宇宙观。其典型做法就是 M. 韦伯对事实与价值的区分以及价值中立与价值相关的不同对待办法。“这种立场表示着与亚里士多德以及托马斯·阿奎那本人那种融通观念的决裂”，并导致社会理论上相对主义和虚无主义泛滥（列奥·施特劳斯，2006：8）。在 M. 韦伯的思想中，“终极价值之间的冲突是人类理性无法消解的”观点是其理论的前提和归宿，因为这一冲突中最根本性的乃是理性与价值之间的冲突，从西方的文化背景来说就是理性与权威亦即理性与启示之间的冲突：理性无法解决其他价值的冲突，因为这些价值最终不过是“雅典与耶路撒冷”（亦即希腊哲学的理性精神与希伯来宗教的信仰意识）这一西方文化中最普遍、根本而又“永恒”问题（亦即欧洲文化统一性）的表现形式。列奥·施特劳斯这里表面上并没有从他的有神论立场指责 M. 韦伯，因为在这一终极价值上再直接诉诸信仰理由就近乎一种独断了，而是批评 M. 韦伯：（1）没有回到前科学、前哲学的日常经验的世界或对世界的

“自然”理解的可能性；主张对哲学史作非历史主义研究，目的在于揭示“与人类思想相生相伴的根本问题，以及有关解决这些问题的根本抉择的“不变框架”，就像亚里士多德的《形而上学》一样。按照这一观点，人们不应从对事物的“科学”理解出发，而应从对事物的“自然”理解出发。在前科学时期人们简单地把“好的”与“祖传的”等同起来，“古老的”和“自己的”就意味着“祖传的”，因而相信“自然正当性”（natural right），而在科学时期人们往往以历史名义或以事实与价值分野的名义排斥“自然正当”，并用“自然权利”（natural rights）概念取代“自然正当”。然而，按照施特劳斯的说法，“自然正当”是“诸善为本”（virtues-based）的，而自然权利是“权利为本”（rights-based）的，二者是不可通约的（incommensurable）。（2）M. 韦伯用建构诸如责任伦理与信念伦理之类的理想类型去取代这种分析，在施特劳斯看来，那种人为的建构也不得要领，因为它并不在意要与社会实在的内在关联相一致，故其作用也不甚了了（参见列奥·施特劳斯，2006：29、34）。在笔者看来，列奥·施特劳斯从政治哲学上对M. 韦伯社会科学方法论——譬如M. 韦伯对社会变迁所持的传统/理性的二分预设、刻意突出对立面的矛盾斗争关系、以及理想类型作为一种纯粹的思维建构与实在并不必相符合的反本质主义规定——的批判关乎现代性的属性及其自反性乃至可能带来的危机等问题，并非没有一定道理，但他骨子里秉承启示神学的绝对主义立场指责事实与价值的区分是造成相对主义泛滥、虚无主义盛行的祸根，则完全无视现代社会变迁中的分化与整合关系，以先验的本体论独断代替认识论的经验分析，一笔勾销了从黑格尔意义上的自然哲学分化蜕变为物理学、社会学、人类学等一系列经验科学的合理性及其成就。其理路类似于董仲舒的“天不变，道亦不变”，令人难于苟同。关于这一问题，拟以专文论述，此处不再旁及。

牟宗三的概念虽然学理上也源于康德哲学，但其根本目的在于“本中国内圣之学解决外王问题”。在这个意义上，他指出西方的科学与民主政治是理性的架构表现之成果，而中国文化中较为发达的是理性之运用表现，亦即仁智合一、道德统领认知的文化。为弥补自身文化之不足，解决过去将外王视为内圣的直接延续、造成历代儒者—官员外王总无成（讲实用者总无用，讲事功者总无功）内圣亦有憾这一中国历史文化的尴尬局面，必须先令道德理性通过自我坎陷（自我否定）转出分解的尽理之精神与事功精神，如是方能使外王与内圣不对立而相适应，从而完成从内圣向外王的转化。而且不止于此，在牟氏看来，中国文化尽管在表现形态上有其不圆满、亏欠，但在“本原形态”上并没有什么缺陷。以儒学为大传统的中国文化是以德为本的文化，尽管儒学内部也存在着“尊德性”与“道问学”孰先孰后的争议，但通常认为二者是不可分的。诚如陆象山所言：“既不知尊德性，焉有所谓道问学？”另据郑玄《周礼》注：“德行，内行之称。在心为德，施之为行”。可见德性，广义指美德，狭义指人的内在人格品质；德行，则指人的行为的道德的特性。如“孝”本来是德行，但在作为人之能孝的内在品质，就是德性。中国文化早期价值理性的建立，首先是通过夏商周三代政治对政治道德的强调而开始实现的。这种敬德的政治思想从三代交替的“以德代暴”的历史经验中很容易得到解释，并造就了中国前轴心时代文化的价值取向（陈来，1996）。中国文化在“本原形态”上作为“仁且智精神实体”，属于“圆智或神智”，类似黑格尔之“绝对精神”，在客观历史行程中，“必须要披露所戴于个人以外之社会及天地万物而充实自己、彰著其自己。即必须要客观化其自己，且绝对化其自己。客观化其自己，即须披露国家政治及法律。依此，国家政治及法律即是精神之客观化，而为客观精神也。”与此同时，精神还必须绝对化自己，即精神主体向上升，由此而建体立极，当下即通于绝对，证实“绝对实在”亦为精神的，因而亦即证实绝对精神（牟宗三，1988：116～118）。这其中所包含的必然性，是一种类似黑格尔之绝对精神外化为客观精神的内在发展的必然性。即所谓的“辩证的必然性”。据此，牟氏（1992：4）得出结论说：

> “儒家与现代化并不冲突，儒家亦不只是消极地去‘适应’、‘凑合’现代化，它更要在此中积极地尽它的责任。我们说儒家这个学问能在现代化的过程中积极地负起它的责任，即是表明从儒家内部的生命中即积极地要求这个东西，而且能促进、实现这个东西，亦即从儒家的‘内在目的’就要发出这个东西、要求这个东西。所以儒家之于现代化，不能看成‘适应’的问题，而应看成‘实现’的问题”。

牟宗三这里不仅直接反驳了 M. 韦伯关于“儒教的理性主义意指理性地适应世界”的论断，而且表现出这位新儒家的学者，作为中国文化复兴的担纲者，意欲在文化上返本开新，继往开来（肯定道统、开出学统、继续政统），重建道德理想主义的使命感、责任感和价值关切。

三　否思“西方中心论”：M. 韦伯思想批判

牟宗三和M. 韦伯二人分别作为中西方文化的代言人，他们关于中西方文化本质的论断是截然相反的，尽管双方都在为本方文化辩护因而带有我族中心主义（ethnocentrism）的味道，但仔细揣摩便会发现其中的差别。牟氏虽然坦承中国文化存有缺憾，迈向现代化途中需要向西方学习加以弥补，但他确乎是从儒家和合观念出发认为唯有透过互补，“中西文化自然谐一之远景亦可得其途径矣”（同上：65）。这里凸显的是中国文化的缺失和中西文化之间的“自然谐一”和互补。而M. 韦伯关于中西文化的论断形式上是“价值中立的”，但实质上与其“作为欧洲文化之子”担纲者的“西方中心论”情结有着诸多关联，因而是“价值关联的”；强调西方文化“支配世界”的施动性、自足性，凸显中国文化“适应世界”的受动性和依赖性，内里充满着西方文化的优越感。通常认为M. 韦伯在比较文化研究中是个相对主义者，譬如他分别从禁欲主义和享乐主义立场上界定合理性的相对主义视角就是一例。从这一视角出发就无法在不同文化之间做孰优孰劣的价值评判，因而这时研究是“价值中立的”，接下来要看文化作为价值、规范如何引导人们的社会行动以及由这一行动达致何种目标，然后从后果的“妥当性”（validity）做出判断。不消说，后果是否妥当以及妥当的程度是针对特定主体的预定目标而言的，因而这时的研究必然是一种与特定标准、规范相关联的价值判断。对M. 韦伯（2004：448）来说，这个标准就是西方文化：

> 身为近代欧洲文化之子，在研究世界历史时，应当提出如下的问题：即，在且仅在西方世界，曾出现具有普遍性意义及价值之发展方向的某些文化现象，这到底该归诸怎样的因果关系呢？

接下来，M. 韦伯历数了西方在经济、科技知识、文化、法律、行政管理等各领域的骄人成就后，对上述问题做出了回答：“实际上，在上述的一切例子中，问题的核心是西方文化独见的、特殊形态的‘理性主义’的本质”（同上：459）。据此，M. 韦伯把他的社会学视为一种“文化史”研究，“其首要任务是去认识（一般的）西方理性主义的特质，以及（特殊的）近代西方的理性主义，并解释其起源”。为此，他的社会学主旨分布一方面是以《经济与社会》为代表的关于“经济之决定因素”的研究，另一方面是他的一系列比较宗教学研究，除了在此之前发表的旨在揭示“资本主义精神与理性化”之本质联系的《新教伦理与资本主义精神》这一开宗明义的扛鼎作之外，他还在“世界诸宗教之经济伦理”的总题目下考察了源于中国和印度这两支古老东方文明的宗教（儒教与道教以及印度教与佛教）及其种种与西方理性主义本质相悖的表现，以及地缘上虽属西亚、但却对西方文明发生重要影响的古代犹太教。浸透在这一系列比较宗教研究中的问题意识在于：“为何资本主义的营利心在中国或印度就不曾发生同样的效用？何以在这些国家，一般而言其科学、艺术、政治以及经济的发展皆未能走进西方独具之合理化的轨道？”（同上：459）在这些言之凿凿的论述中，似乎唯有西方文化才具有这种独特的理性主义本质，唯有西方文化才是一种有着与世界其他文明毫不相干的、独特的发展系谱、并高踞于其他各种文明之上、封闭自足的体系。现在回过头来重新审视这些结论，就需要从西方文明的主体及其“他者”——欧洲文化与东方文化——以及其相互关系上检验其论述是否妥当。

从文化人类学角度来看，文化是一个由表意符号组成的意义系统，它非常容易在不同系统中传播。文化传播的作用方式和生产方式就是一种流动状态，所以传播学用流通、交流、沟通等词汇名状文化。从文化变迁角度来看，任何一种文化都在不同程度上经历着发生、发展、衰退、再生的过程，这是一个普遍的现象。文化变迁或发展说到底，就是选择、吸纳、同化不同系统的文化成分，将其变成自己的构成性要素的过程，这在古今中外不同民族文化中概莫能外。因此，文化在任何时候都是一个动态的、开放的、不断变化着的体系，它的发展、壮大永远离不开与其他文化的交流、沟通和传播。在 M. 韦伯的母语——德语里，文化和文明是有清楚界限的：文化是一个社会中特有的东西，而文明是指可以从其他社会传播而来的东西；文化是基因性的，而文明是可传播的；文化发展是对特殊模式的同化和吸纳，文明的发展则表现为量的不断积累（莫兰，2005）。M. 韦伯之前的滕尼斯，把文化从社会学义涵上隐喻为共同体，认为它是靠血缘、风俗、习惯建立起来的群体组合，其基础是“本质意志”，它与生命过程密不可分，在共同体这个有机整体里目的与手段是一致的；而文明则表征社会，其基础是靠理性权衡，即“选择意志”建立起来的群体组合，在这里人们通过契约、规章、制度发生各种关系，社会生活是靠权力、法律组织起来的，手段受制于目的而使二者互相分离，缺乏“生命统一原则”，因而是一种机械的合成体。雅斯贝尔斯把古代（公元前数百年）称为轴心文明时代，既是因为那是由中国、印度、犹太、希腊和波斯诸文明构成的“轴心文明时代”，也是因为所有后续文明都是由这些“轴心文明”衍生而来；这些文明在人类文明史上都曾做出过卓越贡献，因而是人类文化的主要源流。中古（公元5～15世纪）以后，世界进入了各轴心文明相互交汇的时代，特别是15世纪以后，没有一个文明体系能够自外于其他文明体系。所谓欧洲文化或西方文化，是指由中古时代开启的两大轴心文明交汇、即由希腊文明将宇宙范畴化和因果推理的理性精神与希伯来（犹太）文明的一神崇拜把本属部族神扩展成普世神的信仰意识（所谓的“亚伯拉罕信仰体系”）衍生而成。M. 韦伯一类的“欧洲中心论者”往往喜欢标榜欧洲文化自身的统一性，而有意避开欧洲文化在自身发展过程中主要继承了犹太、基督、希腊、拉丁四种主要遗产并汲取了其他民族文化的精华逐渐壮大而成的事实。其中的希腊、拉丁源头远在三面环地中海的边陲半岛上，确实早在欧洲概念形成之前即已存在；而犹太、基督教则诞生于更为遥远的亚洲西部，并且是在欧洲概念形成之后才开始发展。在欧洲文化内部历来存在着雅典－耶路撒冷之间，亦即理性与权威、科学与启示之间的张力。其他几种主要文明也大致如此。古代波斯的轴心文明与古代犹太的轴心文明相交汇，衍生出伊斯兰文明。中国古代文明后经佛教传入，遂使中印两大轴心文明经过接触、调适后，终于互补融合为中古以后儒释道三教合流的中华文明秩序的重要组成部分。而伊斯兰文明与印度文明在南亚次大陆交汇后迄今尚未形成新文明，目前两种文明仍呈分庭抗礼相互掎角之势。大体说来，文明融合或文化变迁通常呈现为不同系统之间相互选择、吸收、同化的过程，导致不同系统的构成要素之间同中有异、异中存同的辩证发展态势，绝非像M. 韦伯所说的那样，欧洲文化是个同质性的、独立自存、不假外求的封闭体系。“欧洲中心论”已为迄今为止的文化人类学的研究成果所证伪。

> 就晚近几个世纪以欧洲为中心的现代史而言，“欧洲”主体认同的修辞（rhetoric）确实是个有力的譬喻，就连“东方”也相应地形成自己的受害史观。但是欧洲主体认同却依赖一个从希腊罗马而来的纯正系谱，所谓从柏拉图到北约（Plato to NATO）的历史/神话。只有在这个历史认同的基础上，欧洲才能宣称从外在的、他异的东方或非洲“take in”科学与技术，包括字母、代数、天文历法、非洲的农业水利、阿拉伯的帆船、员工懂得造纸、罗盘、火药、印刷、攻桥、制图，宗教与艺术上的犹太、伊斯兰影响，摩尔人的诗歌、宫廷礼仪、乃至基督教的仪式、节日、经典。事实上，所有这些所谓“外来的”影响，都先于一个能够向外欲求、具有自我认同的“欧洲”主体。希腊、罗马、文艺复兴、基督教，与其说是“欧洲”纯正的出身证明，不如说都是先于“欧洲”的文化融合。（Ella and Stam，1994：4。转引自朱源鸿，1996）

无怪乎有人对此评论道：“对于被宣称为‘欧洲’系谱起源的希腊与罗马而言，近东、中东与埃及的文化距离要比北方欧洲蛮族更为接近。有主体认同的‘欧洲’是个非常晚近的现代神话。许多想象中是‘欧洲’主动的摄取（take in），事实上是先于主体认同的‘建构’（constituted by）”（朱源鸿，1996）。换言之，M. 韦伯所津津乐道的欧洲文化的本质在于对世界的支配，只是类似“欧洲中心论”式的“迷思”（myth），至多是一种人为建构的话语霸权，真实的情况是欧洲文化的生成是吸纳异己的东方文化并与外来文化的融合形成自身的过程。尽管 M. 韦伯在其论述中也提到中国与欧洲相比有比较长期的和平、统一局面，没有强制性的身份限制、自由迁徙、自由选择职业，以及没有借贷和贸易上的法律限制等有利于资本主义产生的条件，但这些有利条件都是为了衬托、凸显由于缺乏像禁欲主义的新教教义那样的“特殊心态”、终使资本主义无由在中国产生的这一事实。实际上这是佯褒实贬，褒是为了贬。且不说他在征引历史文献时表现出的极大主观随意性，从东汉（公元1世纪）一跃跳到清初（17世纪），中间虽然也曾蜻蜓点水地偶尔提及北宋王安石的改革，但那只是在论述中国国家赋役制度时的偶然举例，不具实质意义，正所谓“不知魏晋，遑论唐宋元明”，其间正好跨越了几乎在所有方面中国都比欧洲先进的中世纪。单说 M. 韦伯写作中国问题的时候，有关中国历史的主要著作西方已然具备，倒是有关中国宗教尤其民俗信仰方面的材料还很不齐全、支离破碎、很不系统，大多散见于各国传教士的记述、二手资料中。然而 M. 韦伯在阐释中国宗教的神秘主义性质时剖析之缜密、周延，与其论述中国历史变迁时的思维巨大跳跃，同样给人留下深刻的印象。看似无心，实则有意，其间的差别是耐人寻味的。毕竟，资料的取舍、繁简、疏密要为论旨服务，自然关联着作者的价值取向。无独有偶，施本格勒在《西方的没落》中也认为自秦始皇建立大一统的秦帝国之后，中华文明即已停滞不前，及至东汉王朝以后，就已陷入僵化静止状态，其后的中国历史即已湮没无闻，至少在他的论述中语焉不详。

有人认为 M. 韦伯并非欧洲中心论者，理由之一是他在论证西方文化所具有的理性化特征与现代资本主义精神之间的选择性亲和的同时，也揭示了现代性在取得高度物质文明后已不复需要禁欲主义宗教伦理的支撑，片面追求工具理性和贬抑价值理性，必将把人类带入理性化的“铁笼”（i ron cage）这一令人担忧的处境，这说明 M. 韦伯对人类发展前景持个人主义式的悲观态度并对西方文化持一种批判立场。它与自西方启蒙运动以来的乐观情绪并不合拍，也与一般的“西方中心论”立场，譬如帕森斯的结构功能主义及其变种——现代化理论——那种典型的一切以西方价值为依归相比，尚有区别，因此不能一概而论。这种见解乍看起来似有道理，但认真思考就会发现其中的问题和破绽。

譬如，M. 韦伯是从宗教进化角度开始其宗教社会学论述的。在他对宗教演化的进步过程的论述中，宗教的变迁正是循着前泛神论—泛神论—多神论——神论的途径，类似于人类的知性从巫术向理智、从非理性向理性的方向进化。人们有关宗教起源的知识都是从这种进化论角度习得的。在这种习而不察的概念所组成的知识框架影响下，自然而然会得出一神论信仰要比多神论和泛神论信仰高级、精致、甚至理性这样的价值判断，殊不知这种貌似客观—中立的宗教知识、概念里浸透着浓厚的西方中心论的价值观念。从 M. 福柯的知识/权力观点中可以看到，这种宗教社会学知识作为一种权力对人们精神领域具有重要的宰制作用，用这种概念框架去研究东方或中国宗教或民俗信仰，必然会得出中国人在宗教信仰领域中的无知、愚昧、迷信传统、非理性、实用主义、功利心态等，并就像 M. 韦伯所论证的那样，进一步推论出西方文明优于东方文明的结论。其实，这个结论早已为 19 世纪以来的人类学研究所证伪，这种以己之长比人之短的做法也成为西方的比较文化研究或跨文化研究最为人所诟病之处，适足表现出西方中心主义所固有的世界是由善、恶二元因素分立对决、机械论的线性进步史观思维定式的偏狭、不宽容、文化上以我为判准、排斥异己，其根源恰恰存在于西方的宗教基要派信仰之中。反观中国的宗教观念或民俗信仰，倘以西方宗教（亚伯拉罕信仰体系）为基准，那么中国的宗教信仰确有包括祖先崇拜的多神信仰、“临时抱佛脚，有事才拜神”的功利心态等方面的问题和弊端。但如果换个角度思考（譬如，就像女性主义者批评男权主义那样），从中国文化所习惯的和合思维方式和行为方式上去认识，这反倒可能是中国文化的一个特色，一种长处，因为正是这种对宗教信仰的来世、彼岸世界所抱持的超脱、不甚关心、无可无不可、权当为维系人际关系和群体秩序或为垂范后人而例行的礼节、仪式而看待的敷衍应付心态（正如孔子所说，“祭如在，祭神如神在”“不知生，焉知死”），这与西方人把宗教信仰视为人的“终极关切”（ultimate concern）的救赎心态（依靠信仰通过赎罪企盼灵魂得到拯救）完全不是一回事，不可同日而语。在中文中，用“宗教”传译西文 religion 只是借用。据《说文解字》：宗，从宀从示（礻）；示谓神也，宀谓屋也。宗尊双声（同音）；宗，尊也，祖廟也。凡尊者谓之宗，尊之则曰宗之。尊莫（过于）尊於祖廟，故谓之宗廟。教，上所施下所效也，故从攵从孝。引申为所教所学之内容，即教规教义（doctrines）。合起来，宗教就是为人们所尊崇的一种学说或思想体系。作为一种思想体系，儒教学说引导人们关注个人的内心道德世界，注重人格的修习圆满，走的是一种内在超越的理路，而较少关注崇拜、信仰内容的纯正，客观上导致中国人在行动举止上的宽容、豁达、包容异己、兼收并蓄的待人接物方式。正如一些古语、谚语中所说：“水至清则无鱼，人至察则无徒”“金无足赤，人无完人”“过洁世同嫌”，这些都体现了中国传统文化的“毋意，毋必，毋固，毋我”（孔子语）中和变通的哲理，这与西方宗教信奉的“基督以外无救恩”的绝对性、排他性适成鲜明对照。唯其如此，才使中华民族在几千年的历史上避免了欧洲发生过的基督教十字军东征和伊斯兰教圣战式的宗教屠戮。

按照哈贝马斯的说法，信奉西方宗教的欧洲人，其强烈的民族主义情绪最集中表现在欧洲历史上长期以来排犹主义盛行。发人深省的是，公元70年犹太人被罗马人打败，首都耶路撒冷被攻陷亡国后，人民惨遭屠戮，被迫背井离乡、颠沛流离辗转于世界各地近两千年，凭借着一神论的宗教信仰和民族语言文化的支撑迄今仍保留着犹太民族的独立身份和地位，受到世人的广泛尊重并传为美谈。韦伯的《古代犹太教》一书正像其他两部论述亚洲宗教的著作一样，主题在于通过揭示犹太教的经济伦理，论述理性的资本主义何以不能在犹太人中产生的原因，其中他对犹太人作为到处受驱逐的“贱民”的描述及其原因的分析，是与对犹太教断然拒斥巫术及其对耶和华一神论信仰的论述相联系的。犹太人在其居住地巴勒斯坦以崇信和维护耶和华为唯一神而聚集在一起，与周围的腓尼基人和迦南人为信仰展开了激烈的竞争和战斗。这些外邦人的神喜好纵欲的狂欢和神秘的巫术，而耶和华透过先知教导犹太人学习律法以抵御和反对巫术。独特的耶和华一神崇拜，强烈的弥赛亚信仰，笃信犹太人是与神立约并被拣选的民族、先知能与神直接沟通并传达神的启示，使犹太人卓尔不群地区别于周边其他民族。此外，犹太教还强化了一套与众不同的宗教仪轨和律令，譬如行割礼、恪守安息日不工作、不得向本民族成员放贷取息等等，这些做法也是犹太民族面对周边他民族的敌意自然而然地奉行对内对外双重伦理的原因和具体情境。尽管韦伯从犹太教的宗教伦理进一步追溯到犹太民族的社会伦理，认为犹太人从来没发展出理性的资本主义，而只是一种传统的商业资本主义的形式——“贱民资本主义”。但他对犹太人“贱民”的论述凸显了这个民族与其他民族迥然有别的个别性特征，使犹太教变成一个被彻底隔绝与他民族联系的孤立宗教。人们从韦伯的论述中可以看出，这些特征客观上起到了使处于长期分散于异地的犹太人免被周边其他民族同化的危险而能保全自己民族身份的功用。

但是，潘光旦先生在《中国境内犹太人的若干历史问题：开封的中国犹太人》（1983）的研究证明，犹太人流落在中国的一支却在开封融入了中华民族。当然，开封的犹太人融入中华民族的史实，有着复杂的主观和客观因素的交互作用，造成这一既定事实的固然是犹太人扮演了主要角色，但谁人又能说与其所处周围的民族及其文化、社会制度、宗教信仰没有关系？为什么犹太人没有融入东欧的波兰、俄罗斯，也没有融入西欧的法、德（历史上这些地区都曾有过犹太人出没），更没有融入亚洲毗邻的印度、中东等国，这一切难道都是偶然的吗？更具讽刺意味的是，在世界其他地方生活的犹太教徒和伊斯兰教徒，或相互视为路人彼此老死不相往来，或为争夺领土生存空间兵戎相见打得不可开交。而置身于中国的两教信众却早已融为一家。着眼于历史沿革上的渊源关系，犹太教在中国自称为回回古教，而伊斯兰教则被称为回回新教；与此相适应，两教信徒的称谓之间也仅以所戴帽子的颜色来加以区分。譬如在开封，犹太教徒戴黑色帽子而自称兰回回或青回回；而伊斯兰教徒则因戴白帽而称白回回（同上）。联想到第二次世界大战期间，纳粹德国血腥地迫害犹太人惨不忍睹，世界各主要国家均不接纳犹太人，即使连号称最自由民主的美国也不是无条件地收留犹太移民，只有中国不讲任何身份、条件一视同仁地接纳了所有来华避难的犹太人，致使上海成为当时犹太人聚集最多的城市。同样的例证还有：苏俄革命后，大批白俄贵族、犹太人避难于中国东北，曾使哈尔滨成为当时俄国犹太人聚集的城市。所有这些都说明中国文化在信仰问题上的宽厚包容心态，与其适成鲜明对照的是西方人笃信的一神论救赎宗教的狭隘排他性。联想到近年来酿成中东问题僵局的巴勒斯坦与得到美国支持的以色列——两个民族之间的冲突，几近演变成冤冤相报、轮回式仇杀的惨烈战争。由此不难看出，一神论的救赎宗教——无论美国、以色列信仰的基督新教、犹太教抑或阿拉伯民族、巴勒斯坦人崇信的伊斯兰教——在终极关切上的排他性，以及在行为取向上对“异教徒”一向不宽容、不妥协，集中体现了宗教原教旨主义（或称基要派）的偏狭，及其背后作为精神支撑的启示神学之绝对主义的文化独断，必然减弱或背离他们口头上宣称的“宗教信仰自由”和多元文化主义的精神实质。在当今全球化时代，中华民族传统文化中的“天下一家”观念，正如儒家所说“四海之内皆兄弟也”，主张以文化、道德对待周边他人，而不以种族、宗教作为标准。这种海纳百川、有容乃大的气度和精神必将进一步得到发扬光大，因为这种精神本身从和合观点来看，就是“全球性”的题中应有之义或根本精义，这必然是构成全球文化的一个不可或缺的组成部分。

参考文献

陈来，1996，《古代宗教与伦理》，三联书店。

劳丹，拉里，1991，《进步及其问题》，方在庆译，上海译文出版社。

莫兰，E.，2005，《反思欧洲》，康征等译，三联书店。

牟宗三，1988，《历史哲学》，台湾学生书局。

——，1992，《牟宗三新儒学论著辑要》，中国广播电视出版社。

潘光旦，1983，《中国境内犹太人的若干历史问题》，北京大学出版社。

施路赫特，2004，《理性化与官僚化》，顾忠华译，广西师范大学出版社。

施特劳斯，列奥，2006，《自然权利与历史》，彭刚译，三联书店。

汤一介，1991，《儒道释与内在超越问题》，江西人民出版社。

韦伯，M.，2004，《中国的宗教》，康乐、简惠美译，广西师范大学出版社。

——，2005a，《宗教社会学》，康乐、简惠美译，广西师范大学出版社。

——，2005b，《印度的宗教》，康乐、简惠美译，广西师范大学出版社。

朱源鸿，1986，《欧洲？社会？理论？》，黄瑞祺主编《欧洲社会理论》，台湾“中央研究院”欧美研究所。

Adorno，T. W. et al. 1976. *The Positive Dispute in German Sociology*. London：Heinemann.

Bellah，R. N. 1970. *Beyond Belief*. New York：Harper and Row，Publishers.

Brown，J. R.（ed.）1984. *Scientific Rationality：The Sociological Turn*. Holland：D. Reidel Publishing Company.

Ella，S. and R. Stam. 1994. *Unthinking Eurocentrism*. London：Routledge.

计算机辅助的定性分析方法*

夏传玲

摘　要： 本文简要回顾了国内外定性研究在最近20多年的发展概况，总结了定性研究的六个发展趋势和分析策略上的三种流派。在上述两种背景下，本文探讨了计算机辅助的定性分析给定性研究带来的机遇和挑战，特别是它和手工操作对比时的优势和劣势，以及应用这种定性分析技术所可能面临的困难。

关键词： 定性研究　定性分析　CAQDA　文化差异

一　定性分析方法的发展

定性研究方法一直是社会学研究领域中比较重要的研究传统，但并没有一个主流的范式。例如，克雷斯韦尔就把定性研究分为生活史、现象学、扎根理论、民族志和个案研究等五大传统（Creswell，1998）。而且，在不同的时期，定性研究中的“主流”也不相同，例如，登青和林肯把北美的定性分析传统发展分为“传统”时期（1900～1950年）、现代主义的黄金时期（1950～1970年）、模糊时期（1970～1986年）、表达危机时期（1986～1990年）、后现代主义实验时期（1990～1995年）、后实验研究时期（1995～2000年）以及未来时期（2000年以后）等七个阶段。传统时期的主流认识论是实证主义范式，现代主义和模糊时期的主流认识论是后实证主义，同时，释义学、结构主义、符号学、现象学、文化研究和女权主义等流派也开始兴起。众多的范式导致了定性研究的表达危机，人文科

* 原文发表于《社会学研究》2007年第5期。

学和社会科学之间相互转向，文本和语境之间的界线逐渐模糊。到了后现代主义实验时期，研究者开始寻求新的社会科学研究的评判标准，包括道德、批判、地方性等等准则。在不同的阶段，定性研究的意义完全不同（Denzin and Lincoln，2000）。

在这种复杂的研究历史下，我们一般把定性研究理解为研究者走入具体的情境中，以一系列观察和阐释实践让具体的世界显现出来。这些实践把日常世界转换成一系列经验表象，例如，田野笔记、对话、照片、录音、便笺等等，它们存在于各种经验材料中，例如，个案材料、个人经验、内省纪录、生活史、访谈、器物、文化文本及其产品、观察文本、历史文本、互动文本和视觉文本等等（Denzin and Lincoln，2000）。

众多的材料虽然给研究具体社会现实带来各种视角，但同时也给定性研究的分析带来很大的困难。一种常见的研究态度即"拼装匠"[①]（列维-斯特劳斯，1987：22～23），包括方法拼装匠、理论拼装匠、阐释拼装匠和政治拼装匠。方法拼装匠在一个研究项目中动用所有现存可用的方法；理论拼装匠在不同的释义理论传统（例如，女权主义、批判理论等等）中不断转换视角，而非综合和融合不同理论流派；阐释拼装匠认为研究过程是研究者的个人成长史、性别、社会阶级、种族、民族以及研究地点中的人物相互作用的结果；政治拼装匠认为科学就是权力，所有研究发现均具有政治含义（Denzin and Lincoln，2000）。

因此，定性研究注定是多种研究方法、视角、不同研究者和政治角力的集成，研究过程就是一个三角测量的过程，即通过不同的方法试图对现象获得深度理解。三角测量是验证之外的一种研究策略，而非验证方法，它把不同的方法、经验材料、观点和观测者组合进一个研究，以增加研究的严谨、幅度、复杂性、丰富性和深度（Flick，1998）。理查森甚至认为，三角测量并不能全面反映定性研究的形象，定性研究更像一个结晶过程，作者以不同的视角叙述一个故事。所形成的晶体不仅有外部世界的反射，而且具有内心世界的折射（Richardson，2000）。

定性研究尽管面临着"表达"、"合法性"和"实践"的三种危机

---

① 原译作"修补者"，但在英译版本中，"bricoeur"被译作"Jack of all trades or a kind of professional do-it-yourself person"（参阅 Denzin &Lincoln，2000），因此，译作"拼装匠"似更符合原意。

（Denzin，1997），但在过去的20多年里，定性研究方法还是有了长足的进步，主要表现在以下六个方面。

1. 研究素材日益扩大：除了传统的参与观察、深度访谈、专题小组访谈（focus group discussion）之外，会话（conversation）、交谈（talk）、电视（television）、广播（radio）、档案（documents）、日记（diary）、叙事（narrative）、自传（autobiography）等社会过程中自然产生的素材，甚至社会学理论本身（理论的形式化），也开始进入定性分析的视野当中。所有这些资料，不仅可以以文本的格式存储，而且，图像、声音和视频等新型的多媒体介质作为原始的分析素材，也日益成为定性分析的新宠。

2. 分析方法更加多样：定性方法的种类在最近的20多年中，更是有了一个质的飞跃。在比较传统的、源自语言学的方法，如内容分析（content analysis）、话语分析（discourse analysis）、修辞分析（rhetorical analysis）、语意分析（semantic analysis）、符号学（semiotics）（Vannini，2007）、论证分析（argumentation analysis）、叙事分析（narrative analysis）、文化分析（Bal &Gonzales，1999）、知识域分析（domain analysis）（Hjrland and Albrechtsen，1995）等方法之外，社会学家也创造出自己独特的定性分析方法，如格拉泽和斯特劳斯（Glaser and Strauss，1967；Strauss and Corbin，1998）的扎根理论（grounded theory）、海泽（Heise，1988，1989）的事件结构分析（event structure analysis）、拉金（Ragin，1987）的定性对比分析（qualitative comparative analysis）、阿博特和赫里凯克（Abbott and Hrycak，1990）采用最优匹配技术的序列分析（sequence analysis using optimal matching techniques）、埃布尔（Abell，1987）的形式叙事分析（formal narrative analysis）、鲍尔和加斯克尔（Bauer and Gaskell，2000）等人的语料库建设（corpus construction）、阿特里德－斯特林（Attride-Stirling，2001）的主题网络分析（thematic network）、海基伦（H. kkinen，2000）则把神经网络（neural network）技术应用到定性分析领域。所有这些研究的一个共同特征是，把定性研究方法向更加系统、更加精确、更加严格、更加形式化的方向推进（Kiser，1997）。

3. 认识论基础更加多元化：现象学、释义学和本土方法论（ethnomethodology）的认识论，一直是定性分析的大本营，但近年来，实证主义也开始逐渐为定性分析所接纳，解释（explanation）和阐释（interpreta-

tion）之间，由激烈的对立关系逐渐演变为相互融合。

4. 研究过程更加透明、规范：定性分析的一个主要问题在于阐释过程中不可避免的主观性，为了尽可能消除“解释者偏见”（perspectivist biased）和主观选择性（subjective selectivity），定性分析开始遵循严格的程序模板（procedural templates）或程序规则（procedural regulations），并尝试引入定量分析中的“信度”“效度”“代表性”等概念，通过编码和对比，再加上传统的定性分析标准，如可解释性（accountability）、透明性（transparency）和连贯性（coherence），使得定性研究的过程更加规范、阐释的结果更加客观，研究的结论更加可信（reliable）。

5. 研究过程更加有效率：这主要应归功于计算机辅助定性数据分析（CAQDA）软件的大量涌现。从20世纪80年代以来，定性分析过程的数字化和计算机化，已是一个不可逆转的大趋势（Dohan and Sanchez-Jankowski，1998）。这种发展趋势与定性研究者的理论取向无关，不管其理论立场是实证主义、符号互动论，还是本土方法论，有些定性研究者在自己的研究中，开始采用计算机来辅助定性资料的分析过程。据不完全统计，目前已经有20多种定性分析的软件，分别隶属于德国、英国、法国、美国等国家。其中有些软件是国外研究机构的科研成果，可以免费使用，但比较成熟的定性辅助系统大多是商业软件。这些定性分析的辅助系统，不仅使得研究者从处理大量文字材料的繁复劳动中解放出来，而且能够让研究者共享他们各自分析的细节，从而改变了定性研究的流程和研究集体之间的合作方式。同时，由于采用数据库结构，定性资料的管理也更加方便，这就为组织大型定性研究项目（包括多个研究地点、多个研究对象、历时的定性研究）提供了新的可能性。越来越多的定性研究人员开始走出他们的摇椅，坐到计算机屏幕前，湮没在访谈资料和故纸堆中的定性社会学家的形象已经一去不复返了。

6. 定性研究和定量研究的结合更加紧密：在定量分析方法的教材中，定性研究常常被看作是定量研究的前期准备工作，但定性研究者却持完全相反的观点，他们一般认为定性方法是自成一体的，可以完成从形成概念到检验假设的全部研究过程（Strauss and Corbin，1998）。但在实际的应用研究中，定性方法和定量方法常常是交织在一起的，例如，柯莱尔等人（Currall et al.，1999）在研究组织环境重要的群体过程时，通过内容分析把5年的参与观察资料量化，然后用统计分析来检验理论假定。格雷和登斯滕（Gray & Densten，1998）在研究企业的控制能力时，利用潜变量（latent variable）模型把定性方法和定量方法有机结合在一起。雅各布斯等人（Jacobs et al.，1999）在研究比利时的家庭形态对配偶的家庭劳动分工影响时，首先用定量方法对纵向调查数据进行分析，从定量分析的结果中，又延伸出对核心概念的定性研究。这三个研究分别代表了定量和定性方法相互融合的三个方向。

柯莱尔等人的研究代表着定性方法的实践者试图将定性数据尽可能量化的取向，近年来涌现出的处理调查数据中开放题器[①]的编码问题的工具软件（如 Wordstat，Smarttext 等，请注意它们都是由著名的统计软件公司出品的处理定性资料的软件），处理定性资料的计算机辅助分析软件（如 Nvivo、MaxQDA、Kwalitan 等）也开始提供将定性资料转换到常用统计软件的数据接口，这些工具上的革新将加快这种趋势的发展。

格雷和登斯滕的工作代表了“方法论多元论”取向，即在应用研究过程中，通过核心概念的测量模型把定性研究和定量研究结合起来。

雅各布斯等人的工作则代表了一部分定量研究者对过度形式化的定量方法的不满，并试图通过定性方法加以弥补。在定量研究领域中，对“模型设定”（model specification）问题的关注，是定量方法重新试图返回定性研究这种取向的另外一种表现。

在国内，由于社会学恢复的时间还不是很长，我们有限的精力主要放在了定量方法的引进上，定性研究的引进和介绍都比较少。在福特基金会资助的方法高级研讨班上，曾讨论过一些定性研究方法。在定性方法研究方面，也有少数专著，如袁方和王汉生（1997）、陈向明（2000）等人的教程。但总体说来，我们对定性研究方法还停留在初步介绍的阶段，主要的介绍也局限在定性研究的研究设计和资料收集的阶段上，对定性分析方法的介绍则没有能够反映出当代定性方法的最新进展。特别是在定性分析工具（定性分析软件）的引进和研究上，基本上还是一个空白。虽然不乏一些出色的定性研究报告，但从方法研究来讲，我们才刚刚开始起步。当然，我们同时

① 在问卷调查中，一个提问没有固定选项给被访者选择，而是由被访者根据自己的情况自由回答，在调查术语中，这种提问属于“开放题器”。

还应当注意到，在历史学领域中，我国对定性资料的鉴别、考据和分析，积累了大量的经验和知识，这也应当是定性方法研究的知识来源之一。

二 定性分析的流派

严格说来，定性研究的分析起始于进入田野的第一天，不过，在这里，我们更关注资料收集之后的定性分析过程。在菲尔丁和李（Fielding and Lee，1998）看来，定性分析主要有三种流派。

第一种流派为分析归纳法。兹纳涅茨基认为，基于大量个案的统计分析的“列举归纳法”不是社会学研究的恰当方法，相反，社会学研究应当是基于少数个案的“分析归纳法”，通过对这些个案的深入研究，获得有关总体的一般属性及其决定性关系，以及这些属性出现的必要条件（Znaniecki，1934）。由于分析归纳法强调命题的普适性，反例就显得十分重要（Manning，1982）。一旦出现反例，就需要对目前的命题进行修正，一般有两种选择：一是重新界定待解释的现象，使之和因果条件相合，或者使得反例不属于待解释的现象的范围之内；二是调整因果条件，使得所有个案，包括反例，均支持新的因果机制（Katz，2001）。克雷西把这个过程归纳为七个步骤：（1）确定待解释的现象；（2）形成初步定义；（3）形成一个工作假设来解释现象；（4）研究一个个案；（5）询问“这个个案中的事实是否符合初始假设”；（6）如果答案是肯定的，继续研究第二个个案；否则，考虑修订现象的定义，或者修订最初的工作假设；（7）重复第六步，直到所形成的理论能解释所有个案（Cressey，1953）。在这个研究过程的终点，研究者不仅需要对理论有清晰的描述，而且对理论的范围及其适用情形也需要有清晰的界定。鲁滨逊认为，分析归纳法存在一个逻辑悖论，它只能考察现象出现的个案，即只有满足特定条件时，所研究的现象才会出现，但实际上还应当考察不满足这些特定条件时，所研究的现象不会出现的情形（Robinson，1951）。

第二种方法是基于编码的方法。编码的方法来自社会调查中对开放题器的处理，20 世纪 40 年代扩展到处理半结构化的访谈材料，到 60 年代格拉泽和斯特劳斯提出“扎根理论”而日臻成熟（Fielding and Lee，1998）。大多数定性分析软件的方法论框架是扎根理论（Glaser and Strauss，1967；

MacMillan and Koenig, 2004)。扎根理论是一个不断迭代的研究过程，其中，研究者在资料采集和分析、编写便签、编码和理论建模之间不断穿梭。但即使是在扎根理论的两个奠基人（格拉泽和斯特劳斯）之间，如何进行“扎根”研究的主张也不尽相同（Bringer et al. , 2006)。格拉泽更强调扎根理论研究过程中的“突生”属性，新概念和新思想从经验资料中慢慢地浮现出来，其最终的结果不一定是一种理论（Glaser, 1992)；而斯特劳斯则强调扎根理论中分析结果的理论取向和分析过程的形式属性（Strauss and Corbin, 1990, 1998)，前者被格拉泽看作是“强迫”而不是“突生”，后者则被批评为是为研究者开“包医百病”的灵丹妙药。

第三种方法是基于言语的方法，受语言学的影响较大，包括框架分析、叙事分析、会话分析和话语分析。框架分析试图分析所有叙事后面的世界观和基本假定（Goffman, 1974)。叙事分析，即通过被访者编故事、讲故事的方式，来考察他们对自己及其世界的诠释。这种叙事是特定社会、历史和文化语境的社会产物。每一个故事都是一个诠释装置，人们透过它而编织了自己以及自己和他们之间的关系（Herman and Vervaeck, 2005)。会话分析把日常交谈看作是社会互动的一种形式，它分析的对象是自然发生的言语沟通，具体方法包括转录、措辞（utterance design）分析、语序分析、谦让分析（next turn analysis）等（Nofsinger, 1991；Sacks and Jefferson, 1992；Psathas, 1995；Hutchby and Wooffitt, 1998)。话语分析是对会话分析的批判，这种方法认为，会话是发生在一种社会和文化背景之中的，只有关注到话语和对话之间的联系，我们才能理解会话的意义。它本身具有不同的分析风格，例如，语言学风格、本土方法论和社会构建论风格、福柯风格和批判话语分析。

以上分析流派多以建立社会学理论为取向。此外，还有一些定性研究的取向是文本本身，一般把这类分析称为“内容分析”，例如文本中的主题、关键词及其频次、关键词之间的关联等（Fielding and Lee, 1998)。

所有这些分析流派在文本的细节性、分析的主观性、材料的复杂性、分析对象的格式（文本、图像、声音或视频）、研究的主题（探索“如何”或“为什么”等问题)、研究者和情境的关系、研究的最终产品（假设或深描)、研究过程所需要的时间和精力等方面，均有所不同。因此，计算机所能够起到的作用也有所不同。

三　计算机辅助的定性分析

对于不同的定性研究和分析流派，计算机的辅助功能是不同的。总体说来，对于定性研究而言，计算机化的好处并不像定量研究那样明显。对于内容分析、符号分析等基于语言学的定性研究方法，人们对计算机的辅助作用的评价普遍较高（Mehmetoglu and Dann，2003）。当定性分析策略基于编码—检索的扎根理论框架时，定性分析辅助软件的好处显而易见，研究者管理资料的效率和系统性均有很大提高，对不同定性资料的处理的一致性也有明显增加。但是，对于话语分析、个案研究和叙事分析，定性分析辅助软件的作用则比较有限（MacMillan and McLachlan，1999；Ezzy，2002）。

但即使是这样，使用计算机辅助定性分析的定性研究者也不是很多，造成这种情形的原因有很多。

一般来说，定性研究者对于计算机辅助的定性分析的态度是负面的。在他们看来，流行的定性分析方法是以牺牲解释社会行动的重要社会因素为代价的一种“重解释、轻阐释”研究取向。但实际上，无论研究者采取何种方法论流派（实证主义、符号互动论、本土方法论），何种具体的定性方法（话语分析、民族志、框架分析、扎根理论），定性分析软件都能帮助定性研究方案的顺利进行（Dohan and Sanchez-Jankowski，1998）。不过，需要强调的是，定性分析软件不是方法本身，而是辅助定性分析的一种工具，一种组织和管理原始资料的工具。使用定性分析软件也不必然意味着更好的定性分析结果（MacMillan and Koenig，2004）。

对定性研究过程的计算机化，还有来自认识论立场方面的阻力。一种观点认为，计算机辅助的定性分析软件通过使用实证主义的修辞，通过使定性研究过程显得更严格、更客观来建立自己在定性研究领域中的正统性，从而把定性研究过程引入实证主义的泥沼，排斥其他可能的分析策略，如话语分析、个案研究和叙事分析，仿佛编码和检索是定性分析的唯一途径（Coffey et al.，1996；Dohan and Sanchez-Jankowski，1998）。更重要的是，在定性研究的合法性和表达性危机之中，计算机辅助的定性分析软件把自己置身于争论之外。后结构主义、文化理论和女性主义把定性分析辅助软件的这一立场看作是为“传统”的定性研究护法而加以抵制（Denzin and Lincoln，2000；Ezzy，2002）。

经济成本是阻碍定性研究计算机化的又一个障碍，并不是所有研究者均有经济能力负担计算机化所要求的软件、硬件和技术服务成本。埃齐建议在选择 CAQDA 时考虑分析策略、数据格式、分析任务、硬件条件和学习时间等五个方面的因素（Ezzy，2002）。

研究者对技术的态度也是一个重要因素。巴里的研究表明，在研究者中间存在一个“技术盲”圈子，对技术的不信任和误解在这个圈子中形成并扩散（Barry，1998）。麦克拉兰等人认为，这是计算机辅助的定性分析没有在市场研究领域流行的主要原因之一（Maclaran and Catterall，2002）。

在麦克米伦和柯尼希看来，扎根理论是定性研究方法中倾向于实证主义的一种流派，它强调通过比较的过程而生成理论，尽管没有初始假设，但研究者不断从经验材料中寻找证据来否定自己的研究结论，直到达到最终的结论。由于没有方法的约束，研究过程是编码、概念和范畴三者之间的一个漂移过程（MacMillan and Koenig，2004）。这种扎根于经验材料的方法论，并不是所有定性方法流派所推崇的。例如，在民族志中，“像土著似的”（going native）也不是一种值得推荐的态度（Hammersley and Atkinson，1983）。在建构主义看来，理论概念也不是来自经验材料（Luhmann，1990）。批判理论也把归纳性的理论建构途径看作是一种“咒符”（MacMillan and Koenig，2004）。因此，分类和编码并不是定性分析，分析软件也不可能是理论建构的替代品。

四　计算机辅助的定性分析：优势和弱势

（一）优势

定性分析软件的优势在于提高资料分析的效率和深度。虽然计算机程序并不能直接对定性资料进行分析，但它们可以作为研究者把握纷繁琐碎的定性材料的好帮手。

在定量研究和定性研究中，编码的含义不同。前者是把被访者的答案转换为逻辑上互斥、范围上穷尽的选项，并赋值相应的数字，后者是从经验材料和现存理论中形成概念或范畴的过程。辅助编码是计算机辅助分析的最大优势。

计算机辅助的定性分析过程，有助于研究者尽快熟悉资料，利用软件的自动编码功能，研究者可以较系统地考察那些被自动编码的段落，这样，一旦有资料，就可以进行编码工作，分析过程可以和资料收集过程并行。这种拖网式的编码过程会产生大量的代码，定性分析软件可以帮助研究者简化代码。首先是减少代码数量，其次是围绕主题组织代码。代码的定义既可以来自原始资料，也可能来自现存的理论。借助于计算机，代码界定的过程就是一个不断修正和迭代的过程，这比手工操作具有更大的优势。而且，软件的检索功能也大大提高了研究者编码过程的前后一致性，代码之间的关系也更容易被发现。代码的修正过程也可能借助于程序而得以保存，成为一个记载所有代码特征的“编码簿”（Fielding and Lee，1998）。

和手工相比，使用计算机编码所耗费的时间更多。初始编码框越灵活，研究的归纳倾向越强，使用计算机编码的时间越早，研究者就越有可能浪费时间和精力（Ezzy，2002）。为了避免这种情形的出现，埃齐的建议是，先反复阅读转录材料或其他文献，做一些边注，高亮和研究问题相关的段落，等到出现清晰的主题和初始的编码框时，再在计算机上进行编码操作（Ezzy，2002）。

布斯通的经验是，在引入第一个文件之前，先利用访谈提纲、文献中的概念建立一个索引或初始编码框，然后，把这个编码框输入定性分析软件。然后，在导入原始文件后，逐段阅读原始资料，给与研究问题相关的每一个段落编码。随着看问题的角度的变化和新思路出现，相同的段落也可能出现不同的编码。这样，随着研究的进程，原初的编码框扩大了十几倍。他再利用软件的自动编码功能进行“回溯性”编码：当研究中出现新的问题时，研究者可以利用新代码对已经编码过的段落进行检索，从而发现和新问题相关的段落（Buston，1997）。

计算机辅助的编码过程的一个副效应是产生过多的代码。在计算机屏幕下，原始材料的细节得到更多的关注，而且，编码变成了一种流程，留给阐释代码的理论意义的时间变少。这样，很容易产生思路的偏离，形成一些和研究问题不相关的代码。因此，编码过程和编码框的修正应当同时进行，而且，应不时记下一些便签，反思一下编码和研究问题之间的联系，以及原始资料出现的历史、社会和文化背景（Ezzy，2002）。目前，有些定性分析软件已经能够整合便签和编码功能，从而让定性分析的美学[①]编码过程结合在一起。布斯通发现，在大型定性研究中，便签功能有助于定型最初的想法，鉴别出有意义的个案，形成初步的理论雏形（Buston，1997）。为了避免产生冗余代码，我们需要一个中止编码的标准。例如，斯特劳斯等人提出的“理论饱和度”（Strauss and Corbin，1998）。只有有足够的新思想、新观点，让研究者能够就所考察的问题有发言权即可。

一旦完成烦琐的编码工作，计算机辅助的定性分析软件就可以大大提高研究者的创造力和研究兴趣，这得益于定性分析软件的两个功能：检索和资料管理。大多数定性分析软件可以把一个代码的所有原始材料集中在一起，从而方便研究者对一个问题进行考察。例如，在研究“失业”的类型时，埃齐把所有描述失业的段落编码为“失业事件”，然后，通过检索把所有材料集中在一起，归纳出“悲剧叙事”和“英雄叙事”两种对失业的反应类型（Ezzy，2000）。但在定性研究中，两个代码的同时出现并不说明任何问题，选择性检索也不是一种假设检验（Ezzy，2002）。检索出来的文本的意义，还有待于研究者的诠释。同时，借助于计算机，定性研究者可以更有效率地管理更多的定性材料。这样，研究者就可以“更有组织、更系统地构建理论”（Buston，1997）。

简言之，借助于计算机，定性研究者可能获得以下的优势：（1）更容易发现纷繁的定性材料中的隐含模式。程序中的复杂检索功能可以帮助研究者发现定性资料中的潜在模式，尽管它不能替代研究者去阐释这些模式的理论和现实意义。（2）更清晰地界定概念。发现概念原型以及概念之间的关系是计算机所无法替代的，但是管理这些范畴、概念、以及概念和原始资料之间的联系、概念和概念之间的联系则是计算机程序的长处。（3）展现概念之间的关系。定性分析辅助软件对概念网络的图示功能，可以把代码之间的关系以图形表示出来，从而让研究者或者读者直观地把握研究的理论模型。

---

① 在“真即美”的理念下，定性研究的美学方面是指定性研究结果（包括概念、命题和理论）的简明性、连贯性和洞察力。

（二）弱势

定性分析软件在提高资料分析的效率和深度的同时，也带来一些问题，例如，把定性分析转换为定量分析的诱惑，对定性资料的时间方面和语言方面分析上的困难，没有其他选项等等（Fielding and Lee，1998）。而且，定性分析软件也容易使定性资料失去语境，通过把大量资料肢解成不同的段落，并把这些段落及其代码关联，失落诠释这些段落的总体参照系的可能性就更大了（Ezzy，2002）。正如迈尔斯和休伯曼所指出的，定性资料的特征在于其“丰富性”和“整体性”，以及其揭示现实的复杂性的潜能（Miles and Huberman，1984）。正是这些属性，让我们能够对所考察的对象进行“深描”，即通过详细的背景信息，让被描述的事情之间的关系，在更广的文化模式和意义下，显得合情合理，这种生动的、嵌入在真实情境中的深描，会给读者留下深刻印象（Geertz，1973；格尔兹，1999）。当借助于计算机软件进行定性分析时，代码就有可能替代语境，成为分析的中心，这样，能够让代码凸显的意义结构就消失了（Ezzy，2002）。而且，这种丧失情境的原因不在于编码的复杂性，而在于编码的过程本身。给段落编码并通过检索把相关段落组合成一个复合文本，这种操作过程把编码段落和诠释总体割裂开来，从而把深描变成狂草。深描不仅要求不同段落之间的比较，而且要求关注段落和语境之间的联系（Mason，1996）。

计算机辅助的定性分析的第二个弱点是把数据和分析隔离。有时候，研究者只能采用一种“率直归纳法”的态度，对于定性资料，不是采取一种文化和理论的取向，而是一个经验取向，形成的理论概念（代码）和日常语言之间没有多大差别（Carmel，1999；Ezzy，2002）。

最后，计算机辅助的定性分析还容易使研究者产生一种对技术的盲从态度，以为计算机可以替代人们的思维，从而产生误用。为了防止误用计算机辅助的定性分析方法，我们需要明晰分析原则和评估标准。扎根理论的评估标准可分为两类：基于分析过程的和基于分析结果的。在斯特劳斯和科尔宾看来，过程评估标准包括：抽样细节、引发突生概念的事件、主要范畴的识别、不同范畴之间的关系、理论抽样、反例、突生的核心范畴；结果评估的标准则包括：概念来自资料、概念系统性地与范畴相关联、具有概念深度（Strauss and Corbin，1990，1998）。

在这里，我们需要澄清一个流行的误解。这一误解和下列问题关联：定性研究的结论具有多大程度的概括性？换言之，定性研究的结论是否可以推广到个案之外的场合？传统的观点认为，定性研究不具有推广性，其背后的标准是“经验概括”，即样本特征和总体特征之间的吻合程度。为了确保这种吻合，就需要样本对总体具有“代表性”。但实际上，概括分为“经验概括”和“理论概括”两种，在经验概况中，最常见的是统计概括，即通过严格的抽样程序，计算从总体到样本的概率，确保样本对总体的代表性。但统计概括的弱点是，只有当总体是已知且有限时，统计推论才是恰当的。换言之，所有统计结论只适用于调查抽样框所确定的总体，而不能应用于样本所可能推论的总体之外。这显然不是科学研究所期望的状态，从某种意义来讲，科学研究更感兴趣的是尚未发生的总体状况（Sharp，1998）。

虽然经验概括可以判断样本特征和所涉总体特征之间的对应关系，但它不能解释变量之间的关系。例如，它可以推断，样本中的两个变量之间的相关关系同样也可能出现在总体中，但不能确定这种相关关系是否为因果关系，或者说，它不能确定这种相关关系背后的机制。理论概括是有关一类现象中的不同要素之间逻辑关系或必然关系的推断。进行理论概括的方法可以是分析归纳法（Znaniecki，1934），或是扎根理论（Glaser and Strauss，1967），或是基于先验的抽象框架或命题（Mitchell，1983）。夏普把这两种概括之间的差异简化为：理论概括关注“为什么”问题，经验概括关注“什么”问题，前者设定变量之间的逻辑或必然关系，后者设定变量之间的事实或偶然关系（Sharp，1998）。

五　讨论

正如麦克米伦和柯尼希指出的，定性分析软件本身不是方法，定性分析也不是把资料整理成定性分析软件中的不同等级的范畴，扎根理论也不是资料和理论之间纽带的合法性理论，研究者才是资料分析和理论建构的最终决定者（MacMillan and Koenig，2004）。就评估标准而言，定性分析软件常误将“信度”标准当作“效度”标准。分析的严格性被看作是不同分析者之间从相同材料中获得相同代码的概率，而不是在既定研究范式中对经验材料的准确把握（MacMillan and Koenig，2004）。

需要指出的是，定性分析软件也不是定性分析方法发展的唯一途径（MacMillan and Koenig，2004）。在定性研究中，引入分析软件本身也给定性研究带来新的影响因素，包括分析程序的功能、复杂性、研究者学习和操作这些软件所遭遇的困难（MacMillan and Koenig，2004）。例如，凯勒就把定性分析软件的作用限定在“数据存储和检索”范围之内，而不把它们称为“分析工具”（Kelle，1997）。

另外，在使用定量分析软件时，我们和国外的同行处在同样的环境中，我们处理的对象都是数字化的变量。但在处理定性资料时，我们却面对不同的语言材料。因此，为处理英文或其他语言资料而研发的定性分析软件，不一定适合中文环境。关于这方面的情形，请参阅本次研究对定性分析软件的中文兼容性评估。[①]

在对待定性分析软件的态度上，就像对待任何一种新技术一样，盲目拒绝和一味迎合都是不可取的态度，相反，我们应当正确认识其优劣，并结合自己的具体研究问题灵活加以应用。

更重要的是，随着计算机技术的更新，定性分析和研究过程也会因为新技术的发展而出现新的机会，例如，大型团队的合作定性研究有了技术可能，汇聚众多定性资料的“语料数据库”（例如，英国的 ESDS Qualidata[②]、美国的 TalkBank[③]）建设也给研究者带来资料共享、框架借鉴和学问上相互砥砺等机遇。而把握这些机遇的一个前提是对定性分析新技术的适度投资。

参考文献

陈向明，2000，《质的研究方法与社会科学研究》，教育科学出版社。

① 我们将从中文兼容性、输入文件的格式、编码框架和流程、假设检验以及检索和输出等五个方面，评估九个主要的定性分析软件，即 Aquad、ATLAS. ti、CISAID、Ethnograph、HyperRESEARCH、Kwalitan、Maxqda、NVivo 和 Qualrus，评估报告将另文详述，若需要，请联系作者。

② 参见 http://www. esds. ac. uk/qualidat

③ 参见 http://www. talkbank. org/

克利福德·格尔兹，1999，《文化的解释》，纳日碧力戈等译，上海人民出版社。

列维—斯特劳斯，1987，《野性的思维》，李幼蒸译，商务印书馆。

袁方、王汉生，1997，《社会研究方法教程》，北京大学出版社。

Abbott, Andrew and Alexandra Hrycak. 1990. "Measuring Resemblance in Sequence Data: An Optimal Matching Analysis of Musicians' Careers." *American Journal of Sociology* 96 (1).

Abell, Peter. 1987. *The Syntax of Social Life: The Theory and Method of Comparative Narratives*. Oxford [Oxfordshire], New York: Clarendon Press.

Attride-Stirling, Jennifer. 2001. "Thematic Networks: An Analytic Tool for Qualitative Research." *Qualitative Research* 1 (3).

Bal, Mieke and Bryan Gonzales. 1999. *The Practice of Cultural Analysis: Exposing Interdisciplinary Interpretation*. Stanford, Calif.: Stanford University Press.

Barry, Christine A. 1998. "Choosing Qualitative Data Analysis Software: Atlas/Ti and NUDIST Compared." *Sociological Research Online* 3 (3).

Bauer, Martin W. and George Gaskell. 2000. *Qualitative Researching with Text, Image and Sound: A Practical Handbook*. London: SAGE.

Bringer, Joy D., Lynne Halley Johnston and Celia H. Brackenridge. 2006. "Using Computer-Assisted Qualitative Data Analysis Software to Develop a Grounded Theory Project." *Field Methods* 18 (3).

Buston, Katie. 1997. "NUDIST in Action: Its Use and Its Usefulness in a Study of Chronic Illness in Young People." *Sociological Research Online* 2 (3).

Carmel, Emma. 1999. "Concepts, Context and Discourse in a Comparative Case Study." *International Journal of Social Research Methodology* 2 (2).

Coffey, Amanda, Beverley Holbrook and Paul Atkinson. 1996. "Qualitative Data Analysis: Technologies and Representations." *Sociological Research Online* 1 (1).

Cressey, Donald R. 1953. *Other People's Money: A Study in the Social Psychology of Embezzlement*. Glencoe, Ill.: Free Press.

Creswell, John W. 1998. *Qualitative Inquiry and Research Design: Choosing Among Five Traditions*. Thousand Oaks, Calif.: Sage Publications.

Currall, Steven C. et al. 1999. "Combining Qualitative and Quantitative Methodologies to Study Group Processes: An Illustrative Study of Acorporate Board of Directors." *Organizational Research Methods* 2 (1).

Denzin, Norman K. 1997. *Interpretive Ethnography: Ethnographic Practices for the 21st Century*. Thousand Oaks, Calif.: Sage Publications.

Denzin, Norman K. and Yvonna S. Lincoln. 2000. "Introduction: The Discipline and Practice of Qualitative Research." In N. K. Denzin and Y. S. Lincoln (eds.). *Handbook of Qualitative Research*. Thousand Oaks, Calif.: Sage Publications.

Dohan, Daniel and Martin Sanchez-Jankowski. 1998. "Using Computers to Analyze Ethnographic Field Data: Theoretical and Practical Considerations." *Annual Review of Sociology* 24.

Ezzy, Douglas. 2000. "Fate and Agency in Job Loss Narratives." *Qualitative Sociology* 23 (1).

——. 2002. *Qualitative Analysis: Practice and Innovation*. London: Routledge.

Fielding, Nigel and Raymond M. Lee. 1998. *Computer Analysis and Qualitative Research*. London: Sage.

Flick, Uwe. 1998. *An Introduction to Qualitative Research*. London: Thousand Oaks, Calif.: Sage.

Geertz, Clifford. 1973. *The Interpretation of Cultures: Selected Essays*. New York: Basic Books.

Glaser, Barney G. 1992. *Basics of Grounded Theory Analysis: Emergence vs. Forcing*. Mill Valley, CA: Sociology Press.

Glaser, Barney S. and Anselm L. Strauss. 1967. *The Discovery of Grounded Theory: Strategies for Qualitative Research. Chicago*: Aldine Publishing Company.

Goffman, Erving. 1974. *Frame Analysis: An Essay on the Organization of Experience*. New York: Harper and Row.

Gray, Judy H. and Iain L. Densten. 1998. "Integrating Quantitative and Qualitative Analysis Using Latent and Manifest Variables." *Quality and Quantity* 32 (4).

H. kkinen, P. ivi M. H. 2000. "Neural Network Used to Analyse Multiple Perspectives Concerning Computer-Based Learning Environments." *Quality and Quantity* 34 (3).

Hammersley, Martyn and Paul Atkinson. 1983. *Ethnography: Principles in Practice*. London, New York: Tavistock.

Heise, David R. 1988. "Computer Analysis of Cultural Structures." *Social Science Computer Review* 6.

——. 1989. "Modeling Event Structures." *Journal of Mathematical Sociology* 14 (2-3).

Herman, Luc and Bart Vervaeck. 2005. *Handbook of Narrative Analysis*. Lincoln: University of Nebraska Press.

Hjørland, Birger and Hanne Albrechtsen. 1995. "Toward a New Horizon in Information Science: Domain-Analysis." *Journal of the American Society for Information Science* 46 (6).

Hutchby, Ian and Robin Wooffitt. 1998. *Conversation Analysis: Principles, Practices and Applications*. Cambridge, Malden, Mass.: Polity Press.

Jacobs, Thérèse, Sven de Maeyer and Miriam Beck. 1999. "Family Formation and the Divisions of Labour in Belgian Couple Households." *Quality and Quantity* 33 (3).

Katz, Jack. 2001. "Analytic Induction." In N. J. Smelser and P. B. Baltes (eds.). *International Encyclopedia of the Social and Behavioral Sciences*. New York: Elsevier.

Kelle, Udo. 1997. "Theory Building in Qualitative Research and Computer Programs for the Management of Textual Data." *Sociological Research Online* 2 (2).

Kiser, Edgar. 1997. "Comment: Evaluating Qualitative Methodologies." Sociological Methodology 27.

Luhmann, Niklas. 1990. Soziologische Aufkl. rung 5: *Konstruktivistische Perspektiven*. Opladen: Westdeutscher Verlag.

Maclaran, Pauline and Miriam Catterall. 2002. "Analysing Qualitative Data: Computer Software and the Market Research Practitioner." *QualitativeMarket Research: An International Journal* 5 (1).

MacMillan, Katie and Thomas Koenig. 2004. "The Wow Factor: Preconceptions and Expectations for Data Analysis Software in Qualitative Research." *Social Science Computer Review* 22 (2).

MacMillan, Katie and Shelley McLachlan. 1999. "Theory-Building with NUDIST: Using Computer Assisted Qualitative Analysis in a Media Case Study." *Sociological Research Online* 4 (2).

Manning, Peter K. 1982. "Analytic Induction." In R. B. Smith and P. K. Manning (eds.). *Handbook of Social Science Methods*. Mass.: Ballinger Pub. Co.

Mason, Jennifer. 1996. *Qualitative Researching*. London: Sage.

Mehmetoglu, Mehmet and GrahamM. S. Dann. 2003. "ATLAS ti and Contentsemiotic Analysis in Tourism Research." *Tourism Analysis* 8 (1).

Miles, Matthew B. and A. Michael Huberman. 1984. "Drawing Valid Meaning from Qualitative Data: Toward a Shared Craft." *Educational Researcher* 13 (5).

Mitchell, J. Clyde. 1983. "Case and Situation Analysis." *Sociological Review* 31 (2).

Nof singer, Robert E. 1991. *Everyday Conversation*. Newbury Park, Calif.: Sage.

Psathas, George. 1995. *Conversation Analysis: The Study of Talk-in-Interaction*. Thousand Oaks, Calif.: Sage.

Ragin, Charles C. 1987. *The Comparative Method: Moving Beyond Qualitative and Quantitative Strategies*. Berkeley: University of California Press.

Richardson, Laurel. 2000. "Writing: A Method of Inquiry." In N. K. Denzin and Y. S. Lincoln (eds.). *Handbook of Qualitative Research*. Thousand Oaks, Calif.: Sage

Publications.

Robinson, W. S. 1951. "The Logical Structure of Analytical Induction." *American Sociological Review* 16 (6).

Sacks, Harvey and Gail Jefferson. 1992. *Lectures on Conversation.* Oxford, UK; Cambridge, Mass.: Blackwell.

Sharp, Keith. 1998. "The Case for Case Studies in Nursing Research: The Problem of Generalization." *Journal of Advanced Nursing* 27 (4).

Strauss, Anselm L. and Juliet M. Corbin. 1990. *Basics of Qualitative Research: Grounded Theory Procedures and Techniques.* Newbury Park, Calif.: Sage Publications.

——. 1998. *Basics of Qualitative Research: Techniques and Procedures for Developing Grounded Theory.* Thousand Oaks: Sage Publications.

Vannini, Phillip. 2007. "Social Semiotics and Fieldwork: Method and Analytics." *Qualitative Inquiry* 13.

Znaniecki, Florian. 1934. *The Method of Sociology.* New York: Farrar and Rinehart.

从社会主要矛盾分析入手，抓住建设和谐社会的重大理路*

陈光金

要回答在建设和谐社会方面社会学能够做什么的问题，首先要回答目前影响社会和谐的主要因素是什么。这里，关键的问题是，中国社会在现阶段的主要矛盾究竟是什么，或者如何结合目前现实在理论上重新理解中共八大提出的社会主要矛盾表述。从实践方面讲，还有两个根本性问题值得注意，一是社会利益格局问题，二是国家、市场与社会的关系问题。在中国社会，这三个问题可以说是密切关联的，而且是目前社会种种不和谐问题的主要根源。

社会不可能没有矛盾，但是现在很多社会矛盾在演变为社会冲突，而且有些还变得不可调节。那么究竟什么是现阶段最主要的社会矛盾，关于这个问题的研究，我们还没有破题。从党的八大以来，社会主义社会的主要矛盾的表述是落后的生产力不能满足人民群众日益增长的物质文化需求的矛盾，因而解决矛盾的理论出路就是发展生产力。这一表述一直延续到现在，而且改革开放以来也一直是国家制定发展战略的根本理论依据。无论是讲“发展是硬道理”，还是讲“效率优先”，这些说法背后的支撑都是关于社会主要矛盾的传统理解。然而，改革经过近30年的发展，现阶段中国社会的主要矛盾是否已经发生变化，是否仍然是生产力不适应社会需求增长的矛盾？或者，如果关于中国社会主要矛盾的基本表述仍然成立，那么矛盾双方的关系内涵是否已经发生变化？我国的总需求从卖方市场到买方市场的转变对我们理解现阶段我国主要矛盾有什么启示？这些都是值得我们研究的重大问题。我国目前的生产发展问题已经基本可以依靠市场机

---

* 原文发表于《社会学研究》2007年第2期。

制来解决。但是，在实践领域，不仅关于主要社会矛盾的基本表述没有变，而且关于矛盾双方关系内涵的表述也没有变化。在这种实践的理论化话语体系中，社会主要矛盾被转化为效率与公平的矛盾，效率优先的思路尚未根本扭转，公平虽然被要求放在更加突出的位置上，但并未上升到与效率同等重要的高度。对于不少决策者来说，公平仍然是与效率矛盾的，讲公平就要牺牲效率，因此公平很难实在地进入发展的函数，或顶多继续被当作一个外生变量。

现阶段中国社会利益格局问题非常复杂，其外部表现是社会利益分化以及在分化基础上产生的利益矛盾。但是，从实践和理论两方面来看，利益分化和矛盾并不一定是社会不和谐、不稳定的真正根源。总的来说，利益分化过程总是形成两种基本的利益相关方，即弱势利益与强势利益，两者无疑是有矛盾的。当这样的矛盾具有零和博弈或接近零和博弈的性质，并且博弈的结果总是强势利益对弱势利益的胜利时，利益分化和利益矛盾就会固化，就会变得难以调节，就会演变为利益冲突。不可调节的利益冲突才是社会不和谐、不稳定的持久根源。那么，我们就需要研究，现阶段中国社会是否已经形成强势利益与弱势利益？两种利益之间的博弈关系是否具有零和或者接近零和的性质？不同利益的社会构成及其实现的机制是什么？它们能够真正产生总体上的效率吗？它们是有利于公平的还是有害于公平的？

中国的国家、市场与社会的关系问题，即使在学术理论上，也没有得到很好的研究，尤其是没有形成享有广泛共识并能够整合到实践话语体系中去的理论成果。然而这个问题却与前述几个问题密切相关。总的来讲，中国的市场化改革既未能像预期的那样重新界定国家的角色地位，同时又培养了与国家权力密切关联的市场强势力量，而社会则若隐若现，远没有形成能够与国家和市场相互平衡的力量，也没有合适的相关制度安排促进社会力量的发育。国家的经济实力变得比以往更强大，却大大收缩了它的社会担当。市场化大大增加了社会财富，但也使这种财富的分配变得更加集中，而且在实践的政治性话语中，不断集中财富的强势利益受到越来越多的称赞或辩护。在所谓的第三部门中，一部分努力接近国家，或者本来就是在国家庇护下生存；一部分努力接近市场（所谓中介组织），在大多数情况下为强势的市场主体服务；一部分可能是真正的第三方力量，但大多数情况下只能在边缘地带活动。这样的状况使得中国社会利益矛盾冲突缺乏缓冲或消化的机制和空间。从市场到国家到社会，相互间的关系究竟是什么或应该是什么，即使目前已经有些研究成果，但它们既没有学理上的整合，同时又很难与实践话语体系对接。

从中国目前来讲，要讲和谐首先是要认清影响和谐的社会矛盾。我认为，这就涉及上面所谈到的三个方面的问题，要把更多的力量集中到这三个方面的研究上来。在参与建设和谐社会方面，社会学究竟能够做些什么？我想，第一，要有一些宏观研究，目前的社会学研究还不能仅仅停留在微观层面上。第二，要进行整合，不仅要对现在的各种研究课题加以整合，还要对以往的研究成果进行整理。第三，要加强社会学的理论化。我所说的理论化，不仅是指提升研究的学术性和规范性——这当然是必要的，更是指要结合中国社会巨变的实际，构建本土化的社会学理论，形成一套较为统一的概念、范畴或术语。当然，这项工作并不是一朝一夕就能完成的。

2008 年

当代中国人公民意识的测量初探[*][**]

杨宜音

摘　要： 公民是公民社会的基石，公民性的测量将可以提供对现代中国人政治、社会行为的解释以及对人群的分类，以便预测他们的社会行为及其变化轨迹。然而，什么样的行为属于公民行为？公民具有什么样的心理特质？本研究试图以调查数据为基础，对中国人的公民性测量工具的编制提出基本构想，即从两个维度来测量公民性取向：（1）倾向于关注公共事物与利益的程度，（2）以契约权利方式处理公私矛盾的程度；从而区分四种原型：（1）高公共性且高契约性取向，表现为典型的公民行为；（2）高公共性且低契约性取向，表现为典型的臣民行为；（3）低公共性且高契约性取向，表现为典型的消费者或商人行为（或曰市场行为）；（4）低公共性且低契约性取向，表现为典型的熟人或自己人行为。本文还报告了该量表的信度和效度。

关键词： 公民意识　公民性　心理测量

一　导言

公民是公民社会的基石，公民意识是法治进程的内驱力。当我们研究

---

* 本文为国家社科基金项目“重建的公共空间：变迁中的公共性与社区公共参与研究”（2004～2007年）课题的部分成果。该项目负责人为杨宜音，项目组成员为缪青、王俊秀、马艳、吴莹。作者特别感谢参与此项研究工作的首都经贸大学亓昕副教授、中国科学院心理研究所李育辉博士和协助进行入户调查与访谈的研究助理中国青年政治学院、中国人民大学、北京师范大学的孙克争、白利红、李捷、尹素娟、闻翔、张晓芳、崔伟等同学，六个社区的居委会和业主委员会以及所有受访者。同时，作者感谢北京大学国情研究中心允许使用2004年全国调查数据进行公民性测量的探索性研究，感谢北京大学光华管理学院2003级本科班130位同学参加该量表编制的预备研究。

** 原文发表于《社会学研究》2008年第2期。

中国人的公民意识水平或公民行为特征时，一个重要的问题是应该如何测量？

西方比较流行的政治态度测量工具的内容，包括政治意识形态、经济价值观与不平等、民主价值观与政治容忍度、种族态度、政治疏离感与效能感、党派行为以及政治参与（Robinson et al.，1993），与我们的目的是吻合的。然而，这些测量都是以个体的理性和独立性作为理论预设，因此，更适合于测量那些在西方文化中生活着的人，特别是北美的中产阶级男性，而对于测量当前中国人的公民意识则存在测量效度的问题。

如果我们准备发展出有效测量中国人公民意识的工具，那么，所面临的问题当与发展一般心理测量工具不同。从心理测量学的角度来看，一个好的、有效的测量工具，最重要的当然是工具本身达到较为理想水平的信度和效度，特别是建构效度。然而，发展测量公民意识的工具，不仅需要对公民身份及其意识的含义做出清晰的界定，并据此形成测量工具，而且，这一测量工具的形成必须建立在中国特定文化、历史、社会的框架之上，否则就无法具有良好的建构效度。换言之，这一测量工具不仅必须测量出公民意识的水平，而且要测量出公民意识与传统中国文化中其他主要社会身份意识的关联。实际上，对测量当今中国人的公民性来说，这两项任务是无法分离的。当一个公民性测量用于回答“是什么”（有没有公民性，公民性的高低）的时候，无法回避回答“不是什么”（非公民性）、“如何是”（怎样形成公民性）以及“为什么如此则是”（为什么如此可能会形成公民性）的问题。这就是公民性测量与一般心理测量（例如智力测量或一般态度测量）的不同之处。

关于公民（citizen）的定义，理论界的观点并不统一。一般认为，公民身份处理的是个人与共同体之间相互依存的关系（Faulks，1999）。公民文化和公民道德是指：参与民主政治过程所需要的文明性（civility）与公民德性（civic virtue），包括尊重别人意见，勇于发表自己的意见，自我肯定及知识和能力。公民社会是指公民参与政治过程的社会机制（林毓生，1999）。按照比较有影响的学者乔纳斯基的定义，“公民身份是个人在一民族国家中，在特定平等水平上，具有一定普遍性权利与义务的被动及主动的成员身份”（Janoski，1998：11）。这一定义包含了获得公民身份的四个重要意义：（1）民族国家的成员身份；（2）权利与义务；（3）以法律的形式固定下来的权利与义务；（4）平等。从这一定义来看，我们会发现，在中国社会文化背景下，公民身份果然如萨默斯所言，包含着一个“制度化了的过程”（Somers，1993：598），也如特纳所言，是一组政治、经济、司法和文化上的实践（Turner，1993：2）。而所谓过程性和实践性，在中国文化处境中，是“文化的同质化”与“文化的异质化”这两股力量较劲的过程和实践（金耀基，2004：ix）。

本研究试图以“变迁中的公民性与社区公共参与”课题在北京市六个社区的抽样调查数据，对公民性测量工具的编制提出基本构想。

二　理论框架

一般而言，当现代民族国家出现之后，公民身份因国籍的获得而自然生成，然而，公民意识却并不能够因此而自然生成。公民身份的获得及认同会有自身的本土资源和心理基础。因此，当下中国社会的公民性，在内在结构上必然会在中国历史文化背景下公民社会形成的过程性和实践性中体现出来。

在本研究中，公民性（citizenship）被界定为在个体与政治共同体（国家）之间形成的某种社会心理联系，表现为（1）坚持平等、正义与自治的价值理念，（2）身份获得带来的情感体验，以及（3）具有普遍意义的权利与义务的特定身份行为规范及行为意向。公民性的测量将可以提供对现代中国人政治、社会行为的解释以及对人群的分类，以便预测他们的社会行为及其变化轨迹。

在讨论公民性及其测量这一问题时，必然会涉及几个极其重要的概念及其相互关系，即国家、市场、社会和个人。其中，伴随着计划经济向市场经济的转变，不仅“国家与市场”（政府与市场）的关系依然处于政治学、经济学争论的焦点，而且，“国家与社会”的关系近年来亦备受政治学、社会学关注（张静，2000；邓正来，1997a，1997b）。

从经济社会制度变迁和转型的历程来看，经过拉扯过程，一个分化的轨迹逐渐显现出来。计划经济时代那种国家大一统的、只有政府，没有市场、没有社会、没有个人的情况，即四个因素被一个因素独立掌控、吞噬和覆盖的局面，已经不复存在。相反，程度不同地出现了市场的独立性和社会的独立性。而在这两组关系发生改变的同时，“国家与个人”的关系也一直在发生改变，而对这一关系的讨论，特别是其中“身份协商”（identity negotiation）的过程，无论是在政治学还是在社会心理学领域都还十分欠缺。

“国家与个人”之间的关系，不仅不能离开国家与市场、国家与社会的关系来讨论，而且还必须透过市场和社会来讨论。换言之，市场与社会自身的独立程度，市场、社会与个人的关系，将影响到个人与国家的关系。因为在国家与个人这一关系当中，市场提供了一种规则的模本，而社会则提供了一个双方交涉的空间。

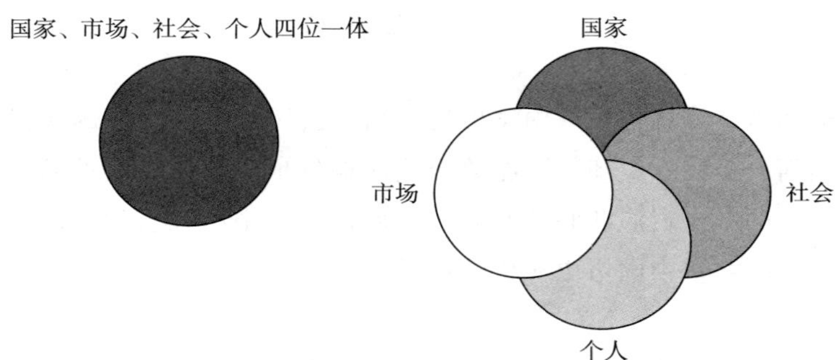

图1　一个分化的轨迹示意

在中国传统文化中，关于国家与个人之间的关系有两个明显的特点。第一，儒家的“文化设计”中没有我们所说的“社会”概念。儒家的概念是“天下”，而不是“社会”。由于中国的地理位置和国家天下观，国家几乎就等于天下，所以，从个人到天下之间，并没有太多的层次和中介。由修身、齐家，直接到治国、平天下，中间缺少“社会”这一层结构。在家庭内部的人际关系中，五伦中有明确的角色定位，但在家族之外，除了君臣、朋友，对一般陌生人应该如何相处，并没有明确的行为规范（焦国成，1991：81），正如余英时指出的，“修身、齐家”属于“私”之领域，“治国、平天下”则属于“公”之领域，其中有一道鸿沟是难以逾越的（余英时，1993）。

第二，国家与个人之间有着两种不同的心理联系途径。一个是自下而上、由内到外的，即通过个人的道德修养，从修身，经过齐家，到治国平天下。当个人的胸襟变得越来越博大时，个人与国家甚至天下之间就没有什么分别，一个“小我”就变成了“大我”。另一个途径则是自上而下、由外到内的，即通过国家对个人的道德要求，使个人服从国家的指令，忠实于帝王代表的国家。这样一拉一推两种力量，就将个人与国家形成一种相互包容合一的关系。同时，个人与国家的关系又随时会在推拉力量不足时发生变化，或是个人远离国家而去，或是向国家过多索取；或是表面服从国家，实际上却远离国家。因此，从社会心理学的角度来看，理解中国的“国家”与“个人”的关系，需要重视以下三个重要的文化心理机制。

（一）自我边界

中国文化社会中的人，有着自己独特的自我边界，它既不同于西方人独立式和自足式的自我，也不同于马卡斯和北山（Markus and Kitayama，1991a，1991b）提出的东方人互赖式的自我，它是一种以“差序格局”为特点的包容式的自我（Sampson，1988；杨中芳，1991）。这种自我的心理边界是通透和流变的。人们根据已有关系基础上的交往，从情感的或工具的角度，来判定将什么人纳入自己的边界，将什么人推出自己的边界。于是，自我的边界内被包容的可能就不止个人自己。正是因此一特殊的自我边界的特质，谈到自己，对于中国人来说，在不同的情境下，可以仅仅是指自己一个人，也可以是一家人，也可以是很多亲朋好友，甚至是全天下（费孝通，1985/1947），端赖一个人的修养和情境的激发或曰启动（priming）。中国人的这种包容式自我具有“选择性”（在什么情境下使用什么原则与自己所包容的他人以及未包容的他人进行交往）和“动力性”（对边界变化的掌握），具有“自我主义”的特征（费孝通，1985/1947；杨宜音，2001）（见图 2、图 3）。

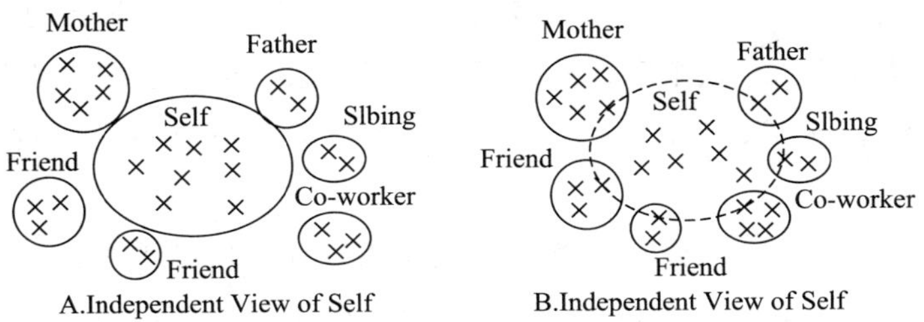

图 2　西方人的自我结构（A），东方人的自我结构（B）

图 2 是东西方自我结构对比示意图。图中的 X 代表概念的心理表征（参见 Markus and Kitayama，1991a，1991b）

中国人这种自我边界的特性在于个人与他人的边界不清晰，因此在社会生活中会导致“自己人”现象，即在某些情境下看起来会是一盘散沙，在另一些情境下看起来会是团结一心、同仇敌忾。这样的自我边界特征也将影响中国人对群己关系的处理。一己之私并不一定局限于个体本人的利益，而可能是对他人甚至是其他想象的共同体的包容，我与他、群与己、公与私是相通的。

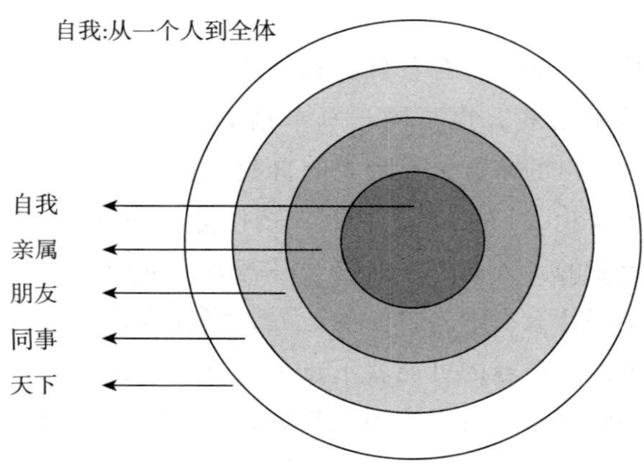

图 3　费孝通提出的“差序格局”模型，也是中国人自我结构的模型

（二）公私边界

私，在中文中为一个首尾相衔的“自环”——“厶”，是指“属于己”的私田，公的含义是平分。许慎在《说文解字》中对公的解释是：公，平分也，从八，从厶。八犹背也。背厶为公。日本学者沟口雄三指出：“中国的‘私’这个字，从字形的角度考察，构造它的‘厶’也用来构造‘公’，显然，‘私’与‘公’共有‘厶’这个字”（沟口雄三，1995：52）。

在中国文化中，“公”的概念从先秦出现起，历经千年，不仅形成社会的价值理念（例如：公道、公理、公器、公正等），而且形成了与“国”“官”相联系的“以国为公”“国家至上”的含义（刘泽华、张朋荣，2003）。在中国，“公家”与“官家”是相通的，没有“公路”，只有“官道”（金耀基，2004：160）。国家的公也就是君王的私，个人对国家或群体事务的参与或贡献，其含义就会有“牺牲小我、完成大我”的道德意义和服从上级、国家至上的政治含义。因此，在中国，我们会看到多种现象并存：一方面损害公物、不关心自家以外的任何公共场所（即所谓“有私无公”，只讲个人拥有的一份使用公共财物权利），另一方面把纳税看作是天经地义的事情（即只讲作为臣民的一份义务，例如俗语有“养儿当兵，种地纳粮”“皇粮国税，自古有之”的说法）。公私格局反映了官民对立的关系和道德要求。

（三）情理原则

家国同构的国家社会结构、公私同构，使得人情法则也成为处理公私关系的法则。情与理被混为一谈，成为一种特定的思维方式（徐冰，1999）。以致中国人认为恰当的行为方式和是非判断标准就是“合情合理”。人情的核心内容是根据关系远近来决定人们之间的“应有之情”的浓淡（身份规定的亲疏情感）。在出现争论的时候，要由长者主持调解；婆媳冲突中，即便婆婆不对，儿子也要劝妻子让步。正因为有了应有之情以及行为和责任的伦理规范，亲属之间才会相互信任，而对陌生人总是不予信任，甚至要欺负、蒙骗的（杨宜音，1995）。

用情理来规范秩序与用契约来规范秩序是不相同的。情理依据的是远近亲疏和自己自我边界伸缩的状况，因而不能一视同仁，也就不能体现平等的原则。在中国，“公事公办”是不近人情的意思，而不是通情达理的意思。

根据上述三个特征，中国人“国家与个人”关系中测量与分析，特别是对公私观的测量与分析就不能直接采用特里安迪斯（H. C. Triandis）等人提出的“集体主义/个体主义”分析框架——以单一维度来测量国家与个人关系中透射出来的个体社会价值取向（Triandis，1989，1994）。因为“集体主义/个体主义”分析框架的预设是，个体为一个独立自我。在这一预设下，测量“国家与个人”方面个人权利义务意识水平和价值取向，可能会将臣民的服从及国家的拉动与公民的认同及参与混为一谈。因而，揭示公民性本身在中国的真实的实践过程这一目的将无法实现。而一个符合分析和测量中国人在“国家与个人”关系方面社会价值观的分析框架应该不仅包括公与私，而且包括契约与情理两个维度。只有用两个维度，而不是一个维度，才有可能将中国人基于自己人式边界的自我形成的社会心理与行为的特质揭示出来。

因此，本研究经过对调查数据的探索性因素分析，提出了下述由“公共性取向”与“契约性取向”两个价值维度构成的分析框架（详见表1）。

表1　公民性的双维度结构

		公共性	
		低	高
契约性	高	行为特点：维护权利、私人利益	行为特点：维护权利、公共利益
	低	行为特点：人情关系、私人利益	行为特点：人情关系、公共利益

这个分析框架从两个维度来分析中国人的公民性取向：（1）倾向于关注公共事物与利益的程度；（2）以契约权利方式处理公私矛盾的程度。因此可以区分四种原型：（1）高公共性且高契约性取向；（2）高公共性且低契约性取向；（3）低公共性且高契约性取向；（4）低公共性且典型低契约性取向。

三　公民性测量工具的编制

关于公民性的测量将从公共取向以及契约取向两方面进行。根据理论构想，在“社区公共参与问卷”中设计有48题为编制公民性量表的测题。以下将分别探讨该量表的信度、结构效度、构念效度，以及效标关联效度。

（一）信度

首先进行探索性因素分析，KMO检验（0.823）和Bartlett’s球性检验（$p<0.000$）表明这48道题目可能存在潜在共享因子，可以进行因素分析。从碎石图可以看出，萃取4个因子比较合适（见图4）。

分析过程中删除因子负载小于0.30的题目和出现双重负载（double loading）的题目（A310，A311，A314，A321，A322，A325，A326，A328，

图 4　碎石图分析

A333，A334，A335，A341），剩余 36 道题目，结果如下：

因子 1、2、3 的信度系数良好，因子 4 的信度系数较低（0.49）。但是都可以接受（见表 2）。

表 2　公民意识量表的探索性因素分析结果

题目	因子 1	因子 2	因子 3	因子 4
a312A3－12：合同都是装样子，只要有关系，什么都好商量	0.78			
a320 A3－20：只要有熟人，合同就那么回事儿	0.73			
a315 A3－15：在现实中，不靠非法手段不可能赚大钱	0.64			
a304 A3－4：现实中，还是“朝里有人好做官”	0.61			
a305 A3－5：三个老乡顶得上一个公章	0.58			
a306 A3－6：直接向好朋友讨债，会没面子	0.45			
a319 A3－19：有没有履行自己的投票义务没有太大关系	0.43			
a307 A3－7：民工地位低下，主要是他们自身的素质造成的	0.36			
a313 A3－13：在家靠父母，出门靠朋友	0.34			
a324 A3－24：在国家利益面前，个人利益再大也是小的		0.69		
a347 A3－47：只要是国家的事情，个人都应该义不容辞		0.66		
a308 A3－8：老百姓应该听从政府的，下级应该听从上级的		0.63		
a301 A3－1：纳税是为了给国家做贡献		0.58		
a316 A3－16：由工作单位的人事部门掌握个人档案是必要的		0.56		
a331 A3－31：法院是一个替老百姓讲理的地方		0.56		

续表

题目	因子1	因子2	因子3	因子4
a348 A3－48：为社区的事务，我会主动提出建议或找相关部门交涉		0.43		
a317 A3－17：政府拆迁，老百姓应该无条件搬走		0.42		
a325 A3－25：为老百姓当好家是国家干部的责任		0.39		
a339 A3－39：大多数人都是值得信任的		0.35		
a303 A3－3：大多数人决定的事，不应该因少数人的利益而改变		0.33		
a344 A3－44：一般家庭遇到大事还是丈夫说了算			0.56	
a332A3－32：在公共场合，多管闲事会惹麻烦			0.52	
a329 A3－29：政府干部为给熟人办事，偶尔破例也是可以的			0.51	
a336 A3－36：家丑不可外扬			0.48	
a340 A3－40：犯不着为了原则伤和气			0.45	
a323 A3－23：做好分内的事，分外的事不用管			0.45	
a343 A3－43：买了假冒伪劣商品，大多数时候只能自认倒霉			0.45	
a327 A3－27：消费后给不给我发票没有太大关系			0.43	
a338 A3－38：有钱就赚			0.41	
a345 A3－45："吃亏是福"不过是一些人的自我安慰			0.36	
a337 A3－37：干事情最重要的是靠良心，而不是靠规矩			0.32	
a309 A3－9：只要纳了税，就有权利讨论政府怎么花钱				0.56
a346 A3－46：做生意要懂得让利给对方				0.55
a318 A3－18：民告官是正常的				0.53
a330 A3－30：只要不犯法，应该抓住每一个赚钱的机会				0.49
a302 A3－2：即使自己喜欢的事，也不能强迫别人接受				0.35
a342 A3－42：人们不敢见义勇为，是因为周围没有人支持				0.34
因子累计贡献率%	10.16	19.49	27.47	34.71
内部一致性系数 Alpha	0.76	0.73	0.67	0.49

注：提取方法：主成分分析法；旋转法：具有 kaiser 标准化的正交旋转法。

（二）结构效度

为了进一步验证该量表的结构效度，进行验证性因素分析（CFA），结果如下：Chi-Square $df = 2.52$，RMSEA＝0.047，GFI＝0.87，NNFI＝0.73。

结果表明该量表的四因子维度具有良好的结构效度。根据各个因子对应的题目，我们把因子 1 命名为“人情/非契约”，因子 2 命名为“公共利益”，因子 3 命名为“私人利益”，因子 4 命名为“权利/契约”。

（三）构念效度

可以发现，因子 1 和因子 4 都是对应“契约性取向”的价值维度，而因子 2 和因子 3 都是对应“公共性取向”的价值维度，因此在后续的分析中将因子进行合并，成为“契约 - 人情”和“公共 - 私人利益”两个维度，并以此作为标准对人群进行分组：“契约 - 人情”取 50% 点作为高低分分界点，对应数值为 0.89，“公共 - 私人利益”取 50% 点作为高低分分界点，对应数值为 1.00。据此将人群分为以下四组（见图 5，其中第一象限为公民，第二象限为臣民，第三象限为熟人，第四象限为商人）。

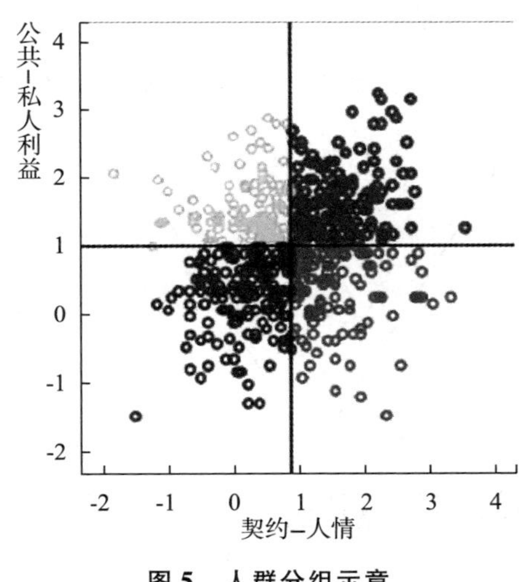

图 5　人群分组示意

从图 5 可以看出，基本可以吻合最初的理念框架，说明了该量表具有较好的构念效度（见表 3）：

这个分类是从两个维度来分析中国人的公民价值观：（1）倾向于关注公共事物与利益的程度；（2）以契约权利方式处理公私矛盾的程度。因此可以区分四种原型：（1）高公共性且高契约性价值取向，表现为典型的公民行为；（2）高公共性且低契约性价值取向，表现为典型的臣民行为；（3）低公共性且高契约性价值取向，表现为典型的消费者或商人行为（或曰市场行为）；（4）低公共性且典型低契约性价值取向，表现为典型的熟人或自己人行为。

表 3　公民性测量的构念

		公共性	
		低	高
契约性	高	典型身份：消费者/商人（第四象限） 行为特点：维护权利、私人利益	典型身份：公民（第一象限） 行为特点：维护权利、公共利益
	低	典型身份：熟人/自己人（第三象限） 行为特点：人情关系、私人利益	典型身份：臣民（第二象限） 行为特点：人情关系、公共利益

（四）效标关联效度

为了进一步考察该量表的效标关联效度，我们做了四种类型的人在 A5－14 和 A9 上的选项比较，这两道题目反映了个体参与社区公共事务的主动性（如图 6、图 7 所示）。

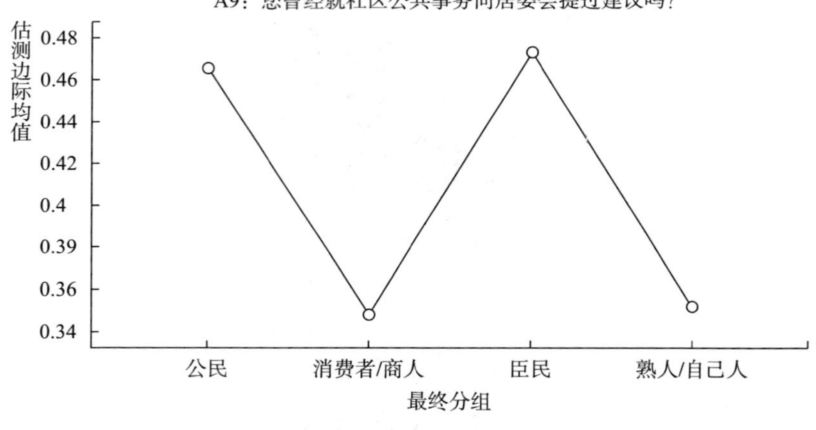

图 6　效标关联效度 1

根据四类人在这两道题目的答题结果可以看出，公民和臣民都更愿意参与社区公共事务，这也跟他们的“公共性”高是相一致的；而“消费者/商人”和“熟人/自己人”的得分低，也与“公共性”低相一致。

总而言之，从信度、结构效度、构念效度和效标关联效度等项指标来看，本研究编制的“公民意识量表”能够较好地从“契约—人情”和“公共—私人利益”两种价值取向对中国人进行测量。

从两个维度构建的框架中，我们可以描述出当前中国社会的四种典型的行为类别，或者说原型类别。这四种行为类别的基本特征如下。

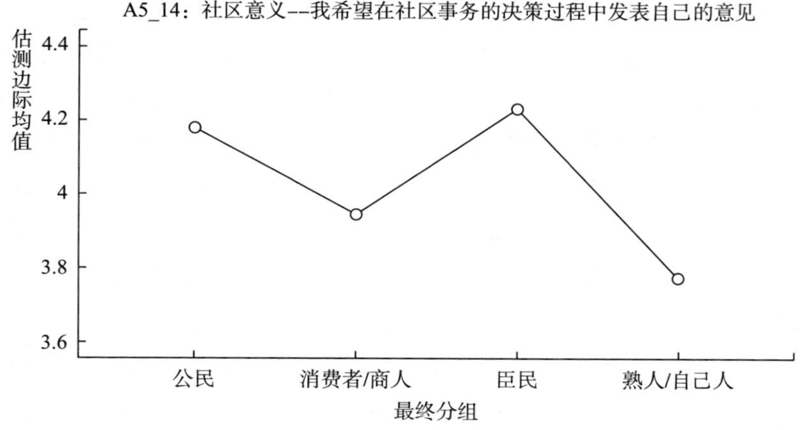

图 7　效标关联效度 2

注：纵轴数值表示被试者对问题做肯定回答“是”的程度。

（1）公民型。这一类人的特征是，在面对公私冲突、人我关系矛盾时能够为公共利益牺牲个人利益，并以契约精神和方式处理这些关系。他们的权利与义务是平衡的，作为个人，相互间强调平等。

（2）臣民型。这一类人的特征是，在公与官合一的文化中，面对公私冲突和人我关系时，因服从差序权力而能够牺牲个人利益；作为个人，边界是不清晰的，自我是被君王或国家包容的，权利和义务是不平衡的。

（3）商人型。这一类人的特征是，在面对公私冲突、人我关系矛盾时不能够为公共利益牺牲个人利益，但注重以契约精神和方式处理这些关系；作为个人，边界是清晰的，强调个人权利胜于强调个人对公共事务的义务。

（4）熟人型。这一类人的特征是，在面对公私冲突、人我关系矛盾时不能够为公共利益牺牲个人利益，也不能以契约精神和方式处理这些关系；他们倾向于将他人分为“自己人”或者“外人”，把各种社会和国家的事务分为“分内”与“分外”两种，是一种特殊主义的处理方式。作为个人，边界是不清晰的，完全不讲权利义务；而是讲自己人之间的亲密、责任、信任。

四　未来研究方向

本研究试图借助调查数据的分析，提出一个测量当代中国人公民性的理论框架，用以描述、解释和预测中国社会变迁过程中的社会行为。限于条件和能力，本文仅仅做出了一个尝试。还需要进一步补充和筛选题目，进行项目分析，并通过四类人（目前看来分化程度还不高）对公益活动的参与、社会公正理念、对法律知识的了解等方面去建立测量的效度，以检验这一分类的可靠性和有效性。其次，我们还应探讨不同类型的人是否可能出现在类型上的改变，改变的条件是什么；不同类型的行为是否可能以情境行为的方式出现在同一个人身上；是否有可能在一个维度上得分高的人，在另一个维度中处于不高不低的水平上，而形成另外的类型？例如，公共性高，情理中庸型。第三，如果根据中国人包容性自我边界的特征，不同情景会有启动效应的话，那么，值得讨论的问题就是，是否中国人头脑中具有两套以上供选择应对情景的行为策略。为公、为私；契约、人情。这种构想可能会从社会心理机制的角度支持传统社会的现代转换的假设，或者支持中国人对社会变迁的适应性应对。最后，从试图对人群进行区分的这一量表的功能上来看，对于落在不同维度水平上的个体，还仅仅具有原型分析的意义，在实践中，身份意识的建构，与环境、他人及群体的对话等问题尚未涉及。这些问题都值得进一步研究。

参考文献

刘泽华、张朋荣，2003，《公私观念与中国社会》，中国人民大学出版社。

邓正来，1997a，《国家与社会——中国市民社会研究的研究》，张静主编《国家与社会》，浙江人民出版社。

——，1997b，《国家与社会——中国市民社会研究》，四川人民出版社。

费孝通，1985/1947，《乡土中国》，三联书店。

沟口雄三，1995，《中国的思想》，赵士林译，中国社会科学出版社。

焦国成，1991，《中国古代人我关系论》，中国人民大学出版社。

金耀基，2004，《中国的现代转向》，牛津大学出版社。

林毓生，1999，《论台湾民主发展的形式、实质与前景》，瞿海源、顾忠华、钱永祥主编《自由主义的发展及问题：殷海光基金会“自由、平等、社会正义学术研讨会”论文集（1）》，台北：桂冠图书公司。

徐冰，1999，《情理与审查——中国传统思维方式之社会心理学阐释》，《社会学研究》第2期。

杨中芳，1991，《试论中国人的“自己”：理论与研究方向》，载杨中芳、高尚仁合编《中国人，中国心——社会与人格篇》，台北：远流出版公司。

杨宜音，1995，《试析人际关系及其分类——兼与黄光国先生商榷》，《社会学研究》第5期。

——，2001，《自己人：一项有关中国人关系分类的个案研究》，《本土心理学研究》（台北）总第13期。

余英时，1993，《群己之间——中国现代思想史上的两个循环》，《明报月刊》，转引自金耀基《中国的现代转向》，牛津大学出版社。

张静，2000，《基层政权——乡村制度诸问题》，浙江人民出版社。

Faulks, K. 1999. *Political Sociology*. New York: New York University Press.

Janoski, T. 1998. *Citizenship and Civil Society*. Cambridge: Cambridge University Press.

Markus, H. and S. Kitayama. 1991a. "Culture and Self: Implications for Cognition, Emotion, and Motivation." *Psychological* Review 98.

——. 1991b. "Cultural Variation in the Self-concept." In J. Strauss and G. R. Goethals (eds.) *The Self: Interdisciplinary Approaches*. New York: Springer-Verlag.

Robinson, J. P., P. R. Shaver and L. S. Wrightsman. 1993. *Measures of Political Attitudes*. London: Academic Press.

Sampson, E. E. 1988. "The Debate on Individualism: Indigenous Psychologies of the Individual and Their Role in Personal and Societal Functioning." *American Psychologists* 1.

Somers, M. 1993. "Citizenship and the Place of the Public Sphere." *American Sociological Review* 58.

Triandis, H. C. 1989. "The Self and Social Behavior in Differing Cultural Contexts." *Psychological Review* 96 (3).

——. 1994. "Theoretical and Methodological Approaches to the Study of Collectivism and Individualism." In U. Kim, H. C. Triandis, C. Kagitcibasi, S. C. Choi and G. Yoon (eds.) *Individualism and Collectivism: Theory, Method and Applications*. Thousand Oakes, London and New Delhi: Sage.

Tumer, Bryan. 1993. *Citizenship and Social Theory*. Newbury Park, Calif: Sage.

市场竞争还是性别歧视[*][**]

——收入性别差异扩大趋势及其原因解释

李春玲　李　实

摘　要：经济改革以来收入分配领域发生了一系列的巨大变化，其中也包括性别之间的收入差距变化。本文想回答的问题是：经济改革或者说市场化改革对性别收入差距产生了什么影响？特别要解答的是：经济改革以来性别收入差距是扩大了还是缩小了？已有的几项研究对这一问题得出了不同的结果。本文采用三次跨时段的全国抽样调查数据，估计了过20年里性别收入差距变化的趋势，并考查导致性别收入差距变化的原因。分析结果显示，过去20年来性别收入差距在稳定地和显著地增长，在改革的最初10年里，市场机制是导致性别收入差距扩大的主要原因，但在最近的10年里，性别歧视因素成为影响性别收入差距的更重要的因素。

关键词：性别不平等　收入差距　经济改革

一　研究背景

经济改革之前，中国女性劳动年龄人口基本上实现了普遍就业，女性劳动力参与率超过90%，女性劳动力几乎占总劳动力的半数（48%），女性就业者平均工资占男性就业者平均工资的84%。与世界上其他国家相比较，当时中国女性劳动力参与率和男女就业者的平均工资之比都保持在较

* 本文是作者承担的福特基金会资助项目“劳动力市场的性别不平等：职业性别分割与两性收入差异”的阶段性成果。

** 原文发表于《社会学研究》2008年第2期。

高水平（见表1），这也意味着，经济改革之前，中国在劳动就业领域的性别平等化程度较高。

人们一般认为，经济改革之前中国在劳动就业领域保持较高的性别平等程度，主要是由于当时中国政府在就业和工资分配方面推行性别平等，对女性就业采取保护和鼓励政策。经济改革开始以后，政府推行性别平等政策的力度明显弱化，国家不再扮演女性劳动力的保护者角色。政府政策的变化必然影响女性劳动力在劳动就业领域中的地位状况，最明显的一个例子是女性劳动年龄人口的就业率逐步下降。同时，经济改革的实施，导致了市场经济逐步取代原有的计划经济，收入分配机制发生根本改变，从而男女就业者的收入差距也开始发生变化。近年来，随着中国内地收入差距的不断拉大，收入分配问题和不平等问题成为研究热点，同时，收入的性别差异问题也开始进入了研究者的视野。自 20 世纪 90 年代以来，一些经济学家和社会学家针对收入性别差异问题开展了一些研究，研究者们最感兴趣的问题是收入的性别差异与市场化之间的关系：市场化的推进是导致收入性别差异扩大还是缩小？经济改革以来收入性别差异的扩大或缩小的主要原因，是市场竞争机制作用增强还是由于性别不平等程度提高？研究者们得出了不同的结论并给予不同的解释。

表 1　劳动力市场性别平等化程度的国际比较

单位：%

地区	国家	女劳动力占总劳动力的比例				女性就业者平均工资占男性就业者平均工资的比例
		1988 年	1995 年	2002 年	2006 年	
西欧和中欧	奥地利	41	43	45	46	86
	德国	—	40	—	—	75
	爱尔兰	33	—	42	42	72
	荷兰	40	—	44	45	84
	英国	—	45	46	46	68
	瑞士	39	42	44	45	65
北欧	挪威	45	46	47	48	82
	瑞典	48	48	48	48	85

续表

地区	国家	女劳动力占总劳动力的比例				女性就业者平均工资占男性就业者平均工资的比例
		1988 年	1995 年	2002 年	2006 年	
北美	美国	45	46	47	47	71
	加拿大	44	45	47	47	69
大洋洲	澳大利亚	40	43	44	45	76
亚洲	日本	40	40	41	42	50
	中国	48	—	46	—	84（1988 年） 79（2002 年）

注：表中中国相关数据由本文数据计算得出；其他国家数据参见 Allen and Sanders，2002 和国际劳工组织数据库。

李实和别雍·古斯塔夫森基于 1988 年和 1995 年的全国城镇居民户抽样调查数据对中国城镇就业者收入的性别差异及其变化趋势做了系统分析。他们的研究认为，经济改革以来，收入性别差异的总体变化趋势是上升的，但是导致收入性别差距拉大的主要原因不是性别不平等增强，而是市场竞争——人力资本作用增强（参见赵人伟等，1999：556～593）；最近他们又根据 2002 年全国城镇居民户抽样数据与 1995 年数据的比较，进一步证实“收入性别差距在持续拉大”这一结论，同时他们认为，导致差距拉大的主要原因是女性劳动力下岗失业的比例远高于男性（Li and Gustafsson，2008）；非常有意思的是，采用完全相同数据的另外两项研究对于收入性别差距变化趋势的估计却完全不同。边燕杰和舒晓灵等的研究也是基于 1988 年和 1995 年全国城镇居民户抽样调查数据的分析，其结论是收入性别差距并没有扩大，他们认为，女性相对于男性的经济社会地位没有显著的趋势性变化，收入性别差异与市场化程度没有关联（Shu and Bian，2002，2003；Bian et al.，2000）；而豪泽和谢宇也使用 1988 年和 1995 年全国城镇居民户抽样调查数据进行分析，他们得出的结论是，经济改革以来收入性别差距显著拉大，并且认为市场化是导致差距拉大的主要原因（Hauser and Xie，2005）；另外，郝大海和李路路采用 2003 年全国综合社会调查资料数据得出的结果是，市场化水平的提高缩小了男女收入差异（郝大海、李路路，2006）；周雪光等人的研究则认为性别不平等有自身的逻辑，市场导向改革对其影响是非直接的和不确定的（Zhou et al.，

1997；Zhou，2000）。

帕克魏·刘等人对中国上海和济南的研究所得出的结论又与上述观点不同，他们认为，市场转型并不是线性地导致性别收入差距扩大或缩小，而是使收入差距先升后降。他们认为，市场转型导致了两个方面的结果：作为妇女保护机制的国家的退出和企业自主权的增大。中国传统文化中的性别歧视可能通过影响企业主、工作者和消费者的偏好来影响妇女就业，使妇女在失去国家保护机制以后进而又面临着传统文化导致的性别歧视。另外，经济改革以来，人力资本的经济回报率逐步上升，而女性劳动力的人力资本水平低于男性。因此，从这三个方面来看，在市场转型初期收入的性别差异将扩大。但是随着市场竞争日益充分，按照个人喜好而不是员工实际人力资本来回报员工的企业将处于竞争的劣势，完全竞争的市场必将被要求按照员工的实际能力来支付报酬，性别歧视将日益没有立足之地。长期的趋势就是市场竞争将弱化和消除基于传统文化的两性收入差异，完全按照人力资本来分配其收入。这就是说，由于男女劳动力的人力资本差异而导致的性别收入差异继续存在，但由于性别歧视而导致的收入差异趋于下降（Liu et al.，2000）。

国内还有一些社会学家认为，经济改革削弱了计划体制下的国家再分配机制，导致了劳动力市场的性别歧视增强，他们观察到，随着作为女性保护者的国家退出微观经济领域，在就业和就业岗位、职务提升、工资报酬等方面，针对女性的劳动力市场歧视开始浮现（张展新，2004）。

总之，现有的研究对于收入性别差异的变化趋势和原因解释各有定论，未能形成确定的权威结论。

二 研究问题、研究假设和数据

（一）研究问题

根据现有的研究现状和问题，本研究重点想要解答三个问题：（1）经济改革以来收入性别差异的变化趋势是扩大了还是缩小了，或者是先升后降？（2）导致收入性别差异变化的主要原因是市场竞争机制增强还是性别歧视程度提升？（3）市场化与收入性别差异之间的关系是正相关还是负相关——市场化推进是扩大还是缩小了收入性别差异？

（二）数据

本研究采用的数据是中国社会科学院经济研究所中国居民收入分配课题组在三个时间点收集的城镇居民户抽样调查数据：1988 年的数据在 10 个省（直辖市）（北京、山西、辽宁、江苏、安徽、河南、湖北、广东、云南、甘肃）抽取了 9009 个居民户（包含 31827 个个人样本）；1995 年的数据在 11 省（直辖市）（北京、山西、辽宁、江苏、安徽、河南、湖北、广东、云南、甘肃、四川）抽取了 6934 个居民户（包含 21696 个个人样本）；2002 年的数据在 12 省（直辖市）（北京、山西、辽宁、江苏、安徽、河南、湖北、广东、云南、甘肃、四川、重庆）抽取了 6835 个居民户（包含 20632 个个人样本）。本研究在个人样本中选取在业人员样本进行分析，其中，1988 年在业人员样本数量为 18064 人，1995 年在业人员样本数量为 12310 人，2002 年在业人员样本数量为 10288 人。[①]

（三）研究假设

针对第一个要解答的问题——经济改革以来收入性别差距的变化趋势，本研究设定三个可选择的假设。

假设 1：经济改革以来收入性别差距逐步拉大。

假设 2：经济改革以来收入性别差距逐步缩小。

假设 3：经济改革以来收入性别差距的变化趋势是先上升后下降。

经济改革虽然开始于 1978 年，但城镇地区的经济改革是在 20 世纪 80 年代后期才大规模展开，因此，本研究以 1988 年数据所反映的收入性别差距代表经济改革开始时的收入性别差距，1995 年数据所反映的收入性别差距代表经济改革实施后第一阶段的收入性别差距，2002 年数据所反映的收入性别差距代表经济改革实施后第二阶段的收入性别差距。

针对第二个要解答的问题——导致收入性别差异变化的主要原因是市场竞争机制增强还是性别歧视增强，本研究设定四个可选择的假设。

假设 4：经济改革以来收入性别差异变化（扩大或缩小）的主要原因

① 关于调查方法及数据基本情况的说明请参见 Custafsson et al.，2008：337。

是市场竞争机制的作用。

假设5：经济改革以来收入性别差异变化（扩大或缩小）的主要原因是性别歧视程度的变化（增强或减弱）。

假设6：经济改革以来收入性别差异变化是由于市场竞争机制和性别歧视的共同作用。

假设7：经济改革第一阶段的收入性别差异主要是由于市场竞争机制的推动，而第二阶段的收入性别差异主要是由于性别歧视因素的作用。

本研究采用多元回归模型，分别分析三个时段（1988年、1995年和2002年）性别、人力资本及其他相关因素对收入的影响，以及人力资本和其他相关因素与性别之间的交互作用，以检验上述假设。

针对第三个要解答的问题——市场化与收入性别差异之间的作用关系，本研究设定四个可选择的假设。

假设8：市场化水平越高，收入性别差异越大。

假设9：市场化水平越高，收入性别差异越小。

假设10：市场化水平与收入性别差异是非线性关系，市场化推进导致收入性别差异先上升后下降。

假设11：市场化水平与收入性别差异无直接关联。

本研究从两个方面的比较分析来进行检验，一是地区比较，二是部门比较。

地区比较发现，中国的经济发展和市场化改革的推进是按地区分布而梯度增进的。也就是说，不同地区的市场化水平不同，在不同地区，市场竞争机制的完善程度和作用强度也有所不同。本研究区分了三个地区：东部地区，包括北京、辽宁、江苏、广东4省（直辖市）；中部地区，包括山西、安徽、河南、湖北4省；西部地区，包括云南、甘肃、四川、重庆4省（直辖市）。其中，东部地区市场化水平最高，中部地区市场化水平次之，西部地区市场化水平最低。

部门比较发现不同经济部门市场化水平也有所不同。本研究以所有制分类作为部门分割的界线，共区分5种不同所有制的部门：国有部门、混合所有制部门（包含多种所有制成分的股份制企业）、集体所有制部门、私营个体自雇经济部门和三资企业部门。就人员雇佣和工资分配方面来看，三资企业的市场化水平最高，私营个体自雇经济部门的市场化水平次之，集体所有制部门再次之，混合所有制企业大多包含一部分国有或集体股份，其市场化水平较低，国有部门市场化水平最低。

三　研究方法和模型

（一）收入性别差距测量

本研究采用两个指标来测量收入性别差距：绝对均值比和相对均值比。

1. 绝对均值比

对于男女两性收入差距的一个最简单、最直接的测量是男性就业者与女性就业者的平均收入之比，这也被称为男女收入均值比。

公式表达如下：

$$R = \frac{Y_F}{Y_M}$$

上述公式中，Y_F代表女性就业者的平均收入，Y_M代表男性就业者的平均收入，R代表男女收入均值比，均值比转换成百分比就是女性就业者的平均收入占男性就业者平均收入的比例。男女收入均值比反映出实际观察到的男女就业者的收入差距，我们把它称为绝对均值比。绝对均值比的数值，可以通过以性别为自变量的收入回归模型很容易地估计出来。

2. 相对均值比

用男女收入的绝对均值比这一指标来衡量收入分配方面的性别不平等状况，有可能导致误导性的结论。男女平均收入之间的差距有一部分并非是性别因素所导致的，而可能是其他一些因素作用的结果。比如，女劳动力的平均受教育水平低于男劳动力，而导致女性就业者平均收入水平低于男性就业者。再比如，女性非全日制就业者的比例高于男性，而男性较多从事全日制工作，这也可能导致女性就业者的平均收入低于男性就业者。因而，男女平均收入水平之间的差距有一部分可能是受教育水平和工作类型的不同所导致的结果，而不完全是性别不平等所导致的后果。为了把性别因素的作用与其他因素的作用分离开，从而能更精确地测量收入分配中的性别不平等程度，研究者采用多元回归模型，把教育、工作类型及其他相关变量加入模型，也就是说，在控制了其他相关变量作用的情况下，估计男女就业者平均收入的差距，这样计算出来的均值比被称为相对均值比，即在其他条件同等（如同样的文化水平、同样的工作年限等）的情况下男女平均收入之比，它反映的是纯粹由性别因素而导致的收入差距（纯性别收入差距）。相对均值比的数值，可以通过包括了性别和其他变量的收入回归模型来加以估计。①

（二）原因分析模型

对于收入性别差异的原因分析，研究者采用的传统分析模式是奥阿克沙卡设计的分解计算方法。这种分析模式的基础是多元回归模型，它把收入性别差距的总量区分为两个部分，一部分是由于性别因素所导致的收入差异，另一部分是由于其他因素（如受教育水平等）所导致的收入差异。回归模型和分解计算可以估计出收入性别差距中有多大部分可以由其他因素来加以解释，而剩余的未能解释的部分则被认为是性别歧视所导致的结果（Oaxaca，1973）。李实和别雍·古斯塔夫森采用这种方法对中国的收入性别差异进行了较深入的研究（参见赵人伟等，1999；Li and Gustafsson，2008）。

本研究采用的是在上述分析模式基础上加以改进的另一种多元回归分析模式。谢宇等发展出一种多元回归分析思路，以考查各种因素对收入性别差距的影响。这种分析思路是通过比较包含不同自变量的收入回归模型的性别回归系数的变化来完成的，它可以对性别因素对收入的影响以及与其他因素之间的关系进行更深入的分析（Xie and Shauman，2003）。此方法可以由图 1 来加以解释。

图 1 列出了两种分析方法来估计性别对收入的影响效应。双变量分析是只把收入和性别两个变量纳入模型分析，可以估计出性别对收入的总的影响（总效应 A^*）。多变量分析类似于结构方程的分析思路，它把与性别和收入相关的其他变量（协变量）纳入模型，从而总效应 A^* 分解为两个部分——直接效应 A（性别对收入的直接影响）和间接效应 B（性别透过

① 不过，在实际的研究工作中，研究者不太可能把所有的相关变量都纳入模型，因此，所估计的纯性别收入差距可能还包括了一些未加考虑的因素的作用。

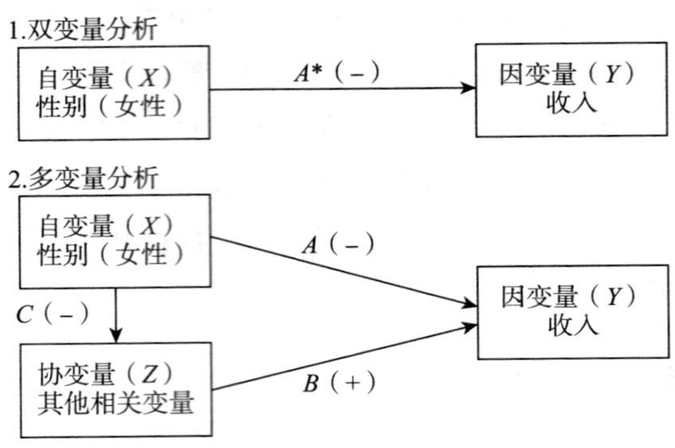

图1　解释性别收入差距的双变量分析和多变量分析

其他变量对收入产生的影响）。协变量 Z 可以包括许多相关变量。比如受教育水平，它与收入之间存在正相关关系，受教育水平越高，收入越高；同时它与性别之间存在负相关关系，女性就业者的平均受教育水平低于男性。再比如下岗，它与收入之间存在负相关关系，与性别之间存在正相关关系，女性下岗的可能性大于男性。

根据这一分析思路，我们可以设计出一系列回归模型并进行比较。基准模型（双变量回归模型）：$Y=\beta_{性别}X_{性别}$

模型中的 Y（因变量）为收入对数，$X_{性别}$ 为性别自变量（女性 =1，男性 =0），$\beta_{性别}$ 为性别自变量的回归系数，其数值代表了性别对收入的总效应。对 $\beta_{性别}$ 的解幂（$exp\beta_{性别}$）就是男女收入的绝对均值比，即男女就业者的实际收入差距。

$$完全模型(多变量分析回归模型):Y=\beta_{性别}X_{性别}+\beta_{协变量}Z_{协变量}$$

模型中的 Y（因变量）为收入对数，$X_{性别}$ 为性别自变量，$\beta_{性别}$ 为性别自变量的回归系数，$Z_{协变量}$ 为一系列的相关变量（协变量向量），$\beta_{协变量}$ 为这些相关变量的回归系数向量。完全模型的 $\beta_{性别}$ 是在控制了其他相关变量作用的情况下，估计出的性别对收入的直接影响（直接效应），因此，$\beta_{性别}$ 的解幕（$exp\beta_{性别}$）为男女就业者的相对均值比。根据总效应等于直接效应与间接效应之和的原理，基准模型的 $\beta_{性别}$（总效应）与完全模型的 $\beta_{性别}$（直接效应）之差即为间接效应。相应地，完全模型的 $exp\beta_{性别}$（相对均值比）与基准模型的 $exp\beta_{性别}$（绝对均值比）之差，就是男女收入差距中被其他因素所解释的那部分差异，而剩余部分的差异则是由性别及未解释因素所导致的差异。

$$嵌套模型：Y = \beta_{性别} X_{性别} + \beta_{协变量F-k} Z_{协变量F-k}$$

在基准模型（只包括性别一个自变量）和完全模型（包括性别和所有协变量）之间可以产生一系列的嵌套模型。本研究设置的完全模型，除了性别自变量以外，还包括了7方面的解释因素作为协变量——受教育年限、工作年限、党员身份、单位规模、单位类型、职业分类和地区分类。以完全模型为基础，排除其中一个解释因素但保留其他所有协变量，就可生成一个嵌套模型。分别排除7个解释因素共生成7个嵌套模型。上述公式中，$Z_{协变量F-k}$和$\beta_{协变量F-k}$分别为排除了某一解释因素而剩余的所有协变量及其回归系数向量。每个嵌套模型都可以估计出一个性别回归系数$\beta_{性别}$，而各个嵌套模型的$\beta_{性别}$的数值与完全模型的$\beta_{性别}$的数量会有所不同，同样地，各个嵌套模型的$\exp\beta_{性别}$（男女收入均值比）与完全模型的$\exp\beta_{性别}$（男女收入均值比）也会不同。我们设定：

$$D = exp(\beta^{F}) - exp(\beta^{F-k})$$

公式中，$exp(\beta^{F})$为完全模型的男女收入均值比，$exp(\beta^{F-k})$为排除了某一解释因素的嵌套模型的男女收入均值比，两者之差（D）则代表了被排除的那个解释因素对总的收入性别差距的解释力度。如果这一解释因素在其他变量都存在的情况下具有额外的解释力，那么D就应该大于0，D越大，解释力度越大。如果D是0或负数，则意味着，在其他解释变量（协变量）都存在的情况下，这一解释变量对收入性别差异没有提供解释力。如果完全模型的所有解释力都是由于这一解释变量的作用，那么$exp(b^{F-k})$就等于$exp(b^{0})$，$exp(b^{0})$是基准模型的男女收入均值比（即绝对均值比）。

比较基准模型、完全模型和7个嵌套模型估计的性别回归系数（$\beta_{性别}$）和男女收入均值比（$exp\beta_{性别}$）之间的变化情况，我们可以考查各个相关变量对收入性别差距的作用情况。

（三）变量

1. **收入对数**　本研究中的所有回归模型都是取收入对数为因变量。1995年和2002年数据为在业人员年总收入，1988年数据为在业人员月总收入。

2. **性别** 性别变量为模型的自变量（解释变量），性别变量编码是：女性 =1，男 =0。本研究的完全模型包括了 7 个因素作为协变量（与性别和收入相关的解释变量）。

3. **受教育年限** 指被调查者受过多少年教育。

4. 工作年限指被调查者工作了多少年（工龄）。1988 年数据未包括工作年限这一信息，因而，1988 年数据所做回归模型，以年龄代替工作年限这一变量。工作年限与收入之间不是直线关系而是曲线关系，因此，模型中加入工作年限和工作年限平方两个变量。

5. **党员身份** 指被调查者是否是党员，其编码是：党员 =1。

6. **单位规模** 指被调查者就业单位的员工人数。包括 4 个分类：（1）100人以下；（2）101 ~500 人；（3）501 ~1000 人；（4）1000 人以上。1988 年和 1995 年的调查数据未包括这一信息，因此，只有 2002 年数据的模型分析纳入了这一因素。

7. **单位类型** 指被调查者就业单位的类型。包括 8 个分类：（1）党政机关；（2）事业单位；（3）国有企业；（4）集体企业；（5）私营企业；（6）三资企业；（7）混合所有制企业；（8）个体自雇及其他。由于 1988 年中国的经济构成与目前情况有很大不同，因此 1988 年数据的单位分类有所不同，共 6 个分类：（1）党政机关和事业单位；（2）国有企业；（3）集体企业；（4）私营个体；（5）三资企业；（6）其他。

8. **职业分类** 指被调查者的职业类型。包括 5 个分类：（1）企业主及管理人员；（2）专业技术人员；（3）办事人员；（4）个体户；（5）工人及其他。

9. **地区分类** 指被调查者就业所在地。包括 3 个分类：（1）东部地区；（2）中部地区；（3）西部地区。

作为协变量的 7 个因素都与收入和性别存在相关性。其中，受教育年限和工作年限代表的是人力资本的作用；党员身份代表政治资本的作用；单位规模、单位类型、职业和地区代表了结构因素。把上述七个因素纳入收入性别差距的因果分析，是基于如下设想：如果人力资本因素对收入性别差异提供了主要的解释，就意味着，收入性别差异主要是市场竞争的结果；如果结构因素及政治资本因素对收入性别差异提供了主要的解释，就意味着，收入性别差异主要是男女就业者在结构和制度安排中的不均衡分布所导致的结果，也就是说，性别不平等不是存在于收入分配领域，而是存在于就业机会提供和雇佣选择过程中；如果人力资本和结构因素及政治资本都未能对收入性别差异提供主要的解释，那很可能意味着，性别歧视是导致收入性别差异的主要根源。

四　数据分析结果

（一）年代比较分析

表 2 列出了 1988 年、1995 年和 2002 年的个人收入回归模型所估计出的调整后 R^2、性别回归系数 $\beta_{性别}$、男女收入均值比 $exp\beta_{性别}$，以及基准模型、完全模型和 7 个嵌套模型的男女收入均值比的差距。

数据分析结果有以下几个发现。

1. *男女收入差距持续增长*

从绝对均值比（模型 9 - 基准模型的 $exp\beta_{性别}$）来看，1988 年女性就业者的平均收入与男性就业者的平均收入之比为 0.8369，即女性就业者的平均收入约为男性就业者平均收入的 84%；1995 年两性平均收入之比下降为 0.8025，即女性就业者的平均收入约为男性就业者平均收入的 80%；2002 年两性平均收入之比进一步下降为 0.7922，即女性就业者的平均收入约为男性就业者平均收入的 79%。从相对均值比（模型 1 - 完全模型的 $exp\beta_{性别}$）来看，在对受教育水平、工作年限、职业、单位类型、单位规模、党员身份以及地区等变量进行控制的情况下，也就是说，排除了上述这些因素的性别差异的影响，1988 年女性就业者的平均收入与男性就业者平均收入之比为 0.9039，即女性平均收入约为男性的 90%；1995 年两性平均收入之比下降为 0.8869，即女性平均收入约为男性的 89%；2002 年女性就业者的平均收入与男性就业者平均收入之比为 0.8737，即女性平均收入约为男性的 87%。1988 至 1995 年期间，女性就业者平均收入占男性就业者平均收入的绝对百分比下降了 3.44%，相对百分比则下降了 1.7%。1995 至 2002 年期间，女性就业者平均收入占男性就业者平均收入的绝对百分比下降了 1.03%；相对百分比则下降了 1.32%。数据分析结果支持假

表 2　个人收入多元回归模型的 R^2、性别变量的回归系数和男女性均值比的年代比较

模型	1988				1995				2002			
	调整后 R^2	回归系数（β）	*exp*（β）	*D*	调整后 R^2	回归系数（β）	*exp*（β）	*D*	调整后 R^2	回归系数（β）	*exp*（β）	*D*
模型 1（完全模型）	0. 499	-0. 101	0. 9039	—	0. 306	-0. 120	0. 8869	—	0. 314	-0. 135	0. 8737	—
模型 2（排除党员变量）	0. 497	-0. 109	0. 8967	0. 0072	0. 304	-0. 127	0. 8807	0. 0062	0. 313	-0. 140	0. 8694	0. 0043
模型 3（排除单位规模变量）	—	—	—	—	—	—	—	—	0. 303	-0. 148	0. 8624	0. 0113
模型 4（排除单位类型变量）	0. 486	-0. 112	0. 8940	0. 0099	0. 287	-0. 126	0. 8816	0. 0053	0. 282	-0. 137	0. 8720	0. 0017
模型 5（排除职业分类变量）	0. 389	-0. 110	0. 8958	0. 0081	0. 298	-0. 118	0. 8887	-0. 0018	0. 290	-0. 141	0. 8685	0. 0052
模型 6（排除工作年限变量）	0. 391	-0. 105	0. 9003	0. 0036	0. 213	-0. 139	0. 8702	0. 0167	0. 288	-0. 165	0. 8479	0. 0258
模型 7（排除受教育年限变量）	0. 495	-0. 108	0. 8976	0. 0063	0. 299	-0. 130	0. 8781	0. 0088	0. 296	-0. 140	0. 8694	0. 0043
模型 8（排除地区分类变量）	0. 451	-0. 105	0. 9003	0. 0036	0. 245	-0. 118	0. 8887	-0. 0018	0. 255	-0. 133	0. 8755	-0. 0018
模型 9（基准模型）	0. 026	-0. 178	0. 8369	0. 0670	0. 029	-0. 220	0. 8025	0. 0844	0. 030	-0. 233	0. 7922	0. 0815

设 1，拒绝假设 2 和假设 3。

2. *结构因素对改革前男女收入差距具有较强解释力*

1988 年数据显示，男女收入的绝对均值比为 0.8369（基准模型的 $exp\beta$），而相对均值比为 0.9039（完全模型的 $exp\beta$），两者之差（D）为 0.067，这就是说，男女的实际收入相差 16.31 个百分点（100% 减去 83.69%），而其中的 6.7 个百分点可以为教育、工作年限、职业、单位类型、党员身份和地区这 6 个因素所解释，其余的 9.61 个百分点则是由于性别及其他未加考虑的因素所导致。换句话说，实际观察到的男女收入差距当中，大约 41.1%（6.7 除以 16.31）是上述 6 个因素的作用结果。在这 6 个因素当中，单位类型对男女收入差距的解释力最强（0.0099），其次是职业分类（0.0081）和党员身份（0.0072），这意味着，女性就业者在收入较高的单位和职业中的比例低于男性，而在收入较低的单位和职业中比例高于男性，同时，拥有党员身份的男性多于女性。另外，地区因素也对男女收入差距提供了部分解释（0.0036）。这表明，相对于男性就业者，女性就业者在单位、职业、党员和地区的结构分布中处于明显的劣势地位。由此我们可以看出，在改革前或改革开始之时，男女就业者结构分布的不均衡是导致男女收入差距的重要原因。另一方面，两个人力资本因素——受教育年限和工作年限，也是导致男女收入差距的原因，但这两个因素的解释力（0.0063 和 0.0036）要小于结构因素的作用。

3. *人力资本因素对改革第一阶段的男女收入差距拉大提供较强解释力*

1995 年数据显示，男女收入的绝对均值比为 0.8025（基准模型的 $exp\beta$），而相对均值比为 0.8869（完全模型的 $exp\beta$），两者之差（D）为 0.0844，男女的实际收入相差 19.75 个百分点，而其中的 8.44 个百分点可以为教育、工作年限、职业、单位类型、党员身份和地区这 6 个因素所解释，即大约 42.7% 的男女收入差距是上述 6 个因素的作用结果，而其余的 57.3%（11.31 个百分点）的男女收入差距是由于性别及其他未加考虑的因素所导致。在上述 6 个因素当中，提供最多解释力的是两个人力资本因素——受教育年限（0.0088）和工作年限（0.0167）。其次，党员身份（代表政治资本）和结构因素之一——单位类型提供了部分的解释力（0.0062 和 0.0053），但这两个因素的解释力低于人力资本。另外两个结构因素（职业和地区）基本上没有对男女收入差距提供解释，而且，由于

这两个因素的 D 都是负数，因而有可能在职业和地区的结构分布上有利于女性就业者而不是男性就业者。1995 年数据分析结果与 1988 年的结果相比较，人力资本因素对男女收入差距的解释力明显上升，而同时结构因素的解释力则明显下降。这表明，改革第一阶段的收入性别差距扩大主要是人力资本作用的推动，或者说，是市场竞争机制作用的结果。

4. 性别因素对改革第二阶段的男女收入差距拉大提供了更强的解释力

2002 年数据显示，男女收入的绝对均值比为 0.7922（基准模型的 $exp\beta$），而相对均值比为 0.8737（完全模型的 $exp\beta$），两者之差（D）为 0.0815，男女的实际收入相差 20.78 个百分点，而其中的 8.15 个百分点可以为教育、工作年限、职业、单位类型、党员身份、地区以及单位规模等 7 个因素所解释，即大约 39.22% 的男女收入差距是由于上述 7 个因素的作用，这一比例明显低于 1988 年和 1995 年，而且 2002 年的完全模型还比 1988 年和 1995 年的模型多了一个解释变量（单位规模）。这一结果说明，协变量（包括人力资本因素、结构因素和政治资本因素）对男女收入差距的解释力在这一时期明显下降，而性别因素及未加考虑因素的作用力增强，60.78% 的男女收入差距是由于性别及未考虑因素所导致，这一比例则高于 1988 年和 1995 年。这很可能暗示着，性别歧视现象在收入分配领域有所增强，它是这一时期男女收入差距拉大的主要原因。

在 7 个解释因素当中，提供最多解释力的是工作年限（0.0258）和单位规模（0.0113），其次是职业（0.0052）、受教育年限（0.0043）和党员身份（0.0043），单位类型提供的解释力较弱（0.0017），而地区则基本上不提供解释力（-0.0018）。与 1995 年数据分析结果相比，2002 年的两个人力资本因素的解释力都有明显变化，但变化的方向则不相同。受教育年限的解释力下降，由 1995 年的 0.0088 变为 2002 年的 0.0043。而另一方面，工作年限的解释力则明显上升，由 1995 年的 0.0167 变为 2002 年的 0.0258。那么，我们如何来解释人力资本的综合效应呢？它对男女收入差距的作用力是增强了还是减弱了呢？受教育水平对男女收入差距的解释力下降，这很容易解释，因为男女就业者的受教育水平差距在逐步缩小。1988 年，女性就业者的平均受教育年限为 8.01 年，男性就业者平均受教育年限为 8.61 年，两者之比为 0.9303；1995 年，女性就业者的平均受教育年限为 10.38 年，男性就业者平均受教育年限为 11.04 年，两者之比为

0.9402；2002年，女性就业者的平均受教育年限为11.34年，男性就业者平均受教育年限为11.47年，两者之比为0.9887。这就是说，到2002年，男女就业者的受教育水平相当接近，因而，它不再成为导致男女收入差距的主要原因。

工作年限的解释力增强，从表面来看，是人力资本效应的反映。根据人力资本理论家和古典经济学家的说法，由于女性（因生育子女和照顾家庭）常常中断就业或较早退出劳动力市场，导致女性就业者的平均工作年限低于男性就业者，从而女性就业者从工作资历积累中获得的收入增长幅度低于男性就业者，这是导致男女收入差距的一个重要原因。然而，这种解释不太适用于2002年的数据。1995年，女性就业者与男性就业者的工作年限之比为0.8523，而2002年这一比例为0.9019。虽然女性就业者的平均工作年限仍低于男性，但这一差距随着时间的推进在缩小而不是扩大，为什么工作年限对男女收入差距的作用力反而增强了呢？可能的解释有两个。第一个解释，按照人力资本理论家和古典经济学家提供的一种说法，女性就业者对工作的投入（包括时间、精力和人力资本投资等）要少于男性就业者，因而她们随工作年限的增加而获得的职位提升和工资收入提升就要少于男性，相应地，她们的工作年限的收入回报就低于男性。1995年数据显示，女性就业者与男性就业者每天平均工作时间之比为0.9834，2002年这一比例为0.9781。的确，女性就业者的平均工作时间投入是少于男性就业者，并且男女工作时间投入的差异有微弱的拉大。不过，在两个时期，男女工作时间投入的差异都是极小的，它可能对工作年限效应提供了一些解释，但不太可能解释工作年限效应如此大幅度的增强。因此，这就可能存在第二种解释，即在收入分配领域存在着对女性年龄的歧视，这种歧视导致了工作年限对男女收入差距的解释力增强。采用2002年数据分别估计男女就业者的收入回归模型（略），我们发现，在控制了教育、职业、单位类型、单位规模、党员身份和地区等因素的情况下，女性就业者的工作年限的收入回报率明显低于男性，这说明存在着对女性就业者的工作资历积累的价值低估，进一步来说，很可能存在着对较年长的女性就业者的歧视，这种歧视既表现在就业领域也表现在收入分配领域，其具体表现是，雇主和工作单位付给较年长的女性就业者的工资报酬较低，或者只有工资收入较低工作岗位才招收较年长的女性。

综合三个时间段的数据分析结果，我们得出的结论是，拒绝假设 4 和假设 5，接受假设 6 和假设 7，即经济改革以来收入性别差异变化是由于市场竞争机制和性别不平等的共同作用；经济改革第一阶段的收入性别差异主要是由于市场竞争机制的推动，而第二阶段的收入性别差异主要是由于性别不平等的作用。

（二）地区比较分析

表 3 列出的是 2002 年个人收入多元回归模型的 R^2 和性别变量的回归系数的地区比较。根据原有的设定，不同地区的市场化程度不同，即市场竞争机制的完善程度和作用强度有所不同，东部地区市场化程度最高，中部地区次之，西部地区市场化程度最低。如果数据显示市场化水平越高的地区收入性别差距越大，就意味着市场化导致收入性别差距扩大的假设成立，反之，则意味着市场化有助于收入性别差距缩小的假设成立。

表 3 的地区比较分析数据显示，市场化与收入性别差异似乎不是一种简单的线性关系，并非是市场化水平越高男女收入差距越大，也不是市场化水平越高男女收入差距越小。首先我们来看男女收入的绝对均值比（基准模型 $exp\beta$）：东部地区的绝对均值比为 0.7788，即女性就业者的平均收入约是男性就业者平均收入的 78%；中部地区的绝对均值比为 0.7711，即女性就业者的平均收入约是男性就业者平均收入的 77%；西部地区的绝对均值比为 0.8361，即女性就业者的平均收入约是男性就业者平均收入的 84%。再来看相对均值比（完全模型 $exp\beta$）：东部地区的相对均值比为 0.8590，即在控制了教育、工作年限、单位类型、单位规模、职业和党员身份等 6 个因素的情况下，女性就业者的平均收入约是男性就业者平均收入的 86%；中部地区的相对均值比为 0.8437，即女性就业者的平均收入约是男性就业者平均收入的 84%；西部地区的相对均值比为 0.9352，即女性就业者的平均收入约是男性就业者平均收入的 94%。综合来看，市场化水平最低的西部地区男女收入差距最小，而市场化水平居中的中部地区男女收入差距最大，市场化水平最高的东部地区男女收入差距居中（见图 2）。数据显示出的这种结果，似乎是支持假设 10：市场化推进导致收入性别差异先上升后下降。

表 3　个人收入多元回归模型的 R^2 和性别变量的回归系数的地区比较（2002）

	地区分类	调整后 R^2	回归系数（β）	exp（β）	D
模型 1（完全模型）	东部地区	0.269	-0.152	0.8590	-
	中部地区	0.269	-0.170	0.8437	-
	西部地区	0.317	-0.067	0.9352	-
模型 2（排除党员变量）	东部地区	0.268	-0.153	0.8581	0.0009
	中部地区	0.268	-0.175	0.8395	0.0042
	西部地区	0.313	-0.075	0.9277	0.0075
模型 3（排除单位规模变量）	东部地区	0.259	-0.168	0.8454	0.0136
	中部地区	0.258	-0.179	0.8361	0.0076
	西部地区	0.299	-0.078	0.9250	0.0102
模型 4（排除单位类型变量）	东部地区	0.237	-0.153	0.8581	0.0009
	中部地区	0.236	-0.169	0.8445	-0.0008
	西部地区	0.272	-0.067	0.9352	0.0000
模型 5（排除职业分类变量）	东部地区	0.238	-0.159	0.8530	0.0060
	中部地区	0.249	-0.174	0.8403	0.0034
	西部地区	0.289	-0.073	0.9296	0.0056
模型 6（排除工作年限变量）	东部地区	0.244	-0.179	0.8361	0.0229
	中部地区	0.233	-0.202	0.8171	0.0266
	西部地区	0.288	-0.098	0.9066	0.0286
模型 7（排除受教育年限变量）	东部地区	0.248	-0.160	0.8521	0.0069
	中部地区	0.247	-0.173	0.8414	0.0026
	西部地区	0.302	-0.070	0.9324	0.0028
模型 9（基准模型）	东部地区	0.031	-0.250	0.7788	0.0802
	中部地区	0.044	-0.260	0.7711	0.0726
	西部地区	0.020	-0.179	0.8361	0.0991

我们再来看完全模型与基准模型的性别回归系数之差 D：东部地区为 0.0802，中部地区为 0.0726，西部地区为 0.0991。把 D 与绝对均值比结合起来计算，我们可以获知下述信息：在东部地区，男女收入相差 22.12 个百分点，其中的 8.02 个百分点为 6 个协变量因素所解释，即 35.04% 的男女收入差距是由教育、工作年限、单位类型、单位规模、职业和党员身份这 6 个因素所导致，其余的 64.96% 则是由于性别和未加考虑因素的作用；在中部地区，男女收入相差 22.89 个百分点，其中的 7.26 个百分点为 6 个协变量因素

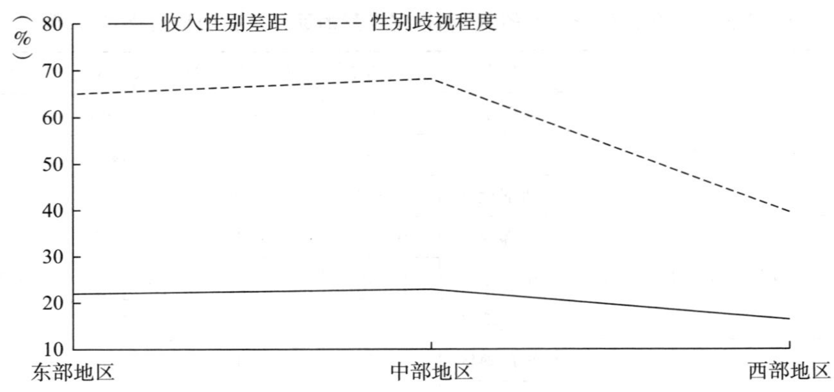

图 2　收入性别差距和性别歧视程度的地区比较

所解释，即 31.72% 的男女收入差距由 6 个相关因素所导致，其余的 68.28% 则是由于性别和未加考虑因素的作用；在西部地区，男女收入相差 16.39 个百分点，其中的 9.91 个百分点为 6 个协变量因素所解释，即 60.46% 的男女收入差距是由 6 个相关因素所导致，其余的 39.54% 则是由于性别和未加考虑因素的作用。这也显示出，市场化水平最低的西部地区收入分配领域的性别歧视程度最低，市场化水平居中的中部地区性别歧视程度最高，而市场化水平最高的东部地区性别歧视程度居中（见图 2），这样的分析结果同样支持假设 10。

（三）部门比较分析

表 4 列出的是 2002 年个人收入多元回归模型的 R^2 和性别变量的回归系数的部门比较。经济部门的分割现象在中国大陆表现得十分明显。由于市场化改革是逐步推进的，而且是由体制外向体制内逐步延伸，因而导致了不同经济部门的市场化水平也有所不同。最明显的部门分割界线就是所有制分类。本研究区分的 5 种所有制部门是：国有部门、混合所有制部门（包含多种所有制成分的股份制企业）、集体所有制部门、私营个体自雇经济部门和三资企业部门。其中，三资企业部门的市场化水平最高，私营个体自雇经济部门的市场化水平次之①，集体所有制部门再次之，混合所有制企业市场化水平较低，国有部门市场化水平最低。通过不同部门的收入性

① 三资企业与私营个体自雇经济部门的市场化水平较难区分高低，但这两个部门在经营管理方式和用工制度方面又的确存在差异，本文暂且把两者的市场化水平加以区分。

别差异的比较，我们也可以考查市场化水平与收入性别差异之间的关系。

表4的部门比较分析所显示的结果与地区比较的结果较为相似。不同部门的男女收入差距并未显示出随市场化水平的提高而直线上升或直线下降的趋势（见图3）。男女收入的绝对均值比和相对均值比都显示出，市场化水平最低的部门男女收入差距最小，市场化水平较高的部门男女收入差距最大，而市场化水平最高的部门男女收入差距较小。国有部门的绝对均值比为0.8344，女性就业者的平均收入约是男性就业者平均收入的83%；混合所有制部门的绝对均值比为0.8138，女性就业者的平均收入约是男性就业者平均收入的81%；集体所有制部门的绝对均值比为0.8065，女性就业者的平均收入约是男性就业者平均收入的81%；私营个体自雇经济部门的绝对均值比为0.7276，女性就业者的平均收入约是男性就业者平均收入的73%；三资企业部门的绝对均值比为0.8220，女性就业者的平均收入约是男性就业者平均收入的82%。国有部门的相对均值比为0.9121，控制6个协变量因素（教育、工作年限、单位规模、职业、党员身份和地区）之后，女性就业者的平均收入约是男性就业者平均收入的91%；混合所有制部门的相应比例为89%；集体所有制部门的相应比例为84%；私营个体自雇经济部门的相应比例为78%；三资企业部门的相应比例为90%。不同市场化水平的部门之间的男女收入差距的变化情况同样支持假设10。

表4　个人收入多元回归模型的 R^2 和性别变量的回归系数的所有制比较（2002）

	部门分类	调整后 R^2	回归系数（β）	exp（β）	D
模型1（完全模型）	国有部门	0.210	-0.092	0.9121	—
	混合所有制部门	0.176	-0.122	0.8851	—
	集体经济部门	0.119	-0.175	0.8395	—
	私营个体经济部门	0.131	-0.252	0.7772	—
	三资企业部门	0.120	-0.107	0.8985	—
模型2（排除党员变量）	国有部门	0.207	-0.099	0.9057	0.0064
	混合所有制部门	0.176	-0.124	0.8834	0.0017
	集体经济部门	0.118	-0.179	0.8361	0.0034
	私营个体经济部门	0.132	-0.252	0.7772	0.0000
	三资企业部门	0.122	-0.104	0.9012	-0.0027

续表

	部门分类	调整后 R^2	回归系数（β）	exp（β）	D
模型 3（排除单位规模变量）	国有部门	0.205	-0.102	0.9030	0.0091
	混合所有制部门	0.167	-0.137	0.8720	0.0131
	集体经济部门	0.116	-0.183	0.8328	0.0067
	私营个体经济部门	0.129	-0.252	0.7772	0.0000
	三资企业部门	0.109	-0.144	0.8659	0.0326
模型 5（排除职业分类变量）	国有部门	0.186	-0.088	0.9158	-0.0037
	混合所有制部门	0.157	-0.134	0.8746	0.0105
	集体经济部门	0.091	-0.169	0.8445	-0.0050
	私营个体经济部门	0.089	-0.276	0.7588	0.0184
	三资企业部门	0.115	-0.093	0.9112	-0.0127
模型 6（排除工作年限变量）	国有部门	0.155	-0.129	0.8879	0.0242
	混合所有制部门	0.125	-0.164	0.8487	0.0364
	集体经济部门	0.100	-0.185	0.8311	0.0084
	私营个体经济部门	0.111	-0.282	0.7543	0.0229
	三资企业部门	0.101	-0.144	0.8659	0.0326
模型 7（排除受教育年限变量）	国有部门	0.173	-0.100	0.9048	0.0073
	混合所有制部门	0.135	-0.113	0.8932	-0.0081
	集体经济部门	0.108	-0.176	0.8386	0.0009
	私营个体经济部门	0.121	-0.257	0.7734	0.0038
	三资企业部门	0.079	-0.120	0.8869	0.0116
模型 9（基准模型）	国有部门	0.021	-0.181	0.8344	0.0777
	混合所有制部门	0.023	-0.206	0.8138	0.0713
	集体经济部门	0.028	-0.215	0.8065	0.0330
	私营个体经济部门	0.043	-0.314	0.7276	0.0496
	三资企业部门	0.012	-0.196	0.8220	0.0765

完全模型与基准模型的性别回归系数之差 D 的部门比较结果也同样支持假设 10。国有部门、混合所有制部门、集体所有制部门、私营个体自雇经济部门和三资企业部门的 D 分别为 0.0777、0.0713、0.0330、0.0496、0.0765；6 个协变量对五个部门的男女收入差距的解释力依次为 46.92%、38.29%、17.05%、18.21%、42.98%；而性别及未加考虑因素的解释力

分别是 53.08%、61.71%、82.95%、81.79%、57.02（见图 3）。这些结果也显示出，市场化水平最低的部门性别歧视程度最低，市场化水平居中的部门性别歧视最高，而市场化水平最高的部门性别歧视程度较低。

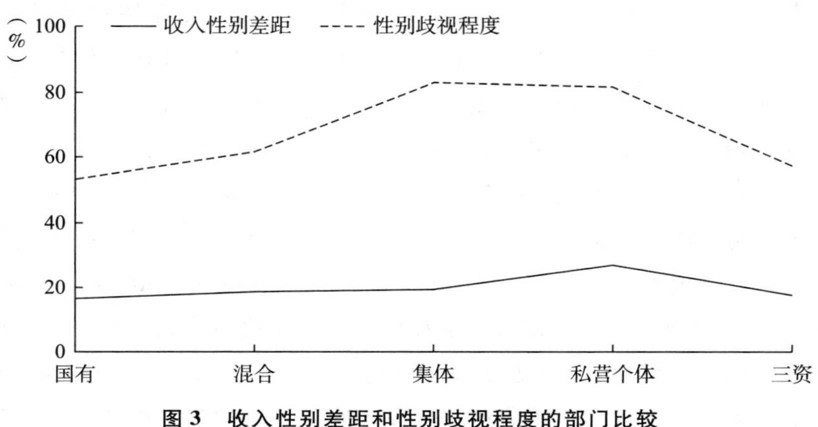

图 3　收入性别差距和性别歧视程度的部门比较

五　结论与讨论

综合前述的数据分析结果，本研究提出的 11 个假设中有 4 个假设（假设 1、6、7 和 10）得到验证，其余 7 个假设被拒绝。这 4 个被验证的假设为我们勾画出当前男女收入差距的基本状况：经济改革以来收入性别差距在逐步扩大；市场竞争机制和性别不平等共同促成了差距的拉大；不过，虽然改革的初期阶段收入性别差距拉大主要是市场竞争机制的作用结果，但在目前阶段性别不平等是导致收入性别差距继续扩大的主要原因；同时，市场化并不必然导致收入性别差距扩大，尽管市场经济及其分配机制推行的初期阶段会导致收入性别差距的明显拉大，但市场分配机制的进一步完善有可能减少性别歧视现象，并从而缩小因歧视而导致的收入性别差距。

对于上述分析结论，可以做几点进一步的讨论。首先，收入性别差距的持续扩大表明，收入性别差距拉大是目前中国社会收入差距扩大的一个组成部分，收入分配领域中的性别不平等也是整个社会收入不平等的一个表现方面。目前学界和大众舆论对于收入差距问题的讨论更为关注的是贫富差距、城乡差距和地区差距等问题，而较忽视收入的性别差距问题。但是，收入的性别差距的持续拉大，应该引起我们的关注，消除收入分配领域中的性别不平等也有助于提高整个收入分配领域的平等化程度和公平水平。

其次，数据分析结论说明，收入分配领域的确存在着性别歧视现象。目前人们普遍承认在劳动力市场的就业领域存在着性别歧视，比如“女大学生就业难”等，但在收入分配领域是否存在性别歧视却存有疑问。在收入分配领域，传统的性别歧视是采取“同工不同酬”的形式，这是一种显性的性别歧视，很容易被直接观察到，目前“同工不同酬”这种显性的歧视已不多见，收入分配领域中的性别歧视更多的是采取不容易被人们直接观察到的隐性的形式。其中一种方式是分配性性别歧视（allocative discrimination），这是指女性大量地被分配在低收入的职业岗位或工作单位，从而导致收入的性别差异。另一种方式是估价性性别歧视（valuative discrimination），这是指以女性为主的职业收入报酬低于以男性为主的职业，尽管这些职业的技能要求和工作强度相差不多。数据分析显示出，工作年限效应对目前的男女收入差距有较强的解释力，这里面可能就包含某种分配性歧视和估价性歧视。由于存在着对女性就业者的年龄歧视，中年及以上年龄的女性就业者被迫流入较低收入的职业岗位，或者以这些年龄段女性为主的职业岗位，雇主和工作单位付给的报酬较低。这些隐性的歧视现象往往被表面现象所掩盖，使人们忽略了收入分配领域的性别不平等问题。

最后，市场化的推进并不必然导致收入性别差距的扩大。在中国学术界，一些主流的经济学家和社会学家对性别收入差距现象倾向于古典经济学理论的解释。他们认为，收入性别差距是市场竞争的结果。在计划经济时期，由于政府的行政性保护政策，收入性别差异被强制性地缩小，而市场经济的推行，必然使收入性别差距恢复到常态水平。因此，男女收入差距拉大是必然的也是合理的。尽管他们对性别不平等现象也持批评态度，但认为这种发展趋势是不可避免的。这样的态度倾向，有可能导致政府政策以及公众舆论对于就业和收入分配领域的性别歧视现象的漠视和不作为，同时也可能使性别歧视由隐性转为显性和公开。本文的数据分析结果表明，收入性别差距扩大并不是市场竞争的必然结果，相反，市场竞争机制的完善有可能缩小收入性别差距。这说明，目前的收入性别差距的扩大趋势不是不可避免的，减少收入分配领域的性别歧视现象，强化公平竞争原则，将会缩小收入性别差距。

参考文献

边燕杰、张展新，2002，《市场化与收入分配——对 1988 年和 1995 年城市住户收入调查的分析》，《中国社会科学》第 5 期。

国际劳工组织数据库，http：www. ilo. org public english bureau stat portal index. htm. 李春玲，2003，《文化水平如何影响人们的经济收入》，《社会学研究》第 3 期。

赵人伟、李实、卡尔·李思勤，1999，《中国居民收入再分配研究——经济改革和发展中的分配》，中国财政经济出版社。

郝大海、李路路，2006，《区域差异改革中的国家垄断与收入不平等——基于 2003 年全国综合社会调查资料》，《中国社会科学》第 2 期。

张展新，2004，《市场化转型中的城市女性失业：理论观点与实证发现》，《市场与人口分析》第 1 期。

Allen，Jim and Karin Sanders. 2002. "Gender Gap in Earnings at the Industry Level." *The European Journal of Women's Studies*. 9（3）.

Bian，Yanjie，John Logan and Xiaoling Shu. 2000. "Wage and Job Inequality in the Working Careers of Men and Women in Tianjin." in Barbara Entwisle and Gail Henderson (eds.) *Redrawing Boundary：Gender，Households，and Work in China*. Berkeley：U. C. Press.

Gustafsson，B.，Shi Li and Terry Sicular (eds.) . 2008. *Income Inequality and Public Policy in China*. Cambrige：Cambrige University Press.

Hauser，Seth M. and Yu Xie. 2005. "Temporal and Regional Variation in Earnings Inequality：Urban China in Transition Between 1988 and 1995." *Social Science Research* 34.

Li，Shi and Björn Gustafsson. 2008. "Unemployment，Earlier Retirement and Changes in Gender Income Gap in Urban China over 1995 - 2002." in Bjorn Gustafsson，Shi Li and Terry Sicular (eds.) *Income Inequality and Public Policy in China*. Cambridge：Cambridge University Press.

Liu，Pak-Wai，Xin Meng and Junsen Zhang. 2000. "Sectoral Gender Wage Differentials and Discrimination in the Transitional Chinese Economy." *Journal Population Economics* 13.

Oaxaca，R. 1973. "Male-Female Wage Differentials in Urban Labour Markets." *International Economic Review* 14.

Shu，Xiaoling and Yanjie Bian. 2002. "Intercity Variation in Gender Inequalities in China：

Analysis of a 1995 National Survey." *Research in Social Stratification and Mobility* 19.

——. 2003. "Market Transition and Gender Gap in Earnings in Urban China." *Social Forces* 81 (4).

Xie, Yu and Kimberlee A. Shauman. 2003. *Women in Science: Career Processes and Outcomes.* Cambridge: Harvard University Press.

Zhou, Xueguang. 2000. "Economic Transformation and Income Inequality in Urban China: Evidence from Panel Data." *American Journal of Sociology* 105 (4).

Zhou, Xueguang, Nancy Brandon Tuma and Phyllis Moen. 1997. "Institutional Change and Patterns of Job Shifts in Urban China, 1949 - 1994." *American Sociological Review* 62 (3).

——. 1996. "Stratification Dynamics under State Socialism: The Case of Urban China, 1949 - 1993." *Social Forces* 74.

中国中产阶级的规模、认同和社会态度*

李培林　张　翼

摘　要： 本文基于中国社会科学院社会学研究所2006年3~5月进行的“中国社会状况调查”（CGSS 2006）的数据，以收入、职业和教育作为三个基本维度，对中国当前发展阶段的中产阶级规模以及中等收入者的规模进行了测算，并比较了“客观中产”和“认同中产”在社会态度一致性上的差异。根据本文的研究结果，我国目前的中产阶级在全国占12.1%，在城市社会中占25.4%，但这个所谓中产阶级，目前并不是一个具有统一的社会态度和行为取向的“阶级”。

关键词： 中产阶级　社会认同　社会态度

在社会学研究中，“中产阶级”始终是一个具有持久魅力但又存在诸多争议的概念。虽然人们已经从职业、收入、教育、声望、消费、性别、种族、品位、认同和社会政治态度等各个层面对中产阶级进行了反复研究，但这些研究结果似乎只是不断提出新的挑战，却难以形成统一认识（Butler and Savage，1995）。尽管在中产阶级的定义和操作性测量方面，不同的、甚至相互对立理论取向的学者，已经更加趋向一致，即把职业分类作为界定中产阶级的最重要测量指标（Goldthorpe，1990；Erikson and Goldthorpe，1993；Wright，1997），但关于中产阶级的角色和作用，经验研究却显示出不同的结果，有的表明中产阶级是当代社会变迁的重要动力（Lash and Urry，1987）；有的表明中产阶级是传统秩序的堡垒（Goldthorpe，1982）；有的表明中产阶级是稳定渐进的工业化力量（Kerr，Dunlop，Harbins and Myers，1991）；也有的表明中产阶级是民主化的激进动力

* 原文发表于《社会》2008年第2期。

（Huntington，1973）。中产阶级在东亚新型工业国家和地区社会变迁中的重要作用也引起了社会学家的广泛关注，但对韩国、新加坡、中国台湾和中国香港社会的相关经验研究，也同样显示出中产阶级既具有激进的特点，也具有保守的性质（吕大乐、王志铮，2003；萧新煌、尹宝珊，1999）。

中国目前正在经历着世界现代化历史上最大规模的社会转型，在全球化背景下，这种转型呈现极其复杂的特征：工业化、城镇化、市场化和国际化全面推进，经济体制转轨和社会结构转型同时进行，工业化初期的资本积累要求、工业化中期的产业升级要求和工业化后期环境治理要求同时并存。这些复杂的特征也为中产阶级的研究带来一些特殊的难点。

第一，中产阶级比重很小，群体边界不清晰。一方面，中国的城市化水平严重滞后于工业化水平，工业化水平目前已经达到约88%（GDP中工业和服务业的产值比重），但城市化水平还只有44%。这使得某种意义上作为“市民群体”的中产阶级的发育很不成熟；另一方面，中国经济主要靠工业推动的特征非常突出，在2005年的全年GDP产值结构中，工业和服务业分别占47.5%和39.7%；在就业结构中，工业和服务业分别占22.8%和31.4%，这使得某种意义上作为“服务群体”的中产阶级规模与经济发展水平不相适应。

第二，由于转型时期经济政治社会地位的不一致性较强，以职业为主要指标定义的中产阶级，在经济地位上呈现偏低的特征，且与民众的主观定性判断产生较大差异，与商业机构以收入消费水平或消费取向界定的中产阶级也存在较大差异。

第三，中国的城乡和地区差异较大，以职业为主要指标定义的中产阶级与主观上认同的社会“中层”人群很不吻合，甚至存在背离的现象，如在农民工群体中，也有近42%的人认为自己属于社会“中层”。

在这种情况下，本文试图回答的问题是：在当前中国，如何界定和测量中产阶级才比较符合实际？中国目前的中产阶级究竟有多大规模？是客观界定的中产阶级还是主观认同的社会“中层”更具有社会态度认知的一致性？

本文使用的数据来自我们在2006年3～5月进行的“中国社会状况调查”（CGSS 2006），此次调查覆盖全国28个省（区/市）的130个县（市、区）、260个乡（镇、街道）、520个村/居委会，访问住户7100余户，获得有效问卷7063份，调查误差小于2%。如果本文中没有另加说明，那么，下文表格中的数据都来自该次调查。①

一 研究策略

中产阶级研究的主要难点在于对中产阶级的界定。不同的学者根据不同的研究目的，往往会界定出不同的“中产阶级”概念。迄今为止，学术界用于界定中产阶级的指标很多，既有主观指标，也有客观指标。客观指标包括职业地位、收入水平、资产占用量、对下属控制权力的大小、专业技术职级、教育资本、社会声望、消费水准、种族和血统等。主观指标相对简单，可以分为他者的评定和自我的认同，前者来源于社会上的他人对某个具体人物是否属于“中产”的认同；后者属于某个具体人物对自己是否属于中产阶级的认同。经济学家往往用收入来界定人们是否属于中产——把收入介于某个区间的人划归中产的类别。社会学家则更多地从职业角度，将某些职业类别，即主要将那些脱离了体力劳动的、具有某种特别技术水平的社会劳动者划归中产阶级之列。

可见，不同的学者会从不同的学术需要出发来界定其所研究的中产阶级。比如说，在20世纪中叶，米尔斯在研究中，主要以职业为标准划分了中产阶级，他认为美国的中产阶级主要由依附于政府机关、大机构大企业、各种事业单位，专门从事行政管理与技术服务工作的人员所构成（米尔斯，[1951] 2006）。可美国国家统计局却曾仅仅以家庭人均收入中位数的75%为下限、以人均收入中位数的125%为上限定义“收入中产”（Kacapyr，Francese and Crispell，1996）。在最近，中国国家统计局也以家庭年收入6万~50万作为中产阶级的标准。

虽然职业中产和收入中产都可以满足不同的解释需要，但在学术研究

① 此项调查以2000年全国第五次人口普查的区市县统计资料为基础进行抽样框设计，采用分层多阶段抽样方式。首先，采用城镇人口比例、居民年龄、受教育程度和产业比例4大类指标7个变量，对东中西部的2797个区市县进行聚类分层，在划分好的37个层中，采用PPS方法抽取130个区市县，在抽中的每一区市县中，采用PPS方法抽取2个乡/镇/街道，共抽取了260个，在抽中的每一乡/镇/街道中，采用PPS方法抽取2个村/居委会，共抽取520个，收集抽中村/居委会中所有居民个人或家庭的名单资料，共覆盖160余万人，近50万户居民。然后，在此抽样框中，采取PPS方法抽样，最后抽中7100样本户，覆盖全国28个省市的130个县（市、区）、260个乡（镇、街道）、520个村/居委会，可推断全国居民总体、分城乡居民人口总体、分东中西部居民人口总体。

中，却有越来越多的人开始综合各种有代表性的、可以被操作的概念来界定中产阶级。在美国，很少有人只以其中的某个具体指标来界定中产阶级的构成人群，而倾向于将收入、教育、职业等结合起来作较为全面的考察（Thompson and Hickey，2005）。吕大乐教授在研究香港中产阶级的构成时曾经说，虽然可以把月收入在2万~5万元（港币）作为中产阶级上下限，但职业仍然应该作为一个主要标准用之于界定过程（吕大乐、王志铮，2003）。在中国，也有人从消费分层出发界定中产阶级（李培林、张翼，2000），可越来越多的人开始从收入中产、职业中产和消费中产等角度来研究中产阶级构成问题（刘毅，2006）。

的确，只从某个具体角度界定中产阶级是缺少稳定性的。最典型的例子如三陪小姐，其收入甚至可以高于普通管理人员，但社会上很少有人将其划分为中产阶级。所以，只有将教育、职业等因素考虑进来，才会避免某个具体指标发生界定偏误。

为此，我们的研究策略是：第一，在界定中产阶级时，不用某个具体指标对社会人群进行简单归类，而选择了比较容易操作，且对中国目前人们的经济社会地位影响较大的三个指标作为测量的指标，即收入水平、职业类别和教育资本。我们把这三个指标都符合中产阶级标准的人群定义为“核心中产阶级”，把其中两个指标符合中产阶级的人群定义为“半核心中产阶级”，把只有一个指标符合中产阶级的人群定义为“边缘中产阶级”。

第二，以 logistic 模型分析人们对中产阶级的自我认同。虽然他者的社会评价也具有重大学术意义，但局限于调查数据的获得，我们只能用自我认同作为指标进行分析。

第三，在对中产阶级的社会态度进行分析时，为避免某个具体指标的随机扰动，我们通过因子分析，在15个测量人们社会态度的指标中提取出三个因子作为因变量，而后再用线性回归方程检验认同阶级变量和客观阶级变量的影响。

二　中国中产阶级的界定和测量

（一）中产阶级收入标准的界定和测量

中产阶级是工业化和城市化的产物，从某种意义上来说，它具有“市民阶级”和“服务阶级”的特征。因此，如果在收入上把全国人口的平均收入或中位数作为定义中等收入的基准，那么中等收入线就会偏低，大量的一般农民也会进入收入中产的行列。所以，我们选择了中国城市户籍人口的平均收入线作为参照基准，把高于平均收入 2.5 倍及以上的收入群体定义为“高收入者”，把低于平均收入线 50% 及以下的收入群体（这个标准在发达国家通常被定义为“相对贫困”）定义为“低收入层”；把低收入的上限到平均线之间者定义为“中低收入层”；把平均线以上到平均线的 2.5 倍的人群定义为“中等收入层”，即“收入中产阶级”。由于高收入者在整个被调查人群所占比重很小，故我们将之并入“收入中产阶级”之中。

根据以上定义和我们 2006 年的调查数据测算，2005 年中国城镇户籍人口年家庭平均收入 9340 元，因此，中国城镇家庭年人均收入在 9341 元之上者为中等收入家庭，在 4671～9340 元的为中低收入家庭，在 4670 元以下的为低收入家庭。

另外，根据以往的调查经验，由于中国人的“不露富”心理以及现实中存在的大量隐性收入，收入水平的问卷调查数据一般都大大低于人们的实际收入水平。例如根据统计数据，2005 年中国城镇家庭居民年人均可支配收入为 10493 元，年人均消费支出为 7942 元，人均收入扣除人均消费后的人均剩余为 2551 元；农村居民家庭人均纯收入 3255 元，人均消费支出 2555 元，农民人均剩余只有 700 元，而 2005 年城乡居民人均人民币储蓄存款余额为 10787 元。按照我们的调查经验，人们的实际收入，平均来看大致是其回答收入的 1.5 倍，因此我们确定实际标准时，把每个收入层的收入水平乘上 1.5 的系数，作为调整后的收入分层标准，并扣除十位以后的零数。这样，根据调整后的收入标准，中国家庭年人均收入在 35001 元以上的为高收入家庭，在 14001～35000 元之间的为中等收入家庭，在 7001～14000 元之间的为中低收入家庭，在 7000 元以下的为低收入家庭（见表 1）。[①]

① 根据国家统计局城镇居民家计调查，2005 年全国城镇居民家庭年人均可支配收入为 10493 元，高收入户人均 22902 元，中高收入户人均 12603 元，中等收入户人均 9190 元，中低收入户人均 6710 元，中下收入户人均 4017 元（国家统计局，《中国统计提要（2006）》，第 96 页）。

表1　按照城镇家庭人均收入线确定的收入分层标准

单位：元/年

	调查平均线 A	低收入层上限 B = A/2	中低收入层区间 C：（B+1）→A	中等收入层 D：（A+1）及以上
调整前	9340	4670	4671～9340	9341以上
调整后（×1.5）	14000	7000	7001～14000	14001以上

按照这样的收入分层标准进行测算，2005年中国低收入层占57.4%，中低收入层为24.8%，中等收入层占17.8%（见表2）。

表2　收入中产、教育中产和职业中产的比较

收入分层	%	教育分层	%	职业分层	%
低层	57.4	低层	77.9	低层	47.0
中低层	24.8	中低层	9.5	中低层	30.6
收入中产	17.8	教育中产	12.7	职业中产	22.4
总计	100.0	总计	100.0	总计	100.0
N =	4998	N =	4998	N =	4998

注：不包括没有工作的被访者。

（二）中产阶级职业标准的界定和测量

以职业标准界定中产阶级是目前社会学界的通常做法，有些研究者把小雇主阶层称为“老中产阶级”，而把白领管理阶层和非体力的其他白领阶层称为“新中产阶级”。在本研究中，我们把各种领取薪金的、具有一定管理权限或技术水平的非体力劳动者定义为职业中产（不包括体力劳动管理人员），其中也包括了“自雇”和雇主等。把体力劳动的工人、半技术半体力劳动者、体力劳动者的监管人员定义为职业中低层，把农民定义为职业低层。按此标准划分，职业中层占22.4%，职业中低层占30.6%，职业低层占47.0%（见表2）。

（三）中产阶级教育标准的界定和测量

很多研究都表明，中国的教育收益率是明显的，而且自改革开放以来是明显提高的，教育的收益率要高于工龄，即工作经验的收益率（赵人伟、李实、李思勤，1999：455～457）。受教育水平与收入水平和职业地位都有很高的相关性。根据中国的具体情况，我们把取得了中专和大学本科阶段及以上教育文凭的人员，定义为“教育中层”，把拥有高中及职高、技校等学历的人员定义为“教育中低层”，把初中及以下学历人员定义为“教育低层”。按此标准测算，中国教育中层占12.7%，教育中低层占9.5%，教育低层占77.9%（见表2）。

当我们把按照收入、教育和职业这三个维度分层的测算结果叠加起来之后，我们看到，在这三个维度中都符合“中层”标准的“核心中产阶级”，实际上只占全部调查对象的3.2%，符合其中两项“中层”标准的“半核心中产阶级”占8.9%，仅仅符合一项“中层”标准的“边缘中产阶级”占13.7%（见表3）。换句话说，如果把“核心中产阶级”、“半核心中产阶级”和“边缘中产阶级”全部视为中产阶级，则整个中产阶级的比重为25.8%；如果只把“核心中产阶级”和“半核心中产阶级”视为中产阶级，则其比重仅为12.1%（见表3）。

表3　全国核心中产、半核心中产和边缘中产的分布

	频次	%	%
其他阶级	3711	74.2	74.2
边缘中产	683	13.7	13.7
半核心中产	442	8.9	12.1
核心中产	162	3.2	
Total	4998	100.0	100.0

注：课题组对数据进行了加权。

从表4还可以看出，如果只将城市劳动者计算在内，则“核心中产”占7.0%，“半核心中产”占18.4%，“边缘中产”占24.3%。同样，如果把“半核心中产”和“核心中产”视为城市中产阶级的构成，则城市中产阶级所占比重为25.4%。从这里也可以看出，中产阶级主要集聚在城市。需要说明的是，“边缘中产”大于“教育中产”和“职业中产”的主要原因，是那些所谓的老中产阶级，即雇用了较少劳动力或以“自雇”身份经营的那些人，一方面受教育水平较低，另一方面收入水平也不是很高。当然，在某些情况下，在我们的调查中，这些人因为属于自我经营或家庭作坊，经常将家庭消费与企业经营混同一起，因此，他们自己给自己发的工资，往往会较少估计。所以，把中国当前中产阶级占就业人数的比重估计在12%左右，应该是一个能够接受的比重。

表4　城市核心中产、半核心中产和边缘中产的分布

	频次	%	%
其他阶级	1078	50.3	50.3
边缘中产	520	24.3	24.3
半核心中产	395	18.4	25.4
核心中产	150	7.0	
Total	2143	100.0	100.0

注：课题组对数据进行了加权。

三　社会“中层”的认同以及影响因素

经验研究表明，人们所处的客观社会经济地位与认同的主观社会经济地位并不一致，在经济发展水平和收入分配状况差异很大的国家和社会，社会“中层”认同的情况却可能非常相像。例如，远比巴西发达、收入差距也小很多的日本，社会“中层”的认同情况却与巴西很近似；而印度与中国同为收入差距较大的发展中的人口大国，且目前中国的人均GDP是印度的两倍以上，但印度认同社会“中层”的比重却远高于中国（见表5）。

由此可见人们主观的阶层认同，既受到收入、职业、教育和家庭背景等多种客观因素的影响，也受到参照比较体系等主观因素的影响。因此，依据客观指标定义的中产阶级，与人们主观认同的社会“中层”，既存在一致性，也存在差异性。

表5　各国公众主观阶层认同情况比较

单位：%

国家	主观阶层认同					（个案数）
	上层	中上层	中层	中下层	下层	
西德	1.8	11.2	62.5	20.0	3.6	（1127）
美国	1.9	15.7	60.7	17.4	3.6	（987）
法国	0.4	10.9	57.7	25.2	5.3	（993）

续表

国家	主观阶层认同					(个案数)
	上层	中上层	中层	中下层	下层	
意大利	0.7	7.0	56.9	22.2	8.0	(1000)
澳大利亚	1.1	8.6	72.8	10.4	2.7	(1104)
加拿大	1.2	14.2	68.8	11.8	2.2	(1012)
巴西	4.4	13.1	57.4	17.2	5.5	(1000)
日本	1.1	12.5	56.0	24.4	5.0	(1042)
新加坡	1.0	3.9	74.2	16.2	3.0	(996)
韩国	1.1	14.7	51.0	23.7	9.0	—
印度	1.2	12.0	57.5	21.7	7.5	(1020)
菲律宾	1.3	7.0	67.1	18.5	5.9	(1574)
中国（2002）	1.6	10.4	46.9	26.5	14.6	(10738)
中国（2006）	0.5	6.2	41.0	29.3	23.1	(6789)

注：世界各国资料根据渡边雅男（1998：333～334）整理，该数据为1979年9月至11月由盖洛普国际组织（Gallup International）在各国开展面访获得，其中巴西、印度和韩国只在城市调查，其他均为全国性调查。中国2002年数据来自2002年中国城市公众社会冲突观念调查（参见李培林等，2005：57），2006年的数据为2006年中国社会状况调查（CGSS 2006）。

从表6可以看出，根据对调查数据的分析，在“核心中产阶级”中，有61.7%的人认为自己的经济社会地位属于社会“中层”；在“半核心中产阶级”中，有53.5%的人认为自己属于社会“中层”；在“边缘中产”中，只有46.8%的人认为自己属于社会“中层”；而在除我们定义的三个中产阶级之外的“其他阶级”中，也有38.6%的人认为自己属于社会“中层”。

可见，收入中层、教育中层和职业中层之间越形成聚集，则由此所决定的中产阶级认为自己属于社会“中层”的比例就越高；而收入中层、教育中层和职业中层之间的人群分布越离散，则由此所决定的中产阶级认为自己属于社会“中层”的比例就越低。所以，要使客观指标界定的中产阶级与主观认同的社会“中层”人群一致性增强，就必须增加核心中产阶级的比重，这就需要中国社会在运行过程中增进机会公平，使收入、教育与职业之间增加更多重叠的可能。

表 6　认同中产与客观中产的交叉分析

单位：%

认同阶级	其他阶级	边缘中产	半核心中产	核心中产	总计
上层	0.3	1.3	0.9	1.9	0.6
中上层	3.5	7.0	13.1	15.4	5.4
中层	38.6	46.8	53.5	61.7	42.4
中下层	31.0	28.6	27.2	18.5	29.8
下层	26.5	16.4	5.4	2.5	21.8
N =	3514	1092	467	162	5235

注：$X^2=317.501$；$P<0.000$。

在当前中国，究竟是什么因素在影响着社会成员的阶层认同呢？或者说，除了人口特征因素之外，职业、收入和教育这三个我们用来界定中产阶级的因素，哪一个对人们主观认同社会“中层”的影响更具有决定性意义呢？从表 7 显示的统计分析结果可以看到，“性别”对人们的社会“中层”认同并没有显著的影响，尽管统计到的女性平均收入远低于男性的平均收入，而且尽管女性的平均受教育程度也低于男性。经验研究表明，对社会“中层”的个体认同，更多地参考了整个家庭的经济社会地位，个体的阶层认同也深受家庭背景的影响。比如，妻子在阶级认同上，除考虑自身的因素外，还可能结合丈夫的各种社会身份和收入，来综合评价自己的社会地位，并给出自己的认同阶层。毕竟，家庭具有再分配家庭成员收入与其他资本的功能。

表 7　影响社会成员对社会“中层”认同的因素
（Logistic 分析）

	B 值	标准误	Wald 值	自由度	显著性	幂值
性别（男 =1）	0.029	0.063	0.218	1	0.640	1.030
是否党员（党员 =1）	0.331	0.115	8.273	1	0.004	1.392
东中西（对照组：西部地区）						
东部地区	-0.083	0.084	0.969	1	0.325	0.921
中部地区	0.170	0.079	4.672	1	0.031	1.186

续表

	B 值	标准误	Wald 值	自由度	显著性	幂值
年龄组						
（对照组：66 岁及以上）						
25 岁及以下	0. 331	0. 291	1. 291	1	0. 025	1. 392
26 ~ 35 岁	0. 339	0. 284	1. 422	1	0. 023	1. 403
36 ~ 45 岁	-0. 029	0. 283	0. 011	1	0. 917	0. 971
46 ~ 55 岁	0. 018	0. 286	0. 004	1	0. 951	1. 018
56 ~ 65 岁	-0. 069	0. 297	0. 054	1	0. 816	0. 933
教育分层						
（对照组：教育低层）						
教育中低层	-0. 046	0. 108	0. 181	1	0. 670	0. 955
教育中层	0. 243	0. 107	5. 137	1	0. 023	1. 275
职业分层						
（对照组：职业低层）						
职业中低层	-0. 431	0. 083	27. 181	1	0. 000	0. 650
职业中层	-0. 206	0. 089	5. 350	1	0. 021	0. 814
收入分层						
（对照组：收入低层）						
收入中低层	0. 399	0. 077	26. 722	1	0. 000	1. 491
收入中层	0. 762	0. 097	61. 892	1	0. 000	2. 143
常数	-0. 552	0. 284	3. 778	1	0. 052	0. 576

注：N = 4655； -2 Log likelihood = 6542. 027。

在政治身份上，“党员”将自己认同为社会“中层”的概率，明显大于非党员，这大概是源于国有部门管理层中的党员比非党员要高许多。原来我们认为东部地区的人们会比西部和中部地区更易于认同为“社会中层”，但这里的检验却并不显著。这说明在地区差距较大的情况下，不同地区的人们对社会“中层”的认同所依据的比较参照标准是不同的。可让人奇怪的是，与西部地区相比，中部地区中却有更多的人将自己认同到了社会“中层”。这是一个以后需要进一步研究的问题。在此的解释是：人们并不是因为现实存在差距而导致阶层认同的分歧，而是因为感受到与参照群体的差距而寻找着自己的阶层归宿。所以，实际存在多大的差距是一回事，人们真正感受到的差距是另外一回事。

从年龄因素来看，与“66岁及以上年龄组”比较，“26～35岁年龄组”的人群认同社会“中层”的概率最大，是“66岁及以上年龄组”的1.403倍，“25岁及以下年龄组”的人群认同社会“中层”的概率，也超过了“36～45岁年龄组”和“46～55岁年龄组”。这一方面反映了中国目前在收入状况上“老子不如儿子”的现象；另一方面也反映了不同年龄段人群的消费生活差异。当然，还有一个原因，就是年轻人的平均受教育程度也大大高于中老年人。在现代社会，科学技术的进步与新兴产业的蓬勃发展，总是易于给接受了最新教育的那些人提供收入更高的工作岗位。技能的稀缺程度与收入的高低之间存在着极强的相关关系。所以，代际受教育程度的差异，会造成许多阶层认同的差距。

这表现在受教育程度这个指标上，与教育低层相比，教育中层的社会中层认同概率更大，大约是教育低层的1.3倍。

但很奇怪的是，我们用来界定中产阶级的最主要指标“职业”，在控制了其他变量的影响后，却对社会“中层”的认同产生了负面影响，这是很有意思的社会现象。因为我们定义的职业低层，是农民阶级为代表的种植农。城市体力工人阶级等，在对社会中层的认同上，反倒低于农民阶级。这说明，农民阶级生活状况的边际改善，会带来更多的阶层认同增量。虽然现代中产阶级很难把农民阶级纳入其中去定义和分析，但农民阶级的自我认同，却在经济收入和生活状况的改善中，最容易提高。这还说明，那些被我们定义的中产阶级，与比较组——农民阶级相比，也没有自我阶级认同的显著优势。所以，在当前的中国，在控制了其他变量的情况下，工人阶级和职业白领对社会“中层”的阶级认同感，还不像人们想象的那样显著。

统计分析显示，相对于职业和教育因素来说，收入分层对人们的主观阶层认同更具解释力。与收入低层相比较，收入中低层认同“社会中层”的概率，是收入低层的1.49倍；收入中层认同于“社会中层”的概率，是收入低层的2.14倍。这说明，在当前的中国，收入状况乃是影响人们社会阶层归属感的最主要因素。

所以，正是收入这个变量主要决定着人们的社会中层认同。那些收入达到了一定程度的社会成员，不管自己的受教育程度怎样，也不管自己的职业地位如何，他们与周围的参照群体相比较，更易于将自己归属于社会“中层”。

四　影响中产阶级社会态度的主要因素

中产阶级是不是社会的稳定器？中产阶级能够维护社会稳定的假说，其实建立在这样一个前提下，即中产阶级是一个统一的利益或地位群体，他们具有共同的社会态度和行为偏好。那么，中产阶级是否是一个具有阶级意义的利益群体呢？

为了验证这一点，我们对测度社会态度的 15 个变量进行了因子分析。这 15 个变量如表 8 所示（按照后文提取到的因子顺序）。

表 8　用于因子分析的测量人们社会态度的题目

1	政府搞建设要拆迁居民住房，老百姓应该搬走	6	以不正当的手段赚钱	11	财政税收政策
2	老百姓应该听从政府的，下级应该听从上级的	7	家庭背景好	12	工作与就业机会
3	民主就是政府为人民做主	8	有重要的人际关系	13	城乡之间的待遇
4	国家大事有政府来管，老百姓不必过多考虑	9	一些人贪污腐败、侵吞国有/集体资产	14	不同地区、行业之间的待遇
5	老百姓交了税，政府爱怎么花就怎么花	10	富人少缴税	15	养老等社会保障待遇
同意程度 1 很不同意　2 不大同意 3 比较同意　4 很同意		影响程度 1 非常大　2 比较大 3 不太大　4 不影响		不公程度 1 很不公平　2 不大公平 3 比较公平　4 很公平	

对这 15 个四分 Likert 量表，我们采用主成分分析法提取了 3 个“因子”。在提取到的初始特征值中，因子 1 能够解释的变异百分比为 21.374%，因子 2 为 12.077%，因子 3 为 10.847%，总共能够解释 44.299% 的原始态度变量值。但为了对各个因子所代表的内容进行综合归纳以便于“命名”，我们特以最大变异数法对其进行了转轴处理。从表 9 可以看出，经过转轴调整之后，因子 1 能够解释整个社会态度量表变异百分比的 15.951%，因子 2 为 14.384%，因子 3 为 14.0%。转轴后 3 个因子总共也能够解释原 15 个变量 44.299% 的内容——与转轴前相比，信息并没有损失，但却改变了各个因子对原有变量的解释力，使得因子易于归纳和“命名”。

表 9 因子的提取

因子（代号）	初始特征值			转轴后各因子解释量各因素		
	各因素特征值	解释变异%	累积解释变异%	各因素特征值	解释变异%	累积解释变异%
1	3.206	21.374	21.374	2.393	15.951	15.951
2	1.812	12.077	33.452	2.152	14.348	30.299
3	1.627	10.847	44.299	2.100	14.000	44.299
4	1.095	7.302	51.602			
5	0.926	6.173	57.775			
6	0.863	5.756	63.531			
7	0.841	5.606	69.137			
8	0.734	4.895	74.032			
9	0.674	4.496	78.528			
10	0.628	4.184	82.712			
11	0.606	4.038	86.750			
12	0.581	3.872	90.622			
13	0.529	3.529	94.151			
14	0.468	3.121	97.272			
15	0.409	2.728	100.000			

注：以主成分分析法提取。

另外，从表 10 的因子矩阵还可以看出，在经过转轴之后，这 3 个因子所代表的内容，主要集中在以下三个方面：因子 1 代表了“对国家有关政策的不公评价”，因为其与这些政策评价的相关最高；因子 2 代表了“对致富原因不公程度的评价”，因为其与该指标集所代表的变量相关最高；因子 3 代表了“对服从政府的认可程度”，因为其与该指标集所代表的变量相关最高。

表 10 最大变异数旋转后得到的因子系数

因子含义	提取后的因子		
	对国家有关政策不公程度评价（因子 1）	对致富原因不公程度评价（因子 2）	对服从政府的认可程度（因子 3）
政府搞建设要拆迁居民住房，老百姓应该搬走	0.107	-0.023	0.585
老百姓应该听从政府的，下级应该听从上级的	0.088	-0.051	0.705
民主就是政府为人民做主	0.024	-0.073	0.563

续表

因子含义	提取后的因子		
	对国家有关政策不公程度评价（因子1）	对致富原因不公程度评价（因子2）	对服从政府的认可程度（因子3）
国家大事由政府来管，老百姓不必过多考虑	0.068	-0.045	0.728
老百姓交了税，政府爱怎么花就怎么花	0.140	-0.070	0.557
以不正当的手段赚钱	-0.167	0.700	-0.082
家庭背景好	0.029	0.548	0.030
有重要的人际关系	-0.009	0.511	-0.108
一些人贪污腐败、侵吞国有/集体资产	-0.128	0.740	-0.091
富人少缴税	-0.070	0.694	-0.035
财政政策	0.494	-0.153	0.174
工作与就业机会	0.586	-0.177	0.153
不同地区、行业之间的待遇	0.752	-0.012	0.144
城乡之间的待遇	0.782	0.031	-0.003
养老等社会保障待遇	0.731	-0.022	0.024

注：旋转方法为最大变异数法。

在此基础上，我们特以这3个因子作为因变量，在控制了性别、年龄、户口后，以职业、收入和教育等因素决定的客观社会分层和主观阶层认同为自变量建立分析模型（这主要为避免单一因变量导致的随机偏误的影响）。分析结果如表11所示。

表11 影响人们社会态度的因素

自变量	模型1 对国家有关政策不公程度的评价		模型2 对致富原因不公程度评价		模型3 对服从政府的认可程度	
	B	*Beta*	*B*	*Beta*	*B*	*Beta*
性别（男=1）	0.009	0.004	0.034	0.016	-0.013	-0.006
城乡户口（城镇户口=1）	-0.047	-0.023	0.281	0.133***	-0.216***	-0.104
政治身份（党员=1）	-0.134	-0.055	-0.063	-0.025	-0.078	-0.031
年龄组（对照组：66岁及以上）						
25岁以下	0.980	0.400	-0.781	-0.303	-0.893	-0.355

续表

自变量	模型 1 对国家有关政策不公程度的评价		模型 2 对致富原因不公程度评价		模型 3 对服从政府的认可程度	
	B	*Beta*	*B*	*Beta*	*B*	*Beta*
年龄组（对照组：66 岁及以上）						
26～35 岁	0.865	0.419	-0.787	-0.362	-1.015	-0.479
36～45 岁	0.887	0.410	-0.860	-0.378	-0.723	-0.325
46～55 岁	0.905	0.315	-0.860	-0.284	-0.478	-0.162
56－65 岁	0.826	0.155	-1.007	-0.179	-0.224	-0.041
认同阶层（对照组：社会下层）						
社会上层	0.510	0.039	-0.725	-0.053	-0.040	-0.003
社会中上层	0.463	0.148***	-0.307	-0.093**	-0.423***	-0.131
社会中层	0.271	0.138***	-0.451	-0.218***	-0.324***	-0.161
社会中下层	0.266	0.119**	-0.228	-0.097*	-0.229*	-0.100
客观阶级（对照组：其他阶级）						
边缘中产	-0.120	-0.041	0.022	0.007	-0.168	-0.056
半核心中产	-0.070	-0.034	-0.019	-0.009	-0.079	-0.037
核心中产	-0.038	-0.027	-0.007	-0.001	-0.023	-0.003
常数	-1.057		1.075		1.005	
R^2	0.08		0.075		0.083	
N =	4699		4588		4576	

注：*** $=p<0.001$，** $=p<0.01$，* $=p<0.05$

可以看出，虽然在模型 1 中，“户口”这个变量是不显著的，但在模型 2 和模型 3 中，其却非常显著地具有统计解释力。在这里，具有非农户口——城市或城镇户口的人，对非法致富归因的动机更强烈一些。

从某种程度上可以说，“农民”比“市民”的公平感要强一些，我们另外的一项研究也有类似的结果，即“农民工”比“城市工人”的公平感要高（李培林、李炜，2007）。这大概说明，对人们公平感、满意度和幸福感这类主观感受指标，影响更大的可能不是职业和实际生活水平，而是生活预期、信息获得能力、社会开放水平和比较参照体系等因素。

但“年龄组”这个虚拟变量，却失去了统计解释力。也就是说，在控制了其他变量的情况下，在社会态度的比较上，各个年龄组之间不存在显著差异。

客观阶级这个变量，在模型1、模型2、模型3中，都缺少统计意义的显著性。从这里可以得出这样的结论：要么是中产阶级其实并不是一个具有统一社会态度的利益群体，要么是我们用职业、收入、教育建构的所谓“中产阶级”，实际上只是理论上的一种“虚构”。

但认同阶级却在每个模型中都很显著，这与我们原来的发现基本一致（张翼，2005）。从模型1可知，人们越是将自己认同在“社会中层”或接近“社会中层”的那些人群（“社会中上层”或“社会中下层”），他们就越认为当前国家的各项制度是公平的；人们越是将自己认同在“社会中层”或邻近“社会中层”的位置，就越不会将致富的社会原因归结为“非法致富”或“不公平竞争的致富”。但在对政府的态度上，认同中层也表现出对政府的不当行政会持反对态度。

因为这3个因变量都是我们在因子分析后提取出来的，所以，通过这里的验证，我们基本可以说，社会成员的认同阶层越高，总体上形成的社会公平感就越强，其对社会就越具有积极性的认识。因而，自我认同的“中层”，是一个具有社会稳定意义的变量，他们更容易形成共同的社会态度和行为偏好。

五　结论和讨论

归纳本文以上的分析，我们可以概括出以下几点基本结论。

第一，关于中国中产阶级的规模。用收入这个单一指标来测量，中国目前家庭年人均收入在14001元以上者占16.3%（其中家庭人均收入在35000元以上者占3%左右），在7001～14000元之间的中低收入层占22.8%，在7000元以下的低收入层占60.9%。如果用职业、收入和教育三项指标界定的中产阶级，即比较宽泛地定义的中产阶级占社会成员的25.8%（老中产阶级——即私营企业主和个体企业经营者数量抬升了该数字）。其中三个维度都符合“中层”标准的“核心中产阶级”只占3.2%，符合其中两项“中层”标准的“半核心中产”占8.9%，仅符合一项“中层”标准的“边缘中产阶级”占13.7%。所以，如果将符合其中两项标准者认定为“中产”，则中国当前的中产阶级大约占12.1%左右。

第二，关于“客观中产阶级”和“主观认同中层”的关系。用职业、收入和教育等客观指标界定的中产阶级，越靠近核心层，就越倾向于认同社会“中层”。“核心中产阶级”中，有61.7%的人认为自己属于社会“中层”；在“半核心中产阶级”中，有53.5%的人认为自己属于社会“中层”；在“边缘中产阶级”中，只有46.8%的人认为自己属于社会“中层”；在中产阶级之外的“其他阶级”中，有38.6%的人认为自己属于社会“中层”。在人们归属社会“中层”主观选择的影响因素中，最具有显著意义的影响因素是“收入”和“年龄”。与农民阶级相比，体力工人阶级认同于社会中层的概率更低。为我们定义的职业中产阶级，却并不比农民阶级更多地认同于社会中层。教育虽然也具有影响作用，但不如收入的影响强烈。所以，在当前的中国，人们的“社会中层”认同感主要取决于收入的高低。

第三，关于“客观中产阶级”和“主观认同中层”在社会态度一致性方面的比较。“主观认同中层”的社会态度一致性非常显著，而“客观中产阶级”却没有显示出统一的社会态度和行为偏好。

此外，下列问题值得进一步探讨。

第一，中产阶级究竟是一个表示社会职业构成的概念，用以解释工薪劳动者技术替代劳动的过程，还是一个生活状态的概念，用以表示收入分配的结构从金字塔型向橄榄型的转变；抑或是一个阶级分析的概念，用以表示走向现代化过程中产生的一种新的社会力量。这使我们不得不在未来继续研究中产阶级的定义和分类问题。毕竟，不同的界定标准只能满足不同的需要。如果要从阶级关系和阶级形成的角度分析中产阶级，我们就得从关系角度继续探索中产阶级的类型学问题。

第二，在中国现阶段，在学术研究中怎样界定中产阶级才能更符合民众对中产阶级的认知，而且我们根据某种理论框架和若干客观指标建构的中产阶级，会不会成为一种理论上的“虚构”，对解释现实中人们的价值和行为取向毫无用途。

第三，中国的城乡和地区差距很大，在不同现实境况中生活的所谓“中产阶级”，比如说上海的一个外资银行的职员和西部贫困地区的一个中学教师，就完全属于不同的境地。因此只能在大体相同发展水平的区域内，对中产阶级的分析才更有意义。

第四，主观认同的“社会中层”，是社会态度的主要决定因素，新的集体行为和社会运动更多的是建立在社会认同的基础上的，应当加强这方面的研究。我们此项研究所显示的收入对阶层认同的重要性尚需进一步检验。

最后，中国由于缺乏严格的个人收入和资产申报制度，隐形收入的实际比重很难估算，我们确定的1.5系数的这个经验值，尚需要更深入的研究来验证，而这个系数能否平均分配到收入层也值得进一步斟酌，因为理论上隐形收入更多地集中在高收入阶层，但有差异的分配系数也是难以准确界定的事情。

参考文献

渡边雅男，1998，《现代日本的阶层差别及其固定化》，陆泽军等译，中央编译出版社。

李培林、李炜，2007，《农民工在中国转型中的经济地位和社会态度》，《社会学研究》第3期。

李培林、张翼，2000，《消费分层：启动经济的一个重要视点》，《中国社会科学》第1期。

李培林、张翼、赵延东、梁栋，2005，《社会冲突与阶级意识》，社会科学文献出版社。

刘毅，2006，《中产阶层的界定方法及实证测度——以珠江三角洲为例》，《开放时代》第4期。

吕大乐、王志铮，2003，《香港中产阶级的处境观察》，三联书店。

米尔斯，[1951] 2006，《白领：美国的中产阶级》，周晓虹译，南京大学出版社。

萧新煌、尹宝珊，1999，《台湾、香港和新加坡中产阶级的集体社会政治意识》，社会阶层研讨会（香港），香港中文大学亚太研究所。

张翼，2005，《中国城市社会阶级阶层冲突意识研究》，《中国社会科学》第4期。

赵人伟、李实、李思勤主编，1991，《中国居民收入问题再研究》，中国社会科学出版社。

Bulter, Tim and Mike Savage (eds.). 1995. *Social Change and the Middle Class*. London: UCL Press.

Erikson, Robert, and John H. Goldthorpe. 1993. *The Constant Flux: A Study of Class Mobility in Industrial Societies*. Oxford: Clarendon Press.

Goldthorpe, John H. 1982. “On the Service Class, Its formation and Future.” in *Classes and the Division of Labour*: *Essays in Honor of Ilya Neustadt*. A. Giddens and G. MacKenzie (eds.). Cambridge: Cambridge University Press.

——. 1990. "A Response." in *Consensus and Controversy*, J. Clark, C. Modgil, and S. Modgil (eds.). London: Falmer Press.

Huntington, Samuel P. 1991. *The Third Wave*: *Democratization in Late Twentieth Century*. Norman: University of Oklahoma Press.

Kacapyr, Elia, Peter Francese, and Diane Crispell. 1996. "Are You Middle Class? - Definitions and Trends of US Middle-Class Households." *American Demographics*, Oct.

Kerr, Clark, J. T. Dunlop, F. Harbison, and C. A. Myer. 1973. *Industrialism and Industrial Man*. Harmondsworth: Penguin Books.

Lash, S. and J. Urry. 1987. *The End of Organized Capitalism*. Cambridge: Polity Press.

Thompson, William, and Joseph Hickey. 2005. *Society in Focus*. Boston, MA: Pearson.

Wright, Erik Olin. 1997. *Class Counts*: *Comparative Studies in Class Analysis*. Cambridge: Cambridge University Press.

现代性与中国经验*

李培林

中国改革开放30年，逐步形成了“中国经验”。在“中国经验”的形成过程中，就产生影响全局的重大理论来说，主要有三个方面：一是社会主义初级阶段理论；二是社会主义市场经济理论；三是社会主义和谐社会理论。这三大理论具有不同的特点，但和谐社会理论的提出，更多地凝聚了传统文化的精华和东方国家的智慧，这是与其他两个理论不太相同的地方。当然，“中国经验”的概念不同于“中国模式”的概念，它是开放的和发展着的，它不排斥其他国家的经验，也不追求普适价值，但它会成为世界发展理念的重要组成部分。

“中国经验”包含着对三种现代性价值的实践探索和深刻反思，这就是“市场经济”、“民主政治”和“公正社会”。“中国经验”对这三种基本价值的实践探索，实际上也是对这三种价值的重塑过程。

围绕着“市场经济”、“民主政治”和“公正社会”这三种现代性价值，产生了很多思想争论，有些争论甚至是非常激烈的。比如市场经济是不是一种丛林法则，市场法则对政治生活、社会生活和文化生活的全面渗入产生了什么影响；比如一些国家和地区的“民主化”进程，究竟给其人民的生活带来了什么；比如中国的收入差距不断扩大会对未来社会产生什么影响；等等。这种在利益关系和思想认识上的差异，在改革开放初期，表现为分化的态势，即围绕着利益得失和价值认同形成了两种或几种力量，但发展到今天，则表现为更加多样化的态势，这种多样化也可以称为“碎片化”。

这种所谓“碎片化”（fragmentation），在中国表现为这样几个特征：

---

* 原文发表于《社会》2008年第3期。

第一，社会流动很快，社会结构尚未定型，很多情况下，阶级阶层内部的差异大于阶级阶层之间的差异；第二，很多我们用客观标准界定的阶级阶层，在社会态度和行为取向上，并没有表现出显著的一致性；第三，尽管各种社会问题在现象上表现为利益关系矛盾，但这些矛盾聚集的焦点，在深层次上反映了价值认识的差异和冲突。在利益关系和价值认同上产生这种“碎片化”的情况，可以说与“四个深刻”变化紧密联系。

首先是“经济体制深刻变革”。经过30年的改革开放，中国基本完成从计划经济体制向社会主义市场经济体制的转变，市场经济的深入发展，为经济注入了强大的活力，但体制创新和转变增长方式的任务更加繁重，在能源、资源、环境和技术等方面形成的发展瓶颈日益突出，实现可持续发展遇到的压力增大。

其次是“社会结构深刻变动”。工业化、城市化的快速推进，推动着中国从传统的城乡二元结构向现代社会结构转变。这种社会结构转变的人口规模之大、速度之快和程度之深，在世界现代化历史上是空前的。数以亿计的农民离开土地向非农产业的迅速转移，乡村人口向城市的大量集中，为中国的社会结构转型带来强大动力，极大地改变了人们的生活方式、就业方式和整个社会的面貌。

第三是“利益格局深刻调整”。改革本身就是利益格局的调整过程，城乡、区域和不同社会成员之间出现收入差距不断扩大的情况。在全球化竞争背景下，中国不同产业的比较收益差距扩大，非实体经济的飞速发展使财富积累速度加快，产业集群化的现象使投资向特定区域更加集中，体力劳动的充分供给和竞争过度造成低位劳动工资水平停滞不前，加之腐败和非法收益的存在，这些都成为导致收入差距进一步扩大的影响因素。这究竟是一个阶段性的突出问题，还是一个可能的长期趋势，还需要认真研究。

最后是“思想观念深刻变化”。随着市场经济、民主政治和公民观念的发展，人们的生活方式、就业选择、利益诉求、价值取向和思想观念等出现多样化趋势，不同区域之间、阶层之间、代与代之间的认识差异明显增加，形成社会共识和社会认同的难度加大，不过一些国家政治内乱所造成的经济倒退、社会动荡、生活窘困的后果，也使人们对“现代性”重新反思。

另外，自20世纪90年代中后期以来，与改革开放初期相比，中国的经济社会发展出现了一些新特点。利益关系和价值认同的多样化、碎片化态势，以及对“市场经济”、“民主政治”和“公正社会”等现代性的反思，也都与这些发展阶段的新特点紧密联系。这些新特点大概有以下几个方面。

一是两个转变同步，结构转型反推体制转轨。中国的发展不同于其他国家的典型特点，是两个转变的同步进行，即在经济体制上从计划经济向社会主义市场经济转轨的同时，在社会结构上从农业的、乡村的、封闭的社会向工业的、城市的、开放的社会转型。改革开放初期，这种两个转变的同步进行，主要表现为经济体制改革推动社会结构转型，并以社会结构转型的收益补偿体制转轨的成本。但目前，先易后难的渐进式体制改革进入新阶段，结构转型对体制转轨形成了倒逼反推机制，不仅要求改革更加注重利益协调和社会公正，而且要求改革从经济领域向社会领域全面扩展，推进反思的改革本身也成为反思的对象，但停顿和倒退没有出路。

二是三个阶段并存，发展问题产生时空压缩。在全球化的背景下，国际上的中心半边缘边缘经济社会格局也影响中国内陆的区域格局，中国出现三个不同发展阶段的并存，即工业化初期的资本积累阶段、工业化中期的产业升级阶段和工业化后期的结构转型阶段并存。三个阶段的并存，这是空间维度的压缩。与此同时，还有时间维度的压缩，中国用了30年的时间，大约走完了发达国家上百年走过的路程。这种时空压缩的特点也带来了需要同时面对不同性质发展问题的现实，出现诸多的两难选择。比如中国既要发展劳动密集型企业，以便通过扩大就业来消化庞大的新增劳动力和农村转移劳动力；也要加快技术创新和产品更新换代，以便通过增加产品附加值来消化不断增加的劳动力成本和减少贸易摩擦；还要不断加大保护环境和节约能源的力度，以便能够实现可持续的发展。这种时空压缩实际表现在各个方面，就像中国文坛中现实主义、批判现实主义和超现实主义的并存。

三是两个焦点问题变化，收入分配过大和公共产品供给不足成为新焦点。从改革开放初期打破“大锅饭”和“平均主义”到现在的收入差距过大，这是一个焦点问题的变化。收入差距扩大以难以控制的趋势发展，引发了人们对效率和公平关系的重新反思，我们不能走回头路，因为那是条死路，但向前走向哪里必须要达成新的共识、做出新的抉择。从改革开放初期的商品短缺到现在的公共产品短缺，这是另一个焦点问题的变化。随着商品领域从卖方市场到买方市场的变化，新的短缺不再仅存在于商品领域，而是发生在公共产品和公共服务领域，如教育、医疗、社会保障、环境保护、公共交通等等，这个变化引发对转变政府职能、打破垄断行为、建设社区和发展社会组织的广泛思考。

四是三种机制形成，协调三种机制成为社会治理的新课题。改革开放初期，市场经济对于政府来说是一个陌生的事物，在市场经济条件下，政府应当做什么、怎样做，需要一个学习和适应的过程。在这个过程中，政府这只看得见的手，逐步熟悉了市场这只看不见的手。但是，随着市场经济的深入，社会也发生了深刻变化，社会分化成不同的利益群体、不同的社会阶层和具有不同利益诉求的分散的个人。利益关系的协调成为一种新的社会运行机制，一种不同于政府机制和市场机制的新机制。如何处理好政府、市场、社会这三者之间的关系，也需要一个新的学习和适应的过程。

中国发展中出现的新问题、新特点和新态势，对发展战略的选择和社会政策的制定提出了新的要求。构建社会主义和谐社会重大战略思想的提出，正是依据这种新的现实需求和对过去的经验总结。和谐社会理论的内涵和思想体系现在已经比较系统化了，当然其提出来的时间还不算长，还需要随着实践的检验不断丰富和完善。这一战略思想和理论体系带来了一系列的变化。比如发展理念的变化，人们更加审慎地思考发展的目的、发展的道路和发展的方式。在发展目的上更加注重富强、民主、文明、和谐等基本价值的融合，更加注重生活质量的提高；在发展方式上更加注重科学发展、和谐发展；在发展道路上更加明确了中国特色社会主义的方向。还比如发展的总体布局的变化，社会建设成为发展的重要一环，被放在更加突出的位置，改善民生成为当前社会建设的核心内容。再比如发展原则的变化，人们对一些重大均衡问题重新思考，包括效率和公平的关系，生产和消费的关系，增长和进步的关系，活力和稳定的关系、分化和整合的关系，等等。在目前迅速变化的中国，在社会建设和社会管理方面，需要根据新的变化和新的问题，加强和改善社会整合，促进社会和谐和社会团结。这种社会整合包括社会关系、社会制度和社会价值三个层面的重新整合。

在社会关系的整合方面，群体之间的利益关系特别需要整合和协调三种发生重大变化的新型社会关系，即贫富关系、劳资关系和干群关系，各种社会矛盾和社会冲突，甚至各种所谓“无直接利益群体性事件”，往往是围绕着这三种社会关系展开的；组织之间的关系，要整合政府组织、企业组织和社会组织（NPO）之间的关系，以及比如垄断组织和竞争性组织的关系、官方组织和民间组织的关系，等等；地域之间的关系，要整合城乡之间的关系、地区之间的关系，以及表现为区域关系的宗教和民族关系等等。

在社会制度的整合方面，要注意两个大的变化，一个是社会管理的基础正在发生重大变化，即社会管理从过去以“单位”组织（机关、企业、事业、公社）为基础，转变为目前以“单位”和“社区”为基础，并逐步地向主要以“社区”为基础的方向发展，社区、社会组织等各种新型社会纽带，将成为处理国家、社会、个人三者之间关系的重要中介；另一个是社会管理方式的重大变化，即从以身份、档案制度为特征的行政化管理，向以公民制度为特征的社会化管理转变，这涉及户籍、就业、社会保障、医疗、教育和住房等一系列社会体制的改革。

在社会价值的整合方面，需要认识到的是，价值整合是比利益整合更加长期的过程，民主法制、公平正义、诚信友爱、和谐文明等在中国将逐步成为具有社会认同的共同价值，中国特色社会主义核心价值的形成，将吸收人类文明创造的一切优秀成果，也将重新构造普适价值的共识和内涵，从而为中国的长期稳定发展、也为和谐世界的构建，提供和平、和谐、合作发展的精神支撑。

合作与非对抗性抵制[*][**]

——弱者的“韧武器”

折晓叶

摘　要： 本文依据作者10余年来对中国东部和南部较发达地区村庄的实地调查资料，探讨当下中国农民在本土非农化压力、城市化暴力和工业私有化境况下采取的博弈策略，尤其关注其中新出现的合作机制再生发的意义。在中国当下的政治社会和经济体制条件下，当农民面对不确定的生存和保障前景时，会坚持固守一条独特的公正底线——“转换生计，持续保障”。这种公正观具有其坚实的草根基础。农民所采取的基本策略是运用“韧武器”——一种既柔软又坚实的武器，即采取非对抗性的抵制方式，选择不给被“拿走”（剥夺）的机会的做法，并借助于“集体（合作）力”的效应，使他们面临的问题公共化，从而获得行动的合法性。

关键词： 韧武器　非对抗性抵制　互惠式交换　合作　参与　保障

一　引言

在中国社会转型的宏观背景下，农民作为行动主体所具有的参与能力和意义，表现得日益丰富，正在被从多个角度加以重视和理解。集体行动

---

* 本文初稿曾在“詹姆斯·斯科特与中国农村：阅读与对话（James Scott and Rural China：Reading and Dialogue）研讨会”（2007年12月18日，北京）上宣读，特别感谢詹姆斯·斯科特教授，感谢会议组织者王晓毅、渠敬东、李培林，感谢评议人渠敬东、沈红及朱晓阳、郭于华、应星、周飞舟、张宛丽等和其他与会者所给予的评论、批评和建设性意见。感谢陈婴婴在调研中给予的帮助、鼓励和建议。

** 原文发表于《社会学研究》2008年第3期。

或群体性纠纷的影响已经成为令人关注的重要问题，日常抗争的意义也被不断地揭示出来（斯科特，2007；高王凌，2006；郭于华，2007）。问题在于，强势压力下的弱势农民具有什么样的参与空间？在什么情形下他们会采取常规的分散的日常抗争方式，什么情况下又会采取激进的集体行动方式？或许在社会转型的现有制度框架下，他们采取的既不是前者也不是后者，如此，则既有集体效应又可持续的方式会是什么呢？可以观察到的经验表明，出于对外部强势力量的难以招架和对于生存及保障的考虑，他们被迫采取的可能是审慎而又具有合法性的抵制方式，从而获得基本而又可持续的生存和发展空间。

一个可持续生存和发展的社会空间何以可能？在追问这个问题时，我们可以引入詹姆斯·斯科特的“道义经济”中的公正和互惠理论（斯科特，2001）。经验告诉我们，这样的社会空间有可能在道义推动下通过互惠机制的作用得以获得。但问题是，在社会转型对传统互惠规则产生巨大冲击的情况下，或者当应对外部强势力量已经成为关乎生存的突出问题时，这种社会空间又何以可能？调查发现，这样的社会空间有可能在制度和规则约束下通过合作而获得实现。用“道义经济”的视角观察中国农民的日常抗争，可能要对应着两种行动类型，一个是互惠逻辑下的“交换”（可能是不等价的交换），另一个是合作逻辑下的参与、抵制和守护。

在理解上述问题时，需要对农民特有的参与机制加以关注，除去集体行动、群体纠纷、公开对抗、分散的“日常抗争”之外，运用“韧武器”——一种既柔软又坚实的武器，采取非对抗性抵制方式，选择“不给被‘拿走’（剥夺）的机会”的做法，并且借助于“集体（合作）力”的效应，使他们面临的问题公共化，从而获得行动的合法性，也是行之有效的行动策略。

在解释上述问题时，本文不拟采用“正式—非正式”两分法来理解集体行动和日常抗争，而试图从正式制度里包含非正式要素，正式制度寄生于非正式制度过程（斯科特，2004：7）的角度来理解问题。已有学者对官员自上而下解决问题时如何对“正式制度进行非正式运作”给予关注（孙立平、郭于华，2000），对农民如何将非正式表达“问题化”给予总结（孙立平，2000；应星、晋军，2000），但我们还应注意到，对“非正式规则进行正式运作”也是农民自下而上解决问题的常用手段。

二　转型时期农民面对的几副强势面孔

本土非农化、城市化和工业私有化，是目前发达乡村地区农民所面对的几种现实处境。这几种具有现代性模式的运动，其原初目的可能并不是让乡村社区凋敝，让农民生计陷入困境，但却也没能让农民对生活的前景更有信心，没能提供给那些尚难以从乡村拔根的农民和难以消亡的乡村社区以持续生存和发展的可能。因而，也就不难理解为什么农民的维权问题和土地纠纷最为集中的地区会是这些沿海较发达地区了（于建嵘等，2008a）。[①]

（一）本土非农化压力

乡村改革20余年来，发达地区的非农化趋势十分明显，“无工不富”是农民集体地在本土实现非农转变的最大动力。大规模非农化在卓有成效地提高农民收益的同时，也发生了另一种意料不到的后果，即发达乡村地区传统的“农工相辅”格局被打破，让后来失地失业而又不具有社会保障的农民再也难以回到“乡土”，从而彻底失去具有保障作用的土地生计。可以发现，非农化虽然增加了农民的绝对收入，但是富裕地区面临的问题却比农业时期更加复杂，更加难以解决。当城市化政策不能承接由非农化产生的就业压力时，农业、农村、农民三者转型中所采取的单一非农化取向，必将使农民处于一种极为尴尬的遭受剥夺的境地。这时，农民面临的问题是，如何让土地生计转化为稳定的非农就业生计。

（二）城市化暴力

乡村城市化一直是现代化模式的核心内容。乡村城市化加速，一方面源于经济结构内在的升级动力和城市为经济活动提供的效率和便利；另一方面则源于土地“农转非”的利益驱动。10余年来一些地方以实现“现

① 目前农村地区土地纠纷最集中的地区是沿海较发达地区，其中以浙江、山东、江苏、河北、广东最为突出（于建嵘等，2008a）。

代化目标”为题，过度放大了城市化指标，使城市化成为获取乡村土地、增加财政收入的一个机会主义手段（周飞舟，2006）。一些市、县、区的土地出让金收入占到财政收入的一半，有的作为预算外收入甚至超过同级同期的财政收入；与此同时，人口城市化的比例和速度却远远落后于此。这样制造的城市化成为一种“暴力”，一方面以行政手段强制性征地，另一方面“要地不要人”，留下大批失去土地就业无门的农民。城市化暴力造成这样一些后果：乡村社区只在名义上被标以“城市”，“村（委会）改居（委会）”导致社区衰败，“农改非农（居民）”使没有非农技能的失地农民成为一批特殊的失业者，他们在社会保障政策尚未完善时失去了乡土原有的土地保障。其结果是，激进的现代性模式消解了乡村社区集体原本式微的庇护作用和土地的传统保障作用，使农民成为“无处落根”的边缘人。这时，农民面临的问题是，如何以土地的权利参与工业化和城市化。

（三）私有化运动

自20世纪90年代中期以来，中国乡镇企业特别是集体制企业经历了一场急速的产权变革。从东部沿海地区特别是苏南等地区的情况来看，大批曾经以“集体制”为主的乡镇企业的产权，最终通过改制，急速而大规模地从“集体制”过渡到“私有制”，即实现了“民营化”。在这一过程中，经济效益是人们判定私有化优劣的主要指标，因此，如何激励企业家和改善企业经营状况成了观察的主要焦点，社区及其成员的损益并不在观察的视野之内。事实上这一变化并没有使农民普遍受益，它意味着社区成员从失去集体产权转而失去就业保障，最终失去土地保障。因为工业化早已导致他们原有的“土地权”向“就业权”转换，他们原来可以分割清楚的地权经过非农使用后不再能够分割，而是转换成了非农就业权和集体福利享有权，并且这种转换是以社区互惠原则为基础的，约定的是这些建立在共同体合作关系基础之上的基本权利，我们称之为“社会性合约”（折晓叶、陈婴婴，2005），类似于詹姆斯·斯科特所称谓的“道义经济”。这样，私有化之后，企业只遵循市场原则，不再保证村民的就业权和福利权。可以看到，如此私有化强调的以“成本—效益”为核心的经济理性，消解了乡村社区重新培育出的“共有产权”，使农民无法持续地享有土地产权的收益，从而有可能成为既无地权也无就业保障的受损群体。这时，农民面临的问题是，如何实现“土地权”向“就业权”的转换。

面对上述几种强势力量，农民日常抗争的传统场域和秩序几乎不复存在，公开对抗所要付出的代价又太高，不发生极端事件一般不会被采用，于是，重新找回“互惠”与“合作”，特别是以合作的方式来守护资源资产、抵制不公正索取、实现持续性保障，就成为农民选择新的生存方式的可能途径。

三　农民的公正观与草根保障

在本土非农化压力、城市化暴力和工业私有化境况下，东南部较发达地区农民的日常生活发生了一些重要的变化。

首先，他们的生存条件变得愈加不确定，虽然发达地区的经济成效并没有使他们落入“贫困”，也没有使他们的生计发生根本危机，但是生存前景的不确定，使他们对生存的预期发生了危机，日益增长的不安全感与在非农领域“打工”的高收益和高风险同步增长。

其次，乡村社区集体工业化过程中建立的“社会性合约”的解除，打断了个人与集体、农民与乡镇企业家之间的“互惠链”和“责、权、利”规则，这些链条和规则虽然原本微弱但却有一定的约束力，它们的消解使农民产生了极“不公正”的感觉。这时的抗争就不仅仅是土地收益和非农收入问题，而是农民的公正观问题和“责、权、利”的互惠义务及观念问题（参见斯科特，2001：前言）。

最后，乡村社区的解体和城市化中的形式主义，将农民悬挂在城市边缘，使他们原来所拥有的一点点式微地位和权利也丧失殆尽，他们感觉被剥夺得更加严重。

这些变化都已经触及农民的公正底线。

（一）公正底线：转换生计、持续保障

土地始终是农民生计的根本，也是草根保障的基础。在农业集体制时期，村民的集体成员资格是一种“天赋人权”，是从户籍身份中自然获得的。

而且，这种成员资格的获得与土地产权的获得有某些关联之处，都是伴随社会政治运动直接重新分配土地产权的结果。而通过政治运动制造了所有权的国家，同样可以通过政治运动来改变所有权（周其仁，2002：9～10）。这是农民看待土地所有权的一种复杂心态，也是农民认可土地是国家和集体的理由。所不同的是，土地实行家庭联产责任承包制且承包期几十年不变后，农民坚持承包期内自己对土地拥有“准所有权”，因此，农民在即将失去土地时，不接受被“拿走”——带有剥夺性质或者补偿极低近似于“白拿”的做法，但接受“交换”——带有互惠色彩的做法，要求双方交换的不只是利己更是利他的行为，以便达到两者共同受益的公平公正的结果。

这种互惠式“交换”，并没有精确地计算交换的交易价值，价值在这里是被模糊化的，更多要求的是双方应尽互惠的义务。其公正底线虽然坚守在“转换生计，持续保障”上，但这仅仅依靠农民的意志显然是难以坚持住的。这样的“换”，对于农民而言，既是被动的，也是不断“闹纠纷”“争取政策”的结果。事实上，在本土非农化压力、城市化暴力和工业私有化境况下，农民已经无法从土地的原始形态上讨生活，如果不能将失去的土地转换为其他形式的保障，哪怕仅是维持日常开支的保障，他们就会产生极不公正的感受。农民的初衷是“转换”生计，找到新的可以挣钱并且足以补偿土地损失的门路，并且希望出让土地的收益能够跟着市场“水涨船高”，持续增长。在农民看来，在非农领域打工挣钱并不比拿补偿更不比握住土地更牢靠，前者虽然是活钱，但是就业难以保障；后者虽然是死钱，赶不上物价的提高，但是细水长流，生活就有保障。总之，在农民看来，两样相补才算公正合理。

对于农民而言，“换”的初始对象并不是使用土地的开发商和企业，而是先转给地方政府和国家，然后再由国家和政府转让给用地一方。相比之下，转让过程中，农民处于弱势，没有讨价还价的权力，所能获得的补偿费明显偏低，而后对征地所进行的项目和商业开发才是土地增值的过程，却与他们无关。低价使用或征用补偿不合理，使集体和农民得到的补偿与建设用地所获得的高额利润对比悬殊，收益在二者之间的分配明显不公，农民和集体组织对此产生了极大的抵触情绪，于是集体土地所有者、承包者、经营者之间及国家、集体、农民之间在土地增值收益分配上的矛盾十分突出。“换”发生时，国家法律和地方政策提供一个补偿办法，① 农民也会粗略地计算，“田面”以全年全部物产折价作为参照，② “田底”则是一个他们难以计算的东西，因为土地所有权名义上是国家和集体的，不但土地卖与不卖不由他们决定，而且出价的权力不归农民也不归市场决定，但是农民会根据政策补偿的涨落和征地后商业收益的暴利，来追索土地出让的前后差价和后续的商业收益。

那么，农民在“换”中所坚守的这种公正观究竟源自何处呢？我们从农民不断追索土地权收益的举动中，至少可以发现几个渊源。

一个源于农民的生存和保障道义。“换”可以看作是从“生存道义”到“保障道义”的一个变化。如果“生存道义”是民生的底线，“保障道义”就是对生存预期的一个守护。“生存道义”突出的是农民在土地上“讨生活”的互惠和公正要求，“保障道义”突出的则是对土地产权公正回报的诉求和期待。这个转变最终发生在近年农村出现较大规模的征地运动，农民失地问题日益突出之后。失地即失业从根本上触动了农民最后的草根保障，而失去保障则成为农民不公正感的根源。

另一个源于乡村社区的互惠伦理（参见斯科特，2001：14）。中国农村社区关于社会性资源（如人情、缘关系等）如何运作，如何维系社会结构及秩序，如何界定“何谓公正”的权利平衡关系等，具有一整套的策略和技术（阎云翔，2000：5，119～135；折晓叶、陈婴婴，2005），这其中所体现出的传统的互惠式交换关系，首先须得到相对封闭的社会关系网络

---

① 征用土地的补偿费主要包括土地补偿费、安置补偿费、地上附着物和青苗补助费。土地补偿费，主要是因国家征用土地而对土地所有人和使用人的土地投入和收益损失给予的补偿。征用耕地的土地补偿费为该耕地被征用前 3 年平均产值的 6 至 10 倍，征用其他土地的补偿费标准，由省、自治区、直辖市参照征用耕地的补偿费标准规定。安置补偿费是为了安置以土地为主要生产资料并取得生活来源的农业人口的生活所给予的补助费用。征用耕地的安置补助费，按照需要安置的农业人口数计算，每一个需要安置的农业人口的安置补助费标准，为该耕地被征用前 3 年平均年产值的 4 至 6 倍，但是每公顷被征用耕地的安置补助费，最高不得超过被征用前 3 年平均年产值的 15 倍。征用其他土地的安置补助费标准由省、自治区、直辖市参照征用耕地的安置补助标准规定。地上附着物和青苗补助费，如房屋、水井、林木及正处于生长而未能收获的农作物等，补偿标准由省、自治区、直辖市规定（根据《中华人民共和国土地管理法（2004 修正）》第四十七条）。

② 在许多地区，补偿不是按土地的实际价格对失地农民进行补偿，而是按征用土地的原用途进行补偿，以征地前耕地若干年的产值为标准，征地补偿费明显偏低，这显然损害了农民的利益。

的支持。互惠式交换的基本原则是，当一方提供帮助时，另一方无论对方是否提出请求都要给予回报，但不一定是以相等的价值也不必即时地给予回报。回报的程度，则取决于双方可以期许得到什么，有义务去做什么。有研究发现，这种互惠义务不只适用于同等地位的主体之间，也适用于地位不同的主体之间（斯科特，2001：169），而且不平等或不对称互惠是广泛存在的（斯科特，2001：174；阎云翔，2000：9），这是因为交换本身就会引起权力的分化（布劳，1988：25，164）。正是在这些原则支配下，村民们不仅以互惠式交换处理着与乡亲邻里之间的关系，也处理着与村干部和村组织以及村庄公共领域中的各种关系。互惠义务说到底是一种道德原则，必须在特定的社会关系约束下才得以执行，如果其中一方不执行，另一方的不公正感便立即产生，而且不执行方必定会受到社区或关系网中人的谴责、惩罚和抵制。

再一个源自农村近几十年的“集体制”传统。集体制确立了一种独特的“农民—集体—国家”权利关系链，正是这种关系链对农民传统的社会关系网络的边界进行了新的界定。集体制作为国家体制的一个独特部分，将农民界定为与国家相关联的“集体（公社）成员”，从而使农民传统的责权利关系网络突破了村社区，一直延伸到地方政府乃至国家。虽然农民与国家的关系从来都不同于国家职工，他们从未将自己的利益和权利直接与政府挂钩，无由将自己看作是直接的利益相关者，他们的问题也很难直接诉诸政府来解决，但是作为“集体成员”特别是集体土地使用权和所有权具有者，他们的某些权益问题又直接与国家和地方政府相关联，与之存在着类似互惠性的关系，因而农民自然而然地将社会关系网络的互惠原则也推展至与政府和国家关系的某些领域之中。农民之所以敢于或能够将地方政府乃至国家作为执行互惠义务的另一方，其合法性就在于农民仍然还作为土地集体所有权的主体，他们认为自己和村集体拥有追索权，即从地方政府和国家那里索取自身的根本权益。这正是农民公正观最为重要的基础，如果农民得不到期待中的土地回报，索取一方没有尽互惠的义务，他们的不公正感就会支持他们采取抵制和追索的行动，而他们追索中控告的对象也恰恰主要是市、县等地方政府（于建嵘等，2008b）。

在对农民公正观进行过上述理解之后，我们才可能对互惠式交换可能发生在哪里，交换的对象是谁，以及农民为什么会采取抵制或反抗行动，又为什么会以互惠式交换来处理某些抵制或反抗等问题有所理解。只有农民的身份经历过由公社时期与国家相关联的“社员”，过渡到土地的限时“承包人”，进而又期待着过渡到土地的“永包人”之后，他们的独立权利人格才会逐步形成，才有可能完成互惠式交换向市场式交易的过渡。

不过说到底，互惠式交换是一种社会交换，它不同于经济交换，二者最基本和最关键的区别在于，社会交换带来的是未做具体规定的义务，它包含着以互惠的方式履行各种未来的义务，并对义务不做精确的规定，对回报不做讨价还价，将回报的决定权留给当事人自己（布劳，1988：110）。这样，我们还须追问的另一个问题可能是：在中国经济由计划经济向市场经济转型过程中，互惠式交换何以可能？在讨论这个问题时，可以引入波兰尼的三种经济形态说。波氏在他对社会和经济制度变迁的宏大叙事中，提出了三种不同的经济制度形态：互惠、再分配和市场。但指出这种分类，并不意味着它们各自可以作为独立的经济发展阶段，也不表明存在时间次序上的接替（波兰尼，1990：117～120；另参见罗红光，2000：258、267；刘春燕，2004，转引自张佩国等，2004：131～134）。在对中国转型经济进行观察时，我们的确可以发现这三种经济制度常常是交叠出现混合运作的，特别是互惠制度，作为再分配制度失灵、市场制度不完善的补充物，常常叠加其上，或与之同时发挥作用，或干脆将它们二者转化成为社会网络互动问题，按照互惠式交换原则来进行；甚至没有互惠制度的运作，它们二者都难以独立地发挥作用，而没有它们二者提供的场景，互惠制度也难以被再激活。所以有研究认为，互惠（礼物）交换仍然是现代中国经济和政治生活中重要的交换方式——它既是国家再分配体系的一部分，近来又成为市场商品体系的一部分（阎云翔，2000：15）；甚至认为，互惠（礼物）经济再分配了国家经济已然分配过的东西（参见杨美惠，1989，转引自阎云翔，2000：17）。互惠式交换之所以具有如此之大的能量，玄机就在于它可以使用互惠关系去模糊交换物的价值，承认交换中的不等价权利，从而处理好其中的交易难题。

（二）不等价权利“交换”

农民手中的土地资源和集体资产原本有价可计，交换时出让的应是有价交换物，可以遵循商品与货币交换的原则（马克思，1975：203），但是，产权改制过程中，一方面集体企业产权大多被“模糊”地私化给企业经营者，另一方面土地产权却保持“公有”不变，它的不确定和不明晰，使其价值依旧可以被模糊化，它们的交换物也就只能对应于没有交易价格或难以计价的交换物——权利，例如，“产权”对应于“就业”，“土地”对应于“保障”，等等。从特性上来说，这些对应物大多应是国家再分配的公共物品，但是由于再分配滞后和不到位，市场化的交易原则不完善，于是个人、集体和地方政府之间便以非正式的“社会性合约”（折晓叶、陈婴婴，2005）或默认的潜规则，来确定交换关系以及交换物的性质及其实现的程度。这样的交换显然不可能是“等价”的而只能是“等意”的（罗红光，2000：100、111、225）。

我们已经提到，“交换”包含互惠的基本道德原则，其中的平等交换原则界定着“何为公正”的平衡关系。不过，在强势权力关系下的“交换”，处于互惠式交换“连续谱”——从公平交换到不等价交换再到强制性的非互惠交换——的中间一段，它不同于行政强制下的“转为”，也不同于市场“交易”，是一种不等价的权利交换，可以被理解为农民在行政强制政策下的一种求其“次好”的被动做法，一种为避免更糟糕的境遇而隐忍不公平感受的做法。“换”是在农民不断诉求互惠和公正，与政府不断设计和修订政策之间互动的结果。

以社会保障为例，社会保障应是政府向居民提供的公共品，农民有权利与城镇居民一样平等地享受社会保障。如果认为农民享受了社会保障，就必须放弃对土地的权利，让农民拿土地换社保，这对农民显然是不公平的（韩俊，2005）。在发达地区和城市郊区，这种“农地转为非农用地”所引发的利益纠纷和冲突已经相当尖锐。但是，农民也有转而求其次的做法，他们一方面以保证生活水平不低于现状作为底线，接受现有的政策性补偿；另一方面又将追索土地产权的权力握在手中，把分享土地非农化后的增值收益作为预期，不断地追索新的更高的补偿标准。[①]

在农民心灵深处存在着的关于交换的公平和公正观念支配下，他们的追索行为不一定追求利益最大化，他们的追索常常没有获得实利的结果，但却持久而坚韧，带有明显的对不公平行为进行抗争和惩罚的倾向。这样追

① 据了解，一块农地一旦成为城镇或工业用地，其市值会上升几十倍甚至百倍。

求“公平”的行动不断发生，农民几近不理睬政策的“时期性”，这也迫使政策制定者不能不在补偿规则和标准上小心地加以把握，力争有效地在制度框架内淡化冲突，以免迫使失地者成为一个与政策对峙的“刁民”群体。

“换”有如下几种方式。

1. 产权“换”就业

农村改革初中期，以“集体办厂”方式推进乡村工业化的做法，使村民拥有了企业产权人的新身份。按照我国法律对集体企业产权的界定，村办集体企业的财产在名义上是社区的“劳动群众集体”所有形态，不过，村民对集体企业所有权归属的认知仍然遵循着土地产权的逻辑，他们投入了土地办厂，就把借助土地谋生的权利转换成为在企业就业的权利。乡镇企业创办初中期，镇办企业存在大量的“征土工”，就是对土地被征用农民的一种就业安置形式。在集体企业产权改制以前，以土地产权换取就业权，在农民看来是理所当然的事情，当他们的就业权利遭受剥夺或没有获得合理的补偿时，就会向集体索要，在案例村中甚至可以看到，失去工作的村民会以让企业“管吃管住”的方式加以抗争。但是，他们并不就此认为企业是自己的，而往往认为企业是老板的，土地才是自己的（折晓叶、陈婴婴，2005）。因而遇到企业改制，自己失去集体产权时，他们很难提出对量化产权的要求，他们所能守住的最后的公正底线，即是要求企业承诺确保他们在企业中的工作。

在没有投入土地办厂的社区，征地造成的土地产权的丧失同样是农民的切肤之痛。据统计，在征地最活跃的年份，安置就业的仅占2.7%（国家统计局农调队，2004：79）。而征地的货币补偿标准过低，并且还不能保证全部落入农民手中。更为困难的是，一次性的补偿款远不足以持续保障生活，一旦用完，就业无门，生活必将失去基本的保障，失地农民便极易陷入贫困。以产权换就业，也是他们所能做出的唯一选择。

但是市场化进程特别是私有化改制的急剧推进，让产权换就业的企望受到改制企业的排斥，企业对保障村民职工就业的承诺，仍旧是原来社会性合约的延伸效应，由当事人之间的人际关系来维持，一旦企业效率和管理问题凸显，清退村民职工就成为必然的机会主义选择。这正是近年来改制地区清退职工诉讼案逐渐上升、基层政权组织财政严重萎缩等问题的成因之一，这个问题同样也是改制设计者——地方政府面临的严峻社会问题

（折晓叶、陈婴婴，2005）。

2. 土地“换”保障

在长江三角洲和珠江三角洲等发达地区，由于土地增值收益十分可观，出租土地的收益越来越大，因此，城市户籍对农民已经没有多少吸引力，让农民拿土地换取居民身份几乎是不可行的，无论是集体经济组织还是农民，都不愿政府将集体土地转为国有。因为，尽管农民得到了适当的补偿费，也享受到了养老保障，但他们从此便失去了赖以为生的土地，失去了重要的收入来源，更为重要的是，他们不可能再分享土地非农化以后的增值收益了。

其实，农民对于征地的态度和心情是复杂的，虽然土地的农业收益明显低于非农收益，“脱农”也是经济发达地区农民的普遍期待，但因为土地产权制度和流转政策的前景不甚明朗，所以农民的心态是既想离开土地，又要守住土地，既想弃土换得高额补偿，又怕失地即失业，既不愿种田，又不能不种田，他们实在不敢牺牲自己的长远生计。在不得不换的情况下，农民坚持，征地应该是一个与征地方互惠互利的行为，互惠的底线是“土地能换到保障”，包括养老保险、医疗保险、失业保险、最低生活保障等项目，其中农民最关注的是养老保险和最低保障。这时，保障显然优先于土地能够创造的长远利润。

在农民多年的诉求下，现在长三角等发达地区大多采用变通的方式来解决被征地农民的养老保险（或基本生活保障），实行“社会统筹账户 + 个人账户”的模式，前一项是农民缴纳的养老保险（或基本生活保障）费用，从征地补偿金里一次性支付，后一项作为个人义务。这样，失地农民到了退休年龄之后，就可以按月领取当地的基本养老金。还有的方式是不再向被征地村集体及农民直接支付安置补助费，而是由政府按照统一进入社会保障的办法，将费用划入劳动部门“社保”专户，统一用于失地农民的社会保险统筹和生活补助，对达到退休年龄的失地农民，将其户口“农转非”，并为其一次性缴纳养老保险统筹费。[①] 这些政策的实施，暂时缓解

---

① 如某市一次性缴纳养老保险统筹费最高为 15 年，从退休的次月开始为其发放基本养老金；对于男 45 ~60 周岁、女 35 ~60 周岁的失地农民，安置标准与退休人员大致相同，只不过退休前每人每月发给生活补助费和医疗包干费 160 元；如果失地农民在领完生活补助费后，仍未就业或生活困难，对其中符合社会救济条件的，经民政部门审批后将给予生活救济。

了农民因失地而产生的后顾之忧，但是随着国家社会保障政策对农村人口的惠顾，被换走的土地产权仍然有可能成为农民追索的对象。

3. 物业“换”补偿

按照国家征收土地的补偿原则，“地上附着物”应计价给予补偿。当农民得知土地无法逃脱被征用的前景时，他们最为“理性的算计”，就是在土地上违规地盖房子、建“物业”。一些地区流行的“种房子”说法，就是对这种现象的生动描述。农民在土地上“种房子”，无外乎想获取两种收益，一种发生在那些将要被拆迁的都市村庄里，那里的房子一般盖得既简易又高大。简易，是因为不住人，只为获取“补偿款”；层高，则是为了增加面积多得“补偿款”。盖这种房子就像在“自己的地里”种庄稼一样地迅速，基本上不打地基，只用砖垒，面积都相当的大。由于建这种房子属于“违章”，村民往往与地方政府打“拉锯战”，抢在有拆迁信息或传闻之前进行，以获取拆迁补偿。① 另一种发生在失去耕地，没有其他生计的情况下，农民就在自家宅基地、抛荒地上“种房子”，用来出租，换取房租，补贴家用。“种”一次年年有收成，租房收入可以占到村民收入八成以上，成为村民们眼下最稳定的收入来源。在村集体占有的公共地面上，村干部也与政策打“非农使用”的“擦边球”，不让建厂房就建“集体宿舍区”，既为周边工厂提供职工宿舍，赚取收益，也为进一步城市化征地准备“地上附着物”，谋算换取更高的补偿费。

这种“猫捉老鼠”式的游戏在乡村和城乡接合部乐此不疲地上演，相应的不只是官民关系的紧张，而且还促使现有的制度框架包括城乡结构、土地产权等内在冲突加剧，以致发展到这些冲突仅仅依靠金钱补偿和法规惩罚已经难以平复。一旦这种游戏所激化的情绪变为对“公正与否”的考虑，就有可能转化为对民生等政治权利的诉求。

（三）“换”的草根基础

农民同意交换，并且被动地接受不等价交换，甚至违章地制造地面附着物来谋求较高补偿费，说到底都是对“不公正失地”的无奈和挣扎。他

① 有一个极端的事件描述道：某村村民听说土地即将被征用，便开始赶在政策出台之前抢建房屋，以获取拆迁补偿。村民利用“五一”长假期间政府管理上的空当，日夜施工，竟然一周之内抢“种”8 栋建筑面积近 1000 平方米的楼房，之后遭遇政府强制拆除。

们认定自己行为合法性的依据有其深厚的草根基础。

1. 土地财产权保障道义

无论是农民在征地时对土地产权进行维护，还是征地后对土地高额商业收益进行追索，表明的都是农民对土地财产权保障道义的坚守。虽然土地财产权的归属，是伴随社会政治运动重新分配土地权的结果，但是所有权的分割不仅受法律的影响，还受到社区传统社会结构和习惯力量的影响。村民对土地权的认知，与国家构造的产权安排和结构有很大的不一致，当问题涉及他们安身立命的根本——土地所属时，农民的认知所遵循的主要是习俗产权的逻辑，他们的这种“合法性”意识根深蒂固，特别是国家确认土地承包年限若干年不变的政策，进一步强化了“土地是我们的”认知。有学者指出，导致当代中国农民起来反抗的核心问题，实际上集中在一点：抗议农村各级政府或基层政权以及开发商和企业侵犯他们的财产权。所谓“农民负担”“土地问题”等实质上都是反映出农民的财产权保障出了问题，那种因村民自治问题而产生的纠纷，绝大部分也与农民财产权问题相关（党国印，1999）。可以发现，一些地方采用变通的方式解决农民的养老保险，虽然降低了农民失地的风险，但是仍然难以消除他们的不公平感，因此，每一次政策补偿标准的提高和土地发生增值，都会引发他们采取追索行动，重新回到守护土地产权的立场上来。

2. 社区情理合法性支持

在村落社区里，某种社会观念、社会期待和期望规则一旦被广为接受，就成为人们习以为常的社会事实，具有道德力量，从而规范着人们的行为。如果有悖于这些“社会事实”，就会出现“合法性”危机。因而，可以更确切地把社会情理合法性机制看作是一套社会承认的逻辑或合乎情理的逻辑（周雪光，2003：74）。农民守护土地产权，从中谋求持续收益时，“换”在他们那里就是力图通过土地经营而求得保障的一种互惠互利的制度安排，违背它们，就不符农民的合法性逻辑，如果突破其中的道德底线，就会引发他们的抵制行动。

这种由“小社区”情理和通行规则界定的情理合法性，在大多数情况下与其他几种“大社会”合法性机制（如法律、行政乃至官方意识形态合法性）的界定结果并不一致，有时甚至冲突，然而却总是以潜隐的非正式的方式存在着。村社区生存在大小社会文化和正式非正式制度环境的交合之处，界定过程必定是这几种机制相互摩擦、磨合、交织和最终兼容的过程。在这种磨合中，具有了维权和参与意识的农民和村集体组织，也会注重地方公共观念的力量，愿意按照当时当地社会的价值和道德准则以及人们对他们的社会期待来调整自己的行为，寻求地方行政“给说法”“给见证”“给政策”，让农民的意愿得到官方认可。我们现在看到的几种有关“换”的地方政策，其出台和修改大都与农民的抵制和参与行动有关。

3. 社区基层政权运作

以土地财产权为核心的维权活动，依靠单个农户或农户之间的联合往往是难以完成的，这还不是个体势单力薄的问题，而是存在制度安排和授权上的问题。按照“土地法”规定，村组两级集体组织，是征用土地的“标的”物——集体土地的合法所有者，村民个体或群体都不具有谈判权、协商权和签约权，只有村委会才能通过合法程序代表农民与征用者协商谈判。因此，村民在面对外来压力和危害时，所做的理性选择之一就是与村级政权合作。但是，不少地方因征地补偿而起的矛盾，常常发生在村民与村基层政权之间，因为一些村基层政权和乡镇政府在征地过程中有自己的利益考虑，在获得征地费后，将较大比例的款额留下，克扣了应发放到农户的比例，中间巨大的差价被他们吞食了，[①] 如果处理不当，往往引发农民产生对抗行为。也就是说，村民抗争行动的另一个主要指向，发生在征地补偿款等利益进入村庄之后，是针对克扣和巧取农民利益的村级组织的。那么，能否将现有的村级组织改造成为农民能够参与其中的新型合作组织，就成为合作成功与否的关键。一些村庄首先在“程序合法”上做文章，让村民参与决策成为启动合法程序的基本依据，以此来约束和抵制村级组织可能发生的机会主义行为。在内部达成合作取向的情况下，村级组织在面对现时的外来压力和危害时，也有动力和责任与村民站在同一条战线上一致对外。首先，他们现在面对的外部组织环境与以往大不相同，随着政府与自己部门利益的分化加剧，村庄从主要面对政府到直接面对政府部门机构，进而扩展到直接面对开发商和企业，相比之下，村庄也与这些机构一样更具有各自的独立性，也就是说村组织更有胆量与外力抗衡，并

① 根据有关调查资料显示，土地用途转变增值的土地收益分配中，地方政府大约获得 60% ~ 70%，村级集体组织获得 25% ~30%，真正到农民手里已经不足 10%（毛秀娟，2005）。

且在新的合作组织的制度框架下，村干部也更易于处理对外和对内的资产权利问题，因此他们往往也成为新组织和新制度的倡导者和设计者。一些村庄的经验表明，这可能是保护村庄资源和土地及其他财产权的一种可行办法。

四　农民的“韧武器”：非对抗性抵制

从互惠式交换中可以看到，农民追求的不是利益最大化，而是风险最小化，利益稳定化；不是求其最好，而是避免最坏的，指望较好的；不是索取新的，而是坚守旧的，不是伸手，而是“不放手”。在这样的诉求下，农民采取的策略是极其隐忍、迂回和柔韧的。

在我们观察的经济发达地区可以看到，如果村民具有强烈的参与意识和能力，村庄的民主参与机制得以激活，村庄基层政权尚有较强的运作能力，那么村民抗争的方式与集体抗议和分散的“日常抗争”都将有所不同。他们经历过政策和世事的变故之后，面对外来压力，有可能从被动接受转向主动回应，回应的基本策略，即是采用非对抗性的不给被“拿走”（剥夺）的机会的抵制策略。

我们称这种策略为“韧武器”。这种武器有：绕开正面冲突、见缝插针、钻空子、死磨硬缠、事后追索、明给暗藏、出尔反尔、执行不到位等，还有抑“散”聚“合”、严守默契、一致对外、聚众掺和、集体决定、共担风险、分享收益，共同沾光，等等。这类举动具有抗争的意味，旨在守护他们自己的和集体的资源以及资产的所有权。但是，这类举动常常被冠以“农民的劣根性”，因“上不得台面”而遭鼻嗤，也如同詹姆斯·斯科特所描述的农民的“日常反抗”那样，难以进入被书写的变革史。这样的举动，多数情形下避免了集体性地直接公开反抗的危险，但是也难以用个体自助的消耗战形式来完成，而是要借助于村民的合力，“闹出不太大的动静”来，还要借助于合作组织的合法框架，将非正式规则进行正式运作，以集体坚守的方式表达他们的政治参与态度。了解这种武器的运用技术和运作机制，正是理解那些尚有组织资源和再组织能力的农民群体是如何行动的以及它们作为行动者的意义的切入点。

如前所述，互惠式“交换”可以被看作是这种策略的初步运用，农民进一步的做法，是使用互惠式“合作”来处理社区内部乃至外部的抵制和反抗问题。与“换”初期的被动做法不同，那时的“换”以农户为单位分散进行，现在合作下的非对抗性抵制则以村庄整体为单位，动员全体村民参与其中，他们遵守默契，形成合力发挥作用。合力，首先源于村民之间的互惠默契和合作，他们对于什么是公正易于形成统一的看法和意见；其次依赖民主监督机制，促使村民与村委会干部达成合作，授权村委会出面，代表村民和基层政权，既与政府机构周旋，也与开发商协商谈判。

（一）合理避害

非对抗性抵制的“理”，常常落在社区情理合法性和政策合法性的交合之处。村庄内部达成互惠合作的默契后，村民默许村组织利用政策空隙合“理”避害，甚至以“你退我进，你进我退”的策略来不断违反某些被村民认为不合理的地方政策。

“种房子”可以被看作是村民合理避害的一种表现，除此之外，还可以发现其他一些更具有基层政权运作特点的避害和抵制形式。

“交学校”：行政强制性城市化政策规定，村（委会）改居（委会）后，村集体不复存在，原属村集体的公益设施，包括学校、医院、养老院、道路等公用和公益设施均应交给地方政府（一般是乡镇政府）统一管理。但是这些设施以往都是村集体投资建设的，村民和集体都不愿意交出。在政策和行政压力下，村组织一般会选择那些不能赢利又需要持续投入的项目（如学校）首先交出，以收益较小的东西换取“支持城市化”的好名声，借以缓解与政府机构的矛盾，而对那些赢利预期较好的公益资产则作变相处理。

“护街面”：村内道路的潜在价值是为村民所看重的。道路本身是公共物品，一旦修好，任何人都可以享用，一般不具有产权特征。虽然修路是村里投入最多也是需要持续投入的公共品，但是村民却不愿意交出，因为街面可以开店，是村民赚钱的一个重要途径，交出道路便意味着失去对街面的控制，赚钱的机会就可能被外人拿走，因此村组织和村民虽然不抵制交出道路，但是将街面占有，建房出租给村民或者卖给村民经营，形成一种保护街面的行动。

“跨级挂靠”：建医院，是一些村庄富裕后投资最大且收益最好的公益事业，将医院交出意味着收益不能留在集体内部。在难以抗拒的情形下，一些村庄另寻他途，将医院“挂靠”在上一级或更高级别的行政机构或属地上，这样不但提高了医院的行政级别，如成为“县级”“市级”医院，而且可以不失去经营管理权，只接受行政监管和上缴管理费，这比直接上交属地乡镇政府的代价和损失要小。

戴“黑帽子”（假转私）：为保留住可能赢利或有赢利预期的集体公益资产，例如村办公园、预留林地等，村组织甚至采用“挂靠”的办法，将这些资产连片规划在私营业主名下经营，戏称戴“黑帽子”，对应于以往私营企业“挂靠”在集体组织名下戴“红帽子”的说法。这样可以造成这一类集体产权归属模糊的假象，而现有政策对处理这类问题又“没有说法”，使之搁置，以避免遭受侵害。

“执行不到位”：对于地方政策，村组织往往迫于政府和村民的双重压力，既不能不执行，又不能不以村庄利益是否受损、受损大小以及村民能否接受作为确定执行力度的依据。对于那些可以从中看到新的商机和潜在利益的，村干部会说服村民接受，不利于村庄的，则采取“执行不到位”的做法，或寻找借口拖延不办，或只造声势不办实事，或只办部分搁置其他。

可以看出，合理避害，规避的是“被拿走的机会”，是村民给拿者“碰”的“软钉子”。但是，这种方式常常触碰到“违规”“不合法”的边界，它的守护作用不可持续，农民和村组织更倾向于将这种非正式的做法正式地加以运作。重新求助于合作制度，借以建立维护的屏障，就是他们采用的另一种运作方式。

（二）合作维护

工业化地区的村庄，资产积累的规模较大，可以分成三大类：一是资源性资产（主要是土地），二是经营性资产（主要是生产设备、厂房、交通工具、自有流动资金等），三是公益性资产（办公楼、学校、图书馆、养老院等）。在本土非农化向城市化和工业私有化转化中，对这些资产的守望和维护，成为社区成员的主要行动目标。

自20世纪80年代末农村改革开放以来，长三角等经济发达地区的农民已经经历过几次从“分散化”到“合作化”的制度变革，大致有如下过程：农业分散化（家庭联产承包责任制）—工业集体化（乡镇企业集体制）—工业私有化（乡镇企业改制）—社区合作化（资源和资产股份合作化）。其中最后一轮的合作化，具有了不同以往的另类的意义，即便是经济性的股份合作社，也多以确保资产安全为主要目标，甚至放弃生产性经营，只作资本（产）性经营。合作的主要目标，不再仅仅是通过产业规模化而追逐高额盈利，同时也是利用“合作力”趋利避害。合作社将全体成员的资产利益捆绑在一起，通过“合作社章程”对合股土地和其他重要的公共资产重新加以确权，规定涉及资产处置的重大事项，任何人不得擅自处理，必须召开社员大会，“让大家一起决定”。合作社章程对此多有明文规定：股份合作社的经营方针、发展规划、重大投资决策、年度计划及其执行情况、财务预（决）算和年终分配方案，都需经社员代表大会审议，三分之二以上多数通过。从而，让村民参与机制成为抵制“平调”“让利”“拿走”的法宝，借以维护村庄已经十分有限的资源和资产，为村民留下一份资产保障。

1. 对资产实行股份合作

在工业私有化过程中，一些不愿放弃集体经营模式的村庄，在制度上进行了股份合作制转型，他们亮出的转制“底牌”具有明确的趋利避害目标。有的村庄让村民职工以现金投入的方式参与股份制改造，职工股只占总股本金的25%，分红时也只分配总收益的25%，其余仍为集体股本，村庄经济的运作方式并没有发生本质性的变化。这样的转制出于对现实的趋利避害的考虑，比如在地方政府推动转制的形势下，村组织做出的安排更多地出于对策上的考虑：对上面的政策不听不行，但是“只能听一点”，还是要根据自己的发展思路搞好市场经营；新的产权安排并没有动摇集体产权，仍然有效利用了村庄的制度性遗产，但他们再三权衡过村庄的实际利益，预期到如此转制可以改变与地方政府的经济关系。村干部的说法是：股份制前，上级伸手不好不给，开支很大。现在股东付税付费，就不能是干部说了算数的，上级再拿时也要考虑考虑。如此考虑之下的转制，在相当程度上可能并不会削弱集体组织在股份制企业产权中占有的主导地位，但却有可能改变村庄与地方政府的关系，进一步削弱与地方政权在经济上的联系，促使地方权威更快地甚至彻底地退出对村办企业原本就已微弱的控制。在某种程度上说，转制是村庄与上一级地方政权博弈中创造出的新的制度安排（折晓叶、陈婴婴，2000）。

这些地方的村庄后来实行的“土地股份合作社”和“社区股份合作社”，也都具有合作维护资产权利的意义和作用。土地股份合作，是在自愿、合法、有偿的原则下，以确权发证的土地承包面积入股，通过合作经营，最终将土地承包权变成可以永久享受的股票分红权。采用这种方法，对内可以集中土地，转交给农业公司或种粮大户经营，这样既可以守护住土地资源，又可以安排村民就业，俗称“在自己土地上打工”，合作社则以土地收益补贴农户，使土地保障可持续地增长。对外可以对抗不合理的货币补偿式征地，要求以土地的权利参与工业化和城市化收益。这样，土地可以入股的方式被他人使用，农民和村集体并没有最终失去土地，土地的保障仍在而且有望持续地增长。村庄的土地股份合作社一般都有规范的合作社章程，有的以农户个体财产、土地和农民承包权折价入股，在股权设置、股红分配和股权管理上制定出章程，一切经营活动按章办理，村民称之为“村宪法”。一些“城中村”在城市化政策规定其转变为居民委员会时，村民和干部提出的基本问题包括：社区经济如何进一步发展，村里的各项社会事业如何不断改善，如何把村级集体资产处置好，如何保护世世代代以土地为生的农民失地后的利益，等等。解决的办法也是将社区原有的集体资产采用“社区股份合作社”的形式拆分在“世居村民”名下，成立社员代表大会作为最高权力机构，守护合作社资产，规避资产被“其他任何单位或个人侵占、平调、肢解”。

进入21世纪后，一些地方政府也出台政策推行这些合作制度，认可集体经济组织在不改变土地所有权性质的前提下，将集体土地进行统一规划，然后将土地或厂房出租给企业使用，鼓励集体经济组织和农民以土地股份制的方式分享农地非农化过程中土地的级差收益。有的地方政府还出台政策，为经济薄弱村如何借助于物业建设解决“无钱办事”的问题进行策划，比如，筹措资金用于建造标准型厂房或外来人员集中住宿房，实行对外招商、招租，以物业投资获取租金收益，保障村级有长期稳定的收入来源。有的甚至试图通过基层政府统一规划、统一建造、统一招商、统一管理，实行“村有镇管”的办法来予以推进。显然，如何维护农民的土地产权并使之产生长远效益，已是政策不能回避的严峻问题。

2. 对资产处置进行参与协商

农民和村集体组织要求以土地的权利参与工业化和城市化收益，首先要规避的是包括村级政权在内的地方政府对集体资产和收益的出卖和侵占，因此在村庄内部建立村民参与机制就成为村民的强烈要求。

在新的股份合作组织中，村民参与决策，是其最基本的制度和工作机制。我们可以从诸多村务决策事件和过程中感受到村民参与的力量。在我们的某案例村建立股份合作社后，入股的土地承包面积达到1600亩。当某市“绿地有限公司”有意租赁时，村行政组织和合作社组织社员协商，先后“几上几下”十余次，才最终征得村民同意，达成租赁协议。上下协商的程序有：村书记兼董事长、村主任兼社长提议—向老党员、村社干部（共计68人）征询意见，通过提问和解答，达成一致—党员、干部在村民小组“放风”，听取社员（占村民人数99%）反映—村领导再“拿主意”—各村民小组讨论，反映村民意见—与租赁方就村民意见协商细节—召开村民代表（共计45人，每10户选1人，村民小组长为自然人选，占村民总数的15.8%）会议，代表提问，合作社领导解答，代表全体通过，在“村民代表大会决议”书上签字或按手印—与租赁商签协议—上报镇政府批准。协商过程中，村民最关心的问题有三个，一是租赁方如何使用土地，二是落实到社员头上的租金收入有多少，三是社员能不能“在自己土地上打工”。当村社领导给村民和干部算过这样一笔细账后，才得到村民认可：土地在租赁年限中只能用来种植花卉苗木，每亩年租金为400元，全年可增加收入总额64万元，按照章程“土地租金收入全额返还社员”的“白纸黑字”规定，入股农户人均可增900元左右，农民可以在花卉苗木基地上打工，年收入总额在30万左右，人均可增收420元。村民心里有了这个底，知道土地的使用情况摆在“眼皮地下”，才肯签字画押。可以看到，当农民自己做主出租土地而不是被强制性征收土地时，更会算计怎样安置土地才对自己更有利。

还有一些村庄采取村民参与的方式管理征地补偿费，村民代表委员会同时承担村民理财小组的职能，监督征地补偿费的收支，通过村民会议或村代表会议的形式制定征地补偿费的管理制度，明确村委会、村民代表委员会、村民代表会议分别具有的处置征地补偿费的权限，关于征地补偿费的使用途径和使用方案、支付形式和支付时间、发放对象及款项落实等，也都必须由村民会议或村民代表会议讨论决定，并及时把收支状况向村民公布。一些村庄严格按照法律程序以10到15户（人口较多的村以20到

30户）为单位，选举产生村民代表，组成村民代表会议。再以村民小组为单位，由村民代表选举产生村民代表小组长，组成村民代表小组长会议。最后由村民小组长选举产生3名成员，组成村民代表委员会，作为村民代表会议的常设机构。村民代表会议制度的运作也有一套程序，例如先由村委会通过广播、村务公开栏、村民代表会议或村民会议等方式，把政府、开发商或村集体征用土地的计划、征地的补偿安置方案等通知村民，再由村民代表在村民中广泛征求意见，以村民小组为单位组织村民代表进行讨论，由村民代表委员会组织包括村两委干部在内的村民小组长会议集中村民意见，最后由村委会按照群众的要求与征地方进行协商。对于村集体组织要求兴办的集体企业及城市化规划，也要让农民参与到项目经营的全过程中。对外的经营性项目，经由村委会代表农民与开发商协商谈判后，也力争让村集体组织以入股、租赁等方式参与项目经营（参见董江爱，2005）。

这些做法虽然离民主决策（票决）尚有距离，但已具备协商民主的某些特点。村民参与显然对于公共资产和利益的守护，进而对资产的公平经营以及参与土地的增值收益分配，都具有积极的意义。

3. 对资产收益进行互惠安排

在苏南等地区工业私有化之后，大多数村庄的集体组织不再兴办生产经营性的企业，而是首先考虑如何让现有的资产保值，其次才是进行资产经营，或投资于厂房、集体住宿、店面房等物业设施，用于招商引资，保证集体资本投资收益；或出借或入股于私营企业谋取盈利，收益则用来对社区成员进行福利分配。大多数股份合作社的收益，主要来源于经营性资产的经营收入和土地等资源性资产的发包收益、出租收入、转让增值和其他相关的经营收入。当年收益在依法纳税后按照以下几个程序进行分配：（1）弥补上年度经营亏损；（2）提取20%公积金；（3）提取20%公益金；（4）不设集体股的，提取20%的公益事业建设金；（5）剩余部分（一般不低于30%）按股分红。这种分配带有明显的互惠和保障色彩，一些没有经营能力的村庄，经过村民商定，甚至将土地征用费和其他收益存入银行，利息则用来为每户提供口粮，有的土地股利分配的也是大米等口粮，每亩入股土地一年可分得200～300斤大米不等。

以上可以看到，“让大家一起决定”作为一种草根的民主决策机制，在维护村庄整体利益上，较之于村干部直接做决定，具有一些不同的特点：其一，有可能将“村治”由“村干部治理”转变为“村民治理”，在制度上可以规避上级政府机构通过行政途径抽调或“平调”或“白拿”村庄的资源和财产；其二，合作社组织居于地方制度或政策与村民之间，将个体的抗争制度化到组织结构中，有利于建立制度化的公平协商机制；其三，这种机制在理念上符合党和政府主张的民主治理意识形态，在制度和法定程序上，村民集体做出的合理合法的决定，具有制度合法性，可以作为集体谈判和协商乃至集体抗争的最终依据。

尽管如此，我们仍然不难看到，合作的功能和力量是有限的，合作并不能够帮助农民规避制度和政策以及变迁的“系统性风险”，比如政府征地、城市化规划、强势力量的挤压等等，但是至少有可能帮助农民实现“有组织的互惠”（斯科特，2001：216），不至于在变迁中输得一塌糊涂。其实，面对巨大的变迁趋势，农民抗争的实质不是“抗拒”，而是争取“参与”的权力，“以合作求参与”才是他们政治诉求的核心内容，而目前的社区合作，已经有可能帮助他们参与非农开发项目和城市化进程，帮助他们实现对现有正式秩序进行修正的要求。

五　结语和讨论

对农民行动特别是日常抗争的研究，将农民行动引入了学术分析的中心，它的意义在于，以适合农民社会及其结构特点的概念框架和逻辑，来分析农村变革和农民问题的实质，并将农民视为最重要的历史行动者，置其于宏观社会变迁史的核心位置（参见斯科特，2007：33～56；郭于华，2007）。本文所指涉的“韧武器”分析无疑受到这一学术传统的影响。有所不同的是，“韧武器”工具的运用，发现和描述的是另一种类型的抵制行动和方式，提供的可能是另一种新的观察和分析视角。

“韧武器”视角所揭示的非对抗性抵制和合作行动，与公开对抗的集体行动和群体纠纷不同，也与分散的“日常反抗”不同。虽然它在性质上更贴近于后者，但采用集体参与的合作框架，选择“不给被‘拿走’（剥夺）的机会”的做法，可以说是农民抗争智慧的另一种运用。它倾向于绕开正面冲突，在政策和法规缝隙中去寻找支持，它看似平静，不可捉摸，没有明显的事件性质，也没有爆炸性的新闻效应，但却表现出农民持久而坚韧的政治参与感和参与能力。在大多数情况下，这种参与的举动，在合作组织的框架庇护下更容易取得成功，它避免了公开反抗的风险和对公正结果遥遥无期的等待，又保持了集体诉求所能形成的张力和压力，取得了更为有效、更为实际的结果——转换生计、持续保障、守护资产、互惠交换。

非对抗性抵制行动，表现的不是个体的自助形式，而是社区的互助形式，它借助于合作组织和村民民主参与机制相结合而重新凝聚的“合作力”。这种合作行动不仅意在形成“法不责众”的社会行动，更为重要的是，它让处于弱势地位的农民能够以集体参与的方式，来解释自己的现实处境，确定自己问题的性质，制造社区集体的共识，对所面临的问题做出一致的道德判断，并采取合作行动使问题公共化，从而获得行动的合法性。

追求公平公正是农民运用“韧武器”潜藏的动力机制，其中所隐含的公正思想和合法性观念，特别强调农民的保障权利对于实现公平互惠原则的意义，也就是说，这种保障权利界定了地方权力机构和权势阶层的主要互惠责任，那就是他们对于被索取者应尽最低限度的义务（参见斯科特，2001：234）。这种坚韧不拔的抵制行动，极有可能为农民争取利益，为政府权力划定界限，为强势机构的索取设定规矩，也为农民参与打造适度的基层政治空间，帮助农民争取协商谈判地位，它本身就是一种带有草根动力的自下而上的制度演进过程。因而，这种行动不仅极具研究的价值，而且具有实践的价值。由于它采用合作组织的合法框架，更易于与政策框架相互沟通，也更易于对地方政治发展产生实质性的影响。从这个角度来说，揭示“韧武器”及其运用的技术和运作机制，正是当前我们所要研究的农民问题和农村变革的重要议题之一。

“韧武器”作为对农民行动经验和策略的分析性工具，对应着“基础秩序”、“参与式发展和治理”及“制度化合作”等一系列概念框架。

（一）基础秩序的重建（参见孙立平，2007）

以往的学术或政策研究，出于对构筑国家和地方宏观政治秩序的努力，将关注点集中在治理和稳定秩序上，在这个侧重下，有表达行动的农民往往成了“问题”的代名词，常常对应于“麻烦”“难缠”“刁民”“闹事者”这些消极的称谓，因而难以被视作变革的积极行动者而进入分析的中心。只有将变革和秩序研究的视角转向构筑“基础秩序”，并依此来重新描绘社会变革的基层场景，农民作为这个场域行动者的经验和策略才有可能进入分析的中心。而“韧武器”的分析视角，提供的正是农民行动的某种实践的经验和策略，这对于构筑新的基础秩序，打造参与式的基层治理空间，都具有积极的意义。

（二）参与式发展和治理

工业化和城市化在东南部沿海地区的迅速推进，制造了区域发展的多项奇迹，并且由于其“高效益”的“低成本”代价而备受赞叹。不过，从成本承当者的角度看问题，这种低成本正是以农民丧失讨价还价的权力为代价的。“先增长后补偿”“先发展后治理”曾经是区域发展受到推崇的理念、政策和逻辑，也有一些地区的确在经济增长若干年后，通过提供公共产品，增加社会保障，让农民得到了一些实惠，但是若干年里剥夺农民讨价还价的权力，所付出的社会性成本也很高，正如我们所观察到的，农民诉求公平公正，维护权力保障的行动，已经成为某些区域高增长的伴生物。这些区域的经验表明，农民的公正公平权力长期得不到落实，经济上的“低成本”就有可能转变成社会性的“高成本”。环境污染所造成的“后治理”的高成本，通过大自然的恶性惩罚，在一定程度上已经被认识到了，但是农民问题所引起的社会性成本和代价及其隐含的冲突力量，尚未被充分认识，还没有被置于解决发展问题的关键位置。农民要求平等地参与发展、分享收益已成为这些地区突出的社会需求，而增长优先、补偿滞后，甚至补偿不公，也已经构成某些地区持续发展的社会瓶颈。“韧武器”分析所揭示的正是这种问题蓄积的特定方式，提供的正是农民自己组织起来，寻求非冲突的解决方式的可能性，因而有可能为高增长地区实现参与式的治理准备方案。

（三）制度化合作

以合作求参与、以合作求保障，是农民运用“韧武器”抗争的实质所在。“韧武器”的分析视角，提供了合作何以可能，又何以成为处理问题的制度化手段的一些思路。

1. 将抵制行动嵌入在合作组织结构之内

农民合作的行动策略，将农民个体分散而随意的抵制和反抗行动嵌入在社区共同体的组织结构之中，产生出某些意想不到的社会和政治效应。比如，它有利于促进地方社会协商机制的建立，让农民拥有组织化的利益表达和追索渠道，让政府和其他机构在与农民利益发生冲突时可以找到公开谈判的对象；而且由它作为共同体来承接制度和政策的压力，并通过内部一整套的互惠互助和利益调整机制的作用，来减弱个人直接承受压力和损害的程度，将个体的不公正感化解为集体共同承担的情感，从而有利于缓解个人与社会的直接冲突。目前，农民尚在“合作社”组织框架中处理他们的政治参与和抗争问题，一旦各类形式的农民协会组织得到充分发展，农民利用合作组织构建基层政治空间的余地就会更大。

2. 重建社区互惠的社会性合约

乡村社区里产生的互惠与合作，在内涵上并没有本质上的区别，是一种一体两面的行为。互惠可以看作是合作得以可能的道德机制和基本原则，而合作则是在这种机制作用下的制度化行动；互惠规则可以是隐含的、非正式的，合作行动则可以是彰显而有形的，并且可以融入农民行动的组织结构之中的。这里我们将二者分离，要进一步探讨的，就是互惠为什么要以合作的形式被加以制度化，这种制度化的形式在重新构建社区共同体、守护村庄公共资源资产、抵制不公正索取、实现持续性保障等方面所起到的作用。

对于什么是农民的公正观以及他们的公正底线，什么又是他们的互惠期待，只有放在村庄共同体的社会关系背景下才能够被加以理解。在苏南乡村工业化过程中可以看到，村民在选择合作时，与集体组织达成某种隐含的互惠合约：村民必须集体地、永久性地放弃土地经营权，在受益于产业经营高收益的同时，也承担产业不景气转嫁的风险，投入回报极其不确定的劳力和机会成本，这些，对于农民来说，几乎就是其经济权利的全部转让，因此，他们要求以“合作经济”的法定名义保护他们的投入；除此之外，他们还能投入的也主要是信任、忠诚、合作，以及身家托付和对互惠回报以及“共同富裕”的期待；而村民索求的主要是以集体地流动到非农职业、保障就业和提高社区福利水平为主要内容的回报。社会性合约所补充约定的恰恰是这一类建立在共同体合作关系基础之上的基本权利。这种不言而喻的约定，在村子里人人皆知，成为一种符合社区情理的、具有社会合法性的、对合约双方都有很强约束的力量，我们称之为“合作力”

或“集体力”，这种合作力具有动员村民广泛参与并以合作方式支持工业化的作用（折晓叶、陈婴婴，2005）。然而，在乡村工业私有化之后，这种合约伴随着村民职工遭遇就业危机，村社区福利失去供给而不复存在，村民的被剥夺感和不公正感很大部分就源自于此。当下新一轮的合作，在某种程度上可以看作是对这种社会性合约的修复和重建，只不过目标更加侧重于生存和保障，村民的产权人权益更加明确突出，共同体社会关系的重构显得更加重要。

3. 以合作的制度化形式实现“强互惠”

强互惠（鲍尔斯、金迪斯，2005；王覃刚，2007；刘军，2007）是一种提倡在合作群体内“扬善惩恶”的正义观念和“亲社会”行为。这种互惠形式以合作制度的方式体现时，要求合作建立在平等基础上，提倡利他主义行为，通过奖励有亲社会行为的合作者，惩罚有反社会行为的不合作者和破坏合作者，来抑制群体中的背叛、卸责和搭便车行为，从而有效提高群体的福利水平，提高群体的适存度。

在面对诸如非农化压力、城市化暴力和私有化运动等强势力量时，村庄共同体求助于强互惠的倾向特别地明显。不过，强互惠在村庄中的维持是一个锻炼、学习、积累和制度化的过程，那种希望依靠道德重建而增强之的想法，是失之偏颇的，强互惠往往需要求助于制度化的合作形式来实现。合作组织如果被授权依靠制度来专门实施强互惠行为，社区内的强互惠就有可能从原来的自愿者行为转化为组织者行为，并对奖惩都提供组织合法性依据，从而有效地在社区内部实现互惠共赢，来稳定社区的社会建构，形成抵御外部环境压力的屏障。

强互惠的组织化和制度化，对于增强村庄共同体的内聚力和团结，从而抵御外来强势力量的侵害，具有积极作用，但也有可能引发社区精英产生强烈的建构主义行为，出现制度的“理性设计”脱离村庄自发演化的互惠规则的现象，使得强互惠蜕变成为被抵制的失去效能的东西，如果处理不当，这有可能是村庄新一轮“合作化”中所要承担的制度成本。

4. 将互惠观念和原则从个体之间扩展到集团（社区）与社会机构之间

非对抗性抵制行动一般发生在地方政治的两个层面上。一个发生在农民与社区内部的“村官”及村组织之间，这时农民或许通过在合作中重建互惠的社会性合约，修复和扩展互惠观念和原则，从而有助于对互惠双方的权利和义务进行约束，有助于解决其中的矛盾与冲突，这时冲突的仲裁者就会是全体村民，合法性的来源就会是社区情理；另一个发生在农民与社区之外的地方社会强势力量之间，这时农民试图将他们在社区内形成的互惠原则和权利义务扩展到外部关系上时，却发现难以确定谁应是向他们提供互惠的对象，或者如何才能约束比自己强势的对方。那么村社区里形成的互惠原则和保障权利观念，能够直接推展到处理外部关系吗？如果不能，或者不被对方所承认，农民作为底层的抵制和抗争就难以平复，就会采用各种可能的方式表达他们的不公正感，利用各种可能的机会追索他们应得的权利。这时实施强互惠同样是重要的，只不过要求地方政府作为仲裁者。但在这个过程中，如果不限制政府在征用农村土地上的权力，政府如果既扮演裁判又扮演运动员，甚至官商勾结，也视农民为对手，问题就会更加难以解决。而如果政府只将安抚农民作为权宜之计，将农民权益问题作为维持地方安定团结的秩序问题来处理，从而忽略制定出既能约束农民也能约束其利益相争者的游戏规则和政策，如果不能创造出制度性的条件，问题就同样难以解决。这似乎仍然是一个摆在地方利益相关者面前的尚未解决好的重要问题。

参考文献

彼得·布劳，1988，《社会生活中的交换与权力》，孙非、张黎勤译，华夏出版社。

鲍尔斯、金迪斯，2005，《强互惠的演化：人类非亲缘族群中的合作》，梁捷译（http://icsszju.vip50.sunbo.net）。

党国印，1999，《确立农民的土地财产权》，《南方周末》4月2日第13版。

董江爱，2005，《我国农村城市化的困境、成因及解决途径》，《城市发展研究》第2期。

郭于华，2007，《弱者的武器：研究农民政治的底层视角》，《弱者的武器》（译后记），译林出版社。

国家统计局农调队，2004，《中国农村经济调研报告——2004》，中国统计出版社。

韩俊，2005，《深圳的“城市化”不合法》（www.bjsjs.org/news/newsList.php?columnId=3-23k）。

卡尔·波兰尼，1990，《巨变：当代政治、经济的起源》，黄树民等译，台湾：远流出版公司。

高王凌，2006，《人民公社时期中国农民反行为调查》，中共党史出版社。
刘军，2007，《一般化互惠：测量、动力及方法论意涵》，《社会学研究》第1期。
罗红光，2000，《不等价交换：围绕财富的劳动和消费》，浙江人民出版社。
马克思，1975，《资本论》第三卷，人民出版社。
毛秀娟，2005，《土地产权股份合作：化解土地征用矛盾新方式》，《中国政治学》第3期。
折晓叶、陈婴婴，2000，《产权制度选择中的“结构—主体”关系》，《社会学研究》第5期。
——，2005，《产权怎样界定》，《社会学研究》第4期。
孙立平，2000，《“过程—事件分析”与当代中国国家—农民关系的实践形态》，《清华社会学评论》特辑。
——，2007，《用新的思维重建社会秩序》，《南方周末》12月13日第31版。
孙立平、郭于华，2000，《“软硬兼施”：正式权力非正式运作的过程分析——华北B镇定购粮收购的个案研究》，《清华社会学评论》特辑。
王覃刚，2007，《从合作到强互惠的理论思考》（http://happy257. bokee. com 6506557. html），另见《关于强互惠及政府型强互惠理论的研究》，《经济问题》第1期。
阎云翔，2000，《礼物的流动：一个中国村庄中的互惠原则与社会网络》，刘放春、刘瑜译，上海人民出版社。
应星、晋军，2000，《集体上访中的“问题化”过程——西南一个水电站的移民的故事》，《清华社会学评论》特辑。
于建嵘等，2008a，《底层政治与社会稳定》，《南方周末》1月24日第31版。
——，2008b，《给农民土地永佃权可不可行?》，《南方周末》2月7日第20版。
詹姆斯·斯科特，2001，《农民的道义经济学：东南亚的反叛与生存》，程立显、刘建等译，译林出版社。
——，2004，《国家的视角》，王晓毅等译，社会科学文献出版社。
——，2007，《弱者的武器》，郑广怀、张敏、何江惠译，译林出版社。
张佩国等，2004，《制度变迁的实践逻辑——改革以来中国城市化进程研究》，广西师范大学出版社。
《中华人民共和国土地管理法（2004修正)》，2004（www. law_lib. com)。
周飞舟，2006，《分税制十年：制度及其影响》，《中国社会科学》第6期。
周其仁，2002，《产权与制度变迁：中国改革的经验研究》，社会科学文献出版社。
周雪光，2003，《组织社会学十讲》，社会科学文献出版社。
——，2005，《关系产权：产权制度的一个社会学解释》，《社会学研究》第2期。

面对风险：公众安全感研究[*][**]

王俊秀

摘　要：本研究从人的需求理论出发，从人身、财产、食品、劳动、个人信息等方面对安全感进行研究，结合风险社会理论和“不安全时代”理论，采用问卷调查的方法对全国28个省市7100户居民进行调查，通过描述统计和多变量回归分析发现，社会稳定、社会治安、生活环境，以及性别、受教育程度、身体状况、社会经济地位等个体因素对安全感存在不同程度影响，风险认知和风险地位同时存在于风险评价。

关键词：安全感　风险　风险社会　不安全时代

安全问题无疑是当今世界最重要也是最棘手的问题之一。曾几何时，“不安全”“危险”“风险”“恐怖”“恐惧”等诸如此类的概念开始被学界频繁用来作为当今社会的一种常态的注释，甚至还有学者以“不安全时代”（insecuretimes）（Vail，1999：1－3）、“风险社会”（risk society）（贝克，2004a；2004b）来为当代社会命名。如今，“不安全”“风险”已经被越来越多的人认同为现代社会的核心特征，安全问题也的确使世人感到了它的无法回避性。

安全是相对的，不安全是绝对的。由于社会只能提供有限的、相对的安全需求满足，因而才引出了Douglas（1992）“多安全才算安全”（how safety is safe enough）的问题，这也使得安全问题在一定意义上从一个客观的社会状况的描述性问题转而成为一个主观的“安全感”（security）问题。其

* 本研究使用数据来自中国社会科学院社会学所的“社会和谐稳定问题全国抽样调查”，作者对参加问卷编制的李培林、陈光金、杨宜音、陈午晴、李炜、张翼和王俊秀等人深表感谢，也对匿名审稿人的指教表示感谢。

** 原文发表于《社会》2008年第4期。

原因在于，人们越来越自觉地认识到，人类无法消除风险，只能尽量避免风险或使其损失最小化，并尽最大努力营造一个有安全感的社会。由此，安全感成为社会安全或个体安全层面上一个重要的支点，也成为安全研究的重要视角和切入点。

一　安全感的理论和研究假设

安全感很早就成为社会心理学、临床心理学、社会学及社会工作等学科关注的问题（Cameron and McCormick，1954：556 - 564），也是犯罪学研究的重要课题（王俊秀等，2002）。也正是因为多学科的关注，以致关注点的不同，人们在使用安全感概念时，对其基本含义的界定存在着很大的差异。心理学把安全感理解为个体的一种人格特点，犯罪学将其理解为是对犯罪的恐惧（fear of crime），而社会学则关注的是以集体焦虑和普遍的社会不安全感为标志的新的社会形态——风险社会。

（一）心理学研究中的安全感

在心理学的三大经典流派中，除行为主义外，精神分析理论和人本主义心理学都很重视安全感这个概念。精神分析理论强调儿童早期经验对安全感形成的作用，把安全感作为心理健康的一个衡量指标。如阿德勒（Alfred Adler）认为，那些有生理缺陷和先天不足的儿童可能产生自卑感，进而会表现出怯懦、没有安全感（参见高觉敷，1982：391）。K. 霍妮（K. Horney）认为，一个人生来的主要动机是寻求安全，避免恐惧和威胁，而不安全、恐惧则会导致焦虑。由于儿童自身弱小而必须在环境中寻求安全，这种基本的安全需求就成了其人格发展的主要动力。儿童的基本焦虑来源于家庭中父母对待儿童的态度，而基本的焦虑同时也促使个体寻求安全的应对生活的方式（同上：413 - 414；高觉敷等，1987：363）。在现代文明社会中，人们之间普遍存在着疏隔、敌视、怨恨、恐惧及信心丧失等感觉，这些感觉综合起来可以使人产生一种孤立无助的不安全感，觉得自己生活在一个充满潜在的危险和敌对的世界当中，从而形成一种基本焦虑，并可能进而导致神经症（高觉敷等，1987：361）。

人本主义心理学也把安全当作人的基本需求，把安全感看作一种人格特质，认为它是决定心理健康的重要因素。马斯洛（A. H. Maslow）在其需求层次理论中把安全需求作为生理需求满足后出现的第二层级的需求，安全需求是指安全、稳定、依赖，免受恐吓、焦躁和混乱的折磨，对体制、秩序、法律、界限的需求（马斯洛，［1957］1987：44～49）。马斯洛尝试了以编制《安全感——不安全感问卷》来衡量个体安全感的高低的方法，他试图用这一量表来区分具有安全感和不安全感的人，具体而言，就是从十四个方面来区分具有安全感和缺乏安全感的人的主要差异（参见谢小庆等，1992：193～200）。

Cameron 和 McCormick（1954：556－564）在总结有关安全感的研究时指出，安全感（security）和不安全感（insecurity）这两个概念的使用始于托马斯（W. Thomas）和阿德勒，阿德勒用来表达的是机能不全带来的自卑感，托马斯则把安全感作为个体的希望，用安全感表述基本安全需求。Cameron 和 McCormick 对以往研究中安全感的使用做了如下分类。

（1）安全追求是人的基本驱力，安全感是一种目标。（2）不安全感是对突发威胁的情绪反应，常常指由交通事故、火灾、战争、地震、瘟疫等危机引发的，平素生活中不会发生的惊恐，因此也被称为是暂时的不安全感。（3）不安全感来自外在相对持久的威胁，更多强调的是环境而不是个体的反应，常常是指失业、低收入、社会变迁等社会经济因素导致的不安全感。（4）不安全感来自竞争和自卑，在社会竞争中不安全感可能来自与他人比较的结果，一些研究者认为社会危险比物理危险更易产生不安全感，没有社会安全就不会有个人安全。如 Howe 认为安全就是把期望降低到不容易失望的水平。（5）不安全感来自内在的威胁，是个人内在的人格特质，不依赖于外部条件，主要决定于成长过程中的早期经验。如 Jame Plant 认为安全感与不安全感是个人早期生活中建立起来的心理状态，所以哺乳和拥抱对于建立安全感是重要的，不安全感是药物难以治愈的。（6）安全感是信仰，特别是宗教信仰的功能。（7）不安全感不利于人格健康发展，认为不安全感可能导致心理疾病，不安全感可能是人格障碍、神经症的征兆。（8）不安全感被视为某些行为，特别是病理性行为的原因或某些态度的原因，如不安全感导致反社会行为、过度幻想、独裁等。

人们不难看出，以上的不同用法中多数讨论的是不安全感，其实，这并不难以理解。因为，一方面不安全感是与安全感相伴随的概念，另一方面不安全感比安全感更便于表达。正如 Zender（2000：200 - 214）所指出的那样，在有关安全问题的讨论中最突出的特点就是缺乏明确的安全含义，安全成为一种理想，一个努力的目标，难以界定，而安全最有效的界定是其相反方面，也就是不安全，也就是“不是发生了什么好事，而是什么坏事没有发生”。

（二）安全、风险与安全感

很显然，上述论及的心理学关于安全感问题的不同研究类别并不是相互独立的，而是相互包含的。不过，可以进一步将其概括为内在的不安全感和外在的不安全感两种类型。所谓内在的不安全感指不安全是个人的人格特质，感到不安全的人并非因为周围环境的危险或风险，而是由于早期经验造成的；与之相对的是外在因素导致的不安全感，有的是暂时环境变化引起的，有的则是由来自相对持久的社会环境的压力或人际关系的压力引起的。

吉登斯把内在的安全感叫作本体性安全（ontological security），而这种本体性的安全感对应的正是作为人格特质的安全感。吉登斯的思想主要来自精神分析的另一位代表人物埃里克森，吉登斯吸收了埃里克森的观点，认为基本的信任是本体性安全感建立的基础。他认为，在前现代社会，本体性安全主要来自四种信任类型：亲缘、地缘、宗教和传统，而在现代社会，这些因素失去了原来的重要性，这就造成现代社会的本体性不安全水平高于前现代大多数社会环境。在论述风险时，吉登斯把安全定义为特定的危险被消除或降低到最低限度的情境（吉登斯，［1984］1998：120；［1990］2000：30 ~ 132）。而实际上这个最低限度是难以客观界定的，人们对其的判断只能是一种主观感受。

对内在和外在的两类安全感的区分也引出了新的问题。其一，是作为情境反应的安全感与作为内在心理特质的安全感之间的关系问题。吉登斯不仅把安全感看作是来自儿童早期经验的影响，而且视其为人生历程中社会环境影响的结果；在现代社会环境中，人们感受到的不信任会引起不安全感，而长期持续的不安全感会使人们产生本体性不安全，外在环境的不安全便会内化为个人的不安全感。其二，是安全状态与安全感之间的关系问题。换句话说，就是安全与安全感之间是什么关系，安全状态无疑会影响安全感，主观的安全感受与个人对于安全状态的认知和判断是密切相关的，这二者之间是不是一种线性关系。

英文 security 既有安全的含义也有安全感的含义，为了对其做出区别，Howard（1999：58－74）用 feelings of insecurity 表示不安全感，用 feeling safe 和 being secure 来区分安全感与安全状态。他发现，身处同样的社会，有些人总是感到焦虑不安，觉得随处都有威胁和隐患；而另一些人却不以为意，即使身处危险环境也充满信心，具有很高的安全感。

从社会变迁的角度来看，虽然现代社会降低了许多前现代社会的危险，但现代社会的人们的安全感反而更低。吉登斯认为这是由于人们面对的不再是前现代的危险而是现代性的反思的威胁和危险——风险。也就是说，与安全对应的是危险，而与安全感对应的是风险。

J. 维尔（Vail，1999：1－3）认为，现代社会进入了“不安全时代”，不安全已经渗入了人们生活的结构中，破坏了个人的生活，也破坏了自我价值和自尊，产生了让人无法忍受的恐惧、焦虑、无望和无力。J. 维尔的“不安全时代”是从风险的角度提出的，是侧重于安全感的，他认为不安全、风险、焦虑、不确定性这些概念是可以换用的（同上：5－8）。风险意味着危险或对人们的威胁，是可计算的，是不确定的，是一种可能性。他认为安全感/不安全感可以从三个方面来定义：首先，安全感是幸福、安全的感觉和状态，不安全感是一种预防和恐惧的感觉和状态；第二，安全感是个人实现目标的自我肯定和信心，可以实现一些希望的结果，不安全是一种绝望感，在个人努力无效时自我和信念受限制的感觉，也是一种无力感，不能实现自己的目标，不能保护个人的利益，也是不断增加的易受个人无法控制的力量攻击的意识；第三，安全感是稳定和永恒的条件，是个体对周围环境和关系可靠的持续的期望，不安全感是对他人活动的意图和未知事物的不确定感。

J. 维尔（同上）认为，安全/不安全可以从个人、经济、社会、政治和环境等几个方面来描述，每个方面都像包含两极的光谱：（1）个人安全/不安全，如健康、充足的食物，家庭、工作场所和社区等环境的安全；（2）经济安全/不安全，包括金融安全、工作安全、个人财产权利、土地使用和个人投资方面受到保护；（3）社会安全/不安全，如政府提供的最低生活保障等；（4）政治安全/不安全，包括公共秩序得到保障，政治组织的合法性得到保护，国家安全等；（5）环境安全/不安全，主要是指社会成员与自然环境之间的相互作用。

U. 贝克（2004a：2～3）的风险社会理论则试图从现代性的角度探讨“当代精神中的不安全感”，他认为现代化的过程正在消解工业社会，一种反思现代性正在形成，工业社会正在变为“风险社会”，不安全感是风险社会的核心特征。他（同上：19）在定义风险概念时指出：“风险可以被界定为系统地处理现代化自身引致的危险和不安全感的方式”。U. 贝克分别用财富的分配逻辑和风险的分配逻辑来说明工业社会和风险社会的典型特征。风险社会是现代化的风险和后果对于植物、动物和人类生命的不可抗拒的威胁，而且这种威胁不是只针对某些地域和群体，而是全球性的。虽然风险并非风险社会所独有，但传统社会的风险只是个人风险，而风险社会的风险则是对全人类的威胁，U. 贝克（2004a：16～21；2004b：4）因此称为“世界风险社会”。他指出，阶级社会的“不平等的”价值体系被风险社会的“不安全的”价值体系所取代；阶级社会中人们关心的是如何分享社会成果的问题，风险社会中人们关心的是如何免受伤害；而作为一种社会的驱动力，阶级社会的典型表现是社会成员“我饿”的表述，在风险社会变成了“我害怕”，U. 贝克（2004a：56～57）把这种转变叫作从需求型团结到焦虑促动型团结。因此风险社会所要解决的问题完全不同于阶级社会，是如何避免、改造或疏导现代性中系统产生的风险和威胁，“使它们在生态上、医学上、心理上和社会上既不妨害现代化进程，也不超出‘可以容忍的’界限”（同上：16）。

（三）研究假设

按照人本主义心理学家马斯洛（［1957］1987：40～68）的观点，安全需求是第二层级的基本需求，是在生理需求满足之后才会出现的，在他看来，生理需求就是那些使感官获得满足的需求。马斯洛所说的安全当然主要是指个体的安全，依照 J. 维尔（Vail，1999：5～8）的观点，个体安全包括健康、食物、住所、工作场所和社区等的安全，其中食物是直接满足生理需求的更为基本的需求，因此食品需求得不到满足的驱动力会更大。基于马斯洛的这一理论，本研究提出的第一个假设是：

假设 1：人们基于不同的需求程度来做出风险判断，越是基本的需求不能获得满足，人们感受到的风险就会越高；获得较高层次需求满足的人，比没有获得类似需求满足的人的安全感更高。

为了验证这一理论假设，本研究提出了下面的操作性假设。涉及人们对于不同需求满足与否表现出的安全感，以及地缘、宗教信仰、组织等与马斯洛的归属需求有关的需求和安全感的关系。

假设 1a：在财产安全、人身安全、交通安全、医疗安全、食品安全、劳动安全以及个人信息与隐私安全中，食品安全感最低。

假设 1b：不离乡的人群比离乡的人群具有更高的安全感。

假设 1c：信仰宗教的人比不信仰宗教的人具有更高的安全感。

假设 1d：中共党员比非中共党员具有更高的安全感。

“多安全才算安全”实质上是一个社会安全感的问题。社会安全感决定于个体安全感，而影响后者的因素很多，包括客观环境因素与个体主观因素。U. 贝克提出的风险社会下风险分配的逻辑，其中一方面就是知识水平决定的风险认知逻辑。本研究依此提出第二个假设：

假设 2：人们的风险认知决定着人们的风险可容忍度，决定着人们的安全感。

本研究进一步提出了涉及理论假设 2 的下面的 5 个操作假设。其分别涉及对社会治安、社会稳定的体验等的安全感评价。

假设 2a：社会治安状况评价越高安全感越高。

假设 2b：社会稳定评价越高安全感越高。

个体的受教育程度、职业、工作性质等与知识背景有关的变量会影响风险认知，进而影响安全感。

假设 2c：受教育程度越高安全感越低。

假设 2d：工作的技术性越强安全感越低。

假设 2e：职业相对优越的个体安全感更低。

心理学的研究中有两种不同的安全感观点，一种是由交通事故、火灾、战争、地震、瘟疫等危机引发的暂时的不安全感，另一种是来自外在相对持久的失业、低收入、社会变迁等社会经济因素导致的不安全感。按照吉登斯的观点，长期持续的不安全感会使人们产生本体性不安全，使外在环境的不安全内化为个人的不安全感。U. 贝克提出的风险社会下风险分配逻辑的另一个方面是地位逻辑，地位决定着所要面对的风险。转型期的中国社会并不属于大家面对共同风险的典型风险社会，人们的安全感更多的是基于差异化的个体面对不同的风险环境。纯粹的个体因素如性别、年龄和身体状况与纠合在一起的教育、身份、地位、职业、生活环境等因素对安全感的影响是不同的，在目前的地区发展不平衡、贫富分化加剧、社会阶层差距加大的情况下，公众安全感与地位之间应该存在一定的关系，这是本研究提出的第三个假设的背景：

假设 3：风险分配的地位逻辑影响安全感的地位逻辑，社会经济地位越高，人们面对的风险越少，安全感就越高。

其操作假设分别为：

假设 3a：享有较高社会保障水平的人安全感更高；

假设 3b：居住条件越好的人安全感越高；

假设 3c：男性安全感高于女性；

假设 3d：身体状况越好的人安全感越高；

假设 3e：个体的社会地位越高安全感越高；

假设 3f：个体的经济收入越高安全感越高；

假设 3g：以公车为出行工具的个体安全感更高。

二　研究方法

（一）数据收集

本研究使用的数据来自中国社会科学院社会学所 2006 年 3 月至 5 月在全国进行的“社会和谐稳定问题全国抽样调查”，此次调查以 2000 年全国第 5 次人口普查的区、市、县统计资料为基础进行抽样框设计，采用分层多阶段抽样，最后抽中 7100 样本户，覆盖全国 28 个省份 130 个县（市、区），260 个乡（镇、街道），520 个村/居委会，获得有效问卷 7063 份，调查误差小于 2%。采用问卷调查，由调查员入户访问的形式进行。

（二）变量

本研究中因变量的确立借鉴了 J. 维尔（Vail，1999：5 - 8）对安全感概念的分类，即把安全感分为财产、人身、交通、医疗、食品和劳动安全感。在所列出的因变量中，基本涉及了 J. 维尔的个体安全、经济安全方面，并根据信息社会的特点增加了个人信息和隐私安全感，这几个变量均采用四点量尺记分。在此基础上把各项安全感转变为标准分数，求和得到总体安全感，在后面的分析中以这 8 个变量作为因变量。

本研究的自变量分为三个方面，一是社会环境变量，包括社会稳定、社会治安和社会保障三个方面，社会稳定是被调查者对于社会形势稳定程度的判断，社会治安是被调查者或者家人对于社会治安状况的感受，社会保障变量采用医疗费报销的比例多少构成一个四点量尺；二是生活环境变量，包括居住环境、离乡程度和出行方式三个方面，其中离乡程度通过户口类型来判断；第三个方面是个人因素的变量，涉及年龄、性别、受教育程度等 11 个方面。有关变量的详细说明见表 1。

表 1 所列变量是分析时用到的全部变量，但在回归分析中，社会保障、政治身份和工作性质三个变量均未进入 8 个安全感分析模型。

表 1　安全感分析中的各个变量

	变量		性质	说明
因变量	总体安全感		连续	以下 7 项安全感内容转变为标准分数后的总分
	财产安全感		连续	项目为："您觉得当前社会生活中以下方面的安全程度如何？"安全感采用 4 点量尺评分，"很不安全"为 1，"不大安全"为 2，"比较安全"为 3，"很安全"为 4
	人身安全感		连续	
	交通安全感		连续	
	医疗安全感		连续	
	食品安全感		连续	
	劳动安全感连续个人信息、隐私安全感		连续	
自变量	社会环境	社会稳定	连续	项目为："您认为当前我国社会形势是否稳定？""非常不稳定"为 1，"不太稳定"为 2，"比较稳定"为 3，"非常稳定"为 4
		社会治安	类型	项目："请问目前，您或您家庭有没有遇到以下这些生活方面的问题呢？"回答遇到"社会治安不好，常常担惊受怕"一项有是否两个选项，以没有遇到为参照
		医疗保障	连续	项目为："如果生了病，您的医疗费能否报销？""完全自理为"1，"能报销一点"为 2，"能报销一半以上"为 3，"能报销 70% 以上"为 4（按照 4 点量尺处理）

续表

		变量	性质	说明
自变量	生活环境	居住环境（社区类型）	分类	分为未经改造的老城区（街坊型社区）、集镇社区、单一或混合的单位社区、别墅区或高级住宅区、农村、移民社区、普通商品房小区、新近由农村社区转变过来的城市社区（村改居、村居合并或“城中村”）（参照组）
		离乡程度（户口）	分类	项目为：“您的户口所在地是”。分为本乡/镇/街道（参照组）、本县/市/区的其他乡/镇/街道、本省的其他县/市/区、外省（直辖市/自治区）
		出行方式	分类	项目为：“您平常较多的出行方式是（最多选两项）”。分为走路（参照组）、乘公共交通工具、乘出租汽车、开/坐公家汽车、开/坐私家车、骑自行车、摩托车
	个体因素	性别	分类	女性为参照组
		年龄	连续	
		受教育程度	连续	从小学开始的正式受教育年限
		政治身份	分类	分为中共党员和非中共党员，以非中共党员为参照组
		宗教信仰	分类	分为有宗教信仰和无宗教信仰，以无宗教信仰为参照组
		身体状况	连续	项目为：“您认为您现在的身体健康状况是”。“很好”为1、“较好”为2、“一般”为3、“不好”为4、“很不好”为5
		社会经济地位	连续	项目为：“您认为您本人的社会经济地位在本地大体属于哪个层次?”分为上、中上、中、中下、下5个等级
		经济水平	连续	家庭年收入
		工作性质	分类	项目为：“您认为您的工作性质属于”。分为需要很高专业技能的工作（参照组）、需要较高专业技能的工作、半技术半体力工作、体力劳动工作
		工作状况	分类	项目为：“请问您目前的工作情况是”。没有工作为1，有工作为2，离/退休后再工作为3，没有工作为参照组
		职业类型	分类	项目为：“您工作的单位/公司是”。分为党政机关、国有企业、国有事业、集体企/事业、民营（私营）企/事业、三资企/事业、个体经营、农村家庭经营、农村集体经济、社会团体及自治组织、没有单位（参照组）

三　研究结果

（一）验证理论假设1

表2中各项安全感普遍较低，从平均分数来看，个人信息、隐私安全感最高，处于“比较安全水平”，食品安全感最低，平均分数低于“比较安全”，高于“不大安全”。这一安全感高低的顺序反过来就是风险高低的顺序，满足最基本需求的食品风险最高，属于尊重需求的个人信息、隐私风险最小，这一结果与假设1a是一致的。

表2　安全感的描述统计样本量

	样本量	最小值	最大值	平均数	标准差
安全感	5596	-18.93	11.06	-0.017	4.523
食品安全	6766	1.00	4.00	2.683	0.797
医疗安全	6611	1.00	4.00	2.728	0.708
交通安全	6830	1.00	4.00	2.741	0.733
劳动安全	6666	1.00	4.00	2.978	0.664
人身安全	6886	1.00	4.00	3.017	0.669
个人信息、隐私安全	6339	1.00	4.00	3.092	0.647

表3为表1中除了社会保障、政治身份和工作性质三个自变量外的其余14个自变量与各安全感为因变量分别进行的线性回归分析结果，表格中为采用逐步回归方法进入回归方程的参数。模型1为总体安全感，模型2为财产安全感，模型3为人身安全感，模型4为交通安全感，模型5为医疗安全感，模型6为食品安全感，模型7为劳动安全感，模型8为个人隐私、信息安全感。

统计结果显示，离开户口所在地对于安全感有影响，离开户口所在乡镇、区县的被调查者安全感最高，在总体安全感、人身安全感、交通安全感、劳动安全感和个人信息、隐私安全感上都更高，结果与假设1b不同。

逐步回归中，政治身份、宗教信仰两个变量没有进入任何一个安全感模型，说明政治身份和宗教信仰对于安全感没有显著影响，这一结果没有支持假设1c和假设1d。

表 3　安全感的多元线性回归模型

		模型 1	模型 2	模型 3	模型 4	模型 5	模型 6	模型 7	模型 8
社会环境	常数	-4.753*** (0.628)	2.396*** (0.055)	2.534*** (0.071)	2.177*** (0.068)	2.491*** (0.096)	2.576*** (0.105)	2.434*** (0.062)	2.702*** (0.073)
	社会稳定	1.763*** (0.112)	0.214*** (0.017)	0.178*** (0.016)	0.152*** (0.018)	0.160*** (0.017)	0.134*** (0.019)	0.144*** (0.016)	0.138*** (0.016)
	社会治安	-1.617*** (0.156)	-0.286*** (0.023)	-0.197*** (0.022)	-0.149*** (0.025)	-0.151*** (0.024)	-0.180*** (0.026)	-0.104*** (0.022)	-0.082*** (0.022)
生活环境	**居住环境**								
	未经改造的老城区						-0.124* (0.051)		
	单一、混合单位社区			-0.101** (0.037)					-0.105** (0.038)
	别墅或高级住宅区								-0.335* (0.130)
	农村	1.100*** (0.165)	0.107*** (0.021)	0.142*** (0.024)	0.070** (0.026)	0.073** (0.028)	0.093** (0.030)	0.096*** (0.026)	0.113*** (0.026)
	普通商品房小区			-0.135*** (0.042)			-0.150** (0.050)		-0.161** (0.043)
	离乡程度								
	本县/市/区的其他乡/镇/街道								0.087** (0.032)

续表

		模型 1	模型 2	模型 3	模型 4	模型 5	模型 6	模型 7	模型 8
生活环境	本省的其他县/市/区	1.718 *** (0.336)		0.209 *** (0.047)	0.248 *** (0.066)			0.149 ** (0.048)	0.195 *** (0.048)
	外省（直辖市/自治区）							-0.146 ** (0.055)	0.133 * (0.054)
	出行方式								
	公交						-0.066 ** (0.024)		
	公车			0.128 * (0.062)					
	私车					0.139 * (0.061)			
	自行车、摩托车			0.045 * (0.019)				-0.038 * (0.019)	
个体因素	性别	-0.304 * (0.133)			-0.060 ** (0.021)			-0.080 *** (0.019)	
	年龄	0.028 *** (0.006)		0.003 ** (0.001)	0.003 ** (0.001)	0.002 * (0.001)	0.003 ** (0.001)	0.005 *** (0.001)	0.003 *** (0.001)
	受教育程度	-0.068 *** (0.021)				-0.007 * (0.003)	-0.022 *** (0.004)	-0.009 ** (0.003)	
	身体状况	-0.420 *** (0.067)	-0.027 ** (0.009)	-0.036 *** (0.009)	-0.038 *** (0.010)	-0.063 *** (0.010)	-0.045 *** (0.011)	-0.066 *** (0.009)	-0.050 *** (0.009)

续表

		模型 1	模型 2	模型 3	模型 4	模型 5	模型 6	模型 7	模型 8
个体因素	社会经济地位	-0.282*** (0.076)		-0.027* (0.010)		-0.048*** (0.012)	-0.042*** (0.013)		
	工作性质								
	需要较高专业技能的工作								-0.110*** (0.031)
	半技术半体力工作	0.778*** (0.216)			0.074* (0.034)	0.078* (0.034)	0.192*** (0.058)		
	体力劳动工作	1.205*** (0.229)			0.164*** (0.033)	0.139*** (0.038)	0.133*** (0.039)	0.062* (0.026)	
	职业类型								
	党政机关						-0.216** (0.077)		
	国有企业					-0.117** (0.043)	-0.247*** (0.046)		
	集体企/事业						-0.147* (0.067)	0.144* (0.059)	
	三资企/事业			-0.202* (0.079)					
	个体经营							0.060* (0.028)	
	农村家庭经营					-0.071* (0.031)	0.114*** (0.033)		

续表

		模型 1	模型 2	模型 3	模型 4	模型 5	模型 6	模型 7	模型 8
个体因素	农村集体经济	-1.971* (0.949)					-0.472** (0.160)		
	社会团体及自治组织					-0.307** (0.109)			
	R	0.423	0.286	0.300	0.228	0.257	0.350	0.287	0.276
	R^2	0.179	0.082	0.090	0.052	0.066	0.123	0.082	0.076
	$P < 0.001$								
	$N = 3900$								

* $P < 0.05$，** $P < 0.01$，*** $P < 0.001$ 表格中为非标准回归系数 B，括号内为标准误。

马斯洛需求层次理论中归属需求是高于安全需求的，研究发现，那些归属需求满足程度更高的个体并未表现出安全感更高的结果。

（二）验证理论假设2

可以看到，社会稳定评价、个人或家人的社会治安体验对于各项安全感都有显著的影响。越是认为社会稳定的人安全感越高，个人或家人具有社会治安焦虑体验的人安全感更低，这一结果证明了假设2a和假设2b，也就是风险认知决定了人们的安全感受。

受教育程度越高，总体安全感、医疗安全感、食品安全感和个人信息、隐私安全感都更低，这一个结果验证了假设2c。

是否有工作没有进入任何一个模型，但工作性质越倾向于体力工作，在总体安全感、交通安全感、医疗安全感、食品安全感等方面的安全感也越高；体力劳动者在食品安全感和劳动安全感上都较高，半技术半体力劳动者的食品安全感更高，这些结果与假设2c一致。

工作性质属于集体企/事业、个体经营和农村家庭经营对劳动安全感有显著影响，表现为这类人员的安全感更高；此外，农村集体经济、三资企/事业分别对总体安全感、人身安全感有显著影响，表现出安全感更低；国有企业、农村家庭经营和社会团体及自治组织对医疗安全感有显著影响，党政机关、国有企业、集体企/事业、农村集体经济对食品安全有显著影响，均表现为安全感低，这一个结果并未完全支持假设2e。

一般来说，受教育程度高、从事技术性工作的人风险知识相对丰富，风险意识较强，安全感较低。

（三）验证理论假设3

以医疗费报销比例表示的社会保障甚至对医疗安全也没有显著的影响，假设3a没有得到验证。

从居住环境来看，居住在农村的人各项安全感及总体安全感都高于其他居住环境的人，其他居住环境的人对某些安全感有显著影响，但均表现为安全感更低，单位社区、商品房小区居民的人身安全感更低，老城区居民和商品房小区食品安全感更低，单位社区、商品房小区和高级住宅区居民的个人信息、隐私安全感更低。这一结果没有支持假设3b。

结果显示，在总体安全感、交通安全感和劳动安全感方面，男性的安全感低于女性，与假设 3c 相反。男性劳动安全感低也可能因为一般男性从事的工作风险、责任更大一些，可以用 U. 贝克（[1999] 2004b：7）关于风险与责任内在关联的观点来解释。进一步对男女工作性质进行 χ^2 分析发现，男性与女性在工作性质上有极其显著的差异，$\chi^2=90.23$，$P=0.0001$，支持工作性质影响的解释。同样，男性也比女性面对更多的交通问题，承担更多的责任和风险。

在所有模型中身体状况对各项安全感都有极其显著的影响，身体状况越差，安全感越低，这与假设 3d 吻合。

年龄对安全感有显著影响，随着年龄增加，总体安全感、人身安全感、交通安全感、医疗安全感、劳动安全感和个人信息与隐私安全感也增高，但变化很微弱。

个人的社会经济地位对总体安全感、人身安全感、医疗安全感和食品安全感都有显著影响，社会经济地位越低的人安全感也越低，这一结果部分验证了假设 3e。但是经济收入对各项安全感均没有显著影响，没有支持假设 3f。

出行方式对于交通安全感没有显著影响，公车出行的人们人身安全感更高，部分支持了假设 3g。

这些与社会经济地位有关的变量在与安全感之间的关系上并没有得到非常一致的结论，研究结果部分支持了假设 3。

四　讨论

（一）安全需求与需求安全

研究发现，人们对不同方面的风险感受是不同的，属于基本需求的风险感受最强烈。但是，本次研究发现，马斯洛的需求层次理论忽略了一个问题，就是基本需求满足中的安全问题，生理需求与安全需求很难如马斯洛所设想的那样分为两个层次，安全需求并不一定在基本需求得到满足后才出现，在追求生理需求满足过程中安全问题已经存在，个体在追求基本需求满足过程中会遇到需求与安全的冲突，既要满足基本需求又要冒安全风险。以食品安全问题为例，人们是不是会为了满足消除饥饿的需求而去食用可能存在风险的食品？由于马斯洛把人的需求看作是一种驱力，完全没有考虑人的认知的作用，而把生理需求与安全需求截然分开。实际上，一个需求满足的过程可能面临两难处境，既要满足生理需求，又害怕生理满足带来的不安全，伴随这一过程的是人们的焦虑和降低的安全感。

（二）风险认知与安全感

研究结果显示，公众的各项安全感均偏低，但由于并没有一个可以依据的衡量安全感的标准我们还难以确定怎样的安全感水平是合理的。但从需求的角度来看，这一问题的答案应该是基本需求的安全满足。Doyal 和 Gough（2000：37－118）认为，人类有共同的基本需求，这就是生存与健康和自主，而这两种基本需求要靠中介需求来满足，而中介需求包括了：（1）适当的营养和水；（2）有保护功能的住宅；（3）免于危险的工作环境；（4）免于危险的物理环境；（5）适当的健康照顾；（6）儿童安全的成长环境；（7）重要的基本关系的建立；（8）安全的物理环境；（9）经济安全；（10）安全的节育与养育；（11）基础教育。需要强调的是，Doyal 和 Gough 为这些中介需求每一个都加上了定语，而这些定语几乎都与安全相关。从人的发展角度去看安全感的问题，人的发展正是需要这些基本的需求都得到安全的满足，才会有安全感。而社会的发展就应该把为人类每个个体提供这样的基本发展条件作为起码的标准，这也就是个体“可容忍的界限”。

但从研究结果可以看到，安全感除了受到社会稳定性、社会治安状况等社会环境因素的影响之外，也受到生活环境因素和性别、年龄、受教育程度、身体状况和社会经济地位等个体因素的影响，而且受个人的主观因素影响，个体对于安全的预期不同，个人对风险的认知不同，个人对风险的容忍度也就不同，并且还会影响其安全感的评价。

从研究结果可以看到，个人信息与隐私的安全感最高，这是不是意味着个人的信息隐私处于更高的安全状态呢？答案是否定的。安全感高并不代表处于更高的安全状态，甚至相反，安全感高可能是由于风险知识缺乏而导致的风险意识的淡薄。这样的话，高的安全感就潜藏了进一步的风险，增加了危险性，可能使人处于不安全境地，受到伤害。同理，安全感低可能是由于个体的风险知识丰富，风险意识强所致，这使得他们处于警觉状态，时刻防范和应对可能的风险，避免危险的发生，免受伤害，这无疑成了有利的方面；不利的方面是他们处于风险焦虑中，可能会产生心理上的消极影响。U. 贝克用“替罪羊社会（scapegoat society）”来形容这样的两难，也就是说，造成了人们的不安并不是危险，而是指出危险的人。也正是在这个意义上，U. 贝克（［1986］2004a：91～92）认为，在风险社会中应对不安全感是社会成员的文化资格，是社会教育的核心任务。

（三）安全感的逻辑与风险分配的逻辑

研究的结果显示，受教育程度越高安全感越低，农村居民安全感高于城市居民，体力工作者安全感高于技术工作者，这些结果印证了 U. 贝克所提出的风险分配中的风险知识、风险认知逻辑问题的意义，但同时，社会经济地位越高安全感也越高的结果又说明风险分配中地位逻辑的存在，似乎真的是“财富在上层聚集，风险在下层聚集”（同上：36）。但这样的两种逻辑如何同时起作用，U. 贝克所说的风险分配的不公平是否存在于我们的社会中却难以断定。安全感的逻辑已经说明了安全感的复杂性，仅从安全感的分析还难以说明风险分配的不公平是否存在，因为风险分配的不公平不是以不安全感的形式表现的，而是以安全状况体现的，这些都需要进一步研究和探讨。

参考文献

贝克，乌尔里希，2004a，《风险社会》，何博闻译，译林出版社。

——，2004b，《世界风险社会》，吴英姿、孙淑敏译，南京大学出版社。

Doyal，Len，Gough，Ian，2000，《人类需要：多面向分析》，王庆中、万育维译，台北：洪葉文化事业有限公司。

高觉敷，1982，《西方近代心理学史》，人民教育出版社。

高觉敷等，1987，《西方心理学的新发展》，人民教育出版社。

吉登斯，安东尼，1998，《社会的构成》，李康、李猛译，三联书店。

——，2000，《现代性的后果》，田禾译，译林出版社。

马斯洛，1987，《动机与人格》，华夏出版社。

王俊秀、张潘士、王大为，2002，《社会安全感研究》，《社会心理研究》第2期。

谢小庆等，1992，《洞察人生——心理测量学》，山东教育出版社.

Cameron W. B. and T. C. McCormick. 1954. "Concepts of Security and Insecurity." *The American Journal of Sociology*, Vol. 59, No. 6.

Douglas, M. 1992. *Riskand Blame: Essaysin Cultural Theory*. London: Routledge.

Howard, Alex. "Insecurity: Philosophy and Psychology." in J. Vail, J. Wheelock and M. Hill (eds). *Insecure Times: Living with Insecurityin Contemporary Society*. New York: Routledge.

Vail, John. 1999. "Insecure Times: Conceptualising Insecurity and Security." in J. Vail, J. Wheelock and M. Hill (eds). *Insecure Times: Living with Insecurity in Contemporary Society*. New York: Routledge.

Zender, Lucia. 2000. "The Pursuit of Security." in T. Hope and R. Sparks (eds.). *Crime, Risk and Insecurity*. New York: Routledge.

关系化还是类别化：中国人“我们”概念形成的社会心理机制探讨*

杨宜音

摘　要：中国社会心理学在面对急速的社会变迁中，需要以变迁与文化的视角来选择研究问题。而中国社会文化中群己关系的社会心理机制，即“我们”概念的形成机制及其转换的可能与条件，正是一个体现着双重视角的基本问题。对这一问题的探讨不仅有助于解释社会凝聚力、群体行动的逻辑，讨论国家与个人、社会与个人、类别与个人的关系；也有助于培植社会转型时期的社会心理资源和社会心理支持系统，从而促进社会合作。与以往单一机制的分析框架不同，通过对两个个案的讨论，研究提出了一个新的分析框架，即中国人“我们”概念是在社会情境的启动和价值取向等因素影响之下，经由相互交织的“关系化”与“类别化”双重过程形成的。

关键词：“我们”概念　群己关系　关系　关系化　类别化

面对急速的社会变迁，中国的社会心理学必须回答、也有责任回答如何研究中国人社会心理的问题。这里包含着两个相互关联的内容：变迁社会心理学和文化社会心理学。原因很简单，我们生活在巨变的时代里，也生活在文化的传统中。然而，作为只有不足百年历史的中国社会心理学，我们可以依赖的学术资源主要来自欧美，而这些学术积累既很少针对社会巨变，亦很少聚焦东方，即便是近年来兴起的跨文化比较心理学的研究，也存在着方法论上的问题和简单贴标签的做法。

实际上，中国社会心理学这种处境并非困境。与大多数社会科学学科

---

* 原文发表于《中国社会科学》2008 年第 4 期。

相同，巨变的社会以一种动态的形式为我们提供了最佳的捕捉问题、考问理论、生长创意的背景；深厚的历史文化让中国社会心理带有自身鲜明的特征，便于与西方互为借镜，增加反观自身的学术敏感性。例如，社会结构巨变过程中，社会群体的社会阶层身份定位与流动的心理动力间的关系，国家及民族概念的心理意涵，公共参与和社会合作的心理机制，社会制度与社会心态的相互影响，社会价值观的碎片化，社会情绪与媒体传递，生存动力与信仰，等等，这些鲜活的生活，携带着中国千年社会文化的积淀和时代特征，已经把问题堆积在研究者面前，而寻找研究问题的路径就成为当下中国社会心理学无法回避的任务。

本文希望以中国人“我们”概念为触角，探看作为中国社会心理学的发展路径。因为，在中国30年改革开放的过程中，政府、市场、社会的功能在逐渐分化，相互间的关系在逐渐生成和协调。伴随着“社会”和“群体”概念发生着的深刻变化，个人与群体、个人与社会之间关系的心理机制也必然会出现一些新的特征。探讨群己关系的特征和机制，探讨机制的转型及其可能将关涉到社会转型的社会心理资源和社会心理支持系统，同时，也将从心理机制的角度来丰富我们对中国人社会行为基本逻辑的解释。

谁是“我们”？人们在什么情况下会使用和感受到“我们”？“我们”和“我”是如何联系起来的？社会价值体系对这种联系起到什么样的导向和规范作用？为什么当中国人经常批评自己总是各自为政、一盘散沙，缺乏公共精神和集体观念（参见金耀基，1992；梁漱溟，1989：8；费孝通，1985：21～77；孙隆基，2004：145～168、340～342）的时候，西方社会心理学家和跨文化心理学家却总是以“集体主义”来描述东亚人特别是中国人的行为取向，认为中国人更强调“我们”而不是“我”（杨宜音，1998；Chiu and Hong，2006）这些问题，可以通过辨析中国文化中“群”与“己”、“公”与“私”概念的文化含义部分地得到解答。在这里，我们选择从社会心理学群己关系的角度来寻找答案，看看“散沙”或是“集体主义”之间是否存在悖谬。

梳理社会心理学有关群己关系的探讨，可以看到相互关联的两个研究脉络：其一以文化、社会和个体的价值取向为关注角度，其二以社会心理机制为关注角度。价值取向这一脉络自20世纪80年代以来一直备受学界青睐。特别是跨文化心理学（cross cultural psychology）、文化心理学（cultural psychology）、本土心理学（indigenous psychology）的兴起，越来越多的学者希望从价值观的角度揭示不同社会/历史/文化背景下的人们如何处理个体与群体的关系，并且从中发展出了文化社会心理的比较框架和解释框架。其中最引人注目的是霍夫斯泰德（Hofstede，1980）在研究工作价值观时提出的有关“个体主义—集体主义”的理论框架以及此后发展出来的相关测量工具（Triandis，1994）。然而，对此框架的质疑也很多（杨中芳，1994）。近年来，这方面有意义的进展是在大量研究结果的基础上使用元分析（meta-analysis）的手段，全面反省和讨论这一框架的得失并提出的新框架（Oyserman et al.，2002；Brewer and Chen，2007）。从社会心理学的机制来看，这是一个个体与群体之间通过什么样的机制，建立了怎样的心理联系，最后获得什么性质的“我们概念”及“我们感”的问题。作为社会心理学的基本问题之一，这一问题既涉及从理论上回答中国人社会行为的文化社会心理原因（包括个体、人际、群体、群际和宏观社会多个分析水平），又涉及回答现实中的群际关系（包括城乡关系、阶层关系、代际关系等）、社会认同（包括国家认同、文化认同等）、群体行动和社会运动（包括社会合作等）所经历的心理过程与机制的问题。社会心理机制这一脉络的研究坚持社会心理学关于自我的研究传统，试图从自我概念的社会文化特性入手来解释群己关系。例如，“群体我”（Breckler and Greenwald，1986）、“独立性自我”和“互赖性自我”（Markus and Kitayama，1991），同样成为许多研究采用的理论框架（杨宜音，1998）。

由于采用的是方法论个体主义的研究范式，对中国文化中的群己关系的探讨始终存在文化意义上的误读。因此，本文将从社会心理学的三种研究范式的分析入手，对上述研究中反映出的西方社会心理学的理论预设进行讨论，然后以对两项定性（qualitative）经验研究资料做出分析，总结中国人“群”“己”概念的特征，揭示中国人群己关系的社会心理机制，在此基础上提出“我们”概念形成机制的理论模型。

社会心理学透视社会行为的三种研究范式

任何研究范式都有其背后的元理论（meta theory）。社会心理学的元理论，或者称为“元社会心理学”（meta-social psychology），是关于社会心理学的研究对象究竟为何的根据，因而，它不是社会心理学本身，而是社会心理学理论建构的预设。

从社会心理学的研究对象上来看，由以下四个概念及其相互间的心理关系构成：即（1）我、（2）他（你）、（3）我们、（4）他们，以及（1）人际关系（人己关系）、（2）群己关系、（3）群际关系、（4）他群关系、（5）我与他们之间的关系、（6）他与我们之间的关系（见图 1）。

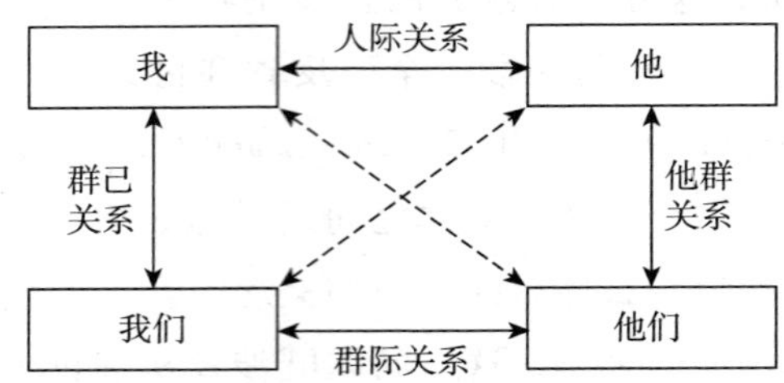

图 1　社会心理学关注的四个概念及其相互关系

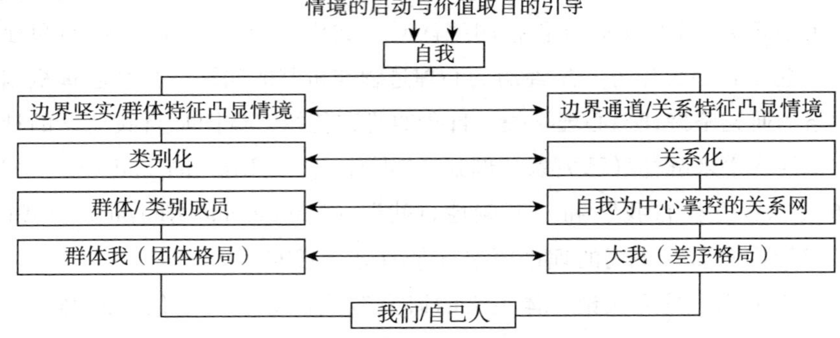

图 2　情境化的“我们”概念形成机制

不同的元理论指导下的研究，对这些心理关系的研究视角不同，关注程度也不同。从当前的研究中，可以看到以下三种研究范式。

1. 以个人为中心的研究范式

北美社会心理学的方法论预设是个体主义的，因而也被称为“方法论的个体主义”（methodological individualism）（卡尔·波普尔，1987：60～66、113）。这一方法论预设被西方社会科学的很多分支所采用，社会心理学也不例外。例如，著名的社会心理学家奥尔波特（G. W. Allport）将社会心理学定义为理解或解释“个体的思想、感情和行为如何受到他人实际的、想象的和隐含的存在的影响”的学科（Allport，1985），他的定义被称为最经典、影响最广泛、最持久的定义（金盛华，2005）。在这样的学术共识下，主流社会心理学从个体社会心理出发来建构学科内容，从个体出发关注自我和人际关系，即从个体如何知觉自我和他人（社会认知）、如何受到他人的影响（态度及改变、群体的压力、对权威的服从）到如何处理与他人的关系（喜欢或不喜欢他人、伤害他人、帮助他人、与他人合作或竞争）等。他人、群体不仅外在于个体，而且，常常扮演着负面的角色——影响了个体独立的、自主的判断而出现社会行为的偏离或改变。在这里，个体不仅是社会心理学学科的出发点，也是社会行为逻辑的出发点，他人、群体乃至社会、文化都是个体心理活动的背景和条件。而社会心理学不过是用来揭示个体如何面对和应对他人和群体的规律。因此，在反省社会心理学的危机时，这种状况被批评为没有“社会”的社会心理学（帕克，1992：469~496）。在研究方法上，实验社会心理学的方法成为主流，个体在实验室情境下的反应被视为人类心理和行为的一般状况。方法论个体主义隐身在实证方法中，被披上了人类普适的面纱，遮盖了它特有的哲学、史学、政治学（包括意识形态）和社会理论的意义。

20 世纪 70 年代后，伴随文化心理学视角的引进，主流社会心理学的各种研究发现越来越受到挑战，它被认为是“美国化”（Americanization）了的社会心理学而不能承担解释人类共性的任务（Farr，1996）。在这一背景下，诸多社会心理学的研究领域里，流行着“重新思考”（rethink）、“重新发现”（rediscover）这一类词汇。跨文化、文化和本土心理学的研究方法也因此受到了前所未有的关注（Fiske et al.，1998）。与此同时，实验社会心理学的方法以及方法论重新被讨论（Jost and Kruglansk，2002）。很多研究者在讨论以北美被研究者为对象的研究结论时，谨慎地限定于对盎格鲁—撒克逊美国人行为的解释。

2. 以群际关系为中心的研究范式

在经历了战后恢复重建的过程之后，欧陆社会心理学家在欧洲特殊的社会、政治、文化和格式塔等社会心理学理论传统的背景下，以群体成员（membership）、群体过程（group process）和群际关系（inter-group relations）这一新研究范式的视角，对主流社会心理学进行了整体性的重新思考。在他们眼中，个体的行动同时具有个体的性质和群己、群体和群际关系的性质。一个人既是一个个体，同时也是一个成员。当个体作为成员，自我和我他关系（人际关系）都会出现新的特征。我们与他们之间的关系，不再是我他关系的背景，而是渗入我他关系之中，甚至构成我他关系本身的内容（Abrams and Hogg，2004）。

在这一范式下，“社会身份认同理论”（social identity theory）（Tajfel and Turner，1986）的提出是最有意义的研究进展。其中，社会认同理论以及自我类别化理论（self categorization theory）（Turner et al.，1987），揭示了个体从独立个体到群体成员的过程——即透过类别化过程，完成“去个性化”（de-personality），[①] 实现对群体的归属和成员身份的定位——从而将“社会”重新纳入社会心理学的视野。个体与群体之间的联系便不再是相互孤立的、断裂的，不再是对象与背景之间的关系。简言之，个体主义范式与群际关系范式的区别在于，前者是指以“自我”为意义单位的行为，后者是以“群体成员”为意义单位的行为，被称为更加具有“社会”意味的社会心理学（Hogg，2006）。

3. *以儒家“关系”概念为中心的群己关系研究范式*

中国的社会心理学的发展由于政治历史原因而受到极大的影响。其中港台的社会心理学家在追随了主流社会心理学的研究范式一段时间之后，自 20 世纪 70 年代开始，出现了本土心理学运动（参见杨国枢，1993；杨中芳，2001；叶启政，2006）。这一对主流社会心理学范式的反省，随后也影响到大陆的社会心理学界（李庆善，1993），带来对中国人社会心理文化特性的关注。这方面的研究大致采取了文化心理学（包括本土心理学）和跨文化心理学两种立场。

在以文化心理学为立场的研究中，经历了近三十年的探索之后，中国社会特有的“关系”（guanxi 而不是 relationship）作为一个敏锐性概念（sensitizing concept）逐渐显示出其方法论的意义，成为被国际社会科学界所接受的一个学术概念。研究者发现，中国文化设计中的“人”，并非一个独立的个体，而是包含着与己身相关联的另外一个人，也就是两人的对应关系。儒家经典中，将“人”界定为“仁”。而“仁”则是指“爱他人”的人

① “去个性化”不等于“去个人化”（de-individual）。后者是指匿名产生的放弃责任，而前者是指个人特性的消弭。

（Hsu，1971）。这是说，“仁”是指人们之间心意相通。离开了与他人的交往和关联，就不成其为人了。这种文化设计，是由二人关系来界定一个人。没有关系的时候，中国人各自为政、一盘散沙；有关系的时候，中国人就会肝胆相照、共享共担。香港社会心理学家何友晖（Ho，1991）等人首先提出了“方法论关系主义”的概念，试图以“关系”作为研究范式，全面建构用来解析中国人的社会心理的理论。

“关系”概念具有下述四个主要特点：（1）与角色规范具有伦理联系。以社会身份（特别是以亲缘身份）来界定自己与对方的互动规范，使关系蕴含了角色规范的意义。例如，亲子关系中隐含着父慈子孝这一规范。（2）关系特别对亲密、信任及责任做出规定。在亲缘关系越相近的对偶角色中，相互之间越应当熟悉亲密、越应当信任、越应当相互负有责任，从而也限定了亲密、信任及义务的发生总是局限在亲缘关系或准亲缘关系中（杨国枢，1993；Yan，1996）。这些依据血缘亲属制度做出的规定，制度化了情感、信任及义务，规定了人与人之间的心理距离，因此有了某种格局的性质。（3）关系又是可以通过交往建立和中断的，即所谓“拉关系”或“断关系”。通过履行更亲密的关系角色才具有的义务，表达更近距离的关系才具有的亲情，就可以从“生”（没有关系）逐渐发展到“熟”（建立关系），再到“硬”“铁”（牢固的关系）。（4）以自己为中心，通过他人而形成关系的网状结构。关系的形成是以自我为中心，环环相套（费孝通，2008：21～28）。即A的关系里有B，B的里面又有C。这样，就形成了一个越织越密、越织越大的网，形成了牵一发而动全身的状况。关系的这种角色义务的规定性与交往编织的建构性，就让关系将伦理道德、权力结构、资源配置、交往动力、社会网络熔为一炉，使每一个生活在中国社会中的人很难离开关系来生活，也影响着“自我”和“我们”概念。

伴随着“关系”（guanxi）作为一个描述中国人社会行为的关键概念被引入社会科学研究（例如：Bian，1994；Yan，1994），社会心理学家对关系的研究也日渐丰富（参见杨国枢，2005；翟学伟，1993；郑伯埙，1995）。但是，这些研究偏重对关系的认知、建立或中断过程、关系的心理功能等研究，仍然或多或少地沿用北美人际关系的模式，即将“关系”从社会脉络中切割出来。

4. 三种范式对本研究的启发

上述三种研究范式的出发点分别为个体、群体成员和“关系”，因而，在解释文化心理现象时，它们的适用性不同。前两者的区别在于，一个人是一个个体，还是一个成员，这关系到是“个体在群体中”（individual in the group），还是“群体在个体中”（group in the individual）。也就是群体或社会是作为个体行动的背景还是已经被个体接纳到个体的自我概念中。这两种不同的视角或取向，对社会行动做出的解释也是不同的。前两者的联系在于，无论是个体还是成员，从理论上预设的个体本身的边界是相同的，社会认同理论正是在此基础上讨论个体如何与群体建立心理联系。关系范式与群际范式在强调群己关联这一点上是一致的，但是，在理论上对个体与群体如何形成关联的假设却有不同。群际范式提出的心理机制是类别化或身份认同，而关系范式则认为个体、群体与关系是互为主体的，相互建构的，因此是“个体和群体在关系中”（individual and group in the guanxi）和“关系在个体和群体中”（guanxi in the individual and group）。

对于中国人“我们”概念的研究来说，以群际关系为中心的研究范式给予的启发是，“我们”概念是在群际过程的背景下产生的，它的心理机制中核心的内容是群体成员的资格获得。当个体认同群体，成为心理群体的一员时，自我与群体便建立了一种类别化的心理联系，从而获得“我们感”。而以“关系”为中心的研究范式特别给予我们一种文化心理学的视角，即在讨论中华文化背景下群己心理联系时，应注重“关系”这一特有的文化心理机制。换言之，个体与他人建立心理联系的机制恐怕不是透过“类别化”，而是透过“角色义务规定”和建立“关系”共同起作用。那么究竟是“类别化”还是“关系化”才是中国人“我们”概念形成的社会心理机制呢？

通过对已有的社会心理学研究社会行为的三种研究范式的分析，我们认为中国人“我们”概念的社会心理机制研究可以依循以下的思路来进行：（1）从关系范式出发，探讨个体与他人、个体与群体是否有可能通过“关系式”连接（即“关系化”）来获得“我们”概念，并且说明这种“我们”概念的文化特性；（2）从群际范式出发，探讨群际背景是否会通过淡化关系化的自我概念，进而影响个体与群体的心理联系机制，从“关系化”走向“类别化”，而获得另一种“我们”概念。以下通过两个经验研究结果对上述问题进行讨论。

关系式的“我们”概念

如果用关系范式来解读中国人的“我们”概念，会有什么样的发现呢？即，如果通过“关系”来建立个人与他人的心理联系，它会表现出什么样的“我们”概念呢？

在这里，我们借用社会人类学家费孝通描述乡土社会时使用的“差序格局”概念来看关系对“我们”概念的影响。因为“差序格局”的秩序结构不仅体现了儒家“尊尊亲亲”的伦理原则，而且也是关系识别和运作的脚本。费孝通在《乡土中国》一书中，用形象生动的笔调解释了“差序格局”的含义：

> 我们的格局不是一捆一捆扎清楚的柴，而是好像把一块石头丢在水面上所发生的一圈圈推出去的波纹。每一个人都是他社会影响所推出去的圈子的中心。被圈子的波纹所推动的就发生联系。每个人在某一时间某一地点所动用的圈子是不一定相同的。（费孝通，2008：28）

在这样的社会结构中，一个人与另一个人之间的关系（interpersonal relations）必然不会是平等的、每一个人都有自己的个人地位，与他人有各不相同的心理距离，而所有的人际情感、义务和责任都由此生发。每一个人（这一块“石头”）与他人构成的社会（“水面”）就是“我们”概念形成的土壤，甚至镶嵌在“我们”概念之中。每一道波纹都经过石头与水面互动，形成某一情境下“我们”的边界。这一边界如此变动不居，很显然有别于根据同质性形成的“范畴”或“类别”。

一般而言，中国人习惯把关系分为“家人”、“熟人”和“陌生人”。熟人和生人是从交往频率来划分的，如果有权决定交往或是中断的话，交往频率高的熟人，一般意味着关系从情感或工具性上被肯定，而更有机会处在比陌生人靠近中心的位置，获得更多的情感与工具资源的配置。家人是从亲缘关系角度来划分的，在流动极少的乡土社会中，相互依赖性更高，处在一个人自己的差序格局的核心地带。这两类划分放在一起，不仅可以有亲缘与非亲缘的不同，而且，还有着更深的意味，即二者之间转化的可能性，即家人的概念有时候可以包含熟人，甚至陌生人；家人之间也可能出现形同陌路的情形。费孝通说：

> “家”字可以说是最能伸缩自如了。“家里的”可以指自己的太太一个人，“家门”可以指叔伯侄子一大批，“自家人”可以包括任何要拉入自己的圈子，表示亲热的人物。自家人的范围是因时因地可伸缩的，大到数不清，真是天下可以是一家（费孝通，2008：23）。

“自家人”或“自己人”伴随着“我们感”的体验，也是“我们”概念的代名词，因此，讨论“我们”概念的关系特性时，比较好的策略就是看“自己人”都包括什么关系的人，采用什么标准来划分“自己人”和“外人”。

笔者自 1996 年 7 月起至 1998 年 8 月曾在华北的 5 个村 106 户家庭进行了入户访谈，并选择一户进行了 70 天（分 6 次）的参与观察与深度访谈。在这项有关中国人关系分类的个案研究中发现，按照心理距离排列关系并分类的话，可以看到一个以自己为中心，由近及远的亲疏情感和工具成分组成的“我们”心理格局（杨宜音，2001）（见表 1）。

表 1　对被访人分类结果的分析

级别/性质	先赋性关系	交往性关系
第一级	家人	密友
第二级	近亲	至交
第三级	族亲	熟人（频繁交往关系）
第四级	远亲	相识（交往略多关系）
第五级	沾亲（更远的远亲）	点头之交（较少交往关系）

这种亲疏关系的分类，不仅依据亲缘身份来构成，因此不能仅以亲缘身份系统（亲缘关系/非亲缘关系）为标准，也不仅依据交往以及交往引起的亲密程度决定，而是同时存在于两个类别中，自成一个双维度分类系统。这就是在中国人日常生活中被视之为当然的一种关系式“我们”分类：“自己人/外人”。

个案中的被访人对自己的分类解释道：

> 我们两个（指被研究者及其妻子，简称 Y，X）肯定是自己人。说，A、B（被研究者之子女）和 C（被研究者之儿媳）呢，要说，如果我这圈划得小呢，就连他们俩（仨）都没有。再往大了划，就把他们包含在里边了。再往大了划，就把我父亲包含在里边了。再往大了划，就是她（X）的父亲，然后是我的兄弟、她（X）的弟弟他们。可是在这圈里头，它也不完全一样。假如说，我们哥们四个，也不完全一样。还得论什么事，还有人的秉性、行为不一样。这哥儿俩可能就显得密切点，那哥儿俩就生疏点。（Y，男，1997 年 5 月）

在这段谈及“自己人”的叙述中，我们发现以下关键词：我们、我、他/她、他们、自己人、圈、划、大、小、包含、秉性、密切/生疏。自己人的划分是由个体以自己为中心，根据先赋性关系和交往性关系，划分的边界依不同情境而大小不同，即包含的人不同，形成了一个亲疏尊卑的同心圆结构。而划分了类别的关系具有相对的内外区分的意义，被访者的解释是：

> 这个外人和内人，这看在什么情景下说外人和内人。你假如说，X 和我，我们俩人跟你（访问者），我们俩是内人，跟你是外人。可是要是说，再来一个，哪怕是庄里的人，跟我没多大交往的人，我就认为咱们这个是内人，他就算外人。（Y，男，1997 年 5 月）

经深度访谈发现，外人变为自己人主要有两条途径，其一是通过通婚、过继、拟血亲关系（例如结拜）等成为具有先赋性关系的自己人；其二是通过交往而被接纳为自己人。自己人变为外人也同样有这样两条途径，例如，解除彼此的亲缘关系和中断交往。被访人解释一位近邻被置于第三类的原因如下：

> 我们的关系好像就是比街坊近，比朋友，有的人朋友不见得有我们哥俩近……又跟兄弟不太一样……我们哥俩只能说互相理解……绝对不

是那种意义上的哥们义气。吃吃喝喝，互相帮忙。（Y，1997 年 9 月）

亲属结构是一个以血缘生物特性作为基础的制度，带有生而与俱的先赋性，自己人结构虽然带有先赋性的特性，但是最为核心的还在于结构边界具有的心理动力特性。隐藏在“自己人圈子”背后，是一个具有自主性的“自我”，它掌控了人对环境的适应和创造，打通了“我”与“我们”的边界。在上述个案研究中，就发现了下列中国人划分自己人/外人的模型（杨宜音，2001）（见表 2）。

表 2 “自己人/外人”分类及其相互间的互动模型

		交往性关系	
		真有之情	自愿互助
		高	低
先赋性关系（含拟亲属关系）	高	自己人（家人、铁哥们、圈内人）	身份性自己人（亲属、婆媳、继亲子）
应有之情身份责任	低	交往性自己人（密友、传统出嫁女与父母）	外人（陌生人、外乡人、圈外人）

从表 2 获知，在对某一种人际关系进行定位的时候，必须考虑两个维度，一个是先赋性（ascribed）的维度，即由亲缘身份制度规定的关系基础；另一个则是交往性（interactive）的维度，即由个体之间在互动中相互建立的情感、信任及义务等。先赋性的规定一般情况是不易改变的，而交往性是可以依据交往的感受形成许多变化，例如，喜欢与不喜欢，亲密与不亲密、信任与不信任等。

从这一研究中我们发现，在比较传统的乡土中国，存在着自己人式的“我们”概念。它的特点如下。（1）个体自主性。个体将高先赋性和高交往性的他人包容进入自我的边界，形成所谓“自己人”，而将低先赋性和低交往性的他人排斥在自我边界之外，形成所谓“外人”。（2）边界的通透性。无论是外人还是自己人都可能因改变在这两个维度上的特性而从自己人变为外人，或者从外人变为自己人。（3）边界的伸缩性。在不同的情境中，个体划定的边界是不同的，因而被包容在自己人边界内的人数也有多少的不同。

由此我们可以发现这种“我们/他们”概念是根据两个维度对他人进行关系判断后放入两个对偶类别而形成的。当个体认为与某个人或某些人有关系时，就会将其包容进自我的边界中，形成自己人或圈内人。在儒家传统中，能够将更多的人包容进入自己的边界，以他们的忧乐为自己的忧乐，是君子的美德。这样的自我被称为“大我”。这样，“我们”概念即有了道德含义。而这种包容，是关系式的，是在自己的内心建立与他人以至天下的心理关系。所以，尽管可能很大，却仍然是从“我”出发，并与“我们”是同构的。

为什么中国人的关系化过程同时具有先赋性和交往性两个特点？可以做出的解释是：一方面，在流动较少的中国传统社会生活中，其社会文化设计是以亲缘关系作为交往中情感、信任、责任的依据，所有的人都会在亲缘关系的体系内外占有一席之地，每一个人都从“己身”出发与他们形成一定的远近距离，以此来保证建构分配秩序和权力结构；另一方面，家人、熟人之间活生生的、面对面的人际互动，给交往双方带来不同心理体验，于是要求形成把握心理距离的自主空间，这就导致了“关系”本身的二重性和丰富性。

根据先赋性和交往性进行了“有关系”和“没有关系”、“自己人”和“外人”这两类人分类之后，关系会固定为凝聚这两种属性的角色或身份，例如父（慈）子（孝），成为原型（prototype）和类别（category）。一般而言，类别化是人类普遍的知觉模式，作为认知捷径可以帮助人们迁移知识，举一反三。然而，从关系发展而来的类别将作为下一次人际关系交往的基础（guanxi base），类别被关系化，通过交往再来决定与交往对象的关系是否变得更亲密或是相反。而交往之后，关系再次被固定在角色或身份中，交往的意味又会淡出。关系被类别化，关系与类别就这样缠绕在一起，但是主要特性仍然是关系。在这个过程中，通过包容关系他人形成“我们”概念的心理过程，可概括为“关系化”过程。

类别式的“我们”概念

著名的文化与认知心理学家尼斯贝特与中国社会心理学家合作的认知研究发现，相形之下，“现代西方人比东方人更倾向于对物体进行归类，……

东方人比西方人更会从感知到的各种关系及相似性方面来组织这个世界”(尼斯贝特，2006)。例如，东方人更倾向将“猴子”“香蕉”“熊猫”三个词进行两两分组时，采用关系（猴子吃香蕉）策略而不是分类学上的范畴(动物 vs. 植物）策略。实验中，中国学生关系分类分数是欧裔美国学生的两倍，欧裔美国人范畴分类的分数是中国学生的两倍。我们在上文中引用的个案研究结论也支持了这个结果。然而，这是否意味着这一倾向是普遍的呢？当我们将群际关系作为研究范式，会看到什么呢？换言之，中国人有没有类别化的“我们”概念呢？

社会认同理论关于群际关系的研究发现，当一个个体将自我与一个类别建立心理联系之后，就会形成对该类别的认同（identification)，并因此形成与该类别以外的人或其他类别形成积极的特异性（distinctiveness)，并形成“我们”概念。个体所认同的类别被称为内群体（ingroup)，而其他类别被称为外群体（out-group)。这一个体与类别建立联系的心理过程被称为“自我类别化”(self categorization)。

费孝通（费孝通，2008：22）和梁漱溟都曾指出中国人团体概念很薄弱。但是，可能的情况是，在差序格局作为社会结构的主要特征的社会里，“我们”概念主要是“自己人”式的。而当社会流动出现之后，在群际关系的背景下，可能会有不同。根据这一分析，我们试图探讨关系式的“我们”概念在群际关系背景下是否会转换成类别式的“我们”概念以及转换的条件。

社会流动的一个很典型的情境是国际移民。从上述问题出发，在 2000 年和 2001 年我们“海外华人文化认同”课题组对一百多位马来西亚各界华人进行了访谈。通过将访谈文本（62 万字）以完整句子为单位进行的编码和分析，概括出马来西亚华人生活中文化认同主要因素的概念树。最终归纳出一至七级概念。其中三个一级概念即成为本研究的分析主轴：（1）华人；（2）文化；（3）身份认同。其中华人是主体，身份认同是华人与中华文化联系的心理机制，通过认同中华文化而成为华人。限于篇幅，此处仅讨论华人的“我们”概念的形成机制。

“华人”这一称谓的使用来自华人自身，也来自华人外部的“他者”。因此，“华人”这一称谓显然以海外流动和移民的文化接触这一事实为背景。以下为典型的访谈文本：

（1）处于国内族群关系语境：“我们华人”与“他马来人”

我们华人叫龙眼，他马来人叫什么，他们叫猫眼！（GRD，男，中年，2001 年 2 月）

（2）处于国际关系语境：“我们马来西亚”与“中国”

我们马来西亚书艺学会，……我们作为马来西亚代表，很可能不久就要去中国。（CRL，男，老年，2000 年 6 月）

（3）处于海外华人与祖籍国关系语境：“我们海外华人”与“祖母家”

如果中国强，这个是很现实问题，你，祖母家里很旺，很强，你这个语言，整个文化，可以带动我们海外……我们正是基于共同的文化，共同的民族……我们华人将来就属于世界华人，将来可能会走向所谓的一体化，或者是彼此互动关系更强。（X1SWYH，男，中年，2000 年 6 月）

因为族缘或是血缘，我觉得将来的这个经贸关系，总是会比外国人，真正的外国人（密切），我们算是外国人了，但是我们，还是有关系。（LSN，男，中年，2000 年 6 月）

从社会心理学的角度来看，马来西亚华人形成的“华人”等概念具有更多的类别意义。多元种族和多元文化处境凸显了本族群个体之间的共同性和族群间个体之间的差别性。因此，情境对“我们”概念具有激活和建构的作用。不同的情境会激活不同的身份意识。在这些情境中，一些成员身份暂时隐退，而另一些成员身份成为与对应的外群体相互形成最显著区别，而与内群体相互形成最显著一致的身份。

从马来西亚华人文化认同的历程来看，我们发现以下三个主要线索：（1）由祖籍地认同、亲属认同发展演变成为华人群体社会、经济、政治利益认同；（2）由附着在祖籍地认同和亲缘认同之上的方言认同发展演变成为以普通话和简化汉字为标准的语言认同，表现为华校、华文报社的建立和发展；（3）由宗教认同、习俗认同发展演变成为信仰认同、价值观认同，表现为华人对中华民间习俗、民间信仰的保持以及价值观念的坚守和发扬（参见杨宜音，2002）。

从这三条线索上来看，马来西亚华人经历了从依赖传统的先赋性群体（例如宗祠、会馆）到归属现代社会、经济、政治的获得性（achieved）组织的过程。这个过程建构了一个身份认同的结构体系，即在国家政治上认同马来西亚的前提下，形成华人的文化认同。

马来西亚华人文化认同的研究在帮助我们理解中国人类别化的“我们”概念时是非常有价值的。由此我们可以发现中华文化中的类别式的“我们”概念并不必然带有关系的性质，而是可以注重内群体的共同性和外群体的差别性。当个体因某些特征（例如种族、文化、语言等）被他者划归为一个类别时，将会通过形成文化共识保持这一类别的成员身份。这一个体与类别建立关系过程的心理机制尽管还有关系的缠绕，但主要还是凸现了类别的特性，可以概括为“类别化”。

情境式的“我们”概念框架

通过对上述两个质性研究的分析，我们探索了中国人“我们”概念可能形成的社会心理机制。我们假设，中国人自我（己）的边界具有以下特征。（1）自主性：以自我为中心判断包容或排斥。（2）通透性：包容关系他人。（3）伸缩性：因包容的关系他人的多少而变化范围。（4）道德性：在社会道德的引导下，从小我升华为大我。

在这样的“己”概念对应下，“群”的意义也变得复杂：（1）关系他人被包容而形成的自己人，互为自己人后构成的关系网；（2）在自我的边界坚硬化时，由独立个体组成群体或相似个体组成类别；（3）我与我们之间在不同情境下分化程度不同。

而在这样的“群”“己”的意义规定下，群际关系范式中的单一机制——类别化——显然就存在不足，即忽略了关系范式揭示出来的群己关系的关系特性。从上述个案研究中可见，如果说关系化（自己人式）的“我们”概念体现了一种中国社会特有的“差序格局”，类别式的“我们”概念体现了一种西方人普遍存在的“团体格局”的话，那么，可以假设，中国人的

“我们”概念的生成机制是双重格局的。换言之，中国人可能有两种路径达到自我与他人和群体的联系。其一是与具有特定地位和关系的他人，根据先赋性的规定性与面对面的互动来判别和建立这种心理联系；其二是与较为抽象的他人，根据类别特征的凸显来判别和建立这种心理联系。当包容关系他人的自我面对外群体时，会将对方理解为“外人”，而边界内不包容关系他人的自我，会将对方理解为外群体。相应地，当外群体出现后，类别化凸显；“外人”出现时，关系化凸显。启动这一机制的条件是自己视为类别成员式的“我”还是与可以划定自己人的“我”。也就是说，“我”是“一个”（成员）还是“这一个”（划定关系的中心）。对此，我们推测情境会成为启动条件，即“我们”概念是情境化的。这种根据“关系化”与“类别化”双重途径情境启动的“我们”概念，我们称之为双重格局的情境“我们”概念形成机制。图 2 为其示意图。

社会心理学家发现，人们选择个人与群体连接机制，一方面会受到情境的启动；另一方面会由于社会文化历史的原因形成“定锚”（anchoring）或倚重。也就是说，在长期社会活动中个体究竟是通过“类别化”还是通过“关系化”建立群己关系，会有一定的倾向性，影响人们形成路径依赖，而使“类别化”或“关系化”演变成为强势的价值取向（Liu et al.，2005）。而且，这些价值取向并不截然分离，而是相互缠绕，受到来自深层的文化、社会、历史的建构。任何一个文化都不可能只具有“类别化”的价值取向而没有“关系化”的取向，反之亦然。正如社会学家杨联升在讨论“报答”规范时指出的，每一个社会都会采用“报答”这一社会交往原则，而在中国，其不同之处是这一规范“有由来已久的历史，高度意识到其存在，广泛地应用于社会制度上，而且产生深刻的影响”（杨联升，1987：49～50）。

作为一项本土研究的探索，这一研究框架尚待进行更为深入的讨论，并需经验研究的支持。此外，除了价值取向的研究外，在双重格局的框架下，情境启动、情境依存性与情境独立性以及思维方式或许也是进一步研究的相关路径；群己关系的社会心理机制与社会建设之间的关系、群己关系与公私概念形成机制、群己关系与公共参与等具有变迁社会心理学意义的相关研究，也将会使这一领域更具活力。

参考文献

费孝通，2008，《乡土中国》，人民出版社。

金盛华主编，2005，《社会心理学》，高等教育出版社，第4页。

金耀基，1992，《儒家学说中的个体和群体——一个关系角度的诠释》，《中国社会与文化》，香港：牛津大学出版社。

卡尔·波普尔，1987，《历史决定论的贫困》，杜汝楫、邱仁宗译，华夏出版社，第60~66、113页。

李庆善主编，1993，《中国人社会心理论集》，香港：时代文化图书公司，第1~82页。

理查德·尼斯贝特，2006，《思维的版图》，李秀霞译，中信出版社，第87~88页。

杨国枢，1993，《我们为什么要建立中国人的本土心理学?》，《本土心理学研究》（台北）总第1期，第6~88页。

杨国枢，1993，《中国人的社会取向：社会互动的观点》，杨国枢、余安邦主编《中国人的心理与行为——理念及方法篇》，台北：桂冠图书公司，第87~142页。

杨国枢，2005，《中国人的社会取向：社会互动的观点》，《中国社会心理学评论》第1期，第87~142页。

杨联升，1987，《报——中国社会关系的一个基础》，《中国文化中“报”、“保”、“包”之意义——钱宾四先生学术文化讲座》，香港：香港中文大学出版社，第49~50页。

杨宜音，2002，《文化认同的独立性和动力性：以马来西亚华人文化认同的演进与创新为例》，张存武、汤熙勇主编《海外华族研究论集》第3卷，台北：华侨协会总会。

杨宜音，2001，《自己人：一项有关中国人关系分类的个案研究》，《本土心理学研究》（台北）总第13期，第277~316页。

杨宜音，2001，《自己人：一项有关中国人关系分类的个案研究》，《本土心理学研究》（台北）总第13期，第277~316页。

杨宜音，1998，《自我及其边界：文化价值取向角度的研究进展》，《国外社会科学》第6期。

杨中芳，2001，《如何研究中国人：心理学研究本土化论文集》，台北：远流出版公司，第321~434页。

杨中芳，1994.《中国人真的是“集体主义”的吗？——试论中国文化的价值体系》，杨国枢主编《中国人的价值观——社会科学的观点》，台北：桂冠图书公司。

叶启政，2006，《社会理论的本土化建构》，北京大学出版社。

伊恩·帕克，1992，《现代社会心理学的危机》，周晓虹主编《现代社会心理学名著菁华》，南京大学出版社，第469～496页。

翟学伟，1993，《中国人际关系的特质：本土的概念及其模式》，《社会学研究》第4期。

郑伯埙，1995，《差序格局与华人组织行为》，《本土心理学研究》（台北）总第3期，第142～219页。

中国文化书院文化委员会编，2005，《梁漱溟全集》第3卷，山东人民出版社，第80页。

A. P. Fiske，S. Kitayama，H. R. Markus and R. E. Nisbett. 1998. “The Cultural Matrix of Social Psychology.” in D. Gilbert，S. Fiske and G. Lindzey (eds.). *The Handbook of Social Psychology*. 4th (ed.). vol. 2. Boston：McGraw-Hill. pp. 915－981.

Bian Yanjie，Guanxi and the Allocation of Jobs in Urban China. 1994. “*The China Quarterly*. vol. 140. pp. 971－999；Yan Yunxiang，The Culture of Guanxi in a North China Village.”

C. Y. Chiu and Y. Y. Hong. 2006. *Social Psychology of Culture*. New York：Psychology Press，pp. 14－46.

D. Abrams and M. Hogg. 2004. “Metatheory：Lessons from Social Identity Research.” *Personality and Social Psychology Review*. vol. 8. pp. 98－106.

D. Oyserman，et al. 2002. “Rethinking Individualism and Collectivism：Evaluation of Theoretical Assumptions and Meta-Analyses.” *Psychological Bulletin*. vol. 128. no. 1. pp. 3－72.

G. Hofstede. 1980. *Culture's Consequences：International Differences in Work-Related Values*. Beverly Hills，CA：Sage.

G. W. Allport. 1985. “The Historical Background of Social Psychology.” in G. Lindzey and E. Aronson (eds.). *The Handbook of Social Psychology*. 3rd (ed.). New York：Random House. p. 2.

H. C. Triandis. 1994. “Theoretical and Methodological Approaches to the Study of Collectivism and Individualism.” in U. Kim，H. C. Triandis，C. Kagitcibasi，S. C. Choi and G. Yoon (eds.). *Individualism and Collectivism：Theory，Method and Applications*，Thousand Oakes：Sage Publications. pp. 41－65.

H. Markus and S. Kitayama. 1991. “Culture and Self：Implications for Cognition，Emotion，and Motivation.” *Psychological Review*. vol. 98. pp. 224－253.

Ho，D. Y. F. 1991. “Relational Orientation and Methodological Relationalism.” *Bulletin of the Hong Kong Psychological Society*. nos. 26－27，pp. 81－95.

Hsu，Francis L. K. 1971. “Psychological Homeostasis and Jen：Conceptual Tools for Advancing Psychological Anthropology." *American Anthropologist*. vol. 73. pp. 23 – 44.

H. Tajfel and J. C. Turner. 1986. "The Social Identity Theory of Intergroup Behavior." in S. Worchel and W. G. Austin (eds.). *Psychology of Intergroup Relations*. Chicago, IL: Nelson-Hall. pp. 7 – 24.

J. C. Turner, M. A. Hogg, P. J. Oakes, S. D. Reicher and M. S. Wetherell. 1987. *Rediscovering the Social Group: A Self Categorization Theory*. Oxford: Blackwell Publishers. pp. 42 – 67.

J. H. Liu, R. Goldstein-Hawes, D. J. Hilton, et al. 2005. "Social Representations of Events and People in World History Across Twelve Cultures," *Journal of Cross Cultural Psychology* (2).

J. T. Jost and A. W. Kruglansk. 2002. "The Estrangement of Social Constructionism and Experimental Social Psychology: History of the Rift and Prospects for Reconciliation." *Personality and Social Psychology Review*. vol. 6. pp. 168 – 187.

M. B. Brewer and Chen Y. R. 2007. "Where (Who) Are Collectives in Collectivism? Toward Conceptual Clarification of Individualism and Collectivism." *Psychological Review*, vol. 114. no. 1. pp. 133 – 151.

M. Hogg. 2006. "Social Identity Theory." in P. J. Burke (ed.). *Contemporary Social Psychological Theories*. Stanford, CA: Stanford University Press. pp. 111 – 136.

M. M. H. Yang. 1994. *Gifts, Favors and Banquets: The Art of Social Relationship in China*. Ithaca, NY: Cornell University Press. pp. 1 – 15.

R. M. Farr. 1996. *The Roots of Modern Social Psychology: 1872 – 1954*. Oxford: Blackwell. p. xi.

S. J. Breckler and A. G. Greenwald. 1986. "Motivational Facets of the Self." in R. M. Sorrentino and E. T. Higgins (eds.). *Handbook of Motivation and Cognition: Foundations of Social Behavior*. New York: Guiford Press. pp. 145 – 164.

Yan Yunxiang. 1996. "The Culture of Guanxiin a North China Village" *The China Journal*. vol. 35. pp. 1 – 25.

中国农村医疗筹资公平性研究[*,**]

——基于全国八个农业县医疗筹资系统的实证研究

王　晶

摘　要： 农村医疗筹资体系的制度设计是影响农村居民医疗服务可及性的重要因素。本文运用 Kakwani 指数和 PII 指数对我国农村医疗筹资体系内三种主要筹资形式进行了垂直公平性和水平公平性分析。研究结果表明：合作医疗筹资体系保证了水平公平却牺牲了垂直公平，商业保险筹资体现了轻度的垂直公平，而自负支出筹资同时存在着严重的垂直不公平和水平不公平问题。

关键词： 垂直公平　水平公平　Kakwani 指数　PII 指数

一　问题的提出

目前，我国农村医疗保障问题仍然是学术界关注的焦点。2003 年我国开始实施新型农村合作医疗试点（以下简称“新农合”），截至 2007 年 9 月 30 日，全国开展新农合的县（市、区）达到 2448 个，占全国总县（市、区）的 85.53%，参加新农合人口有 7.26 亿，参合率 85.96%。而根据卫生部、财政部印发的《关于做好 2008 年新型农村合作医疗工作的通知》，新型农村合作医疗制度将于 2008 年在农村地区实现全面覆盖，这意味着我国近 8 亿的农业人口即将受到正规医疗保险体系的保障。

---

* 本文根据作者的硕士论文改写而成，衷心地感谢导师魏众教授的悉心指导。朱玲教授帮助作者获得了数据，课题组王震、何伟对论文的后期修改提出意见，在此一并致谢。文责作者自负。

** 原文发表于《社会学研究》2008 年第 5 期。

新型农村合作医疗制度对于提高农村医疗服务可及性起到了积极的作用，但是，现有的医疗筹资机制能在多大程度上缓解农村人口的医疗筹资压力？农村人口沉重的自负支出压力在短期内能得到有效缓解吗？根据《中国卫生统计年鉴（2007）》的资料，2006 年我国县属医疗机构人均门诊支出总额为 84.7 元，相对于 2003 年增长了 19%；人均住院支出 2241.3 元，相对于 2003 年增长了 15%。而从现有的研究来看，农村人口医疗支出的费用主要还是靠自负支出承担（魏众，2006：26；陈信勇等，2004：146）。平新乔（2003：52）从需求弹性的研究视角得出的结论是，中国西部（11 个省、自治区）的农民医疗卫生负担与东、中部农民相比呈累退趋势：越穷负担越重。这些研究揭示了一个问题：在医疗费用不断上涨的同时，合作医疗体系还不具备相应的补偿能力，医疗费用主要还需农民自己买单。

对于这一问题的探讨，学术界主要从两个方面切入，一是探讨新型合作医疗制度自身的问题。比如，顾昕、方黎明（2004：1）认为，我国新型农村合作医疗制度由于坚持自愿性筹资，同时给付结构不合理，因此导致逆向选择问题，一部分健康且富裕的农村人口缺乏动力参与合作医疗筹资，导致合作医疗筹资水平低，补偿水平低。林闽刚（2006：22）认为，我国新型合作医疗在治理结构上强调“公民合办”，但实际上，政府以大规模的行政干预替代了村社内部的自治机制和集体提供的卫生服务制度，农民的作用演变成为整个合作医疗制度的交费者，由此产生了“逆向选择问题”、“供方诱导需求问题”和“道德风险问题”。二是探讨农村家庭内部的风险管理偏好。针对高额的医疗支出风险，中国农村家庭多将收入以现金方式留在手中，这种储蓄方式可以帮助家庭抵御（不良）健康“冲击”带来的经济后果。陈信勇、王运福（2004：146）认为，我国农村非正式的风险承担机制与正式的风险承担机制同时构成农民的风险管理选择，但是由于正式风险承担机制具有众多不确定性，比如报销门槛较高、报销手续复杂、信息不对称等问题，农民对能否从正式风险承担机制中受益持怀疑态度。因此，农民即使加入新型合作医疗体系，但仍偏好于非正式风险承担机制解决医疗支出问题。而马丁·拉瓦雷和卓斯纳·嘉兰（Ravallion and Jalan，1999）则从反面对这种偏好进行了质疑，他们研究认为，当疾病或其他因素对收入导致冲击时，中国农村家庭（特别是贫困家庭）无法完全“平衡”他们的各项消费。

上述研究分别从外在筹资机制和内在筹资机制两方面切中农村医疗筹资问题的症结。本文希望在这些研究的基础上，从医疗筹资公平性的视角，进一步探讨中国农村医疗筹资的问题。

关于医疗筹资公平性的研究，欧盟国家的学者在理论构建上已经较为成熟。1999 年，斯蒂芬·法布里肯、克利福德·卡马拉和圣安妮·米尔斯对公平的卫生筹资系统进行了定性的解释，“在一个公平的筹资系统中，每个人所负担的疾病风险应该根据个人的支付能力进行支付，而不是疾病程度。如果这个系统中的个人或者家庭由于购买医疗服务而变得贫穷，或者由于医疗费用高昂而根本消费不起医疗服务的话，那么这个筹资系统就是不公平的”（Fabricant et al.，1999）。《2000 年世界卫生报告》又进一步丰富了筹资公平性的内涵，“一种公平的筹资系统，就是通过各种融资手段，保证所有个体都能得到有效的公共和私人医疗服务”。在实践研究中，各国学者依据“依个人能力进行支付”的筹资原则，逐步从两个方向上对医疗筹资系统进行研究：一个是“垂直公平原则”，即不同支付能力的人要贡献不同的筹资水平；另一个是“水平公平原则”，即相同支付能力的人要贡献相同的筹资水平。

本文采用了欧盟国家关于医疗筹资公平性理念，即“公平的医疗筹资系统是依据个人支付能力进行筹资的系统”，结合中国农村医疗筹资的现状，对农村医疗筹资系统内主要的三种筹资途径——自负支出①、合作医疗、商业保险——进行公平性分析。在具体操作上，本文也将从垂直公平和水平公平的角度对三种筹资手段进行对比研究，以期发现三种医疗筹资形式自身的问题，对进一步的政策改革提供参考。

二　研究数据和研究方法

（一）数据来源

本论文所采用的数据为 2004 年卫生部“新型农村合作医疗家庭健康询问调查”数据的一个子样本。该课题组在全国抽取了 8 个县，每个县选取 5

① 本文研究的自负支出是指扣除农民获得的合作医疗或医疗救助的补偿，农民从个人收入中支付的医疗费用。

个镇，每个镇选取 2 个村，每个村抽取 65 户左右的样本户，总样本量为 17116 人。需要说明的是，该样本主要覆盖了一些新型合作医疗试点县，因此，在总样本中，被各种保险覆盖的人群占总样本量的 75%，没有任何保险的人群占总样本数的 25%。这一数字明显高估了中国农村地区的保险覆盖人群①，特别是在本调查中，新型合作医疗覆盖的人群比例达到了 73%（12497 人），远高于当时全国新型合作医疗覆盖的人口比例，因此本论文研究的重点是：在新型合作医疗覆盖的农村地区，中国农村医疗筹资公平性的问题。

（二）数据处理

本文研究的重点是农村医疗筹资的公平性程度，这种研究主要涉及两个变量，一个是人均收入，另一个是各种医疗筹资形式的筹资额。

1. 人均收入的处理

由于本文主要采用家庭个体的微观数据进行研究，因此必须将家庭收入转化为人均收入，阿若森（Aronson，1994）在处理家庭收入时，采用了一个“标准家庭规模”的概念：

$$E_h = (A_h + \alpha K_h)^\theta$$

在这个公式中，E_h 是家庭规模的等价参数，A_h 是家庭成年人数量，K_h 是家庭中的儿童数量，α 为儿童相当于成人的比例，θ 为家庭规模经济指数。根据家庭规模等价参数，我们可以将家庭收入按标准家庭规模来计算人均收入。那么为什么要用“标准家庭规模”代替原始家庭规模来计算平均收入呢？原因主要有两点：第一，家庭中儿童的消费能力并不像成人那样强，因此把儿童折算为成人的一定比例（α 值小于 1）会使人均家庭收入更能反映家庭的消费能力；第二，家庭内也有规模经济（θ 值小于 1）。随着家庭人口规模增大，家庭公共品会增多，因此总的消费额并不会随人口数成比例上涨。②

在本论文的分析中，拟将 α 值与 θ 值均取为 0.5（Wagstaff and Van-Doorslaer，2000）。

---

① 根据卫生部 2003 年国家卫生服务调查数据，我国农村地区被保险覆盖的人群大致占 21%，而未被任何保险覆盖的人群大致占 79%。

② 实际上，医疗筹资额也应该按照“标准家庭规模”来计算人均筹资额，但是调查问卷在设计时，已经自动按照家庭筹资总额除以家庭人口规模的形式进行处理，因此，只能按照问卷中反映的筹资额计算。

2. 医疗筹资额的处理

在调查问卷中，涉及的社会保险形式包含城镇基本医疗保险、大病医疗保险、公费医疗、劳保医疗、合作医疗和其他形式的医疗保险。根据统计结果，除合作医疗保险形式之外，其他几种保险形式在农村比较少见，而且筹资额比例非常微小，尚不足筹资总额的1%，因而将其统一合并为其他社会保险，而将合作医疗单列作为一种保险形式。

关于政府补贴，调查问卷中并没有针对这个问题的直接数据，因此，本文将根据合作医疗的缴费形式对其进行模拟。合作医疗的缴费形式包括以下四种：（1）上门收取；（2）主动去交；（3）代扣代缴；（4）减免。因为合作医疗筹资采取中央政府、地方政府和个人共同出资，因此，本文假定：合作医疗参保形式选择“减免”的参保者，政府或集体经济对其进行全额补贴（30元）；而选择“上门收取”、“主动去交”和“代扣代缴”的参保者，政府对其进行正常的补贴（20元）；没有参加合作医疗的人未获得政府在合作医疗中给予的补贴（0元）。

（三）研究方法

对于医疗筹资公平性问题的研究，国际上有几套研究方法，包括欧盟国家采用的Kakwani指数方法、世界卫生组织采用的卫生筹资公平性指数（IFFC）、阿若森水平公平研究方法，以及PII指数研究方法。每种方法都有其适用的条件，Kakwani指数方法最初被用于研究税收系统的累进性，后来引入医疗筹资领域，它所关注的焦点是整个筹资系统的累进性；卫生筹资公平性指数（IFFC）方法以家庭为研究单位，通过家庭的卫生筹资负担贡献率（HFC）进而评价一个国家或地区卫生筹资公平性大小；阿若森研究方法基于强制性社会保险筹资的比例（g）分析医疗筹资系统的水平公平性，因此适用于研究正规就业的医疗卫生筹资系统；PII指数方法通过固定排序，比较同一人群在筹资前后收入集中性的变化，适用于研究筹资前后个体收入变化较大的卫生筹资系统的水平公平性。

本文采用了Kakwani指数研究农村医疗筹资系统的垂直公平性问题，采用PII指数研究农村医疗筹资系统的水平公平性问题。那么这两种研究方法有哪些特点适合本研究呢？

首先，Kakwani指数关注的对象是每一种筹资方式，通过测定每一种筹资方式的累进性，不仅可以评价这种筹资方式本身的优劣，也可以判定整个筹资系统的优劣，这种研究思路与本文的研究思路吻合。本文正是想通过测算合作医疗、商业保险和自负支出三种筹资方式本身的不公平性程度，进而研究农村医疗筹资系统的公平性。

其次，PII 指数研究方法的优点在于它可以跨过筹资比例（g）而直接计算一种筹资方式的水平公平性。我国农村属于非正规就业部门，合作医疗筹资是以家庭为单位，个人等额缴费，这是目前合作医疗制度的设计原则，因此我们按收入水平估算一个比例（g）没有很大意义，同时以目前农村的情况也不可能按收入的一定比例征收合作医疗的费用。因此采用 PII 指数研究方法比较适合于研究中国农村的医疗筹资问题。

1. 垂直公平性研究方法——Kakwani 指数

Kakwani 指数是测定垂直公平程度的普遍应用方法。它定义为基尼系数与卫生支出集中指数的差，即洛伦兹曲线与集中曲线之间面积的 2 倍。

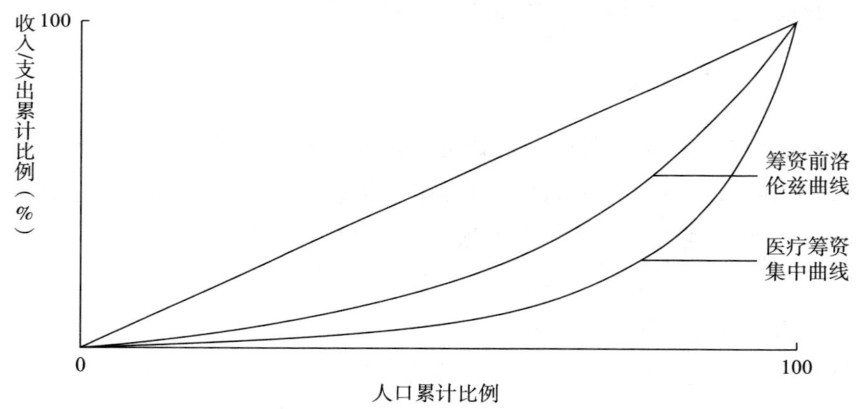

图 1　医疗筹资垂直公平性图解

注：转引自 Wagstaff & Van Doorslaer，2000。

其公式形式如下：

$$\pi_k = C_{pay} - G_{pre}$$

π_k 为 Kakwani 指数，C_{pay} 为医疗筹资的集中指数，G_{pre} 为未进行医疗筹资前的基尼系数。如果该筹资机制是累进的，则 Kakwani 指数为正值，如果筹资机制是累退的，则 Kakwani 指数为负值，其范围在 $-(1+G_{pre})$ 和 $1-G_{pre}$ 之间（Lambert，1993）。在利用 Kakwani 指数对医疗筹资累进性进行评价时，有两个特性是必须注意的：第一，如果一种筹资系统由两个或两个以上的筹资方式组成，那么总的筹资累进指数是每种筹资累进指数的一个加权平均值，这里的权重就是每种筹资方式的筹资额在总筹资额中所占的比重（Suits，1977）；第二，一种筹资系统的累进程度可能不具备连续性，比如在低收入水平时具有累进性，而在高收入水平时具有累退性。

2. 水平公平性研究方法——PII 指数

为了解释 PII 指数，我们首先介绍几条熟悉的曲线，如图 2。

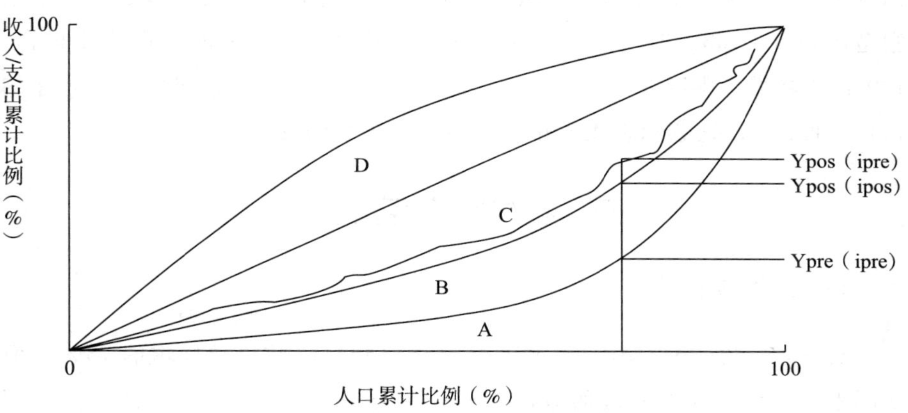

图 2　医疗筹资水平公平性图解

注：转引自 Plotnick，1981。

说明：1. 曲线 A：收入再分配前的标准洛伦兹曲线；2. 曲线 B：收入再分配后的标准洛伦兹曲线；3. 曲线 C：定序的洛伦兹曲线（按再分配前的收入定序排列）；4. 曲线 D：不公平指数最强时对应的定序洛伦兹曲线（与曲线 B 对称分布）。

本研究中，A 曲线代表医疗筹资之前标准的洛伦兹曲线，B 曲线代表医疗筹资之后标准的洛伦兹曲线。简单比较 A 曲线和 B 曲线对水平公平研究并没有很大的意义，因为我们无法确定医疗筹资之后最贫困的 i 百分比人口是不是医疗筹资之前最贫困的 i 百分比人口，原因在于相同收入水平的人群在医疗筹资过程中可能支付了不同的筹资额度，所以医疗筹资之后他们的收入排序必然会发生一些变化。

C 曲线是一条创新的曲线，它是将总人口按照医疗筹资之前的人均收入排序，同时考虑了医疗筹资之后的人均收入。我们称这条曲线为“定序的洛伦兹曲线”。“定序的洛伦兹曲线”有两个性质：（1）对于任意的累计单位，曲线上的 Ypos（ipre）≥Ypos（ipos）。这意味着曲线 C 处处都落在曲线 B 之上；（2）如果曲线 B 和绝对公平线的面积是 x，那么曲线 B 和 C 之间的最大面积就是 2x。

利用“定序的洛伦兹曲线”的这两个性质，我们就可以测定医疗筹资过程的水平不公平程度。具体计算公式如下：

$$PII = [(G_{pos} - C_{pos})/(2 \times G_{pos})] \times 100$$

G_{pos}是医疗筹资之后人均收入的标准基尼系数；C_{pos}是按照医疗筹资之前的人均收入排序，然后计算医疗筹资之后人均收入的集中指数。这个指数范围在 0 ~ 100，0 值意味着没有不公平发生——B 曲线和 C 曲线重合；100 意味着最大程度的不公平——D 曲线为 PII 指数最大值对应的“定序的洛伦兹曲线”，这意味着收入排序发生了颠覆性的变化。

三　农村医疗筹资现状

（一）医疗筹资

总体结构在总样本中，虽然加入合作医疗的人数占总样本的 73%，但实际上，合作医疗的筹资额只占农村医疗筹资总额的 2.6%；商业保险筹资额占筹资总额的 5.9%；政府补贴是附带在新型合作医疗之上的，其筹资额占筹资总额的 4.7%；其他社会保险形式在农村覆盖的人群非常少，其筹资额只占筹资总额的 0.5%；自负支出仍然是农村医疗筹资的主要形式，其筹资额占到总额的 86.3%。值得一提的是，本次调查涉及东、中、西三个地区八个县，各省县筹资结构在大框架上均以自负支出为主；而商业保险筹资却体现出一定的地区差异性，东部三个地区（开化县、岳西县和宁阳县）以及中部一个地区（忠县）商业保险的筹资总额已经超过了新型合作医疗的筹资总额（见表 1）。

表 1　农村五种医疗筹资形式占总体筹资额的比例

单位：%

样本县 / 筹资形式	合作医疗	商业保险	自负支出	其他社保	政府补贴	省内总计
浙江省开化县	2.8	7.9	84.5	1.1	3.7	100
安徽省岳西县	2.7	12.4	78.8	0.6	5.6	100

续表

样本县＼筹资形式	合作医疗	商业保险	自负支出	其他社保	政府补贴	省内总计
山东省宁阳县	3.1	10.7	78.6	0.8	6.8	100
河南省睢县①	0	1.7	98.2	0.1	0	100
湖北省公安县	3.9	1.8	88.1	0.2	6	100
重庆市忠县	1.2	6.6	89.3	0.1	2.7	100
云南省宣威县	2.8	1.9	89.2	0.1	6	100
陕西省洛川县	3.8	2.4	86.5	0.8	6.5	100
总体	2.6	5.9	86.3	0.5	4.7	100

注：①2004 年，调查期内河南省睢县还未被新型合作医疗制度所覆盖。

（二）不同筹资形式下样本人群的社会经济特征

社会经济特征反映了医疗筹资对象的特点，同时也是影响每种筹资形式公平性的重要因素。

首先，从年龄分组统计结果来看，在新型合作医疗筹资中，65 岁及以上的老年人口筹资比例最低（8.3%），在其他年龄段内，筹资比例基本均衡；在商业保险筹资中，15 岁及以下的人口占筹资比例的份额最大（36.7%），① 而 65 岁及以上老年人仍然筹资比例最低（1.1%）；在自负支出中，48～64 岁年龄段人口筹资比例偏高（28%），65 岁及以上老年人筹资比例仍然最低（10.5%）。从这个意义上来说，农村老年人在每种筹资方式下都是处于相对弱势的地位（见表 2）。

表 2　五种医疗筹资方式按年龄分组的比例

单位：%

年龄组＼筹资形式	合作医疗	商业保险	自负支出	政府补贴	其他社保
15 岁及以下	20.7	36.7	19.5	22.3	3.6
16～31 岁	20.4	13.4	18.2	20.6	10.9
32～47 岁	28.6	30.4	23.8	27.6	37.9

① 部分农村地区商业保险公司通过学校进行保险资金筹集，这是 15 岁及以下人口筹资比例较高的重要原因。

续表

年龄组 / 筹资形式	合作医疗	商业保险	自负支出	政府补贴	其他社保
48～64岁	22	18.4	28	21.3	28
65岁及以上	8.3	1.1	10.5	8.1	19.5
总计	100	100	100	100	100

从受教育程度分组统计结果来看，初中及以下文化程度的人群是合作医疗筹资的主体，初中及以上文化程度的人群是商业保险筹资的主体，而自负支出筹资主要集中于初中及以下文化程度的人群。受教育程度可以通过直接和间接两种方式影响人们的医疗筹资决策。从直接影响来看，随着受教育水平的提高，人们可能会有意识地采取多种筹资形式规避医疗支出风险；从间接影响来看，受教育程度直接影响人们的收入水平，进而制约人们的医疗筹资决策。因此，不同文化程度的人群在医疗筹资上的选择差异是两方面因素共同作用的结果（见表3）。

表3　五种医疗筹资方式按文化程度分组的比例

单位：%

受教育程度 / 筹资形式	合作医疗	商业保险	自负支出	政府补贴	其他社保
文盲半文盲	21.3	12.7	22.9	21.1	6.4
小学	28.7	24.7	32.1	28.7	6.9
初中	37.4	42.8	34.1	36.8	20.1
高中及以上	12.6	19.8	10.8	13.4	66.6
总计	100	100	100	100	100

为了发现每种筹资形式是否与样本人群的收入结构存在一定的相关关系，我们将总样本按照人均收入升序排列，然后将总人口等分为四组，分别统计每组人口累计的筹资比例，结果如下：在合作医疗筹资中，各组间的医疗筹资累计比例并没有非常大的差异，合作医疗的集中指数比较小。在商业保险筹资中，组间的医疗筹资比例差异较大，第一组人口收入较低，其商业保险的累计比例也较低（10%），第二、三组的累计筹资比例基本相当（24%、23%），第四组的累计筹资比例最高（43%），由此看来商业保险主要集中于高收入人群当中。在自负支出筹资中，前三组内的医疗筹资累计比例并

没有非常大的差异，都接近25%，与人口的比例相当，唯有第四组的筹资比例偏高（34%），这说明自负支出总体上的集中指数应该也比较小（见表4）。

表4　五种医疗筹资方式按人口四等分组的筹资比例

单位：%

人口比例 / 筹资比例	合作医疗	商业保险	自负支出	政府补贴	社会保险
一组（0～25%）	22	10	21	23	3
二组（25%～50%）	22	24	22	24	2
三组（50%～75%）	26	23	23	25	21
四组（75%～100%）	30	43	34	28	74
总计	100	100	100	100	100

四　农村医疗筹资垂直公平性研究①

本节利用Kakwani指数方法研究农村医疗筹资垂直公平性问题，核心思想就是探讨农村医疗筹资体系中三种主要的筹资方式与农民的人均收入是一种怎样的关系，如果农民医疗筹资的比例随着人均收入的增长而呈递增趋势的话，那么该种筹资方式就是累进的，反之则是累退的。累退的筹资方式意味着在一种筹资系统内，收入低的群体将比收入高的群体承担更大的医疗支出负担。

首先，按照每种筹资方式在总筹资额中的比例对累进性指数进行加权，农村医疗筹资系统总的累进指数为－0.22，直观上，它反映了农村中的中低收入层在总的医疗筹资中的份额应该比较大，而高收入层在总筹资中的份额与其收入的比例并不相称，所以中低收入层在这个筹资系统中承受了比较重的经济压力；这种结果与前文中的统计分析一致，虽然合作医

① 在具体研究农村医疗筹资系统的垂直公平性和水平公平性问题时，本文将着眼点集中于合作医疗筹资、商业保险筹资和自负支出筹资三种方式，原因如下：1. 政府补贴是笔者根据农民参与合作医疗的形式推算出来的，因此政府补贴的公平性程度与合作医疗的公平性程度基本吻合，所以不再花更多的笔墨研究政府补贴的公平性；2. 其他社会保险在各个县的调研样本非常少，个别县的样本人数尚不足10人，如果根据这样少的样本进行指数分析，将会出现非常大的误差，所以笔者在这部分研究中没有涉及其他社会保险的研究。

疗、商业保险在农村已开始普及，但是其总体筹资水平并不高，所有社会保险总额加在一起，比例尚不足筹资总额的13%，而农村中最主要的筹资方式还是自负支出，其总额占农村医疗筹资总额的比例达到了86.3%。

通过纵向比较各样本县的累进性指数，我们发现，各县累进性指数的大小在很大程度上取决于自负支出累进性指数的大小，自负支出累进性大的地区，总体累进性指数相应也比较大，而自负支出累进性比较小的地区，总体累进性指数也比较小。而自负支出的累进性在很大程度上又取决于各县自负支出集中程度（集中指数）和其收入集中程度（基尼系数）的关系，当自付支出集中指数高于基尼系数时，自付支出的累进性较强，而当自付支出集中指数低于基尼系数时，自负支出的累退性就较强，所以，自负支出累进性程度的大小实际上是两方面共同作用的结果（见表5）。在下面的研究中我们将具体讨论这些问题。

表5　八省县农村总体样本累进性指数（Progressivity Index）

地区/保险类别	合作医疗	商业保险	自负支出	总体累进性指数
浙江省开化县	-0.36	0.13	-0.28	-0.24
安徽省岳西县	-0.34	-0.07	-0.27	-0.23
山东省宁阳县	-0.26	-0.17	-0.19	-0.18
河南省睢县	0	-0.1	-0.29	-0.29
湖北省公安县	-0.35	-0.32	-0.06	-0.07
重庆市忠县	-0.24	-0.23	-0.17	-0.17
云南省宣威县	-0.25	-0.14	-0.11	-0.11
陕西省洛川县	-0.33	-0.32	-0.34	-0.31
总样本	-0.27	-0.06	-0.24	-0.22

（一）新型合作医疗制度

合作医疗制度实际上相当于一种新兴的农村社会保险制度，按照这个制度本身的规定，国家、地方政府和农民个人按照一定的比例共同出资，使得农民也能像城市居民一样被一种医疗保障形式所覆盖。根据我们的研究结果，合作医疗累进性指数为-0.27，是三种主要筹资形式中累退性最强的筹资形式。结合图3我们可以看到，合作医疗集中曲线与绝对公平线

（45 度线）距离非常近，而与人均年收入的洛伦兹曲线距离非常远，这意味着农民的合作医疗筹资与其自身的收入水平没有很大联系，高收入人群没有因为高收入而对医疗筹资做出更大的贡献，低收入群体没有因为低收入而获得更高的豁免。所以目前合作医疗这种筹资系统表现出了强烈的累退性是可以理解的，它并没有考虑农民的个人收入，即并没有依据农民的收入水平进行筹资，而是硬性规定了各方主体的筹资额度，这种按人头税筹资的方式与“按个人能力进行支付”的原则没有关系，所以结果必然导致合作医疗筹资的累退性。

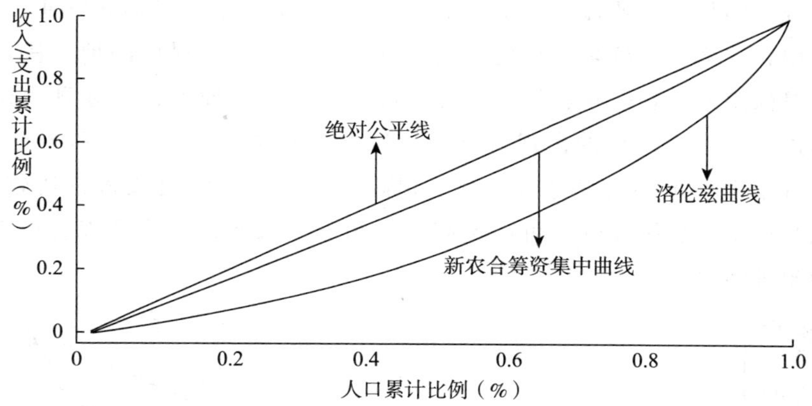

图 3　合作医疗集中指数与人均收入洛伦兹曲线

当前，农业还属于非正规就业部门，还没有一种经济的途径来核算非正规就业中每个农村家庭的实际收入水平，但是新型农村合作医疗制度又必须通过政府外力来进行推动，因此采用人头税筹资的方式与政府节约成本的动机相吻合，同时，对迅速扩大新型农村合作医疗的覆盖面积也有一定的积极意义。

（二）商业保险

目前，商业保险在农村是一种“补充健康保险”，尽管合作医疗体系在农村广泛推广，但是其低水平补偿使农村中的中高收入群体把目光更多地投向了农村商业保险。从农村整体筹资规模来看，商业保险的筹资比例为 5.9%，高于合作医疗的筹资比例（当然各个省的情况可能还有差异），而且按照目前的医疗筹资趋势来看，农村商业保险的覆盖规模正在逐年扩大，那么它对农村医疗筹资公平性的影响自然不可小觑。

根据我们估算的结果，商业保险医疗筹资在我国还是累退的，累进指数为 -0.06，在所有筹资类型中，是累退性最弱的一种筹资方式，这与西方国家存在着很大的差异。根据图 4，我们可以发现农村商业保险的一些特点：第一，在低收入水平上，保险筹资累进性基本是比例性的，即医疗筹资的累计比例与收入的累计比例一致；第二，在中等收入上，筹资的累进性明显降低，即人们的保险累计筹资比例明显高于人们的收入累计比例，这说明农村中的中、高收入层的保险意识还是比较强的，而且根据前面的统计结果，商业保险主要集中于初中文化程度、年龄组 30～47 岁人群当中，这部分人群是农村的主要劳动力，他们在农村中的地位决定了他们对保险的迫切需求；第三，在高收入水平上，商业保险显现出微弱的累进性，这个结果的出现可能是地区差异造成的，在浙江省开化县、山东省宁阳县东部沿海地区，商业保险比较发达，农民收入也比较高，因此其保险的范围和额度可能偏高，从图形上来看，保险筹资表现出轻微的累进性。

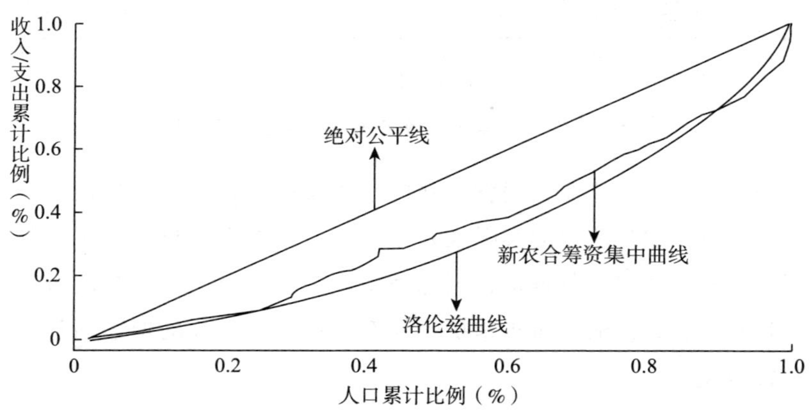

图 4　商业保险集中指数与洛伦兹曲线

从商业保险筹资的整体情况看，我们可以断定，商业保险的弱累退性与商业保险目前在农村的覆盖人群具有很大的关系，由于一般的商业保险产品保费都比较高，而且农民对商业保险的了解比较少，所以农村中参与商业保险的人群大部分是中高收入群体，因此，当我们采用累进性指标衡量的时候，商业保险筹资累退性最弱的结果就不足为奇了。

（三）自负支出

在所有医疗筹资方式中，自负支出是一种累退性较强的筹资方式，以这种筹资方式来抵御疾病风险，很可能会对人们的收入水平造成剧烈的冲击。从图 5 中也可以看出这一点：在低收入水平上，人们的医疗支出累计比例远高于他们的收入累计比例，这说明在低收入水平上，自负医疗支出具有强烈的累退性；在中高收入层，我们可以看到集中曲线的位置开始降低，说明累退性有所缓解。从总的集中曲线和洛伦兹曲线对比来看，自负医疗支出集中曲线一直高于洛伦兹曲线，这说明我国农村医疗筹资体系中，自负医疗筹资的累退性是非常强的，总的医疗支出负担主要还是集中于农村中的中低收入人群。

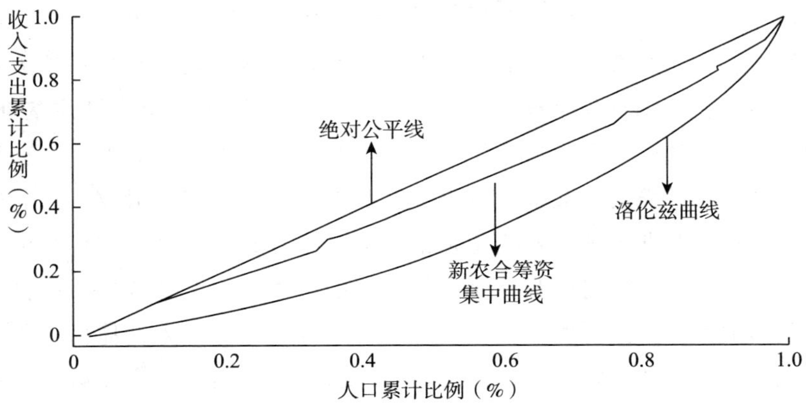

图 5　自负支出集中指数与洛伦兹曲线

为什么会出现上述问题呢？我们可以从两个方面得到解释。

第一，现阶段我国农村内部还存在着不同的收入层，如果我们将样本人群按照以下标准分成四个收入组：即特困户（年人均收入 0～1000 元）、低收入户（1000～2500 元）、一般收入户（2500～5000 元）、较高收入户（5000 元及以上），那么关于合作医疗的参与程度，我们将看到这样一个特征（见图 6）：低收入组合作医疗参与程度最低，参与人数只占低收入组总人数的 54%，随着收入水平的提高，合作医疗参与程度逐渐增强，到最高收入组，合作医疗参与程度最高，参与人数占高收入组总人数的 81%。这说明在特困户和低收入户中，很大一部分人并没有参与到合作医疗体系中来，因此在实际利用医疗资源时，这部分人并不能从合作医疗体系中受益，因此特困户和低收入户的自负支出压力仍然比较大。

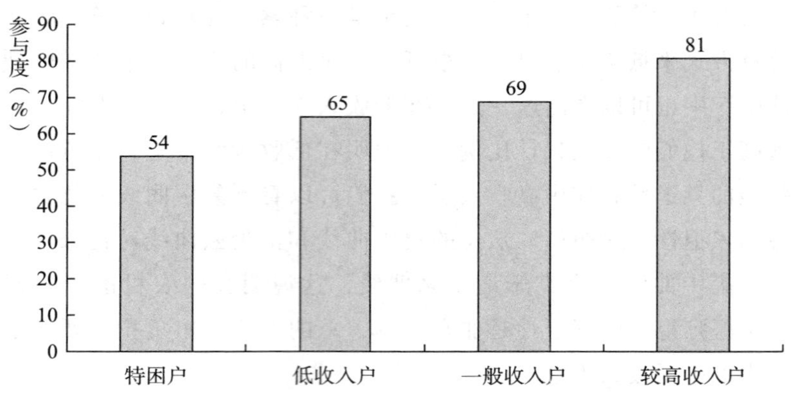

图 6　不同收入组合作医疗参与度

第二，在参与合作医疗的人群中，我们发现不同收入组受补偿人数有很大的差异：特困户受补偿的人数最少，无论是门诊补偿还是住院补偿，特困户获得补偿的人数都远远低于其他收入组（见图 7）；低收入户获得门诊补偿和住院补偿的人数较特困户有明显增加，但是与一般收入户和较高收入户相比，其获补偿的频次还是偏低的。通过数据统计，我们很清晰地看到较高收入户是农村中获补偿人数最多的群体，也是从合作医疗体系中获益最多的群体。这说明在实际利用医疗服务时，低收入群体由于收入水平过低，没有足够的资金支付共付费用，因而即便加入了合作医疗体系也

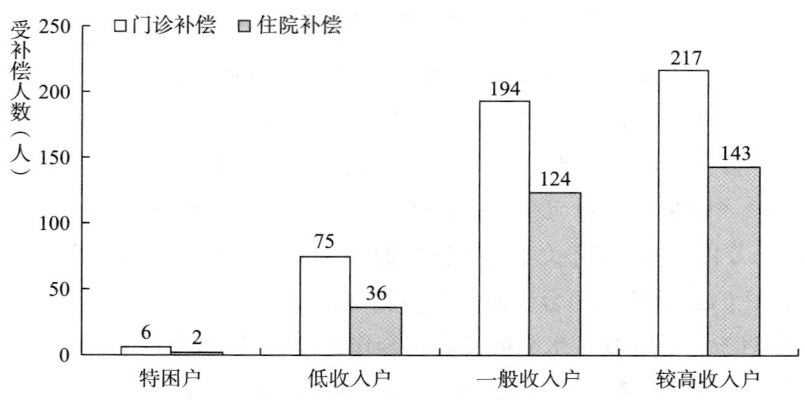

图 7　合作医疗门诊补偿、住院补偿人数

获得不了合作医疗的补偿金。除此之外，我国大病救助开展得还不是十分广泛，主要集中于农村中的五保户等特殊群体，因此，得到大病救助的群体只占农村中很少一部分比例，实际上，大部分农村低收入群体还是依赖自身的收入来进行医疗支付，所以，从总体上来看，我国农村自负支出体现出了强烈的累退性。

五　农村医疗筹资水平公平性研究

本节利用PII指数方法研究农村医疗筹资水平公平性问题，核心思想是探讨农村目前的医疗筹资体系到底会对同等收入水平的农户产生多大程度的分化作用。根据前文所述，水平公平研究的是同等收入水平的人群是否进行了同等程度的筹资，如果由于各种社会原因，同等收入人群最终没有进行同等程度的筹资，他们的收入水平就会发生一个分化，根据PII指数方法，我们可以计算出农村医疗筹资的水平公平性指数（见表6）。从总体结构上来看，自负支出对于水平公平性的影响最强（0.64），商业保险次之（0.04），而合作医疗筹资无论是从全国的结果来看还是从分省的结果来看，对于水平公平性的影响都是微乎其微的。下面我们分别从三种筹资方式的角度对这种结果进行论述。

表6　调研样本县水平公平性指数（PII：0～100）

地区/PII指数	合作医疗	商业保险	自负支出
浙江省开化县	0	0	0.63**
安徽省岳西县	0	0.11*	0.51*
山东省宁阳县	0	0.14*	0.95**
河南省睢县	—	0	1.19**
湖北省公安县	0	0	0.61**
重庆市忠县	0	0.07*	0.84**
云南省宣威县	0	0	1.35**
陕西省洛川县	0	0	0.66*
总样本	0	0.04*	0.64*

注：为了测定水平不公平程度的严重性，设定t = PII/RE，RE = Ginipre-Ginipost。如果$t > 0.5$，说明相对于净再分配效果（RE），这种再分配形式存在严重水平不公平；如果$0.1 < |t| <= 0.5$，说明这种再分配形式存在轻微水平不公平；如果$|t| < 0.1$，说明筹资系统基本公平，结果中：**严重水平不公平；*轻微水平不公平。

（一）合作医疗

从全国及各省的结果来看，合作医疗筹资对个人收入的水平公平基本没有影响，原因主要在于各省实际上是在采取“一刀切”的方式，各省中县辖区内的参保人口都按照一个统一的额度进行低水平筹资，因此省内合作医疗筹资基本不会发生重新的排序。而拓展到省外，调查期内各省内的筹资额度都比较低，省际的筹资差额也不大，因此从全国范围来看，合作医疗筹资也不会对个人收入的重新排序造成很大影响。

我国新型合作医疗制度目前的低水平、无差异的筹资模式，既有制度运行的成本考虑，也与农村内部的文化有关。首先，在我国农村地区，农民的农业收入构成非常复杂，既包括农业收入，也可能包括服务业收入或外地打工收入等等，如果根据农民的收入进行比例筹资，行政审核的成本可能会超出政府对合作医疗制度的补贴，这在制度运作上是根本不可能的；其次，新型合作医疗制度在农村处于推广期，为了使更大范围的农民能够加入新农合，在筹资模式上实行简单化原则，既方便基层部门的工作，也易于农民接受和参与；最后，在农村社会内部，“平均化”思想较为严重，新型合作医疗以地方政府机构上门收缴为缴费方式，在农民看来也是一种公共支出，制度运行初期就实行差异化的缴费模式，很可能会导致高收入农民退出。

（二）商业保险

从总的趋势来看，商业保险的 PII 指数比合作医疗要稍高一些，这说明商业保险对个人收入的水平不公平还是造成了一定程度的影响，下面我们从这两个方面对这个问题进行详细分析。

第一，在不同区域内，同一收入水平的人群在商业保险投入偏好上存在明显差异。首先，在中低收入水平上，山东省宁阳县的人均筹资额（355 元）远高于其他地区的人均筹资额；在中等收入水平上，山东省宁阳县、安徽省岳西县的人均筹资额度明显高于其他地区的人均筹资额度；在高收入水平上，浙江省开化县、安徽省岳西县的人均筹资额度也很明显地高于其他地区的人均筹资额度。总的来看，不同地区、同一收入水平上人均筹资额度的差异是非常显著的，处于东部地区的浙江省开化县和山东省宁阳县，在每一收入水平上的人均筹资额度都比较高，而在相同收入水平上，河南省睢县、云南省宣威县和陕西省洛川县，商业保险的人均筹资额度都较低（见图8）。这说明影响商业保险投入偏好的并非仅仅是收入，它与地区内部的社会环境还有一定关系。东部地区经济较发达，农村居民投保商业保险的渠道比较畅通，同时由于农民的仿效心理，一个地区内部参加的人数较多的话，也可能引致不同收入层的农民投入商业保险筹资模式。

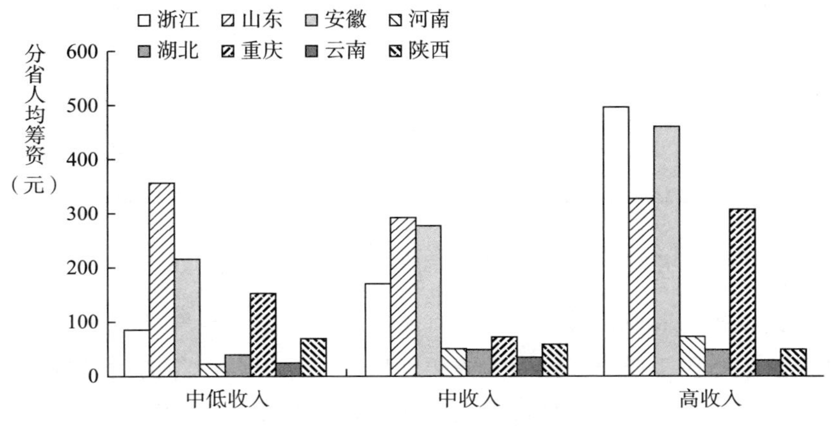

图8 商业保险分省人均筹资比较

第二，在同一地区内部，同一收入水平的人群商业保险筹资偏好也不一致。以浙江省开化县数据为例（见图9），在低收入水平人群中，未参保的人群占低收入人群的比例为90%，而商业筹资额度在0~100元的人数占这一人群总数的比例仅为7%，100~300元的人数占总数的3%。这一方面说明低收入水平人群的筹资额度偏低，另一方面也说明低收入水平人群采用商业保险规避风险的积极性也比较小。因此，在低收入水平上，虽然筹资之后会发生一定程度的收入重新排序，但是这一影响还是比较小的；在中等收入水平人群中，未参保人群占中等收入人群的比例为57%，而人均筹资额度在0~100元之间的人群占这一人群的比例为36%，人均筹资额度在100~500元的人群所占比例为3%，人均筹资额度在500元以上的人群所占比例为4%，在这样的筹资结构下，他们的收入排序会相应地发生变化，进而对水平公平性产生影响；在高收入水平上，未参保人群仍然是比例最大的，占这一收入层的80%，其他三个筹资水平的人群比例分别为14%、3%、5%，在这一收入层次中，筹资结构比较复杂，它体现了高收入人群对商业保险偏好的差异，正是由于这种差异，也会造成筹资之后个人收入上的再分化，进而也会对水平公平性造成一定的影响。

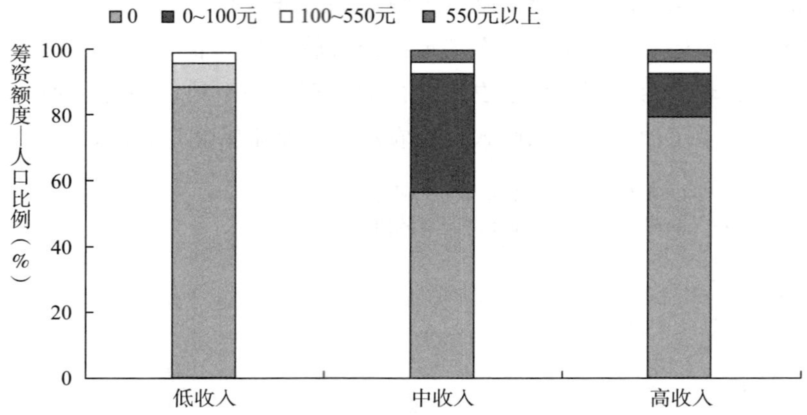

图 9　浙江省开化县不同收入水平人群的筹资比例

总的说来，商业保险作为一种自愿筹资方式，已经开始在广大农村地区普及，但是由于商业保险的筹资额度比较高，因此参与商业保险的人群也主要集中于农村中的中高收入人群（5000 元以上）。在每一个收入层内，由于地区间投保渠道的差异，区域内参保人群险种偏好的差异，以及未参保人群与参保人群筹资之后的收入差异，这些都会造成商业保险筹资之后同一收入水平内收入的再次分化，因此，这些因素都会对商业保险的水平公平性指数有所贡献，使得商业保险筹资的水平不公平性比较显著。

（三）自负支出

自负支出是农村医疗筹资体系中最主要的筹资形式，从 PII 指数来看，自负支出也是三种筹资形式中水平不公平性最强的。那么我们该如何对自负支出造成的水平不公平性做出合理的解释呢？

根据封进、秦蓓（2006：75）的研究结果，“医疗消费主要受两方面因素的影响，即健康状况和收入水平。由于健康状况本身受到收入水平的影响，因此，收入水平对医疗支出的影响存在两种效应。一是直接效应，即收入影响支付能力。随着收入水平的提高，对健康的需求随之增加，因而医疗支出水平提高。二是间接效应，即通常收入较低的人，健康状况较差，更容易受到疾病的侵扰，在对健康的风险规避程度较高时，表现为医疗支出较高。这种间接效应可称为健康效应。当健康效应强于收入效应时，医疗支出随收入的增加而减少，反之，则表现为医疗支出随收入的增加而增加。在两种效应相当时，医疗支出与收入水平之间的关系就可能不明显”。

根据这个研究结果，我们不妨把整体人群分为两个极端，一种是低收入人群，另一种是高收入人群。在低收入人群当中，对个人医疗支出产生主要影响的是个人的健康水平，因此虽然同处于低收入水平下，身体健康状况良好的群体肯定会比身体健康状况不良的群体医疗支出要少，这样在同样的收入水平下，身体健康状况的差异造成了自负支出的差异，因此造成了收入的分化，这也就是我们通常提到的“因病致贫”“因病返贫”问题；在农村高收入人群当中，对个人医疗支出产生影响的因素应该同时包括健康状况和收入水平，随着农民收入水平的提高，部分农民可能会对个人健康有意识地进行投入；但是综合来看，农民人均收入的增长相对于医疗服务和药品价格的增长还是相对缓慢的，如果农村中高收入人群遭受大病的威胁，其自负支出的压力也是难以承受的。所以，作者认为，在同处于高收入水平的人群当中，由于大病支出的费用会使高收入人群内部产生收入分化，因而对收入水平不公平造成影响。

六　评论与思考

（一）对三种医疗筹资形式公平性的评论

本文采用 Kakwani 累进性指数和 PII 指数的研究方法，测度了以八个样本县为代表的中国农村地区医疗筹资的垂直不公平和水平不公平程度，下面对本文的研究结果做一简短评论。

1. 新型合作医疗制度

根据前面的研究结果，我国新型合作医疗筹资体系保证了水平公平却牺牲了垂直公平，这实际上是中国农村经济体制的特点、农民的价值观、合作医疗资金的性质以及中国所特有的社会、文化特点综合影响的结果。

从垂直公平的角度来看，新型合作医疗制度表现出了强烈的累退性。作为一种新兴的农村社会保险形式，这一点着实令人担忧。因为一种良好的社会保险筹资系统，应表现出累进性特征，只有这样，才能起到分散风险、补贴穷人的目的。目前，我国农村地区合作医疗的累退性之所以如此之强，与合作医疗本身的制度设计密切相关，我国政府为了最大可能的扩大合作医疗的覆盖范围，同时最大限度地降低成本，所以选择了同一地区内人均等额的低水平筹资模式，这种方式必然会导致医疗筹资与个人收入水平脱钩。在这样一个筹资系统内，高收入人群与低收入人群筹集相同的额度，同时在获得补偿时又面临起付线的限制，实际结果是以穷人的资金补贴了富人的资金，那么理所当然会导致垂直不公平现象。

从水平公平角度来看，新型合作医疗制度筹资表现出了绝对的公平性，但是保持这种水平公平性是否有意义呢？由于人均无差异的低水平筹资模式，我国新型农村合作医疗制度总的资金规模并不高，这就使得新型合作医疗筹资在农村整体的医疗筹资系统内退化为一个较小的系统（2.6%）。正如世界卫生组织2006年的研究报告所指出的：大的筹资系统比小的筹资系统要有高一些的绩效，因为大的筹资系统可以增加健康服务的可利用资源；可以利用规模经济的优势降低成本，降低保证不确定性需求的资金水平；更可以保证充足的资金对医疗支出进行赔付。那么目前我国的合作医疗筹资系统的主要症结正是在这里，整体筹资水平上不来，一味地在低水平下徘徊，导致合作医疗基金捉襟见肘，很多社会保险应执行的功能无法发挥出来。所以即便目前合作医疗筹资能够满足农村医疗筹资水平公平，但是从长远来看，它的问题也将越来越突出。

2. 商业保险

商业保险是一种私人保险形式，在农村三种医疗筹资形式中，它表现出较弱的累退性和较弱的水平不公平性。

从垂直公平的角度来看，商业保险的弱累退性说明商业保险与农民的收入水平的关系最为密切，低收入者低筹资，高收入者高筹资，表面上似乎比合作医疗更能起到“以富补穷”的目的，但是我们必须注意到，商业保险筹资中的歧视原则，即非健康群体不能参保，因此农村中大部分低收入群体、非健康群体很难参与到商业保险中来；另一方面，商业保险在农村的运行成本比较高，保费就会比较高，参与商业保险的群体也主要局限于农村中的中高收入层。因此商业保险的这种“弱累退性”并不能证明商业保险在我国农村是一种良好的筹资系统，只能说明商业保险作为一种补充健康保险，满足了部分人群的保险需求。在合作医疗制度还没有发展成熟之前，商业保险形式对于农村地区的居民规避疾病风险还会起到非常好的作用。

从水平公平的角度来看，商业保险筹资对收入再分配水平不公平性还是造成了一定程度的影响，农村中同等收入层在商业保险筹资之后收入水平发生了微弱分化，这是市场规律的作用，也是商业保险自身的性质决定的。即便商业保险在农村会进一步普及，商业保险筹资的水平公平性变化也不会特别大，因为商业保险筹资建立在自愿筹资的基础上，所以农民是依赖其自身的支付能力进行筹资的，换句话来说，农民不会耗尽家产去购买一份商业保险，所以可以肯定地说，商业保险筹资对农民收入水平的分化不会起到非常大的影响。

3. 自负支出

自负支出是我国农村医疗筹资的主要形式，而根据前文的研究结果，它又是三种筹资形式中垂直不公平和水平不公平最严重的筹资形式。

从垂直公平性来看，我国农村自负医疗支出呈现较强的累退性。原因主要基于两个方面，一方面是农村地区的平均收入水平较低，医疗卫生设施落后，健康维护意识薄弱，因此限制了对医疗服务的需求，大部分农村居民的医疗支出处于一个相似的低水平上（重病家庭除外）。另一方面，在目前农村合作医疗体系中，低收入人群参与程度低，因此低收入人群获得补偿的概率较小，所以其自负支出的压力并没有得到很大的缓解。另外，由于低收入人群受自身收入局限，一部分人口即便参与了合作医疗体系，但是也不能越过合作医疗的起付线，这样就不能从合作医疗中获得补偿。

从水平公平性来看，农村自负医疗支出也呈现较强的不公平性。这个问题主要来源于健康风险，实际上，我国农村人均收入普遍较低，那么在遭遇疾病冲击的时候，大部分农户都无力承担高昂的医疗费用，进而落入了“低收入陷阱”。从自负医疗支出水平不公平性指数结果来看，目前“健康风险”对农村居民的收入分化产生了非常强的作用。

（二）对未来农村医疗筹资体系的思考

通过采用 Kakwani 累进性指数和 PII 指数对农村中三种主要的医疗筹资形式进行比较研究，我们可以看出，农村医疗筹资体系的主要问题还是落在“新型合作医疗筹资”和“自负支出”两个问题上，而这两个问题又可以大致归结为一个问题，因为合作医疗如果运行的效果好，农村居民的自负支出压力就会得到缓解，反之，农民的自负支出压力可能会继续恶化。而根据研究结果，我们发现目前农村中的合作医疗筹资体系确实存在着一些不公平性问题，那么我们如何来客观的看待这个问题呢？

首先，尽管在新型合作医疗体系中，不同收入人群确实存在着受益不公平性问题，但是不可否认的是合作医疗确实也增加了低收入人口对基本医疗服务的利用水平。因而新型合作医疗并非不利于低收入群体的制度安排。

其次，确实由于高收入群体享受到了相对多的补偿而带来了不公平性问题，但是这并非新型合作医疗特有的缺陷。在医疗筹资领域，如果存在费用分担（起付线、共付等），就必然会有一部分低收入者支付不起，进而引发不公平性问题。但是如果全部人群都免费享用医疗服务，又将带来严重的道德风险以及由此而来的不合理医疗支出和医疗资源浪费。

那么结合我国的现实，新型合作医疗制度未来的筹资模式该采取什么措施来弥补制度自身的先天性不足呢？

首先，针对农村中的低收入群体，政府要利用一切可利用资源（比如农村医疗救助、特困救助等），将这些弱势群体纳入新农合体制内，让他们有机会享受到社会保险的补贴和收益。

其次，在维持新型农村合作医疗自愿筹资的基础上，要逐步加大筹资的额度，扩大合作医疗资金的规模，避免把合作医疗制度做成“鸡肋”。而在筹资系统逐步壮大之后，就可以增加健康服务的可利用资源；同时可以利用规模经济的优势降低成本，降低保证不确定性需求的资金水平，更可以保证充足的资金对医疗支出进行赔付。

最后，在补偿模式上，要切实考虑到低收入群体的需求。保持一定的共付水平是医疗保险制度控制道德风险的手段，但是对穷人来讲，过高的共付水平则可能抑制其对医疗服务的需求。在我国当前的制度框架下，合作医疗制度设置了补偿门槛，但是医疗救助制度却可以在某种程度上使穷人能够跨过这个门槛。因此如何将医疗救助制度与合作医疗制度进行更好的衔接，使穷人在消费医疗服务时能够预先得到及时的医疗救助是未来一个值得思考的问题。

参考文献

陈信勇、王运福，2004，《建立农村医疗保障体系的路径选择——一个需求演化的视角》，《浙江社会科学》第1期。

樊明，2002，《健康经济学-健康对劳动力市场表现的影响》，社会科学文献出版社。

封进、秦蓓，2006，《中国农村医疗消费行为变化及其政策含义》，《世界经济文汇》第1期。

福克斯，2001，《谁将生存-健康、价值观和社会选择》（中译本），上海世纪出版集团。

顾昕、方黎明，2004，《自愿性与强制性之间——中国农村合作医疗的制度嵌入性与可持续性发展分析》，《社会学研究》第5期。

贾康、张立承，2005，《改进新型农村合作医疗制度筹资模式的政策建议》，《财政研究》第3期。

李斌，2004，《卫生筹资公平性研究进展》，《中国卫生经济》第2期。

林闽钢，2002，《中国农村合作医疗制度的公共政策分析》，《江海学刊》第3期。

——，2006，《我国农村合作医疗制度治理结构的转型》，《农业经济问题》第5期。

罗伯特S. 平狄克、丹尼尔L. 鲁宾费尔德，1999，《计量经济模型与经济预测》，钱小军等译，机械工业出版社。

平新乔，2003，《从中国农民医疗保健支出行为看农村医疗保健融资机制的选择》，《管理世界》第11期。

舍曼·弗兰德、艾伦·C. 古德曼、迈伦·斯坦诺，2004，《卫生经济学》，王健、孟庆跃译，中国人民大学出版社。

魏众、B. 古斯塔夫森，2005，《中国居民医疗支出不公平性分析》，《经济研究》第12期。

许正中，2002，《社会医疗保险：制度选择与管理模式》，社会科学文献出版社。

应晓华、刘宝等，2004，《不同收入人群家庭筹资公平性研究》，《中国医院管理杂志》第8期。

杨团，2004，《从新型农村合作医疗试点看农村卫生政策的完善》，引自 http://www. social-policy. info 902. htm。

卫生部，1999，《国家卫生服务研究-1998年国家卫生服务总调查分析报告》，中华人民共和国卫生部 http://www. moh. gov. cn。

朱玲，2004，《乡村医疗保险和医疗救助》，引自 http://www. cass. net. cn chinese s01 - jjs grxszlsuelingdao zhuling 02. htm。

朱俊生、庹国柱，2007，《农村商业保险的定位》，《中国保险》第 2 期。

Aronson, J. R., P. Johnson and P. J. Lambert. 1994. "Redistributive Effect and Unequal Tax Treatment." *Economic Journal* 104.

Fabricant, S. J., C. W. Kamara and A. Mills. 1999. "Why the Poor Pay More: Household Curative Expenditures in Rural Sierra Leone." *The International Journal of Health Planning and Management* 14 (3).

Janssen, R., E. van Doorslaer and A. Wagstaff. 1994. "Health-insurance Reform in The Netherlands: Assessing the Progressivity Consequence." *Economic and Social Review* 25 (4).

Kakwanii, N. C. 1977. "Measurement of Tax Progressivity: An International Comparison." *Economic Journal* 87 (345).

Lairson, D. R., P. Hindson and A. Hauquitz. 1995. "Equity of Health Care in Australia." *Social Science and Medicine* 41 (4).

LeGrand, J. 1987. "Equity, Health and Health Care." *Social Justice Research* 1.

Lambert, P. J. 1993. *The Distribution and Redistribution of Income: A Mathematical Analysis.* Manchester University Press, Manchester.

Musgrave, R. A. and T. Thin. 1948. "Income Tax Progression 1929 - 1948." *Journal of Political Economics* 56.

Plotnick, R. 1981. "A Measure of Horizontal Inequity." *Review of Economics and Statistics* 63 (2).

Ravallion, M. and J. Jalan. 1999. "China's Lagging Poor Areas." *The American Economic Review* 89 (2), Papers and Proceedings of the One Hundred Eleventh Annual Meeting of the American Economic Association (May).

Slitor, R. E. 1948. "The Measurement of Progressivity and Built-in Flexibility." *Quarterly Journal of Economics* 62.

Suits, D. 1977. "Measurement of Tax Progressivity." *American Economic Review* 67.

Wagstaff, A. and E. Van Doorslaer. 1997. "Progressivity, Horizontal Equity and Reranking in Health Care Finance: A Decomposition Analysis for The Netherlands." *Journal of Health Economics* 16.

——. 2000. "Equity in Health Care Finance and Delivery." in *Handbook of Health Economics*, (eds.) by Culyer, A. and J. Newhouse, Elsevier Science Ltd. Amsterdam: North Holland.

Wagstaff, A., E. Van Doorslaer, S. Calonge, et al. 1992. "Equity in the Finance of Health Care: Some International Comparisons." *Journal of Health Economics* 11 (4).

World Health Organization. 2000. *World Health Report 2000 – Health Systems: Improving Performance*: World Health Organisation.

国家规制与宗教组织的发展[*][**]

——中国佛教的政教关系史的制度分析

何　蓉

摘　要：政教关系是中国宗教的重要议题。本文基于佛教史的内容，从历史－比较的角度梳理了围绕着佛教僧团制度建设与组织发展的有关问题，借由僧团戒律与度牒制度之间的某种对立与比较，认为戒律作为一种组织和认同机制，体现了僧团自治的努力；通过对中华帝国的传统的宗教治理策略之一的度牒制的缘由、作用及本质的分析，认为这一规制措施在本质上体现了政治凌驾于宗教之上的权威地位，但却在实施过程中成为寻租和逐利的工具。通过历史经验的比较，认为宗教组织的纪律、原则等有可能成为社会组织化的机制，指出政教关系的基点在于宗教组织的自治特性与能力，这应当成为国家的宗教治理的前提。

关键词：政教关系　规制　戒律　度牒

政教关系应当是中国宗教研究中一项重要的内容。因为正如钱穆（1994：4～5）在其《中国文化史导论》中所指出的那样，中华民族自其形成之初，宗教就被结合进政治框架之内，预示其政治的成绩高于宗教。也正是基于此，杨庆堃（Yang，1961）论述中国宗教的经典著作以超过一半的篇幅揭示了中国社会中政治既凌驾于宗教之上，又与之紧密关联的政教关系格局，即一方面政治支配着宗教，另一方面宗教又嵌入政治。

不过，一般为人熟知的宗教与国家之间的不同制度化形式的关系类型，如教会不具备独立存在的地位的极权主义国家模式、神权政治模式、

*　本文是2007年度国家社科基金青年项目“寺院经济及其社会影响”（项目批准号07CSH026）的阶段性成果。

**　原文发表于《社会》2008年第6期。

国家教会模式、教会与国家独立共存模式，等等，将宗教与政治当作两种独立的制度实体（加拉日阿，2003），恰恰无法关照到中国社会中普遍存在的既是弥散的（diffused）、又嵌入（embedded）到正式制度中的传统宗教的特征（Yang，1961）。

而且，传统上宗教社会学的相关研究，或者注重教会及从中分裂而成的教派、宗派或膜拜团体（Weber，1978；Troeltsch，1981；Nibuhr，1929），或者在世俗化范式下关注宗教组织的官僚化倾向（伯格，1991）；当前新兴的宗教市场论则以自由市场为比喻，视国家的宗教管制为某种无效率（斯达克、芬克，2004），从而在其理论前提中排斥了作为一种规制力量的国家。因此，从整体上来看，尚缺少将政治力量视为现实的存在，并具体分析其规制手段对于宗教组织的影响的具体研究，而这正是理解中国的政治与宗教之间密切互动的关键所在。

值得注意的是，在宗教社会学理论中，受新制度主义理论视野的影响，出现了新的理论方向，即将组织视为一个与周围环境产生不断的交换并影响其行为的开放的系统。虽然，在制度理论与宗教组织的具体现象之间还存在相当大的偏差（Chang，2003），但是，从这一思路出发，可以将研究的重点放在组织及其外部环境因素之间的关系上。本文对于政教关系的研究，即将国家视作宗教组织的一个重要的外部因素，并以佛教为例，具体分析国家的规制手段对于宗教组织的影响，以便为进一步的研究奠定基础。

一　佛教与政治：互利、冲突与调和的关系史

佛教自传入中国开始，就与现实政治力量产生了非常密切的关系。在杨庆堃先生的著述中，佛教既是具有相对独立的组织、义理、仪轨等体系的所谓制度的（institutional）宗教，又是在一定程度上独立于中国传统伦理身份的志愿的（voluntary）宗教（Yang，1961）。毕竟，佛教是外来宗教，并在中华文明已臻成熟的阶段才传入，而它能够在进入中国之后被接受并盛极一时，原因是多方面的，其中，政治力量的支持是一个非常的重要因素。而在佛教发展过程中，又发生过激烈的政教冲突事件。因此，下文将首先就佛教传入之后的历史作一概要的梳理，以表明政治与宗教之间

紧密交织在一起的互动史，并进而对这一历史过程中的组织与制度因素加以讨论。

佛教至迟在东汉时已进入中土，如陈国符先生所言，佛教最初是被当作道术的一种而被中土人士所接受下来的。

> 道者，道术也。因道术之不同，而有太平道，即干君道、五斗米道、帛家道、李氏道等。佛法传入中国也，当时人视之，直不过此诸道之一耳。齐顾欢《夷夏论》引《玄妙内篇》，称为佛道。按道术又称法术，故佛道又称佛法；而中国本有之诸道，则统称为道法焉。又道法佛法，亦称道教佛教。（陈国符，1963：259）

不过，尽管佛道并称，但是，汉魏时的僧人均系胡僧，来自中亚、印度等国，中土人士尚不得出家，佛教的影响力有限，直到魏晋南北朝时期，佛法方大兴。

对于佛法在魏晋时期的兴盛，汤用彤（2000a：142～144）总结了四方面的原因。从宗教教义及实践上来看，福祸报应之说、祠祀斋戒占卜之方术是佛教借以传播民间的手段；从思想背景来看，魏晋之世尚清谈，而佛教智慧以约言谈玄理，两相助益，佛法得以流传；从现实政治格局来看，中土自汉末乱世之后，又招来五胡乱华之祸，外夷入主中原，同样来自外域的佛教得到大力提倡；从僧团自身来看，历代高僧投入译经传道、厘定戒律的工作，确立了中土佛教的经典和人才的基础。

汤用彤所指出的四个方面的原因，以人的因素而论，可以大致对应于下层民众、知识阶层、统治阶层和佛教僧侣诸人群，其中，统治阶层的提倡是一个相当重要的原因。在中古时期，佛教并非唯一的外来宗教，南北朝时自西域传入的祆教就没有能够产生很大的影响。佛教成功的经验之一就是它与现实政治有着非常密切的关系。从本源上来说，释迦牟尼本身就出身于王室，而且，他在世时，即有波斯匿王信奉三宝，之后更有孔雀朝之阿输迦、贵霜朝之迦腻色迦等王，均光大教化，蔚为盛事。整体言之，在佛教进入中国之后，政教关系良好的阶段占主流，这在很大程度上有助于佛教的传播。即以译经而论，自汉迄唐，历代僧众在官方资助的大型译场中从事佛经逐译与传习工作，印度尚在发展中的佛学被源源不断地传入中土，形成种种佛学师说与宗派，并产生了中国本土的净土、禅宗等宗派。

佛教之所以从化外之道术一变而对中土各阶层都深具吸引力，一个重要原因是产生了新的文化认同，特别是自五胡乱华之后，中原已经处于所谓外夷统治之下，出于对抗华夏正统的目的，他们供奉起了同样来自外域的佛教。例如，后赵时汉族士大夫王度等认为，“佛出西域，外国之神，功不施民，非天子诸华所应祠奉”，主张国人不得入寺烧香礼拜，不得出家为沙门。而石虎下诏称：

> 朕生自边壤，忝当期运，君临诸夏。至于飨祀，应兼从本俗。佛是戎神，正所应奉。夫制由上行，永世作则，苟事无亏，何拘前代！其夷赵百蛮，有舍其淫祀，乐事佛者，悉听为道。①

因此，在汉魏之后，佛教之广受尊崇得益于新的统治者的甚多提倡。

而自佛教传入中土之初，为生存与发扬光大的目的，积极地与现实政治相结合，北方的佛教尤其重视实践，甚至为着壮大佛教势力，而不惜在一定程度上牺牲佛理，与现实达成妥协。例如，佛图澄教化以杀戮为威的后赵政权君主石勒，因为其“不达深理”，乃以“道术为征”，使其信服；当石勒子石虎继位后，向佛图澄询问，如何使政治统治的刑杀与佛法戒条统一的问题时，佛图澄说：

> 帝王之事佛，当在心，体恭心顺，显畅三宝，不为暴虐，不害无辜。至于凶愚无赖，非化所迁，有罪不得不杀，有恶不得不刑。但当杀可杀，刑可刑耳。②

因此，以政教关系而论，佛教既为统治者所借重，更主动与之合作，从而得到更广泛的传播。

但是，所谓“依国主、立法事”的另一面，是政治力量对于佛教的干

---

① 《高僧传》卷九，“佛图澄传”。

② 同上。

涉，将其纳入政府的管理体系。在两晋时期，通过对僧团领袖的敕封赐紫，一些大规模的僧团被置于政府掌握之中。后又建立僧官制度，即由世俗政权委派僧侣担任各级僧官，以统摄、管理天下僧尼及佛教事务，例如，公元4~5世纪，后秦设立僧官，负责对僧尼的教化与约束，北魏设立了专门管理佛教事务的机构昭玄寺，形成了较完备的僧官体制（白文固，1984；谢重光，1986；明复，1981）。

到了隋唐时期，政治上的统一将佛教更密切地纳入政治体系，隋代已经有俗官、僧官分工管理，前者管理僧尼道冠的簿籍斋醮事务，后者则具体管理僧团，隋炀帝时政府直接派俗官进驻寺观，政治对宗教领域的干预进一步加强。

至唐一代，佛教与中央政府的各种政治力量继续着非常密切的互动。从政策上来看，唐朝继承了前朝的宗教政策，注重利用佛教劝善教化，唐初由鸿胪寺负责经管佛教、道教，经过太宗、武则天及玄宗朝的几次制度改革，确立为由崇玄署和尚书祠部共同管理寺额、僧籍、僧官诠选及剃度等事，加强了对佛教的管理。

唐前期是佛教最为兴盛的时代，在太宗时期，佛教的译经工作（玄奘译经）和传播工作（文成公主入藏）获得显著的进展，武周、玄宗、宪宗等朝，佛教继续发展，唯识、三论、天台、贤首、净土、律宗和禅宗大为兴盛，新传入的密宗也颇受王室欢迎。

但是，使佛教兴者亦使其衰，唐代诸皇帝的态度是左右佛教发展状况的一个重要因素。基本上，唐朝皇帝对佛教持较为现实与理性的态度，以儒释道三教并列，相互成掣肘之势，在不同的时期，或奉佛以慰人心，或崇道以制佛，而儒臣中始终有反佛之声。例如，高祖李渊早年多次造像建寺，设斋行道，不过，由于佛教信徒及僧团组织滋生蔓延过于迅速，引起太史令傅奕抨击佛教，认为佛教系传自化外之邦，对国君“不忠”，对父母“不孝”，“游手游食”，实际上是托庇缁衣，逃避租赋，侵占了皇帝的权益，[①] 因此，在高祖统治末期，已有意沙汰僧尼，控制寺观规模。

反佛因素始终存在，终于在武宗会昌五年（公元845年）爆发了所谓“会昌法难”，其间，武宗敕令各节度使及州辖区内只准留一寺，其余佛寺

---

① 《佛祖统纪》，《大正藏》第49卷。

则或毁或撤，田产没官，僧尼还俗，铜像、钟磬法器铸钱。整个灭佛过程共计毁佛寺 4600 余所，还俗僧尼 26 万余人，没收良田数千顷，奴婢 15 万人。一时之间，寺院财产被侵夺，僧尼流离失所，佛教的繁荣戛然而止，经籍宗派自此式微，中国佛教在内容与特征上已发生了重大的转变。

对于如此意义重大的历史事件，一直有不同的解释，① 目前的研究基本上围绕着政治上的权力之争、宗教上的佛道之争和武宗对佛教寺院在经济上的觊觎与掠夺等方面展开，注重对其时的具体的人、事纠纷的条分缕析。然而，如果灭佛事件仅仅是由于政治、经济等方面的利益争夺以及佛道矛盾所造成，那么，为什么即使是在宋以后弊端丛生、僧团窳败甚于前代的时候，却再没有发生类似的整肃与冲突？而在灭佛的过程中，对于寺院和僧侣也是有去有留，留下的是有国家赐额的大寺，去掉的是民间自主修行的招提兰若，为什么会有这种取舍，其意义与影响何在？笔者认为，可以从宗教组织的角度出发，梳理佛教进入中国之后的组织形态的变化，或可由此进一步了解冲突事件的制度上的原因及其影响。

佛教传入中国，除典籍的逡译之外，在佛教宗教组织方面，还有僧团之形成。例如，佛图澄、道安、慧远的僧团即是传法师徒形成的宗教组织，其核心在于身为师长的宗教精英声名远扬，翕然从之者众，弟子门人往往数以万计。

然而最终在中土形成主流的是以特定寺院为中心的组织方式，即登记在册的僧侣以寺院为基本的居住、修行的单元，国家要负责僧侣的资格甄别，并给予一定的经济资助和优惠政策。

当然，僧团与寺院本身实际上互为表里，关系密切，佛图澄、道安等僧团领袖都曾率弟子营建寺塔，传道四方。在实践中，前述两种组织方式实际上是相互有交叉的，例如，高僧大德获得国家敕封寺院，此寺便从此成为僧徒弟子居住与修行的基地，乃至其宗派的祖庭，例如，长安的大慈恩寺之于玄奘及唯识宗便是这样。

---

① 汤用彤《隋唐佛教史稿》中有“会昌法难”一节，参见《汤用彤全集》第二卷，第 44 ~ 56 页。近年来对会昌灭佛的研究还包括：曹旅宁，《论李德裕与会昌灭佛之关系——读〈隋唐佛教史稿〉札记》，《青海师大学报》，1989 年第 3 期；田廷柱，《李德裕和会昌灭佛》，《辽宁大学学报》，1980 年第 5 期；袁刚，《会昌毁佛和李德裕的政治改革》，《中国史研究》，1988 年第 4 期；于辅仁，《唐武宗灭佛原因新探》，《烟台师院学报》，1993 年第 3 期。

但是，从根本的组织原则上来看，传法师徒型与敕封寺院型是相互对立的。后者代表着国家政令的规制力量，政府收系度僧权，并通过赐额、帐籍、僧官等一系列制度，使自身成为规范、约束僧团组织的实体的权威。在这个意义上，所谓儒释道三教合一，实际上是并列于庙堂之上，其正当性端赖皇权之赐予。而宗教组织本身就直接受制于政府政令，例如，赐额、赐号等方式以前只是对寺观使用，中唐之后，一些民间祠祀也开始获得赐额和赐号，这使得佛教在外在形态上进一步与中国民间宗教混淆起来，使得佛教自身的特质及认同被模糊了。

而传法师徒的结合方式则体现了宗教的自觉，即僧团组织自身的组织机制。一个突出的表现是，历代高僧试图以戒律规范僧众行为，建立清静僧团。以道安为例，他改变了僧众以国家或师承冠于僧名之前的做法，主张佛教僧侣以释为姓，统一了身份；在戒律尚未完全传入中土的时代，道安还自制仪轨，节制僧徒行为，当其分张徒众、四出弘法传道之时，戒律便成为各地僧团管理的依据。①

戒律对于佛教僧团之所以如此重要，在于佛教在本质上的无神论色彩，使得它缺少具有强大约束力的人格神的资源，即僧团可以依托发展的正当性的实体。释迦牟尼入灭之后，佛教徒以戒为师，戒律既是僧徒的修行之途，又是僧团的有区别意义的基本原则和立足点。在面对世俗政权的权威时，代表着共同的认同和具有约束力量的戒律是僧团得以自立的重要依托。

因此，从宗教组织的角度来看，佛教缺少可以比拟基督教的稳健的基础，其僧团的主旨、发展方式等完全不同于作为上帝之代理机构的基督教会。在印度，由于缺少强大的中央集权的力量，佛教犹可坚持“国有僧以僧法治，国有俗以俗法治”的原则，内律与王法各行其是，俨然两途。但是，佛教传入中土之后，僧团一方面要傍依着王权而生存，另一方面，其内律面临着与中土世俗政权、既有价值观念、礼俗习惯的冲突，产生了一系列的争论。例如，在东晋时有关沙门是否应敬王者、是否应由政府来甄别沙汰等问题上，慧远与政要进行了激烈的争论，并著有《沙门不敬王者

① 《高僧传》卷五，“释道安”。

论》[①]，为佛教争取独立存在的地位。

由魏晋至隋唐，敕封寺院型的组织模式渐成为主流，僧团组织由方外转入治道之内，中央和地方各级建立了针对僧众的管理制度，僧团内律无法与王法相抗衡而居于其下。但是，其中又包含着一定的矛盾：对于国家的规制政策而言，将管理僧众之责纳入政府的职官体制，必然面临着王法与僧律之间的冲突，国家自身将宗教的甄别机制转换为伦理道德、知识学问的测验；对于佛教僧团而言，政治力量的切入使得僧团正当性的来源发生了转变，即从宗教精英个人的卡里斯马禀赋到王朝威权，由僧团之内转向了僧团之外，宗教的原则必然与介入其间的世俗政权的力量产生对立与矛盾。

至此，可以尝试着提出对于武宗灭佛这样激烈的政教冲突事件的制度分析：灭佛事件是政治与宗教两种制度之间的矛盾所造成的，前一种是“王令”，即王朝的政治经济制度与宗教政策，后一种是“僧律”，即佛教僧团的戒律或内律。灭佛事件的结果是，既有的佛教传统受到打击，新的戒律和组织方式也由此逐渐成长起来。

而从国家规制的角度来讲，灭佛事件又代表了规制的失灵。所谓国家对宗教的规制，指的是国家作为宗教组织得以存在的外部环境的一部分，从制度的角度对宗教实践进行管理和约束，在这个意义上，国家是制度供给者。而在现实的政教关系中，由于宗教具有为政治系统提供价值理念和合法性依据的功能，国家又是宗教活动的利益相关者，因此，当处于利益冲突的极端状态之下时，有可能会产生规制失灵的现象，甚至造成类似灭佛事件这样的两败俱伤的局面。一方面，佛教戒律的合法性遭到质疑，对僧团组织的约束力更有限；另一方面，政府的规制措施，如僧尼帐籍、度牒等制度，虽然在一定程度上获得了凌驾于僧众之上的权威性，但却会在实行过程中产生基于现实的利益格局的种种意料之外的结果。

这表明，佛教自传入中土之后，引起了政教关系的新格局和矛盾。此种格局的意义何在？其中所包含的矛盾又是如何表现、如何解决的？下文尝试以度牒制度在唐朝的发展为主要案例，以一个现实的规制手段来具体探讨并评估宗教规制及其对中国宗教组织发展的实际影响，从而使政府成

① 《高僧传》卷六，“释慧远”。

为讨论宗教组织时的重要的现实因素，裨益于加深对政教关系的理解，有助于当前宗教组织乃至其他社会组织的制度建设。

二 度牒：规制手段的实际效用

与度牒直接相关的是僧尼帐籍的设立，即以管理世俗人众的户口登记制度来收系僧徒的办法，僧籍上登记有僧人名字及出家得度、所隶寺院等内容。但僧尼出家受戒，原本是要出离世间，因此，僧尼帐籍的建立，表明政治力量已经介入到宗教的内部，而无籍僧尼，即未经政府许可而违法私自出家者，依照法令要被送地方官府并勒令还俗。

在籍僧尼所获得的资格证书，即所谓度牒。度牒在唐朝时亦称为祠部牒，《大宋僧史略·祠部牒》说："唐祠部牒皆绫素、锦素、钿轴，盖纶诰也，非官何谓"，其格式模仿官员的纶诰样式。持牒僧侣一方面由此获得了合法化的身份，另一方面，在均田制之下，还可以获得一定数量的田地（僧 30 亩、尼 20 亩），并且可以免除地税和徭役。

实际上，唐政府发放度牒的本意，是要控制僧尼数量，裁汰伪滥僧。佛教僧侣本是方外之宾，因此得以免除世俗义务，特别是兵役、劳役和赋役，而由于南北朝时战乱频仍，兵役赋税等尤为苛毒，僧侣身份不失为逃避之途。谢和耐对《魏书·释老志》中的一段记载进行了分析。

> 所在编民，相互入道，假慕沙门，实避调役，猥滥之极，自中国之有佛法，未之有也。

谢和耐（2004：41）指出，此处没有用通用的术语"出家"，而用了"入道"一词，说明这是一些滥用僧侣地位的世俗人。这一现象解释了公元 6 世纪时僧尼数量大大增加的原因，即尽管真正的出家人也有明显的增长，但是，"入道"的俗人肯定至少要多 6 倍。为了限制僧尼数量，禁止私自出家，唐政府规定，通过诵经考试才可以发给度牒，获准为僧。

然而，从宗教组织的发展来看，度牒的发放与佛教理念是相悖的。

俗人出家为僧时要举行剃除须发等仪式，即度僧、剃度，其中，度的意思是使人出离生死、出离世俗，即解除个人一切世俗义务，这是自佛教入中土之初便为人们所接受的观念。度僧仪轨完全是一种宗教事务，但是，唐王朝规定僧尼须由祠部颁发度牒，作为身份证明和免除徭役的凭证。这便意味着剃度出家不再仅仅是个人的宗教信仰选择的事件，除受戒之外，尚需接受国家的筛选；政治成为超过宗教的干预力量，将出离尘世俗务的资格的甄别事务设租而成为一种特许权，政府行使审查权并收取一定的费用，使得度牒的发放本身成为有利可图的事件。

在度牒制度的实行过程中，发展出“恩度”与“鬻度”两种形式。“恩度”是指公元8世纪初起，通过宫廷大官、皇室成员向皇帝呈奏而得以获准举行度僧仪式的做法。根据《旧唐书》、《唐会要》、《佛祖统纪》和《资治通鉴》等的记载，度人为僧已经成为权力寻租之途，特别是太平、安乐等公主和韦后、武三思等人，位高权重，以度僧权为利之渊薮，度牒遂成为可以买卖的物品。魏元忠的一道奏章能够清楚地说明当时的具体情况。

> 今度人既多，缁衣满路。率无戒行，宁有经业。空赍重宝，专附权门。取钱奏名皆有定价。昔之卖官也，钱入公府；今卖度也，钱入私家。以兹入道实非履正，诡情不变，徒为游食。使法侣有失，而流俗生厌。名曰度人，其实颓矣。[①]

玄宗即位后，停止恩度，然而在安史之乱开始之后，用度不足，为增加收入，中央政府开始以官方名义出售度牒，即鬻度，凡想出家为僧者，先如数交钱，称“香水钱”，然后就可以受戒出家，发给度牒。新旧《唐书·食货志》中对此有较为明确的记载。

> 及安禄山反（755年12月16日），司空杨国忠以为正库物不可以给士，遣侍御史崔众至太原，纳钱度僧尼道士，旬日得百万缗而已。自两京陷没（洛阳于756年冬月18日被叛军所陷；长安失陷于7月14日），民物耗弊，天下肃然……郑叔清与宰相裴冕建议，以天下用

① 《全唐文》卷一七六，《规魏元忠书》篇，转引自谢和耐《中国5－10世纪的寺院经济》，第54页。

度不充，诸道得召人纳钱，给空名告身，授官勋邑号；度道士僧尼不可胜计；纳钱百千，赐明经出身；商贾助军者，给复。及两京平，又于关辅诸州，纳钱度道士僧尼万人。[①]

从以上这段引文中可以看出，在安禄山叛乱的消息传入长安之后的20天内，在山西地区出售度牒共计得钱100万缗，之后，在东西两京失陷到收复的过程中，又进行了一系列的鬻度，结果造成僧尼人数的急剧增加。根据谢和耐的估计，开元初年间，官方统计的僧尼人数是26万余人，发展到安史之乱前夕，仍不足50万人，但是，到了半个多世纪之后的830年，僧尼总数已增至70万人（谢和耐，2004：60）。

因此，从实际效果来看，发放度牒并没有起到限制僧尼规模的作用，而且，恩度与鬻度的做法使裁汰僧尼的意图完全落空，甚至走向反面，并且进一步促进了富户强丁削发以避徭役、高级官吏私售度牒渔利等行为。度牒上本应载有僧尼的本籍、俗名、年龄、所属寺院、师名，以及官署关系者的连署，但是，在安史之乱爆发之后，各地召人纳钱，“给空名度僧道”，这样，度牒已经不再起到以配额形式控制佛教发展的作用了，德宗时制定“两税法”的杨炎曾经总结指出，“凡富人丁多者率为官为僧，杂役借此以免。贫人则无所归”（叶受祺，1977：38）。

度牒及其所代表的政府的规制手段一直持续到清朝中期。宋朝时，度牒成为政府用度不充时的重要敛财手段，用以支付庞大的军费开支，以及水利、营造、运输、宫廷开支、外交活动等方面；甚至发展成为流通领域的一种交易对象和支付手段，可以直接用来购买商品、兑换钱币、放债收息（田光烈，1977：241～268），谢和耐（2004：63）甚至断定，度牒是中国纸币的雏形。直至清乾隆三十九年（1774年）废除度牒为止，额外恩度与纳钱鬻度的方式在历代均可见。

度牒在实施过程中之所以产生这些意料之外的后果，在于国家规制政策中本身的漏洞。从制度上来说，僧尼帐籍、度牒等均为国家收系僧众的手段，然而，免除兵役、徭役等措施又仿佛将其置于世俗之外，这两项政

① 转引自谢和耐《中国5－10世纪的寺院经济》，第55～56页，公元年份系谢氏所加。

策本身在一定程度上是互相矛盾的。①

度牒最初是一种配额制度和特许收益，之所以能够成为可以买卖的物品，在普通人看来，是因为它提供了规避徭役等义务的特权，这一特权本身成为交易的对象。由是观之，恩度的情况就是权力的寻租，鬻度、空名度牒等，对唐政府来说，与卖官鬻爵一样，是财政困难时的权宜之计。

以对佛教的影响而言，度牒制度实际上增加了僧尼身份的混乱。确立度牒之前，僧俗之间的混淆主要存在于僧侣与假借僧侣身份的世俗人之间；之后，僧侣中既有得到官方承认的合法僧人，亦存在没有得到官方承认、但确实为僧人的无籍僧人，甚至还有大量居留在故土的“百姓僧”。汤用彤引用《新唐书》卷一八零《李德裕传》的材料，即在公元 845 年武宗灭佛之前，李德裕曾在四川发现过整整一个村庄都是“百姓僧”。

> 蜀先主祠旁有猱村，其民剔发若浮屠者，畜妻子自如，德裕下令禁止。蜀风大变。②

这里产生的一个问题是，为什么这种剔除伪滥僧的事情会由政府官员来做？僧团对此的反应如何呢？因为对伪滥僧问题最为敏感的、最利害相关的应该是僧团自身。在道安、慧远时期，就已经面临着僧众滥杂的局面，慧远在致恒玄书中指出：“佛教陵迟，秽杂日久，每一寻至，慨愤盈怀，常恐运出非意，沦湑将及，窃见清澄诸道人教，实应其本心。夫泾以渭分，则清浊殊势，枉以直正，则不仁自远。此命既行，必一理斯得，然后令饰伪者绝假通之路，怀真者无负俗之嫌。道世交兴，三宝复隆矣”。③之后，慧远便广宣条制，试图以直正枉，使清浊自分，而不必假手政治力量的规制。同样地，中土历代高僧投身于传经、译经、解经的事业，一个很重要的内容就是完整地掌握、研习佛陀所遗戒律，以便约束僧众行为，

---

① 对于这一矛盾，一种解释是，僧侣如果都是外国人，就不存在所谓义务，因此，免除义务本身属于较早的做法，即将僧侣视为化外之人、方外之宾；而度牒等属于较晚近的措施，表明中土出家之人的增多，以及国家规制力量的加强。不过，在以度牒收系僧众的同时，继续免除在籍僧尼的世俗义务，并不仅仅是一种制度选择上的路径依赖，毋宁说是一种以政策优惠为手段、以分流宗教权威为目的的设计。

② 《新唐书》卷一八零《李德裕传》，转引自汤用彤，2001/2，“会昌法难”节。

③ 《高僧传》卷六“释慧远”。

完善僧团的管理。

但是，最终的发展是，中土佛教没有产生能够统摄全国的僧团、领袖或戒律，① 代表着国家权力的僧尼帐籍、度牒和僧俗官等制度行使着最终的管理与规范之职，意味着政治权威已居于宗教力量之上。度牒实质上是一种由国家控制的配额制度，试图规避力役的富户对此汲汲以求，使得它成为有利可图的交易物；而在度牒发放中的恩度、鬻度等形式，进一步削弱了度僧这一环节的宗教意义，不仅未能起到沙汰伪滥僧的作用，反而助长了投机行为，增加了僧尼资格的甄别的难度。

简单地说，度牒本身所包含的权威性将僧团置于政府规制之下，也因此而免不了会受到政治腐败与政局动荡的侵害。度牒的发行包含着政府垄断神圣性资源并以之设租的行为方式，在政府各个利益集团获取收益的同时，将可能的道德风险转嫁给佛教。对于佛教而言，度牒成为一种通行的组织资格和鉴别机制，这使得试图利用戒律正本清源、树立僧团形象并实现自治的努力无果而终。

而且，在会昌灭佛之后，僧团的戒律建设本身也发生了变化，产生了更能随顺周遭环境的新做法。例如，禅宗建立了丛林清规，尤其是，百丈怀海建立的农禅制度，强调“一日不作，一日不食”，脱离了世俗供养、即中土人士目为乞食的供养方式，使得僧侣由不事生产转变为自食其力。生活上自给自足的另一方面，是僧侣们与社会诸阶层的联系发生了变化，自保代替了自度度人的菩萨道理想。前引汤用彤论述表明，佛教之所以能够在魏晋南北朝时大盛，在于它对上至士族高门、下至普通民众都具有吸引力，而中唐以后的佛教向山林的撤退使得这些联系付诸阙如，在明太祖整肃佛教之后，尤其如此（释见晔，1994）。中国佛教融入了本土的制度环境，消解了政教冲突，但也失去了它在政治、学术等方面的吸引力，在社会生活中居于非常边缘的地位。

以上对中国佛教史上的政教冲突的制度背景的梳理表明，冲突事件的背后是政令与内律之间的对立。作为缺少人格神的伦理约束资源的宗教形式，佛教本身试图利用僧团内律作为规制僧众行为、建立僧团成员的认同

① 在这个意义上，隋唐间昙花一现的三阶教确属佛教诸宗派中的异数，它利用无尽藏供天下伽蓝，隐然有勾连诸宗诸派之势，其为人主所忌就是必然了。详见《两京新记》（辛德勇辑校，《两京新记辑校、大业杂记辑校》，西安：三秦出版社，2006 年）。

和剔除伪滥僧的手段，但是，戒律所具备的合法性逐渐被度牒等政治制度代替，从而使得政治具备了凌驾于宗教组织之上的权威。会昌灭佛之后佛教在戒律建设方面的中国化在一定程度上代表了宗教向政治的妥协，实现了双方的某种和解，但是，这种妥协又是以宗教力量从社会的收缩为代价的。

三　政教冲突及其解决：引申及比较

中国佛教史上的政教冲突及其制度背景为研究政教关系提供了一个有价值的案例。不过，虽然弗雷泽、涂尔干和帕森斯等都曾就宗教与政治进行过论述，但是，目前尚缺乏对宗教管制的具体分析的可靠的理论基础。而且，在宗教社会学领域，宗教市场论作为一种新兴的理论范式，以美国当作多元的宗教企业家提供各种竞争性的宗教产品的典范认为世界其他国家均对宗教进行较强的规制；而且，它的理论前提排斥了国家规制，认为规制意味着无效率，即造成宗教市场的某种无效率（斯达克、芬克，2004）。

然而，对于宗教领域存在的种种现实约束而言，仅以对某种类似自由经济神话的信仰是无法进行深入研究的，特别是在亚洲国家，国家规制对于宗教组织的发展的影响相当大。卢云峰等（Lu and Lang，2006）对一贯道的研究表明，国家对宗教的压迫阻止了有利于其组织发展的因素，如群体规模的扩大、既定的宗教领导人的传承方式、宗教人士的职业化及对经典的诠释等的出现。

国家的这种不可忽视的力量在宗教市场论者的研究中也已经有所体现，杨凤岗以序列等级来对历史与现实中的宗教管制予以排序或“测量”，将国家对宗教的管制分为完全禁止、垄断、寡头和自由市场几种类别（Yang，2006）。这几种类别又恰好对应于加拉日阿从结构功能主义的基本立场出发所划分的宗教与政府、教会与国家之间的不同的制度化形式，即教会不具备独立存在的地位的极权主义国家模式、神权政治模式、国家教会模式、教会与国家独立共存模式，等等。加拉日阿（2003）认为，在国家制度发达的条件下，宗教与政治是两种独立的制度存在，它们之间的关系的主要形式是宗教（教会、宗教组织）与国家之间的关系。对于政治系统而言，宗教的职能主要是为政治系统提供价值观念和合法性依据，并且在社会的不断变化中保证社会群体对国家体制的恭顺。

本文以政治与宗教的互动关系事件作为案例，将政治关系的处理转入到具体的规制手段上来，进行制度层面的分析。并提出了这样的问题：对于政教关系中的基本矛盾，有没有其他的解决方式，既能够达成和解，又不必以宗教的全面退缩为代价？

M. 韦伯在其宗教社会学论述中涉及的西方基督教，尤其是美国新教教派的例子，有可能启示着另一种解决冲突的方式。

M. 韦伯对于政治与宗教的关系采用了一种演变的观点，他认为双方既存在着相互的契合，又会在一定阶段或条件下产生矛盾，而这一矛盾有其现实的解决之途。

首先，M. 韦伯从功能的角度指出，最初，政治与宗教的发展是相辅相成的，政治团体的形成往往意味着团体中的各个部分均附属于一个团体神，政治与军事的征服也会带来征服者的神对被征服者的神的胜利。但是，当出现了所谓普遍主义宗教，使得地域、部族、国家的界限被突破时，宗教与政治之间的这种契合就消失了，而发生了一种紧张关系，因为从根本上来说，以权力分配、暴力、战争为内容的政治是与宗教的同胞之爱相敌对的（韦伯，1993：19～35；1989：115～124）。

对于宗教与政治之间的张力，M. 韦伯认为，一种解决之道产生于清教。清教的特殊恩宠论及现世禁欲主义，相信上帝既是绝对不可理解的，其意志更是坚不可摧的；那么，存在于清教徒观念中的上帝与政治领域之间的看似不可调和的冲突，又如何能够解决呢？M. 韦伯认为，解决的方式是清教的现世转向，即以现世的手段完成上帝的命令，这一转向既体现了人格神的强大的伦理约束力，意味着对于宗教的同胞伦理的限制，更是对政治现实的一种认可。因此，以政治与宗教的关系而论，新教必然里与一定的社会政治秩序相适应的，但是，这种认可并不以宗教组织放弃自治为代价；相反，美国新教教派的例子表明，宗教组织的纪律、原则等有可能会成为社会组织化的机制。

M. 韦伯在《新教教派与资本主义精神》中揭示了美国新教教派的组织方式如何有助于建立以社会压力与惩罚为核心的理性化组织机制（Weber，1946）。他描述了美国诸新教教派采用严格的审查方式来录用信徒，各教派具有其独特的信仰方式和行为特征，教派之间，其外在特征相互区别，但在成员品格的强调和对其他教派的尊重上是相通的；在此基础上，形成了一个组织化的社会，建立起系统的社会信任与组织间、社会成员间成熟宽容的交往方式。截至19世纪80年代，94%的美国人口都属于教派（sect）成员，成员资格成为一种社会认证，除了表明人的信仰皈依之外，还意味着他是道德和行为方式上可信任（trust）的人，是被既定的团体所认可并赋予信用（credit）的人，而一旦被所属教派开除，就会在社会生活中受到摒弃，即惩罚。

尽管在世俗化的冲击下，教派对美国生活的影响力渐弱，但是，教派的组织方式仍然存在，只是其指向由信仰转向了经济经营。在商业生活中出现了一些排他性的自愿的联合组织（association），其成员在个人生活和社会生活中可以获得商人的合法性地位，有从事经营活动的基本资格和支持网络，成员资格意味着商机和信用保证，失去成员资格就不仅失去了社会关系，更失去了从事经济活动的基本条件。因此，宗教的组织机制形成了社会成员交往中具备约束力的常规，在此表现为一种由全体社会成员来实施的无形的、但又非常严厉的惩罚机制，对从事市场活动的人及其行为方式进行了约束。

这种组织机制还对美国的政治生活也产生了影响，其民主的构成，不是一盘散沙的个体的随意聚集，而是一些复杂的、严格排他、又彼此通达的志愿团体。换言之，美国式民主的起点，恰恰在于社会团体的自治。

政治与宗教方面天然地存在着某种对立，而将这种对立转化为和谐共处才是现实的规制手段的目标。对比中国佛教与美国新教教派的发展，可以看到两种效果迥异的化解政教冲突的方式。其共同之处在于双方均认可了现实的政治秩序，产生差异的关键在于宗教团体自身的正当性及其自治能力。新教教派不仅向美国社会输出了以教派资格为基础的组织化机制，建立了系统的社会信任，而且，在其基础上脱化出自愿联合组织或社团，形成了广泛的社会自治领域。与此相反，佛教僧团以度牒为通行的资格认证，意味着其正当性在僧团之外。持戒与否原本是划分僧人与俗人、神圣域与世俗域的界限，但最终能否获得政府的“执照”却成为甄别真假僧徒的标准。

换言之，僧团内律原先具备的权威性和神圣性丧失了，形成了一种附属于度牒制度的消极的惩戒性的清规或行为规范；相应地，附着在僧团资格上的超越性也受到了损害；这种资格还因度牒带来的现实的利益而成为可以买卖的商品。

在现实政治与经济利益的冲击之下，佛教僧团没有能够通过戒律等方式实现有效的治理，相反，灭佛等事件表明，其传统受到了很大的伤害，以至于中唐以后兴起的农禅等中国本土宗派的供养方式，实行避世自保的方针，实际上退居社会生活的极其边缘的位置。例如，宋代的寺院分甲乙制寺院与十方制寺院，十方寺院的住持人选，须经由地方官员批准，甲乙制基本上将选择权保留在寺僧内部（黄敏枝，1987），但甲乙制的师徒传承方式已经完全中国化为一家庭、家族式的世系，即一寺内也有不同的传承体系如家族然，往往困守寺院之内，与昔日道安、慧远等僧团分张徒众、传法天下的誓愿与胸襟相比较，高下立判。

从政教关系的另一维，即国家规制的角度来讲，中古的例子意味着一个全能的政府，不仅握有政治的合法性，而且垄断了神圣性的资源，以疏而不漏的规制手段将宗教等社会组织置于其道德考量之下，体现了天下自我出的全面控制的政治理念，但是，这样的思路本身有其盲点，例如，在这样的体系中，如何容纳新兴的宗教精英？因为宗教并非一成不变，而如果新的宗教力量不能见容于官僚制度，就会在天子的“仁政”之外，滋生出诸如秘密宗教、帮会等组织，而这正是佛教退居边缘之后的明清社会的一个显著特征。

而且，这种垄断、设租并转嫁风险的思路可以应用到宗教之外的其他社会组织中去，在具体实施中不可避免地会产生官僚阶层乃至普通民众的基于利益考量的寻租或趋利避害等行为，从而不仅危害了社会组织的发育，而且戕害国家整个政治体系自身的合法性与安全性。特别是，现时代的政治的正当性不仅不是凌驾于社会诸领域之上，反而应是自其所出的。

从这个意义上来讲，政教关系的基点在于宗教组织的自治特性与能力，而且，其重点或许并不在于宗教如何被以妥当的方式安置于政治格局之中，而是相反，宗教组织的发展本身即凝聚着文化符号及其发展的过程，这一过程会产生作用于政治乃至更广泛的社会领域的力量，所以，认可、疏导而非拦截、阻断才是妥当的规制方式。总之，建立一个有关政府与社会的共识，在此基础上以社会组织的自治进而完善理性的社会组织化机制，是值得进一步探讨的问题。

参考文献

白文固，［1984］1986，《南北朝僧官制度探究》，何兹全编，《五十年来汉唐佛教寺院经济研究（1934－1984）》，北京师范大学出版社。

伯格，彼得，1991，《神圣的帷幕》，高师宁译，上海人民出版社。

陈国符，1963，《道藏源流考（上下册）》，中华书局。

何蓉，2007，《佛教寺院经济及其影响初探》，《社会学研究》第4期。

何兹全编，1986，《五十年来汉唐佛教寺院经济研究（1934－1984）》，北京师范大学出版社。

黄敏枝，1987，《宋代政府对于寺院的管理政策》，《东方宗教研究》第1期。

加拉日阿 B. и，2003，《宗教与社会》，《国外社会学》第4期。

明复，1981，《中国僧官制度研究》，台北：明文书局。

钱穆，1994，《中国文化史纲要》，商务印书馆。

斯达克，罗德尼、罗杰尔·芬克，2004，《信仰的法则：解释宗教之人的方面》，杨凤岗译，中国人民大学出版社。

释见晔，1994，《明太祖的佛教政策》，《东方宗教研究》第4期。

汤用彤，2000a，《汉魏两晋南北朝佛教史》，《汤用彤全集（第一卷）》，河北人民出版社。

——，2000b，《隋唐佛教史稿、有关论文及提纲》，《汤用彤全集（第二卷）》，河北人民出版社。

——，2000c，《校点高僧传》，河北人民出版社。

田光烈，1977，《度牒在宋代社会经济中的地位》，张曼涛主编，《佛教经济研究论集》，大乘文化出版社。

韦伯，马克斯，1989，《宗教与世界》，康乐、简惠美译，台北：远流。

——，1993，《宗教社会学》，康乐、简惠美译，台北：远流。

谢重光，1986，《晋－唐僧官制度考略》，何兹全编，《五十年来汉唐佛教寺院经济研究（1934－1984）》，北京师范大学出版社。

谢和耐，2004，《中国5－10世纪的寺院经济》，耿昇译，上海古籍出版社。

叶受祺，1977，《唐代寺院经济之管窥》，张曼涛主编，《佛教经济研究论集》，大乘文化出版社。

Chang，Patricia M. Y. 2003. "Escaping the Prosustean Bed：A Critical Analysis of the Study of Religious Organizations，1930－2001." Michele Dillon（eds.）. *Handbook of the Sociology of Religion.* Cambridge University Press.

Lu, Yun feng and Craeme Lang. 2006. "Impact of the State on the Evolution of Sect." *Sociology of Religion* 67 (3).

Niebuhr, Richard. 1929. *The Social Sources of Denominationalism*. N. Y.: Henry Holt.

Troeltsch, Ernst. 1981. *The Social Teachings of the Christian Church*. Chicago: University of Chicago Press.

Weber, Max. 1946. "The Protestant Sects and the Spirit of Capitalism." (trans. and eds.) Gerth, H. H. and C. W. Mills, From *Max Weber*: *Essaysin Sociology*. N. Y.: Oxford University Press.

——. 1978. (trans. and eds.) *Guenther Roth and Claus Wittich. Economy and Society*: *An Outline of Interpretive Sociology*. Berkeley: University of California Press.

Yang, C. K. 1961. *Religion in Chinese Society*: *A Study of Contemporary Social Functions of Religion and Some of Their Historical Factors*. University of California Press, Berkeley.

Yang, Fenggang. "The Red, Black and Gray Markets of Relgion in China." *Sociological Quarterly* 47 (1).

变迁中的中国单位制度回顾中的思考*

李汉林

一

改革开放三十年来，中国以构建社会主义市场经济体制的改革，从根本上深刻影响着整个中国经济、社会和政治结构等诸方面的变迁。中国的单位组织，作为一种中国特有的制度、统治和结构方式，也经历着这种史无前例的变迁，深深地留下了变迁的痕迹。

在改革开放以前，单位是中国社会中的一个高度整合和低度分化的基本组织形态。当时的中国社会，是一个由极其独特的两极结构所组成的社会：一极是权力高度集中的国家和政府，另一极则是大量相对分散和相对封闭的一个个的单位组织。在城市社区中，社会成员总是隶属于一定的“单位”——在学校属于学校单位，参加工作属于工作单位，退休以后不仅仍属于原工作单位，同时也属于街道单位。在中国单位里，人们相互熟悉，没有陌生人——这是一个“熟悉的社会”、一个“没有陌生人的社会”。在这个社会中，人们之间彼此相互了解，甚至在日常的生活中朝夕相处、相互影响和依赖。与此同时，由于资源主要由单位垄断分配的机制，个人与单位的关系变得异常的紧密。人们从摇篮到墓地，生生死死都离不开单位。在这里，单位社会的生活成为人们社会生活的常态，人们社会行为的常态。一方面，从制度上不允许人们割断与单位社会的联系，因为离开了单位，人们就会失去社会身份和地位，国家和政府也会失去像以往那样对人的控制；另一方面，失去与单位社会的联系，对个人本身而

* 原文发表于《社会》2008 年第 3 期。

言，在目前的这种社会及社会化的环境中，也是一件并不轻松的事，它不仅会给人们的行为带来失落和迷茫，而且也会使人们逐渐失去自身社会存在的基础。所有这一切，也就构成了单位作为制度的重要的政治、经济和社会的前提和条件（李汉林，2004；Li，1991，1993，1994，1995，1996）。

在孙立平看来，中国总体性社会的形成，是通过单位制这个组织中介而实现的。具体地说，首先，借助严密的单位组织系统，国家的动员能力极强，可以动员全国的人力物力资源，以达到某一经济建设和国家发展目标。其次，单位制的高度组织化，过去的“国家民间精英民众”的三层结构变为“国家－民众”的二层结构，国家直接面对民众，因而可以将各种信息直接传达到民众手中，但民众却没有有效的形式实现自下而上的沟通，社会秩序完全依赖国家控制的力度。再次，单位现象使得全部社会生活呈政治化、行政化趋向，社会的各个子系统缺乏独立运作的条件。由单位制而促成的总体性社会，克服了旧中国“一盘散沙”的总体性危机（孙立平，1993，1998）。

事实上，在相当长的一段时间里，国家与单位、单位与个人的关系总是处于这样的一种状况：国家全面占有和控制各种社会资源，处于一种绝对的优势地位，进而形成对单位的绝对领导和支配；单位全面占有和控制单位成员发展的机会以及他们在社会、政治、经济及文化生活中所必需的资源，处于一种绝对的优势地位，进而形成对单位成员的绝对领导和支配。在当时，所谓企业单位办社会，单位功能多元化的一个直接和突出的社会后果，就是在极大程度上强化了单位成员对其单位的全面依赖性。如此，国家和政府对其社会成员，按照国家所倡导的行为规范和价值取向进行整合和控制，根本不需要、也不可能直接作用于社会成员，而仅仅只需要通过控制其隶属的单位就能实现自己的行为目标。换言之，国家和政府的社会控制主要是通过单位来实现的，而单位在单位成员中贯彻国家整合和控制的意志则主要是基于单位成员对单位的全面依赖性，通过单位办社会、单位自身功能多元化的过程来实现的。因为，在任何依赖的社会情境中，人们只有以服从作为代价才能换取资源，进而获得社会身份、自由和权力（Simmel，1968）。恰恰在这个意义上，单位在相当长的一段时间里，成为我们国家与政府进行社会动员以及进行整合全社会资源的一种重要的、有时甚至是唯一的制度与统治手段。

二

改革开放以后，由于经济体制改革这种纲举目张的作用，使整个社会中的利益主体由一元变成了多元，不同利益主体的意识和不同的利益诉求随之也变得越来越明确。随着改革的深入，也使得非国家控制的经济资源与社会资源急剧扩张和迅速成长，并有了制度性的保证和空间。在这个基础上，社会成员在职业选择、空间流动、价值观念和行为取向等诸方面也因此获得了很大的自由。也正是在这样一种宏观背景下，中国的单位制度逐渐发生着一些根本的变化。

功能多元化的状况得到根本的改观。很多不属于单位所承担的社会功能，被逐渐地分离了出去，通过市场化的运作方式，被社会承担了起来。即便一些单位仍然还承担着一些社会的功能，那么，已经不再是原来意义上的“单位组织功能多元化”，而是把对职工提供的这种服务当作了一种激励，当作一种特殊单位组织中的一种社会福利。

由国家统一集中管理、占有和分配各种资源的体制格局已经打破，并逐步松动和瓦解，单位对国家和上级单位的依赖性在不断地弱化；与此同时，随着社会化服务的发展以及人们需求满足和利益实现方式和途径的日益多样化，也使得个人及单位成员对单位组织的依赖性在逐步地弱化。国家对单位成员的动员能力，国家对单位、单位对个人的控制和整合的能力，都随着单位对国家依赖性的弱化而弱化。

改革发展过程中所形成的资源分配的弱化、分散化和市场化的趋势，对单位组织的行为和单位成员的行为都产生了极其深刻的影响。不同单位的组织和不同单位组织中的成员，在资源、利益和社会地位获得等诸方面的方式和差异变得越来越大。这同时也说明，单位及单位成员的利益、资源和地位的获得已经不仅仅是国家和政府分配的结果，它同时也可以表现为是市场交易的结果，是能力和需求相互在市场上交换的结果。

在改革以后的单位中，单位成员不再把单位看作一种朝夕相处的“生活共同体”，而更多地把自己的那份工作看作职位和工作场所（job and position）。在这样的组织中，人们的参与行为已经不再以对这种组织的全面依赖作为基础，而更多的是把参与作为一种利益驱动的行为，并以此为基础，来构造自己对组织的认同。

在改革以前，不同的利益矛盾和冲突必须通过单位组织并且也只能通过单位组织来表达、综合和实现，国家对利益冲突的协调和整合也是在单位制度的框架内进行的；而在改革以后的单位组织中，由于依赖的基础发生了根本的变化，使得这种在单位制度框架内的表达和综合得到了很大程度上的弱化。人们利益的实现，往往不仅仅是单位的一级组织和单位领导形成的决议和意见，而同时也表现为与单位领导在非正式互动过程中的协商，以及在这个基础上通过制度化的方式所形成的决议。

按照社会学理论，当一个社会系统在其行为的过程中不再仅依赖于某一个环境系统，而同时依赖于多个环境系统，与多个环境系统发生社会互动关系的时候，那么这个社会系统就能够在较大程度上支配自己的行为，进而从依赖的关系和情境中解脱出来，获得自身行为的自主权和较大的自由度（Luhmann，1981；1982）。如果我们据此来思考在中国城市社区中产生的单位对国家、个人对单位的依赖性不断弱化这样两个基本事实的原因的时候，我们就会感到，这并不是因为依赖关系的消失，而主要是因为人们对环境的依赖由一元变成了多元，即资源、利益和社会地位获得的多元化。正是在这种多元依赖的过程中，人们才获得了自身行为的自主权和较大的自由度。

三

在分析了单位制度发生的一些变化以后，我们还需要指出，还有哪些根本的东西没有发生实质性的变化。

从产权上来看，这种类型的社会组织在名义上仍然是属于国家或者集体所有，在这种类型的社会组织中的任何一位领导者都仅仅只是国有或集体资产的管理者，而不是所有者。尽管现在对经济组织有了推行股份制，实现藏股于民、还股于民的尝试，但占大头的仍然是国家或集体。在这里，有两个问题始终没有得到圆满解决。一个是产权模糊。任何一级地方政府都可以代表国家，但同时又都不是国家法人；任何一个集体所有制组织的财产都可以属于这种集体组织的“大家”和成员，但具体到每一个成员的时候，却又谁都说不清具体什么东西，具体哪一部分是属于自己的份额和财产，所谓“看得见，摸不着”，反映的就是这种状态。国家和集体的财产仍然还是处于一种虚置的状态，“归谁所有，谁来负责”这个根本性的问题仍然没有得到彻底地解决。另一个问题是权利、责任和义务的模糊。一方面我们要求每一个组织的领导者和成员都要有负责的精神，“以厂为家”“当家做主”，但是在具体的行为过程中，特别是在一些组织的重大决策的问题上，却总是被一些说不清、道不明的行政隶属关系束缚着，既当不了家，也做不了主；即使在一些问题上可以当家做主了，也不是为自己，而只是为那个含混不清的国家与集体当家做主。由于替“别人”当家，也就很难像为“自己”当家那样尽职尽责，于是，“公家的东西坏得快”的现象就会时有发生，甚至会变得熟视无睹，慷国家之慨的偏差行为也就会趋于不可避免之势。在这种类型的社会组织中，社会集团购买力不断失控的状况从一个侧面说明了这个问题的严重性。

由于这种类型的社会组织的产权仍属于国家或集体所有，从管理正规化的角度出发，自然也就把他们纳入了正统的行政序列之中，这就使得每一个这种类型的社会组织有了各种不同的、或高或低的行政级别。尽管在改革过程中对组织的行政级别问题做了若干的变动和革新，比如有的城市按企业组织固定资产的大小，生产产值和年创利税的高低来确定企业组织的行政级别和享受的政治待遇，从而改变以往完全按照行政隶属关系来认定组织的行政级别的状况，但始终还是没有跳出按照正统的行政序列的方式管理国有或集体所有社会组织的传统思路。由于这种类型社会组织行政级别的高低直接关系到获取资源、利益和机会的大小和多少，所以，在行政级别上尽可能地实现趋升避降，这仍然是目前大多数这种类型社会组织的领导者在事实上所具有的强烈的内在冲动和行为动机。

这种类型的社会组织纳入了正统的行政序列、具有了行政级别这一事实同时还意味着，他们必须要隶属于一定的“上级单位”，必须要接受“上级单位”的领导，这种类型组织的领导也总是要受到“上级单位”的任免和管辖，上级任命仍然是作为合法化的主要形式。为了实现趋升避降，必须以服从作为代价。从另一方面来看，尽管改革开放以后，一些物资性的资源、利益和机会被逐步放开，国家管得越来越少。但是，一些非物资性的短缺资源、利益和机会，比如像入党提干、晋职晋升、出国进修、政治与社会荣誉等方面的资源、利益和机会，仍然部分地或绝大部分掌握在“上级单位”的手中。为了换取这些垄断性或半垄断性的资源、利益或机会，也必须以服从作为交换的代价。这种类型组织的领导对“上级单位”是如此，其组织成员对该组织的领导也是如此。只要上述这种状况没有得到根本的改变，这种类型的组织就很难具有彻底的独立性。

改革开放以后，这种类型社会组织功能多元化的状况有了很大程度的改观。基本的事实是，从全国一般的情况分析，在这种类型的社会组织中，所有制层次越低，功能分化的程度就越高；反之，所有制层次越高的那些社会组织，特别是那些国家事业单位，功能多元化的状况基本没有多大的变化。即便是那些功能多元化的状况有了较大改观的地方，也主要只是把那些非专业性社会服务功能小部分或大部分地转移出去，比如像医疗和退休保险，以及诸如像食堂、澡堂、理发、托儿所、幼儿园、学校一类的后勤保障服务功能。另外的一些比较重要的社会功能，比如政治功能、对组织成员的档案管理和社会控制仍然留在了这种类型的社会组织之中。从某种意义上来说，组织功能分化的一个目的就是给组织成员创造这样的条件，那就是他们在获取各种资源、机会和利益的时候，不仅仅只是依赖于他们所工作的那一个社会组织，而同时可以通过其他的社会组织和社会途径满足和实现自己不同层次上的需要。组织成员在行为过程中的自主与自由，很大程度上是取决于他对他人或组织的依赖是否表现为一种多元的状态，也就是说，取决于组织成员同时部分地依赖于各种不同层次上的个人和各种不同形式和类型的组织。恰恰在这一点上，这种类型社会组织的功能分化还远远不够。这种状况造成的一个起码的后果是，组织成员对其组织以及组织领导的全面依赖性还远没有从事实上解脱出来。即使在今天，一些维系人们基本的政治、经济、社会生活所需要的主要资源，仍然主要通过单位的分配才能够得到。资源的单位所有与个人所求两者之间供不应求的状况，仍然是目前中国单位社会的一个普遍的典型特征，也是单位作为一种制度的政治经济基础。

改制完成以后，人们似乎突然发现，在中国目前的这种特定的政治、经济、文化的制度条件下，简单的市场化似乎仍然不能解决企业发展的根本问题。就改制的国有企业而言，这里的一个根本问题是，中国目前的国有经济，乃至以国有经济形式存在的国有企业以及国家所有的事业和行政单位，除了具有和其他西方国家所具有的国有经济的一般特征以外，还具有中国所独有的制度性特征，那就是中国国有经济制度中所具有的政治功能。在中国的国有经济制度中，任何一个单位都会有党的组织存在，都必须要努力地去贯彻党的指示，都必须要努力地去实现这种政治功能。这样的一些单位，就不仅仅是一种单纯的经济组织，其同时还体现着一种统治，或者说，是统治的一种制度化的形式。在这里，国家与政府处于了一种两难的境地：一方面，要维持中国共产党的领导和统治，那么，党的组织就不能够和不应该从国有经济的基层单位中退出；另一方面，市场经济的一般要求又强调经济组织在产权上必须是单纯的经济性质，因而从根本上要求国有经济不应该承担实现经济功能以外的其他社会功能。所以，在这个意义上，如何使国家所有的制度与自由的市场经济有机地结合在一起，就成为当今制度选择与社会发展过程中的重要命题。改制后的其他所有制类型的企业，在其经济行为的过程中，仍然要严肃面对和认真考虑这样的一种特定的政治、经济和文化的制度环境。

改革开放以后，除去“非单位组织”大量涌现以外，另外一个引人注目的现象是出现了大量的“社会团体”。有人统计，到 20 世纪末，这种社会团体在我们国家已达 20 万以上（沈原，2007：301）。这种类型的社会组织，既不属于私人经营的典型的非单位组织，也不属于典型的单位组织，因为他们毕竟被冠以“社会团体”或“民间组织”，与国家所有的单位组织始终保持着一种若即若离的关系。一种有意义的分析认为，这种组织的不断发育，可能会导致传统单位组织的逐渐变形乃至创新。当然，单位组织的制度路径与制度环境，仍然深刻影响着这种组织的发育和创新。比如，体制等级的强约束，使相当一部分社团如果离开他们的上级组织，如果没有了挂靠单位，其组织的行为就会变得举步维艰。沈原分析了中国青基会演变过程中的五种依赖，即体制等级、组织架构、运作网络、产权和社会信任依赖，说明了这种类型的组织发育过程的“形同质异”。他们“从上往下”的出现和发育，只是国家体制的某种演化与变形，并没有在多大程度上改变现状，似乎是一种沮丧的结论，但毕竟看到了变迁的希望（沈原，2007）。

改革开放以后，随着人们经济生活水平的大幅度提高，出现了有房阶层。小区中的业主维权和在维权过程中形成的相应的社会团体，似乎也在形成一种有别于传统单位组织的制度化与组织化方式。通过这种方式，人们尝试着利益的表达、利益的综合和利益的实现。这样的一种组织化和制度化的方式可能会在一定程度上推动国家、市场与社会之间的关系在某种程度上的重建，也可能会形成传统单位演变的另外一种模式，但是，当制度化的环境没有发生根本性变化的时候，当主流制度化的传统和压力始终还深刻地影响与制约人们行为取向的时候，这种变迁的过程仍然会显得非常艰难和缓慢。

近 30 年来，我们可以明显地观察到的另外一个事实是，由于大部分非专业性的社会服务功能从单位转移到了社会和社区，很多由于退休或下岗的单位人主动或被动地到了社区，从而逐渐在原本的陌生人中间创造着一种熟人的组织空间。在社区和街道，是党员的在那里过组织生活，不是党员的在那里的社区活动站进行联谊和社交。在这里，一方面人们相互之间是陌生的，因为在很多的情况下，毕竟原来不是在一个单位工作；另一方面，人们又被一种熟悉的、属于“单位所有”的组织原则联系在了一起，从组织的价值观念和行为规范上有了相当的认同感和亲近感。在人们的印象里，这样的一种社区似乎是一种很松散的“社团”或“准组织现象”。但是，在 21 世纪初发生的“非典”灾难，却彻底颠覆了人们的这种印象，使人们逐渐地感觉到被弱化的单位组织在社区中出乎意料地得到了强化，被弱化的单位社会控制在社区中也得到了强化。这种“制度的意外”，恰恰说明了深深根植于人们观念之中的单位意识与单位行为惯性的强大。也恰恰在这个意义上，今天不少的中国社区，仍然深深地打着中国单位社会的制度烙印。

四

根据以上的分析，我们比较容易得出这样的判断：尽管随着改革开放的深入，单位对国家、个人对单位的依赖性会逐渐地弱化，国家与单位两极构造所形成的中国社会的基本结构会松动和逐渐消逝，但是，这种以单位组织为主导的基本结构格局在短时期内还不会彻底改变，单位组织和非单位组织并存，两种社会组织行为规范并存，且相互作用、相互影响、相互制约的状态还会维持相当长的一段时间。而这种状态可能产生的一个重要社会后果是，不同组织中的社会成员在相互比较的过程中会产生一种不平等和不公正的感觉，从而使不同社会成员、不同群体和不同组织之间的矛盾趋于激化，导致社会失控，中国单位制度变迁与创新的社会环境也会随之恶化。从社会学理论上来说，一个社会的不平等和不公正并不是直接影响社会的整合与控制，也并不会直接导致冲突和影响社会的稳定，只有在人们的相对剥夺感、地位的不一致性和不满意度变得越来越高、社会的基本价值取向和行为规范发生动摇和混乱，以及政府不作为的条件逐步递进并不断强化的情况下，才有可能导致一个社会的不稳定，影响中国单位制度的创新与变迁，进而从整体上影响国家对社会的整合与控制。

为了最大限度地避免这种状况的发生，为了使中国的单位制度在比较的过程中顺利地实现创新与变迁，有必要在此强调要充分利用单位组织中现有的制度资源。这种资源突出地表现在以下三个方面。

首先，“支部建在连上”是我们一种特有的制度文化，在几十年的革命和建设的过程中，通过这样的一种制度安排，为坚持我们党的领导，实现有效的社会控制与整合，在我们这样的一个大国，起到了极其重要的作用。在制度创新和变迁的过程中，发挥党员的作用，发挥基层党组织这种宝贵的制度资源的作用，就会大大地降低改革引发社会危机与动荡的风险，大大地减少制度创新与变迁的社会成本，有助于缓解不同利益群体之间的矛盾，有助于高效率地实现我们社会的整合与控制。

其次，工会、共青团和妇联这样的群众组织，按照“支部建在连上”的方式，直接深入了中国社会基层组织的方方面面。如何发挥这些组织的作用，使他们真正成为不同社会群体利益表达的制度化载体，从而在社会变迁的意义上实现制度创新，这对于正确处理好政府与社会的关系，实现社会的整合与稳定，起着非常重要的作用。

最后，是要充分发挥意识形态的作用。人总是要有信仰的，当人们通过意识形态的作用能够相信一种新的制度结构更合理和更公正的时候，当人们能够逐渐地相信这种新的制度结构可以给自己和他人带来更多的利益和好处的时候，或者说，当人们把这种规范和信仰最终当作了一种习惯逐步渗透到自己的行为方式中去的时候，他就会情不自禁地努力地为之奋斗，这样所激发的热情和带来的效益都会是巨大的。恰恰在这个意义上，意识形态同时表现为一种特殊的生产力，一种能够激励人们创造、降低制度创新成本的生产力。从另外一个角度来理解，可以说新的制度通过意识形态的过程使其得到合法化，而意识形态则通过制度而转变为一种特定组织中结构的一部分。制度规范行为，组织中乃至社会上的整合与控制，在一定的程度上是能够通过意识形态的作用来实现的。人们也是在意识形态宣传的帮助下实现对新的制度安排的内化与社会化。意识形态不仅在制度变迁的过程以及人的社会化过程中都起到了重要的作用，而且，也成为制度变迁与创新的过程中保持稳定与和谐的一个重要的前提条件。

参考文献

孙立平等，1998，《中国社会结构转型的中近期趋势和隐患》，《战略与管理》第 5 期。

孙立平，1993，《总体性社会研究——对改革前中国社会结构的概要分析》，《中国社会科学季刊》第 1 期。

李汉林，2004，《中国单位社会——议论、思考与研究》，上海人民出版社。

沈原，2007，《市场、阶级与社会》，社会科学文献出版社。

Li Han lin. 1991. *Die Grund struktur der chinesischen Gesellschaft Opladen.*

——. 1993. "Das Danwei-Phaenomen und die Chinesische Modernisierung." *Atteslander P.* (Hg.): Kulturelle Eigenentwicklung Frankfurt.

——. 1994. "Soziale Kontrolle und die chinesische Danwei-Organisation." H. Reimann and H. P. Mueller (Hg.). *Probleme Moderner Gesellschaft Opladen.*

——. 1995. "Power, Resources and Exchange in the Chinese Work Unit Society." P. Atteslander (ed.). *Anomie-Social Destabilization and the Development of Early Warning System.* International Journal of Sociology and Social Policy. Vol. 15.

Li Hanlin and Wang Qi. 1996. *Research on the Chinese Work Unit Society*. Frankfurt.

Luhmann, N. 1981. *Ausdifferenzierung des Rechts.* Frankfurt am Main.

——. 1982. *Soziologische Aufklaerung*. Opladen.

Simmel, G. 1968. *Soziologie: Untersuchungen ueber die Formen der Vergesellschaftung*. Berlin.

2009 年

应用 Kish 表入户抽样被访者年龄结构扭曲问题研究* **

张丽萍

摘　要： 本文以实际调查数据和概率理论为基础，研究抽样调查入户抽样阶段各种统计口径人口的年龄结构。在对比登记人口、Kish 选样表人口和被调查人口的年龄结构特点的基础上，分析 Kish 表的理论概率分布，发现了低龄人口入选比例低和 Kish 选样表中入选人口与被访者年龄结构扭曲的原因。为解决 Kish 表应用的实际问题，对 Kish 表进行了仿真研究并提出对现有 Kish 表抽样过程的改进建议。

关键词： 入户抽样　Kish 表　年龄结构扭曲　抽样调查

一　问题的提出

抽样是科学研究的重要方法。样本能否具有很好的代表性且能推断总体取决于抽样是否科学。概率样本是保证抽样科学和样本具有较好代表性的必要条件。获得概率样本的重要前提是有完整、准确的抽样框。在一般的社会科学调查中，往往很难获得全部被访者完整、准确的抽样名单，这一方面是由于建立被访者抽样框需要高额成本，另一方面由于及时维护、更新抽样框中的个人信息非常困难。在具体抽样实施过程中，往往采取多阶段、分层、整群等抽样方法来确保在抽样科学的基础上降低抽样成本。在多阶段入户调查抽样设计中，最常用的抽取最终被访者的方法是：首先

*　本文为中国社会科学院重大项目“2008 年中国社会状况综合调查”课题阶段性成果。

**　原文发表于《社会学研究》2009 年第 4 期。

根据家庭户抽样框抽取家庭户，然后再对户内适合的调查对象进行抽样。由于家庭户规模大小不同，不同规模家庭中适合的调查对象被抽中的概率也不同，这样就造成了入户抽样后被访者特定指标分布与总体分布不同的问题。对于这种问题的解决方法只能是通过对样本进行概率加权，但由于多阶段、分层、整群等抽样设计的复杂性以及无应答等问题，对每个样本进行加权变得非常复杂。因此，在入户抽样阶段应尽量减少抽样偏差。为了确保被访者抽样偏差的最小或样本加权的简单易行，需要研究一套科学可行的方法来解决上述问题。

Kish 表是基什（L. Kish）针对入户抽样的上述问题在 20 世纪 40 年代末根据美国的人口和家庭情况设计的。目前 Kish 表已经广泛地应用在世界各国入户抽样调查中。然而 20 世纪中期设计的 Kish 表是否适合目前中国国情或其他人口和家庭特征，需要仔细检验和深入研究。本文就是从 Kish 表在中国的具体应用问题出发，研究中国目前应用 Kish 表入户抽样被访者年龄结构扭曲问题并提出解决的办法，目的是尽量减少入户调查的抽样偏差。

二　研究数据来源与方法

（一）研究数据来源

为了研究应用 Kish 表在入户抽样数据的代表性和可能的系统偏差以及在当前中国的调查实地操作时所面临的问题，本文以“2008 年中国社会状况综合调查”入户登记表数据为例，分析被访者抽样分布偏差的来源。

“2008 年中国社会状况综合调查”是中国社科院社会学研究所于 2008 年 5 月至 9 月实施的，本调查采用多阶段、分层、系统抽样方式，成功入户访问了 7139 位年龄在 18～69 岁的城乡居民（其中 7046 位被访者是应用 Kish 表在家庭户中抽样获得的），样本覆盖全国 28 个省、自治区、直辖市的 134 个县（市、区）、251 个乡（镇、街道）和 523 个村（居委会）。这次调查是以 2000 年人口普查的县（市、区）统计资料为基础进行抽样框设计，具体抽样过程是：第一步，采用城镇人口比例、居民年龄、受教育程度、产业比例 4 大类指标 7 个变量，对东中西部的 2797 个县（市、区）

进行了聚类分层，在划分好的 37 个层中，采用 PPS 方法抽取 134 个县（市、区）；第二步，在抽中的每一个县（市、区）中，采用 PPS 方法抽取 2 个乡（镇、街道）；第三步，在抽中的每一个乡（镇、街道）中采用 PPS 方法抽中 2 个村（居委会）；第四步，收集抽中村（居委会）中所有居民个人或家庭的名单资料；第五步，在此抽样框中，采取 PPS 方法抽中被访住户。对于一户中有多个家庭居住的，按随机数表抽取其中一个家庭访问；如果抽中的住户是集体户，则按集体户抽样，使用随机数表抽取被访者；第六步，对于抽中家庭，将该家庭中所有人的情况填在《家庭人口登记表》中，包括与答话人的关系、性别、年龄；第七步，把《家庭人口登记表》中 18 ~ 69 岁并且可接受访问的人口按“先排男性，后排女性，在同一性别中，按年龄由大到小排列”的规则进行排序，并按此顺序将成员的性别和年龄填在《Kish 选样表》中；第八步，用 Kish 表进行入户抽样。根据上述抽样步骤和方法，抽取被访者，入户登记的基本情况见表 1。

表 1　调查登记（家庭户抽样部分）基本结果

类别	人数	比例（%）
登记人口（0 ~ 98 岁）	27338	
登记人口（18 ~ 69 岁）	21115	100.0
其中：可以接受访问	14948	70.8
家庭户中抽中被访者	7046	
不能接受访问	6170	29.2
长期出差	241	1.1
外出打工	3557	16.8
外出上学	701	3.3
外出参军	67	0.3
临时生病	215	1.0
残疾不能接受访问	125	0.6
其他	1221	5.8
不清楚	43	0.2

本项研究之所以采用上述数据，一方面是由于本次调查的抽样设计完全按照概率样本的抽样调查进行科学设计，另一方面是本次调查的数据除了包括被访者的调查信息外，还包括家庭登记人口的信息、可接受访问者与不可接受访问者信息、Kish 选样表登记人口信息等。这些数据为 Kish 选样过程的

研究提供了非常丰富和翔实的原始个案数据资料，使该项研究成为可能。

（二）Kish 选样表的基本原理与发展

由于直接获得个人名单在绝大多数调查中不仅存在数据获取困难，而且存在数据质量问题，所以目前调查户内个人通常采用 Kish 选样表（以下简称 Kish 表）来进行户内抽样。正如基什所说，入户抽样不但可以避免住户中的被访者有机会对问题展开讨论，而且同一户内的被访者对某些问题的回答会相似，同时也避免同一户内多次访问（Kish，1949；Kish 表选样过程和基本原理见 Kish，1965）。

Kish 表的优点是在理论上坚持随机抽样，而且经过巧妙设计，使每一位适合的调查候选对象有不为零的入选概率。对于入户抽样，Deming 表（Deming，1960）是 12 种表格轮流使用，效果与 Kish 表（1949）差不多。电话调查的发展也对入户抽样提出了不同的要求，Kish 表在家庭人口登记和选样过程中的复杂性上对电话调查的形式提出挑战，在这一领域发展了一些新的调查方法来进行户中选样，在保证代表性的同时向相对简化的方向发展。T－C 方法（Troldahl and Carter，1964）是将 Kish 表（1949）的 8 个表简化为 4 个，并对性别加以控制，操作简单了，被应用在电话访问上，但这种方法过于简化，样本的代表性也有扭曲（Bryant，1975）。随着电话访问的应用日益广泛，有研究者（Bryant，1975；Hagan and Collier，1983）先后对 T－C 方法进行了改进，被称为 T－C－B－H 方法，被广为采用。另外，最近生日法（Salmon and Nichols，1983）因为操作简便在欧美很多著名的民意调查中被使用（以上均转引自洪永泰，1996）。

对于 Kish 表的使用也有研究者指出，其表格复杂，需要先调查被访户中的人口结构，才能确定要选谁为被访者，所以对访员的训练和素质要求较高；此外，过于复杂的表格以及对被访家庭姓名、性别和年龄的询问一方面增加访问者和被访者的负担，另一方面入户后的合格者的登记既费时也冒犯被访家庭的隐私，而且也容易造成拒访（洪永泰，1996）。还有研究指出 Kish 表在不同文化国家的适用性问题。基于西方社会的 Kish 表在津巴布韦的实际调查中，由于家庭人口多、扩大家庭比较常见等问题，使选样表中登记的人口规模非常大；同时入户登记还存在年长的答话者无法记清年龄的问题；还会由于家庭中的权威者是对外的“发言人”，而随机选出的被访者对回答问卷无所适从，等等，所以使用 Kish 表需要考虑调查国家的文化背景（McBurney，1988）。匈牙利研究者尼密斯（Nemeth，2002）对针对美国人口的年龄结构所设计的 Kish 表在其他国家的适应性问题提出质疑，并根据自己国家的情况对 Kish 表中数字的排列顺序进行了调整。

（三）评价方法

为了评价应用 Kish 表入户选样可能存在的问题，本项研究主要采用概率论的基本分析方法，除此之外，在分析样本的偏差或代表性时，把年龄和性别作为指标分析某一年龄性别的人口在样本中的分布是否与总体一致并进行比较，即

$$a_{[i,j]} - A_{[i,j]} \rightarrow 0$$

其中：$a_{[i,j]} = \dfrac{age_{i,j}}{tpop}$，$A_{i,j} = \dfrac{AGE[i,\ j]}{Tpop}$，$i = 18$，$19 \cdots\cdots 69$，$j = 1$，$2$

$a_{[i,j]}$为样本的年龄结构，i 为年龄，j 为性别，如 $a_{[24,1]}$为样本中所有 24 岁男性在调查人口中的比例。$A_{[i,j]}$为总体的年龄结构。样本与总体的年龄结构如果一致，则二者的差为 0。

为了更有效地衡量不同抽样方案的代表性，引入一个指标，即寻找抽样后的年龄结构 $a_{[i,j]}$与 Kish 选样表的年龄结构 $A_{[i,j]}$误差最小的方案，用 e 来表示，把 e 称为离差系数，e 的值越低，表示样本与总体的差异越小。

$$e = \sqrt{\frac{\sum (a_{[i,j]} - A_{[i,j]})2}{n}} \times 10000$$

三　Kish 表抽样的概率分析

（一）调查登记人口与调查对象年龄结构比较

为了分析样本的代表性，把年龄和性别作为指标分析某一年龄性别的人口在样本与总体中的分布是否一致，把入户登记表、入户选样表和被访者三组人口的年龄结构与 2000 年人口普查相比，发现 2008 年调查的入户登记表登记的家庭成员的年龄结构除了女性 20 ~ 25 岁比例偏高、男性31 ~

37 岁比例偏低以外，其他年龄的分布与 2000 年的数据非常一致，也就是说，入户登记表中登记的人口基本能反映总体的年龄结构。

虽然入户登记表中登记的人口年龄结构与人口普查的年龄结构非常接近，但入户登记表人口与入户选样表人口年龄结构之间的差距很大，尤其是青壮年人口比例明显偏低。从表 1 可见，在实际调查时，18 ~ 69 岁人口为 21115 人，在登记人口中可以接受访问的人口为 14948 人，占 18 ~ 69 岁

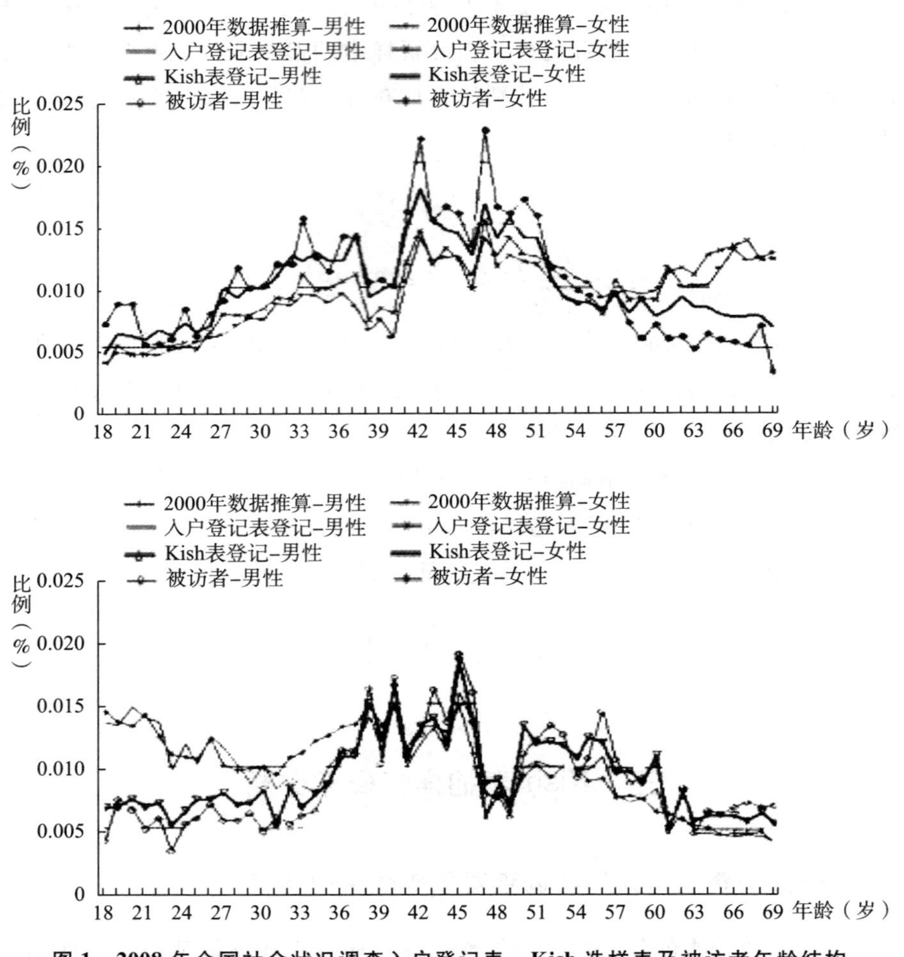

图 1　2008 年全国社会状况调查入户登记表、Kish 选样表及被访者年龄结构

注：图中 2000 年人口普查数据的年龄为 2000 年某年龄人口在 2008 年的年龄，如图中 18 岁为 2000 年 13 岁人口推算而来。

登记人口的 70.8%，有 29.2% 的人由于各种原因不能接受访问，其中属于无法接触的包括出差、打工、上学参军等，在入户登记表成员中的比例分别为 1.1%、16.8% 和 3.6%，外出打工人口比例最高。还有部分成员属于无能力回答，包括临时生病、残疾等原因，比例很低，分别为 1% 和 0.6%。

从年龄结构来看，在不能接受访问的 6170 人中，18 ~ 39 岁人口中为 4444 人，占不能接受访问的人口的 72%（其中的 46.5% 为外出打工），而且年龄越低，比例越高。另外，外出上学的人口也集中在 24 岁以下，这样在调查中，登记人口中无法接受访问者主要集中在青壮年人口中，直接造成这部分人在可以接受调查的人口中比例偏低，虽然最初的入户登记与总体分布基本一致的，但很多低龄人口无法接受访问。

通过入户选样，抽出被访者，从图 1 发现，与入户登记表的人口年龄结构相比，入选 Kish 选样表的青壮年人口比例已经减少很多，更进一步，在入户选样后这一人口比例继续减少，也就是说，Kish 选样表进行入户抽样后，被访者的年龄结构与选样表中人口的年龄结构并不吻合。

为了分析 Kish 选样表的登记人口与选样后人口结构存在差异的问题，我们把 Kish 选样表登记人口数据假设为总体，研究抽样过程中样本与总体之间的差异。

在访问之前，每一份问卷的 Kish 表选择 8 个表中的哪一个表都是事先指定好的，但是在调查后发现，有接近 2% 的问卷不是使用事先指定的表号，这与调查时的一些实际情况有关，例如实际调查中给定的问卷编号访问时不一定都是家庭户，有时遇到集体户，采用的是集体户的抽样方式。另外，调查期间因为特殊情况对样本进行了调整，造成家庭户中不同表号分配的比例有所变化。为了分析 Kish 表的选样过程，对现有的 7046 个家庭户重新分配 Kish 选样表的表号，不同类型的表可以按照设计时相同的概率被抽中，这样获得的数据作为假设总体的模拟数据分析入户抽样过程。

（二）户内选样与直接抽取个人的概率对比

对入户选样过程中不同特征的人的入选概率如何计算？基什对 Kish 表更多的是从操作流程介绍，并没有明确指出不同年龄概率的计算方法以及影响概率的具体参数，所以需要对选样过程与年龄别入选概率之间的关系进行探讨。

关于入户抽样的代表性，洪永泰对按户抽样和按人抽样的代表性进行了分析，指出先抽户再抽人造成被抽中者作为个体的代表性受到扭曲，相关的研究也证实这一点（转引自洪永泰，1996），从本文的模拟数据来看，如果把 Kish 表中的人口结构当作总体的结构，在调查中 7046 户的 14948 人中，以 24 岁男性为例，24 岁男性 98 人，如果不考虑户，直接抽人，抽中概率为 0.0066，而如果在户中抽人，24 岁男性的抽中概率为 0.0050（具体计算可以采用公式［1］，结果见表 2），可见先抽户再抽人改变了人的入选概率。

$$a_{[i,j]} = \sum_{k=1,2,\cdots,6} Hk \frac{age_{k[i,j]}}{tpop_k} (i = 18\cdots69; j = 1,2; k = 1,2,\cdots,6) \quad (1)$$

公式（1）中，i 为年龄，j 为性别；$a_{[i,j]}$ 为样本的某一年龄性别的入选概率；k 为入户选样表中人数；H_k 为总体中入户选样表人数从 1 到 k 人的户数比例；$agek_{[i,j]}$ 是不同人数的入户选样表中某一年龄性别的人数；$tpop_k$ 是不同人数的入户选样表中人数。

表 2　按户人口数分类的入选概率

选样表入选人数 k	户数	户比例 H_k	人数 $tpop_k$	人比例	24 岁男性 $age_{k[24,1]}$	24 岁男性在户内的比例	24 岁男性被抽中的实际比例
1	1846	0.262	1846	0.123	6	0.0033	0.0009
2	3342	0.474	6684	0.447	14	0.0021	0.0010
3	1155	0.164	3465	0.232	37	0.0107	0.0018
4	585	0.083	2340	0.157	30	0.0128	0.0011
5	95	0.014	475	0.032	9	0.0189	0.0003
6	23	0.003	138	0.009	2	0.0145	0.0000
	7046	1	14948	1	98	0.0066	0.0050

（三）家庭结构与 Kish 表之间关系的概率分析

Kish 表设计了用 A、B1、B2、C、D、E1、E2、F 代表 8 种抽选表，从设计角度来看，按照给定的概率分配表号在选样后，住户中可接受访问的人都有相同的概率被抽中（见表 3p_{kl}理论分布值）。

为了分析选样过程的入选概率，运用模拟数据按照 Kish 表对抽样过程进行仿真，模拟实际调查的操作流程，抽出模拟的样本。在模拟样本数据中 24 岁男性有 25 人，计算 $a_{[24,1]}$ 在样本中的抽中概率，$a_{[24,1]} = 25/7046 = 0.0036$，这说明在模拟数据中经过 Kish 表选样后，24 岁男性被抽中的概率降低了。

Kish 表的抽样与选样表中的人数、不同年龄、性别的人在选样表中的位置密切相关。使用 Kish 表抽样后，计算入选概率的因素其实是更加复杂了，匈牙利学者尼密斯使用公式（2）对某一年龄的入选概率的进行了分析。

$$a_{[i,j]} = \sum_{k=1,2,\cdots,6} H_k \left(\sum_{l=1,2,\cdots,k} pklakl[i,j] \right)$$

$$(i = 18 \cdots 69;\ j = 1,2;\ k = 1,2,\cdots,6;\ l = 1,2,\cdots,k) \qquad (2)$$

公式（2）中：i 为年龄；j 为性别；$a_{[i,j]}$ 为样本的某一年龄性别的入选概率，k 为入户选样表中人数；H_k 为规模为 k 的住户的入选比例；l 为入户选样表中的位次；p_{kl}是选样表中 k 人中成人 l 的入选概率；$a_{kl[i,j]}$ 为 k 人中入选的第 l 人年龄为 i 性别为 j 的概率，其中 $akl_{[i,j]} = \dfrac{age_{kl[i,j]}}{tpop_{kl}}$；$p_{kl}$是 k 人住户中第 l 人的入选概率（$k=1$，2，…，6；$l=1$，2，…，k）。

由公式（2）可见，通过 Kish 表选中的被访者与以下变量有关：

1）住户中可接受访问的人数 k；

2）k 个人的住户中第 l 人在入户选样表中的位置（先排男性，后排女性；在同一性别中，先排年龄大者，后排年龄小者）；

3）该住户被分配的抽样表号，不同的抽样表中可以抽中的被访人的编号是不同的。如果是分配表 A，那么不论是住户中有几人接受访问，都是排在第 1 位的被访者接受访问。

按照 Kish 表的设计，理论上住户中可接受访问的人都有相同的概率被抽中（见表 3p_{kl}理论分布），如 3 人户家庭中 p_{31}、p_{32}、p_{33}都是 0.333。但实际抽出的结果（见表 3 p_{kl}实际分布）与理论设计还是有些差异，例如在我们的调查中，住户中可接受访问的人数为 3 时，这 3 个人的入选概率并不都是 0.333，而分别是 0.333、0.323 和 0.344；可接受访问为 4 人时，4 人入选概率也不都是 0.25，而是第 1 人和第 3 人入选概率高一些，p_{41}、p_{43}分别为 0.279 和 0.255。

按照尼密斯（Renata Nemeth）的公式（2），用表 3 的数据计算入选概率，计算过程分别使用 p_{kl}的理论分布和实际分布。

1）按照 p_{kl}的理论分布计算，$a_{[24,1]} = 0.00493$；

2）按照 p_{kl}的实际分布计算，$a_{[24,1]} = 0.00473$。

实际上，采用 Kish 表进行模拟抽样，$a_{[24,1]}$的结果是 0.0036。就是说，使用公式（2）计算的入选概率与实际结果存在着差异，需要按照选样的步骤进一步分析公式（2）。在公式（2）使用的各个参数中，H_k 是固定不变的，每个人在选样表中的顺序也是固定的，那么 p_{kl} 是否可以进一步细分呢？

表 3　24 岁男性 Kish 选样入选概率分析

k	H_k	l	$tpop_{kl}$	$agekl_{[24,1]}$	p_{kl}理论分布	p_{kl}实际分布
1	0.262	1	1846	6	1	1
2	0.474	1	3342	11	0.5	0.497
		2	3342	3	0.5	0.503
3	0.164	1	1155	5	0.333	0.333
		2	1155	30	0.333	0.323
		3	1155	2	0.333	0.344
4	0.083	1	585	1	0.25	0.279
		2	585	24	0.25	0.219
		3	585	5	0.25	0.255
		4	585		0.25	0.248
5	0.014	1	95		0.167	0.137
		2	95	7	0.167	0.126
		3	95	2	0.25	0.274
		4	95		0.167	0.147
		5	95		0.167	0.316
6	0.003	1	23		0.167	0.130
		2	23	1	0.167	0.130
		3	23	1	0.167	0.130
6	0.003	4	23		0.167	0.217
		5	23		0.167	0.261
		6	23		0.167	0.130

事先指定 Kish 表号的目的是保证所有家庭户中选取的 Kish 表号的比例与设计时一致，但是并不知道分配到指定某一表号的家庭有多少人入选，在使用 Kish 表实际抽样时，利用模拟数据分析发现 p_{kl} 的实际分布与选中的 Kish 选样表的表号密切相关。例如入选的人数 k 为 3 的家庭，在 Kish 表号不同时，抽中的第 l 人也不相同，所以 k 人中第 l 人的入选概率 p_{kl} 应为：

$$p_{kl} = \sum p_{kl(kish)} \qquad (3)$$

公式（3）中：$k=1, 2, \cdots, 6$；$l=1, 2, \cdots, k$；kish 为 Kish 选样表中的表号 A，B1，B2…F。

表 4 是以入选人数 k 等于 3 为例时，选样表中入选人数的分布与入选概率情况。利用公式（3）以 $k=3$，$l=3$ 为例计算入选概率。当 Kish 表号为 E1，E2 和 F 时，选样表中 k 为 3 人中的第 3 人入选概率为：

$p_{33}=p_{33(E1)}+p_{33(E2)}+p_{33(F)}=0.081+0.088+0.174=0.344$，而 p_{33} 的理论值应为 $0.167+0.083+0.083=0.333$。

p_{kl} 与 Kish 选样表中分配的选样表号有关，那么公式（2）可以改进为：

$$a_{[i,j]} = \sum_{k=1..6} H_k \left(\sum_{l=1..k} p_{kl(kish)}\, a_{kl(kish)[i,j]} \right) \qquad (4)$$

以 $a_{[24,1]}$ 的计算为例，使用对公式（2）改进后的公式（4）计算模拟数据中某一年龄性别人口的抽中概率，从表 4 第（3）部分可知 *Kish* 表中登记的 24 岁男性人口的分布情况，分别从表 4 的第（1）和第（2）部分得到 $tpop_{kl(kish)}$ 和 p_{kl}，按照公式（4）计算 $a_{[24,1]}$。如 $age_{32(c)[24,1]}$ 为 3，且 $tpop_{32(c)}$ 为 192，$a_{32(c)[24,1]}$ 为 3/192，与 $p_{32(c)}$ 为 0.166 相乘，依此类推，计算结果 $a_{[24,1]}$ 为 0.0036。这个结果与实际的仿真抽样的结果是相同的，就是说，使用公式（4）可以计算出与抽样模拟一致的入选概率。

表 4　选样表中入选人数分布与 24 岁男性被访者分布

住户中可接受访问的人数（$k=3$ 为例）	被选中人编号（1）	Kish 选择表号								
		A	B1	B2	C	D	E1	E2	F	总计
（1）选样表中被抽中人分布	1	186	93	106					385	
	2				192	181				373
	3						94	102	201	397
（2）选样表中被抽中人入选概率	1	0.161	0.081	0.092						0.333
	2				0.166	0.157				0.323
	3						0.081	0.088	0.174	0.344
（3）24 岁男性入选情况	1	1	1	1					3	5
	2	5	5	5	3	3	1	1	7	30
	3					1			1	2

从不同家庭 Kish 选样表中成员的入选概率 p_{kl} 的理论分布到实际分布，都无法真实地模拟总体中年龄别入选概率，而在 p_{kl} 把每个成员在 Kish 表中的位置以及能否入选考虑进来时，则把选样过程真实地模拟了出来。家庭选样表成员结构、年龄等都是计算年龄别入选概率的重要参数，可以尝试改变这些参数值来分析入户抽样后样本与总体的差异。

四　Kish 表应用改进的仿真分析

基什在设计选样表时参照的。美国 20 世纪 40 ~ 50 年代增长型的人口年龄结构，与我国目前人口分布以及我们调查时入户选样表登记人口的年龄结构已经明显不同（见表 5、表 6）。拿我们调查使用的 18 ~ 69 岁分组与普查时的年龄结构相比，由于外出务工、上学等原因，选样表登记的可以接受访问的年轻人比例低，而中老年人口比例高。在经过 Kish 表入户抽样后，年轻人比例进一步降低，而老年人比例继续提高。

表 5　不同来源数据年龄分布状况

单位：%

年龄	美国（1946）	2000 年人口普查
21 ~ 29 岁	22. 8	18. 8
30 ~ 44 岁	33. 9	34. 8
45 ~ 59 岁	25. 6	19. 4
60 岁及以上	17. 7	20 . 9

表 6　Kish 选样表及抽样结果与人口普查年龄结构比较

单位：%

年龄	2000 人口普查	Kish 选样表	Kish 表模拟抽样结果
18 ~ 29 岁	25. 4	17. 8	14. 2
30 ~ 44 岁	38. 1	38. 1	37. 3
45 ~ 59 岁	27. 4	34. 8	34. 3
60 ~ 69 岁	10. 7	13. 0	14. 2

Kish 表中的人口是按照性别和年龄分层后排列的，原则是“先排男，后排女，同一性别，按年龄由大到小”，这样的排列顺序是否会增加年长

者和男性的机会呢？我们改变 Kish 选样表的排列顺序，采用几种抽样方式进行仿真，对比样本与 Kish 选样表中登记人口假设总体之间年龄结构的差异，目的是希望入户抽样的结果能够真实地反映登记表的年龄结构。

以下三种抽样方案主要是改变不同家庭中入选 Kish 表中的人的排列顺序：

（1）原有抽样方式是在选样表中按照男在前、女在后，同一性别年龄大在前，年龄小在后的顺序排列后的模拟抽样结果，这个方案简称为原方案；

（2）方案一是按照男在前、女在后，同一性别年龄小在前，年龄大在后。与原有方案相比改变的是年龄的排序，即同一性别中把年龄小排在前面；

（3）方案二是按照不考虑性别，年龄小在前，年龄大在后。与原有方案相比没有考虑性别，直接按照年龄排序把年龄小排在前面。

（一）对不同仿真方案的总体评价

根据不同方案对模拟数据进行仿真，然后对不同方案仿真结果中的年龄结构、离差系数及性别比等指标进行评价。

第一，从年龄结构来看，汇总样本的 $a_{[i,j]}$ 后，按照原方案 Kish 表设定的抽样方式，与 Kish 选样表的登记人口的年龄结构相比，33 岁以下样本的比例偏低，例如，登记表中 18 ~ 33 岁男性在所有人口中的比例为 11.2%，而原方案中的比例则为 8.9%，按照方案一和方案二中分别为 9.2% 和 9.1%，青壮年人口的入选比例都要高一些。

第二，从离差系数 e 来看，Kish 表规定的抽样方案样本与总体年龄结构的离差系数分别为 12.4 和 14.8；方案一把最年轻的男性排列在最前面，男性的 e 最小为 11.2，但女性的 e 最高，为 14.9；而方案二的男性和女性的 e 分别为 14.7 和 14.4。从不同年龄组的 e 来看，方案二中 18 ~ 33 岁组的分性别的 e 在几种抽样方案中最低，也就是说，这一方案抽样后青壮年人口样本与登记表中的年龄结构相对接近，34 ~ 49 岁和 50 ~ 59 岁的女性的 e 也是最低的，但是方案二中 34 ~ 49 岁和 50 ~ 59 岁的男性的 e 比另外两个方案高。

第三，除了考察不同年龄性别人口在总体中的比例外，男女性别比与总体是否一致也是对各种方案考察的一个重要指标，对比几种方案，方案二（不考虑性别，直接按照年龄从低到高排序）的性别比与Kish表中登记人口的性别比相差最小，而原方案的性别比为86.5，低于登记人口性别比，即样本中女性比例高。分年龄组来看，方案二的性别比虽然与登记表有所差异，但是差异也最小，男性入选比例在几种抽样方案中都是最高的。

从改变Kish选样表中人的排列顺序的仿真方案结果来看，在模拟数据中人的不同排列方式会对样本的结构产生影响，也就是说在模拟数据中，被选中人不是等概率抽中的，被选中人的编号位置不同，选中的概率也不一样。仿真结果显示，分层的方式不同，对年龄和性别结构的影响也不同（见图2）。

表7　不同方案样本年龄结构

	原方案		方案一		方案二		Kish 选样表登记	
	女	男	女	男	女	男	女	男
18～33岁	0.089	0.114	0.092	0.110	0.091	0.109	0.112	0.129
34～49岁	0.197	0.236	0.196	0.238	0.203	0.228	0.188	0.213
50～69岁	0.178	0.186	0.175	0.189	0.182	0.187	0.178	0.181
18～69岁	0.464	0.536	0.464	0.536	0.476	0.524	0.477	0.523

表8　不同选样方案离差系数

	原方案		方案一		方案二	
	女	男	女	男	女	男
18～33岁	16.6	14.9	15.3	15.3	14.7	14.4
34～49岁	11.6	17.8	10.6	18.7	12.7	13.4
50～69岁	8.0	11.1	6.4	10.1	8.4	9.9
18～69岁	12.4	14.8	11.2	14.9	12.1	12.6

表9　选样表登记人口与不同方案样本性别比

（女＝100）

	原方案	方案一	方案二	kish 选样表登记人口
18～33岁	77.5	83.6	83.4	86.7
34～49岁	83.6	82.6	89.2	88.4

续表

	原方案	方案一	方案二	kish 选样表登记人口
50～69 岁	95.5	92.9	97.2	98.1
18～69 岁	86.5	86.5	90.8	91.3

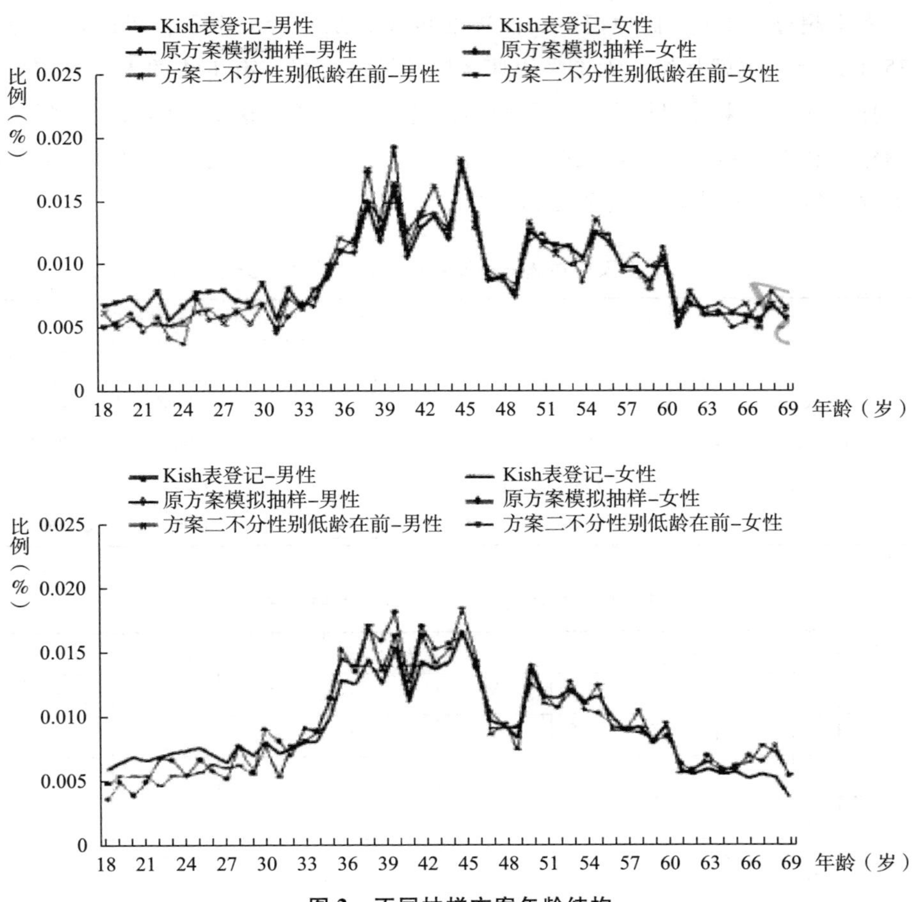

图 2　不同抽样方案年龄结构

（二）不同仿真方案中排列顺序对单一年龄组的抽中概率影响分析

前面的分析是对不同方案抽样结果的评价，为了更清晰地分析这些方案对于青壮年人口入选概率的影响，以 24 岁人口为例进行剖析。由表 10 可见，不同的抽样方案中这一年龄组的入选人口是不同的，无论哪种方式都无法保证这一年龄在样本中的分布与总体一致，只能是差异最小。

从具体的抽样过程来看，在不同抽样方案中 24 岁人口在选样表中的顺序有所不同，直接影响抽样结果（详见表 11）。

首先，从选样表中 k 为 1 人的家庭来看，不管是什么方案，他们都是被选中者。而入户选样表中只有 1 人能接受访问的比例过高，在所有的被访者中超过了 1/4，而他们中女性接近 60%，从年龄上来看，超过 83% 是 35 岁以上，也就是说，无论采用什么样的抽样方式，有 1/4 的人是肯定要被抽中的，如果希望提高年轻男性的入选比例的话，这 1/4 的人会对样本的年龄和性别结构产生很大影响，而改变抽样方案只能是调整另外 3/4 的家庭中接受访问者的年龄和性别结构。

表 10　24 岁人口在选样表及不同抽样方案中的分布情况

	总人数	24 岁人数		概率	
		男	女	男	女
Kish 表登记人口	14948	98	124	0.0066	0.0083
Kish 表原抽样方案	7046	25	44	0.0036	0.0062
方案一	7046	37	45	0.0053	0.0064
方案二	7046	38	44	0.0054	0.0063

表 11　24 岁人口在不同方案下的分布

k	l	原方案	方案一	方案二	k	l	原方案	方案一	方案二
1	1	6	6	6	5	2	7	3	4
2	1	11	14	10		3	2		3
	2	3		4		4			
3	1	5	37	33		5			
	2	30		4	6	1		1	
	3	2				2	1	1	2
4	1	1	27	13		3	1		
	2	24	3	17		4			
	3	5				5			
	4					6			
5	1		6	2	总计		98	98	98

其次，选样表中有超过 2 人的，选样方案对他们的位置产生了影响，以 k 为 3 为例，选样表中登记了 24 岁的男性 37 名。在原方案中排在第 1、2、3 位的分别有 5 人、30 人和 2 人，排在第 2 位的最多。方案一是按性别分层，年龄最小排在最前，37 人全部排在第 1 位。方案二不考虑性别，直接按照年龄分层，分别有 33 人和 4 人排在第 1 和第 2 位。从抽中情况来看，原方案中被抽中的是排在第 1 位的选样表号为 A 和 B1 的 2 人、排在第 2 位的选样表号为 C 和 D 的 6 人以及排在第 3 位的选样表号为 F 的 1 人，排在第 2 位的 30 人只有 6 人才能被抽中，所以入选的人数相对较少。方案二和方案三中超过 30 人排在第 1 位，其中表号为 A、B1、B2 的 17 人被抽中。

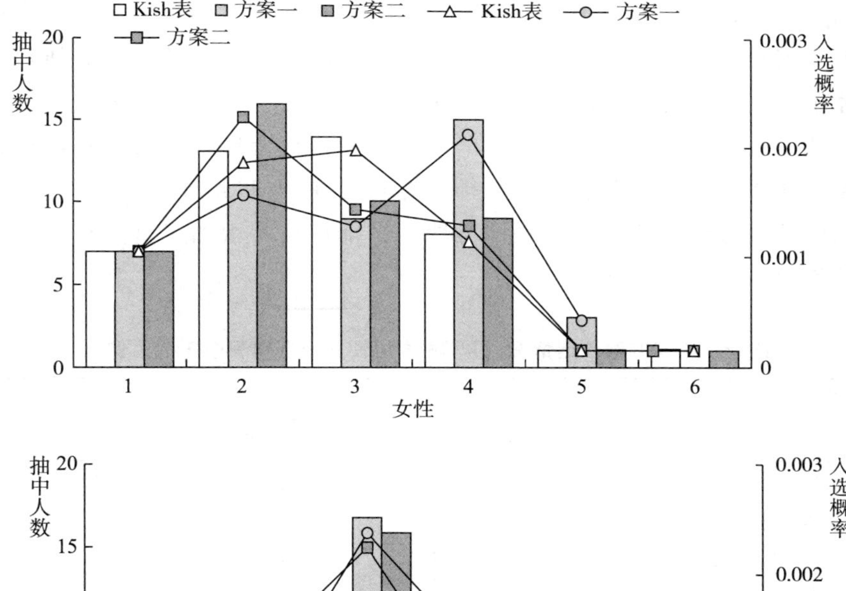

图 3　不同方案下 24 岁人口样本概率与人数

最后，运用公式（2）分别计算24岁人口中处于选样表中不同人数的家庭中的抽样情况，具体分布见图3。选样表中有2人，与原方案相比，方案一男性变化不是很大，女性略有下降；方案二性别不分层，年龄从小到大排序后，样本中这一年龄的男性和女性都增加了，其中，2人选样表的家庭男女的入选概率都提高了；3人选样表中男性增加，女性下降；4人选样表的家庭男女都略有增加，但幅度不大。

总之，从几种方案样本入选情况和对24岁这一年龄抽样过程进行分解和结果分析，把男性排在前面实际为增加了男性的入选机会，把年龄大的排在前面也是增加了他们的入选概率。方案一的分层排序方式是年轻男性入选比例大幅上升，方案二不做性别分层而是直接以人的年龄排序，从性别角度来看，样本的分布相对均衡。使用Kish表选样，改变选样表内的人的排列顺序，在模拟数据中，排序其实是改变了入选的机会，所以把总体中或可接受访问的比例较低的排在前面，这也可以理解为增加了他们入选的权重。但这种增加不是单纯的增加，与选样表登记人数的比例等关系非常密切。Kish表规定的排序方式是在20世纪40、50年代按美国的年龄结构设计的，通过先排男性、先排年长者增加了这一部分人的入选概率。

表12　不同方案入选情况（以24岁男性入户选样表中3人为例）

K=3	位次1	Kish表号								
		A	B1	B2	C	D	E1	E2	F	
原方案	1	1		1					3	5
	2	5	5	5	3	3	1	1	7	30
	3					1			1	2
方案一	1	6	5	6	3	4	1	1	11	37
	2									
	3									
方案二	1	6	5	5	3	4	1	1	8	33
	2			1					3	4
	3									

注：框内为抽中人口。

五 讨论与建议

首先，从理论上来看，Kish 表设计了 8 种抽选表，样本按照给定的概率分配表号，在选样后，住户中可接受访问的人都有不为零的概率被抽中。然而，从 Kish 表的基本原理和理论概率分布来看，Kish 表确实暗含对家庭成员被抽中概率加权的作用，也就是，Kish 表对不同家庭结构（可以接受访问的人数的结构）中具有相同特征的人群抽中的概率不同。这种加权的作用实际上是调整被访者的缺失和无法访问所带来的偏差。因此，户内抽样的家庭结构不同，相同特征人群被抽中的概率不同，这与选样表表号的分配和选样表登记人口的排列顺序有关。

其次，从中国数据实证研究来看，关于 Kish 表应用或误用造成年龄结构扭曲的问题得到了证实。实证数据研究结果表明，在目前中国的入户抽样确实存在比较严重的年龄结构扭曲，形成原因与人口流动造成青壮年人口比例过低有关。同时，入户抽样进一步扭曲了年龄结构。

再次，从仿真结果来看，针对中国目前的实际情况和具体问题是可以进行改进和降低年龄结构扭曲问题的。最有效的改进方式之一是改变家庭成员在 Kish 表中的排序规则。对 Kish 选样表的仿真分析表明，改变选样表中人的排列顺序，把比例低的排在前面，这样不但增加了这部分人的入选概率，同时还可以对选样表中的其他部分做出尝试，一类是改变 Kish 表数字的分布，比如，选样表内数字以随机数的形式出现。还有一类是改变 Kish 表数字分布比例，如匈牙利研究者尼密斯的研究，而本项仿真研究认为，在不修改 Kish 表的情况下，改变选样表被访对象的排序规则也同样可以增加不易访问对象的入选概率。

鉴于 Kish 表在中国目前入户抽样可能存在的年龄结构扭曲问题，建议从操作流程上，增加可接受访问的人数、选样表号保持与设计时的一致（监控调查中没有使用的选样表号，以便在追加时轮换，保证随机性），对于家庭结构这一参数的改善主要是提高可以接受访问的人数，尤其是降低 1 人户的比例。

参考文献

洪永泰，1996，《户中抽样之研究》，五南图书出版公司。

Binson, D. , J. A. Canchola and J. A. Catania. 2000. "Random Selection in a Telephone Survey: A Comparison of the Kish, Next-birthday, and Last-birthday Methods." *Journal of Official Statistics* 16.

Bryant, B. E. 1975. "Respondent Selection in a Time of Changing Household Composition." *Journal of Marketing Research* 12.

Deming, W. E. 1960. *Sample Design in Business Research.* New York: John Wiley and Sons, Inc.

Hagan, D. E. and C. M. Collier. 1982. "Must Respondent Selection Procedures for Telephone Surveys Be Invasive?" *Public Opinion Quarterly* 47.

Kish, Leslie. 1949. "A Procedure for Objective Respondent Selection within the Household." *Journal of the American Statistical Association* 44.

——. 1965. *Survey Sampling*. New York: John Wiley and Sons, Inc.

Lavrakas, P. J. 1993. "Telephone Survey Methods: Sampling, Selection and Supervision." *Applied Social Research Methods Series* 7.

Levy, P. S. and S. Lemeshow. 1999. *Sampling of Populations.* New York: John Wiley and Sons, Inc.

McBurney, Peter. 1988. "On Transferring Statistical Techniques Across Cultures: The Kish Grid." *Current Anthropology* 29.

Nemeth, Renata. 2002. "Respondent Selection within the Household A Modification of the Kish Grid." (http://www. math. uni-klu. ac. at stat Tagungen Ossiach Nemeth. pdf)

Oldendick, R. W. , G. G. Bishop, S. B. Sorenson and A. J. Tuchfarber. 1988. "A Comparison of the Kish and Last Birthday Methods of Respondent Selection in Telephone Surveys." *Journal of Official Statistics* 4.

Salmon, C. T. and J. S. Nichols. 1983. "The Next-birthday Method of Respondent Selection." *Public Opinion Quarterly* 47.

Troldahl, V. C and R. E. Carter, Jr. 1964. "Random Selection of Respondents Within Households in Phone Survey." *Journal of Marketing Research* 1.

封闭与开放的法律系统如何可能？[*][**]

——读卢曼《法律作为社会系统》

周　婧

法律实证主义将法律看作是一个封闭而自足的规范体系，具有独立于政治和道德的自主性（autonomy）。因为只有当法律具备了自主性，才能保证法律决定的稳定性和可预期性，为个人提供行动的指引，维持社会生活的有序性。同时一个自主的法律体系也能使法律决定的过程超脱于多元价值和世俗权力的争斗之外，从而有效地约束国家权力，实现依据法律的治理，即法治。与上述法律实证主义的方法论不同，社会学法学派主张对各种法律现象进行“隔开距离”[①] 的观察。在这种方法论的指引下，社会学法学派大多认为“行动中的法律”并不是那些写在纸面上的规则，它受到政治、道德以及个人价值观等诸多因素的影响，因此是开放的。而“法律是封闭的还是开放的”也就成为法律实证主义与社会学法学派论战的焦点。时至今日，将法律看作是绝对封闭的观点已非法学的主流。然而，大多数法社会学理论却没能对法律封闭与开放之间的争论给出一个合理的解释，最终只能诉诸“相对封闭”这样模棱两可的概念。尼克拉斯·卢曼的法律系统理论正是试图为上述问题寻求解答的一种有力学说，其中《法律作为社会系统》一书是理解卢曼系统理论的一个重要文本。该书被认为是法律系统理论的集大成者，甫一面世即受到了学界的广泛关注和讨论（Priban，2005）。

---

* 张旅平先生、赵立伟先生、何蓉女士阅读了本文初稿并提出了若干中肯意见，特此致以谢忱。当然，文责由作者自负。

** 原文发表于《社会学研究》2009 年第 5 期。

① “隔开距离”的观点所要求的，就是一种“异化”的态度，即以民族学者或考古学者对待异文化或未知文物那样的态度来对待人们迄今为止已经习惯的、没有任何疑问的自身文化和实践（中山龙一，2000）。

一　法律作为封闭运作的系统

将法律看作一个封闭而自足的规范体系，是法律实证主义的基本理论前设。法律实证主义曾一度是德国法学的主流学说，作为一个在法学院受过法科训练的学者，卢曼自然不可能忽略这个对理论界和实务界都产生了重要影响的法哲学命题。

在卢曼看来，凯尔森的金字塔理论和哈特以承认规则为最终规范的理论代表了法律实证主义学说的主流。根据凯尔森的规范理论，每一个法律规范的效力都来自另一个更高位阶的规范，如此层层授权形成了金字塔式的法律体系。举例而言，个别法律规范如“甲故意伤害乙，应当受到惩罚”由一个刑事法律推导出来，刑事法律的效力来自宪法，该宪法则根据前一部宪法创立，如此最终可以追溯至“第一部宪法”。第一部宪法的正当性来自基本规范（basic norm，Grundnorm）。基本规范是什么？凯尔森回答道，基本规范既不是立法机关制定的，也不是由法律行为创立的，而是被假定为有效力的（凯尔森，1996：130～132）。对凯尔森而言基本规范不过是一种假定，其来源不可追问。为了对这个问题做出回答，哈特对凯尔森的理论加以修正，通过将法律界定为主要规则与次要规则的结合来证明法律是封闭的体系。在哈特那里，主要规则设定义务，次要规则授权人们引进新的规则、修改或取消原规则、决定规则的适用范围，包括承认规则、改变规则和审判规则。据此，其他规则的效力来自承认规则的授权，某一承认规则又来自一个更高的承认规则，最后追溯到“最高的、最终的承认规则”，此承认规则的存在则是一个“事实”（哈特，1996：82～111）。哈特就像魔术师表演帽子戏法一样，从“事实”当中变出了“规范”。但凯尔森和哈特都无法逃脱形式逻辑的不断追问，无法走出法律的效力究竟从何而来的“明希豪森三重困境”①。而在卢曼看来，上述两种学说的根本缺陷在于把法律当作一种静态的规范体系，这必然难以逃脱更高级规范的有

① 任何陈述或命题都可能遭遇“为什么”的无穷追问，这个过程将一直进行下去，直至出现以下三种结果：第一，无穷递归，以致无法确立任何论证的基础；第二，在相互支持的论据之间进行循环论证；第三，在某个点上专断地终止论证过程。这三种结果被德国哲学家汉斯·阿尔伯特称为“明希豪森三重困境”（阿列克西，2002：223）。

效性来自何方的追问。基于此，卢曼从规范（即结构）转向运作，将法律视为运作着的系统，也就是说，法律不是封闭静止的规范体系，而是一个运作性封闭（operative closure，operative Geshlossenheit）的社会子系统（Luhmann，2004：78）。

根据卢曼的社会分化理论，现代社会已经由分层式分化转向功能分化，[①] 分化出功能不同的子系统，而法律是诸多子系统中的一个。具体而言，在分层社会中宗教和道德赋予各个阶层一个整体的“意义”，此“意义”证成了将不同的人归属于不同阶层的正当性，并为处于不同阶层的人们提供了行为准则。然而，随着社会环境复杂性的增加，分层社会难以有效化简复杂性，而不得不分化出功能不同的子系统（Luhmann，1982：236 -238）。宗教、道德不过是社会的一个子系统，并不是高居于其他子系统之上，也就无法将各个子系统整合起来，所以需要一个特定的子系统持续地对其他社会系统的运作及其所产生的事件（event，Ereignis）加以评判，这个子系统就是法律。法律系统通过判定某个事件是合法的还是非法的，来确定哪些预期是规范性预期（normative expectation，normativer Erwartung)，也就是即使在落空或者没有得到实现的情况下也得到社会肯定的预期（Luhmann，1985：77、105）。如此一来，人们就知道哪些预期将得以维持，判断对方期待什么，并据此调整自己的行动，解决帕森斯所谓的“双重偶在性”（double contingency）问题（Parsons，1964：94）。

那么，法律系统究竟如何运作？与韦伯不同，卢曼并不认为法律系统通过主体的行动展开，而主张法律系统由沟通（communication，Kommunikation）[②] 组成。这种沟通是结合了信息的产生（information，Information）、

---

① 卢曼认为在社会演化的过程中出现了三种分化形式，即片段式（segmentation）、分层式（stratification）和功能分化（functional differentiation），与之相应形成了三种社会类型（Luhmann，1982：232 -238）。

② 在哈贝马斯那里，“Kommunikation”也是一个相当重要的概念，其英文同样是“communication”，中文也可翻译为“沟通”，但同一个词对哈贝马斯和卢曼却具有不同的含义。哈贝马斯将“沟通”看作是主体间相互理解的过程，而这个过程的目的是达成以良好理由为基础的共识。如此一来，沟通、相互理解和共识是具有规范性的（哈贝马斯，2003：4 ~5）。而在卢曼看来，沟通是系统自身的运作，不是主体的行动，并且沟通未必能够消除分歧、达成共识，共识未必是规范性的。就此而言，将哈贝马斯的“Kommunikation”译为“交往”，“Kommunikative Handeln”译为“交往行动”，以区别于卢曼的“Kommunikation”或许是恰当的。

信息的传递（notification，Mitteilung）和理解（understanding，Verstehen）三个阶段的选择过程。例如，在原告提出“我把货物交给他了，他应该交付货款”之后，下一个要衔接的沟通是被告的反驳：“货物不符合合同的要求，我当然不付款。”或许有人会问：所谓的沟通不就是主体参与沟通、对话的行动吗？卢曼的回答是否定的。因为沟通并不是主体的告知行动或者理解行动，信息的产生、传递和理解是多个主体参与的过程。并且，沟通的参与者无法直接决定沟通、对话是否继续以及如何继续（Luhmann，1995：139－170，2002：83）。相反，一个沟通接着下一个沟通，茁生出一种独立于人之外的秩序，进而构成一个完整的法律系统。

既然系统是由法律沟通组成的，那么如何判断哪些沟通属于法律沟通？对此，卢曼指出只有系统本身才能判断什么是法律沟通，只有依据规范才能创造出规范，法律通过自我指涉（self-reference，Selbstreferenz）[①]制造出系统与环境的差异进而实现法律的自我创生。简单地说，法律自己生成自己，法律系统是自创生的（autopoietic，autopoietisch）。[②]这不是套套逻辑（tautology，Tautologie）吗？卢曼不就和凯尔森、哈特一样陷入了“明希豪森三重困境”吗？就形式逻辑而言，法律自创生、循环论证自然是套套逻辑，卢曼并不否认这点，不过在他看来这种套套逻辑被隐藏了。具体而言，法律的运作就是运用合法/非法这组差异（distinction，Unterscheidung）来评判特定事件。但这组差异（即二值符码，binary coding，bin. ren Codierungen）并没有告诉我们某一事件是合法的还是非法的，因此

① 在卢曼看来，指涉是一种运作，也就是运用一组差异对事物加以区别和标示（如运用合法非法这组差异来判断“甲打了乙”这件事是合法的还是非法的）。而所谓“自我指涉”，是指某组差异通过标示出其中一边来指认自我。举例而言，运用合法非法这组差异我们能够把“合法”和它的对立值“非法”加以区别并标示出来，而在把“合法”标示出来的同时也就证明了合法非法这组差异的存在。基于此，通过标示出“合法”，我们就能够指认出合法非法这组差异（Luhmann，1995：439－442）。

② autopoietic 一词由 auto 和 poietic 两部分组成，前者指自我，后者是指创造。这个概念首先由智利生物学家、神经生理学家马图拉纳（Humberto R. Maturana）和瓦芮拉（Francisco J. Valera）提出，他们使用这个概念来描述生命体的特色，也就是通过元素彼此之间的互动和转移持续地生产出新的元素，从而维持了生命体的存续。卢曼将他们的理论引入社会学领域，但颇为不同的是马图拉纳和瓦芮拉区别了自我指涉和自创生，而此种区别在卢曼那里却消失了（Luhmann，1995：443－444）。

需要根据法律规范也就是“程式”（program，Programme）[①] 来做出判断。据此，法律决定依据法律规范得以做出，同时法律规范通过法律决定得以实现。凯尔森的金字塔结构在卢曼那里变成了“基于效力循环的网状结构”。系统依据这种结构判断特定事件合法还是非法，再对这个判断进行传递和理解，制造出新的沟通，从而维持了系统运作的封闭性和自主性。

法律系统的封闭运作通过法律决定和法律规范之间的循环展开，而决定和规范都是运用“合法/非法”对事物加以区别和标示，也就是观察（observation，Beobachtung）。就此而言，系统的运作就是一个观察的过程。然而，如果我们对观察（observation，Beobachtung）进行观察（observing，beobachten），进入“二阶观察”（second-order observation，Beobachtung zweiter Ordnung）的层面，将二值符码运用于系统本身，追问“运用合法/非法进行观察”究竟是合法还是非法，就会陷入两难的困境：要么是同义反复，要么在“合法—非法—合法—非法……”中循环，当我们选择其中一个值的时候，对立值就会随之出现。于是，我们陷入了“说谎者的悖论”。悖论如何解决？卢曼认为，悖论不需要消除，只需要隐藏，观察就可以继续。具体而言，在特定的时刻我们只能标示出差异的一边，不可能同时标示出差异的两边，比如不可能将“甲打了乙”同时判定为既是合法的又是非法的，也就不可能把包含了“合法”与“非法”的这组正在使用的差异同其他事物区别开来。因此，我们不可能在使用某组差异的同时又对它加以观察，也就是说当运用合法/非法对打人进行观察，判断打人是合法或非法的时候，我们没法同时追问“运用合法/非法观察打人”这件事本身是合法还是非法的。当然，二阶观察是可能的，如道德系统观察“运用合法/非法观察打人”这件事是对的还是错的，但对于特定观察者而言，一阶观察和二阶观察不可能同时进行。据此，法律系统的悖论被隐藏起来，成为系统的盲点，这个盲点使得观察成为可能（Luhmann，2004：182）。

由此，卢曼通过对法律系统运作过程的观察，指出判断法律有效性的标准就是法律本身，回答了两千多年来一直争论不休的法学核心问题，即

① 所谓程式是指动态的法律规范，包括那些写在纸面上的规范和具体案件中所确立的个别规范。而规范大多设立了特定条件，一旦满足这些条件，就产生相应的法律后果。因此，在法律规范即程式当中主要是“如果……那么……”的条件程式（conditional program，Konditionalprogramme）（Luhmann，2004：192－196）。

法律的效力究竟从何而来（莫里森，2003：4）。不仅如此，卢曼还揭示出法律如何实现自创生，从而维护了法律的自主性。如前所述，无论对于社会秩序的维续还是保护个人自由、实现依法治理而言，法律的自主性都是不可或缺的。正因如此，与韦伯一样，卢曼对法律的"实质化"持一种怀疑的态度。因为法律一旦通过约束人们的行为，使社会生活朝着某个方向前进以实现实质公正，它就会成为推行某种伦理价值的工具，而这隐藏着对社会生活加以全面规划的危险，势必危及个人免于受到干预的自由。

二　法律系统的开放性：其他社会子系统如何影响法律？

如上所述，卢曼认为法律系统是封闭运作的，是自创生的。但这种自创生并不是说，系统单靠自身，靠自己的力量，无须环境的贡献就能存续，而是指系统生产了自身的同质性，并借着这个同质性生产出构成系统的一切元素。当然，这一切只有在环境支持的基础上才有可能（Luhmann，1990a：30）。法律是自主的，却不是孤立而自足的，并非与其他社会子系统所构成的环境全然无关。其实，自我指涉和指向环境的外部指涉（external reference，Fremdreferenz）是同时展开的。如前所述，系统依据已有法律（即程式）对事件做出合法或者非法的决定，规范与决定之间形成循环，就此而言，系统是自我指涉的，但系统所做出的合法或者非法的决定所针对的是环境中的事件。如果没有外部指涉，系统就只能是同义反复即"法律就是法律"的空转，没有对事件是否合法的判断，就没有法律沟通，系统的运作也就无法继续。因此，自我指涉和外部指涉并不是矛盾的，而是一体两面。

外部指涉不仅是系统运作的前提，而且使得系统对环境保持认知开放。任何法律决定都不能无视其所在的社会环境，恰如霍姆斯所言，在法律决定过程中，"被感受到的时代需要，流行的道德和政治理论，公认的或无意识的对公共政策的直觉知识，甚至法官与他们同胞所持有的偏见，在确定支配人们的规则应该是什么的时候，都比演绎推理显得更重要"（Holmes，1963：1）。环境能够影响、扰动（irritation，Irritation）法律系统，并且系统可以对此加以回应。就此而言，在认知层面上系统是开放的

(cognitively open, cognitive offen)。但这并不意味着系统与环境之间是输入输出的关系，环境输入信息（比如，种族隔离是不公平的），系统就自动做出回应（比如，做出种族隔离违宪的判决）。

那么环境如何影响法律？卢曼运用实质论证和形式论证的理论对此做出了回答。实质论证与形式论证相对应，是卢曼对做出法律决定的推导和论证过程的一种划分。如果我们进一步追溯，卢曼的此种区分其实来自韦伯。韦伯依据法律是否使用内在的决策标准，将法律

分为形式法和实质法两种类型。形式法的决策标准来自法律自身，实质法则通过对法律以及法律之外的道德伦理、情感、政治等因素的综合考虑做出决定（韦伯，2003：237～247）。比如我国传统融“天理”“国法”“人情”为一体的司法可谓实质法之典型（滋贺秀三，1998）。在韦伯看来，形式性和实质性是二分的，一种法律不可能兼具二者。卢曼却认为在现代社会的法律系统中形式论证和实质论证是同时进行的。前者是自我指涉的，依据法律而展开，后者则是外部指涉的，对法律之外的因素加以考量，为形式论证提供实证性的理由和依据（Luhmann，2004：346）。这与德国法哲学家阿列克西的法律的内部论证和外部论证理论颇有异曲同工之妙（阿列克西，2002：273～351）。然而，由实质论证所考量的外部因素并不能直接推导出法律决定，相反，只有得到法律规范的支持，外部因素才能成为决定的理由。例如，根据一般道德原则，儿子杀死父亲是错误的，应当受到谴责，但不能直接根据该道德原则判处其死刑，而必须通过一定的程序根据法律做出决定。

系统能否识别外部因素的影响、是否回应以及如何回应，取决于系统运作所形成的网络结构。网络使系统具有免疫能力（immunity, Immunisierung），使得它只能对那些结构所能识别的“扰动”（如儿子杀死父亲是错误行为）加以回应。而形成结构的规范和已做出的法律决定都是运用合法/非法这组二值符码对事物做出判断，因此系统只能识别那些借助该符码所能看到的事物，就好像只有频率相同的声音才会产生共振，系统正是依据自己的频率有选择地做出回应。

系统对环境保持认知开放，但这些认知不是从环境输入系统的，而是系统通过观察制造出来的。所谓“环境的扰动”“环境的影响”并不是环境真的“扰动”、影响了系统，而是系统自身注意到“扰动”，依据自己的

结构来判断"扰动"是否存在、如何回应。因此，只有通过自身的运作，系统才能对环境保持认知开放。而前文已述，系统的运作就是依据自身的网络结构制造出新的沟通进而再生产自己的过程，而这一过程是封闭的。换句话说，只有通过封闭，开放才成为可能。基于此，对卢曼而言，系统对环境的认知开放"是指通过外部指涉，系统产生相关信息，并运用该信息进行自我生产，以维持区别于环境的系统自身的存在"（Luhmann，2004：112）。

由此，卢曼描述了法律系统如何在封闭运作的同时保持对环境的开放，解释了为什么法律一方面与政治、道德等其他社会领域相分离、维持其自主性，另一方面又随着社会环境的不同而改变，解决了封闭与开放之间的悖论。而且，卢曼似乎发现了在法律规范与社会事实的边缘存在着"曲径通幽"的门扇，提供了作为规范的法律与作为事实的外部环境互相沟通的线索和桥梁（季卫东，2003），解决了规范如何随着事实而改变以避免规范的滞后性、规范与现实相脱节的难题。值得注意的是，卢曼始终主张系统的认知开放建立在封闭运作的基础上，并不认为作为事实的外部因素能够直接成为法律决定的理由。可见，卢曼坚持"规范"与"事实"的二分，否认从"事实"当中径直推导出"规范"。就此而言，卢曼与秉承新康德主义传统的韦伯是相同的。

三　法律系统运作的偶在性

法律系统通过外部指涉，对环境保持认知开放。但系统是否以及如何回应则取决于自身的网络结构，下一时刻系统将生产出怎样的法律沟通受制于结构。这是否意味着下一时刻将生产出哪个沟通，做出哪个决定是确定的，存在着德沃金所说的"唯一正解"①？

卢曼的答案是否定的。在他看来，并不存在所谓的"唯一正解"。依据系统的结构（即程式），我们只能确定可能做出哪些法律决定，却无法确定做出的是哪个决定。这是因为对程式的解释可能因时因地而异并出现

① 法哲学家德沃金认为在所有法律案件，包括那些没有清晰的法律规则可以适用的案件即疑难案件（hard case）中，都存在着一个"唯一正确"的、最佳的法律决定（德沃金，1996：158－165、204－205，2002：40－47）。

多种版本。程式的真正含义是什么，只有在做出决定的过程中才能确定。[①] 程式使得某些法律决定更可能出现，而另一些如“故意杀人是合法的”出现的概率则较低，甚至被排除在外。程式只是提供了指导而非确定的答案。再者，新的法律决定可能改变程式的原有含义。随着法律决定的不断出现，程式可能改变，系统的结构可能被更新，依据结构做出的法律决定也是变化着的、动态的。因此，系统的运作是偶在性的（contingent，kontingent），也就是说既不是必然的，也不是不可能的（Luhmann，1998：45）。

其实，“法律是不确定的”是批判法学流派的核心命题。其学说对西方法传统加以彻底否定，被认为是摧毁现代法治基础的批判理论。在批判法学看来，法律规范本身是不一致的，充满着矛盾，无法为决定提供确定的答案，法律决定不过是依据占统治地位的观念做出的决定罢了。因此，法律和政治一样都是斗争和妥协的结果，法律不过是披着外衣的政治，也就是说“法即政治”。批判法学就是要揭示法律就是政治的实质，并致力于摆脱现行法律的束缚，使法律成为理想而正当的政治（Hutchinson and Monahan，1984；Unger，1986：20；Tushnet，1991）。

卢曼也认为法律不确定，却不赞同批判法学所谓的“法即政治”。因为在功能分化的现代社会，法律与政治是两个不同的社会子系统。尽管二者互为彼此的环境，且能够“扰动”、影响对方（如政治通过实质论证影响了法律决定），但系统对环境的认知与回应必须通过内部运作才有可能，每个系统的未来状态仍然由各自系统本身的运作来决定。所以，法律不是政治，法律就是法律。而且，卢曼并不认同批判法学将法律政治化的主张。因为如果政治系统可以完全贯彻自己做出的具有集体约束力的决定，社会预期不可能落空，不再有任何问题需要法律系统来解决，法律系统也就没有存在的必要了。此种将政治与法律等同的“去分化”主张，将诸子系统融合到一起，而这无助于社会化简环境的复杂性，因此卢曼并不赞同将法律政治化，而坚持法律的自主性。

---

① 比如，法律规定禁止马路上出现与血有关的行为。依据此程式，我们自然知道法律禁止在马路上打架斗殴。但法律是否禁止事故发生后医生的抢救行为？这有赖于对法律的目的和意图的判断。如果认为法律的目的是“维护公共安全”，则救助行为并不违法。如果认为法律的目的是“禁止污染地上的石头”，救助行为就是违法的（Unger，1975：92－93）。

就此而言，卢曼与将法律视为独立于政治、道德的“既定物”（the given）的法律实证主义颇为相似，因为二者都将法律过程进行“纯净化”，排除法律对其他社会子系统的依赖（Herget，1996：91）。然而需要注意的是，卢曼强调法律通过封闭运作生产出构成系统的所有元素，却没有排除系统与外部环境的关联性，相反系统是认知开放的。法律实证主义则力图把法律从政治、道德等领域中彻底分离出来。退一步而言，即使承认法律与政治、道德之间是关联的，其联结点也仅限于立法。并且，法律实证主义采纳的是哈特所谓的内在观点（哈特，1996：90～91），接受规范的约束，将自己假定为法律决定的做出者，致力于回答“应当如何做出决定”，以维续法律的确定性与可预期性。卢曼并未将自己视为规范的约束者，而是从外部描述法律的运作。这种研究就是哈特所说的“外在观点”。卢曼并不关心在具体的案件中应当如何做出法律决定，也没有为法律实践提供指引，卢曼只是对法律的运作加以“社会学式”的观察与描述。在这个意义上，卢曼的理论是社会理论，而不是法学理论。卢曼所观察到的法律并不是确定的，而是偶在的。

其实，对卢曼而言，不仅作为子系统的法律，整个社会系统都是偶在的。系统的结构决定了哪些沟通可能出现，但出现的到底是这些沟通当中的哪个，是我们无法预知的，也是我们无法控制的。沟通不断衔接构成了社会系统，人不过是系统的环境，就此而言卢曼并不是从人作为主体的角度来理解社会，甚至被认为是反人本主义的。因此，卢曼也就经常被误解为不重视人的主体性，忽略了人的意义（贝克等，2001：32～33）。当然，卢曼并不是说人不重要，而是说人虽然能够影响系统，但无法决定系统的运作，因为系统是自创生的。而且此种自创生是一种没有最后确定性的运作，是无法进行计划与安排的（Luhmann，1990b：179）。毕竟对于功能分化的现代社会而言，涂尔干“以宗教进行的社会整合”已不可能实现，没有一种必然的形式或整体的“意义”能将社会各个系统维系在一起，或者使它们之间相互限制。于是，下一时刻社会所呈现的样态就取决于各个系统瞬息之间同时出现的运作，质言之，是偶在的（Luhmann，1998：61－62）。

四　法律系统何以有效？

在卢曼看来，已有法律社会学研究的关注点限于法律职业者（法官、律师）和法律机构的行为或人们对法律的态度和观点，与此同时却忽略了“法律”本身（Luhmann，1985：2－5）。因此，法律社会学研究应当关注其研究的对象——法律，也就是说以法律职业者理解法律的方式来描述法律。而对于法律职业者而言，基于规范与事实的二分，法律乃是一种规范体系。在卢曼那里，法律也是规范性的。但卢曼的旨趣并不在于探讨如何依据法律规范做出合理的决定，以实现庞德所说的“通过法律的社会控制”，也不在于寻找更高一级的规范如自然法或高级法，并以此评价和改进现行法律（Luhmann，2004：71）。作为社会学家的他只是从外部观察法律，所关心的是作为一种现实存在的“事实”①，即法律是如何运作的。

根据卢曼的法律系统理论，法律是自创生的，通过自我指涉的递归性运作生产自己，从而具备了有效性（validity，Geltung）。当然，这种有效性并不是一种规范或预期，并没有将不道德的合同、违宪的法律排除在外，它与法律的品质无关。只要是系统封闭运作所产生的法律就是有效的，如经由法律规定的程序所制定的法律有效。所以，法律的有效性来自自身的运作，而不是来自法律系统之外。

但这并不意味着我们不能对法律进行评判、进行二阶观察，毕竟任何观察本身也不能免于被观察。我们能够用对/错、善/恶对法律做出评价。但在卢曼看来，这是道德系统的运作，只能影响法律，却无法直接改变法律，因为法律是封闭运作的。于是，与其精神导师帕森斯一样，卢曼被许多学者批评为故步自封的保守主义者（King and Thornhill，2003：203－204）。而在众多批评者当中，曾与卢曼展开激烈论战的哈贝马斯的观点尤具代表性。在哈贝马斯看来，卢曼所谓法律通过持续不断运作而具备的“有效性”不过是一种“事实的有效性”（factual validity，Geltung），并不意味着法律具有“规范的有效性”（normative validity，Gûltigkeit）、正当性（legitimacy，Legitimit. t）。卢曼的系统理论将法律与道德、政治的内在关系完全切断，最终“消除了理性法的规范主义的最后一丝痕迹”（哈贝马斯，2003：60～64、590～594）。这是一种非批判式的描述，不过是一种社会技术学（Sozialtechnologie）。哈贝马斯则致力于重建自韦伯以降逐渐式微的“理性法的

① 对卢曼而言，法律系统独立于人的意识，但法律并非“就在那儿的”（is there），而是我们所观察到的“事实”。可见卢曼所持的是建构主义的认识论，有别于实证主义社会理论。

规范主义”，通过所有利害相关人的平等且自由的理性商谈和话语论证达成规范共识，以形成合理且正当的法律。

然而，在卢曼看来哈贝马斯通过民主的商谈程序确保法律的正当性与合理性（rationality，Rationalit. t）的努力未必成功。因为“我们不要指望通过沟通，可以改善个体之间的整合，改善他们彼此之间的透明度，或者改善他们之间行动的协调性”（Luhmann，1990a：22－23）。换句话说，商谈、沟通未必能够消除分歧，达成共识，我们只能对分歧进行对话和沟通。退一步而言，即使能够达成共识，共识是以相互理解为前提的，而我们今天处于一个与启蒙时代、法国大革命或者普鲁士的新人文主义完全不同的境况当中，过去与未来之间的连续性已经断裂开来，我们已经无法对未来进行确定的描述。因此，即使我们能够相互理解，也不存在一个确定的基础能够保证相互沟通与理解在未来总是有效的，更不要说形成确定的共识（Luhmann，1998：67）。诚然，哈贝马斯的商谈伦理仍有值得商榷之处，但其理论给我们带来了重塑法律、使之成为“良法”的希望。而面对卢曼式完全封闭运作的法律，我们似乎只能无奈地任由其自行运转，不免陷入“匿名的方阵”（the anonymous matrix）——在“方阵”中，我们无法主宰法律系统的运作，无法有计划地安排法律的未来（Teubner，2006）。为此，卢曼系统理论的后继者图依布纳结合了卢曼的“法律自我指涉”与哈贝马斯的商谈理论，主张通过相关程序的设置，把法律正当性的依据纳入法律的运作过程，形成法律的内在反思机制以确保其正当性（Teubner，1983）。

卢曼之所以放弃从系统之外寻求法律的正当性与合理性基础，或许是因为在他看来这已经是不可能的了。卢曼指出，传统的合理性依赖于外部的理据，如根据自然法制定的法律就被认为是合理的，具备了正当性。然而，在当下无论是超验的诸神还是理性的人都不再被视为最后的观察者，无法为我们提供最终的合理性依据。所以，对合理性的判断必须脱离外部的依据，转移到系统当中（Luhmann，1998：16－17，35－36），所谓的合理性就是系统的合理性。而一个能够有效化简复杂性的系统就是合理的（King and Thornhill，2003：134）。那么，系统如何能够有效化简复杂性？系统依据内部封闭运作所形成的网络结构有选择地回应环境，以此化简环境的复杂性。由此，卢曼摒弃了合理性的外在基础，切断了其与作为主体的人之间的关联性。卢曼所指的“合理性”已然区别于他所谓的“传统的合理性”。

五　结语：法律系统理论的意义与限度

一般法律社会学研究或者侧重于政治、道德与法律的因果关系，或者关注法官个性、当事人社会地位对法律运作的影响，却没有将法律与诸多因素的关联性全然关涉在内。就此而言，这些研究尽管为我们提供了一种不同于法律实证主义的视角，却没能找到一个把握法律系统与社会环境之间复杂关系的理论框架。更为重要的是，这些研究在聚焦于法律与社会之间密切关系的同时，却又忽视了社会子系统各自不同的运作逻辑。而卢曼的法律系统理论在关注法律系统以及其他社会子系统之间差异的同时，也照顾到不同系统之间彼此的依赖与支持。并且这种封闭而开放的法律系统理论有效整合了以实践为导向的法律学和以认知为导向的法律社会理论，为法学与社会学、政治学、经济学之间的跨学科研究提供了一个分析与整合的理论框架。[①]

对卢曼而言，不仅法律系统，社会诸系统都已通过封闭运作不断化简复杂性，从而建构了自身的合理性。社会学却未能有效地对现代社会加以描述，无法解释这一正在出现的合理性形式（即系统的合理性）。其缘由何在？卢曼指出基于启蒙以降所确立的人类中心主义，我们对社会的描述和解释都围绕着作为主体的人而展开，这却使得我们无法看清高度复杂的现代社会，未能把握社会的多样性、瞬间性（temporary），以及因果关系的多元性（King and Thornhill，2003：131 - 132）。正所谓“不识庐山真面目，只缘身在此山中”。为此，卢曼主张“社会学的启蒙”，致力于创建一个足够复杂的理论，[②] 给予社会学一个遍及整个学科的一般理论基础，以有效观察现代社会。

---

① 对尚未彻底实现依法治理的当代我国而言，忽略法律自身运作逻辑的法律社会学研究可能尤其值得戒备。因为此种研究将法律的运作当作外部因素直接左右的结果，消解了法律的自主性。一旦法律丧失其自主性，为政治实力、占统治地位的价值观念所支配，法律将难以有效约束权力、保护自由，法治势必成为空中楼阁。

② 卢曼认为只有足够复杂的理论才能解释这个高度复杂的现代社会。而他自己的理论就可谓是复杂而抽象的，再加上晦涩艰深、“像迷宫般”的行文，足以让人望而生畏。或许正是出于这个缘故，卢曼被称为社会学中的“黑格尔”。与此不无关联然而更饶有趣味的是，1989 年卢曼获得“黑格尔奖”，这是德国哲学界颁发给杰出人文社会科学家的一项最高殊荣（霍恩尤格，1999）。

然而，卢曼是社会的观察者，却不是行动者。当问及应当如何行动以及如何创造美好社会的时候，卢曼回答道：“我完全没有这样的想法：社会应当如何才是好的，或者如何可以较好”（转引自 Kneer &Nassehi，1999：16）。基于此，法赫斯与特纳认为卢曼已经放弃了社会理论中的规范传统（Fuchs &Turner，1987）。卢曼致力于“社会学的启蒙”，却没有像启蒙时代的先知先觉那样为我们指明未来之路。或许是因为对卢曼而言，在这样一个从外部观察世界的“阿基米德点”已然不在的现代社会，我们无法再对世界加以确定性的描述，没有一个可预期的确定的未来，也无法从神或者理性的人那里找到整体的“意义”与最终的正当性。毕竟，在日益复杂的现代社会，寄希望于建构完美的体系，一揽子解决所有问题的想法已经不现实了。

参考文献

伯恩德·霍恩尤格，1999，《纪念尼克拉斯·卢曼（1927－1998）》，沈杰译，《国外社会学》第5～6期。

哈贝马斯，2003，《在事实与规范之间——关于法律与民主法治国的商谈理论》，童世俊译，三联书店。

哈特，1996，《法律的概念》，张文显、郑成良、杜景义、宋金娜译，中国大百科全书出版社。

季卫东，2003，《宪政的规范结构——对两个法律隐喻的辨析》，《二十一世纪》12月号。

凯尔森，1996，《法与国家的一般理论》，沈宗灵译，中国大百科全书出版社。

Kneer，Georg and Armin Nassehi，1999，《卢曼社会系统理论导引》，鲁显贵译，台北：巨流图书公司。

罗伯特·阿列克西，2002，《法律论证理论——作为法律证立理论的理性辩论理论》，舒国滢译，中国法制出版社。

罗纳德·德沃金，1996，《法律帝国》，李常青译，中国大百科全书出版社。

——，2002，《认真对待权利》，信春鹰、吴玉章译，中国大百科全书出版社。

韦伯，2003，《法律社会学》，康乐、简惠美译，台北：远流出版事业股份有限公司。

韦恩·莫里森，2003，《法理学——从古希腊到后现代》，李桂林、李清伟、侯健、郑云瑞译，武汉大学出版社。

乌尔里希·贝克、安东尼·吉登斯、斯科特·拉什，2001，《自反性现代化：现代社会秩序中的政治、传统与美学》，赵文书译，商务印书馆。

中山龙一，2000，《二十世纪法理学的范式转换》，周永胜译，《外国法译评》第3期。

滋贺秀三，1998，《清代诉讼制度之民事法源的概括性考察——情、理、法》，载王亚新、梁治平编，《明清时期的民事审判与民间契约》，王亚新、范愉、陈少峰译，法律出版社。

Fuchs, S. and J. H. Turner. 1987. "Reviewed A Sociology Theory of Law by Niklas Luhmann." *Contemporary Sociology* 16 (6).

Herget, James E. 1996. *Contemporary German Legal Philosophy. Philadelphia*: University of Pennsylvania Press.

Holmes, O. W., Jr. 1963. *The Common Law*. Boston: Little Brown.

Hutchinson, Allan and Patrick J. Monahan. 1984. "Law, Politics, and The Critical Legal Scholars: The Unfolding Drama of American Legal Thought." *Stanford Law Review* 36.

King, Michael and Chris Thornhill 2003. *Niklas Luhmann's Theory of Politics and Law*. Hampshire, New York: Palgrave Macmillan.

Luhmann, Niklas. 1982. *The Differentiation of Society*. Trans. by Stephen Holmos and Charles Larmore. New York: Columbia University Press.

——. 1985. *A Sociological Theory of Law*. Ed. by Martin Albrow, trans. by Elizabeth King and Martin Albrow. London: Routledge and Kegan Paul.

——. 1990a. *DieWissenschaft der Gesellschaft*. Frankfurt am Main: Suhrkamp.

——. 1990b. *Essay on Self-Reference*. New York: Columbia University Press.

——. 1995. *Social Systems*. Trans. by John Bednarz, Jr. and Dirk Baecker. Stanford, California: Stanford University Press.

——. 1997. *Das Recht der Gesellschaft*. Frankfurt am Main: Suhrkamp.

——. 1998. *Observation on Modernity*. Trans. by William Whobrey. Stanford, California: Stanford University Press.

——. 2002. *Theories of Distinction: Redescribing The Descriptions of Modernity*. Ed. by William Rarch. Stanford, California: Stanford University Press.

——. 2004. *Law as A Social System*. Eds. by Fatima Kastner, Richard Nobles, David Schiff and Rosamund Ziegert, trans. by Klaus A. Ziegert. New York: Oxford University Press.

Parsons, Talcott. 1964. *The Social System*. New York: The Free Press.

Priban, Jiri. 2005. "Niklas Luhmann: Law as A Social System." *Journal of Law and Society* 32 (3).

Teubner, Gûnther. 1983. "Substantive and Ref lexive Elements in Modern Law." *Law and*

Society Review 17 (2).

——. 2006. "The Anonymous Matrix: Human Rights Violations by Private." *Modern Law Review* 6.

Tushnet, Mark. 1991. "Critical Legal Studies: A Political History." *Yale Law Journal* 100.

Unger, R. M. 1975. *Knowledge and Politics.* New York: The Free Press.

——. 1986. *The Critical Legal Studies Movement.* Cambridge, Massachusetts: Harvard University Press.

从总体支配到技术治理*

——基于中国30年改革经验的社会学分析

渠敬东　周飞舟　应　星

摘　要： 借由政治经济学所生发出来的社会学视角，中国30年改革历程可以分为三个阶段：改革最初的十年形成的是以双轨制为核心机制的二元社会结构；1990年代开始的全面市场化及分税制改革确立了市场与权力、中央与地方以及社会分配的新格局；进入新世纪后，行政科层化的治理改革得以实行，并成为推动社会建设的根本机制。由此，改革前的总体性支配权力为一种技术化的治理权力所替代，从中可以理解“中国经验”的独特意味，并洞悉中国社会转型所面临的挑战与机遇。

关键词： 总体支配　双轨制　分税制　科层制　技术治理

改革30年，中国取得了世界瞩目的伟大成就。而30年沧桑巨变，30年循序渐进，30年曲折前行，不仅融入了我们每个中国人的生命记忆，也要求我们运用历史理性去摸索和把握这30年中国社会结构的变迁及其运行的机制。改革以来中国社会结构的一个重大变化，即是不再像前30年那样沿循着某种总体性支配的方式,① 或者通过群众性的规训、动员和运动来调动政治和社会经济诸领域的各种力量，而是为诸领域赋予一定程度的自主权，来释放基层社会的活力。当然，改革的不同阶段中蕴涵着不同的矛盾和困境，中央政府采取了不同的策略，地方政府也相应地改变自身的运作模式，社会经济诸领域呈现了不同的样态和节奏，并反过来成为改变社

---

* 原文发表于《中国社会科学》2009年第6期。

① 本文所谓“总体性支配”主要是指中国改革前的社会结构的一个基本特征，即国家几乎垄断着全部重要资源，这种资源不仅包括物质财富，也包括人们生存和发展的机会及信息资源。参见孙立平等，1994。

会结构的重要力量。

本文围绕一种由政治经济学生发而成的社会学视角，来考察改革30年来中央、地方政府及社会经济诸领域之间在不同阶段所形成的结构关系，以及彼此间相互激发、促生甚至形成矛盾的复杂机制，着重从“双轨制”、“分税制”和“科层制”出发来讨论改革不同阶段的主要形态及其运行逻辑，以呈现权力与市场、资本与劳动、支配与治理交互连带、限制和转化的关系，从而摸索出具有中国特色的社会主义形成、运行和发展的辩证规律。

一 双轨制下的二元社会结构：1978～1989年

1978年，是现代中国历史上一个具有决定意义的转折点，中央的改革方针一改通过总体性支配来实现工业化积累或通过群众动员来克服该体制之缺陷的思路，而是通过调动、激发基层民众的活力来塑造新型的社会主义政治经济体制。在改革最初的十年间，这套办法的核心机制，即是在农村家庭、国有企业和地方财政诸领域普遍推行承包制。

（一）计划体制的突破：承包制的广泛推行

1. 农村与城市的承包改革

这场改革的起点，是从改造农村基层组织的生产关系入手，打破原有的人民公社体制。改革通过建立农村家庭联产承包责任制，不仅拉近了农民与土地的关系，使农民的生产积极性和农业的生产效率大大提高，更为关键的是，它重新使农民回到家庭经营的结构中来，使家庭代替了生产队而重新成为生产和社会活动的基本单位。“包产到户”虽没有改变城乡分割的二元结构，却恢复了农村基层的生产关系，使农村社会生活乃至伦理关系回归到常规的形态中。

“包产到户”改变了新中国成立后前30年通过工农业产品价格“剪刀差”从农村征收“暗税”来加快工业化原始积累的方式。[①] 农业生产的复苏不仅一举解决了农民的温饱问题，而且使农副产品有所剩余，小型交易集市得到恢复，农民手中也有了小额储蓄，促使国家自1985年起以“合同订购”和下

① 这种“暗税”征收总约6000亿～8000亿元人民币。参见陈锡文，1999。

达“订购任务”的方式取代了原来的粮棉油等重要农产品的统购统销体制。在这种农产品价格双轨制下，农村市场开始发展起来，农业生产力得到了进一步的激励。农村社会结构的这种变化，也为乡镇企业的崛起和繁荣提供了必要的条件。乡镇企业的蓬勃发展在就地吸纳农村剩余劳动力、增加农民收入、打破农村的单一所有制结构和产业结构、促进小城镇建设等方面发挥了重要的历史作用。到了 1987 年，乡镇企业总产值首次超过了农业总产值。

可以说在改革初期，无论是包产到户，还是农村集市的恢复，家庭工副业的兴起，都源于社会结构调整所促发的基层经济活力，其中，土地产权调整所带来的土地经营空间，以及农村生产关系和社会关系重新落实在家庭基础上，是农村社会经济结构拨乱反正的首要条件。

与广大农村依靠家庭生产所激发出来的活力相比，城市中“文革”的遗留问题对于社会稳定运行的消极影响尚未消除，各级政府依然忙于拨乱反正，重整从中央到地方政府再到国有企业等各级行政秩序，通过重建单位体制，使各项社会生产和生活秩序得到有效恢复。

在单位制的重建过程中，行政秩序在总体上恢复以中央权力为核心的纵向体制，恢复行政科层权力的有效性；与此同时，国有企业在总体上也维持着单位制结构，服从国家指令性计划，企业中人事、资源和经营等一切活动均按行政等级来管理和配置，成为行政体制链条的一个终端环节。①坦言之，依靠单位制，将国有企事业单位纳入行政支配体系中，将城市的生产生活纳入合法秩序的轨道上，乃是拨乱反正的题中之义。然而，随着城市改革的逐步展开，单位制的弊病开始显露出来。城市生活依然处于总体支配的格局中，行政上条块分割、机构臃肿、派系层叠，企业行政化致使人员冗杂且效率低下，职工的收入和待遇始终维持在较低的水平。

因而与农村改革相比，城市体制改革的难度大得多。家庭是农村改革得以落实的结构基础，而城市改革则落实在单位组织上；企事业性的单位组织，不仅嵌生在行政权力自上而下的纵向计划体制中，也在横向上承担着社会福利的所有职能，牵涉到城市社会结构的所有方面。农村改革似乎通过“无为”治理留出了经济自然发育的空间；而城市改革则牵一发动全

① 关于单位制的研究，参见路风，1993；李汉林、李路路，1999；李猛等，1996。

身，影响到所有利害关系。

在城市体制改革中，中央政府采取了更为稳妥的渐进策略。1979 年初，国务院做出了扩大国有企业经营自主权的决策，允许企业按照“议价”的形式自销超计划产品，物资流通和产品定价的“第二轨道”开始合法化。1983 年，中央政府效仿农村改革的经验对国有企业试行承包制，但随后物价迅速上涨，无法得到控制，致使中央不得不转而通过“利改税”改革来解决上述难题。两步“利改税”改革，表明国家在经济手段上试图改变政府与企业的直接控制关系，对国有企业实现利润分别征收所得税和调节税，调节税后的剩余利润作为企业留存。但由于当时的财税管理体制仍留给了企业管理者很大的做账空间，企业开始为留存更大的利润而减小自己的利润数额，致使国有企业利润出现了连续 22 个月的下滑（张卓元、郑海航，2008）。经过数次反复，1986 年末，城市体制改革重新回到以企业改革为中心的轨道上来，从而再次掀起了全面推广企业承包的高潮。

2. 财政包干制与地方分权

中央政府在实施基层农村和企业改革的同时，也试图在中央与地方的权力关系上打破原有计划体制的僵硬格局。在实行计划体制的国家，多级政府的存在使中央政府必须通过地方政府推行政令来实现社会经济发展规划，因而中央政府必须高度集权。在集权框架下，经济和社会发展表现为两种模式的周期性循环，即中央集权的集中模式和中央放权的竞赛模式（周飞舟，2009）。在集中模式下，中央政府收紧了地方政府的大部分经济计划和管理权限；在竞赛模式中，则将一些计划和若干经济管理权限放权给地方。面对软预算约束（科尔奈，1986）和竞赛环境，地方政府的行为往往导致地方重复建设和经济过热，最终使中央政府收紧权限，回到集中模式。人们常说的“一放就乱、一收就死”，便是对这两种模式的概括。

从政府的角度来看，改革的当务之急，是使市场逐渐成为配置和分配社会经济资源的主要方式。因此政府干预经济的办法，应从直接控制国民经济的大部分资源转变为依靠财政、税收和金融政策进行间接调节。1980 年代中期，中央—地方的财政关系开始了重大调整，实施了长达近十年之久的财政包干制。这种类似于承包制的财政包干使地方政府的收入出现了快速增长。[①] 与此同时，中央和地方政府在财政上的承包关系日益明确。这种关系是一种很独特的关系，是一揽子包干制，既不同于平等的市场关系，又不同于计划体制下以上级指挥为主的命令关系，其实质是允许地方政府有自由活动权限，中央政府只对最后的经济总量和财政收入做出要求。

包干制的最大意义，是将地方政府变成了有明确的自身利益的行动主体。地方政府通过努力“做大蛋糕”来留下超收分成部分的财政收入，也通过与中央政府讨价还价来力争低包干基数和高超收分成比例。中国的财政体制是典型的“下管一级”的体制。中央与省级政府实行财政包干制后，省与地市、地市与县、县与乡镇也依次广泛采用财政包干制，虽然在具体的分成办法上各不相同，但上下级的讨价还价却成了相当普遍的现象（张闫龙，2006）。

在这个时期，中国乡镇企业的发展和繁荣虽有其各种社会历史条件，[②]却也离不开因财政包干而形成的地方政府尤其是县乡政府的强力推动。这是因为，包干制期间的税制以产品税为主，不管企业效益好坏，只要企业运转，税收便以产值或增加值为基数来计算。在定额包干的财政体制下，利用贷款兴办大规模的乡镇企业，无疑对地方财政收入的增长和剩余劳动力的就业大有好处，但却不能建立起地方经济可持续性发展的模式。同样，国有企业改革与财政包干制也有着密切的联系。这些改革形式虽然比较复杂，但依然以定额包干为中心的承包制为改革的主要内容（韩英杰、夏清成，1995）。通过承包制及相应措施，地方政府与地方企业开始成为有着共同利益的行动主体。就与地方政府的关系而言，乡镇企业与国有企业并无多大区别，只是对于国有企业，地方政府的“软预算约束”机制更为明显些。

基于上述分析可看出，中央对地方的放权极大程度地改变了地方政府的行为模式。地方政府逐渐形成了“公司化”的利益主体，追求地方经济增长和财政收入的增加成为其行动的主要动机和目标（Oi，1992；刘世定，1999）。为了实现这个目标，地方政府以“放水养鱼”的办法，通过兴办企业迅速扩大地方信贷和投资规模，而地方企业规模越大，能够创造的税收和预算外的财政收入就越多。所谓“银行放款、企业用款、财政还

① 1984～1993年，地方政府收入占财政总收入的比重由59.5%上升到78%，其支出比重也由47.5%上升到71.7%（中国经济景气月报杂志社，2008）。

② 如农村改革成功带来了农村剩余劳动力的解放，改革前重工业至上的发展战略为从事轻工产品生产的乡镇企业带来了广阔的销售市场和高额利润。参见海闻，1997。

款”的模式，即是对这一时期地方政府行为的概括。

（二）双轨制的运行：嵌入在集体制中的乡镇企业和国有企业[①]

无论是在乡村、城市还是在中央—地方之间普遍推行的承包制，都离不开社会运行的一个重要逻辑，即“双轨制”。一般而言，经济学家将以价格双轨制为主的制度安排理解为中国渐进式改革的典型特征，即在计划经济还占统治地位的情况下，国家既保护和封闭存量（保护既得利益者），又培育和发展增量（促生市场和新生力量），从而依靠后一种力量的持续发育来渐进推展市场化改革（张军，2006）。在这个意义上，双轨制确立了一种分割式的经济结构，一方面，作为计划经济基础的国有经济依然对所谓的存量部分，通过行政体制加以指令管理和资源调拨；另一方面，新成长起来的非国有经济在地方政府的管辖下，从生产、销售和定价等方面开始寻求市场规律，建立起一种完全不同的增量逻辑。[②]

本文对双轨制的考察，试图以价格双轨和权力双轨的结构分析为基础，对这种双轨制得以运行的内部机制加以探讨。换言之，这里所说的双轨制，不仅是指制度安排所具有的二元结构特性，也是指制度运行过程本身的双重机制。自1980年代中期开始，乡镇企业和国有企业事实上是通过一种双重机制的运行来搭建沟通存量经济和增量经济的桥梁。

1. 集体所有制下的乡镇企业

由于集体生产的解体和家庭经营的自由化，农村在改革前积累的大量剩余劳动力由隐而显，急需寻求新的就业机会。土地调整、剩余劳力、家庭经营，再加上改革前的社队企业的组织形态以及外来资本等几个基本因

---

① 经济界和学术界一般将1994年前的全民所有制企业称为“国营企业”，“国营”即为“国家经营”，国家所有权和经营权未实现法律意义上的分离。1993年3月，八届全国人大一次会议通过了第二个宪法修正案。将“国营企业”修改为“国有企业”，更加突出了国企独立进行经济活动的自主权，体现了全民所有制经济的所有权和经营权的区别，为我国国有企业改革提供了宪法依据。同年11月中共十四届三中全会通过《中共中央关于建立社会主义市场经济体制若干问题的决议》，年底《中华人民共和国公司法》颁布实施，在法理和制度上规定了国有企业所有权和经营权的关系。本文参照了经济学界目前通用的概念使用方法，将改革30年来的“国营企业”和“国有企业”通称为“国有企业”，参见张卓元、郑海航，2008。

② 近来，一些经济学家又提出“新双轨制”的概念，即以公共权力为背景，自下而上地寻找和套取尚未市场化的要素价格与已经市场化的商品和服务价格两大体系之间的巨额租金，使中国市场经济改革逐渐脱离了轨道而变得永远都无法“并轨”。参见钟伟，2005。

素，构成了乡镇企业兴起的背景和条件。而促发乡镇企业形成的更重要的因素，乃是经过财政包干制调整的中央—地方关系，使得基层行政权力具备了发展地方经济和增加财政收入的激励；而城市计划体制和交易市场的相对封闭，轻工日用品的供应严重不足，以及城乡二元分割所造成的双轨价格，也形成了乡镇企业的初级产品“农村包围城市”的局面。

乡镇企业的集体所有制是一种极具中国特色的产权形式，这不仅表现在其带有模糊性的产权结构上，也表现在这种集体制独特的运作和经营方式上（李稻葵，1995）。改革前的“集体”是指生产大队、生产队一级的农业生产、分配组织，这种集体实际上是总体性支配权力在农村社会的基础单位和分支，生产队干部实际上被看作是国家权力在农村社会的代理人（罗泽尔、李建光，1992）。从社会结构的意义上来说，也是传统士绅或地方精英消失后农民直接面对国家权力的状态。因此，改革后具有实质含义的“集体所有制”的回归和复兴，可以在一定程度上看作是一种不同于国家组织和个体农户的社会力量的兴起。

乡镇企业的集体所有制与城市中的厂办或社办集体所有制不同，其结构性的基础首先是建立在集体土地所有制上的，亦有自然村落共同体的边界，有该共同体成员资格所享有的自然分配权利。① 因此，若从乡镇企业的总体社会结构因素来看，首先，土地的集体所有确实赋予农民一种所谓的“类所有权”，即在明确的边界内行使集体土地的使用权（参见王汉生、申静，2005），这也是在改革初期乡镇企业获得意识形态的合法性和社会结构的现实基础的原因所在。也正是在这个意义上，集体制首先并不是一种市场性合约下的产权结构，而是具有社会性合约的权利结构。不过，乡镇企业与纯粹的土地集体使用有所不同，它在土地集体制外又添加了一层资本持有者和企业创业者的特殊资格。但在集体制的条件下，资本持有者并不能在产权上将企业转化为私有，而那些依靠特有的政治或社会身份而筹集各类资源的创业者（多为基层行政官员），也无法将企业完全纳入国

① 有学者指出，村办企业和镇办企业在集体产权上有实质的差别，因为它们所嵌入的社会关系的性质不同。村办企业建立在自然村落及其成员资格的基础上，其收益分配则与村民的共同体资格权利密切相关；而镇办企业并不带有社区母体的社会关系之典型特征，其收益与区域内的农民无直接关联，农民对于利益分配难以形成明确的预期。参见折晓叶、陈婴婴，2005。

家行政体制之中。因此，乡镇企业的集体制中的土地、资本、权力三者之间的交易是靠熟人社会中的人际信任网络和特定文化下的默会知识来实现的，是一种地方社会性的“隐性合约”（参见折晓叶、陈婴婴，2005）。

就此而言，虽然集体制下的乡镇企业具有模糊的产权形态，但这种产权从结构上依然由两个部分构成。一是由自然成员资格确定的集体“共有权”和“平均权”，体现在由土地权利向就业权利的转化，以及提供公共福利、调节收入甚至利润分红等“成员权利”形态；后来发展出来的合作制经济，也基于这样的权利结构。① 二是由集体所有与承包经营之间“委托—代理”而形成的权利结构。苏南模式中的乡镇企业，往往将集体产权的“委托人”与从事实际企业经营的“代理人”两位一体，即由作为乡镇党政官员的“制度企业家”（参见周其仁，2002）双肩挑，而温州模式中的乡镇企业则往往赋予具体的资本持有者或投资人以更大的权利，而淡化政治约束的作用。上述两种模式的差别，恰恰反映了另一种隐性产权持有形态的差别，就温州的情形来说，乡镇企业已经悄然按着资本化的方向发展，距离“集体共有权”的逻辑越来越远。而苏南地区则将地方行政代理人作为当然的企业代理，不仅政企不分、家企不分、公私不分，而且通过企业经营的市场增量来确立自身的隐性产权的合法性。

这是因为，集体制产权实际上是一种将基层社会、经济、政治乃至伦理关系融汇起来的复合产权。在现实的企业经营形态中，除集体承诺的就业意义上的稳定收入和福利外，“共有权”的象征意义远大于现实意义。乡镇企业发展初期，集体制除提供土地和劳力外，无法提供任何资金、技术、人才等市场竞争中的硬实力，企业经营必须尽可能集中当地的各种优势；而在双轨制的前提下，能够充分调动和配置各种资源的只有政府权力而非资本。在这个意义上，地方政府不仅因财政分权而逐渐掌握越来越大的权力，也以此为中心搭建行政管理、银行借贷和民间融资等各种隐性的交易和庇护关系，通过集约各种社会资本来降低交易成本（参见 Nee, 1992），在市场增量的部分将“委托”和“代理”并置起来，建立隐性产权的合法权利。

① 通过村办企业来全面建设村落共同体并为所有成员提供福利和分红的典型，要数华西村，尽管市场化带来了共同体内部的阶层分化，但该村依然坚持以“共有权”为主体的分配结构，借此维系社区整合和团结。参见周怡，2006。

因此，地方政府的行为并非完全体现为一种具有公共目标的长期战略，更类似于费孝通所说的“差序格局”，即以各类资源配置的精英主体为核心，搭建起排他性占有的社会网络，形成一种“圈内归属”（参见周雪光，2005）。资本持有者可以适度地让渡自己的一部分剩余权，民间能人可以有效地结成人际信任和交易纽带，乡镇企业的实际操作者则可通过对企业收入享有的部分支配权加以适当的补偿调节，根据具体政策和条件的变化来调整集体产权的公私边界。

总之，乡镇企业的双轨制体现为集体制存量上的“共有产权”和实际经营增量上的“隐性产权”之复合体，前者是农村共同体得以维系的基础，而后者则具有市场增量改革意义上的占有合法性，虽然它更具有默会的性质，却是改革的前十年激励地方经济发展的重要动力。这种双轨制意义上的双重占有逻辑，直到 1990 年代企业改制才彻底地暴露出来（参见张建君，2005）。显然，双轨制的运行机制与市场化的抽象逻辑相比，更具有地方社会关系的属性，更具有随机应变的博弈能力，更带有地方保护主义的性质。而所有这些特点，虽易于获得生产要素、塑造初级产品生产和销售竞争的技巧，但对于规范的市场运作来说却是很不利的。更重要的是，借此机制运行的乡镇企业也越来越易于偏离集体制的实质理念，转而成为地方政府用来表现政绩和增加收入的工具，或成为集体资产私人化的平台。

2. 国有企业内的集体制

1980 年代中期，在乡镇企业迅猛发展的同时，中央在国有企业也开始实行了大范围的改革，因循了“一包就灵”的承包制思路。1987 年后，承包制采取放权让利的办法在国有企业全面铺开。从国家政策来看，企业承包制改革显然贯彻了计划与市场的双轨逻辑，即在存量上“包死基数、确保上缴”，在增量上“超收多留、歉收自补”，既通过“上缴利润定额包干和递增包干”来完成行政指令任务，又通过“利润比例分成”赋予企业一定的自主性，将工资总额与实现了的税利挂钩（张卓元、郑海航，2008）。

事实上，企业承包制改革并没有完全实现同一时期中央所强调的“政企分开”的改革目标，而产生了双重效果。为国有企业放权让利，一方面将企业活动落实到经营核心上来，并通过适当的收入调节实现了一定程度上的管理和劳动激励；但另一方面，这一改革并没有改变国有企业以单位制为基础的行政构架，反而因为有了一定的自主经营和利润空间而成为权力干预的场所。因此，以单位制为基础的行政体制和以集体制为平台而运行的模拟市场，[①] 成为企业承包制运行的两个基本机制。

中国城市社区中的集体制企业，主要有厂办集体企业和社办集体企业。70 年代末，大批知青返城，国有企业和社区街道为解决本单位或本区域职工家属及子女就业问题，扶持开办了一批“安置型”的集体所有制企业。改革初期，集体制企业多少具有一种“养子”的身份，国有企业既对集体企业提供了一些行政性的扶持，如办理集体企业开办及投资项目和经营手续等；也提供一些经济性的扶持，如出垫底资金，出旧设备、厂房、场地，派管理和技术人员，或为集体企业担保贷款等（廉莉，2004），成为企业“办社会”或“福利化”的又一种形式。

但从产权的角度来看，集体制可看作单位制国有企业的“二级产权”；企业职工在身份上也有差别，被明确区分为“全民职工”和“集体职工”。与乡镇企业具有村落共同体意义的集体制相比，国有企业厂办集体制不具有任何自然权利的性质，亦非真正意义上的集体所有权，更类似于国有企业的下级行政所属单位。集体企业始终处于一种悖谬的处境：它在产权和经营上具有极强的行政依附性，属于国家单位支配下的企业组织，但职工在身份上却不属于国家职工，因而在实质上不具有“公有权利”的意涵，在产权和身份上都是极其模糊的。

随着企业承包制的运行，特别是厂长经理负责制的实行，国有企业事实上开始按照计划经济的存量逻辑和市场经济的增量逻辑来运转，虽然在单位制内企业管理层的人事任免权、资源配置权、价格议定权都依然受到行政指令性的制约，但在负责承包经营的厂长经理的行政权限内，特别是像集体企业这样的“二级产权单位”内，厂长经理则具有充分的控制权。企业承包在集体制内并没有彻底实现集体所有的共有权利结构，与此同时，厂长经理作为行政委托的“代理人”，其权利也不是独立的：一方面他的任免和任期皆由上级部门决定，另一方面他也不享有任何剩余权，因而承包制下的合同并不具有完整的约束效力（Yang and Ng，1995）。

---

① 有关有计划的社会主义商品经济中“模拟市场”的讨论，参见徐桂华，1990；罗卫东、蒋自强，1994。

在单位制委托—代理不充分、集体制产权模糊不清晰的条件下，企业代理人很易于为了摆脱计划经济的重重束缚而加大对下属集体企业的控制和操作来实施模拟市场运营。20 世纪 80 年代后半期，集体企业，特别是厂办集体企业在城市经济体制改革中发挥了潜在的巨大作用。在价格双轨的条件下，国有企业在存量逻辑上可利用单位体制中的行政优势协同权力或利益的相关行政部门与主管上级乃至中央政府讨价还价，争取在生产额度、生产资料价格、行业垄断和财政补贴等国家资源上尽可能获得指令经济中的政策性利润，同时也可利用增量上的准市场原则，与企业内外的各种经营性单位形成各种交易活动。而这其中，那些国有企业具有绝对控制权的厂办集体企业，便成为滋养此类活动的最便利的交易平台。

这一时期，国有企业与乡镇企业等非公经营性组织建立起了广泛密切的联系，特别是在相关产业领域，国有企业往往采取外包制，将一些初级产品的加工发包给乡镇企业，并在生产资料计划价格、生产工艺和技术人员上提供支持，以尽可能换取乡镇企业市场经营所得的利润。相比而言，在国有大中型企业占绝对地位的地区，集体企业则发挥了模拟市场运作的强大功能。这一时期的集体制与 70 年代末期有所不同，自国有企业施行承包制后，厂办集体企业成为被所属国有企业牢牢控制、并将触角伸向各种交易领域的重要载体。由于缺乏有效的法律和民主监管渠道，企业代理人往往在“二级产权”的集体企业安插自己的亲属和朋友，将这些生产和销售实体作为与非公经济单位私下接触、秘密约会的据点，通过计划价格和市场价格间的差价来直接赚取利润，或将有价值的资产转移到集体企业来暗箱操作（Sachs et al.，2000）。由于集体企业创办初期，没有与兴办单位、投资单位、主管部门及出资职工明确投资、借贷或扶持关系，因而与所属国有企业之间并无规范清晰的权利关系。正是在这个意义上，集体企业成为所属国有企业盘整、优化、隐匿和转移资产的首选场所。

事实上，虽然乡镇企业和国有企业的集体制在产权结构和组织形态上有所不同，但在改革的前十年的双轨制运行中都起到了极其关键的作用，乡镇企业内生的共有产权和隐性产权，既保证了农村共同体内部的部分收益分享，也是激励基层社会活力和促进地方经济迅猛增长的基础；而国有企业基于单位制和集体制之组织形态的双轨运行，也为计划体制改革寻找到了突破口，为国有企业拓展了一定的市场空间。但由于双轨制并没有确立明晰的产权结构，使规范的合约无法得到有效执行，故而很容易使权力寻租成为此阶段最大收益的支点，使市场的统一配置遭遇到根本的威胁，不利于促进社会经济的进一步发展。

（三）双轨制的终结：市场化改革的先声

虽然双轨制运行并没有妨碍资本积累和经济总量的增长，但模糊的产权制度却加剧了社会经济各个层面上的危机。首先，以集体制为核心的双轨制，其运行机制和经营目的都与共有分配体制有实质的不同。其次，双轨制条件下由于地方社会的利益化成为经济发展的动力，很容易形成地方保护主义的倾向。乡镇企业的资源获得和产品销售不完全遵循市场的规则，而当国有企业的放权让利改革将企业的一部分控制权和剩余索取权交给内部管理人后，也强化了自身价格垄断的势力，并将国有企业转包和分解经营，造成国有资产的流失。所有这些因素都促成了资产的“部门私有化”，权力利用价格“剪刀差”介入到倒买倒卖的灰色区域，从而产生了如“官倒”这种权钱转换的现象，付出了社会公平的昂贵代价。同时，模糊产权中的权力运作，也强化了企业经营的短视效果，使合约丧失了规范效应，迫使国家不得不通过财政补贴来弥补由此形成的市场漏洞。

从全国范围来看，在渐进改革的要求和短缺经济的条件下，无论是在农村土地的所有权和使用权之间，在乡镇企业和国有企业的产品价格之间，或是经济特区与内地城市之间，都形成了二元社会结构。建立在双轨制上的非生产性的商品买卖市场，形成了国有企业与集体企业、国有企业与乡镇企业的灰色交易地带，各种交易或显或隐地进行，均以合法或非法、或介于合法与非法间的方式，构成了中国改革主流之外不和谐的间奏。

可以说，双轨制在市场意义上所产生的负面社会经济效应，一则表现为信息不对称的委托—代理循环恶性发展，二则表现为各种权力的寻租活动。由于统一市场无法确立，政府为维持生活必需品价格的稳定，必须进行巨额补贴，结果不仅使中央政府财政吃紧，甚至出现了批发价高于零售价的畸形现象。更致命的是，权力强行进入交易活动，致使“官倒”盛行（参见《经济社会体制比较》编辑部，1999）。1988 年，宏观经济再度吃紧，三年多的高速成长让中国的经济发展再次驶入经济周期的敏感地带。随着轻工产业的发展加快，企业数目剧增，物资供应的紧张更趋激烈，中国社会经济发展面临的风险也越来越大。从 1988 年 3 月起，中央决定放开管制，取消物价双轨制，进行“物价闯关”。这一政策的强令出台，即刻使各类商品价格在全国范围内迅猛上涨，由此引起公众的恐慌心理，造成全国性的抢购风潮。

事实上，试图通过一步到位的价格闯关来解决通货膨胀和价格双轨制的问题，显然是脱离实际的。1988 ~1989 年的危机充分说明，改革十年后中国社会经济所遇到的突出矛盾，根本不是价格问题，也不是单纯的宏观经济问题。当双轨制所造成的二元结构矛盾凸显出来，社会经济结构必须加以重组，才能使中国的体制改革稳健地迈入新阶段。

二　市场与权力——社会分配新格局的确立：1990 ~2000 年

1980 年代末价格闯关失败等诸多因素使中国的社会经济发展进入到三年的沉寂期。1992 年邓小平南方谈话，开启了深化改革的方向，即以一体化的市场体制来替代双轨制，以更为明晰的产权制度来改革乡镇企业和国有企业。由政府推动、进而全方位展开的市场化改革，一方面极大地解放了社会生产力，另一方面也使社会公平在 1990 年代中后期陷入危机之中。

（一）“经济增长至上”和市场化改革的启动

如果说 1980 年代是改革在各个领域全面铺开的阶段，1990 年代则是改革在经济领域进一步深化的阶段。在这个阶段，全面的市场化进程创造了大量体制外的“自由流动资源”,① 面对这些新的资源，政府逐步调整、适应和市场的关系，权力和市场由分离到以新的方式结合，形成了影响经济利益再分配的新格局。

1992 年邓小平南方谈话，基本确立了“稳定”和“发展”的意识形态，社会稳定被看作是经济发展的根本保障，而“经济增长至上”则构成了社会稳定的必要前提。从政府到民间逐步形成了这样的共识，即社会稳

① 所谓“自由流动资源”是指从改革前的国家垄断中游离出来，进入社会或市场，具有一定独立性的资源。参见孙立平，2005。

定不能通过政治和意识形态领域的变化实现，而是需要通过经济的快速增长和人民生活水平的提高来保障。1980 年代试图在各领域进行全面改革的努力被终止，人们所说的“渐进式”改革策略被确立起来。与苏联东欧在 1990 年初的“休克式”改革模式相比，中国的改革策略更强调诸改革领域的先后次序，更强调经济改革相对于其他改革的优先性。

随后，全国掀起了新一轮的经济建设热潮。在 1992 年 10 月召开的中共十四大上，提出了建设社会主义市场经济的目标。在地方政府的主导下，投资规模迅速扩大，各地大办乡镇企业，加快实行国有企业的承包制、股份制改革。1989 ~ 1991 年这三年的经济增长率分别只有 4.1%、3.8% 和 9.2%，而 1992 年和 1993 年的经济增长率迅速上升到 14.2% 和 14%（中国经济景气月报杂志社，2008）。这不但为整个 1990 年代各年之最，也是整个改革开放 30 年经济增长速度最快的两年。

这个时期的经济增长仍然延续了以政府主导扩大地方投资规模来带动增长的模式。各地政府大办企业，追求 GDP 的增长速度，以此作为对南方谈话精神的响应。在财政包干制下，地方政府努力兴办“自己的企业”，即利用各种行政、准行政手段，从银行贷款投资兴办企业。甚至在农村地区，许多地方政府也要求做到所谓“村村冒烟、户户上班”，各种乡镇企业、小型国有企业蜂拥而起。这不但在短时期内能够迅速促进地方 GDP 的增长，而且还能够迅速扩大地方政府的财政收入规模。这种政府主导的经济增长模式在很大程度上还是政府计划管理模式的翻版，所以很快就带来了地方投资过热导致的各种问题，包括重复建设、地方保护主义等等。同时，企业规模的增长并没有带来企业经营效益的提高。与 1984 年相比，1991 年全国工业企业的利润总额下降了一半以上。由于企业固定资产值增长迅速，利润率下降得更为迅速（财政部综合计划司，1992）。

邓小平南方谈话之后中央政府加大了放权的力度。1992 年 9 月，国家将 571 种生产资料和产品的定价权交给企业，同时将 22 种产品价格的定价权下放给省级物价部门，至此，由国家管理的物价品种只剩下 89 种。随着价格管制逐步放开，改革开始迈入由双轨制向市场经济并轨的阶段。全国产品市场的形成和价格机制的转换，削弱了行政特权，促使企业必须依照市场原则，以生产效率为核心来调整企业的结构布局。国有企业的承包制以及“税前还贷”“含税承包”等制度设计的弊端也导致国有企业内部的经营机制并不能适应市场经济的形势（韩英杰、夏清成，1995）。而此时的国有企业一方面依然维持着“企业办社会”的福利制结构，另一方面则通过集体制的方式继续转化国有资产；一方面依靠行政补贴和政府租金来维持经济增长，另一方面将企业负债的相当部分交由国有银行来承担（汪海波，2001）。有意思的是，在财政包干的体制下，国有企业的这种状况不但没有直接推动地方政府深化改革的努力，反而强化了国有企业与地方政府、① 地方政府与中央政府、地方政府与银行之间的讨价还价能力。中央—地方关系在地方政府与企业的复杂关系下发生了根本性的变化。

如何在市场经济体制中处理政府与市场、政府与企业的关系，是这段时期改革的关键问题。1989～1993 年自经济衰退到经济繁荣的巨大变化，在一定程度上仍然是“收放模式”的延续。不改变这种收放模式，就难以摆脱地方经济过热、中央不得不重新收权的局面，也难以改变由地方政府主导来干预地方经济发展的模式，从而也就难以建立起真正的社会主义市场经济。

从中央和地方关系来看，地方的区域竞争和投资规模的扩大以及地方政府和企业之间的紧密联系使得反映中央—地方关系的“两个比重”（中央财政收入占财政总收入的比重和财政收入占 GDP 的比重）在财政包干制期间迅速下降。随着地方政府超收留成数量的迅速增加，中央财政收入的比重越来越小，由 1984 年的 44% 下降到了 1993 年的 22%；同时，大量的地方企业收入被当作地方政府的经营收入或者作为上缴利润而避开了税收，财政收入占 GDP 的比重也迅速下降，由 1984 年度的 22.8% 下降到 1993 年的 12.3%（中国经济景气月报杂志社，2008）。有学者认为，这种局面已经到了所谓的“分权的底线”，发展下去将会出现“诸侯割据”的危险（王绍光，1997）。这是 1994 年分税制改革出台的直接原因。

（二）分税制改革：中央与地方关系的重构

1. 从财政分权到集权

1994 年，中央进行了税收和财政体制的改革，取消了财政包干制，开

① 地方政府通过“税前还贷”和减免税、税收优惠政策“藏富于企业”。根据审计署对 10 个省市工商税收减免的调查，1990 年共减免流转税 97 亿元，占当年流转税入库数的 20.7%；1991 年 19 个省级财政越权违规减免税收额占违纪金额的 22.7%。除了减免税之外，地方企业偷税漏税的现象也非常严重。根据某省的调查，国有企业的偷税、漏税面达 70%，集体企业为 72%，个体经济和私营企业达 85.5%。参见项怀诚，1994。

始实行分税制。分税制是一项典型的将财政收入重新集权的改革，其基本内容是中央和地方的预算收入（税收）采用相对固定的分税种划分收入的办法，避免了无休止的谈判和讨价还价。诸税种中规模最大的一种，即增值税被划为中央地方共享税，其中中央占75%，地方占25%。对于集中到中央的大量收入，采用税收返还和转移支付制度仍将收入转移到地方支出。同时改变过去按企业隶属关系上缴税收的办法，所有企业的主体税种（主要是增值税、消费税和企业所得税）都要纳入分税制的划分办法进行分配。2002 年开始的所得税分享改革，更是将企业所得税和个人所得税由地方税变为中央—地方共享税种。

分设中央、地方两套税务机构，实行分别征税，对税务系统实行垂直管理，不但能够保证中央财政收入随着地方财政收入的增长而增长，而且能够保证财政收入在 GDP 中的比重随着地方经济的发展而不断提高。分税制在收入集权的制度设计方面堪称完备。在此制度设计之下，中央政府试图重新掌控地方政府的行为并调节地方经济发展的方向。①

通过增值税和消费税的集中，中央占总财政收入的比重由 1993 年的22%迅速上升到 1994 年的 55.7%，同时由于税收体系和征税体系的改革，财政收入占 GDP 的比重也止住了迅速下降的趋势，自 1996 年开始逐步上升。

分税制改革在改变中央—地方收入格局的同时，并没有从根本上改变双方的支出格局。中央和地方的财政支出比重仍然维持着改革前“三七开”的关系。所以中央集中的收入仍然需要通过转移支付由地方政府进行支出。经过这种“一上一下”的过程，中央政府不但可以财政支出均等化的原则对地区间的差异通过再分配进行平衡，还可以对转移支付资金做出各种各样的规定，体现自己在财政资金支出方面的意图。也就是说，分税制以前“分灶吃饭”“自收自支”的局面被彻底改变，所有的省级财政都变成了“支大于收”、需要依赖中央转移支付资金来弥补财政开支的单位。1994 年，转移支付在地方本级支出中的比重为 12.6%，到 2004 年上升到 30%，中、西部地区更高达 45.2% 和 52.9%，变成了

① 分税制改革的设计是中央—地方博弈和妥协的结果，制度设计虽然有利于中央，但是也做出了照顾地方既得利益的一些妥协，例如，按照 1993 年增值税和消费税基数进行税收返还和按增值税增量 1∶0.3 的比例进行增量返还。参见刘克崮、贾康，2008；翁礼华，2008。

高度依赖中央财政的局面（李萍，2006）。所以说，分税制改革是一次从财政分权转向集权的改革。

2. 政府和企业的关系

分税制在转变中央—地方关系的同时，也从根本上改变了政府和企业的关系。首先，在分税制下，分享所有工业企业 75% 的增值税，但是并不分担企业经营和破产的风险，这与包干制下地方政府独享“自己的企业”增值税的模式完全不同。对于地方政府而言，兴办和经营企业的收益减小，而风险却转而加大了；其次，增值税属于流转税类，按照发票征收，无论企业实际上赢利与否，只要企业有进项和销项，就要进行征收。规模越大、设备投资成本和工资成本越高的企业，增值税也越高。因此，对于利润微薄、经营成本高的企业，增值税由过去地方政府的主项税收变成了需要上缴中央的沉重负担；再次，增值税由完全垂直管理的国税系统进行征收，这使得地方政府为保护地方企业而制定的各种优惠政策统统失效（项怀诚，1994）。在这种形势下，虽然增值税的税收返还政策对于增值税贡献大的地区有激励作用，但地方政府对于兴办企业的积极性无疑遭受了打击。①

在中国改革的背景下，政府主导的行为取向是我们理解 1990 年代企业转制的一条重要线索。分税制之后，地方政府大规模地将乡镇企业和一些国有企业转变为私有企业，各地“卖企业”成风，政府不再主导企业的日常管理和基本运营，而是通过征税和收费的方式和企业发生关系。以企业利润为税基的企业所得税（此为地方税种）成为地方政府能够从工业企业获得的最大的财政收入，而此项税收取决于企业的经营效益。这进一步推动了企业从转换经营机制到产权制度的改革。

1993 年末《中华人民共和国公司法》的颁布改变了承包制时代企业产权和经营无理可据、无法可依的局面，由此，企业的治理结构可完全依照合法的模式来实现现代企业制度意义上的公司化改造。企业公司化，即首先明确企业的法人性质，使企业成为独立的经济实体，并独立承担民事责任；同时企业也必须按照规范的成本会计和财务会计制度来运营。更重要

① 1∶0.3 的增值税增量返还设计方案被地方政府看作是中央政府的“阴谋”。因为按照这个方案，增值税在增量逐步变大之后，税收返还的增长越来越慢。参见刘克崮、贾康主编：《中国财税改革三十年亲历与回顾》。

的是，《公司法》严格界定了产权关系，即股权结构及所有者与执行部门之间的权利关系（钱颖一，2003）。企业的公司化不仅强化了非国有企业的政治地位，实现了最利于资本经营的产权形态，同时也有利于企业发挥各种学习能力，在技术模仿与革新、管理与激励、人才引进与培育以及劳动力供给等方面进行现代意义上的经营性重组，使企业的核心竞争力迅速增强，这为此后拓展外向型产品竞争市场打下了坚实基础。国有企业的产权改革正是在地方政府推动和市场化、公司化几种力量的共同作用下展开的。原来那些嵌生在国有企业身上的集体制企业，也终于完成了其在双轨制时期的使命，其中资产结构较好、市场潜力较大的集体企业，很多也通过或明或暗的办法实现了产权转化（参见折晓叶、陈婴婴，2005）。

对于乡镇企业而言，分税制之后全国各地出现了转制的高潮。乡镇企业的转制是通过产权转化来提高企业竞争力和企业经营效益的必然举措，这是因为乡镇企业一方面受到来自国有企业产权改革和私营企业兴起的竞争压力，另一方面也是因为乡镇企业的模糊产权结构对企业的经营和运作效率产生了负面的影响（Kung，1999）。但是学术界普遍忽视了分税制改革对乡镇企业转制的巨大影响。对于基层的县乡镇政府而言，乡镇企业不再是可以依赖的税收来源，乡镇企业经营不佳导致的不断增长的银行呆坏账正在变成自己的沉重负担。在这种局面下，最好的策略就是将企业关闭或者卖掉。从地方政府的债务结构来看，因兴办乡镇企业而导致的历史银行负债即使在2000年以后仍然在基层政府的债务中占了相当大的比例。[①]

从政府方面来看，虽然分税制使得地方政府和地方企业开始“脱钩”，但是并没有改变地方政府的利益主体性质。相反，地方政府的利益主体意识在支出压力下被大大加强了。对于地方政府而言，急迫的问题是如何寻求新的、可以自主支配的财政收入来缓解支出的压力。与此同时，市场化和企业改制带来了大量的体制外“自由流动资源”。在这种局面下，政府权力虽然退出了直接的企业运作，却开始成为攫取市场经济所带来的规模

① 根据2004年左右的一项乡镇债务的案例研究，尽管这些乡镇的乡镇企业早已转制，但是在湖南、重庆、吉林三省的被调查乡镇中因乡镇企业所积累的历史债务仍然占23%～48%之多。参见周飞舟，2006。另外根据对湖北、湖南、河南的乡镇债务研究发现，乡镇负债中乡镇企业债务的比重平均为27%。参见谭秋成，2004。

巨大的“自由流动资源”的主要力量。①

（三）全面市场化的社会影响

1990年代以来的市场化和分税制改革，使社会结构发生了深刻的变化。在分权转向集权的同时，企业的产权变革和公司化改造开始使社会经济遵循资本化的逻辑来运行，确立了成为社会共识的市场意识形态。企业转制促进了民营企业的蓬勃发展，这是90年代中国社会最具活力的发展力量。

国有和集体企业转制有力促进了市场化的进程，也带来了民营经济的繁荣。城乡个体工业在工业总产值的比重，在1994年第一次达到10%，此后迅速增长，到1997年产值增加了1.8倍，占到工业总产值的18%。同时其他各种形式的企业如股份制企业、外资企业、合伙联营企业等也迅速增长，到1997年也占到工业总产值的18%（国家统计司，1998）。民营经济的兴起，反过来又对国有企业的改革和市场化进程起了有力的推动作用。至此，改革初期的双轨制经济基本上为市场经济所代替，全社会也形成了对市场经济的基本共识。

但是，民营经济的繁荣并没有改变地方政府主导地方经济发展的基本格局。虽然地方政府兴办企业的激励被减弱，但是其行为模式的变化仍然是我们理解这个时期改革的社会影响的重要线索。

在中西部地区，随着分税制后大量的乡镇企业转制或倒闭，地方政府尤其是县乡政府的财政开始出现危机，由此带来了日益严重的农民负担问题。很多经验研究都表明，自1990年代中期起，农民负担便成为中西部地区农村的主要社会问题，甚至在某些地区出现了严重影响社会稳定的情况（参见Bernstein and Lù，2000）。农民负担的加重，其中最主要的原因是分税制改革以后，财权层层上收，最基层的县乡政府入不敷出，将危机转嫁到农民身上所致（陈锡文，2002）。据统计，2000年，农民承担税费总额1359亿元，比1990年的469亿元增长了1.89倍，农民人均负担增长了2.01倍，农民税费负担占农民收入的比例在7%~12%。而且，教育的产业化、医疗的市场化都使农民的支出大幅增加。所有这些因素，都造成了

① 关于政府行为在这个时期变化的定量研究，参见陈抗等，2008。

农民增收的下滑。[①] 农村在此前一直是改革最为成功的领域，90 年代中期以后，“三农”问题却开始变成改革的又一难点。

在东部地区，企业转制产生了大批下岗工人，而城市私有企业、第三产业的兴盛又吸引来大批农民工，这都对城市的稳定和进一步发展提出了新的要求。随着 1990 年代后期城镇住房制度改革的展开、私有企业的园区化、各地纷纷兴建开发区以及外资的逐渐涌入，城市建设用地成为日益稀缺的资源。1998 年修订出台的《土地管理法》为将农村土地转为城市建设用地提供了法律依据。自 1990 年代末开始，城市化浪潮正式展开，这为东部地区的地方政府开辟了新的生财之道，也成为延续至今的新发展模式。这种以城市化为核心动力带动的增长模式，为新世纪中国经济和社会的发展开辟了崭新的发展道路，带来了规模巨大的财富，使东部地区的城市生活进入了与一些发达国家相媲美的阶段。但是与改革初期的工业化浪潮相比，这也是通过以制度手段使农民失去土地为代价而实现的。在新一轮以市场、土地和城市化为核心的经济增长中，社会财富的分配模式也发生了根本性的变化。改革初期几方“共赢”的社会财富分配机制趋于式微，权力和市场结合而形成的分配机制成为主导，区域间、区域内的收入差距迅速加大，在改革中利益受损的大量的“弱势群体”开始出现并日益增多。[②]

与此同时，市场化改革进一步使生产资料和劳动力的配置都遵循着资本的逻辑而展开。中西部地区的地方国有企业和乡镇企业纷纷转制和解体，致使将农村劳动力维系在农村社区的各种纽带大为减弱。大量农村剩余劳动力的流动开始超出原有经济特区的流向范围，以成本最低的形态向所有资本所在地流动。由此出现的农村剩余劳动力所汇集的洪流，在中国的大地上由西至东、由北向南流动，成为中国现代化进程中一种前所未有的现象。

农村劳动力外出具有双重的效应。一方面，这种流动促进了城乡劳动

① 1996 年，农民人均年收入增长 9%，1997 年增长 4.6%，此后一直下滑，到 2000 年时，增长率仅为 2.1%。参见陈锡文，2005。

② 据赵人伟和李实的研究结果，1988 年城乡居民家庭人均收入的基尼系数是 0.382。参见赵人伟、格里芬编：《中国居民收入分配研究》，北京：中国社会科学出版社，1994 年。根据李强的研究，1994 年城乡居民家庭人均收入的基尼系数已经上升到 0.434 的水平，1996—1997 年则攀升到 0.4577。据估算，2000 年以后的基尼系数一直维持在不低于 0.5 的水平。参见李强，2008。

力市场的一体化，在更大范围实现了劳动和资本的重新配置。但另一方面，进城农民工在政治、经济和社会福利等各方面普遍受到不平等的待遇，成为典型的“弱势群体”，而且这又使城乡差距在城市内部被不断再生产出来。从流出地来看，劳动力外流极大地改变了1980年代通过实行土地承包制而恢复的农村社会结构基础，青壮劳动力的大量外出，使广大农村因家庭单位的主体成员缺失而再度发生本质意义上的解体，使农村社会结构的家庭基础再次面临着瓦解的危险，也产生了如农村留守儿童等带来的一系列社会问题（国务院农民工课题组，2009）。

分税制和市场化进程导致的企业与政府关系的变化，在强化了企业独立经营的主体性的同时，也使地方企业失去了政府保护，被纳入适者生存的市场竞争之中。沿海地区的中小城市纷纷推行企业转制，而内地大中型企业则积重难返，不仅拖家带口，担负着企业职工及其亲属乃至周边社区之社会福利的巨大压力，而且人员冗杂、效率低下、财务恶化，因其负担过重、欠账太多而等待中央政府推动的激进式改制措施。实际的结果是相当惨烈的：一些企业被迫破产倒闭，而一些企业则通过较少的一次性支付补偿强行使大量职工下岗，强行使原有单位体制中职工的身份制转为契约合同制，这造就了另外一大批的“弱势群体”（孙立平，2005）。

在社会的公共服务领域，全面市场化的改革也在传统计划经济中关乎国计民生的社会保障和福利领域顺次展开，住房、医疗、社保、教育领域都被纳入全面市场化改革的议题之中，与城镇居民相关的主要福利，都由“政府买单”逐渐转向在市场价格下由居民“自己买单”。虽然从长远的角度来看，福利市场化彻底克服了单位制的种种弊端，通过消费结构的转变强化了市场化改革的深度，但由于这种突如其来的全面市场化改革涉及国计民生的方方面面，加之企业转制和职工下岗的连带效应，确实对普通百姓的生活预期产生了强烈影响。更重要的是，居民消费的心理预期失调，以及居民收入的提高幅度有限和贫富差距持续扩大等因素，在内需结构上共同形成了制约经济增长的负面因素。面对内需严重不足的处境，中央政府势必再次寻找经济发展的突破口，实现社会经济结构的重大转变。

三 治理问题与行政科层化的双重效应：2001～2008年

2001年底，中国加入世界贸易组织（WTO），这一事件具有重大的历史意义。中国的经济增长模式由此发生重大转变：通过融入全球性的经济秩序，外向型加工制造业、海外投资与国际贸易成为拉动GDP总量增长的重要力量。而中国在参与全球性资本和市场分配体系中，社会经济结构也开始依循资本的逻辑重新组建，从而使资源和收入分配的差距进一步拉大，产生了许多新的社会矛盾焦点。尽管政治体制和权力格局没有发生根本性的变化，但是在与国际接轨的过程中，中国在企业的经营及其社会责任、法治建设、行政治理上面临着向规范化和技术化方向转变的压力。因此，调整治理方式、改善民生水平、平衡利益格局，成为改革第三阶段的焦点问题。

（一）与国际接轨："世界工厂"及劳动关系的紧张

1990年代末，中国经济增长遭遇到两大挑战：一是亚洲金融危机的影响，二是企业转制和住房、教育、医疗以及养老等全面市场化改革带来的压力。前一种影响虽未造成直接的金融冲击，却在投资、贸易、消费和就业等方面对中国经济成长构成了巨大压力，而激进的市场化改革，虽然切中肯綮，却在一定程度上将政府和企业的社会责任转嫁给个人，对民生产生了震荡效应，并形成了内需严重不足的后果。由于中国的市场化改革最初采用的是政府推动、资本优先的战略，因而经济发展的成效突出反映在资本积累上，并未在很大程度上惠及普通民众，再加上生产结构主要以劳动密集型产业为主，雇佣结构中农村剩余劳动力所占的比重较大，因而民众的收入水平并未随经济增长得到相应提高，综合性收入预期不升反降，在这个意义上，经济增长无法依靠内需形成持续的推动。

自中国加入WTO以来，外资拉动中国经济增长的势头甚为猛烈，市场开放度大大提高，开始成为国际资本的首选之地，其中的独特之处在于政府成为吸引外资和开放市场的核心推动力。而中国的廉价劳动力在参与国际生产分工的过程中，又发挥了极强大的比较优势。在1990年代市场化的过度竞争中，转制后存活下来的大量企业也迅速建立了适应残酷市场竞争的企业治理结构，直接转化成为全球价值链上的终端车间。更为关键的是，中国政府的强大行政能力有助于控制国际资本运行所形成的体制矛盾，通过集权的办法转换和调整整个经济结构。

中国成为“世界工厂”，也依靠了国际金融和政治秩序所提供的条件。国际资本、国际消费市场以及中国政府强势干预所形成的内部市场化，以及1990年代分配差距所形成的低成本劳动力，构成了中国这个“世界工厂”的前提条件和核心竞争力（参见高柏，2009、2008）。尽管中国的“世界工厂”基本上处于全球价值链的低端，企业技术积累和技术创新的能力很低，企业经营管理的水平不高，但无论如何，中国经济增长模式的战略转变，确实在宏观上带来了极其显著的效果：中国人均GDP从2001年不足1000美元提高到了2005年的1700美元。

虽然中国的GDP和人均GDP在新世纪保持了高位增长，但由于中国经济结构中资本化的作用增强，权力也改变了其寻租模式，使得全社会分配领域内的经济利益与社会公平之间形成了越来越突出的新矛盾。在分配格局上地区差距逐渐拉大，贫富分化不仅大幅度加深，[①] 而且还出现了分层结构的定型化趋势：社会阶层之间开始确立较明显的边界，流动性减少，形成了社会阶层再生产的机制（参见孙立平，2005）。

虽然市场经济的发育将资本和资产配置进一步合理化，但波兰尼所说的“社会的反向性保护运动”（波兰尼，2007）则始终没有成型，从而给全社会的稳定和安全造成了不小的威胁：原本水平就较低的社会保障体系因1990年代末民生领域的全面市场化改革而有所恶化；此外，工业生产的安全隐患很大，矿难频发；制造业能耗过高，环境代价极大；商品质量监管乏力，食品安全事故屡禁不止。这些都反映出第三阶段前期种种社会矛盾不断加深的趋势。

在上述矛盾中，劳动关系矛盾处在核心的位置上。从社会经济的总体结构来看，造成这一时期劳动关系紧张的因素有很多。首先，国企改革使

① 改革初，省际人均GDP基尼系数曾快速下降。但进入1990年后，基尼系数开始重新扩大，到2003年，基尼系数已经恢复到了改革前的0.35。基尼系数在改革开放前为0.16，2002年已经达到0.46，超过了国际公认的警戒线0.4。参见赵人伟、格里芬，1994；李实等，2008。

劳动关系全面市场化：一方面，国有企业向现代企业制度改制和转轨，在用工制度上实行全员劳动合同制；另一方面，转制过程中出现的大量下岗和转岗职工，由于没有健全的社会保障体系维持，其权益和生活没有得到合理保护和安排，“断保”现象严重。① 其次，由于各类非公有经济已成为推动中国经济发展的重要力量和就业主体，而非国有企业的劳动力市场在组成要素、行业规范、法律规制、安全保障等诸多方面都发育得极不成熟，使劳动关系得不到有效调节。更重要的是，作为农村劳动力转移的主体部分，广大农民工因城乡差别和户籍制度的限制，不可能享受到城镇社会保障体系和劳动管理制度的保护，更容易形成难以调节的劳资矛盾。

国有企业转制的历史遗留问题，以及非公有经济领域中存在着的大量劳资矛盾，诸如拖欠和压低工人工资，劳动强度过大，生产安全缺乏保障，这些问题使劳动争议案件在2000年后直线上升，其中不少问题由于缺乏充分而有效的利益诉求和调节机制，还演化成群体性事件。不仅如此，从经济发展的角度来看，随着经济全球化水平的提高，以外向型经济为基础的企业不断面临着更残酷的竞争压力。产业结构、企业管理、人力成本等诸因素使中国的外向型经济早在2008年出现全球金融危机前就已面临着许多的困难。

（二）从工业化到城市化：中央与地方关系的新格局

1. 城市化：土地开发与土地经营

在新世纪，随着大批境外投资的涌入和中西部劳动力的大规模迁移，沿海地区的工业化和城市化带来了城市建设用地的短缺，城市用地制度和农地征用制度的改革为地方政府大规模征用、开发和出让土地提供了经济需求和制度保障。

按照现行法律，只有地方政府有权征收、开发和出让农业用地，其征收费用远低于城市建设用地出让价格。地方政府低价征收农业用地，进行平整、开发后，以招、拍、挂等形式在土地二级市场上出让。在东部沿海地区，地方政府通过这个过程迅速积累了规模巨大的土地出让收入，有些

---

① 2002年国有企业下岗职工的再就业率为26%。下岗职工再就业的主要渠道集中在非正规就业领域。根据劳动和社会保障部2002年在全国66个城市的抽样调查，85.4%的再就业下岗职工从事临时性工作，只有9.4%成为正式职工。参见劳动与社会保障部劳动科学所“转型时期中国劳动关系问题研究”课题组，2004。

县市的土地收入规模甚至大于当地财政预算收入的规模。而大规模的土地出让又使地方政府可以通过财政担保和土地抵押的方式取得更大规模的金融贷款来投入城市建设。这样一来，土地收入——银行贷款——城市建设——征地之间形成了一个滚动增长的循环过程（刘守英等，2005；周飞舟，2007）。这个过程不但塑造了东部地区繁荣的工业化和城市景象，也为地方政府带来了滚滚财源，还为地方政府领导人赢得了政绩。[①] 此外，地方政府的财源还包括城市化中迅速增长的以建筑业、房地产业等营业税（地方税种）为主的预算财政收入。由此，地方政府的预算收入和非预算资金呈现平行增长的态势。因此，新世纪的快速城市化过程是与地方政府“经营城市”“经营土地”的行为取向密不可分的。这也成为我们理解此时地方政府行为和中央—地方关系的关键所在。

地方政府作为利益主体的角色和追求独立利益的行为非但没有减弱，反而随着经济的迅速发展而日益增强。在这种以“土地财政”为中心的发展模式下，整个国民经济和财政收入的要害集中在城市化和土地开发上，这个过程一旦停滞，不仅直接威胁到地方经济和地方财政收入的增长，也威胁到整个国家 GDP 和财政收入的增长。在当前金融和经济危机遍及全球的情况下，地方的城市建设和房地产业对整个中国的经济来说性命攸关。

由于土地收入属于非预算范畴，而营业税属于地方财政收入，中央政府通过财政手段调控地方政府行为的努力见效甚微。一方面，由于土地收入存在高昂的信息成本，而且是地方政府的财源所在，中央政府的行政干预困难重重。另一方面，由于土地财政和城市建设投资是经济增长的关键，经济增长又被认为是社会稳定的保障，在“保增长、保稳定”的战略目标之下，强力遏制土地开发的政策往往得不到有效的落实。所以说，中央对地方的干涉既有能力上的限制，又有意图上的顾忌。

此外，这种以地方竞争模式为基本形式、以土地开发和城市建设为中心的发展战略实际上存在极大的风险，不但威胁到经济增长的可持续性，而且还严重威胁到社会稳定。因为这种发展模式是以损害耕地和农民利益为代价的。在近年的“上访潮”中，由征地引发的案例占了相当数量。从地区上来

① 自 1991 年开始的全国百强县市评比，尽管指标体系几经调整，但 GDP 始终是县域经济排名中最核心的指标。参见刘福刚等，2005，2006，2007。

看，东部地区的迅速工业化和城市化使区域之间的差异迅速加大，中央政府力图通过转移支付来平衡区域差距的努力随着这种发展模式的推进也收效甚微。从政府和社会的关系上来看，“经营城市、经营土地”的发展模式使得政府的公共服务职能得不到发展，社会保障滞后，贫富差距迅速拉大。

2. 城市反哺农村的努力及其问题

进入新世纪后，随着“三农”问题的日益突出，国家的政策重心开始重新转向农村，城市反哺农村的一系列措施开始实行。其一，鼓励农民种粮积极性。到2007年国家对农民的种粮直接补贴已经达到了427亿。其二，切实减轻农民负担。国家先进行了税费改革，而后又于2006年彻底取消了农业税。其三，加大对农村公共事业和社会保障事业的扶持。2007年国家全面减免了农村义务教育期间的学杂费，在西部贫困地区还免除了书本费。国家还推进了新型农村合作医疗，加大了国家财政对合作医疗的支持，并建立农村最低生活保障制度。这一系列旨在建设新农村的政策使国家对农村的投入从2000年的1.3万亿元加大到了2007年的5.1万亿元，这对于缩小城乡差距起到了积极的作用（参见黄季焜，2008）。

然而，“三农”问题是长久以来中国城乡二元分割结构以及中国特有的中央—地方关系的格局确立的，其实质乃是一种结构矛盾，而无法单纯依靠加大农业投入这种经济措施来解决。

缩小城乡差距一直面临着两种制度困境。一种是户籍制度。自1980年代以来，一波又一波的民工流动使农民工早已成为中国城市建设的重要力量。中国入世后，外向型经济格局的形成带来了新一波的民工潮。据国家统计局的统计，我国进城农民工数量当前已超过2亿人。然而，户籍制度的改革始终没有根本的突破，从制度上对劳动力进行城乡分割的局面依旧，在用工制度上仍是身份制和市场制并存的局面：在福利和保障方面，以户籍制度为基础的身份歧视依然存在；而在劳动力成本方面，广大的农民工群体则成为被剥夺得最为严重的底层群体。另一种制度困境来源于土地制度。自1978年开始农村改革以来，农地基本上是由农户分散经营的，这种小规模的经营显然制约着农业生产率的突破。然而，土地制度的改革面临着两难局面：如果基本维持农地现有的小规模经营，会直接影响到农业的长远发展；然而，农地的集约经营又存在着权力和资本双重侵夺的危险。如果农地大规模地向城市建设用地转化，大量失地农民的利益得不到保障，那么，社会稳定可能会受到根本的威胁。

总的说来，进入新世纪后，“三农”问题得到了全社会的高度重视，国家确定的建设社会主义新农村发展战略初见成效。但是，由于受制于种种因素，农民从中的实际受益还相当有限，农村与城市的巨大差距仍然是一个严峻的现实问题。

（三）从经营到治理：行政科层化与社会建设

为了从根本上解决社会经济诸领域内出现的种种社会矛盾，2004 年以来中央政府逐步形成了以“科学发展观”为核心的治国新理念，将经营性的政府行为转变为以公共服务为本的治理体系，[①] 并将法治化、规范化、技术化和标准化作为行政建设和监督的核心议题。从经营到治理的转变，既反映了这个阶段依靠“行政吸纳政治”的逻辑来进行社会建设的基本思路，同时也改变了行政体系结构、政府行为模式及其与社会经济诸领域的内在关系。

1. 考核的过程化与多重化：行政科层化的形式效果

中国参与到全球化市场中确为经济发展注入了强心剂，但也在很大程度上形成了国际市场对中国经济活动的反向规制：不仅中国的产品进入国际市场，而且中国市场的法规环境、政府涉入市场的行为方式以及企业的内部技术、质量和管理标准及社会责任，都需要全面与国际接轨。国际市场的这种影响，进一步强化了政府与企业的技术化、理性化的意识形态。2001 年前后，中国大幅度修订了包括《外资法》《外贸法》等在内的两千余件法律、法规和规章及十万余件地方性法规和规章。在加大行政法治化、规范化的同时，各级政府也开始建立各类行政服务中心，积极推行政务公开化和透明化的政策，来推动与国际接轨的进程。不过，科学发展之治理理念的提出，更源于中国此前资本化的经济发展模式及其所引发的诸多社会问题的凸现，这其中，与 1990 年代以来地方政府过于偏重经济增长和市场经营的倾向不无关系。

---

① “治理”（governance）概念原是指在公共事务的管理上并非政府之专责，公民社会也参与其中，并与政府密切合作（参见斯托克，2000）。在本文中，“治理”指的是政府除了促进经济建设的职责外，更要承担对社会公平的保护和对公共事务的管理。在这个过程中，政府职能的发挥不仅依赖其已获授权的权威，而且也依赖其不断改进的程序和技术。

中国的行政体制在改革之初就已经具有韦伯所谓“科层制”（bureaucracy）的某些基本特征：行政官员均受过严格的专业训练并具有丰富的行政经验，任期固定，职责明确；行政机构设计合理、分工明确、具有严格的职位等级结构和服从关系；行政机构强调技术化、形式化规则的约束和严格按照程序办事的规范，以行政效率和程序公正为行政之基本准则（参见韦伯，1993，1989）。科层制的这几个特征可以从1980年代中央确定的选拔干部的“四化”（革命化、专业化、知识化和年轻化）标准、1990年代初中期开始在全国逐步推行的干部交流制度和公务员制度看出雏形。但是，分税制改革前的行政体制在以经济增长为中心的前提下仍然具有为鼓励地方积极性而容许分权的色彩。直到分税制改革后，中央政府才开始下决心削弱那种治理模式中的分权倾向，试图通过垂直管理的办法来解决地方行政中的软预算约束、公权私用、地方保护、市场分割等问题（周黎安，2008）。

众所周知，中国政府自上而下层级间的行政管理体制，一直实行的是上级政府向下级政府下达指标、分解任务、量化考核的目标责任制，虽然在不同时期下级政府关于目标责任的具体制定具有某种程度的讨价还价的余地，但基本上是所谓“压力型体制”（荣敬本等，1998）。在分税制改革前这种压力型体制对地方政府而言具有某种分权色彩，因为那时上级考核的量化指标比较单一（主要是GDP和财政收入），考核的手段较为粗疏。只要下级政府能够如期或超额完成这些经济指标，至于他们究竟用哪些办法去完成、这些办法会带来什么样的代价，上级政府一般并不会深究。因此，地方政府行为在发展经济的前提下就具有相当的随意性、短期性和变通性（马斌，2009）。

21世纪以来，行政体制的“压力型体制”并没有发生根本的变化，不过，其作用的机制产生了一些重要的变化。

首先，加强了对指标完成手段的管理，将指标管理和技术治理结合在一起。这种对指标完成手段的强调主要体现在全面强化了政府的依法行政，确保行政符合规范和公平的原则。国务院1999年颁布了《关于全面推进依法行政的决定》，2004年又颁布了《全面推进依法行政实施纲要》，即是明证。

其次，加强了行政问责制，将激励和惩罚结合在一起。以往的行政体制运作更像是政治锦标赛，很多地方官员或职能部门在其行政周期内所制订的责任目标和工作指标普遍高于上级政府所设定的目标值，从而使任务目标层层加码、逐级放大，通过指标的胜出使其在任职周期内尽可能累积获得换届晋升的政治资源（周黎安，2008）。而现在不仅保留了政治锦标赛的性质，还全面强化了问责制，政府官员在交通安全、生产安全、食品安全、卫生防疫、计划生育和群体性事件等一系列指标上的失职都可能导致职位不保。这种问责制的运作更像是政治淘汰赛。

再次，加强了量化指标结构的多重化倾向。在治理理念的指导下，行政职能向公共服务的转化，改变了以往仅以 GDP 为核心的干部考核指标体系，政府的公共服务职能开始被纳入数字指标控制的范围。如环保指标的引入使一般 GDP 开始向绿色 GDP 转变；民意考核的引入改变了干部晋升由上级单方面决定的机制，将民意满意度作为行政考核的重要组成部分；社会稳定指标的强化则使群体上访、群体性事件、重大安全事故等诸多影响社会稳定的因素构成了对官员政绩的“一票否决”。可以说，多重指标的量化考核，不仅扩大了行政目标责任制的横向范围，而且也深化了政府总体治理和控制的纵向力度，在两个向度上构成了地方政府展开多重目标的政治锦标赛和淘汰赛的竞争机制。而且，地方政府的行政目标规划也基本上按照多重指标的分布状况在主要领导人的任期内来制订，从而产生了以行政任期为特点的行政周期现象。

2. 财政支出的专项化与项目化：行政科层化的实质效果

技术治理的行政改革，不仅在中央与地方的行政监督和控制上产生了行政科层化的效果，而且在中央与地方的财政关系上也推动了行政科层化的倾向。

自改革以来，中国政府间关系的最大特征是在属地化管理基础上的行政目标责任制。从财政关系来看，这种行政目标责任伴随着一系列自上而下的财政支出责任。表面上来看，从财政包干制到分税制，财政支出责任（事权）一直是越来越分权的（参见 Zhang and Zou，1998；张晏、龚六堂，2005）。但是从财政收入的分配（财权）来看，分税制后中央无疑是更加集权了。在这种财权集中于中央、事权下放到地方的格局下，自上而下的规模巨大的财政转移支付资金成为分税制后财政系统内的一个突出现象。

中央对地方的转移支付，可以分为两类，财力性转移支付和专项转移支付。专项转移支付是中央提供给地方、多用于公共品和公共服务支出的资金，地方无权挪作他用；而主要用于工资和日常支出的财力性转移支付则较少这方面的限制。自 1994 年到 2004 年，专项转移支付总量一直远高于财力性转移支付，到 2005 年后者总量才第一次超过前者。① 此外，无论是中央还是地方的基本建设支出，大多是以项目资金的方式单列的，由各级发改委系统规划和管理项目，财政部门负责拨付资金，相关职能部门负责实施。

随着专项和项目资金的规模日益增大，发改委和财政系统逐渐发展出一套严格而完备的项目申请、批复、实施、考核和审计制度。除了工资和日常支出外，几乎所有的建设和公共服务资金都“专项化”和“项目化”了。基本建设和公共服务的核心是资金问题，围绕这个核心，随着政府职能向公共品提供方面的转变，公共服务实质上正在变成以项目评估和项目管理为中心的治理体制。随着自上而下资金规模的迅速扩大和技术监督手段的发展，各种以项目管理为中心的政策、制度、法规和实际运作方式迅速发展起来。上级政府开始变成下级政府的项目发包人，下级政府成为项目的竞争者，而专家学者也被纳入项目的评估和考核体系中，为这套体系提供了技术合法性。

以“项目管理”为核心的公共服务体系的迅速膨胀也给中央和地方以及地方政府间的关系带来了实质性的影响。通过专项化和项目化的资金分配，中央控制了地方政府预算资金的支出权限，资金虽然在地方支出，但对于下级政府来说，这种“戴帽”资金并不好用。项目资金在相当程度上强化了中央对地方、上级对下级的控制权。

从项目本身来看，这种管理模式无疑具有提高资金使用效率、遏制侵占财政资金的意义，通过执行严格的审计制度，能够在一定程度上保证资金按照中央政府的意图使用。但是也同时产生了其他一些影响。首先，“跑部钱进”成为地方政府，尤其是中西部地区的地方政府的主要工作目标之一，“项目发包”逐渐演变成“设租寻租”。上级项目审批部门难以避免批复中的主观性，下级项目申请部门则会千方百计地利用审批过程做文章，各种社会关系在这个过程中扮演了重要角色，这对整个社会风气都产

① 2004 年专项与财力性转移支付之比是 1.3∶1，2005 年是 0.9∶1。数据来自李萍，2006。

生了重要的影响（王立国，2007）。其次，专项化和项目化对于财政资金的使用效率和公平的影响尚存疑问。如果地方的大部分基本建设和公共服务项目都由上级或者中央政府来干预实施，尽管有各种专家的评估和论证，其效率也会因为高昂的信息成本而大打折扣（昝新改，2006）。例如许多项目资金只准许购买设备却不能用于支付没有发票作为凭证的劳务费用，为了及时把钱花掉又能够顺利通过评估和审计，下级部门往往会突击购置设备而造成浪费。再次，专项化和项目化资金由于技术管理方面的限制，大多会流向易于评估、管理和审计的项目，往往与地方的公共服务需求发生错位。最后，也是最为重要的是，专项化和项目化本身有着极强的自我再生产能力。在基本建设和公共服务的名义下，这些资金的膨胀被看作是政府职能转向公共品供给的标志，财政收入增长越快，这块资金的增长也越快，而地方政府和下级部门虽然受到监督和审计，也可以利用财政预算中的“挤出效应”（帕金，2008）将其原有资金用于其他用途。这种作用机制的后果在于，原本用于公共服务和实现地区均等化的专项和项目资金却拉大了地方一般民众与财政供养人员阶层的收入差距。①

3. 公共服务型治理中的经营性效果

从科层化的技术治理的两个方面来看，目标责任与量化考核强化了行政权力实施过程中的规范、公开和透明的政务公开机制，而多重指标的结构设计则强化了政府在公共服务职能上的转变。不过，在行政体制的动态运行中，上述合理形式依然嵌生在分税制改革后“专项化和项目化”的财政关系的基础上。由此看来，行政改革中的治理并未完全脱离行政经营的实质逻辑，相反，政府的经营性运作反而开始从多个向度展开，并将诸多公共领域纳入产业化的范围之中。只是这种经营不再完全从经济运营的方式来推展，而是将技术治理的逻辑辐射到社会建设的各个方面，并在技术理性的意义上获得了行政体制本身和民众的认可。

首先，由于科层化的技术治理改革只触及了行政体制中的工具方面，并未从根本上改变行政权力运行的布局和机制，“项目管理”的运作模式

① 根据笔者2003年在云南某贫困县所做的调查，该县自身财政收入约一千多万，财政支出则达两亿，其中一亿八千万都是来自中央和省级政府的转移支付以及项目资金。结果该县公务员和事业单位人员的年收入约12000～15000元，农民人均纯收入却只有535元。在该县，人人都以成为公务员为理想。

依然使政府的公共性投入在很大程度上遵循着投资化和产业化的路径开展。而规范化中的“事本”逻辑，一方面的确强化了规则，另一方面却并没有从根本上遏制和杜绝寻租活动。从实际运行的角度来说，行政科层化的一个矛盾之处，即它越是在责任目标上强调行政效率的提高，就越会在复杂的程序技术设计上付出高昂的成本；越是在考核指标和报表制度上力图规划得细密和周全，就越会显露出技术监管的不充分性，进而越会使寻租活动工具化和技术化，从而给不同领域的经营活动留出足够的空间（参见周雪光，2008）。

其次，多重指标的考核制度虽然有助于在每个指标体系内部实施专项管制，却往往难以规避不同指标间加以操作和转化的行政技巧。事实上，在某些基层行政中虽天天制度上墙、数字上表，却依然盛行着“潜规则”，成为大量寻租得以发生的温床。诸如机构膨胀、办事收礼、公款吃喝的种种“变通”例子在我们周围的生活中随时可见。究其根本，乃在于政府行为虽在形式上发生了由行政经营型向行政服务型的转化，但在具体项目的申报和实施过程中，仍按照经营化和产业化的标准和逻辑来推展，因而在官员和民众的眼中所谓治理效率本身也往往作为经营效率来理解。特别是在项目落实的过程中，许多地方政府也通常采用市场化的方式，即政府发包或转包给专业技术公司这种企业化的模式来运作，致使一些公共投入和建设项目也最终被纳入资本化的逻辑来运营。这种变相的市场化运作在某种意义上要比单纯的政府行为或资本运营更为隐蔽，也更有风险。在这个意义上，指标监管和考核结构的设计，只迷信量化的数字管理，却往往忽视了地方政府实际权力操作中的具体机制和隐性规则，从而使行政科层化在工具意义上背离了以人为本的治理理念。

由此我们可以看到，行政科层化的技术治理实际上产生了一种合法化的双重效应：一方面，在程序技术上，行政的规范化奠定了科层化体系的合理性原则，行政目标和责任得以逐步落实在经过专业设计的指标体系上，从而获得行政过程的程序合法化基础；另一方面，行政的规范化也很容易转化成为工具化的经营技术，将政府的寻租行为形式化地包装成为治理行为，用“事本”逻辑来表面地替代利益逻辑。一方面，行政的公共服务化确立了社会建设和社会服务的治理目标，使政府职能开始摆脱经济发展至上的逻辑，逐步投入到与民生密切相关的社会生活中，充分有效地展开社会建设布局；另一方面，从财政体制的权力结构和行政服务的具体运行来看，公共投入并没有摆脱产业化的经营轨迹，公共服务的多元化反而拓展了政府经营的渠道，而治理指标的多重化虽强化了行政职能之整体性的责任要求，却反而使量化考核中数字管理的客观性越来越出现“主观化”的倾向。

从根本上来说，行政科层化过程中全面的技术治理，虽旨在将各级政府行为纳入法治化和规范化的轨道之中，依靠行政吸纳政治的办法来确立公共合法性的基础，但由于政府的行政范围过大，职能范围过宽，若要强化行政规范、提高行政效率，就会增加大量的行政支出和治理成本，从而使治理的负担再度转嫁到民众身上。政府行为的全面回归，不仅使公共服务辐射到社会各个领域，同时也在很大程度上形成了行政强制的倾向：行政体制俨然成为一部设计合理、运转有效的庞大机器，但面对社会出现的突发事件和具体矛盾，则需要每个部件、每个齿轮都随同这一机器系统调整方向，连带运行，失去了灵活多变、敏锐出击的应对能力。而且，若要保证政府日常的行政效率，也必须付出极高的运营成本、信息成本和决策成本。科层制的一个最大的特征，就在于其技术和机构上的强大复制能力，任何行政上的技术设计和结构设置，都很容易引起各机构各部门的竞相效仿，从而派生出更大规模的行政结构及其经营场域。

更为重要的是，产业化的利益相关，会伴随着公共物品的提供而引发连带性的公共矛盾。治理的技术化和专家化过程的一个明显特点，是提供指向单一问题和单一目标的理性设计方案，而非扎根于具体的社会经验，而实际上，对某个社会问题的解决，往往会衍生出各种连带的矛盾；不仅如此，由于各级行政体系的规模不断扩大，行政机器过于繁杂，易于将行政权力过度覆盖到社会生活的各个领域，压缩社会空间得以健康发育的余地，丧失对社会自主表达利益能力的敏感（参见秦晖，2008）。近年频繁发生的各种涉及公共事务和公共安全的事件，恰恰表明，治理的不断技术化，并不一定能够强化行政体系对于具体社会问题的感受力和应变力，反而会使后者变得越加迟钝。总之，科层化的技术治理机制所面临着的一个重大难题，是将一个庞大的行政体系置于社会经济生活的具体经验和问题之上，而不是丧失与基层社会的亲和性。改革的历史证明，只有那里才是中国发展的活力之源、动力之本，哪怕是已有所分化的总体性的社会经济体制也并不是中国复兴的出路。

自2004年以来，如何在各级行政单位和部门真正落实“科学发展观”，这是关系到中国政治、社会和经济发展向何处去的关键问题。将行政从经营过渡到治理的议题，其要害并不仅仅在于将行政规范技术化，将行政监督技术化，更不意味着让行政手段大包大揽，介入到人们社会生活的方方面面。这里的关键，是必须首先深入了解中国自分税制以来行政结构及其运行机制的内在规则，细致辨析行政权力与资本市场的潜在关联，并以此为突破口，找到科学行政的根本出路，从而实现为经济发展保驾护航、为广大民众谋求福祉的目的。

四　简短的小结

30年来，改革的逻辑始终伴随着我们的生活，因而“变迁”也成了中国人生命历程的基本节奏。“穷则变，变则通，通则久”，对任何一个深陷危机的社会来说，“穷则思变”是其最为紧迫、也最为勇敢的时代精神。30年弹指一挥间，中国社会也正是在这场伟大的改革中取得了令整个世界为之瞩目的成就。但也许，任何社会的变迁都要付出极大的代价，无论是社会结构的转型，还是社会机制的调整，都充分表明我们必须通过动态的逻辑来理解我们所经历的时代变迁。

本文从30年来社会经济变革的动态关系入手，讨论了改革三个阶段变迁中的政治经济学。每个阶段都有其特定的社会问题，有其特定的改革突破口，有其特定的社会经济运行的逻辑，也必然形成其特定的社会矛盾和后果。正是在这个意义上说，改革在不同的阶段中也构成了前后连接和扬弃的辩证环节：双轨制可以通过渐进改革的方式来突破总体支配问题，催生基层社会经济的活力，却最终演变成制约市场发育的瓶颈；分税制可以纠正地方保护的市场化障碍，用集约权力的方式推动资本化进程、推动经济增长，却带来了地方政府行为的扭曲，终致社会分配格局的严重倾斜；行政科层化的治理改革，既出于与全球经济接轨的外向型经济和国际标准的要求，也出于将改革成果惠及广大群众的初衷，但技术治理的形成与强化，却也带来了政府职能过重、行政成本过高、社会空间发育不足的矛盾。总之，30年的改革，总是在解决老问题而又形成新问题、转变旧机制而又构成新矛盾的曲折运动中展开的，而恰是在这样的曲折运动中，我们看到了中国社会转型所面临的机遇和挑战。

参考文献

波兰尼，2007，《大转型：我们时代的政治与经济起源》，冯钢等译，浙江人民出版社。

财政部综合计划司编，1992，《中国财政统计（1950~1991）》，科学出版社。

陈抗、Hillman、顾清扬，2008，《财政集权与地方政府行为变化——从援助之手到攫取之手》，张军、周黎安编《为增长而竞争：中国增长的政治经济学》，上海人民出版社。

陈锡文，1999，《中国经济转轨二十年：中国农村的经济改革》，外文出版社。

陈锡文等编，2005，《中国农村公共财政制度》，中国发展出版社。

陈锡文主编，2002，《中国县乡财政与农民增收问题研究》，山西经济出版社。

高柏，2009，《金融秩序与国内经济社会》，《社会学研究》第2期。

高柏，2008，《中国经济发展模式转型与经济社会学制度学派》，《社会学研究》第4期。

国家统计局编，1998，《中国统计年鉴1998》，中国统计出版社。

国务院农民工课题组，2009，《中国农民工问题前瞻性研究》，中国劳动社会保障出版社。

韩英杰、夏清成主编，1995，《国有企业利润分配制度新探》，中国经济出版社。

黄季焜，2008，《制度变迁和可持续发展：30年中国农业和农村》，上海人民出版社。

《经济社会体制比较》编辑部编，1999，《腐败寻根：中国会成为寻租社会吗》，中国经济出版社。

科尔奈，1986，《短缺经济学》，张晓光等译，经济科学出版社。

劳动与社会保障部劳动科学所“转型时期中国劳动关系问题研究”课题组，2004，《消除原始式的劳动关系是当前刻不容缓的任务——中国劳动关系现状与调节模式选择》，《经济要参》第15期。

李稻葵，1995，《转型经济中的模糊产权论》，《经济研究》第4期。

李汉林、李路路，1999，《资源与交换——中国单位组织中的依赖性结构》，《社会学研究》第4期。

李猛、周飞舟、李康，1996，《单位：制度化组织的内部机制》，《中国社会科学季刊》总第3卷。

李萍主编，2006，《中国政府间财政关系图解》，中国财政经济出版社。

李强，2008，《改革30年来中国社会分层结构的变迁》，李强主编《中国社会变迁30年》，社会科学文献出版社。

李实等，2008，《中国居民收入分配研究Ⅲ》，北京师范大学出版社。

廉莉，2004，《关于厂办集体企业研究》，《上海集体经济》第5期。

刘福刚等主编《中国县域经济年鉴》2004、2005、2006、2007年卷，社会科学文献出版社。

刘克崮、贾康主编，2008，《中国财税改革三十年亲历与回顾》，经济科学出版社。

刘世定，1999，《嵌入性关系合同》，《社会学研究》第4期。

刘守英等，2005，《城市化、土地制度与经济可持续发展：以土地为依托的城市化到底能持续多久?》，世界银行研究报告，也可见 http://www.usc.cuhk.edu.hk/webmanager/wkfiles/6263-1-paper.pdf（2009年8月17日访问）。

路风，1993，《中国单位体制的起源和形成》，《中国社会科学季刊》总第4卷。

罗卫东、蒋自强，1994，《兰格模式与社会主义市场经济理论——社会主义市场经济理论的历史渊源》，《学术月刊》第5期。

罗泽尔、李建光，1992，《中国经济改革中村干部的经济行为》，经济管理出版社。

马斌，2009，《政府间关系：权力配置与地方治理——基于省、市、县政府间关系的研究》，浙江大学出版社。

帕金，2008，《宏观经济学》，张军等译，人民邮电出版社。

钱颖一，2003，《现代经济学与中国经济改革》，中国人民大学出版社。

秦晖，2008，《“中国奇迹”的形成与未来》，《南方周末》2月21日，D22版。

荣敬本、崔之元等，1998，《从压力型体制向民主合作制的转变：县乡两级政治体制改革》，中央编译出版社。

斯托克，2000，《作为理论的治理：五个论点》，华夏风译，俞可平编《治理与善治》，社会科学文献出版社。

孙立平，2005，《现代化与社会转型》，北京大学出版社。

孙立平、王汉生、王思斌、林彬、杨善华，1994，《改革以来中国社会结构的变迁》，《中国社会科学》第2期。

谭秋成，2004，《制度考核、制度租金榨取与乡镇债务》，《中国农村观察》第6期。

汪海波，2001，《新中国工业经济史：1979~2000》，经济管理出版社。

王汉生、申静，2005，《集体产权在中国乡村生活中的实践逻辑：社会学视角下的产权建构过程》，《社会学研究》第1期。

王立国，2007，《改革现行投资项目审批制度的思考》，《财经问题研究》第7期。

王绍光，1997，《分权的底线》，中国计划出版社。

韦伯，1989，《支配的类型》，康乐等译，台北：远流出版公司。

韦伯，1993，《支配社会学Ⅰ》，康乐等译，台北：远流出版公司。

翁礼华，2008，《共赢的博弈：纵观中国财税改革》，经济科学出版社。

项怀诚主编，1994，《中国财政体制改革》，中国财政经济出版社。

徐桂华，1990，《兰格“模拟市场”模式评析》，《世界经济文汇》第2期。

昝新改，2006，《专项资金管理中存在的问题及对策》，《审计月刊》第6期。

张建君，2005，《政府权力、精英关系和乡镇企业改制——比较苏南和温州的不同实践》，《社会学研究》第5期。

张军，2006，《双轨制经济学：中国的经济改革（1978~1992）》，上海三联书店。

张闫龙，2006，《财政分权与省以下政府关系的演变》，《社会学研究》第3期。

张晏、龚六堂，2005，《分税制改革、财政分权与中国经济增长》，《经济学》（季刊）第1期。

张卓元、郑海航编，2008，《中国国有企业改革30年回顾与展望》，人民出版社，第33~34页。

赵人伟、格里芬，2008，《中国居民收入分配研究》，北京师范大学出版社。

折晓叶、陈婴婴，2005，《产权怎样界定：一份集体产权私化的社会文本》，《社会学研究》第4期。

中国经济景气月报杂志社编，2008，《数字中国三十年：改革开放30年统计资料汇编》，《中国经济景气月报增刊》。

钟伟，2005，《解读“新双轨制”》，《中国改革》（综合版）第1期。

周飞舟，2006，《从汲取型政权到“悬浮型”政权：税费改革对国家与农民关系之影响》，《社会学研究》第3期。

周飞舟，2009，《锦标赛体制》，《社会学研究》第3期。

周飞舟，2007，《生财有道：土地开发和转让中的政府和农民》，《社会学研究》第1期。

周黎安，2008，《转型中的地方政府》，格致出版社。

周黎安，2009，《转型中的地方政府》，上海人民出版社。

周其仁，2002，《产权与制度变迁：中国改革的经验研究》，社会科学文献出版社。

周雪光，2005，《“关系产权”：产权制度的一个社会学解释》，《社会学研究》第2期。

周雪光，2008，《基层政府间的“共谋现象”：一个政府行为的制度逻辑》，《社会学研究》第6期。

周怡，2006，《寻求整合的分化：来自H村的一项经验研究》，《社会学研究》第5期。

James Kung. 1999. “The Evolution of Property Rights in Village Enterprises: The Case of Wuxi County.” in Jean Oi and Andrew Walder (eds.). *Property Rights and Chinas Economic Reform*, Stanford: Stanford University Press.

Jean Oi. 1992. "Fiscal Reform and the Economic Foundations of Local State Corporatism in China." *World Politics*. vol. 45. no. 1. Oct. pp. 96 – 126.

Jeffrey D. Sachs, Wing Thye Woo and Yang Xiaokai. 2000. "Economic Reforms and Constitutional Transition." *CID Working Papers* 43. Center for International Development at Harvard University.

T. Bernstein and Xiaobo Lü. 2000. *Taxation without Representation in Contemporary Rural China*. Cambridge: Harvard University Press.

Victor Nee. 1992. "Organizational Dynamics of Market Transition: Hybrid Forms, Property Rights, and Mixed Economy in China." *Administrative Science Quarterly*. vol. 37. pp. 1 – 27.

Yang Xiaokai and Ng Yew-Kwang. 1995. "Theory of the Firm and Structure of Residual Rights," *Journal of Economic Behavior and Organization*. vol. 26. no. 1. Jan. pp. 107 – 128.

Zhang Tao and Zou Hengfu. 1998. "Fiscal Decentralization, Public Spending, and Economic Growth in China." *Journal of Public Economics*. vol. 67. no. 2. pp. 221 – 240.

女儿赡养的伦理与公平[*]

——浙东农村家庭代际关系的性别考察

唐 灿 马春华 石金群

摘 要：在父系家庭制度中，作为父亲家庭的非正式成员，不承担赡养父母和家计责任的女儿，越来越多地在娘家的经济和家庭福利等方面扮演重要角色。本文围绕这一农村家庭和社会的新风俗，深入分析探讨了儿子和女儿赡养行为的不同伦理基础、女儿赡养的伦理被建构的过程，以及这一风俗所呈现的性别间的社会公平问题。本文认为，女儿的赡养行为折射出农村家庭在社会变迁中，兼容传统和现代两种结构，彼此既有冲突又有混合和互补的现状。

关键词：女儿 赡养 性别 家庭 家族

一 女儿问题的提出

在众多关于中国家族和农村家庭的研究中，女儿始终是个被忽略或研究不足的角色。虽然有大量关于父母与子女关系的讨论，但细读之下会发现，所谓“子女”，多数或者见子不见女，或者基本围绕父子中心进行论述，女儿只被草草带过。有其他学者也发现了同样的问题（阎云翔，2006；朱爱岚，2004；陈中民，1991），有人认为，女性在家庭扮演的5个角色（女儿、妻子、母亲、婆婆、祖母）当中，“女儿大概是最不受社会科学工作者注意的一个”（陈中民，1991）；还有的指出，“对中国农村家庭的研究，长期以来一直都忽视了外嫁女儿与娘家的密切关系”（阎云翔，2006：199）。

* 原文发表于《社会学研究》2009年第4期。

女儿不被研究者重视的原因大概有两个：一是女儿身份和归属的模糊性和不确定性；二是女儿对于娘家缺乏工具性意义。费孝通说过，女儿一生有两个时期，一是从父时期，二是从夫时期。因为“女儿是替别家养的”，是“泼出去的水”，所以女儿在出嫁前身份总是处于暂时性质（费孝通，1998：198）。另有学者指出，女儿在父系家族中没有任何必然的权利，婚前她们是父系家族的“依赖人口”或“家之附从成员”，暂时被娘家养着，婚后成为其丈夫家族的正式成员（滋贺秀三，2003：353；陈其南，1990：169；Cohen，2005：83）。还有一些对冥婚的研究进一步说明，女人无论现世或来世的身份只能依赖其婚嫁——无论是正常的或冥婚——才能取得合法性，取得家族和房的成员资格，而男人从不需要这些（陈中民，1991；陈其南，1990：170；Wolf，1974；李亦园、杨国枢编著，1972：178～182）。关于女儿对于娘家的工具性意义，一些研究认为，由于未婚女子不是家之主体成员，没有宗祧和家产的继承权利，也因之被免掉对家的一应责任，包括负担家产、承担家计、赡养父母和祭祀等主要活动，女儿因此被认为缺乏工具性，只是男性继嗣制度“附带的受益者”（滋贺秀三，2003：353～375）。

随着当前中国农村社会的结构性变动，女儿对于父亲家庭不断提升的工具性意义开始被研究者发现和关注。许多研究证明，在农村亲属关系日益功利化的取向中，娘家与女儿的联系趋于紧密，姻亲关系得到空前发展，许多人将姻亲看得比宗亲还要重要（阎云翔，1996；金一虹，2000：370～371；张国庆，2003）。此外，农村家庭的现代化变迁也使得在支持娘家的日常生活和重大支出方面，在分担兄弟上学、结婚和赡养父母等实践性活动方面，女儿的重要性愈发显现。作为父亲家庭的非正式成员，同时亦没有赡养父母和承担家计责任和义务的女儿，如今越来越多地在娘家的经济、资源和家庭福利等方面扮演重要角色，这便是女儿问题提出的缘由。本文将要描述和分析的是，女儿赡养行为及其伦理的形成过程，以及在农村家庭和社会变迁的背景下，在家庭实践性的赡养活动中，女儿的权利、责任、义务的重新定义，及其相应的公平问题。本文的发现和立论依据主要来自我们在2007～2009年对浙东农村家庭代际关系和养老问题的实地调查。

已有的涉及女儿的研究，大多散见于各种有关亲属制度的论述中，只有少数学者如贾德等人除外。贾德专门研究了女儿与其娘家的联系，及这种联系与正式制度间的关系，其中特别关注了女儿本人的能动作用。她认为以女性为中心的亲属关系与父系制度原则有所不同，如在“娘家”关系中，情感因素比成员资格和财产更为重要，而后者往往是父系亲属制度最重要的内容。贾德指出，一个已婚妇女虽然属于她的婆家，但她依然可以让娘家继续成为她亲属世界的一部分（Judd，1989）。马春华专门关注了妇女流动对农村父权制传统的影响，她的考察证明，妇女外出打工对农村家庭领域中的父权制文化有削弱作用，但是一些重要的制度规则，如父系继嗣和财产继承制度并没有因此而消失（马春华，2003）。胡幼慧对儿子与女儿奉养父母的动力进行了区分，她认为儿子的动力来自“责任”，女儿的动力来自“情感”（胡幼慧，1995：104）。但是胡和贾德等的研究都未对赡养动力的差别做更深入的探讨。女儿的“娘家情结”或者叫“顾娘家”是被提及较多的现象（费孝通，1998；潘光旦，2005；朱爱岚，2004；金一虹，2000；阎云翔，2006；明恩溥，2006；胡幼慧，1995；Judd，1989）。早年，潘光旦在其关于家庭的问卷调查中发现，女性比男性更多地将赡养父母作为个人婚姻的目的。[①] 潘先生搔首不解，成婚后父母之侍奉“责在为子之妇之女子……何以今日之女子竟不以此种责任为苦，犹认之为婚姻第二大目的……则殊可异也”（潘光旦，2005）。费孝通认为“娘家情结”是从父居社会中，女人在成年时加入一个陌生的社会团体（指夫家）后的心理反应（费孝通，1998：199）。金一虹进一步解释，这是女儿出于感情原因，以及对父系单承赡养体制的一点补偿（金一虹，2000：230）。古迪（Jack Goody）则认为，对于妇女来说，亲属制度并不完全是父系的，不能忽略女儿与娘家之间的关系以及她们从这种关系中获得的力量（转引自李霞，2002）。但是正如许多研究指出的那样，在从父居的家族结构中，女儿被阻断了与娘家的联系，一旦嫁到婆家就不再能得到娘家的支持（程为敏，2000；朱爱岚，2004：154～156；杨懋春，2001：54～70）。所以，对妇女如何实现其“娘家情结”，并且如何在父系家族制度中将其合法化还缺乏讨论。还有研究讨论了女性在娘家和婆家的权利和

---

① 潘的问卷中关于婚姻目的的4个选项中，“父母之侍奉”在女性的选择中位居第二，仅次于“良善子女之养育”；在男性的选择中位居第三，位于“良善子女之养育”和“浪漫生活与伴侣”之后。

责任、义务关系，其主要观点如前所述（滋贺秀三，2003；弗里德曼，2000；Cohen，2005；陈其南，1990；李亦园、杨国枢编著，1972）。白凯关于妇女继承法的历史考察告诉我们，早在民国时期的民法就已否定了宗祧继承决定财产继承的逻辑，妇女在法律上取得了与男子同样的财产继承权，在新的逻辑话语下，家庭关系被重新界定，传统父系家庭关系被以强调平等的血亲关系取代（白凯，2007），但是新的话语逻辑至今未能深入乡村社会，这是一个值得深思的问题。阎云翔和金一虹的研究涉及了农村家庭赡养实践中女儿的贡献，阎认为，女儿越来越多地参与娘家父母的赡养活动与族权和夫权削弱有关（阎云翔，2006：200），但他未做更进一步的讨论；金一虹将女儿不断增加的娘家义务与娘家给女儿的嫁妆和女儿在娘家的受惠增多相联系，并将这一现象定义为“拟双系制”（金一虹，2000：230～231），但此说似乎难以令人信服。在浙东农村，有许多农户嫁女非但不增加支出，反而从男方聘礼中有所收益。此外，女儿虽然对娘家的责任和义务增加，但是在家族正式制度层面，女儿仍然一无名分和权利，这与“双系制度”所包含的两性权利和义务平等的逻辑恐怕还相距较远。

二　顾娘家多过婆家的媳妇与村落赡养行为的性别差异

浙东A村的媳妇招弟觉得，像自己这样“婆家娘家一碗水端平的媳妇不多了”，她告诉我们，现在的女人都是顾娘家多过婆家。她娘家弟妹端午节给了公公婆婆2斤肉2斤年糕，却给了自己娘家爸妈200元钱；过年时给公婆500元，给爸妈1100元。她说，“现在随便哪家都是女儿出得多，儿子少”。

招弟48岁，高中毕业，在同龄妇女中算是高学历，如今在村里开了家小商店，收入只能说比种田好些，丈夫在外地搞装修，每年能有2万～3万元收入。招弟20岁嫁到婆家，丈夫家兄弟4个，还有2个妹妹，丈夫是老大。嫁过去头两年没分家，和公婆、小叔、小姑一大家人住在一起，“家里公公掌权，婆婆做饭，我们挣的工分和钱都交给公婆，合下来每年有几百块，公公都拿走了，给小叔结婚用了”。招弟说自己那时是“忍气吞声”，“没有一点自由，怀孕想吃点香的都没有，婆婆做什么就吃什么”，回趟娘家还要看婆婆脸色。

分田到户的第三年，公婆做主给兄弟分了家。当时协议分给每个儿子30平方米新房，还有300元债务，协议还规定等公婆到60岁，每个儿子每年“供”（jun，平声）父母400斤谷子，30元钱。在承接父债、赡养父母方面招弟两口子确实按协议履行了责任和义务，还了分给自己的那份债务，还随着收入提高每年增加给老人的零花钱。其他3个兄弟得了新房，却没有一个履行协议，他们都因为这般那般理由觉得自己吃亏，3人统共承担了200多元的债务，其余债务还是靠公婆一点点积攒，加上小姑一人帮了100元才算还清。公公突发心脏病去世前一直“在田里做”，3个小叔也就一直没有供过口粮和钱，因为他们觉得“爹娘还能自己做”。现在70多岁的婆婆自己单过，4个儿子每家每年供200斤谷子，除了招弟每年给200元外，其余的基本都不给钱。

家里奉养婆婆的另一个主力是小姑。有个小姑直到27岁公婆都不给她出嫁，希望拿她给小儿子换亲，后来把小姑嫁给一个诸暨人，家里得了1.5万，花5000元给小儿子买了个媳妇，一个月后就跑了。招弟感慨，“可现在，供着婆婆的还不是这个小女儿！”她每次回娘家都帮婆婆烧汰做事，还拎来大包小包的点心、水果，每次至少留下七八十元，加在一起比哪个儿子都给得多！

招弟娘家离婆家几十里路，家里有两个弟弟一个妹妹，大弟弟残疾至今未婚，和父母住在一起。妹妹家是个典型的农村家庭，生活不富裕。招弟最引以为豪的是自己一手拉扯到大学毕业的小弟弟，现在镇中学教书，每个月有2000多元工资。招弟的父亲当了30多年大队干部，但一生了无积蓄，招弟帮父母资助弟弟上学，还出钱给弟弟娶亲。婚后弟妹不工作也不务农，招弟对她说没关系，缺钱可以找我拿。招弟承认自己太惯着弟妹了，她惯弟妹的目的有两个，一是跟现在婆婆惯媳妇的道理一样，实际是惯儿子，招弟舍不得让自己带大的弟弟夹在老婆和父母、自己中间为难；二是希望通过对弟妹好，让弟妹对自己父母加倍孝敬。现在弟弟每年供父母1000斤谷子，逢年过节给的钱加在一起也有1000多元，这在儿子很少给钱的村庄里，让父母很是脸上有光。但父母日常的嘘寒问暖，还有父亲两次重病的床前伺候，弟弟都不管，理所当然地由招弟和妹妹出力。招弟算了一下，自己平时给父母买吃穿用的花费和给的钱，加在一起其实跟弟弟给的基本相当，父亲几次住院的花费也都是由她和弟弟均摊。招弟说，“从小就知道，儿子要读书，女儿没的读，女儿是别人的；第二，女儿是嫁出去的人，泼出去的水，和娘家没有关系；第三，女儿嫁出去后，应该管婆家，不用管娘家；第四，女儿要管也只管娘家父母的床前伺候，不用给钱。我（对娘家）这样做，只是为良心！对婆家，是责任。我弟弟对父母也是责任”。

浙东 B 村的陈老伯的看法跟招弟差不多，他说，“女儿养父母是情分，儿子养父母是名分”。陈老伯自称可以很方便地向女儿要零花钱，但从来不敢向儿子要。直接的原因说是儿子比较“抠”，很少给父亲钱，给也很少，而女儿一向比较大方。老陈解释说这是父女情分，女儿看到老父亲没钱又不给那是“没有恩情”。儿子一方面不愿给父亲零花钱，另一方面还经常埋怨身为退休农村教师的父亲不能资助他的“事业”。我们问陈老伯，女儿对他这样好会不会将来留财产给女儿？陈老伯断然否定，不会！“儿子再不好也是拿牌位的，再不孝也有财产，女儿再好也拿不到财产，就是到法院打官司财产也没有女儿的份”。

在招弟所在的浙东农村，女儿参与娘家事务，特别是赡养父母的行为已经普遍化，虽然许多村民在道理上依然认为养老还是以儿子为主，但是细算下来基本承认，女儿在以货币和实物赡养父母方面和儿子已经多半不相上下，还有许多甚至超过儿子。女儿在出力和体贴方面普遍优于儿子当然更有公论。很多中年妇女都有过类似招弟的经历，从不管娘家事转而成为娘家重要的养老资源。对此她们大都解释说，一是因为自由了，婆家管不了了；二是因为现在生活好了，手里有钱了。

我们发现，在村落社会实际的赡养活动中，儿子和女儿的行为，以及村民对儿子和女儿行为的定义和期待，呈现出有趣的性别差异。

其一，儿子的行为目标一般是提供父母基本温饱，并以此合理化；女儿的赡养活动则多是提供温饱之上的其他物质和精神内容。儿子通常的做法是，提供一位老人一年 500 ~ 600 斤的谷子，[①] 如果有两个老人就是 1000 ~ 1200 斤。儿子多就“合供”，如果是独子就叫“独供”，儿子少的

① 100 斤谷可轧出 70 斤米，大约 1 斤谷价格在 1 元钱。

老人往往会面临资源危机。儿子供养好一些的会给老人买些青菜，过年过节做点好吃的给老人端去一些，但是给老人钱的很少，日常花销还要老人自己劳动去挣。儿子开始“供”父母多半是在老人 70 岁左右，因为 60 多岁的老人多数还能自食其力。在村庄里，普遍的看法是，老人“一般只要饭吃饱能过去就算了”，因此老人的温饱也成为衡量儿子赡养行为的标准。农村基层干部评价当前的赡养关系说，现在是“有养无孝”或者是“以养代孝”。女儿一般无须提供口粮，除非儿子不养。女儿的赡养行为包括了情感慰藉、生病照料、实物和货币支持等多种形式。平时回娘家陪父母说说体己话；父母有病时在床前伺候；给父母买衣买药买烟酒，并贴补“零用钱”——实际是许多老人日常开销的主要来源；再就是过年过节回娘家时，要割肉拎盒、大包小包地招摇于乡邻，让父母感到幸福风光，这些都是浙东农村女儿的主要赡养行为。最近这些年，在父母生病、丧葬等重大家庭事件中儿女费用均摊的行为也开始普遍化。A 村村民对儿子和女儿的赡养行为有精辟的区分：儿子管吃饱，女儿管过好。其他相同的说法还有，“儿子媳妇管吃饱就行，女儿管的是爹娘吃好，吃得高兴，要孝顺”。

其二，儿子的赡养行为多半具有较强的交换色彩，女儿的赡养一般是没有回报的。村民们常说，女儿是能吃亏的，儿子不能吃亏。儿子在父母的付出与自己可能提供的赡养之间做斤斤计较式的讨价还价，这在村落里是常有发生的事情。C 村一家两兄弟，哥哥因父母给弟弟建房比他当年所费多了 3 万元而拒养父母，弟弟争辩说第一物价涨了，第二当年哥哥造房时他还没有分家，等于用过他的钱。争吵的结果是弟弟管母亲的口粮，哥哥每年只出 300 斤谷，声称供养半个老父以示公平。而像招弟夫家兄弟那样相互算计指责，推诿父母债务的事件就更不鲜见。在农村，父母的财产和收入状况对儿子的赡养行为有决定性影响，那些有退休金有财产的父母通常能得到儿子较好的照顾；而那些没有积蓄和财产传给儿子的父母很少能受到儿子的善待。女儿的赡养行为基本是单向的、给予性的。虽然有研究认为，女儿的付出是与娘家嫁资之间的平衡（金一虹，2000：370 ~ 372），但是在浙东农村，女儿的嫁资一般不会超出男方的聘礼所出，甚至还有像招弟婆家那样，将嫁女所收用于给儿子娶亲。另一个浙东农村的新风俗或许更能说明女儿付出的单向性。如今在父母丧葬、大病等重大家庭开支中，开始流行费用“儿女统摊”，也叫“儿女均摊”，但是所收“吊礼”女儿没份。A村外嫁女儿阿梅的父亲去世，丧事花费1.2万，她和2个哥哥每人平摊4000元，收吊礼计9000多元，全部被2个哥哥均分。其兄对此的解释是，女儿是不能分财产的。阿梅在回答有什么想法时说，“风俗就是这样，基本上没想法，有想法也没办法”。

其三，儿子的赡养行为被称为“养”，女儿的被称为“孝”。虽然在中国传统的孝文化中，孝至少包含“孝亲”和“赡养”两个部分，也就是说“养”是“孝”的题中应有之义。但是在村民的看法中，“养”和“孝”似乎是分离的，有区别的。比如他们会说，“现在儿子‘孝’是没有的，‘养’还是有的”。儿子不管老人被说成是“不养”，女儿不管老人被说成是“不孝”，等等。“养”的内容主要是吃饱，其道德底线是保证老人不致冻馁。村民对儿子在“养”之外没有更多的期待，平日同父母互不往来，老人有病不给医治，以及不给老人日常生活所用的零花钱等等都在正常范围之列。对女儿“孝”行为的形象诠释就是，“跟父母贴心，让父母开心，把（给）钱父母过得舒心”。过年节时，村民们会经常相互询问，你女儿给你多少钱？女儿没给或给得少的父母会觉得脸上无光。女儿平时回家老人则会要求，尽量送些拎在手上旁人看得见的礼品，给父母挣足面子。那些有女儿给钱用，给点心吃，有女儿嘘寒问暖和有女儿时常带着礼品来探望的老人，是被人羡慕、被认为有福气和有人孝敬的人。“养”和“孝”的分离，似乎是对有情感的赡养行为与缺乏情感的赡养行为的一种区分。

其四，儿子的赡养行为是规定的、正式的，女儿的行为被认为是自愿的、非正式的。在农村，儿子赡养父母是天理是规矩，无论儿子不赡养还是老子没人赡养都是很没面子、难以启齿的家丑。所以，虽然女儿大多在实际供养父母方面并不逊于儿子，但在许多村民包括妇女自身的口中、意识中，父母还是由儿子在供养，女儿无论出钱还是出力都不被认为是赡养，她们的行为被看作是非正式的、自愿的。A村的陈阿婆，一个儿子，每年除供她500斤谷子外别无他物，两个女儿加外孙时常回来探望，每年累计给钱不少于1000元。但陈阿婆坚持说是儿子在供养她，“儿子给饭吃”，而女儿给的只是零花钱，“不作数”。村民上述对赡养行为的不同定义和解释，很大程度上与父系家族赡养制度中关于名分的规定有关，在下面我们将做具体阐述。

三　父系家族的代际传承和两种亲属关系逻辑

脱离儿子和女儿不同赡养行为的制度伦理基础，将道德标签性别化的做法显然有失简单和偏激。下面我们将从父系家族的代际传承规则和组织亲属关系的不同伦理两方面入手，试着理解和解释儿子和女儿各自的赡养逻辑。

（一）父系家族代际传承的规则与赡养关系的身份化和功利化

中国传统的代际关系曾被概括为“反馈模式”，一些学者还用“互惠原则”和“代际交换”来进一步说明这种“双向反馈”的代际联系（费孝通，1985；郭于华，2001；潘允康等，1997）。许多研究指出，代际间的互惠关系主要来源于儒家文化中“报”的原则，即儿女对父母的赡养是对其养育之恩的报答（叶光辉，2005：297～298；郭于华，2001）。但这种主要以“报”来解释代际互惠的看法一旦加入性别因素就会令人产生疑惑——同受父母养育之惠的儿子和女儿理当在回报父母的活动中负有同等责任或义务，但在现实中却往往不是这样。在父系家族制度中，赡养的责任主要是由儿子而不是女儿承担的，女儿虽然也被要求尽孝，但主要是情感和劳务方面的付出，在嫁女与娘家联系有限的时代，所谓尽孝也是很有限的。所以赡养责任或义务的规定主要与父系家族的代际传承规则有关，而不是与亲情回报相连。

“夫继承云者，不惟承接其产业，实即继承其宗祧”（《大清明律草案》，引自滋贺秀三，2003：102）。在传统家族制度中，代际间所下传上承之事，一是宗祧，二是财产。宗祧传承将家族延续、传宗接代和祖先祭祀连在一起，“上以事宗庙，下以继后世”（《礼记·昏义》）。通过宗祧传承，祖先和子孙形成世代连续体。有学者考证，父子传承的家庭模式是在原始社会末期男性通过经济力量和其他手段，将“从妻居”改为“从夫居”，废除了世系和财产的母女继承制而最终确立的（王利华，2007：33）。在男性血统承继胜过一切的传统社会，亲属关系是以父系为中心来组织的，承继者的资格也因此而被规定。所谓承继，只能发生在父子间，哪怕儿子不孝不义。女儿不是承继父亲的人，因为女儿不是嗣（滋贺秀三，2003：100）。

所以，男性嗣续，这是代际传承的首要规则。

财产传承是祖先与子孙人格连续体的实物形式。所谓承继，既包括父亲或前辈的财产，也包括他们的权利和义务（除去父亲纯属个人的权利义务），例如，债权债务，还有对父母对祖辈的赡养和对死去前辈的发丧、祭祀义务等等。其伦理依据是所谓的“父子一体”（father-son identification），[①] 即父亲和祖辈的积蓄可由作为其生命之继续的子孙承继，因此，父辈也有理由享受子孙成年后带来的福利。这些福利在老了之后是赡养，死了之后就是丧葬和祭祀。传统社会的一般规定是，继承权的取得必须以履行相应的义务，即“孝养”为前提（程维荣，2006：259）。事实上我们的观察和许多研究也都表明，赡养义务的明确往往与分家析产活动同时进行，这其实是个相互约定、计算和直接交换的过程。在赛尔登（Mark Selden）看来，家庭契约的核心是老年父母由男性后代照顾和最终的土地转移之间的交易（转引自王跃生，2006：362）。在集体化后农民失去土地自主权的情况下，房屋是农民的主要财产，赡养与土地之间的交易遂演变成主要与房屋间的交易。对等交换，这是代际传承的另一个主要规则。

在代际传承的规则中，承祧、祭祀、赡养和财产继承就是这样彼此不可分地联系在一起。女儿因为不是嗣，因此被排除在这一系列的权利和义务关系之外。女人在家庭中的继承和赡养资格只能通过她的另一种角色——媳妇这一附属于丈夫的身份，在婆家得到实现。

但是也有一些研究者认为，代际传承的核心内容其实就是财产和赡养这二者之间的交换，所谓宗祧只是给互惠性很强的代际交换披上了一层神圣的外衣。王跃生在对河北农村的家庭变迁进行考察后认为，所谓“宗祧”更多的是一种贵族观念，对普通老百姓来说，代际传承的实际意义主要是养儿防老这一物质性很强的目的（王跃生，2006：378～381）。费孝通也认为，“嗣续的实质还是保证老年的赡养，是‘养儿防老’而不是‘养女防老’”（费孝通，1985：90）。

---

① “父子一体”是许光提出的概念，在他看来，构成中国亲属关系中最重要的关系就是这个父子关系，其他关系都从属于父子关系。他认为，“父子一体”含义是一种继承关系，儿子是父亲的继承人，父亲的人格在儿子身上延长。“父子一体”意味着，不管是什么，一方所有的东西也为另一方所有，一方所得到的东西也为另一方得到（转引自滋贺秀三，2003：106～113）。

从对代际传承规则的上述分析中我们大致可归纳出传统家族正式赡养关系的几个主要特点：①赡养关系是以男性血统为中心的家族等级制度的产物，女儿是被排除在正式的赡养关系之外的；②赡养义务同时意味着一种资格、一种身份，对应的是家族等级制度中的地位、名分和权利，包括财产权利，而不是单纯和自然的生身及抚育之惠；③赡养关系因其身份化和功利化而具有很强的实用理性和交换色彩，无论抚育还是赡养活动都主要出于一种把外延放大到“家”的范围的利己主义，而不是利他主义（李银河，2003：124）。情感交换或亲情互惠不是家族正式赡养关系的主要逻辑。

（二）两种亲属关系模式

在招弟和其他村民的言谈中，我们已经了解到，儿子和女儿的赡养动力被认为是有差别的，前者被用“责任”“名分”“养”等词汇加以概括；后者则被表述为“良心”、“情分”和“孝”等等。由此看来，支撑代际赡养的至少应该有两套系统，一套是以规范，即责任、身份等为基础的系统；另一套是以情感，包括亲情、情分、恩情等为基础的系统。

珍妮特·芬奇在对亲属关系及其义务的分析中使用了这样两个概念：“协商性责任”（negotiated commitments）和“累积性责任”（cumulative commitments）（Finch，1989：190－211），其对亲属关系也做出了与村民上述分类有相似之处的区分，我们将借助芬奇这两种概念工具来试着理解和把握不同赡养行为的内在逻辑。

“协商性责任”是指亲属关系中通过协商和互惠而建立的信任和责任关系。这种关系的特点第一是有确定的边界，它是在亲属关系框架内的责任和义务关系，特殊主义的亲属关系是人们决定自己责任，定义哪些是“当做之事”或“分内之事”（proper things to do）的主要前提；第二是协商和互惠，亲属间的相互支持并不是基于需求和能力的简单交互，而是建立在一系列关于互惠的承诺基础之上的、由社会定义的、有关家庭责任和义务方面的道德伦理以及特定的亲属关系文化，将会对最后的协商结果产生影响。“累积性责任”是指在共同生活中建立起来的、非功利性的责任关系。与“协商性责任”相同，“累积性责任”也是亲属关系框架内的责任关系；但是这种责任的确立不是以互惠为目的，也不是以协商为前提，而是随着时间的流逝，对亲属的支持和照顾等行为逐渐成为一种“惯习”，变成行动者“显而易见”的责任和义务。当然，关系双方的情感因素对于责任的累积和建立是不可忽视的条件。

借用芬奇的概念，我们认为，在中国父系家庭的代际关系中，构建儿子与父亲代际的伦理似乎更多的是“协商式责任”，这种协商不仅存在于分家析产等正式场合，也存在于父亲的生育目的或潜意识之中。虽然在儿子的赡养活动中，肯定包含着源自血缘的亲情动力，但是协商和交换式的赡养规则决定了平等交易和讨价还价是构成儿子赡养行为的主要逻辑。女儿被排除在父系代际传承制度之外，同时也被排除在带有协商和交换性质的代际关系模式之外。交换和公平通常不是女儿组织代际联系的主要原则，如果有交换或互惠，交换和互惠的也只是基于养育之恩的亲情。所以，女儿的赡养行为更多的是单向的、无偿的和给予性的，是利他主义的。女儿的赡养行为在家族体制中是非正式的，其动力首先来自亲情，并在日积月累的行动中成为不可推避的责任和义务，这点在下文中还要继续讨论。或许女儿的利他主义行为还可部分追溯到她们自幼便在父权制家庭中为男性成员的各种无偿奉献。这说明儿子代际与女儿代与代之间不同的日常生活伦理，有助于理解在农村实践性的赡养活动中儿子和女儿赡养行为的差别。

需要说明的是，妇女同时兼有女儿和媳妇的双重角色，这使她们在娘家和婆家的赡养行为呈现出戏剧性的差别，其实每一种角色的行为逻辑都可从她在家庭（娘家或婆家）中的身份和资格中找到伦理根据。另外，实际上，女儿的行为逻辑也可以是跨性别的，也可用来解释那些脱离交换式代际关系的儿子们的赡养行为——在浙东农村也有一些儿子主动放弃财产继承，但是他们多数能够认真履行自己为人之子的赡养义务。

四　女儿赡养的伦理建构

女儿非正式的赡养行为是否如一些村民所说，完全依靠女儿的自愿自发？几乎所有来自女儿的回答基本都是否定的。女儿们和部分村民证实，女儿如果不赡养父母也会面临压力，会被说成是“不孝”，是“没有恩情”，会让父母感到“没面子”。由此可见，在实践性的赡养关系中，女儿不仅越来越多地担负实际的赡养责任和义务，而且同样面临伦理约束。那么，未被规定赡养责任的女儿为什么会被报以赡养期待，女儿赡养的伦理又是在什么样的情况下，如何被建构出来的呢？

（一）女儿赡养的需求与能力

在浙东农村，女儿赡养的风俗并非一直存在，许多如招弟这样的中年妇女的生活史显示，大约30年前，女儿与娘家的联系还受到婆家的严格控制。A村妇女主任说，“以前女儿出嫁后，主要管婆家的事，娘家的事不管。我妈年轻时就这样，我年轻时也这样。现在娘家的事女儿管得多了，这和女儿在家里掌权有关系。生活好了，有钱也是一个原因”。村民回忆，女儿赡养的新风俗是在农村土地承包后出现的，分析下来，可能一是和农村家庭的迫切需要有关；二是和女儿在家庭中权力的增长有关，也和女儿生活改善，可控资源不断增加有关。后一点被所有村民视为共识。这种家庭需求和女儿支持机会和能力的同步增长，反映在农村家庭赡养关系中儿子和女儿工具性意义的变化中。

儿子的工具性意义在下降和减弱。表现在以下四个方面。第一，农村住房条件改善，核心家庭成为主要的家庭模式。权力重心随着家庭结构的改变开始向女性向儿媳妇转移，使得父母对儿子的养老依赖变得逐渐困难。第二，经历过集体化、缺乏个人积累和家庭财富的老人，缺乏与儿子交换赡养的资源。村民们常常感慨，“集体化过来的老人最惨，没有积蓄，要看儿女脸色”。与此同时，随着商品经济向农村渗透，个人利己主义、消费主义和享乐主义文化开始泛滥，依靠“孝”文化代替代际间的物质交换变得很不现实。第三，儿子在家庭生产中不可替代的帮手作用逐渐下降，以往家庭中单个人或老年人无法独立承担的重体力劳动，如插秧、打场、装车等等，逐步被机械化生产过程所替代。家庭小型化和户均耕地的减少也降低了父母在农业生产中对儿子的依赖。第四，儿子多数外出打工，老人对儿子的照料和情感需求难以实现。儿子工具性意义的下降使得主要依赖儿子赡养的农村家庭养老制度面临困境，特别是经历了集体化的这代老人缺乏养老资源的问题已经非常尖锐。

女儿的工具性意义在上升。第一，妇女外出打工的比例低于男子，以往外嫁女与父母走动相对不便的地理劣势转化为优势，加重了老年人对女儿照料的实际依赖感，也增加了女儿与娘家父母的互动机会；第二，家庭权力向女性转移，加之收入增加，直接的受益者是与资源掌控者关系最密切的亲属，所以娘家父母和姻亲关系是农村家庭权力关系改变的获益者；第三，在儿子的赡养普遍被定义为给老人“吃饱”时，更多的赡养过程和老人在温饱之上的生活内容也只能依靠遵循非交换逻辑的女儿提供。女儿赡养的风俗实际是在家庭养老资源匮乏的情况下，农村家庭进行适应性调整，开发新资源的一种家庭策略行为。

（二）女儿责任的累积及伦理依据

芬奇分析了“累积性责任”从最初的自发行为到最终被模式化的责任形成机制。“累积性责任”往往起源于某种偶然事件或源于行动者的自愿自发行为，具有关键意义的一是时间，二是“有内在一致性的行为”的连续性，这两大要素的不断累积，使行为最终形成一种模式，成为一种规范——这样做是应当的，不这样做是不应当的。行动者“显而易见”的责任由此确立，他们的身份、声誉也被投入到这种行为当中（Finch，1989：203－205）。

女儿赡养行为的模式化和规范也是在时间和行动的积累中逐步形成的。以前述陈老伯的女儿为例，她告诉说，“原来穷，住在婆家，不能给娘家（好处），很少帮助父母，现在生活好多了，父亲来要钱是要给的。给（的次数）多了，后来不给就不可以了，不给他出去讲，我脸上也不好看”。陈老伯的女儿对其父亲在经济上的支持，就是在这样的互动过程中，由于行为的累积而逐步被模式化，最终因为女儿的声誉嵌入其中，而成为女儿不可推避的责任的。具有中国文化色彩的是，女儿赡养不仅仅被动地依赖时间和行为的积累从而使其模式化和规范化，村民还对女儿的赡养行为给予伦理上的依据——“情分”和“孝”，意思含有这原本就是女儿当做之事，这样就使得女儿赡养不仅具有行动意义上的合理性，同时也具备了伦理意义上的合法性。通俗地说就是，对女儿的赡养行为也有了伦理方面的“说词”。

由此我们看到，支撑赡养的两套动力系统同时也成为两种伦理压力系统，对儿子是“名分”和“责任”压力，对女儿则是“情分”和“良心”压力。“名分”是正式身份，是刚性的，儿子是继嗣人，是拿了父母财产的人，所以老人可以因此而理直气壮地向儿子讨要“赡养”——尽管在现实中大多并非如此。“情分”和“良心”是一种软约束，因为其在家族制度层面是一种非制度化的存在。但是在儿子赡养体制中晚景凄凉的老人对女儿“情分”的依赖和期待这些年愈加被发展起来，这种期待通过老人的“面子”，通过女儿回娘家的行为仪式，通过乡邻间的比较以及羡慕和赞赏等评价，随时间流逝逐步转化为女儿赡养行为的规范和对女儿的伦理压力。来自“名分”和“情分”的不同压力似乎表明，在农村家庭赡养方面，儿子有正式的和约定性的责任或义务，而女儿则有非正式和非约定性的、模糊的责任或义务；儿子受“显规则”钳制，女儿则受“潜规则”约束，二者同样面临伦理压力。女儿在赡养关系中的责任和义务的规定，就以这种非正式和模糊的方式被建构出来。

五 非正式身份和女儿权利义务的三重结构

从前面的分析可以看到，实践性赡养关系实际赋予了女儿与儿子几乎相似的赡养责任或义务，但是父系家族的代际传承规则和秩序并没有因此而改变，女儿无论出钱还是出力都不被认为是正式赡养，因此也没有对等的财产权利。如陈老伯所说，“女儿再好也拿不到财产，儿子再不孝也有财产”，“就是拿到法院打官司，财产也没有女儿的份”。对于儿子来说，其“正式”和“约定”的赡养义务和资格是通过他们在父系家族制度中的身份和名分，即传宗接代的继嗣人，拿“牌位”的，被加以天然合法化；而女儿的“非正式”“非约定”责任或义务则被看作是自发自愿的行为。

不同性质的责任或义务对应着不同的权利。儿子作为“约定义务”的承担者，对其“正式”名分的认可可以直接转化为一种权利——对父辈财产理所当然的继承和占有权利，这种平均继承和平均占有的权利与“香火延续”联系起来，具有神圣不可侵犯的性质（王跃生，2006：315）。也正是因此，才有前述案例中，儿子因自认为财产分配不均而只养半个老父的行为发生。在农村经常发生的其他儿子对长辈索要无度的现象，其部分原因或也可在儿子们对家财的占有权（意识）和继承权（意识）中找到。但是，女儿这种缺乏名分的义务和贡献不产生任何一种权利和利益。

学者们普遍认为，在中国的传统家庭关系中，代际交换是建构代际关系的一种普遍模式，无论是“延时交换”还是“即时交换”，总体而言都遵循公平原则（郭于华，2001）。关于公平，我们以为，在家庭范畴内，首先应当是人格意义上的公平，包括年龄平等和性别平等，等等；其次是在法理意义上的权利和义务的对等。以此观察农村家族的赡养规则和实践性的赡养关系，女儿代际间的公平问题随之凸显。在农村，在女儿与父母的代际关系中实际存在着多种规则，或显或潜，分别将女儿置于不同的权利义务关系和不同的社会地位中。具体说来，女儿处于这样三种权利和义务关系之中。

第一，在法律层面，无论是早在1928年民国时期的民法，还是现在中华人民共和国的《民法》《婚姻法》等，都已废除了父系家长制度而代之以强调平权的亲属关系，也都规定了女儿与儿子享有平等的家庭财产的继承资格，以及同等的“扶养”或“赡养”义务。所以在法律和国家制度层面，女儿不仅与儿子享有平等的社会地位，而且对其权利和义务的规定也是公平对等的。但是对农村妇女而言，这种法律层面的公平，从1928年至今80余年的时间，始终未能进入她们的视野，改变她们的命运。

第二，在家族制度和乡规民约层面，单系嗣续原则之下的家族等级制度规定了儿子与女儿不平等的家庭地位和社会地位。但是在代际交换关系上，无论儿子还是女儿，在权利和义务方面还是保持了一致性：儿子既负有赡养义务也拥有当然的财产继承权利；而女儿，虽然被剥夺了财产继承权，但同时也免除了她们赡养父母的责任和义务。对儿子和女儿在不平等的家庭和社会地位基础之上实现的权利和义务关系的对等，我们姑且称前者为“积极对等”，后者为“消极对等”。

第三，实践性的赡养关系，对女儿而言，权利和义务间的对等也被打破，两种公平都不存在。一方面，父系家族继嗣制度没有变化，女儿依旧处在与儿子有差别的地位和身份中，不能获得财产继承权，而且这种制度规则也被女性自己高度内化和认同；另一方面，在农村家庭变迁，传统的家庭赡养方式处于困境的背景下，女儿面临实际的赡养要求和压力，在现实生活中共同参与了赡养老人的家庭行动。

六　讨论与结语：家庭的变迁与家族的延续

家庭和家族，这是两个经常被混淆的概念。在中国历史上，很少用

“家庭”这个概念。古代的“家”有时指的是“户”概念下的共居家庭，有时指的是家族。一般家族都是由“房”或“房支”，以父系规则构建起来的，因此在研究中，一些西方学者将“夫妇式家庭”（conjugal family）与“房”的概念等同，将其作为中国家庭的基本模式。陈其南认为这是错误的，“房与家庭的差别：一是是否包含未婚女儿，二是男嗣原则，三是从属性质（有房的地位）”。在他看来，无论是“夫妇式家庭”还是“主干家庭”“联合家庭”等等任何类型的家庭模式都因不包含父系原则而与家族这种功能性团体“大异其趣”（陈其南，1990：145～147）。与中国文化同源的日本也有一些学者用“家”一词替代家族，对家庭和家族的概念进行了区分。他们认为，“家庭”一词反映了西方占支配地位的中产阶级家庭文化对东方的浸透，所谓“家庭”是以夫妇、亲子等特殊关系为中心成员，由少数近亲在密切融洽的感情基础上建立起来的小集团。而“家”则与跨文化意义的“家庭”不同，“家”是个血统集团，也是家产家业的运营和祭祀先祖的集团，是日本式家长制传统家庭的指称（鸟越皓之，2006：3～16）。

古德在他关于家庭变迁的经典著作《世界革命与家庭模式》（又被译作《家庭》）中指出，随着社会的现代化变迁，家庭将经历从扩大的血亲家庭制度向夫妇式家庭制度的转变，夫妇式家庭将最大限度地鼓励和满足个人主义和平等主义的价值观，个体服从家庭整体利益的传统的家庭关系被瓦解，个人与扩大亲属制度相联系的义务关系同时被削弱（古德，1982）。虽然后来对古德的家庭现代化理论假设有许多不同观点，如小家庭样式早在西方或中国中世纪就是占多数的家庭模式；还有，在一些地方，亲属关系并未如预设的那样因现代化而被削弱，等等，但是小家庭相对而言的自主性，以及小家庭内部的平等和民主化趋向被许多非西方国家，包括中国的发展经验所证明。正是因为这种家庭关系的变迁，才会有前述案例中所呈现的那些妇女在家庭中的地位变化，其中包括妇女在小家庭内的权利平等，以及妇女得以摆脱婆家的束缚，自主选择优先发展的亲属关系等等。对于导致农村家庭关系变化的原因，一些学者分析认为，主要在于改革所创造的非农就业机会，就业机会的增加和社会流动的放宽使得农民能够根据自己的利益选择工作，年轻一代对父母的依赖因此减少，同时家庭与外界联合或合作的经济活动方式，这些都改变和弱化了父母的权威（Whyte，1992）。

但是小家庭的自主性及其内部的平等化趋向，并不意味着家族文化结构的解体。虽然传统的、包括许多功能的大家庭或家族形式已经基本不存在了，但是家族的核心制度如父系继嗣、财产继承规则等并未随着家族形式和父辈权威的衰落而消失，它们依然保持着“文化韧性”，依然在分配人们的社会身份和财产继承权利方面继续其强制性地位。所以，正如弗里德曼指出的，家庭和更高的亲属单位是有重要区别的，虽然妇女在小家庭中的活动与功能显得与男人一样重要，但是一旦超出家庭单位来看，她们的正规角色就消失了（弗里德曼，2000：30～40）。也就是说，妇女虽然在家庭范围内获得了较高地位，但是在家庭之外还缺乏平等的社会地位。

以父子血缘关系为中心的家族文化及制度的废存，看来并不像一些社会学家所设想的那样，是个主要依靠家庭结构从大变小而引致的自发过程——在浙东农村，小家庭式样在最近30年中已经成为主导型的家庭模式。西方社会发展史表明，那些源于血缘和亲属制度的优先权和义务的相互形式，最终是被人与人之间的纽带逐步取代的，而这个纽带不是别的，正是契约。因此，从男性嗣续的身份社会到个体平等的契约社会需要经历将家庭所具有的权力、特权和责任移交给法律，将建立在身份之上的社会关系转变为契约关系的过程（梅因，2006）。但是在浙东农村，法权对家族特权和乡规民约的替代在很多方面没有真正发生。虽然有学者认为，国家力量对乡村社会的进入和替代是农村传统价值观念失落和老人赡养问题化的重要原因（郭于华，2001），但是在家族制度的一些核心部分，我们看到的是传统的延续而不是国家责任和力量的替代，如养老问题；再如我们一再提到的男女平等的继承制度，虽早有法律设定，但是法律上的平权关系能否成为普遍的社会现实，仅靠契约关系的有无看来还是不够的。孔麦隆是这样评论的，传统因素延续下来的首要原因是，虽然国家大力推动经济社会变化，但是在没有可行的替代方案时，国家会一直接受和容忍家庭中的传统习俗，并不愿意干预家庭的安排。在中国农村这种条件不确定的情况下，人们也不打算抛弃这种安排（Cohen，2005：80）。此言很有道理。关于农村家庭养老制度在新时期的替代方案，这将是另一个话题，本文限于主题和容量在此不做讨论。

中国农村家庭的变迁并不像现代化理论预设的那样，是个非此即彼、从传统到现代的转折过程，而是两种家的结构同时存在——一方面是小家庭的普遍性和家庭范围内的平等化和自主性；另一方面是父系家族文化结构和继替规则在更大范围（社区共同体和乡规民约）中的延续。有意思的是，两种结构并不完全冲突，而是混合在一起，甚至在许多方面表现出新老元素互补，女儿赡养就是农民利用家庭的“现代”资源补充传统体制缺失的生动例证。农民在日常生活中兼有“传统性”和“现代性”，但是他们并不感到冲突，家庭行为的这种复杂组合或许就是在两种结构间形成的一种张力。

参考文献

白凯，2007，《中国的妇女与财产：1960 - 1949》，上海书店出版社。

陈其南，1990，《家族与社会——台湾与中国社会研究的基础理念》，台北：允晨出版公司。

陈中民，1991，《冥婚、嫁妆及女儿在家庭中的地位》，见乔键主编《中国家庭及其变迁》，香港中文大学社会科学院暨香港亚太研究所。

程为敏，2000，《妇女自主性与家族文化结构》，见杨善华、罗沛霖主编《当代中国农村研究》（下），八方文化企业公司。

程维荣，2006，《中国继承制度史》，东方出版中心。

费孝通，1998，《乡土中国　生育制度》，北京大学出版社。

——，1985，《家庭结构变动中的老年赡养问题——再论中国家庭结构的变动》，见《费孝通社会学文集》，天津人民出版社。

胡幼慧，1995，《三代同堂——迷思与陷阱》，台北：巨流出版公司。

郭于华，2001，《代际关系中的公平逻辑及其变迁——对河北农村养老模式的分析》，《中国学术》第 4 期。

金一虹，2000，《父权的式微——江南农村现代化进程中的性别研究》，四川人民出版社。

李霞，2002，《人类学视野中的中国妇女——海外人类学之汉族妇女研究述评》，《国外社会科学》第 2 期。

李亦园、杨国枢编著，1972，《中国人的性格》，民族学研究所出版。

李银河，2003，《生育与村落文化》，文化艺术出版社。

M. 弗里德曼，2000，《中国东南的宗族组织》，刘晓存译，上海人民出版社。

马春华，2003，《市场化与中国农村家庭的性别关系——社会变迁过程中川西竹村性别关系的变化》，博士论文，未发表。

梅因，2006，《古代法》，高敏、瞿慧虹译，九州出版社。

明恩溥，2006，《中国乡村生活》，陈午晴、唐军译，中华书局。

鸟越皓之，2006，《日本社会论——家与村的社会学》，王颉译，社会科学文献出版社。

潘光旦，2005，《中国之家庭问题》，见李文海主编《民国时期社会调查丛编》，福建教育出版社。

——，1997，《寻求中国人位育之道》，国际文化出版公司。

潘允康、约翰·罗根、边馥琴、边燕杰、关颖、卢汉龙，1997，《住房与中国城市的家庭结构——区位学理论思考》，《社会学研究》第6期。

W. 古德，1982，《家庭》，魏章玲译，中国社会科学出版社。

王利华，2007，《中国家庭史：先秦至南北朝（第一卷）》，广东人民出版社。

王跃生，2006，《社会变革与婚姻家庭变动——20世纪30－90年代的冀南农村》，生活·读书·新知三联书店。

阎云翔，2006，《私人生活的变革：一个中国村庄里的爱情、家庭和亲密关系1949－1999》，龚小夏译，上海：上海书店出版社。

——，1996，《家庭政治中的金钱与道义：北方农村分家模式的人类学分析》，《社会学研究》第6期。

杨懋春，2001，《一个中国村庄——山东台头》，张雄、沈炜、秦美珠译，江苏人民出版社。

叶光辉，2005，《孝道的心理与行为》，见杨国枢、黄光国、杨中芳主编《华人本土心理学》，台北：远流出版事业股份有限公司。

张国庆，2003，《现阶段中国农村血缘与姻缘博弈现象探析》，《许昌学院学报》第4期。

朱爱岚，2004，《中国北方村落的社会性别与权力》，江苏人民出版社。

滋贺秀三，2003，《中国家族法原理》，张建国、李力译，法律出版社。

Cohen，Myron. 1976. *House United，House Divided：The Chinese Family in Taiwan*. New York：Columbia University Press.

——. 2005. *Kinship Contract Community and State*. Stanford：Stanford University Press.

Judd，Ellen R. 1989. “Niangjia：Chinese Women and Their Natal Families.” *Journal of Asian Studies* Aug. . Vol. 48.

Finch，J. 1989. *Family Obligations and Social Change*. Cambridge：Polity Press.

Whyte，M. K. 1992. “Introduction：Rural Economic Reforms and Chinese Family Patterns.” *China Quarterly* 130.

Wolf，A. 1974. “Gods，Ghosts，and Ancestors.” In Arthur Wolf（ed.），*Religion and Ritual in Chinese Society*. Stanford：Stanford University Press.

市场化背景下性别话语的转型[*][**]

吴小英

摘　要： 国家、市场与传统文化是构成性别话语的三个基本要素。从改革开放前30年到后3年，中国社会的性别话语发生了明显转型，由国家主导的话语模型转变为市场导向的话语模型。市场化一方面改变了国家话语的叙述方式和内容，另一方面也导致了市场话语和传统话语的结盟。转型后的性别话语本质上是一种素质话语，它不再表现为一种由国家建构的、在实践中打了折扣的意识形态意义上的平等蓝图，而是表现为一种在现代性和个体自由的诉求中利用国家、市场和传统文化的各方力量平衡做出主体选择的精打细算的应对策略。

关键词： 性别话语　转型　市场化　建构

一　引言：关于中国性别问题的争议

自1980年代以来，中国进入了由计划经济向市场经济过渡的所谓转型时期。这种转型的基本特征之一，就是原先由国家主宰的话语和理念逐渐受到市场这只看不见的手的操纵，呈现一种新的形态以及多样化的态势。这种转变不仅体现在整个社会的运行机制上，也渗透到普通人的日常生活当中。随着各种与性以及性文化相关的产业和经济的兴盛，大众传媒和消

* 本文是在中国社会科学院社会学研究所重点课题“国家与市场对性别话语的双重塑造”的研究成果基础上修改而成的。感谢匿名审稿专家对本文初稿提出的有见识的评论和意见。同时本文还得益于“全球化时代处在国家与市场之间的工作女性”研讨会上多位同行学者包括李慧英、刘伯红、佟新、李银河、谭深、卜卫、孟宪范、杨宜音等人就相关问题做出的点评与讨论，在此一并致谢。

** 原文发表于《中国社会科学》2009年第2期。

费时尚中性别文化的流行，劳动力市场上性别分工与隔离的日益普遍化，以及作为个体的普通男女在生活观念和行为选择上的变化，性别这个古老的问题正作为社会变迁密不可分的一部分而呈现新的姿态。可以说，中国从某种程度上正处在一个性别话语的转型时期。这种转型不仅可以用来合理解释女性生存境况的变化，同时也可以用来考察国家、市场和传统文化在现代性的话语体系中扮演的角色以及相互之间的力量关系。因此有关市场化背景下性别话语转型的研究，为理解改革开放30年来中国社会运行机制和普通人的日常生活选择提供了一条新的思路。

然而关于改革开放前后两个不同时期①性别话语的具体构成和变迁，以及市场化给作为社会主义传统之一的性别平等究竟带来怎样的冲击，无论在民间还是在海内外学者当中都存在诸多争议。概括起来主要包含以下两个方面。

1. 关于改革前后不同时期中国性别话语的构成内容和方式

从性别话语的构成内容来看，学者们基本上认同改革前的性别话语以"男女都一样""妇女能顶半边天"为主导理念，以相应的劳动和妇女保护制度为支撑，带有以男人为标准和参照的男女等同的"去性别化"特点（参见Croll，1995；金一虹，2006）；同时它又是依附于国家民族利益的一种辅助话语，是以一种"革命性"的话语模式出现的，源于马克思主义的妇女解放理论，带有强烈的国家意志和政治化色彩（参见李小江，1998；佟新，2005）。对于改革后的性别话语内涵，学者们虽然都提到了市场化的作用和国家政治的弱化、性别差异和不平等的显性化等特点（参见林春，1998；王政，1997；罗丽莎，2006；Croll，1995），但是对这一时期主导话语的界定却各有侧重，有的强调以效率和理性为核心的现代性原则（佟新，2005；林春，1998），有的强调新消费时代的身体政治（参见罗丽莎，2006；Croll，1995），有的强调回归社会性别的自然化（参见Barlow，1994；王政，1997），有的强调以个体主义为基础的素质和能力建构（参见杰华，2006）。

从性别话语的构成方式上来看，学者们对改革前的看法并无多大分

① 海外学者通常将新中国成立后至改革开放前的30年称为"毛泽东时代"或简称"毛时代"，将改革开放后至今的30年称为"后毛泽东时代"或简称"后毛时代"。国内学界或将这两个时期称为"计划经济时代"和"市场经济时代"，或称为"改革开放前"和"改革开放后"。本文沿用国内惯例，为论述方便，以下文中简称两个时期为"改革前"和"改革后"。

歧，认为是由国家意志以政治化的形式自上而下推行的，同时辅以制度上的长期保障和宣传上的高调支持，共同塑造了一个男女平等的性别蓝图（参见李小江，1998）；所以这种平等又往往因让位于国家利益和社会生产的需要而打了折扣，比如即使在鼓励女性高度参与社会经济活动的年代，女性劳力也是作为“蓄水池”而存在（参见金一虹，2006；佟新，2005），随着国家就业形势的好坏在家庭与社会之间徘徊。对改革后性别话语的构成方式基本上可以分为两种理解：一种认为由市场主导而国家退隐，实际上就是由市场上的利益集团来主宰，因而很难用单一的定义来表述，而是由一种声音变成多种声音（参见佟新，2005）；另一种认为国家依然在性别话语的构成上起了关键性的作用，只不过新的性别话语更多地吸收了现代性的需求，并且常常与市场和消费文化结成同盟（参见杰华，2006）。

2. 对改革前和改革后两个不同时期性别话语的评价

对于改革前的性别话语，正面的评价主要包括以下几个方面：首先，由于国家意识形态的倡导和制度安排，使得男女平等变成一种普遍接受的政治时尚深入人心，妇女解放被纳入现代化进程，并成为社会主义最重要的传统之一；其次，在实现男女平等、妇女解放的旗帜下，妇女得以走出家门投入社会，各方面的生存条件和参与能力都得到了明显改善与提高；再次，这种革命性的性别话语在一定程度上冲击了传统的性别分工模式和男尊女卑的父权制文化观念（参见金一虹，2006；罗丽莎，2006）。负面的批评主要来自以下几个方面：首先，这种性别平等是以男性为标准、尺度的性别等同，它抹杀了男女两性之间存在的差异，并且默认了男性的优越感（参见 Croll，1995；金一虹，2006）；其次，妇女大规模参加劳动就业并没有改变传统的性别角色安排，反而承受着双重负担，男女平等在实践中并没有贯彻到底，妇女解放永远服务于国家利益的需要，成为“未完成的”和“被延迟了的”革命（参见杰华，2006；金一虹，2006）；再次，由于男女平等是通过自上而下的方式实现的，这种由国家“恩赐”的平等必然使女性产生一种依赖心理，未能树立起一种性别主体意识，因此不是真正意义上的妇女解放（参见李小江，1998；王政，1997）。

对于改革后的性别话语，正面的评价并不多，主要有：首先，承认性别差异的存在，是对革命时期无性别政治话语的反抗，也为女性经验和主体意识的建立提供了合法性（参见 Croll，1995；Barlow，1994）；其次，强调效率、理性的市场原则和个体主义的现代性话语，使女性获得了更多的发展机遇和多样化的个人选择空间。而负面的批评则要多得多。首先，对两性之间所谓自然差异的过分强调，有本质主义之嫌，带动了传统性别文化的复苏和身体政治的盛行，在消费主义的环境下给女性的商品化找到了借口（参见王政，1997；Croll，1995）；其次，市场化的作用和国家的退隐，使得女性遭遇公开的歧视并被边缘化，“妇女回家论”一再泛起，传统的性别分工模式重新获得推崇，而国家在某种程度上扮演着同盟的角色（参见林春，1998）；再次，现代性话语的效率原则与个体主义叙述在传媒中不断呈现，实际上代表着不同利益集团之间的权力关系（参见佟新，2005）。国家倡导的“素质”话语强化了妇女的弱势地位，回避了制度性和结构性的性别不平等问题（参见杰华，2006）。

以上争议显示，性别问题在中国从来不是简单的个体差异问题，也不是单纯的男女平等或者妇女解放问题，而是始终与中国的现代化问题纠缠在一起，性别话语在某种程度上构成了中国革命话语以及现代性话语的重要组成部分。因此，分析市场化背景下性别话语的构成与变迁，探讨国家、市场与传统文化在这种变迁过程中的取舍与导向，也是认识中国转型社会以及现代性问题的关键，因为“社会性别在关于现代性包含什么的幻想中参与了权力关系的构建，而不仅仅是一个应当被考虑到或加入现代性话语中的元素”（参见罗丽莎，2006：4）。本文主要依据笔者近年来对有关中国性别问题的研究和思考心得，[①] 试图勾画出市场化时代性别话语的基本形态和转型特征。

二　性别话语的构成要素

本文在福柯的意义上使用“话语”一词，即指用来建构知识领域和社会实践领域的不同方式，它是在历史和社会中形成的，内含着一种权力关系，规定了某种社会秩序，并以不同方式塑造了人们的社会身份和主体位置。“正是话语的这些社会作用才是话语分析关注的焦点。”（费尔克拉夫，2003：3）批判性的话语分析“旨在检验语言是如何影响社会再生产和社

① 文中提到的大部分访谈资料来自笔者在2006～2007年完成的联合国教科文组织项目“从国家到市场：全球化时代性别话语的转变对工作女性的影响”。

会变化的”，认识“现存的话语惯例是如何成为权力关系和权力斗争之结果的”，同时“揭示出使这些惯例自然化的社会、历史机制”（塔尔博特，2004：161）。因此对性别话语的批判性分析实际上就是考察社会性别如何在社会和历史中被建构出来，使之成为日常生活中自然而然的一部分，并规定了社会中两性之间的等级秩序和权力关系。

在性别话语的构成要素中，国家、市场与传统文化是三种不可忽视的基本力量，它们时而对抗、时而分立、时而联手，在不同时期充当了社会性别建构中的不同角色。其中传统文化是构成性别话语的基础要素，它历史最为悠久，作用的范围最为广泛，并且无论是在改革前还是在改革后的不同时期都发挥着重要的作用。但它同时也是最模糊、最有争议的一个要素，因为不同的利益主体打着传统文化的旗号，却可以宣扬着截然不同的内涵。正是这种可塑性使它无论在民间还是在官方都获得了一种长盛不衰的特殊地位：你无法绕过它，无论是弘扬还是贬抑。国家在这三种要素中毫无疑问处在主导性的官方地位，尤其是在改革前，它充当了性别话语塑造者的全能角色，并排除了其他话语存在的可能性。但在改革后，它却不可避免地遭到了来自市场的挑战，不得不按照现代性的需求重新对自己的叙述方式和定位做出调整。市场是这三个要素中的后起之秀，是在改革后才逐渐成长起来的一个新要素，但它的高调出场和兴旺势头已经对前两个要素产生了极大的冲击，成为市场化时代无论是官方还是民间都自觉追随并主动内化的一个主宰性要素。虽然中国不同时期的性别话语并非简单地仅由某一个要素构成，但为了更加清晰地分析背后的这种复杂机制，本文将由三种不同要素所主宰的性别话语分别简称为传统话语、国家话语和市场话语三种不同类型，并逐一加以拆解分析。

1. 传统话语

传统话语的核心就是父权制，它从文化观念、制度安排、身份认同各个层面维护男性的中心地位和对女性的支配关系。其基本前提是强调两性生理上的差异，以及由此带来的性别角色分工上的合理性。比如在家庭中，它主张“男主外女主内”“夫唱妇随”的关系模式，在社会分工上主张男人以事业为主、女人以家庭为主的公私划分模式，在两性关系上主张男尊女卑、男强女弱、男主女从的等级模式。与此相应，长期以来形成了一整套与性别相关的社会惯例和制度习俗，比如男人肩负着成家立业的重担，他通常是家庭中的顶梁柱、挣钱养家者，并承担着家族血脉传承的责任，拥有家庭财产和资源的分配继承权与对老人的赡养义务；而女人在家庭中的责任是“相夫教子”、照顾好全家老小，不需要到社会上抛头露面，因此婚后随男方居住、做个贤妻良母就是对女性的基本要求，她们在娘家没有分享财产资源的权利和赡养老人的义务。

这套性别话语不仅规定了传统家族社会的社会秩序、权力关系的运行机制，而且规定了男人和女人的主体位置和身份认同，也就是规定了什么是男人、什么是女人，男性气质和女性气质的内涵差别在哪里等知识。这些知识的建构以一种传统的两分法为基础，就是将男人和女人分别对应于阳和阴、天和地、强和弱、硬和软、坚强与温柔、理性与情感、支配与顺从等，因此就形成了好男人以成功和坚强为标志、好女人以温柔和贤淑为特征的评价体系。这一套传统话语体系经过几千年的历练，即使经过了五四启蒙思想、共产党的妇女解放运动以及改革开放时代市场原则的洗刷，也依然岿然挺立着，只是在不同时代穿上了不同的时尚外衣。

在改革前，举国提倡男女平等，鼓励妇女走出家门投身社会主义建设，传统话语在官方主流话语中担当的主要是反面的角色，代表着“封建的”男尊女卑遗毒。而妇女想要翻身求解放，就要走出家门参加社会劳动。但是实际上妇女是否真正外出就业很大程度上还是取决于国家和社会的实际需要。金一虹的研究表明，女性扮演的是“工业的辅助性劳动和重要蓄水池的角色”，就是说在社会劳动力短缺的情况下，女性就成了“伟大的人力资源”，要鼓励她们参加社会劳动，树立劳动光荣的理念；而在经济紧缩的情况下，妇女往往成为最早的裁员对象，被动员要求“安心从事家务劳动”（金一虹，2006）。传统话语中的性别角色规范在改革前并没有遭到实质性的否定，而是改头换面地成为“妇女的传统美德”或者“妇女的特殊需求”。另一方面，当时国家虽然倡导或者一直致力于实现男女同工同酬，但至少在广大的农村地区，同样参加农业劳动的男人和女人之间是享受着不一样的工分待遇的。①

① 事实上，在我访谈的一些生长于改革前农村的中年女性的口述故事中，无论谈及家庭中的劳动分工，还是个人的婚姻、生育，最常出现的反面意义上的评价就是“封建”一词，从中可以明显看出当时的官方主流话语对民众的影响，也可以看出主流话语所宣称的东西在现实中是打了折扣的。

不同的是，改革后传统话语在主流话语中担当的角色虽然相对复杂，但却转变为一种更加正面的叙述，至少传统话语的复苏与活跃在相当长时期内成为人们赞赏和认可的东西。五四时期流行的“女性”概念在改革后重新复苏，塔尼·白露认为这是对改革前“妇女”概念政治化的一种抵制，也是对以前被抹杀了的所谓“自然的”性别差异的强调（Barlow, 1994）。20 世纪 80 年代风靡全国的所谓“寻找男子汉”和“回归女人”的时尚风，可视为对传统话语的典型回归。这种回归是对男女等同无性文化的一种修正，因此“女性意识”一词在那个时代的媒体的讨论和著述中频频出现。王政指出，这样一种以“男女有别”替代“男女都一样”的话语实践之所以能一呼百应，就是因为它是对改革前官方主流话语的一种挑战，目的是“批判和摆脱国家对个人的绝对控制，以及开拓属于女性的空间。”但是王政批评说，这种“将女性自然化”的建构策略由于简单地着眼于回归女性的自然本质，而很少考察传统话语中蕴含的男性中心主义，因而它实际上并没有对传统的社会性别制度构成挑战。“这一点在很大程度上解释了为什么‘女性意识’的出现不仅没遭遇阻力，反而得到迅速广泛的呼应，包括广大男性的推波助澜。也正由于‘女性意识’只具有解构‘男女都一样’的国家话语的力量，而对男尊女卑的传统文化毫无触动，所以市场经济可以毫不迟疑地接纳、吸收、利用‘女性意识’。”（王政，1997）可以说传统话语在不同时期具有不同的表现形式，并成为不同个体选择时的一个可用资源。这就不难理解为什么女性在对待传统话语的问题上时常表现出矛盾的态度。

2. 国家话语

改革前在性别问题上的国家话语，可借用“国家女权主义”（state feminism）的概念来说明。[①] 体现在制度层面上，就是在解放初期的 50 年代政

---

① “国家女权主义”是西方女权主义者常用的一个概念，国内很多学者认为并不适用于中国的情况。王政指出，国家女权主义这个词的含义一向存在争议。早期是指被官僚机构雇用为一定权力位置的女权主义者或者推动性别平等政策制定的女性政治家，后来又被概念化为对各种各样政治经济体系的国家机构中女性主义的制度化的学术考察。它在用于中国社会主义国家性别政策的讨论时，通常描绘了一个悖论性的图景，就是国家父权与妇女解放的同时并存。王政认为已有研究对社会主义的国家父权有深刻的剖析，但是没有很好地考察那些有利于妇女的政策法规是如何在父权制的结构下被通过的，没有发掘出女性在社会主义国家政策制定过程中的独特作用。参见 Wang Zheng。从这个意义上，本文姑且借用这个词来描绘中国改革前主张妇女解放的国家性别话语。

府即推行了婚姻自由、男女同工同酬、妇女选举与参政等一系列主张男女平等的政策和法规，在宪法的意义上规定了“妇女在政治的、经济的、文化教育的、社会的生活各方面均有与男子平等的权利”[①]。这些政策法规包括婚姻法、土地法、选举法、劳动保护条例、劳动就业制度和退休政策等。体现在意识形态方面，就是国家通过各种途径宣传和营造一种男女平等、妇女解放的理念和气氛，其中包括领袖人物的多处著名讲话，例如中国人耳熟能详的“时代不同了、男女都一样，男同志能办到的事，女同志也能办到”“妇女能顶半边天”“中国妇女是一种伟大的人力资源”等等；也包括当时的报刊、其他媒体、文艺作品中妇女与男性并肩而立参加革命、建设的各种形象塑造和宣传。

1949 年，国家专门成立了“妇联”这个作为党和政府与妇女群众之间的纽带和桥梁的特殊机构，宗旨就“在于团结全国各阶层各民族妇女大众，和全国人民一起，为彻底反对帝国主义、摧毁封建主义及官僚资本主义，为建设统一的人民民主共和国而奋斗，并努力争取废除对妇女的一切封建传统习俗，保护妇女权益及儿童福利，积极组织妇女参加各种建设事业，以实现男女平等，妇女解放”[②]。从当时制定的这个章程来看，至少包含着以下几条：（1）妇女解放是包含在并服从于民族解放和国家建设的大业的；（2）废除封建传统习俗、参加社会主义建设事业，是实现男女平等的前提。因此改革前关于男女平等和妇女解放的知识建构，有非常特殊的政治含义。

左际平在考察中国 20 世纪 50 年代妇女解放的知识建构时发现，这种解放“是为民族、阶级解放和社会主义实践服务的，因此带有强烈的工具性色彩”，但她认为“这并不是说工具性的解放就不含有个体解放的性质”，只是“中国妇女解放的工具性和多重性却注定了妇女在奋斗过程中权利和义务兼容，以及对实现彻底的个体解放的局限性”。因此与上面提到的对改革前的国家话语持批判态度的“恩赐说”和“无性别说”不同，她认为这种“自上而下、多层次、工具性的妇女解放”决定了中国的两性平等不同于西方的“建立在个体解放基础之上的两性权利、机会的平等”，

---

① 参见《中国人民政治协商会议共同纲领》第六条，1949 年，http://baike. baidu. com/view/428031. htm，2008 年 10 月 2 日。

② 《中华全国民主妇女联合会章程》，1949 年 4 月 1 日，http://ww w. women. org. cn/zhongyao-wenxian/ fudaihuiwenjian/di1jie/di1jiezhang cheng. htm，2008 年 10 月 2 日。

而是更多地意味着“个人对民族、阶级解放和对国家所履行的义务平等”（左际平，2005）。这种两性义务平等在城市中又以单位制的形式巩固下来，城市女职工从单位制中获得了一种认同感和“主人翁心态”，同时也抑制了她们个人和家庭自由化发展的空间。因为“义务平等的实行，改变了工作的传统价值，赋予就业政治意义。参加工作即参加革命，工作的好坏成为衡量个人对国家是否忠诚的重要标志之一，夫妻也由‘男主外、女主内’的搭档变为共建大业的‘革命同志’。对妇女来说，就业不仅意味着从小家庭的束缚中解脱出来，更重要的是‘不在家里吃闲饭’‘为社会主义添砖加瓦’”。因此左际平认为，“在解放和义务兼容的时代里，妇女解放模式并非模仿男性标准，而是男女都用‘国家人’（stateperson）的标准”，在这个意义上，“无论男人女人都远远没有获得完全的个体意义上的解放”（同上）。

因此，如果将改革前的国家性别话语称为“国家女权主义”，那么其实质就在于这是基于国家意愿和需求的女权主义，可以说这种以国家为主体的妇女解放和两性平等往往局限于所谓社会生活的公共领域，离个体意义上的真正平等和解放的目标还相去甚远。即使在国家全能的时代，传统话语仍在一定范围内发挥作用，尤其是在家庭这种国家话语相对忽略的领域，两性关系的平等在实践中受到很大的限制。同时由于改革前的国家话语集中提倡的是男女两性对于国家和社会该尽的义务与贡献上的平等，这等于女性承担了相当一部分本来属于男性的社会功能，而在家庭中按照传统话语她们所应承担的角色和义务却丝毫没有减轻，这就给那个时代的妇女带来了前所未有的双重负累。

一位资深的妇女史专家Wsm在谈到新中国成立以后与妇女相关的劳动政策时指出，实际上“在政策和实践两方面存在很大的矛盾”。一方面国家做了大量的舆论宣传，动员妇女出来就业；另一方面当时工业化程度很低，提供不了那么多工作岗位，所以实际上城市家庭主妇在当时也是很庞大的一个群体，政府只好说“家务劳动也是社会劳动，很光荣”。因此在那个时代妇女就业还是很不稳定的，取决于国家的形势和政策，有人甚至说那不叫“妇女运动”，那叫“运动妇女”①。然而如左际平所言，那个时代的妇女“在‘解放’‘平等’的建构过程中绝不是被操纵的被动群体，

① Wsm访谈记录，2006年5月26日。

而是开拓那个义务平等时代的主力军。她们的投入既反映了共产党对妇女解放和献身的渴求，也体现了她们对自身主体身份的建构、认同的主观能动性”[①]。这种主体认同很大程度上得益于共产党在有关妇女就业的知识建构过程中采取的“最重要的技术性策略”，就是将就业与否和革命与否、进步与否联系起来，与“新中国妇女”是否想要“翻身解放”联系起来（佟新，2005：77）。由于被贴上了这样一个标签，妇女就业就具有了某种特殊的政治含义，也具有了进入主流话语的一种主人翁姿态和自我解放的感觉。这种姿态和感觉使得妇女就业在中国作为一种独特的传统保留下来，即使在改革后国家话语发生动摇时仍发挥着重要的作用。

80 年代改革开放之后，中国政府在性别问题上的基本态度和总体理念并未发生改变，但是有关国家话语的叙述却有了一些新的内容和形式。男女平等被上升为一项基本国策，妇女的半边天地位在官方话语中得到了充分的肯定。在 1988 年召开的第六次全国妇女代表大会的工作报告中，妇女运动的总任务被描述为“在党的基本路线指引下，各族各界妇女团结起来，自尊、自信、自立、自强，全面提高素质，积极投身改革和建设，为夺取改革攻坚阶段的胜利，促进妇女的进一步解放而奋斗”[②]。1992 年国家还颁布了《妇女权益保障法》，明确“妇女在政治的、经济的、文化的、社会的和家庭的生活等方面享有与男子平等的权利。国家保护妇女依法享有的特殊权益，逐步完善对妇女的社会保障制度。禁止歧视、虐待、残害妇女”[③]。1995 年国务院颁布的《中国妇女发展纲要》明确提出了“到本世纪末，我国妇女发展的总目标是：妇女的整体素质有明显提高，在全面参

① 左际平，2005。这意味着改革前平等话语的建构实际上兼具了工具性和主体性的双重特点，这一点在许多学者的研究中得到了证实。例如郭于华关于陕北农村合作化的女性记忆的研究发现，“集体化对女性而言，最大的转变是她们从户内走向户外、从家庭私领域进入村社集体的过程”，而这一过程“其实是从一种被支配状态进入另一种被支配状态，是从家庭与宗族的附属品成为集体与国家的工具的过程。但是这种转变却具有一种‘妇女解放’的幻象（vision）”（参见郭于华，2003）。因此可以这么说，有关改革前国家话语的评价，在某种程度上依赖于人们记忆中更强调女性依旧被支配的一面还是具有解放幻象的一面。

② 《自尊自信自立自强　为夺取改革攻坚阶段的胜利建功立业——在中国妇女第六次全国代表大会上的工作报告》，1988 年 9 月 1 日，http://www. women. org. cn/zhongyaowenxian/fudaihuiw enjian/di6jie/ gong zuobaogao. htm，2008 年 10 月 2 日。

③ 《中华人民共和国妇女权益保障法》，1992 年 4 月 3 日，http://ww w. women. org. cn/zhengcefagui/ quanguo/1992 - 04 - 03. htm，2008 年 10 月 2 日。

与经济建设和社会发展，参与国家和社会事务管理的过程中，使法律赋予妇女在政治、经济、文化、社会及家庭生活中的平等权利进一步得到落实”①。

可以看出，这些文本中妇女的解放是与国家的改革开放和现代化建设事业紧密联系在一起的。但是与改革前的国家话语不同的是，在这些叙述中第一次将保障妇女的平等权利与妇女自身的发展联系起来，加入了提高妇女素质、倡导“四自”精神（自尊、自信、自立、自强）和维护妇女权益的新提法。这些提法上的转变，一方面与国家对于现代化的新认识联系在一起，其逻辑就是强调现代化需要全民素质的提高。这种新的叙述实际上包含了普通人（包括妇女）与国家的关系上的两种根本性转变：一是从过去强调个人无原则服从国家需要的集体主义取向，转变为现在强调国家的现代性须以个体能力的提高和发展为前提的个体主义取向；二是个体由过去被动的国家保护对象转变为现在更加自主的市场选择主体，对于个体身份的衡量标准也由过去简单化的阶级出身标签转变为现在的后天能力比较。因此素质话语虽然具有西方学者所批评的“将焦点放在克服个体的弱点而不是根本的结构性不平等上”的缺点（杰华，2006：67），但是由于素质本身与后天的学习和能力相联系，是动态的、可以改变的，因而它至少打破了改革前那种以出身论英雄的身份话语，从而赋予个体明确的奋斗方向与更大的选择余地和空间，这一点对于经历了计划经济时期国家掌控一切的封闭社会的中国人来说，具有不可低估的积极意义。

另一方面，新的国家话语中之所以突出强调了妇女权益的维护和保障，就是因为从80年代开始逐渐凸显了一些妇女权益受损的问题。随着城市改革的推进和就业压力的增大，越来越多的人遭遇下岗、失业，而妇女往往首当其冲，她们越来越多地被逐出正规就业市场，成为劳动力市场的边缘人。在农村现代化的进程中，劳动分工也呈现一种“性别分工成极化”的现象，②

---

① 中国妇女发展纲要（1995－2000年）》，1995年8月1日，http://www.women.org.cn/a－llnews/120201/4.html，2008年10月2日。

② 金一虹对苏南农村社会变迁的研究发现，性别分工实际上是随着经济形势而不断调整与变化的，但不管如何调整，其潜规则就是男性“始终保持优先权和主动权”。劳动分工的性别划分表现出很大的弹性，当新的产业和职业出现时，两性劳动力就会重新配置，原有的性别边界变得模糊。随着利益分化的加深，性别边界再次明晰，新的划分格局重新出现。这是一个“性别分工成极化”的过程，就是在社会结构的变迁当中，男性始终处于劳动分工中的优势地位。参见金一虹，2000：109－110。

两性之间的职业分隔日益严重，男性在利益调整过程中处在等级制的优势地位，而妇女劳动在整个工业化、城市化进程中被逐渐边缘化，导致“贫困的女性化”。还有女童的辍学、色情行业的重新抬头、拐卖妇女现象的出现、“包二奶”在一些权势群体中的流行等，无论在就业、教育还是社会生活的方方面面都出现了不同程度的妇女受歧视、受侵害的现象，男女两性之间的分化呈现日益严重的趋势（参见第二期中国妇女社会地位调查课题组，2001）。因此维权成为改革后国家动员妇女走入现代化进程的一个不可或缺的内容，妇联甚至将“一手抓发展、一手抓维权”定为自己的工作方针。

然而从制度和法规的层面上来看，这种强调“赋权”意识的平等理念并没有得到充分体现。Wsm 在谈到性别平等的现状时指出，改革开放之后国家在性别政策方面出现了一定程度的“倒退”。她用“惊心动魄”一词来描述 20 世纪 70 年代末、80 年代末、90 年代以及 21 世纪初各个不同阶段妇联与国家有关决策部门在“妇女回家”“阶段性就业”问题上的正面交锋。其中最惊险的一次是 2001 年政府相关部门已经将“建立阶段性就业制度，发展弹性就业形式”写入了十五纲要草案的建议稿，很快就要登报。妇联对此做出了坚决的抵制，指出迄今为止还没有任何一个国家将妇女阶段性就业写进政策法规条例，出台这样的政策将在国际上塑造非常坏的榜样；同时这个政策的结果是可以名正言顺地让妇女回家，导致这么多年以来的性别平等努力都白费了，是一个大倒退。解决就业问题决不能以牺牲妇女的劳动权利为代价。[①] 国家在市场经济语境下面临严峻的就业压力时对妇女就业态度的左右摇摆，表明它受到了市场话语的极大影响和冲击。

3. 市场话语

市场话语是在改革开放后市场经济的语境下出现的，其核心就是基于个体主义原则的素质和能力说，即假设市场可以给无论男人还是女人提供一个公平的竞争平台，素质高、有能力的就可以在这个平台上获得更好的机会和发展。这种话语承认两性之间差异与特性的存在，并认为正是这些差异和特性决定了男人和女人拥有不同的资源和能力，从而在社会上面临

① Wsm 访谈记录，2006 年 5 月 26 日。

不同的遭遇和境况。改革后国家倡导的素质话语其实就是一种典型的市场话语，素质不同于人在生物学意义上的优质与否，它是可以通过后天教育和努力获得的，所以按照这种话语模式，妇女的发展不是一个改变她们生理特征的问题，而是一个改造她们适应主流社会的竞争问题。在这一点上，市场话语与新的国家话语是完全一致的，就是都没有将社会结构和制度上的不平等作为它们考虑的因素，而只将焦点放在女性个体的现代性素质的培养和提高上。而有关现代性所需要的合格素质的界定与评判，则完全由男权文化主导的市场需求来决定，因而改革前的国家平等话语在不知不觉之间失去了存在的依托。

在媒体、学者和公众共同参与的关于“妇女回家”的一波又一波的争论中，支持方的理由无非出于两点：一是从社会的角度来看，妇女回家可以缓解就业压力，保证公平的社会竞争秩序，提高社会的整体效率；二是从家庭的角度来看，妇女回家就是保持两性的自然分工，它在经济上是最高效的，同时还有利于孩子的成长与教育。反对方的理由则通常出于以下几点：一是从现实的结果来看，让妇女回家或阶段性就业，就等于剥夺了妇女的劳动和就业权利，会导致女性在家庭和社会中地位的下降与边缘化；二是从社会的角度来看，这种手段最终并不能真正解决就业压力问题。可以看出，前者将妇女与低素质、低效率天然联系在一起，并且以家庭和社会的利益替代女性个体的利益，完全忽略了女性作为主体的需求；而后者的批判虽然将女性的个体利益与家庭、社会的利益区分开来，看到了女性的主体需求，但并没有对妇女与低素质、低效率之间的画等号提出异议。而这正是市场话语的男性中心主义核心所在。

与市场话语相关的另一个含义，就是消费文化中的性别取向。市场原则以承认分工和差异为前提，传统的性别话语在此获得了极大的发展空间。与改革前相比，这一时期男女之间性别分工和差异的“自然化”得到了空前的强调，女性的身体、外貌和角色在消费文化中受到前所未有的重视，被视为能够在市场上获得效率和机会的一个不可替代的资源，这样就使得女性的商品化和身体化具有了某种合法性。在这一点上，市场话语又完全吸收了传统话语所推崇的性别角色规范，并将传统女性的角色定位推向极端，只是用现代的时尚话语包装起来。由此女性的素质话语被分割为两个方面：一个是基于个体主义原则的现代竞争能力，另一个是基于两性关系中女性特殊角色定位的身体消费符号。其中第一个方面与现代性的追求相联系，获得了国家话语的强力动员和支持；第二个方面借着传统性别话语的助力，也很快在全球化的消费时尚中获得公众包括女性自身的认可。概括起来说，有了素质话语的第一方面，才有所谓“干得好”；有了第二方面，才有所谓“嫁得好”。

事实上，改革后女性境况的一个最具争议性的话题，就是“干得好”与“嫁得好”之间的关系问题。2000 年全国妇联和国家统计局组织实施的第二期中国妇女社会地位抽样调查结果表明，那种改头换面的传统性别观念在市场经济环境下对社会成员产生了不可忽视的影响，例如对“男人以社会为主，女人以家庭为主”的传统性别分工模式，有 53.9% 的男性和 50.4% 的女性表示赞同。而对近年来社会上流行的“干得好不如嫁得好”的说法，有 34.1% 的人表示赞同，其中女性支持该观点的比例甚至高于男性 7.1 个百分点，达 37.3%（第二期中国妇女社会地位调查课题组，2001）。市场话语的两个方面构成了女性个体选择的两条基本主线。而之所以会存在两条主线之间的对比，其实引出了改革后“干得好”与“嫁得好”关系含义的另一个角度——就是社会结构和文化规范的角度。首先从社会结构的角度来看，女性不具备与男性同等的“干得好”的机会，由于市场本身并没有提供真正公平的两性竞争平台，基于个体主义原则的能力竞争在女性这里受到更多的挫折，使得女性想要“干得好”会比男性遭遇更多的艰难；其次从文化规范的角度来看，“干得好”的女性不一定能“嫁得好”，甚至常常必须付出嫁不出去的代价，而基于两性关系中女性特殊角色定位的身体消费在市场上备受推崇，这种消费符号往往将女性带回到以“嫁得好”为目标取向的传统话语中。因此“干得好不如嫁得好”成为改革后的女性——包括一部分受过高等教育的女性中的一个流行语，同时在媒体和网络上也成为一个热门的争论话题。①

---

① “干得好不如嫁得好”观念的流行和争论，其实隐含着这样一个假设，就是将两种素质话语对立或者分离开来，视其为二者必居其一的选择。然而在我的访谈对象中，许多 40 岁以下的年轻女性却表现出对两种素质话语的同时接受和熟练运用。在她们看来，干得好与嫁得好并不矛盾，关键在于实现自己的主体选择。一个优秀的女人就应该是“善于运用自己的优势去实现她自己的想法”，而所谓优秀的女人就是“上得厅堂、下得厨房，然后还要有工作能力的，无论在工作场合还是在家里都能完成你的社会角色”（Clh 访谈记录，2006 年 7 月 11 日）。市场话语在这些女性眼里担当着更多积极的、正面的角色，因为她们更看重的是自主选择的自由，而这种选择的平台只有市场才能提供。

表面上来看，素质话语的两个方面为女性的生存提供了更广阔的机会和空间。然而两种素质话语在市场上并非是同等有效的。对女性身体、外貌和角色的过分追捧很大程度上将女性引为被动的消费对象。这种夸大两性间的自然差异，使女性身体走向商品化、客体化的消费时尚，将素质话语简化成了身体的市场价位，在这一点上，传统文化与市场之间结成了统一联盟，共同营造了一个性别主义（sexist）的商业话语世界。此外与女性身体相关的美丽产业、性产业的蓬勃兴起，以及越来越多“全职太太”和“二奶”的出现，至少表明在改革开放的市场环境下，两种素质话语的获得对女性来说机会是不均等的，通过女性的身体和角色资源显然比通过她作为个体的能力资源更容易使女性踏入市场并获得高价位。因此一个有趣的现象是，具有很高的个体能力素质、以“干得好”著称的“女强人”反而往往是一个负面的、贬义的称呼。

事实上，网络和校园中流行的最为经典的说法是把知识学历高、独立性强的女博士说成是男人、女人之外的“第三种人”，是“性价比太低”的“灭绝师太”，并且在婚姻市场上成为无人问津的“老大难”。近几年在网络和电视上众多关于女博士和“第三种人”的讨论中，主题往往集中在对女博士的“正名”上，有的是女博士现身说法，有的是讨论者义正词严，焦点就在于消除人们对于女博士不食人间烟火、不是女人的“误解”，证明她们并没有因为读了博士就丧失了女人的天性，她们也会做家务、也美丽温柔可爱、也期待爱情。而对这种所谓“误解”或者“成见”背后隐藏着怎样的性别话语，则少有人提出质疑。[①] 这表明即使对于“女强人”、女博士这样的成功女性来说，她们作为女人的传统身份与品质也远比她们作为独立的成功者的身份更为重要、更为男性主导的社会所关注。也就是说，素质话语的第一方面永远无法替代素质话语的第二方面在女性评价市

---

① “女博士现象五人谈”是迄今我所见到的少数几个从社会性别结构角度对女博士现象进行分析和解读的例子：“女人的知识层次越高，她们对信息的接收储备能力越强，自己的独立价值体系就越不可摧，同时她的选择就越多。面对这样一个越来越强大的群体，男人采取封杀的态度来确保自己在知识经济时代的中心位置，把女博士列为第三性……当今社会要求女人有较高的素质，有一定的自由和人格的独立，但前提是女人不能走得太远，不能威胁到男人的权威地位，只能在男人能容忍的范围内行使自己的权利……如果说以前套在女人头上的枷锁是钢的，那么现在被换成弹性的了。”参见金一虹：《女博士现象五人谈》，2003 年 11 月 14 日，http://women.sohu.com/92/82/ar ticle215598292.shtml，2008 年 11 月 2 日。

场上的特殊意义。在性别问题上，市场话语中的现代性与传统性结成了一种坚不可摧的怪胎。

三　从国家主导到市场导向：性别话语的转型特征

依照上文分析，从改革开放前 30 年到后 30 年，中国社会的性别话语发生了一个重大转变：从国家主导的话语模型转变为市场导向的话语模型。但是这种转变并不能简单地归约于从国家话语向市场话语的变迁，因为传统话语在两个时代都充当了不可忽视的角色，而且国家话语本身在市场化时代也不是彻底消隐，只是在叙述的内容和方式上发生了变化。这种复杂性造就了两个时代截然不同的性别话语模型。

改革前的性别话语可以简单地归纳为“溜溜球”模型，构成这个模型的要素是国家话语和传统话语，它们分别处于一个弹簧的两端，其中国家话语就是处在操纵地位的手，传统话语则是被吊在弹簧末段的溜溜球（见图 1）。一方面，国家话语总体上对传统话语采取排斥的态度，通过拍打来决定传统话语的升降反应，即便反弹回来，也被牢牢把握在自己的手心，从而树立自己的权威，让传统话语按照自己的路径改头换面。另一方面，传统话语这个溜溜球又具有很坚韧的生命力，尤其是一旦碰到现实的地面，其反弹力非常高，甚至可以摆脱国家话语的控制高度而显示出自己的威力。因此在这个模型中，国家话语只通过一种弹性的力量操纵着传统话语，该收的时候收，该放的时候放，这种基于国家意愿的妇女解放和两性平等因此受到很大的局限。而传统话语在公共政治领域虽然受到了国家话语的打击，却在现实生活中被预留了极大的生存空间。这两种话语力量之间并非只是直接正面的、硬性的交锋，很多时候彼此之间存在软性的、千丝万缕的联系。其最主要特征是作为主体的女性自身被淹没在两种力量的交锋与交融之中，往往顾此失彼，失去选择的自由。

改革后的性别话语除了国家话语和传统话语之外，新加入了市场话语这个主宰性的要素，其结构更复杂，可归纳为“三圆交叠模型”，其中每一个圆代表一种话语要素，彼此相交、环环相扣，构成一种动态的牵制与合作（见图 2）。市场话语作为核心动力，引领着整个模型的行进方向，国家话语与传统话语则成为它有力的左膀右臂。一方面国家倡导的素质话语、“四自精神”恰好呼应了市场话语对个体能力素质的强调；另一方面传统话语中所宣扬的性别文化规范又恰恰与市场话语对女性身体和角色资源的强调相一致。从国家话语的立场来看，虽然打出了“一手抓发展，一手抓维权”的口号，但当女性发展受挫时，它提出了与市场话语同出一辙的素质能力说加以解释或开脱；当女性维权出现困难时，它又常常搬出传统话语所推崇的“男外女内”之类的规范将问题消解。从这个意义上来说，改革后的国家话语在很大程度上依赖并服从于市场话语。这一时代的传统话语也以市场话语的合作者出现，被包装成更正面的角色，成为新消费时尚的一部分。因此改革后的性别话语带有很强的“去政治化”特点，总体上从原来的“泛政治化”色彩转变为现在的“泛市场化”倾向。处在这个时代的女性面临着众多的选择机会和自由，但也同时使其迷失了选择的方向，在平等与发展、独立与安乐的困惑中陷入两难。

图 1　“溜溜球”模型

图 2　三圆交叠模型

市场化带来的最直接影响，就是不同阶层权力和地位的重新洗牌以及消费主义文化的盛行。女性作为弱势群体，在这个过程中首先遭到了被市场边缘化的命运，大批工作女性遭遇下岗、失业，女大学生面临找工作难。许多女性转而从事与身体、外貌相关的职业，媒体中充斥着大量以女性为消费对象的广告和活动。市场话语就是在这种背景下形成的，一方面强调以个体素质为基础的现代能力竞争；另一方面又强调女性的自然化、身体化的重要性，强调并夸大传统的两性生理与角色差异，并以之作为市场竞争中个体素质的另一个方面的要素。因此市场与传统文化的结合成为这一时代性别话语的一大特征。“男主外女主内”的说法重新流行，甚至有知名的大学教授和学者也在公开鼓吹“回归家庭、学习生活”，认为“曾经推行的所谓的男女平等破坏了中国家庭的角色分工，给中国家庭造成很多混乱”，因为它“误导了双方的心理”，影响了家庭的效率，破坏了社会既定的秩序。“男女平等对女性应该是这样一个原则：上不封顶、下不保底。一个女性，她的才能比别人更适合做总理，那她就应该做，社会上不应该有歧视，说她是一个女性所以她做不了。不应该有一种意识形态来阻止她攀升到任何一个高度。但同时我主张下不保底。如果在一个市场的竞争当中，你没有找到一份工作，社会不是像我们改革开放之前那样，一定要给你提供一份工作。社会给你的是权利，不是给你一份工作。”①

这里我们看到了典型的市场话语的两个方面。一是对市场原则的迷信所导致的对素质话语的无条件坚持，即相信在市场环境下，只要具备一定的能力和素质，无论男女都可以找到自己的工作和机会。这与新的国家话语的叙述方式如出一辙。然而这是一种理想状态下的假设，没有看到中国社会结构中的不平等给两性带来的不同机遇，因此仅凭着“上不封顶、下不保底”的原则是无法实现平等的。二是对传统性别角色分工的坚持，假设“男外女内”无论对社会还是家庭都是最有效率的，按照这个逻辑，女性应该重新回归家庭，承担起相夫教子的光荣任务。而这种叙述无论从国家政策的角度还是从社会时尚的角度来看都还很有市场。

但是，这种市场导向的性别话语并不能简单地等同于对传统话语的回归。② 事实上，转型后的性别话语具有多面性和复杂性，从这里既可以看到对国家话语所强调的自尊、自信、自立、自强的坚持，又可以看到对市场话语所强调的个体素质能力和独立精神的推崇，同时还渗透着对传统话语所要求的男女两性角色和文化规范的主动或被动遵守。而在这个多样化

---

① 郑也夫：《回归家庭，学习生活——2004 年 11 月 7 日在中华女子学院的演讲》，2005 年 3 月 11 日，http://bbs. sachina. pku. edu. cn/thread - 3003 - 1 - 1. html，2008 年 10 月 2 日。

② 在访谈中，当被问到对“男主外女主内”的看法时，大多数女性被访者持赞成态度。但被当问到“如果条件允许是否愿意回家当全职太太”的问题时，却少有女性赞同。一位在城里打工的女孩结婚生完孩子 18 个月后，实在不堪忍受家里的压抑，不顾婆婆和丈夫的反对重新出来找工作。她感慨地说：“我飞出来的时候，我一旦离开那个笼子的时候，我发觉我再也不能适应回到那个笼子里去。我觉得我应该适应现代女性的一种生活。”她将现代女性的生活描绘成“金钱自由，心灵自由”，就是在经济上独立、在精神上有自己的空间（Zyf 访谈记录，2006 年 9 月 10 日）。另一位曾在外企工作的女性生了双胞胎后回家当全职太太，整体感受是不上班的压力挺大。访谈中她虽然很骄傲于自己对家庭和孩子的贡献，乐道于自己的育子教子良方，但却一直在抱怨国家与社会对家庭主妇和母亲这个职业的歧视及不认可，最后的结论是“这样的话女的还是应该自己有点空间”（Lh 访谈记录，2006 年 6 月 7 日）。然而如今年过四旬的她已鲜有机会重返职场。这些叙述体现出市场导向的性别话语对女性的矛盾性影响。

的选择过程中，市场化带给女性的最大影响，就是从改革前那种被动地跟随国家主导的男女平等话语，转变成改革后那种主动地利用市场主导的三种话语之间的牵制与合作，来最大限度地寻找自己可得的资源，应对这个风险时代作为女性可能遭遇的各种不利境况。① 因此性别话语在当今中国不再表现为一种由国家建构的、在实践中打了折扣的意识形态意义上的平等神话，② 而是表现为一种在现代性和个体自由的诉求中利用国家、市场和传统文化的各方力量平衡做出主体选择的精打细算的应对策略。

四　初步结论和讨论

本文通过对改革开放前 30 年和后 30 年国家有关政策文本与媒体性别讨论的考察，依据不同处境下的女性口述访谈资料与相关性别问题的思考和分析，探讨了市场化背景下性别话语的基本形态和转型特征，可以得出几点初步结论。

一是从改革前 30 年到后 30 年，中国社会的性别话语构成发生了明显的转变。但是这种转变不是简单地从一种国家话语转变为一种市场话语，而是由一种国家主导的“泛政治化”性别话语转变为一种市场导向的“泛市场化”性别话语。

二是改革前的性别话语可以归纳为一种“溜溜球”模型，构成这个模型的要素是国家话语和传统话语，它们分处弹簧的两端，通过排斥与反弹确立国家话语的权威控制地位，并决定传统话语的预留空间。这种基于国家意愿的男女平等虽有极强的号召力和实践效果，但局限于两性的义务平等而忽视了妇女的主体需求，使得女性虽有半边天的名号，却在现实的双

① 访谈中最深刻的体会是，不同阶层和年龄的女性普遍存在着一种危机意识，怕有朝一日工作不保，或者混不下去，或者家庭出现什么变故，而她们采纳的应对策略，也因对不同性别话语的熟悉和把握程度的不同而不同。例如年轻女性更能自如地适应市场话语的套路，而年长的女性则更加依赖于国家话语，因此她们对待传统话语的态度上往往出现令人意想不到的分歧和一致，在性别认同上常常表现出左右摇摆的姿态。

② 访谈中最出人意料的感受是，许多生长于改革后的年轻女性根本不关心平等与否，但对个体生活的自主性选择保持着清醒的意识。她们通常不会让性别成为改变境遇的绊脚石，而是努力让它成为走进市场的可利用资源。而生长于改革前的女性对平等更加敏感，常常抱怨自己的性别身份在现今已经成为实现独立意识的障碍。这表明市场话语在不同代人身上进入的程度有所差异、造成的影响也有所差别。

重负累中失去选择的自由。

三是改革后的性别话语可以归纳为一种“三圆交叠模型”，其构成要素除了国家话语和传统话语之外，还有处在核心地位的市场话语。三者之间彼此相交、环环相扣，构成一种动态的牵制与合作。其中市场话语主宰整个社会的性别话语导向，国家话语很大程度上依赖和服从于市场话语，市场话语又从传统话语那里寻找支持。面对三种话语交叠的复杂状态，女性有了众多的选择机会和自由，但也常常在相互矛盾的性别话语中迷失了方向。

四是市场化时代的性别话语本质上是一种素质话语，它可以分割为两个方面：一个是基于个体主义原则的现代竞争能力，另一个是基于两性关系中女性特殊角色定位的身体消费符号。其中第一个方面获得了国家素质话语的强力动员和支持，第二个方面获得了传统性别话语的助力而成为消费时尚的一部分。概括起来说，市场话语的核心就是女性“干得好”与“嫁得好”之间的选择关系。

五是市场化一方面改变了国家话语的叙述内容和方式，另一方面也导致了市场话语与传统话语的结盟。这种市场原则与性别主义兼顾的话语，是这一时代性别话语的主要特征。它不再表现为一种由国家建构的、在实践中打了折扣的意识形态意义上的平等神话，而是表现为一种在现代性和个体自由的诉求中利用国家、市场和传统文化的各方力量平衡做出主体选择的精打细算的应对策略。

有关性别话语与现代性之间的关系，还有很多未竟的话题和有待进一步探讨的地方。比如性别话语在中国的现代性话语中充当了怎样的角色？它的转型对中国社会结构的变迁究竟带来怎样的影响？不同阶层、代际和权力状态的女性和男性从这种转变中收获了什么、丢失了什么？面对这种转变他们采取了什么应对策略、让自己摆脱生存的风险和认同的危机？平等与发展在新的性别话语模型中是否有共存的可能？等等。期待本文的提问和阐述能引发同行学者们更多的睿智和讨论。

参考文献

第二期中国妇女社会地位调查课题组，2001，《第二期中国妇女社会地位抽样调查主要数据报告》,《妇女研究论丛》第 5 期。

郭于华, 2003,《心灵的集体化:陕北骥村农业合作化的女性记忆》,《中国社会科学》第 4 期。

杰华, 2006,《都市里的农家女:性别、流动与社会变迁》,吴小英译,江苏人民出版社。

金一虹, 2000,《父权的式微——江南农村现代化进程中的性别研究》,四川人民出版社,第 109 – 110 页。

金一虹, 2006,《"铁姑娘"再思考——中国文化大革命期间的社会性别与劳动》,《社会学研究》第 1 期。

李小江, 1998,《我们用什么话语思考女人》,邱仁宗等编《中国妇女与女性主义思想》,中国社会科学出版社。

林春, 1998,《国家与市场对妇女的双重作用》,邱仁宗等编《中国妇女与女性主义思想》。

罗丽莎, 2006,《另类的现代性:改革开放时代中国性别化的渴望》,黄新译,江苏人民出版社。

玛丽·塔尔博特, 2004,《语言与社会性别导论》,艾晓明等译,华中师范大学出版社,第 161 页。

诺曼·费尔克拉夫, 2003,《话语与社会变迁》,殷晓蓉译,华夏出版社,第 3 页。

佟新, 2005,《社会性别研究导论——两性不平等的社会机制分析》,北京大学出版社。

王政, 1997,《"女性意识"、"社会性别意识"辨异》,《妇女研究论丛》第 1 期。

左际平, 2005,《20 世纪 50 年代的妇女解放和男女义务平等:中国城市夫妻的经历与感受》,《社会》第 1 期。

Elisabeth Croll. 1995. *Changing Identities of Chinese Women: Rhetoric, Experience and Self-perception in Twentieth-century China*, Hong Kong: Hong Kong University Press.

Tani E. Barlow. 1994. "Theorizing Woman: Funǜ, Guojia, Jiating (Chinese Woman, Chinese State, Chinese Family)." in Angela Zito and Tani E. Barlow (eds.). *Body, Subject and Power in China*, Chicago: The University of Chicago Press. pp. 253 – 290.

Wang Zheng. 2005. "State Feminism? Gender and Socialist State Formation in Maoist China." *Feminist Studies*. Vol. 31. no. 3. pp. 519 – 551.